FRENCH

FOR FLUENCY

Grammaire active

TEACHER'S EDITION

Jean-Paul Valette
Rebecca M. Valette

D. C. HEATH AND COMPANY
Lexington, Massachusetts   Toronto

HEATH

Published simultaneously in Canada.

Printed in the United States of America.

International Standard Book Number: 0-669-03965-9

Part One
Description of the FRENCH FOR FLUENCY Program

1. General Characteristics of the Program

A complete program for Level Three/Four (intermediate/advanced) classes, FRENCH FOR FLUENCY consists of an independent Core Program with optional correlated ancillary materials.

The Core Program consists of:
- FRENCH FOR FLUENCY: Student Text
- FRENCH FOR FLUENCY: Teacher's Edition
- Workbook
- Cassette Program
- Testing Program

The correlated ancillary materials are available in three levels of difficulty:
- Low Intermediate: PANORAMA 2 (for reading skills and basic vocabulary expansion)
- Intermediate: C'EST COMME ÇA (for reading comprehension and oral expression, thematic vocabulary expansion)
- High Intermediate: NOUVELLES LECTURES LIBRES (an anthology of short stories by well-known authors, for developing reading and writing skills, vocabulary expansion, introduction to literary analysis)

1.1 Goals and objectives

The main goal of the FRENCH FOR FLUENCY program is two-fold:
- to increase the students' language proficiency, that is, their ability to use French for communication;
- to build the students' fluency, that is, the ease and confidence with which they use French for self-expression.

In order to achieve this dual objective of building proficiency and fluency, it is obviously necessary to consolidate the foundation established in Levels One and Two and to expand the students' knowledge of how the French language functions. However, the focus of the grammar portion of the course must always be on meaningful language use and not be reduced to mere language manipulation. In FRENCH FOR FLUENCY the grammar explanations and activities all require student comprehension and involvement.

The development of basic language proficiency, which has always been a key objective of FRENCH FOR MASTERY (Levels One and Two), is emerging as a key concern of the foreign language teaching profession of the 1980's. FRENCH FOR FLUENCY meets the requirements of a proficiency-based program.

1.2 Key features

1.2.1 Clear grammar presentations.
Previously encountered structures and new grammatical patterns are described succinctly and clearly in English, with ample French illustrations. Essential rules and patterns are printed in blue for easy reference. Lesser points are indicated by a blue arrow.

New structures are presented in minimal steps, with numerous sample sentences. Where appropriate, résumé sections pull together more complex topics, such as sequence of tenses or uses of the subjunctive.

1.2.2 Ample opportunities for meaningful practice.
The grammar points are always followed by *Activités* that build student proficiency and fluency by offering meaningful communicative contexts for practicing the new vocabulary and structures. The *Activités* are varied and numerous enough to provide variety and to allow for individual student differences. Students are forced to think about what they are saying as they manipulate the new structures.

1.2.3 Naturalness of language.
All the French examples and exercise materials in FRENCH FOR FLUENCY are presented in idiomatic and natural French. Sentences have not been contrived to include all the obscure exceptions to the rules. Rather, they provide the opportunity to use French naturally and idiomatically.

1.2.4 Flexibility.
Each lesson of FRENCH FOR FLUENCY is a self-contained entity with grammar explanations, guided activities, and a creative recapitulation section entitled *Entre nous*. This organization provides a high degree of flexibility and allows teachers to use individual lessons either in or out of sequence in order to respond to specific class needs. A complete Index makes it easy to find the particular lesson or lessons where a given grammar point is elaborated.

There are three levels of correlated reading materials that may be used singly or in combination. This wide selection of readings, which vary in style, in topic, and in level of language, allow the teacher to tailor the course to the interests and proficiency level of the students.

1.2.5 Emphasis on the four language skills.
With FRENCH FOR FLUENCY, teachers can focus on all four language skills (listening, speaking, reading, writing) or a combination of their choice. When the *Activités* are done orally, listening and speaking skills are stressed. Certain *Activités* lend

Contents

The Teacher's Edition

The Teacher's Edition of FRENCH FOR FLUENCY is an enlarged version of the Student Text. The manual at the front of the book consists of two parts: (1) a description of the FRENCH FOR FLUENCY Program; (2) hints on how to supplement the basic materials.

In the textbook itself, an overprint of small, blue type provides teachers with several kinds of information.
- Supplementary grammatical information
- Supplementary cultural information
- Indication of activities that are appropriate for dialogs or that lend themselves to a written response, either by individuals or by small groups of students ("Group Written")
- Material designated as optional

themselves more readily to a written response, either by individuals or by small groups of students, thus developing the reading and writing skills.

The *Entre nous* sections at the end of each lesson provide the opportunity for more creative oral and written expression. The *Constructions, expressions et locutions* sections at the end of each unit further expand the students' comprehension skills.

1.2.6 Correlated reading program. At the intermediate level, teachers will want to supplement the FRENCH FOR FLUENCY text with additional materials to expand vocabulary and to provide a variety of communication-oriented activities. Three readers, each of a different level of complexity and with a different focus of interest, have been designed to correlate with the grammatical progression of the units of FRENCH FOR FLUENCY.

2. Organization of FRENCH FOR FLUENCY

2.1 The Student Text

The Student Text contains a preliminary unit (*Les éléments de base*), six basic units, and seven cultural photo essays. The book concludes with a verb Appendix, a complete French-English Vocabulary, an active English-French Vocabulary, and a grammar Index.

2.1.1 Organization of *Les éléments de base*. *Les éléments de base* is a preliminary unit consisting of two parts:
   Première Partie: Le présent et l'impératif
   Deuxième Partie: Le groupe nominal
This preliminary unit, which may be used for formal review of basic structures or simply considered as a reference unit, presents the basic grammar on a double-page spread: the main points are found on the left-hand page, while lesser points and related vocabulary are presented on the right-hand page. Each part contains two sections: grammar review followed by activities.

2.1.2 Organization of a unit. Each unit is built around a grammatical theme, such as pronouns or the description of the past. The unit is divided into five independent lessons and followed by a vocabulary expansion section entitled *Constructions, expressions et locutions*.

2.1.3 Organization of a lesson. Each lesson consists of several sections focusing on specific grammar topics. The active grammar is presented first, with the main points highlighted in blue. Additional fine points, presented at this level for recognition, are contained in optional sections entitled *A remarquer*.

There are related exercises, called *Activités*, after each grammar section. These *Activités* assume a variety of formats, and all require the students to use the language with understanding (rather than simply to manipulate forms).

Each lesson ends with a section entitled *Entre nous*, which offers a variety of self-expression activities that may be prepared orally or in writing and that reenter the main grammar points of the lesson.

2.1.4 End matter. The end matter contains the following elements:
- Appendix of verb forms (regular and irregular)
- French-English Vocabulary
- English-French Vocabulary
- Index

The French-English Vocabulary lists all the words in the text, except obvious cognates presented for recognition only. All irregular verbs are keyed to the verb Appendix so that students can quickly locate the appropriate irregular forms. The English-French Vocabulary contains all active vocabulary.

2.2 The Workbook

The Workbook for FRENCH FOR FLUENCY provides: (a) additional written practice on the grammar of the Text and the *Constructions, expressions et locutions* sections; (b) grammar charts in French; and, (c) reading selections and activities based on the cultural photo essays of the Text.

2.3 The Cassette Program

The Cassette Program for FRENCH FOR FLUENCY supplements the Student Text and provides practice in the development of the audio-lingual skills, especially in pronunciation and listening comprehension.

2.3.1 Format. The Cassette Program is available on standard cassettes. Most of the activities require some sort of written support, thus involving students more directly with the recorded material. The Tape Activity Sheets are found in the Tapescript/Laboratory Manual.

2.3.2 The Tapescript/Laboratory Manual. The text for all activities in the Cassette Program are printed for the teacher in the Tapescript. The Laboratory Manual section contains the student Tape Activity Sheets in copymaster form.

2.4 The Lesson Quizzes

The Lesson Quizzes for FRENCH FOR FLUENCY are available in copymaster form. These Quizzes offer a quick check of the students' control of the basic structures of the lessons. The items are primarily of the discrete type to allow for rapid grading. A Test Guide is included with the Lesson Quizzes and provides: (a) suggestions for developing speaking tests and situational communication tests; and, (b) answers to the Lesson Quizzes.

3. Using the FRENCH FOR FLUENCY Core Program

The core of FRENCH FOR FLUENCY is the review and expansion grammar with its exercises in the Student Text, and its supplementary practice material in the Workbook and the Cassette Program.

3.1 Grammar explanations

The grammar explanations, in English, briefly describe the grammatical forms and patterns. They are supplemented by numerous French examples. At this level some teachers prefer giving the grammar explanations orally in French in class, allowing the students to use the textbook for reference. Many teachers find it helpful to model the French sample sentences for full class repetition.

3.2 The *Activités*

In order to develop fluency and proficiency, all *Activités* are set in a context and introduced with French directions. It is advisable for the teacher to read these directions aloud rapidly, and then present the model. The manner in which the *Activité* is exploited will depend on the nature of the exercise and the goals of the class.

3.2.1 Exercises with guided responses. *Activités* of this sort have a single correct answer. In most cases, the students must understand the context and the cues in order to produce a logical response. Simple transformation exercises are kept to a strict minimum.

- *Guided role play*. Students are asked to play two roles. These exercises are usually done orally, either with half-class responses or in pairs.
- *Guided narration*. The cues of the exercise, when read sequentially, form a short narrative. Students may give the responses chorally, individually, or in written form. It is advisable not to skip any items.
- *Guided short responses*. Students may provide questions corresponding to specific answers, or they may be asked to transform sentences to the negative or into another tense or mood. These may be done orally or in writing, either individually or in groups. Frequently the teacher may opt to do only part of the *Activité*, omitting some of the cues if the students respond well.
- *Logical responses*. In guided activities of this sort students must understand the context in order to formulate the correct response. Sometimes they are asked to provide a commentary, such as a value judgment (**C'est bien!**/**Ce n'est pas bien!**) These exercises are very effective when done orally by individuals since the rest of the class focuses on the content of the response rather than simply on the form.

- *Guided longer responses*. In *Activités* of this sort, each item has a series of cues. In a sense, each cue leads to a mini-paragraph. The class may be divided into groups of 2 or 3, and each group be assigned one or two cues. The groups write out their responses, and then share them orally with the rest of the class. (Here, too, it is possible to omit some of the cues.)
- *Dehydrated cues*. Here students are given two or more lexical items to include in their response. These *Activités* may be done orally or in writing. Individual students may be invited to write their responses at the board.
- *Sentence building activities*. Here students select elements from two or more columns to form logical sentences of their own. These activities may be done orally or in writing.

3.2.2 Personalized responses.
In activities of this sort students react to or complete a cue with a personal expression. These activities may be done in pairs and small groups, or individually in a full-class situation. It is also possible to assign certain cues for written responses as an in-class activity.

3.2.3 Conversations.
Students engage in brief conversations with one another about their preferences, their backgrounds, their future plans, etc. These are usually done orally in pairs.

3.3 The vocabulary presentations

Vocabulary for review and expansion is set off in boxes for easy reference. Although these words and expressions are incorporated into the activities, students often learn the words more readily and retain them longer if they are encouraged to use the vocabulary in original contexts. For instance, students may be asked to keep a notebook where they daily enter five words they consider important to memorize, and use each one in an original sentence.

3.4 The *Entre nous* sections

The *Entre nous* sections at the end of each lesson offer the students the opportunity to recombine and apply in original situations the grammar and vocabulary they have just been practicing.

3.4.1 Types of *Entre nous* activities.
Each lesson contains two or three different types of *Entre nous* activities. The most common formats are:
- *A propos*. Students are presented with an imaginary situation and told to ask questions in an interview setting.
- *Situations*. Students read about a situation (often involving crisis or conflict) and write a short paragraph incorporating selected expressions relating to the theme.

- *Contextes*. Students read a statement and create a fictional context in which this statement might have been made.
- *Interactions*. Students describe the interactions of various people.
- *A votre tour*. Students are asked to write a brief paragraph or essay on one or several topics.
- *Qui est-ce?* In this game the students read a brief biographical sketch and try to name the person being described.

3.4.2 Using the *Entre nous* section. The *Entre nous* section is a group of optional activities that stress the communication skills. Activities eliciting short answers can be done easily in class, either orally or in writing. Activities that require the elaboration of several sentences or paragraphs may be assigned for homework or may be done as team writing projects in class. Activities such as *Situations* and *Contextes* contain several cues, and these can be distributed one each to several groups.

The *Entre nous* from earlier lessons that were skipped because of time constraints may be used later in the course for warm-up activities or for a change of pace before a long weekend or vacation.

In the *Entre nous* activities, the emphasis should be based on originality and communication, rather than absolute accuracy of manipulation of structures. While it is important that students learn to express themselves correctly, it is equally important to provide some opportunity for creative self-expression with the corresponding tolerance for some error.

3.5 *Constructions, expressions et locutions*

This optional section at the end of each unit presents common expressions and constructions that students are likely to encounter in their readings. Students can be encouraged to keep a notebook where they mark examples of those constructions that they encounter in their readings. For instance, the *Constructions, expressions et locutions* section at the end of Unité 4 has a section on adverbs of intensity (such as **très, bien, fort,** etc.) If students begin reading Saint-Exupéry's *Le Petit Prince* at that time, they will find many examples of adverbs of intensity in the opening chapters:

"Moi, je fus *bien* surpris."

"Chez moi, c'est *tout* petit."

Students should also be encouraged to create their own sentences using these new expressions.

3.6 The cultural photo essays

The cultural photo essays are located between the units. They provide a brief change of pace through a visual presentation of selected aspects of French culture.

Individual photographs may be used as conversation starters. With portraits of people, students can prepare descriptions, invent biographies, narrate what the person did last summer or will be doing in five years. Photographs of several people can lend themselves to imaginary dialogs or inner reflections about the scene depicted. Photographs of places can become the background scene for imaginary events. Free expression activities of this type may be assigned as small group work or as extra-credit assignments. (If desired, students can be instructed to use specific vocabulary or structures in their creations.)

3.7 The Workbook

The Workbook may be used for homework or for an in-class writing activity to supplement the *Activités* in the Student Text. The Workbook contains the following types of materials:

3.7.1 *Tableau récapitulatif.* For each Unit of the Text, the Workbook contains a *Tableau récapitulatif* that provides, in French, a summary of the grammar.

3.7.2 Written exercises. For each section of *Les éléments de base* and for each of the basic lessons, the Workbook provides four to six pages of written exercises in meaningful contexts.

3.7.3 *En bref.* The *En bref* reading sections of the Workbook present additional information on the cultural photo essays of the Text. The cultural projects at the end of each *En bref* section suggest further areas of study.

3.8 The Cassette Program

3.8.1 Use. The Cassette Program may be used by students individually—in a language laboratory, in class, or at home. Some teachers may prefer to play the tapes to the entire class if the classroom acoustics are acceptable.

3.8.2 Contents of the Cassette Program. The Cassette Program contains a variety of activities to develop listening and speaking skills. Each lesson is accompanied by the Tape Activity Sheets (in copymaster form) in the Laboratory Manual. The Cassette Program contains the following types of activities:

- *Prononciation.* Each lesson opens with an explanation of one aspect of French pronunciation. Practice and, in most cases, an exercise are also provided. All material is reproduced on the Tape Activity Sheets.
- *Pratique orale.* These speaking activities focus on the grammatical structures and vocabulary of the lesson. Models and cues (when appropriate) appear on the Tape Activity Sheets.
- *Compréhension orale.* In these listening comprehension activities, students respond to a recorded text by choosing the correct response in a multiple-choice format or by marking a column on the Tape Activity Sheets.

3.9 The Lesson Quizzes

The emphasis of the Lesson Quizzes is on mastery of elements of language rather than on integrated skills. Each Quiz consists of several sections called "Tests." The format of these "Tests" may vary: fill-ins, transformations, dehydrated sentences, or partial translations.

3.9.1 Use. The Lesson Quizzes are pencil-and-paper tests that can be administered easily and scored rapidly. As criterion-referenced tests coordinated with the grammar content of each lesson, they may be administered as pre-tests (to help the teacher determine how much time needs to be spent on a topic) or as post-tests (to see how well students have mastered the material).

4. The Correlated Reading Program

Most teachers at the intermediate/advanced levels incorporate a variety of ancillary reading materials into their course curriculum. Since students are not yet able to handle unedited authentic materials, these readers always provide glossing, end vocabularies, and comprehension activities.

4.1 Readers to accompany FRENCH FOR FLUENCY

Three readers have been prepared at increasing levels of complexity to complement the units in FRENCH FOR FLUENCY.

4.1.1 PANORAMA 2. PANORAMA 2, by Jean-Paul and Rebecca Valette (D.C. Heath, 1982), is an anthology of 25 short readings on French civilization and contemporary culture. Each one is accompanied with specialized vocabulary-building sections and brief classroom activities.

4.1.2 C'EST COMME ÇA. C'EST COMME ÇA, by Jean-Paul and Rebecca Valette (D.C. Heath, 1978, 1986), is a somewhat more advanced reader consisting of 21 *dossiers* on a wide range of cultural topics. The emphasis of the activities is on broadening vocabulary and developing conversational fluency.

4.1.3 NOUVELLES LECTURES LIBRES. NOUVELLES LECTURES LIBRES, edited by Rebecca Valette (D.C. Heath, 1982) is a collection of unabridged, annotated short stories by nineteenth and twentieth century French writers. The selections have been chosen for their clear plot line and interest to teenage readers. This anthology, with its generous glosses, footnotes, and reading helps, prepares the students to handle authentic French reading materials. The emphasis is on the comprehension of literary prose and the development of reading and writing skills.

4.2 Correlation of FRENCH FOR FLUENCY with the readers

The following table shows how the units of FRENCH FOR FLUENCY correlate with the readings in the ancillary materials. The page numbers in parentheses refer to exercises (in C'EST COMME ÇA) and reading help sections (in NOUVELLES LECTURES LIBRES) where the focus is on specific grammar structures and patterns. The readings in any given section provide examples of the grammar points in the related unit of FRENCH FOR FLUENCY. When these examples are particularly numerous, this is noted in the table (without page references).

FRENCH FOR FLUENCY	PANORAMA 2

Les éléments de base
  le présent et l'impératif
  le groupe nominal
	1. Bonjour, Monsieur Dupont!
	    present
	    voc: métiers et professions (p. 6)

	2. Les mains qui regardent
	    present, partitive
	    verbs (p. 11), voc: matériaux (p. 12)

	3. Les secrets de la main
	    present, adjectives
	    expressions (p. 18)

	4. Les Canadiens français
	    present
	    quitter, partir, sortir (pp. 22–23)

	5. La mousse au chocolat
	    imperative, partitive
	    voc: dans la cuisine (p. 26)

	6. Deux histoires drôles
	    present
	    voc: les animaux (p. 30)

	8. La pétanque
	    il faut + infinitive
	    voc: les sports (p. 40)

	9. La petite reine
	    present
	    voc: le vélo (pp. 44–45)

C'EST COMME ÇA, first edition	NOUVELLES LECTURES LIBRES
Dossier 1. present tense (pp. 5, 7) nouns and adjectives (pp. 10–11) Dossier 2. adjectives (pp. 16–17) Dossier 3. nouns (pp. 23–24) infinitives (p. 25) Dossier 4. nouns (pp. 32–35) Dossier 5. adjectives (p. 44) nouns (pp. 45–48)	1. Deharme, "Cette Année-là . . ." present tense cognate recognition (pp. 4–5)

C'EST COMME ÇA, first edition	NOUVELLES LECTURES LIBRES

Dossier 6.
  time expressions (pp. 55–57)
  passé composé (p. 58)
 	
(See also earlier readings using past tenses:
pp. 22–23; p. 28)
 	
Dossier 7.
  past tenses (pp. 71–74)
	2. Tharaud et Tharaud, "La Vierge aux oiseaux"
	  present and imperfect
	  passé simple: regular verbs (pp. 10–11)
	
	3. Noël, "L'Oeuvre du sixième jour"
	  passé simple: irregular verbs (pp. 17–18)
	
	4. Thériault, "Le Portrait"
	  contrast of imperfect and passé composé
	  cognate recognition (p. 24)
	
	5. Kessel, "L'Evasion"
	  (1) uses of the imperfect in past narration
	  (p. 32)
	
	(See also Appendix A, "Uses and formation of past tenses in French," pp. 149–153; Appendix B, "Past Tenses of Irregular Verbs," pp. 154–155.)

Dossier 7. (*cont*.)
  reflexive verbs (pp. 66–69)
 	
Dossier 8.
  use of **on** (p. 77, p. 83)
 	
Dossier 9.
  use of **on** (p. 92, p. 96)
  reflexive verbs: reciprocal meaning (p. 95)
  reflexive verbs: passé composé (p. 97)
	5. Kessel, "L'Evasion" (*cont*.)
	  (2) use of pronouns
	  guessing meaning from context (p. 37)
	
	  (3) cognate recognition (pp. 42–43)
	  reflexive verbs (pp. 43–44)
	
	  (4) use of pronouns
	  recognizing suffixes (pp. 48–49)
	
	  (5) use of pronouns in compound tenses
	  word families (p. 55)

FRENCH FOR FLUENCY	PANORAMA 2

Unité 3.
l'infinitif
le participe présent
le subjonctif
	22. La première poste aérienne
	    subjunctive
	    voc: les communications (p. 106)
	
	23. Halte aux calories!
	    present participle
	    voc: poids et mesures (pp. 110–111)
	
	25. Vive le camping!
	    infinitive
	    voc: la nature (p. 120)

Unité 4.
adjectifs et adverbes
le comparatif, le superlatif
les nombres
expressions indéfinies
la négation
	12. Les Français débarquent . . . en Amérique
	    dates and numbers
	    voc: la guerre et la paix (p. 59)

C'EST COMME ÇA, first edition	NOUVELLES LECTURES LIBRES

Dossier 10.
noun + **de** + infinitive (p. 106)
verb + infinitive (p. 106)
 	
Dossier 11.
subjunctive (p. 122)
 	
Dossier 12.
subjunctive (p. 135)
	5. Kessel, "L'Evasion" (*cont*.)
	   (6) present participle (p. 60)
	      prefixes
	
	   (7) verifying meanings (pp. 64–65)
	
	6. Guitry, "La Mort du Comte d'Astrac"
	   infinitives; present participle
	   subjunctive (p. 72)
	
	7. De Haan, "Une Vieille Lampe à pétrole"
	   impersonal **il** (p. 82)
	
	(See also Appendix C, "Uses and formation of the subjunctive," pp. 156–160; also, examples, p. 141)

Dossier 13.
superlative (p. 142, p. 144)
 	
Dossier 14.
numbers (p. 152)
adjectives (p. 155)
en + present participle (p. 158)
negation (pp. 160–161)
 	
Dossier 15.
indefinite expressions (p. 165)
negation (pp. 168–169)
numbers (p. 174)
 	
(For numbers, see also pp. 125–126)
	8. Maurois, "La Pèlerine"
	   adjectives, adverbs
	   ne . . . que (p. 93)
	
	9. Camus, "Jeanne"
	   indefinite expressions
	   expressions of quantity
	   position of adverbs
	   demonstrative adjectives (p. 101)
	
	(Note also the extensive use of the imperfect for habitual past actions)
	
	(See also pp. 121–122: negation)

FRENCH FOR FLUENCY	PANORAMA 2
Unité 5. le futur le conditionnel les temps composés le passif **faire** + infinitif	19. Comment prédire l'avenir future voc: le sommeil (p. 92) 20. Un garçon en révolte historic present, future voc: voyage en train (p. 96) 21. Etes-vous décontracté(e)? past, future voc: attitudes et émotions (p. 100) 24. Les cartes postales pluperfect voc: photo et cinéma (p. 116)
Unité 6. pronoms relatifs pronoms interrogatifs pronoms démonstratifs pronoms possessifs le discours indirect	

C'EST COMME ÇA, first edition	NOUVELLES LECTURES LIBRES
Dossier 16. **faire** + infinitive (p. 183) le futur (p. 186, p. 187)	10. Philippe, "L'Allumette" compound tenses (pp. 109–110) future (examples, p. 106)
Dossier 17. conditional (p. 195, p. 200)	11. Maupassant, "La Parure" (1) prefixes (p. 115)
Dossier 18. passive (p. 210)	(Note: reading contains examples of passive, future, conditional)
(For conditional, see also p. 111)	(See also **faire** + infinitive, p. 72; pp. 140–141)
Dossier 19. avoiding the passive (p. 218, p. 221)	
Dossier 19. (*cont.*) pronoun **ce** (pp. 222–223)	11. Maupassant, "La Parure" (*cont.*) (2) use of relative pronouns (3) use of demonstrative pronouns
Dossier 20. relative pronouns (p. 227) demonstrative pronouns (p. 232)	12. Mérimée, "Mateo Falcone" (1) pronouns inversion (pp. 134–135) (2) double infinitive (pp. 140–141) (3) pronouns
Dossier 21. demonstrative pronouns (p. 238)	

5. Planning the Curriculum

At the intermediate level, teachers enjoy a substantial degree of flexibility in establishing their lesson plans and in setting up their curriculum for the year. The FRENCH FOR FLUENCY program includes a broad range of activities and ancillaries, so that teachers are able to pick and choose to put together a level three or level four program that responds to the needs of their students.

5.1 Using the FRENCH FOR FLUENCY Core Program

Most teachers will spend an average of two or three full class periods on a FRENCH FOR FLUENCY lesson. (Of course, this time may be increased or diminished depending on the ease or difficulty of the lesson and the preparation of the students.)

5.1.1 The "chunk" approach. Teachers schedule a chunk of time (two or three contiguous days) for a lesson of FRENCH FOR FLUENCY and then spend a couple of days on other activities: reading, conversation, cultural projects.

5.1.2 The alternate-day approach. Every other day is scheduled for FRENCH FOR FLUENCY while the alternate days are left open for reading, conversation, and culture projects.

5.1.3 The half-period approach. Teachers usually plan to devote half of each period to FRENCH FOR FLUENCY and schedule the other half for conversation, reading, and culture.

5.1.4 The intensive approach. Teachers devote four or five days a week to FRENCH FOR FLUENCY during the first semester, thus finishing the grammar review and expansion activities by February and reserving most of the second semester for intensive reading, conversation development, and cultural activities.

5.2 Supplementing the Core Program

Although it is possible to spend most of the school year on the FRENCH FOR FLUENCY core program, by doing all of the suggested activities, most teachers will prefer to be selective in assigning exercises and *Entre nous* projects so as to reserve class time for other activities.

5.2.1 Selecting reading material. The choice of ancillary readers and reading selections will depend on the interests and the level of the students. The correlation table (pp. TE 10–17) can serve as a guide in choosing readings that correspond to the grammar being taught in the Core Program. Most teachers will not cover all the selections in any given reader, but will concentrate on those that seem most effective with a given group of students.

Reading selections not taught in class may be assigned for extra credit work.

5.2.2 Individual and small group activities. Most intermediate level teachers allow some time in the curriculum for individual and small group activities. These may include group compositions (for example, inspired by the *Entre nous* sections of FRENCH FOR FLUENCY, or the suggestions following a reading selection), oral reports (perhaps growing out of the cultural readings in PANORAMA 2 or C'EST COMME ÇA), improvised dialogs and skits or video recordings of original TV commercials (incorporating some of the grammar and structures of the FRENCH FOR FLUENCY unit under study).

Part Two
Supplementing
FRENCH FOR FLUENCY

6. Outside Reading Materials

Traditionally, Level Three teachers have supplemented the basic program with outside reading materials. These are usually edited readers that contain reading helps and an end-vocabulary to facilitate the students' comprehension of the text. The readers reinforce the new structures under study since the student learns to handle them in an authentic communication context. The readers also are the primary vehicle for vocabulary expansion at this level.

6.1 Literary readers

The most widely used literary selections used in Level Three are:

Antoine de Saint-Exupéry, *Le Petit Prince* (which may be read after Unité 4)
Albert Camus, *L'Etranger* (generally read after *Le Petit Prince*)
Molière, *Le Bourgeois Gentilhomme* (often in the form of excerpts)

Literary anthologies also provide short selections of poetry, prose, and drama. Most schools have collections of anthologies in their departmental libraries.

6.2 Cartoons

Books of cartoons provide a change of pace. French versions of *Peanuts* and *Garfield* introduce students to idiomatic conversational style. (Frequently they must be read in conjunction with the original English editions since certain expressions may not be found in student dictionaries. This bilingual exercise also allows students to see at which point direct translation must give way to paraphrase.)

The French cartoon books, such as the *Astérix* or the *Tintin* series, are culturally authentic, but often difficult for American students to understand. However, since each "album" contains a single long adventure, the illustrations and the context facilitate creative guessing.

6.3 Cultural readers

Cultural readers, written or edited for American students, broaden the students' understanding of French culture and civilization. These readers help bridge the gap between the carefully constructed readings of Levels One and Two on the one hand and the authentic prose of contemporary newspapers and magazines on the other.

6.4 Conversation guides and travel books

Conversation and travel phrase books can provide useful vocabulary and idiomatic expressions, especially for students who plan to travel in a French-speaking country. These books can also provide points of departure for student skits and dialogs.

6.5 Periodicals

French-language newspapers and magazines offer an up-to-date source of current information about the French-speaking world.

Many of the French-language newspapers and magazines listed on the following pages can be purchased in the larger cities at shops that sell foreign-language periodicals. Others are available by single copy or by subscription from the distributor.

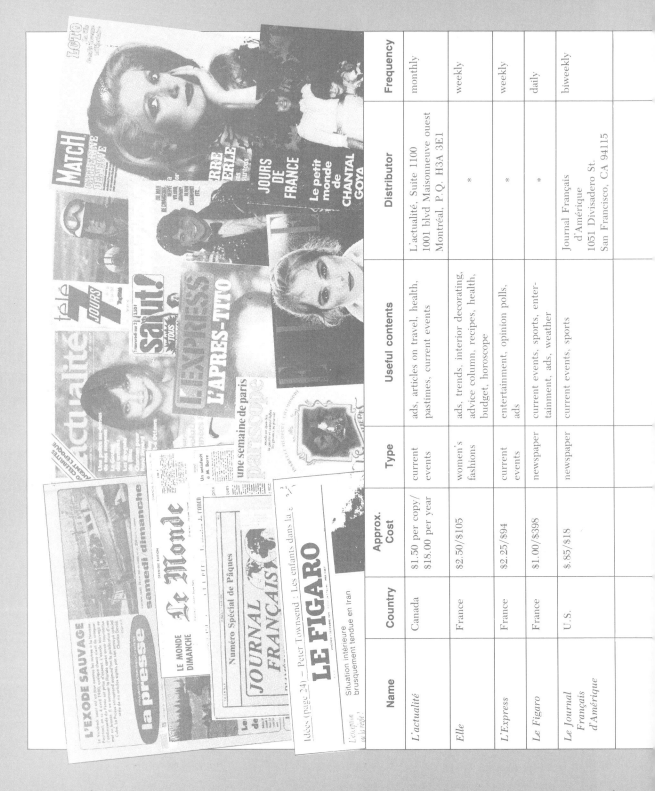

Name	Country	Approx. Cost	Type	Useful contents	Distributor	Frequency
L'actualité	Canada	$1.50 per copy/ $18.00 per year	current events	ads, articles on travel, health, pastimes, current events	L'actualité, Suite 1100 1001 blvd Maisonneuve ouest Montréal, P.Q. H3A 3E1	monthly
Elle	France	$2.50/$105	women's fashions	ads, trends, interior decorating, advice column, recipes, health, budget, horoscope	*	weekly
L'Express	France	$2.25/$94	current events	entertainment, opinion polls, ads	*	weekly
Le Figaro	France	$1.00/$398	newspaper	current events, sports, entertainment, ads, weather	*	daily
Le Journal Français d'Amérique	U.S.	$.85/$18	newspaper	current events, sports	Journal Français d'Amérique 1051 Divisadero St. San Francisco, CA 94115	biweekly

Title	Country	Price	Type	Description	Publisher/Address	Frequency
Jours de France	France	$2.20/$100	fashion	ads, horoscope, cartoons	*	weekly
Le Monde	France	$1.00/$390	newspaper	games, hobbies, entertainment, weather, current events	*	daily
Ok âge tendre	France	$1.25/$56	youth	youth culture, teen fashions, ads	*	weekly
Une semaine de Paris — Pariscope	France	$2.20/$100	entertainment listings	movies, dance, music, theater, sports events	*	weekly
Paris-Match	France	$2.25/$80	current events	stories, sports, opinion polls, ads, TV programs	Paris-Match P. O. Box 8500 S. 4075 Philadelphia, PA 19178	weekly
Phosphore	France	$4.00/$36	youth	lycée, careers, contemporary French life, "fiches" on varied topics	Bayard Presse 5, rue Bayard 75393 Paris cedex 08 France	monthly
Pilote	France	$1.75/$77	humor	comics, ads, cartoons	*	weekly
La Presse	Canada (Montréal)	$.50/$250	newspaper	current events, entertainment ads	La Presse Ltée 7, rue Saint-Jacques Montréal, P.Q. H2Y 1K9	daily
Salut	France	$2.00/$40	youth	youth culture, ads	*	biweekly
Sélections de Reader's Digest	Canada or France	$2.75/$18	general	jokes, ads, stories, articles	Reader's Digest OEM Pleasantville, NY 10570 (specify Canadian or Parisian edition)	monthly
Le Soleil	Canada (Québec)	$.50/$250	newspaper	current events, entertainment	Le Soleil 390 St-Vallier est Québec, P.Q. G1K 7J6	daily
Télé 7 jours	France	$1.25/$61	TV guide	TV programs, articles, ads		weekly
TV	Canada	$.75/$35	TV guide	French version of *TV Guide*, with French résumés of all English and French programs; ads and articles	TV HEBDO, Inc. 1001 blvd Maisonneuve est Bureau 1100 Montréal, P.Q. H2L 4P9	weekly

* These periodicals can be purchased from any of the following distributors:

Larousse & Co., Inc.
572 Fifth Avenue
New York, NY 10036

French and European Publications
610 Fifth Avenue
New York, NY 10020

French and European Publications
652 South Olive Street
Los Angeles, CA 90014

European Publishers Representatives
11-03 46th Avenue
Long Island City, NY 11101

7. Supplementary Materials and Activities

In addition to books and periodicals, there are many other types of supplementary materials and activities that can be used to enliven the atmosphere of the class, provide a change of pace, and present students with a practical application of skills developed in FRENCH FOR FLUENCY.

7.1 Recordings

French-language records and tape recordings are available in the United States through a variety of specialized distributors. When ordering from a catalog, it is often a good idea for teachers to request recordings on approval so that they can listen to the material and determine whether the material will be comprehensible to the students. When purchasing records, it is a great advantage to buy albums that have the printed lyrics for the songs.

Certain recordings prepared in Europe for the instruction of French are also very effective with American students.

7.2 Radio and shortwave

There are a number of radio stations in the United States that broadcast in French at some point during the day. The teacher and the students should check the newspapers for stations and times. If the teacher or the students have a shortwave receiver, it may be possible to make tape recordings of a variety of French-language programs, including daily news broadcasts.

7.3 Film and video

French-language film and video programs provide students with audio-visual experiences that have originally been produced for French-speaking audiences. Before using such materials, teachers should preview them for level of language and appropriateness of content.

7.3.1 Feature films. French-language feature films are becoming more and more common in commercial movie theaters, especially in university towns. Older feature films are available for rental from film rental agencies. Occasionally French-language films can be obtained on video cassette. (For French classics, the movie script is sometimes available in book form.)

7.3.2 Documentaries. French-language short documentaries can often be rented from educational institutions with film libraries. The Northeast Conference on the Teaching of Foreign Languages (Box 623, Middlebury, VT 05753) rents some prize-winning French documentaries.

French-language videotapes and short documentaries are available, often at no charge, through the Quebec cultural services. For information, write:

Department of Communications
Québec Government House
17 West 50th Street
New York, NY 10020

7.4 Brochures and posters

These are available from many sources. Local travel agents often have colorful brochures on French-speaking countries.

7.4.1 Tourist offices.
For additional information, the teacher or the students might want to write to the following official tourist offices:

- FRANCE
French Government Tourist Office
610 Fifth Avenue
New York, New York 10020

Commissariat Général du Tourisme
127, av. des Champs-Elysées
75008 Paris, France

Mission interministérielle pour le tourisme
17, rue de l'Ingénieur Robert Keller
75740 Paris, France

- CANADA
Tourisme Canada
235 Queen Street
Ottawa, Ontario, Canada K1A 0H6

Ministère de l'Industrie du Commerce et du Tourisme
Direction Générale du Tourisme
710 Place d'Youville
Québec, P.Q., Canada G1R 4Y4

- MARTINIQUE AND GUADELOUPE
Caribbean Tourism Association
20 East 46th Street
New York, New York 10017

- TAHITI
Tahiti Tourist Board
1 Penn Plaza, Suite 2206
New York, New York 10119

- HAITI
  Haiti Government Tourist Office
  1270 Avenue of the Americas, Suite 508
  New York, New York 10020

7.4.2 Embassies and consulates of French-speaking countries. The teacher or the students may request information in French or in English on the country, its educational system, or any other aspect of life in that country.

One can also write for information to the Services Culturels of the French consulates in Washington, New York, Chicago, San Francisco, Los Angeles, Houston, New Orleans, and Boston.

7.4.3 American offices of transportation companies. Students can write to the United States offices of airline or shipping companies of French-speaking countries requesting descriptive material in French or English, bilingual menus, bilingual brochures, or other realia. A local travel agency can furnish up-to-date addresses of companies such as Air France, Air Canada, Air Afrique, and Swissair.

7.4.4 Front offices of Canadian sports teams. Professional sports teams in French-speaking areas of Canada, such as the Expos and the Canadiens, produce bilingual programs and brochures available through their public relations departments.

7.4.5 Commercial enterprises. Posters and information on wine and cheese may be obtained from:
  Food and Wines from France, Inc.
  Information Center for Food and Wine
  24 East 21st Street
  New York, NY 10010

7.5 Cultural activities

Field trips are an excellent way to provide an introduction to French culture. In order to be successful, these outside activities require careful planning. The students can be given special research assignments and can report their findings to the class before the trip. Some possible ideas for trips are:

- *Visiting the French collections of an art museum.* Many major American museums have extensive French collections, especially nineteenth- and twentieth-century painting and sculpture. Some museums also have collections of French furniture, porcelain, and costumes. The larger museums may have guides who can describe the exhibits in French.
- *Going to French movies and plays.* Before taking a class to see a French movie or play, the teacher will want to prepare the students. For a play,

the students can read the text. For a movie, it may be possible to get reviews from French magazines.

- *Taking a trip to a French-speaking country*. For those living in the Northeast, such a trip may be affordable. Long weekends in Montreal and Quebec will introduce the students to a neighboring French-speaking population. A number of secondary schools participate in student exchange with France or Martinique.

7.6 Activities sponsored by the AATF

The AATF (American Association of Teachers of French, 57 E. Armory Ave., Champaign, IL 61820) sponsors educational activities for intermediate level French students whose teachers are members of the organization.

7.6.1 Pen pals. Students enjoy corresponding with French-speaking students. Pen pals can be obtained through the "Bureau de Correspondance Scolaire." Write the AATF (at the above address) for details.

7.6.2 National French contest. Students whose teachers are AATF members may participate in the annual Concours. Prizes are awarded to winners at the chapter level, the regional level, and the national level. (For information contact Sidney Teitelbaum, Box 86, Plainview, NY 11803.)

7.6.3 National Society of Honor Students in French. Teachers who are members of the AATF may set up a chapter of the Société Honoraire de Français in their school to promote the study of French and to honor those students who have done especially well in their language classes. Level Three students who meet the required academic standards are eligible for election to the society. At the national level, the Société Honoraire sponsors an annual creative writing contest and also offers several summer scholarships to Quebec and France. (For information, contact Stephen Foster, Dept. of Foreign Languages, Old Dominion University, Norfolk, VA 23508.)

FRENCH

FOR FLUENCY

Grammaire active

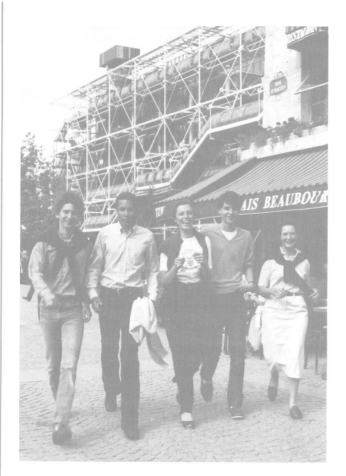

Jean-Paul Valette
Rebecca M. Valette

D. C. Heath AND COMPANY
Lexington, Massachusetts Toronto

CONSULTANTS

Karen Nerpouni, Concord-Carlisle Regional H.S., Concord, Massachusetts
Natalie Goldschmidt, South Eugene H.S., Eugene, Oregon
Patricia McCann, Lincoln-Sudbury Regional H.S., Sudbury, Massachusetts
Bettye Samuels, Ballard H.S., Louisville, Kentucky

Roger Coulombe, *Executive Editor*
Anita Raducanu, *Project Editor*
Tama Hochbaum, *Book Designer*
Sally Steele, *Cover Designer*
Barbara Kirk, *Production Coordinator*

Published simultaneously in Canada.

Printed in the United States of America.

International Standard Book Number: 0-669-03964-0   0-669-03965-9

Contents

PARLONS FRANCAIS PARTOUT

Le français dans le monde **135**

Unité 2 Les pronoms

se marier est une affaire sérieuse : c'est pour la vie.

Les gens de France

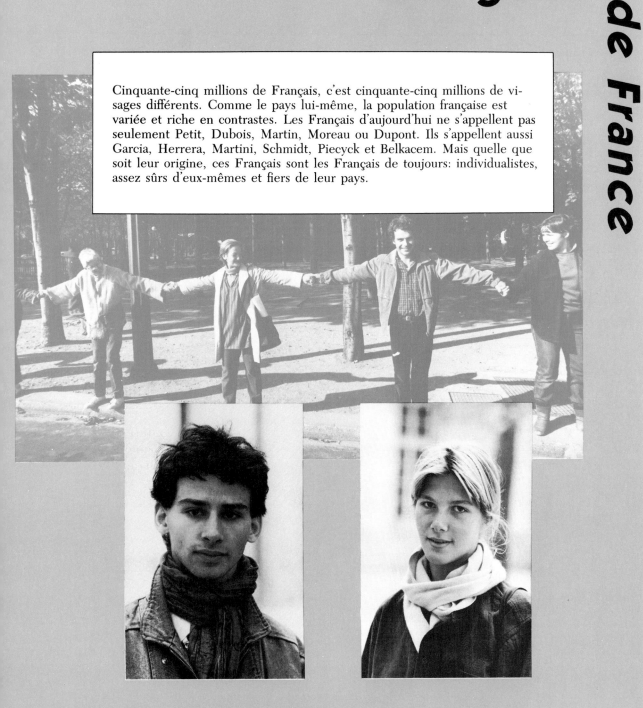

Cinquante-cinq millions de Français, c'est cinquante-cinq millions de visages différents. Comme le pays lui-même, la population française est variée et riche en contrastes. Les Français d'aujourd'hui ne s'appellent pas seulement Petit, Dubois, Martin, Moreau ou Dupont. Ils s'appellent aussi Garcia, Herrera, Martini, Schmidt, Piecyck et Belkacem. Mais quelle que soit leur origine, ces Français sont les Français de toujours: individualistes, assez sûrs d'eux-mêmes et fiers de leur pays.

2

3

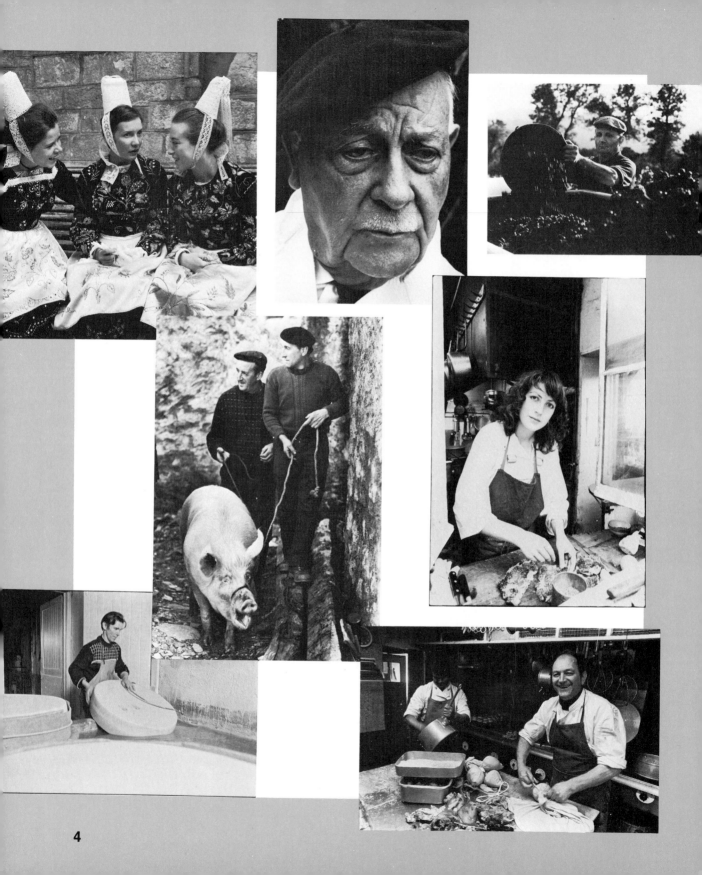

LES ÉLÉMENTS DE BASE

Première Partie: Le présent et l'impératif
Deuxième Partie: Le groupe nominal

Première Partie:
RÉVISION

1. Les verbes réguliers   Activité 1   p. 13

Ninety percent of French verbs are regular. These verbs can be classified into three groups,
according to their infinitive endings: **-er**, **-ir**, and **-re.** Each has its specific conjugation
pattern.

INFINITIVE		**parler**		**finir**		**vendre**	
PRESENT	je	parle	-e	finis	-is	vends	-s
	tu	parles	-es	finis	-is	vends	-s
	il/elle/on	parle	-e	finit	-it	vend	—
	nous	parlons	-ons	finissons	-issons	vendons	-ons
	vous	parlez	-ez	finissez	-issez	vendez	-ez
	ils/elles	parlent	-ent	finissent	-issent	vendent	-ent
IMPERATIVE	(tu)	Parle!	-e	Finis!	-is	Vends!	-s
	(nous)	Parlons!	-ons	Finissons!	-issons	Vendons!	-ons
	(vous)	Parlez!	-ez	Finissez!	-issez	Vendez!	-ez

2. Le présent de l'indicatif   Activités 1, 2   pp. 13, 14

The present indicative is used to describe a present or habitual situation or event. It is
also used to emphasize a fact. The present indicative has several English equivalents.

Je **parle** français.
$\begin{cases} \textit{I \textbf{am speaking}} \text{ French. (. . . right now)} \\ \textit{I \textbf{speak}} \text{ French. (. . . habitually, with my cousins)} \\ \textit{I \textbf{do speak}} \text{ French. (. . . in fact, I speak it very well)} \end{cases}$

⟹ The present indicative is also used to describe an event occurring in the near future.

Paul **arrive** à Paris demain matin.

Le présent et l'impératif
DE GRAMMAIRE

➡ Each verb form consists of two parts:
  - a *stem*, which remains the same throughout the conjugation pattern. (This stem is the infinitive minus the ending **-er, -ir, -re.**)
  - an *ending*, which changes with the subject.

➡ The imperative is used to give orders or make suggestions.

Attendons!	*Let's wait!*
Finissez votre travail!	*Finish your work!*
Ne perds pas ton temps!	*Don't waste your time!*

➡ The forms of the imperative are the same as the corresponding forms of the present. In the **tu** form of the imperative of **-er** verbs, the final **-s** is dropped.

Tu **joues** au tennis.   **Joue** avec moi!

In sentences with **depuis,** the present indicative is used to describe a situation that started in the past but which is continuing in the present.

J'étudie le français **depuis** trois ans.   *I have been studying French for three years.*

Depuis combien de temps **habites-tu** ici?   *For how long have you been living here?*

PARLONS FRANCAIS PARTOUT

3. Les verbes à changement orthographique Activité 3 p. 14

Although regular, a few verbs ending in **-er** have spelling changes in certain forms.
Note these changes.

Verbs ending in:	-ger	-cer	-yer
INFINITIVE	**nager**	**annoncer**	**payer**
PRESENT je (j')	nage	annonce	paie
tu	nages	annonces	paies
il/elle/on	nage	annonce	paie
nous	nageons	annonçons	payons
vous	nagez	annoncez	payez
ils/elles	nagent	annoncent	paient

Verbs ending in:	-é + consonant + **er**	-e + consonant + **er**	
INFINITIVE	**préférer**	**acheter**	**appeler**
PRESENT je	préfère	achète	appelle
tu	préfères	achètes	appelles
il/elle/on	préfère	achète	appelle
nous	préférons	achetons	appelons
vous	préférez	achetez	appelez
ils/elles	préfèrent	achètent	appellent

▷ In the present and imperative, **ouvrir** is conjugated like a regular **-er** verb.

   j'**ouvre**   tu **ouvres**   il **ouvre**   nous **ouvrons**   vous **ouvrez**   ils **ouvrent**

Cueillir *(to pick flowers)* and **accueillir** *(to welcome)* are also conjugated like regular **-er** verbs in the present tense.

4. La construction négative Activité 4 p. 15

The negative construction is formed according to the following pattern:

(subject +) **ne** + verb + **pas** + rest of sentence

Vous **ne** parlez **pas** italien.   { *You **do not** speak Italian.* / *You **are not** speaking Italian.* }

Ne restez **pas** ici!   ***Do not** stay here!*

VERBS CONJUGATED LIKE:

nager *(to swim)*

*arranger	*to fix, arrange*
changer	*to change*
corriger	*to correct*
*déménager	*to move (one's residence)*
*déranger	*to disturb*
*diriger	*to manage, run*
manger	*to eat*
*obliger	*to oblige*
*partager	*to share*
*plonger	*to dive*
*ranger	*to put in order, put away*
voyager	*to travel*

annoncer *(to announce)*

*avancer	*to move forward*
commencer	*to start, begin*
*effacer	*to erase*
*lancer	*to throw, launch*
menacer	*to threaten*
*placer	*to put, set, place*
*remplacer	*to replace*
*renoncer	*to give up, renounce*

payer *(to pay, pay for)*

*employer	*to use, employ*
envoyer	*to send*
essayer	*to try*
*essuyer	*to wipe*
*nettoyer	*to clean*

les enfants préfèrent le train.
SNCF

VERBS CONJUGATED LIKE:

préférer *(to prefer)*

Also -ger.

*célébrer	*to celebrate*
espérer	*to hope*
*posséder	*to own*
*protéger	*to protect*
répéter	*to repeat*

acheter *(to buy)*

amener	*to bring (someone)*
*élever	*to raise*
*emmener	*to take away (someone)*
*enlever	*to take off, remove*
*peser	*to weigh*

appeler *(to call)*

in -ler:

*épeler	*to spell*
*rappeler	*to recall, call back*

in -ter

*jeter	*to throw*
*rejeter	*to reject*

VERBS CONJUGATED LIKE OUVRIR:

ouvrir	*to open*	découvrir	*to discover*	souffrir	*to suffer*
*couvrir	*to cover*	offrir	*to offer, give*		

⇨ In a negative construction, the second negative word may be **jamais, plus**, etc.

Tu **ne** voyages **jamais**.　　　*You **never** travel*.

Pierre **n**'habite **plus** à Paris.　　*Pierre **no longer** lives in Paris*.

⇨ **Si** is used instead of **oui** to contradict a negative question.

Tu **n**'aimes **pas** la glace?　　　**Si**, j'aime la glace.

5. La construction interrogative Activités 5, 6, 7 pp. 16–17

Questions are formed according to the following patterns:

☐ with **est-ce que**

(interrogative expression +) **est-ce que** + subject + verb + rest of sentence

The subject is:

A NOUN
Est-ce que Jeanne habite ici?
Où **est-ce que** Jeanne habite?

A PRONOUN
Est-ce qu'elle habite ici?
Où **est-ce qu'**elle habite?

☐ with inversion

$\left(\begin{array}{c}\text{interrogative}\\\text{expression}\end{array} + \right)$ noun subject (if any) + verb – subject pronoun + rest of sentence

The subject is:

A NOUN
Jeanne **habite-t-elle** ici?
Où Jeanne **habite-t-elle**?

A PRONOUN
Habite-t-elle ici?
Où **habite-t-elle**?

➪ In inverted questions, the verb and the subject pronoun are linked by a hyphen. When the subject is **il, elle, on, ils,** or **elles,** a liaison consonant /t/ is pronounced between the verb and the subject.

Possèdent-ils une Jaguar?

If the form of the verb ends in a vowel, a "**-t-**" is inserted between the verb and the pronoun.

Parle-t-on français à Genève?

6. La construction infinitive Activité 8 p. 17

When a verb follows another verb, the construction is usually:

subject (+ **ne**) + conjugated verb (+ **pas**) + infinitive + rest of sentence

Nous **espérons voyager**.   *We hope to travel.*
Je **pense visiter** Paris cet été.   *I expect to visit Paris this summer.*

☐ Information questions always begin with an interrogative expression.
The most common interrogative expressions are:

où (*where*)?	**combien** (*how much*)?	**qui** (*who, whom*)?
quand (*when*)?	**comment** (*how*)?	**à qui** (*to whom*)?
pourquoi (*why*)?	**à quelle heure** (*at what time*)?	**avec qui** (*with whom*)?
que (*what*)?	**depuis quand** (*since when*)?	

⇨ When the subject of the question is **qui** (*who*), the pattern is:

> **qui** + verb + rest of sentence

Qui habite ici?

☐ When the subject of a short information question is a *noun*, the following inversion pattern is often used:

This is a new structure.

> interrogative expression + verb + noun subject

Où habitent **tes cousins**?   A quelle heure arrive **le train**?

⇨ This shorter pattern is always used with **que.**

Que font vos amis?

⇨ The longer pattern, however, is always used in yes/no questions or in information questions beginning with **pourquoi** or **qui** (*whom*).

Qui Francine invite-t-elle?

In an infinitive construction, the conjugated verb can be in the affirmative, negative, or interrogative form.

> **Je n'aime pas** travailler le week-end.
> **Qu'est-ce que vous désirez** acheter?
> Où ta soeur **espère-t-elle** habiter l'année prochaine?

Vocabulaire — Verbes réguliers

VERBES EN -ER

aider	to help
apporter	to bring (something)
*assister à	to attend, be present at, see
*attraper	to catch
*augmenter	to increase
casser	to break
chanter	to sing
chercher	to look for, get
couper	to cut
coûter	to cost
danser	to dance
déjeuner	to have lunch
demander	to ask, ask for
dépenser	to spend
*dessiner	to draw
dîner	to have dinner
*économiser (de l'argent)	to save (money)
écouter	to listen to
entrer (dans)	to enter
étudier	to study
fermer	to close, shut
*fumer	to smoke
gagner	to earn, win
*garder	to keep
habiter	to live, live in
jouer	to play
laisser	to let, leave
laver	to wash

louer	to rent, hire
*marcher	to walk; to work, function
*monter	to go up, climb; to bring up
oublier	to forget
parler (à)	to speak, talk
passer	to go (through), spend (time)
penser (à)	to think
*porter	to carry, wear
présenter	to introduce
quitter	to leave
raconter	to tell
rater	to miss, fail
regarder	to watch, look at
rencontrer	to meet
rentrer	to return, go home
réparer	to fix
*réserver	to reserve
rester	to stay
sonner	to ring
*taper (à la machine)	to type
téléphoner (à)	to call, phone
*terminer	to end, finish
tomber	to fall
travailler	to work
trouver	to find
utiliser	to use
visiter	to visit (a place)

VERBES EN -IR

*agir	to act
*bâtir	to build
choisir	to choose
*désobéir (à)	to disobey
finir	to finish, end
obéir (à)	to obey

*réagir	to react
réfléchir (à)	to think (about)
remplir	to fill, fill out
réussir (à)	to succeed (in)
*saisir	to seize, grab

VERBES EN -RE

attendre	to wait, wait for	rendre	to give back, return
*descendre	to go down, take down; to get off	* rendre service (à)	to help
		rendre visite (à)	to visit (someone)
entendre	to hear	répondre (à)	to answer
perdre	to lose, waste (time)	vendre	to sell

NOTE DE VOCABULAIRE:

Many verbs in **-ir** indicate a physical transformation. These verbs are often derived from descriptive adjectives of color, size, or condition.

blanc, blanche	→ **blanchir** *	to turn white, to whiten, to bleach
brun	→ **brunir** *	to turn brown, to get a tan
rouge	→ **rougir** *	to turn red, to blush
pâle	→ **pâlir** *	to grow pale
grand	→ **grandir** *	to grow (tall)
gros, grosse	→ **grossir**	to get fat, to gain weight
maigre	→ **maigrir**	to become thin, to lose weight
vieux, vieille	→ **vieillir** *	to grow old, to age

A c t i v i t é 1 **L'arrivée à Nice**   STRUCTURES 1, 2

Des étudiants canadiens vont passer les vacances sur la Côte d'Azur. Ils arrivent à l'aéroport de Nice. Dites ce qu'ils font.

⇒ Béatrice (téléphoner à un ami) **Béatrice téléphone à un ami.**

1. nous / vous / toi (descendre de l'avion)
2. François / moi / vous (attendre le bus)
3. Thérèse et Suzanne / nous / toi (louer une voiture)
4. ces deux étudiants / André / nous (chercher un hôtel)
5. Francine / moi / toi (réserver une chambre)
6. toi / nous / vous (remplir la fiche d'hôtel [*hotel registration card*])
7. toi / nous / Daniel et Alain (rendre visite à un ami)
8. Marc / toi / vous / ces filles (choisir des cartes postales)

FICHE DE VOYAGEUR

Nom et Adresse de l'Hôtel

HOTEL LA BOËTIE
81, rue La Boëtie

Ch. N°

NOM :
Name in Capital letters
Name bitte schreiben im letter
                                    (écrire en majuscules)
Nom de jeune fille :
Maiden Name
Mädchenname
Prénoms :
Christian Names
Vornamen
Né le : .... à ....
Date and place of birth
Geburtsdatum und Geburtsort
Département (ou pays pour l'étranger)
Country
Bezirk oder Land
Profession :
Occupation
Beruf
Domicile habituel :
Home address
Wohnsitz

NATIONALITÉ
Nationality
Nationalität

T. S. V. P.

Activité 2 Depuis quand?

STRUCTURE 2

Les gens suivants font certaines choses depuis un certain temps. Dites depuis quand.

➡ Roger / habiter à Québec / mars   **Roger habite à Québec depuis mars.**

1. Monique / attendre Pierre / une heure
2. Roland / téléphoner à Sylvie / vingt minutes
3. vous / étudier l'espagnol / septembre
4. ce musicien / jouer du piano / l'âge de six ans
5. les hommes / voyager dans l'espace / vingt ans
6. Monsieur Rameau / travailler pour Air France / juillet dernier
7. mes cousins / diriger (*to manage*) l'entreprise (*business*) familiale / la mort de leur père
8. mes amis / louer un appartement à Paris / l'année dernière
9. Jean-Louis / réparer / sa voiture / ce matin

Activité 3 Oui ou non?

STRUCTURES 3, 4

Lisez les descriptions des personnes suivantes et dites si oui ou non elles font les choses entre parenthèses.

1. Nous sommes des gens polis. (déranger nos voisins? appeler nos amis à deux heures du matin?)
2. Tu n'es pas très ordonné. (ranger tes livres? nettoyer ta chambre? enlever la poussière [*dust*]?)
3. Madame Moreau travaille dans un bureau de poste. (peser des lettres? envoyer des télégrammes?)
4. Tu n'es pas très honnête. (payer tes dettes? rejeter la responsabilité de tes actions?)
5. Vous êtes millionnaire. (posséder une Jaguar? voyager en première classe? manger des spaghetti tous les jours?)
6. Tu nettoies ta chambre. (ouvrir les fenêtres? essuyer le bureau? jeter les vieux papiers?)
7. Cette compagnie est très dynamique. (engager [*to hire*] du personnel? lancer des nouveaux produits? employer des méthodes modernes de marketing?)
8. Nous restons dans cet appartement. (changer d'adresse? déménager?)
9. Nous modernisons notre appartement. (arranger la cuisine? remplacer le vieux réfrigérateur? enlever la climatisation [*air conditioning*]?)
10. Nous sommes généreux. (offrir des cadeaux à nos amis? partager nos affaires [*belongings*] avec eux?)
11. Tu as très mal à la tête. (souffrir? acheter de l'aspirine?)

Ecoutez Mozart sur un téléviseur hi-fi.

PATHE MARCONI
LA VOIX DE SON MAITRE

A c t i v i t é 4 **Conseils** *(Advice)* **et suggestions**   STRUCTURE 4

Certaines personnes parlent à d'autres personnes. Dites quels conseils elles leur donnent. Pour cela, faites des phrases affirmatives ou négatives en utilisant l'impératif des verbes entre parenthèses.

⇒ Madame Martin parle à sa fille. (désobéir)   **Ne désobéis pas!**

1. Le professeur parle aux étudiants. (attendre la dernière minute pour étudier / réfléchir avant de répondre aux questions / rater l'examen)
2. Le docteur Guérin parle à Monsieur Legros, un de ses patients. (fumer / grossir / attraper la grippe)
3. Avant le match, l'entraîneur *(coach)* parle aux joueurs de l'équipe. (jouer bien / perdre courage / gagner le match)
4. Le patron de l'hôtel parle à un client. (remplir cette fiche [*form*] / perdre la clé de votre chambre / passer un séjour agréable)
5. Monsieur et Madame Camus vont passer les vacances en Espagne. C'est le jour du départ. Madame Camus parle à son mari. (oublier les passeports / chercher un taxi / descendre les valises)
6. Il fait froid aujourd'hui. Monsieur Renaud parle à son fils. (laisser la porte ouverte / fermer la fenêtre / attraper froid)
7. Il fait beau. Gérard propose à ses cousins de sortir ce week-end. (rester à la maison / passer l'après-midi à la campagne / organiser un pique-nique / apporter des sandwichs)   Have students use the **nous** form of the imperative.
8. Le professeur d'art dramatique parle aux jeunes acteurs. (rougir / parler clairement / garder votre calme)
9. Le chef du personnel parle au candidat. (apporter votre curriculum vitae [*résumé*] / remplir ce formulaire / laisser votre adresse à ma secrétaire / garder votre test)

Activité 5 Entre étudiants

Des étudiants français sont dans un café où ils discutent. Recréez leur conversation en utilisant les éléments ci-dessous. Chaque conversation comprend (*consists of*) deux questions et deux réponses. Formulez les questions en utilisant **tu** et **est-ce que**. Choisissez les mots interrogatifs qui conviennent.

⇨ habiter? (à la cité universitaire [*student dorms*] / avec des étudiants japonais)
   — **Où est-ce que tu habites?**
   — **J'habite à la cité universitaire.**
   — **Avec qui est-ce que tu habites à la cité universitaire?**
   — **J'habite à la cité universitaire avec des étudiants japonais.**

1. déjeuner? (au restaurant universitaire / à midi et demi)
2. travailler? (dans une banque / parce que je veux gagner de l'argent cet été)
3. attendre? (mon amie Michèle / parce que j'ai rendez-vous avec elle)
4. étudier? (la biologie / parce que je veux être médecin)
5. vendre? (ma moto / 5.000 francs)
6. regarder? (les petites annonces [*want ads*] / parce que je cherche du travail)
7. jouer au tennis? (avec ma cousine / le week-end)

Activité 6 Questions

Lisez ce que font les personnes suivantes et posez des questions sur leurs activités. Pour cela, utilisez l'inversion et un pronom personnel. Commencez vos questions par les mots interrogatifs entre parenthèses.

⇨ Jeannette déjeune. (où?)   **Où déjeune-t-elle?**

1. Jérôme déménage. (quand? dans quelle ville? pourquoi?)
2. Jacqueline reste à Paris. (avec qui? dans quel hôtel? pour combien de temps?)
3. Caroline envoie un télégramme. (à qui? pourquoi?)
4. Pierre rencontre ses amis. (à quelle heure? dans quel café?)
5. Cet architecte bâtit une maison. (pour qui? dans quelle ville? avec quels matériaux?)
6. Mes amies louent un appartement. (dans quel quartier? pour combien de temps? à quel prix [*price*]?)
7. Ces étudiants organisent une conférence. (quand? sur quel thème? pourquoi?)
8. Ce magasin offre des réductions. (à qui? jusqu'à quand [*until when*]? sous quelles conditions?)

Activité 7 Le monde des affaires (The business world) STRUCTURE 5

Vous êtes le président/la présidente d'une compagnie internationale française.
Votre vice-président vous fait un rapport sur les activités de la compagnie.
Posez-lui des questions. Utilisez l'inversion et un nom sujet pour chaque
question.

⇨ Nos exportations augmentent. (dans quels pays?)
Dans quels pays nos exportations augmentent-elles?

1. La concurrence (competition) augmente aussi. (dans quels secteurs?)
2. Nos ventes (sales) progressent. (dans quelles proportions?)
3. Notre agence de Bruxelles négocie un crédit bancaire. (pour combien de temps?)
4. Les ingénieurs travaillent. (sur quel projet?)
5. Notre secteur électronique ne marche pas bien. (pourquoi?)
6. Le chef du marketing recrute du personnel. (pourquoi?)
7. La compagnie ABC désire signer un contrat avec nous. (dans quelles conditions?)
8. Nos clients de New York désirent vendre leur compagnie. (à quel prix?)

Vocabulaire Quelques verbes suivis de l'infinitif

adorer	to like very much	Ma cousine **adore** danser.
aimer	to like, enjoy	J'**aime** voyager.
préférer	to prefer, like better	Je **préfère** voyager en auto.
détester	to dislike	Mon oncle **déteste** voyager en avion.
désirer	to wish, want	Ces étudiants **désirent** louer un appartement.
espérer	to hope	J'**espère** trouver un studio bon marché.
*souhaiter	to wish	Nous **souhaitons** rencontrer des étudiants français.
*compter	to expect	Je **compte** rester une semaine à Paris.
*penser	to think, expect	Nous **pensons** arriver en France en mars.

Activité 8 Une question de personnalité STRUCTURE 6

Ce que nous aimons ou n'aimons pas faire dépend souvent de notre
personnalité. Lisez la description des personnes suivantes et dites ce
qu'elles aiment ou ce qu'elles n'aiment pas faire. Utilisez votre imagination!

⇨ Vous êtes très sociables.
Vous aimez inviter vos amis (rencontrer des gens . . .).
(Vous n'aimez pas rester à la maison.)

1. Caroline est très sportive.
2. Nous sommes impatients.
3. Tu es timide.
4. Ces filles sont très individualistes.
5. Monsieur Rimbaud est avare (stingy).
6. Vous êtes des étudiants sérieux.
7. Nous sommes paresseux (lazy).
8. Tu es très bavard (talkative).
9. Charles est un mauvais joueur (poor loser).
10. Hélène et Sophie sont généreuses.

Entre nous

Situations

Lisez attentivement le dialogue suivant.

— Allô! Le Garage des Sports?

— Oui, Madame.

— Bonjour, Madame! Je désire louer une voiture.

— Quel modèle désirez-vous louer?

— Une CX.

— Attendez un instant! . . . Bien, nous avons ce modèle. Combien de temps° désirez-vous garder cette voiture?   *For how long*

— Deux semaines. Je compte arriver à Paris le premier septembre.

— D'accord! Je vous réserve une CX pour deux semaines à partir du° premier septembre.   *beginning*

Maintenant, imaginez les dialogues suivants.

1. Christine Lavoie est une étudiante canadienne qui va passer le mois de juillet en Europe. Le jour de son arrivée à Paris elle téléphone à l'agence Auto-Location pour louer une voiture. Elle voudrait louer une Renault 5.

2. Monsieur Rimbaud est un architecte suisse qui désire passer quinze jours à Nice avec sa femme et ses deux enfants. Il téléphone à l'hôtel Primrose pour réserver deux chambres.

LOUER UNE VOITURE

LOVA

1 JOUR
7 JOURS
30 JOURS
365 JOURS

LOCATION DE VÉHICULES
sans chauffeur

4, Rue Blaise Pascal (près de la gare)
37000 TOURS
Tel : 05 - 21 - 68

A votre tour

1. Décrivez votre emploi du temps. Quelles sont les choses que vous faites régulièrement?
2. Etablissez une liste des choses que vous aimez faire et des choses que vous n'aimez pas faire.
3. Imaginez que vous allez passer une semaine dans un pays francophone de votre choix. Quel pays choisissez-vous? Dites ce que vous comptez faire là-bas.

7. Les verbes irréguliers: *être, avoir, aller, faire*   Activités 9, 10, 11, 12 pp. 30–31

	être *(to be)*	avoir *(to have)*	aller *(to go)*	faire *(to do, make)*
je (j')	suis	ai	vais	fais
tu	es	as	vas	fais
il/elle/on	est	a	va	fait
nous	sommes	avons	allons	faisons
vous	êtes	avez	allez	faites
ils/elles	sont	ont	vont	font

▷ The imperative forms of **être** and **avoir** are irregular.

    (être)   **Sois!** **Soyons!** **Soyez!**
    (avoir) **Aie!** **Ayons!** **Ayez!**

▷ **Etre** is used in the following infinitive constructions: This is a new structure.

    être en train de (+ infinitive)   *to be busy/in the middle of doing something*
      Paul **est en train de** réparer sa moto.
    être sur le point de (+ infinitive) *to be close to/about to do something*
      Nous **sommes sur le point de** partir.

▷ The construction **aller** + *infinitive* is used to express the near future.

    Nous **allons** dîner.   *We are going to have dinner.*
    Je ne **vais** pas **étudier.** *I am not going to study.*
    Quand **vas**-tu **partir?**   *When are you going to leave?*

SOYONS FIERS DE PARLER FRANÇAIS

CODOFINE

IDIOMATIC EXPRESSIONS WITH AVOIR:

avoir chaud/froid	*to be warm, hot/cold*	avoir sommeil	*to be sleepy*
avoir faim/soif	*to be hungry/thirsty*	avoir de la chance	*to be lucky*
avoir raison/tort	*to be right/wrong*	avoir. . .ans	*to be. . .(years old)*
avoir l'intention de	*to intend to*	* avoir l'habitude de	*to be accustomed/ used to*
avoir besoin de	*to need (to)*	* avoir honte (de)	*to be ashamed (of)*
avoir envie de	*to feel like*	avoir horreur de	*to dislike intensely*
avoir peur (de)	*to be afraid (of)*	avoir l'air de	*to look, seem*

⇨ The above expressions that are followed by **de** can be used with a noun or an infinitive.

> J'ai besoin **d'argent.**   J'ai besoin **de travailler.**

IDIOMATIC EXPRESSIONS WITH FAIRE:

faire + du/de la/des + noun

faire du football	*to play (a sport)*
faire de l'espagnol	*to study (a subject)*
faire du piano	*to play (an instrument)*
faire du camping	*to do, practice (an activity)*
faire les courses	*to go shopping (for food)*
* faire des achats	*to go shopping (for items other than food)*
faire la cuisine	*to cook*
faire la vaisselle	*to do the dishes*
faire les valises	*to pack (one's suitcases)*
faire un voyage	*to go/be on a trip, take a trip*
faire une promenade (à pied)	*to go for a walk*
faire une promenade (en auto/à vélo)	*to go for a ride (by car/by bicycle)*
faire une partie de (+ game)	*to play a game of. . .*
faire un match de (+ sport)	*to play a game of. . .*
faire attention à (+ noun)	*to pay attention (to), be careful*
faire la connaissance de (+ person)	*to meet (someone, for the first time)*
* faire plaisir à (+ person)	*to please (someone)*
* faire peur à (+ person)	*to scare, frighten (someone)*
* faire semblant de (+ inf.)	*to pretend (to)*

S.V.P.
FAIRE LA
CHAMBRE

8. Prendre et venir — Activités 13, 14, 15, (part of) 19, (part of) 20 pp. 31–32, 34

prendre *(to take)*		venir *(to come)*	
je **prends**	nous **prenons**	je **viens**	nous **venons**
tu **prends**	vous **prenez**	tu **viens**	vous **venez**
il **prend**	ils **prennent**	il **vient**	ils **viennent**

➪ The construction **venir de** + *infinitive* is used to express the recent past.

    Je **viens de rencontrer** Marie.   *I **have just met** Marie.*
    Qui **vient de téléphoner?**   *Who **just called?***

9. Vouloir, pouvoir et devoir — Activités 16, 17 pp. 32–33

	vouloir *(to want, wish)*	pouvoir *(to be able, can)*	devoir *(should)*
je	veux	peux	dois
tu	veux	peux	dois
il/elle/on	veut	peut	doit
nous	voulons	pouvons	devons
vous	voulez	pouvez	devez
ils/elles	veulent	peuvent	doivent

➪ In formal speech, **veuillez,** the imperative form of **vouloir,** is sometimes used to express a request.

This is a new structure.

    Veuillez accepter mes excuses.   ***Please** accept my apologies.*

➪ In very formal speech, the form **je puis** may replace **je peux.** This form is mainly used in inverted questions.

This is a new structure.

    Puis-je poser une question?   ***May I** ask a question?*

VERBS CONJUGATED LIKE PRENDRE AND VENIR:

prendre	*to take*
	to have (a meal; something to eat or drink)
apprendre	*to learn*
apprendre à + inf.	*to learn how to*
comprendre	*to understand*
** **surprendre**	*to surprise*
venir	*to come*
devenir	*to become*
revenir	*to come back, return*
tenir	*to hold*
** **tenir à** + noun	*to care about*
** **tenir à** + inf.	*to insist upon*
appartenir à	*to belong to*
** **contenir**	*to contain*
** **maintenir**	*to maintain*
obtenir	*to get, obtain*
retenir	*to retain, reserve*

Tenir les chiens en laisse

• **Vouloir** means *to want*. It is used in the following expressions:

vouloir dire	*to mean*	Que **veut dire** ce mot?
vouloir bien (+ inf.)	*to be willing, accept*	D'accord, je **veux bien** aller au cinéma avec toi.

• **Pouvoir** has several English equivalents.

Vous **pouvez** répondre.
$\begin{cases} \textit{You \textbf{can} answer.} \\ \textit{You \textbf{may} answer.} \\ \textit{You \textbf{are able} to answer.} \\ \textit{You \textbf{are allowed} to answer.} \end{cases}$

• When followed by an infinitive, **devoir** has several English equivalents.

Je **dois** aller en ville.
$\begin{cases} \textit{I \textbf{must} go downtown.} \\ \textit{I \textbf{have to} go downtown.} \\ \textit{I \textbf{am supposed to} go downtown.} \\ \textit{I \textbf{should} go downtown.} \end{cases}$

When followed by a noun, **devoir** means *to owe*.

Je **dois** 100 francs à Marc.   *I owe Marc 100 francs.*

10. *Connaître et savoir* Activités 17, 18, 19 pp. 33–34

connaître *(to know)*	savoir *(to know)*
je **connais** nous **connaissons** tu **connais** vous **connaissez** il **connaît** ils **connaissent**	je **sais** nous **savons** tu **sais** vous **savez** il **sait** ils **savent**

⇨ The imperative forms of **savoir** are irregular.

This is a new structure.

    Sache! Sachons! Sachez!

⇨ The following verbs are conjugated like **connaître:**

connaître	*to know*
reconnaître	*to recognize, identify*
naître	*to be born*
***paraître**	*to seem, look, appear*
***apparaître**	*to appear*
***disparaître**	*to disappear*

HITCHCOCK
UNE FEMME DISPARAÎT
THE LADY VANISHES

11. *Rire, courir, sortir et dormir* Activités 20, (part of) 22 pp. 34, 35

Courir is a new structure.

	rire *(to laugh)*	courir *(to run)*	sortir *(to go out)*	dormir *(to sleep)*	ENDINGS
je	ris	cours	sors	dors	-s
tu	ris	cours	sors	dors	-s
il/elle/on	rit	court	sort	dort	-t
nous	rions	courons	sortons	dormons	-ons
vous	riez	courez	sortez	dormez	-ez
ils/elles	rient	courent	sortent	dorment	-ent

The above verbs have the same set of endings.

— Verbs like **rire** and **courir** have one stem: the infinitive stem (that is, the infinitive minus **-re** or **-ir**).

— Verbs like **sortir** and **dormir** have two stems:
  • The singular stem is the infinitive stem minus the last consonant.
  • The plural stem is the infinitive stem.

Although **connaître** and **savoir** both mean *to know*, their uses are different.

• **Connaître** means *to know* in the sense of *to be acquainted or familiar with*. It cannot stand alone. It is used with nouns (or pronouns) designating:

–people	Je ne **connais** pas votre frère.
–places	**Connaissez**-vous Montréal?
–and sometimes things	**Connais**-tu mon adresse?

• **Savoir** is used in the sense of *to know as a fact* (as a result of having learned, studied, or found out). It can be used:

–alone	Je **sais**.
–with a clause	Je ne **sais** pas avec qui (quand, si. . .) vous travaillez. **Sais**-tu où (à quelle heure. . .) nous allons dîner?
–with a noun (or pronoun) designating something that has been learned (an answer, a date, a story)	**Savez**-vous la réponse? Est-ce que tu sais la leçon?
–with an infinitive	Je **sais** piloter un avion.

VERBS CONJUGATED LIKE RIRE:

rire	*to laugh*
sourire	*to smile*

VERBS CONJUGATED LIKE COURIR:

∗**courir**	*to run*
∗**parcourir**	*to go over, travel through*

VERBS CONJUGATED LIKE SORTIR AND DORMIR:

sortir	*to go out*	∗**mentir**	*to lie, tell lies*
sortir de	*to get out (of, from)*	∗**sentir**	*to feel, smell*
∗**sortir** + object	*to take out*	∗**ressentir**	*to feel (emotion, pain)*
partir	*to leave*	∗**servir**	*to serve*
dormir	*to sleep*		

12. Lire, écrire et mettre Activités 20, (part of) 22 pp. 34, 35

	lire *(to read)*	écrire *(to write)*	mettre *(to put)*	ENDINGS
je	lis	écris	mets	-s
tu	lis	écris	mets	-s
il/elle/on	lit	écrit	met	-t/–
nous	lisons	écrivons	mettons	-ons
vous	lisez	écrivez	mettez	-ez
ils/elles	lisent	écrivent	mettent	-ent

Verbs conjugated like **lire**, **écrire**, and **mettre** have:
– two stems: one for the singular and one for the plural;
– a common set of endings, which are the same as for **sortir** and **courir**.

⇨ If the singular stem ends in **-t,** no ending is necessary for the **il** form.

Many irregular verbs in **-re** are conjugated according to the above pattern.

	SINGULAR STEM	PLURAL STEM		
conduire *(to drive)*	condui-	conduis-	je **conduis**	nous **conduisons**
dire *(to say)*	di-	dis-	je **dis**	nous **disons**
plaire *(to please)*	plai-	plais-	je **plais**	nous **plaisons**
suivre *(to follow)*	sui-	suiv-	je **suis**	nous **suivons**
vivre *(to live)*	vi-	viv-	je **vis**	nous **vivons**
battre *(to beat)*	bat-	batt-	je **bats**	nous **battons**

Plaire is a new structure.
Battre is a new structure.

- The **vous** form of **dire** is irregular: **vous dites.**
- The **il** form of **plaire** has an accent: **il plaît.**

13. Voir, croire, boire et recevoir Activités 21, (part of) 22 p. 35

	voir *(to see)*	croire *(to believe)*	boire *(to drink)*	recevoir *(to get)*
je	vois	crois	bois	reçois
tu	vois	crois	bois	reçois
il/elle/on	voit	croit	boit	reçoit
nous	voyons	croyons	buvons	recevons
vous	voyez	croyez	buvez	recevez
ils/elles	voient	croient	boivent	reçoivent

⇨ Verbs like **recevoir** have the following spelling change in the stem: **c** becomes **ç** before **o.**

VERBS CONJUGATED

LIKE LIRE (LI-, LIS-):

lire	*to read*
*élire	*to elect*

LIKE ÉCRIRE (ÉCRI-, ÉCRIV-):

écrire	*to write*
décrire	*to describe*

LIKE METTRE (MET-, METT-):

mettre	*to put, place; put on; turn on (the TV)*
*admettre	*to admit, accept*
permettre (à)	*to permit, allow*
promettre (à)	*to promise*
*remettre	*to hand in, put back*

LIKE CONDUIRE (CONDUI-, CONDUIS-):

conduire	*to drive*
construire	*to build, construct*
détruire	*to destroy*
produire	*to produce*
*réduire	*to reduce*
traduire	*to translate*

LIKE DIRE (DI-, DIS-):

dire	*to say, tell*
*interdire	*to forbid*
prédire	*to predict*

LIKE PLAIRE (PLAI-, PLAIS-):

*plaire (à)	*to please*
*déplaire (à)	*to displease*

LIKE SUIVRE (SUI-, SUIV-):

suivre	*to follow*
suivre un cours	*to take a course*
suivre un régime	*to be on a diet*

LIKE VIVRE (VI-, VIV-):

vivre	*to live*
*survivre	*to survive*

LIKE BATTRE (BAT-, BATT-):

*battre	*to beat*
*combattre	*to fight*

➯ In the **vous** form, **interdire** and **prédire** are regular:

  vous **interdisez**   vous **prédisez**

VERBS CONJUGATED

LIKE VOIR:

voir	*to see*
*prévoir	*to foresee*

LIKE CROIRE:

croire	*to believe; think*

LIKE BOIRE:

boire	*to drink*

LIKE RECEVOIR:

recevoir	*to receive, get, obtain; to entertain (guests) at home*
apercevoir	*to see, catch a glimpse of*
*décevoir	*to disappoint*

14. D'autres verbes irréguliers Activité 23   p. 36

These irregular verbs are all new.

	peindre *(to paint)*	résoudre *(to resolve)*	vaincre *(to conquer)*	valoir *(to be worth)*
je	peins	résous	vaincs	vaux
tu	peins	résous	vaincs	vaux
il/elle/on	peint	résout	vainc	vaut
nous	peignons	résolvons	vainquons	valons
vous	peignez	résolvez	vainquez	valez
ils/elles	peignent	résolvent	vainquent	valent

	fuir *(to flee)*	mourir *(to die)*	acquérir *(to get)*
je	fuis	meurs	acquiers
tu	fuis	meurs	acquiers
il/elle/on	fuit	meurt	acquiert
nous	fuyons	mourons	acquérons
vous	fuyez	mourez	acquérez
ils/elles	fuient	meurent	acquièrent

15. La construction impersonnelle: *il faut* + infinitif Activités 24, 25   p. 36

The impersonal construction **il faut** + *infinitive* is used to express a general obligation.

Il faut aider ses amis.
$\begin{cases}\textbf{\textit{One should help }} \textit{one's friends.}\\ \textbf{\textit{You must help }} \textit{your friends.}\\ \textbf{\textit{You have to help }} \textit{your friends.}\end{cases}$

▷ A similar construction is used with **il vaut mieux** *(it is better)*.

Il vaut mieux être heureux que riche.   ***It is better*** *to be happy than rich.*

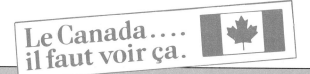

Le Canada....
il faut voir ça.

VERBS CONJUGATED

LIKE PEINDRE:

*peindre *to paint*
*atteindre *to reach, attain*
*éteindre *to extinguish, turn off*
*craindre *to fear*
*joindre *to join*

LIKE RÉSOUDRE:

*résoudre *to resolve*

LIKE VAINCRE:

*vaincre *to win, conquer*
*convaincre *to convince*

LIKE VALOIR:

*valoir *to be worth*

LIKE FUIR:

*fuir *to flee*

LIKE MOURIR:

*mourir *to die*

LIKE ACQUÉRIR:

*acquérir *to acquire*
*conquérir *to conquer*

The choice of a corresponding negative expression reflects what the speaker wants to express.

- an interdiction *(one must not, one should not)*

  il ne faut pas. . .   **Il ne faut pas** fumer ici.

- a lack of necessity *(it is not necessary, one does not have to)*

  This is a new structure.

  il n'est pas nécessaire de. . .   **Il n'est pas nécessaire d'**être riche.
  il ne faut pas nécessairement. . .   **Il ne faut pas nécessairement** avoir
  beaucoup d'argent.

WRITTEN **Activité 9 En vacances**   STRUCTURE 7

Ce que nous faisons pendant les vacances dépend souvent de l'endroit où nous sommes. Pour chaque personne de la colonne A, faites deux phrases où vous dites où la personne est (colonne B), et ce que la personne fait (colonne C). Soyez logique!

A	B	C
moi	au stade	le sport
vous	au gymnase	le camping
nous	à la plage	la gymnastique
Paul	dans les Alpes	le karaté
Janine	sur la Côte d'Azur	le jogging
mes cousins	en Corse	la natation (*swimming*)
toi	???	la voile (*sailing*)
		l'alpinisme (*mountain climbing*)
		la planche à voile (*wind-surfing*)
		la plongée sous-marine (*scuba diving*)
		???

⇨ **Paul est dans les Alpes. Il fait du camping (de l'alpinisme).**

Activité 10 Le contraire   STRUCTURE 7

Lisez la description des personnes suivantes et dites-leur de faire le contraire. Utilisez l'impératif d'**être** et d'**avoir**.

⇨ Vous êtes nerveux.
   Ne soyez pas nerveux!

1. Tu n'es pas calme.
2. Vous avez peur.
3. Nous sommes en retard.
4. Vous n'êtes pas tolérant.
5. Tu es impatient.
6. Vous n'avez pas assez d'ambition. ··· **de l'ambition.**
7. Nous avons peur de prendre des risques.
8. Tu as des préjugés (*prejudices*) ridicules. ··· **de préjugés.**

Activité 11 Où vont-ils?   STRUCTURE 7

Dites où vont les personnes suivantes. Dites aussi ce qu'elles vont faire. Pour cela, utilisez la construction **aller** + *infinitif*, et votre imagination.

⇨ moi / au café
   Je vais au café. Je vais rencontrer mes amis.

1. nous / en ville
2. toi / à la librairie
3. Monsieur Dupont / au restaurant
4. Jeanne / à l'agence de voyages
5. vous / à Paris
6. les touristes / au musée
7. moi / au supermarché
8. nous / chez nous

Activité 12 Questions personnelles

STRUCTURE 7

1. Où êtes-vous en ce moment? Qu'est-ce que vous êtes en train de faire?
2. En ce moment avez-vous envie d'étudier? d'aller au café? Plus tard, avez-vous envie d'être riche? d'être célèbre *(famous)*? d'avoir beaucoup de responsabilités? d'habiter en France? de jouer un rôle politique?
3. Cet été, avez-vous l'intention de chercher un emploi? de voyager? de rendre visite à vos amis?
4. En général, avez-vous l'habitude d'être ponctuel/ponctuelle? d'étudier avant un examen? d'aller au cinéma le samedi soir?
5. Avez-vous besoin d'argent? de compliments? de vacances? Avez-vous besoin d'avoir des amis?
6. Avez-vous peur de l'avenir *(future)*? de la solitude? Avez-vous peur de rater votre examen? de prendre des décisions importantes? de prendre des risques?
7. Avez-vous horreur de certains plats *(dishes)*? De quels plats? Avez-vous horreur des critiques? des conversations oisives *(idle)*? de l'injustice? des examens?
8. Faites-vous la cuisine? Quel est votre plat favori?
9. Aimez-vous faire des promenades à pied? Quand? Où? Avec qui?
10. Faites-vous toujours attention quand le professeur parle? quand vous traversez *(cross)* une rue?
11. Quand vous êtes à une surprise-partie, est-ce que vous faites la connaissance de personnes que vous ne connaissez pas?
12. Parfois, est-ce que vous faites semblant d'étudier? d'être heureux/heureuse? d'être généreux/généreuse?

Activité 13 Sentiments *(Feelings)*

STRUCTURE 8

Nos sentiments dépendent souvent de ce que nous venons de faire. Lisez les descriptions des personnes suivantes et expliquez leurs sentiments en utilisant la construction **venir de** + *infinitif.* Utilisez aussi votre imagination.

⇨ Charlotte est furieuse.
  Elle vient d'avoir une dispute avec son petit ami.
  (Elle vient de perdre son match de tennis.)

1. Les étudiants sont fatigués.
2. Marc est triste.
3. Sylvie est très contente.
4. Bernard est agité.
5. Tu as peur.
6. Vous avez l'air embarrassé.
7. Je suis de bonne humeur.
8. Nous sommes inquiets *(worried)*.

JOUER AU TENNIS A PARIS: une réalité.

GRACE AU
MONDIAL TENNIS COUNTRY CLUB
DE LA PORTE DE LA CHAPELLE
TENNIS:
19 courts couverts et découvrables
SQUASH - CLUB HOUSE
Practices de GOLF
58 av. du Pdt WILSON
93210 LA PLAINE-ST-DENIS
607.62.69
METRO Pte de la CHAPELLE - BUS : N° 65 et 156

Activité 14 Oui ou non?

Dites si oui ou non les personnes entre parenthèses font les choses suivantes.

1. (moi / nous / ma mère / les Américains en général) comprendre le français?
2. (moi / les élèves de la classe / toi / vous / mon meilleur ami) apprendre à programmer?
3. (moi / vous / les personnes actives / mon frère) appartenir à un club sportif?
4. (ma famille / nous, les Américains / vous, les Français / les gens conservateurs) tenir aux traditions?
5. (moi / nous / vous / les mauvais étudiants) obtenir des bons résultats en classe?
6. (moi / toi / mes parents / ma cousine) prendre souvent l'avion?

Activité 15 A l'institut professonnel

Des étudiants suivent des cours dans un institut professonnel. Lisez ce que chacun fait et dites ce qu'il apprend à faire.

⇨ Jacques répare les moteurs.
   Il apprend à réparer les moteurs.

1. Vous dessinez.
2. Tu développes des photos.
3. Nous programmons.
4. Je fais la cuisine.
5. Jean-Marc tape à la machine.
6. Ces filles réparent les téléviseurs.
7. Cet étudiant utilise une machine de traitement de texte (*word processor*).

Activité 16 Questions d'argent

Les personnes suivantes ont économisé certaines sommes d'argent. Dites quel est l'objectif de ces personnes et si oui ou non elles peuvent réaliser (*carry out*) leur projet avec l'argent qu'elles ont économisé.

⇨ moi (faire un voyage en Europe / 1.000 dollars)
   Je veux faire un voyage en Europe.
   Avec 1.000 dollars, je (ne) peux (pas) faire un voyage en Europe.

1. Marc (inviter sa fiancée dans le meilleur restaurant de la ville / 40 dollars)
2. toi (acheter une moto / 500 dollars)
3. vous (acheter un micro-ordinateur [*microcomputer*] / 700 dollars)
4. nous (acheter une voiture d'occasion [*used car*] / 1.500 dollars)
5. mon cousin (passer un mois à Paris / 2.000 dollars)
6. moi (faire le tour du monde / 3.000 dollars)
7. Denise et Pauline (commencer leur propre [*own*] compagnie / 5.000 dollars)
8. Monsieur et Madame Martin (ouvrir un restaurant / 10.000 dollars)

Activité 17 · A chacun sa profession

STRUCTURES 9, 10

Expliquez la profession des personnes suivantes. Dites ce qu'elles savent faire et demandez si elles peuvent faire certaines choses en particulier.

⇨ mon cousin / mécanicien / réparer les voitures étrangères / ma Ferrari avant demain?

Mon cousin est mécanicien. Il sait réparer les voitures étrangères. Est-ce qu'il peut réparer ma Ferrari avant demain?

1. Roland / musicien / jouer du piano / cette sonate de Mozart?
2. vous / secrétaire / taper à la machine / ce contrat pour Monsieur Moreau?
3. toi / cuisinier / faire la cuisine / un canard à l'orange pour le dîner?
4. Claire / artiste / dessiner / une affiche pour notre pièce (*play*)?
5. Mesdemoiselles Cardin / couturières (*seamstresses*) / faire des vêtements / la robe de mariée (*bridal gown*) de ma cousine?

Activité 18 · En taxi

STRUCTURE 10

Les chauffeurs de taxi sont toujours une excellente source de renseignements (*information*) pour les gens qui ne connaissent pas bien une ville. Imaginez que vous êtes arrivé(e) à Paris. Demandez les renseignements suivants au chauffeur de taxi que vous prenez. Commencez vos phrases par **Savez-vous** ou **Connaissez-vous**.

1. une banque où je peux changer de l'argent?
2. à quelle heure ouvre cette banque?
3. un petit restaurant pas trop cher?
4. le patron de ce restaurant?
5. s'il y a une exposition spéciale au Centre Pompidou?
6. combien coûte l'entrée?
7. où est située la rue du Four?
8. des gens qui veulent louer une chambre à un(e) étudiant(e) américain(e)?

centre national d'art et de culture
georges pompidou
plateau beaubourg
paris 75004
tél.277.12.33

Activité 19 Questions personnelles

STRUCTURES 8, 10

1. Appartenez-vous à un club de sport? à une chorale (*choir*)? à un club de photos? à un club dramatique? à une association d'étudiants?
2. En ce moment, est-ce que votre existence devient plus intéressante? plus monotone? plus facile? plus difficile?
3. Tenez-vous beaucoup à vos opinions? à votre indépendance? à vos études? à vos amis?
4. Quels sont vos projets (*plans*)? Tenez-vous beaucoup à voyager? à être riche? à avoir une profession intéressante? à avoir une famille?
5. En général, obtenez-vous des bons résultats en français? Quand allez-vous obtenir votre diplôme?
6. Est-ce que vous comprenez bien quand le professeur parle français? D'après vous (*In your opinion*), est-ce que les adultes comprennent les jeunes? Est-ce que les jeunes comprennent les adultes? Pourquoi ou pourquoi pas?
7. A quelle heure est-ce que vous prenez le petit déjeuner? Qu'est-ce que vous prenez? Où est-ce que vous prenez votre repas à midi? le soir?
8. Savez-vous nager le crawl? skier? faire du ski nautique? faire de la planche à voile? faire la cuisine? danser les valses viennoises?
9. Savez-vous taper à la machine? Combien de mots pouvez-vous taper à la minute? Savez-vous programmer? Quelles langues de programmation connaissez-vous? Basic? Cobol? Pascal?
10. Connaissez-vous bien vos voisins (*neighbors*)? Connaissez-vous bien votre quartier (*neighborhood*)? Connaissez-vous un bon restaurant? Savez-vous quelles sont les spécialités?
11. Connaissez-vous San Francisco? Denver? le Nouveau Mexique? le Grand Canyon? Quel endroit préférez-vous?

WRITTEN

Activité 20 Oui ou non?

STRUCTURES 8, 11, 12

Lisez les descriptions des personnes suivantes. Puis dites si oui ou non elles font les choses entre parenthèses.

⇨ Robert est arrogant. (admettre ses erreurs?)   **Il n'admet pas ses erreurs.**

1. Jacques est très nerveux. (dormir bien? vivre calmement?)
2. Nous sommes très cultivés. (lire beaucoup? comprendre le latin? écrire des poèmes?)
3. Bertrand veut connaître les dernières nouvelles (*latest news*). (mettre la radio? lire le journal?)
4. Vous êtes un bon journaliste. (écrire bien? produire des articles intéressants? plaire au public?)
5. Ces gens n'ont pas beaucoup d'humour. (sourire? rire?)
6. Nous sommes étudiants à l'Alliance Française. (apprendre l'espagnol? suivre des cours de langue?)
7. Vous êtes sincère. (dire la vérité? mentir? admettre vos erreurs?)
8. Ces personnes sont prudentes. (conduire très vite? mettre leur ceinture de sécurité (*seat belt*)? prendre des risques?)
9. J'ai une mauvaise grippe. (ressentir de la fièvre? prendre de l'aspirine? sortir ce soir?)
10. Mes cousins n'ont pas beaucoup d'argent. (vivre dans un palais [*palace*]? conduire une Rolls-Royce? servir du caviar à leurs amis?)
11. Cet homme politique est idéaliste. (combattre l'injustice? promettre de faire des réformes? prédire l'existence d'une société meilleure?)

A c t i v i t é 21   A la terrasse du café

STRUCTURE 13

Des étudiants sont à la terrasse d'un café. Dites ce que chacun voit, en
utilisant le verbe **apercevoir.** Puis dites ce que chacun pense, en utilisant
le verbe **croire,** selon le modèle.

⇒ Jacques / une fille / sa cousine
 Jacques aperçoit une fille. Il croit que c'est sa cousine.

1. moi / un homme / mon prof d'espagnol
2. nous / des étudiants / nos amis
3. ces garçons / des gens avec des caméras / des touristes américains
4. toi / un autobus / l'autobus de Versailles
5. vous / une voiture jaune / l'auto de vos cousins
6. Hélène et Suzanne / un motocycliste / leur frère

A c t i v i t é 22   Questions personnelles

STRUCTURES 11, 12, 13

1. Est-ce que vous sortez souvent le samedi soir? Est-ce que vous allez
   sortir samedi prochain? Où? Qu'est-ce que vous allez faire?
2. Est-ce que vous dormez bien? Combien d'heures dormez-vous
   généralement?
3. Est-ce que vous partez souvent à la campagne le week-end? Allez-vous
   partir en vacances de Noël? Où allez-vous aller?
4. Est-ce qu'on sert de la bonne nourriture (*food*) à la cafétéria de votre
   école? Qu'est-ce qu'on sert généralement à midi? Est-ce qu'on sert de la
   glace? du gâteau? de la limonade?
5. Voyez-vous bien? Avez-vous besoin de lunettes pour voir?
6. Recevez-vous des bonnes notes en français? dans vos autres classes? En
   général, quelle note recevez-vous?
7. Qu'est-ce que vous buvez au petit déjeuner? au déjeuner? quand vous
   allez au restaurant? quand vous avez très soif? quand vous êtes chez vos
   amis?
8. Lisez-vous beaucoup? Quel journal lisez-vous? Quels magazines? Et vos
   parents, quel journal lisent-ils?
9. Aimez-vous écrire? Ecrivez-vous à vos cousins? à vos grands-parents?
   Ecrivez-vous à vos amis pour leur anniversaire?
10. Avez-vous une voiture? Savez-vous conduire? Conduisez-vous très vite (*fast*)?
11. Etes-vous généralement de bonne humeur? Aimez-vous rire? A quelles
    occasions?
12. Est-ce que vous dites toujours la vérité (*truth*)? Pourquoi ou pourquoi pas?
13. Est-ce que vous vivez avec votre famille? Est-ce que vos grands-parents
    vivent avec vous? Où vivent-ils?
14. Aimez-vous courir? Faites-vous du jogging? Courez-vous vite? Combien
    de temps mettez-vous (*does it take you*) pour courir un mille? pour
    courir cinq milles?
15. Combien de cours différents suivez-vous? Quels cours suivez-vous? Est-ce
    que vous allez suivre un cours de français l'année prochaine?
16. Est-ce que vous suivez un régime? Quel régime? Pourquoi suivez-vous
    ce régime?

Activité 23 Que font-ils?STRUCTURE 14

WRITTEN

Décrivez ce que font les personnes suivantes en utilisant les verbes dans des phrases affirmatives ou négatives.

⇨ (nous) résoudre ce problème
Nous résolvons ce problème.

1. (moi / vous / les gens courageux) fuir devant le danger
2. (toi / moi / nous / les bons élèves) mourir d'angoisse *(fear)* avant l'examen
3. (toi / vous / Salvador Dali / certains artistes modernes) peindre des tableaux surréalistes Salvador Dali (1904–): surrealist painter of Spanish origin.
4. (moi / nous / les gens ambitieux) craindre le danger
5. (moi / toi / vous / mes parents) acquérir une fortune immense
6. (nous / moi / toi / cet orateur / les gens timides) convaincre le public

Activité 24 A tort ou à raison? STRUCTURE 15

Lisez ce que font les personnes suivantes et dites si elles ont tort ou raison. Puis expliquez pourquoi.

⇨ Jacques fume dans l'autobus.
Il a tort. Il ne faut pas fumer dans l'autobus.

1. Vous faites du sport.
2. Tu prends des risques inutiles.
3. Cette personne agit sans réfléchir.
4. Nous voulons réussir dans la vie.
5. Vous rejetez les préjugés *(prejudices)*.
6. Cet employé néglige ses responsabilités.
7. Robert renonce à ses projets.
8. Le gouvernement protège les ressources naturelles.
9. Cette famille maintient ses traditions.
10. Cette femme élève strictement ses enfants.

Activité 25 Qu'est-ce qu'il faut faire? STRUCTURE 15

Dites ce que l'on doit faire pour atteindre les buts *(goals)* suivants. Vous pouvez indiquer aussi ce que l'on ne doit pas faire. Utilisez **Il faut** (et **Il ne faut pas**) et votre imagination!

⇨ Pour maigrir. . . **Pour maigrir, il faut faire du sport.
Il ne faut pas manger tout le temps.**

1. Pour bien parler français. . .
2. Pour gagner de l'argent en été. . .
3. Pour passer un week-end intéressant. . .
4. Pour être populaire avec ses amis. . .
5. Pour trouver un travail intéressant. . .
6. Pour être indépendant. . .
7. Pour réussir dans la vie *(life)*. . .
8. Pour réussir dans les affaires *(business)*. . .

36 Les éléments de base

Entre nous

Situations

Lisez attentivement le texte suivant. François Guérin cherche du travail pour les vacances. Il téléphone à une agence d'emploi temporaire.

— Je suis étudiant et je cherche un emploi pour cet été. Est-ce que vous pouvez m'aider à trouver du travail?
— Ça dépend. Qu'est-ce que vous savez faire?
— Je sais taper à la machine et je connais un peu la sténo.°   *shorthand*
— Est-ce que vous parlez anglais?
— Oui. Je suis des cours d'anglais commercial à l'Institut Britannique.
— J'ai peut-être quelque chose pour vous. Est-ce que vous pouvez passer à mon bureau demain après-midi vers deux heures?
— Bien sûr! Est-ce que je dois apporter mon curriculum vitae?°   *résumé*
— Si vous voulez.

Les étudiants suivants cherchent du travail pour l'été. Ils vont dans une agence d'emploi. Imaginez le dialogue de ces étudiants avec le directeur de l'agence.

• Béatrice (18 ans, fana d'électronique, aimerait travailler comme programmeuse)
• Henri (18 ans, sans spécialité particulière, cherche un travail qui lui permettrait si possible de voyager)
• Marie-Luce (17 ans, parle l'anglais et l'espagnol)
• Martin (19 ans, préférerait faire un travail manuel)

A votre tour

1. Décrivez pourquoi vous étudiez le français et comment vous avez l'intention d'utiliser cette langue plus tard.
2. Décrivez vos objectifs professionnels. Qu'est-ce que vous voulez faire plus tard? Qu'est-ce que vous devez faire pour réaliser *(to achieve)* ces objectifs?
3. Décrivez vos projets de vacances. Où allez-vous aller? Qu'est-ce que vous allez faire là-bas?

PREMIÈRE PARTIE

OPTIONAL

Constructions, expressions et locutions

Analyse de verbes

Certains verbes français ont plusieurs équivalents en anglais. De la même manière, certains verbes anglais ont plusieurs équivalents en français.

to bring

(to bring something)	**apporter** (une chose)	**Apportez** vos livres!
(to bring someone)	**amener** (une personne)	Je vais **amener** mon cousin à l'aéroport.

to get

(= to obtain)	**obtenir**	Quand allez-vous **obtenir** votre diplôme?
(= to receive)	**recevoir**	Je viens de **recevoir** une lettre de France.
(= to pick up)	**aller chercher**	Pouvez-vous **aller chercher** le journal?

to go

to go away	**partir**	Quand **partez**-vous?
to go back	**retourner**	Vas-tu **retourner** à Québec cet été?
to go back home	**rentrer**	Non, je vais **rentrer** chez moi.
to go by	**passer**	Nous allons **passer** chez vous.
to go down	**descendre**	L'avion est en train de **descendre**.
to go in	**entrer** (dans)	Nous **entrons dans** le restaurant.
to go out	**sortir**	Avec qui **sortez**-vous?
to go through	**traverser**	Quel village **traversons**-nous?
to go up	**monter**	Les touristes **montent** à la tour Eiffel.

to leave

(= to leave someone or something someplace)	**laisser** (une personne ou un objet)	Vous pouvez **laisser** vos bagages à la consigne (*checkroom*).
(= to leave a place or take leave of a person)	**quitter** (un endroit ou une personne)	Monsieur Brault **quitte** son bureau à cinq heures. Ne me **quitte** pas.
(= to depart, go away)	**partir**	Le train **part** à dix heures.

Le groupe nominal
DE GRAMMAIRE

The most common determiners are:
- the definite, indefinite, and partitive articles;
- the possessive, demonstrative, and interrogative adjectives.

⇨ Some nouns have totally different masculine and feminine forms.

LA FAMILLE

le père	la mère	*le beau-frère	la belle-soeur
le grand-père	la grand-mère	(brother-in-law)	
le mari	la femme	l'oncle	la tante
le fils	la fille	*le neveu	la nièce
le frère	la soeur	*le parrain (godfather)	la marraine

D'AUTRES NOMS

le garçon	la fille	le garçon (waiter)	la serveuse (waitress)
l'homme	la femme	*le roi (king)	*la reine (queen)

⇨ Some nouns are always masculine and others are always feminine, whether they
designate men or women. *This is a new structure.*

ALWAYS MASCULINE		ALWAYS FEMININE	
*un bébé	baby	*une connaissance	acquaintance
*un chef	cook, chef; head, chief	une personne	person
*un mannequin	(fashion) model	une victime	victim, casualty
*un écrivain	writer	*une star	movie star
un professeur	teacher, professor	*une vedette	(movie, TV) star
un médecin	doctor		
un ingénieur	engineer		
*un peintre	painter		

Connaissez-vous Madame Dupont? C'est **un** ingénieur.
Monsieur Durand est **une** personne très sympathique.
Yves Montand est **une** vedette de music-hall.

Nouns designating things Activité 3 p. 49

There is no systematic way of predicting whether a noun designating a thing or an abstract concept is masculine or feminine.

In some cases, the gender of a noun can be determined by its ending.

This is a new structure.

MASCULINE			FEMININE		
ending	*example*	*exceptions*	*ending*	*example*	*exceptions*
-age	un village	une page, une plage	-ade	la limonade	
			-ée	une idée	un musée, un lycée
-al	un journal		-ette	une raquette	
-eau	un manteau	une eau, la peau	-ie	la géographie	
-ème	un thème		-ié	la pitié	
-et	un secret		-ique	la politique	
-ier	un cahier		-oire	une histoire	un laboratoire
-isme	un mécanisme		-té	la société	un été, un côté, le karaté
-tre	un mètre	une montre, une lettre	-tion	la question	
			-sion	la télévision	

2. Le pluriel des noms Activité 4 p. 49

The plural of most nouns is formed by adding an **-s** to the singular form.

    un **ami** → des **amis**

Nouns ending in **-s**, **-x**, or **-z** in the singular remain the same in the plural.

    un **Français** → des **Français**   un **prix** → des **prix**   un **nez** → des **nez**

➪ A few nouns have irregular plural endings.

SINGULAR ENDING	PLURAL ENDING	*examples*	*exceptions*	Alternative plural: des idéaux
-al	-aux	un journal, des journaux	des festivals, des idéals, des récitals	
-ail	-aux	un travail, des travaux	des détails	This is a new structure.
-eau	-eaux	un manteau, des manteaux		
-eu	-eux	un cheveu, des cheveux	des pneus (*tires*)	This is a new structure.
-au	-aux	un tuyau (*pipe*), des tuyaux		This is a new structure.
-ou	-oux	un bijou (*jewel*), des bijoux	des fous (*madmen*)	This is a new structure.

▷ The gender of some nouns can be predicted by the category to which they belong.

MASCULINE		FEMININE	
days of the week	un mardi	*cars*	une Renault, une Toyota
seasons	un été	*sciences*	la chimie, la physique
trees	un pin		
metals	le nickel		
languages	le chinois		
products bearing the name of their region of origin	le champagne, le roquefort		

TOYOTA
1er Importateur de voitures Japonaises en Martinique
C.C.I.E Zone Industrielle Lamentin ☎: 79.29.64

▷ Proper nouns do not take an -s in the plural.

Connaissez-vous les **Dupont?**
Les **Citroën** sont des voitures françaises.

▷ A few nouns are used only in the plural.

des **gens**   les **mathématiques**
des **vacances**   les **ciseaux** *(scissors)*

soleil ?
vos yeux
méritent
LEROY
OPTICIEN

▷ A few nouns have different plurals.

un **oeil**, des **yeux**   monsieur, messieurs
le **ciel** *(sky)*, les **cieux**   madame, mesdames
un **jeune homme**, des **jeunes gens**   mademoiselle, mesdemoiselles

▷ A few nouns of foreign origin keep their foreign forms in the plural.

des **spaghetti**   les **média**   des **gentlemen**

3. Les articles définis, indéfinis et partitifs

Forms Activités 5, 6 pp. 49–50

In French, articles agree with the nouns they introduce. They have the following forms:

	SINGULAR		PLURAL
	MASCULINE	FEMININE	
DEFINITE	le (l')	la (l')	les
INDEFINITE	un	une	des
PARTITIVE	du (de l')	de la (de l')	des

⇨ The articles in parentheses are used before a vowel sound. There is, however, no elision before an aspirate «h». Compare:

(mute **h**) l'homme, l'histoire, l'harmonie, l'Himalaya
(aspirate **h**) le héros, le hockey, la harpe, la Hollande

This is a new structure.

⇨ In an enumeration, the articles are repeated in front of each noun.

Je vais manger **du** rosbif, **de la** salade et **des** spaghetti.

Uses of the definite article Activités 7, 8 pp. 50–51

General uses

In French, as in English, the definite article introduces nouns used in a specific context.

L'argent est sur la table.	***The money** (i.e., the money that I got this morning) is on the table.*
Les avocats étudient le contrat.	***The lawyers** (i.e., the lawyers of our company) are studying the contract.*

Unlike English, the definite article is used in French to introduce nouns used in a general, abstract, or collective sense.

L'argent ne fait pas **le** bonheur.	*(In general) Money does not make happiness.*
Les avocats représentent leurs clients en justice.	*(As a group) Lawyers represent their clients in matters of law.*
Les affaires sont **les** affaires.	*(As a rule) Business is business.*

COMPAGNIE RENAUD-BARRAULT
THEATRE DU ROND-POINT
LES AFFAIRES SONT LES AFFAIRES
DE **OCTAVE MIRBEAU** MISE EN SCÈNE **PIERRE DUX** DÉCOR **GEORGES WAKHEVITCH**
COSTUMES **YVONNE SASSINOT DE NESLE** AVEC **LISE DELAMARE** ET **PIERRE DUX**

➩ The definite article has the following contracted forms with **à** *(to, at, in)* and **de** *(of, from, about)*:

à + le → au
à + les → aux
de + le → du
de + les → des

Le chimiste va **au** laboratoire.
Je parle **aux** techniciens.
Je reviens **du** bureau.
Nous parlons **des** problèmes de l'énergie.

➩ In formal French, **des** becomes **de** before a noun preceded by an adjective.

Voici **de** bons ingénieurs.

This is a new structure.

➩ In a negative sentence, the indefinite article (**un, une, des**) and partitive article (**du, de la, des**) become **de** before a direct object.

J'ai **une** moto.   Je n'ai pas **de** voiture.
L'Iran produit **du** pétrole.   Le Japon ne produit pas **de** pétrole.

Particular uses

• With geographical names (countries, states, rivers, mountains, etc.), except cities:

le Canada, **les** Etats-Unis   *but:* Israël, Tahiti, Haïti

• With parts of the body:

Marie a **les** yeux bleus.   *Marie has blue eyes.*
Qu'est-ce que tu as dans **la** main?   *What do you have in your hand?*
Ouvre **la** bouche et ferme **les** yeux.   *Open your mouth and close your eyes.*

• With names of languages, colors, or school subjects:

Comprends-tu l'italien?   Aimes-tu **le** bleu?   J'étudie **les** maths.

• With certain titles:

le docteur Guérin   **la** princesse Diane   **le** général de Gaulle   **la** reine Elizabeth

• With dates:

J'arrive à Paris **le** douze janvier.

• With days of the week or parts of the day to refer to a repeated or habitual action:

Le samedi, je vais au cinéma.   *On Saturdays, I go to the movies.*
Le soir, je regarde la télé.   *In the evening, I watch TV.*

• With nouns indicating a weight, measure, or quantity:

L'essence coûte 10 francs **le** litre.   *Gas costs 10 francs a liter.*

Uses of the indefinite article

<u>Use</u>

The singular indefinite article **un/une** corresponds to *a, an*.
The plural indefinite article **des** corresponds to *some*.

<u>Omission of the indefinite article</u>

The indefinite article is omitted after **être** and **devenir** with the names of professions and occupations.

Etes-vous étudiant?	*Are you a student?*
Sylvie veut **devenir** journaliste.	*Sylvie wants to become a journalist.*

The indefinite article is usually omitted after **sans** *(without)* and **comme** *(as)*.

Je travaille **comme** garçon de café.	*I work as a waiter.*
Ne sortez pas **sans** manteau.	*Don't go out without a coat.*

Uses of the partitive article   Activités 9, 10, 11 pp. 51–52

The partitive article is used to express *a certain amount of, an unspecified quantity of*.

Alice boit **du** café.	*Alice drinks (some) coffee.*
Nous avons **du** travail.	*We have (some) work.*
As-tu **de** l'argent?	*Do you have (any) money?*

Résumé

THESE ARTICLES. . .	INTRODUCE. . .	
DEFINITE	*a specific noun*	Voici **le** fromage *(the one I just bought)*. **La** patience du professeur est remarquable.
	a noun used in a general sense	Paul aime **la** limonade *(in general)*. **La** patience est une qualité.
INDEFINITE	*one (or several) entire items*	J'achète **un** fromage *(a whole one)*. Anne commande **une** limonade *(an entire bottle)*.
	a special type, or one of a kind	Ce vigneron *(wine grower)* fait **un** vin extraordinaire. Vous avez **une** patience extraordinaire.
PARTITIVE	*some, a certain amount of*	Nous mangeons **du** fromage *(just a piece)*. Henri boit **de la** limonade *(a few sips)*. J'ai **de la** patience.

➪ Although the word *some* is often omitted in English, **des** must be used in French.

    Cette entreprise fabrique **des** ordinateurs.   *This company makes computers.*

➪ The indefinite article is not omitted if the profession is modified by an adjective.

    Madame Thierry est **une excellente** architecte.

➪ The indefinite article may be used if the profession clearly identifies the person being described. This is a new structure.

    Picasso est **un** peintre.   *Picasso is a painter. (He is not a musician.)*

➪ The indefinite article is not omitted after **c'est** and **ce sont**.

    Tu connais Suzanne? C'est **une** artiste.

➪ Although the English equivalent expressions *some* and *any* are often omitted, the partitive articles must be expressed in French.

➪ Partitive articles can introduce abstract as well as concrete nouns.

    Vous avez **de** l'ambition, mais vous n'avez pas **de** patience.

➪ The partitive article is not used after **avoir besoin de, avoir envie de,** and after expressions ending in **de.**

    Veux-tu **du** papier?   Oui, j'ai besoin **de** papier.

A c t i v i t é 1   **Vive la différence!**   STRUCTURE 1

Notez les professions ou les occupations des gens suivants. Puis dites que les
personnes entre parenthèses n'exercent pas ces mêmes occupations.

⇨ Henri est acteur. (Mélanie)   **Mélanie n'est pas actrice.**

1. Thomas est photographe. (Sylvie)
2. Charles est étudiant. (Nicole)
3. Raymond est mathématicien. (Suzanne)
4. Madame Martin est pharmacienne. (Monsieur Martin)
5. Monsieur Carré est vendeur. (Madame Carré)
6. Mon oncle est boulanger. (ma tante)
7. Annie est décoratrice. (son cousin)
8. Jacqueline est peintre. (son fiancé)
9. Monsieur Renaud est médecin. (sa femme)
10. Monsieur Dupont est chef d'entreprise. (sa nièce)

A c t i v i t é 2   **Substitutions**   STRUCTURE 1

Remplacez les mots en italique par les noms entre parenthèses. Faites les
changements nécessaires, y compris (including) **un** ↔ **une, le** ↔ **la.**

⇨ *Pierre* est le frère de Gérard. (Annie)
Annie est la soeur de Gérard.

1. *Monique* Leclerc est la femme de votre cousin, n'est-ce pas? (Thomas)
2. Je connais bien *Nicole*. C'est la nièce de mon professeur. (André)
3. *Monsieur* Martin, le père de François, est un homme remarquable.
   (Madame)
4. L'*Espagne* a un roi, le roi *Juan-Carlos*. (Angleterre / Elizabeth)
5. *Philippe*, le cousin de Jacqueline, est garçon dans un restaurant français.
   (Béatrice)
6. *Pauline* Mercier, la belle-soeur de Nicolas, est la personne avec qui je
   vais dîner ce soir. (Vincent)
7. *Sylvie Masson*, la vedette de ce film, est une actrice célèbre. (Paul
   Ménard)
8. Vous connaissez *Henri*, le parrain de Suzanne. C'est un écrivain de
   talent. (Brigitte)
9. Le chef de ce projet est *Monsieur* Simonet, un ingénieur remarquable et
   un homme bien sympathique. (Madame)
10. La personne qui vient d'arriver à l'hôpital est *Madame* Lombard, la
    victime de l'accident. (Monsieur)

Activité 3 **Changements**   STRUCTURE 1

Lisez les phrases suivantes. Puis remplacez les mots en italique par les noms
entre parenthèses. Faites les changements nécessaires. (Pour déterminer le
genre de ces noms, analysez leur terminaison ou leur catégorie.)

1. Voici la *maison* où j'habite. (château / cité / village)
2. La *bière* est dans le réfrigérateur. (limonade / gâteau / litre de lait)
3. Combien coûte le *disque*? (raquette / chapeau / chemisier)
4. Où est le *magazine*? (cassette / journal / cadeau)
5. J'ai une *idée* extraordinaire. (projet / mémoire / secret / système)
6. Est-ce qu'il faut combattre pour l'*indépendance*? (victoire / liberté /
   socialisme)
7. Ce soir, je vais lire un *livre*. (biographie / journal / histoire)
8. L'*hôtel* est là-bas. (centre / librairie / bureau / garage)
9. La *patience* n'est pas votre vertu principale. (générosité / libéralisme /
   courage / loyauté)
10. Aimez-vous le *champagne*? (brie / roquefort / chablis / cognac)
11. Nous allons acheter une *maison*. (bateau / télévision / Toyota / Mercédès)
12. Francine étudie l'*histoire*. (japonais / musique / biologie)

Activité 4 **S'il te plaît!**   STRUCTURE 2

Demandez à un ami de faire certaines choses en utilisant le pluriel des noms
en italique.

⇨ acheter: *journal*
  S'il te plaît, achète les journaux.

1. regarder: *prix* des marchandises
2. raconter: *détail* de l'accident
3. changer: *pneu* de ma bicyclette
4. mettre: *bijou* dans le tiroir
5. nourrir *(to feed)*: *animal*
6. respecter: *idéal* de tes amis
7. finir: *travail* domestique
8. ranger: *manteau* dans le placard *(closet)*

Activité 5 **Oui et non**   STRUCTURE 3

Lisez les descriptions suivantes. Puis dites ce que chacun fait et ne fait pas.
Utilisez le verbe entre parenthèses et les deux noms selon le modèle.
N'oubliez pas d'utiliser l'article indéfini qui convient. Et soyez logique!

⇨ Mon oncle est boulanger. (vendre / les croissants, les oranges)
  Mon oncle vend des croissants. Il ne vend pas d'oranges.

1. Janine a une boutique de vêtements. (vendre / les robes, les produits
   de beauté)
2. J'ai un garage. (louer / les ordinateurs, les voitures)
3. Vous avez une agence de tourisme. (organiser / les voyages en France,
   les spectacles musicaux)
4. Mélanie va à une entrevue professionnelle (porter / les blue-jeans, le
   tailleur [*suit*])
5. Cette entreprise veut développer ses ventes. (chercher / l'ingénieur,
   l'agent commercial)
6. Le Japon est un pays industriel (exporter / les voitures, les produits
   agricoles)

A c t i v i t é 6 Au travail STRUCTURE 3

Dites ce que font les personnes suivantes pendant la journée. Utilisez les expressions entre parenthèses.

⇨ le chimiste (aller à / le laboratoire) **Le chimiste va au laboratoire.**

1. le médecin (téléphoner à / l'infirmière; rendre visite à / les malades; rentrer de / l'hôpital)
2. les étudiants (répondre à / le professeur; aller à / la bibliothèque; rentrer de / l'université)
3. le secrétaire (téléphoner à / l'avocat; répondre à / le directeur; rentrer de / le bureau)
4. l'agent commercial (sortir de / le bureau; rendre visite à / les clients; parler de / les nouveaux produits)
5. le directeur technique (aller à / le laboratoire; parler à / les ingénieurs; réfléchir à / les problèmes techniques et les solutions possibles)
6. l'avocate (avoir besoin de / les documents légaux; arriver à / le palais de justice; répondre à / les questions du juge)
7. la présidente de la compagnie (aller à / le conseil d'administration; parler de / les projets d'expansion; annoncer les résultats à / les actionnaires [*stockholders*] et les journalistes)

A c t i v i t é 7 A votre avis STRUCTURE 3

Exprimez votre opinion personnelle sur les sujets suivants. Utilisez les articles qui conviennent.

⇨ (ski) sport intéressant?
  A mon avis, le ski est un sport intéressant.
  A mon avis, le ski n'est pas un sport intéressant.

1. (football / gymnastique / karaté) sport dangereux? le/la/le
2. (espagnol / français / japonais) langue utile dans les affaires? l'/le/le
3. (photo / danse / camping) activité intéressante? la/la/le
4. (journalisme / politique / médecine) carrière intéressante? le/la/la
5. (clairvoyance / perception extra-sensorielle) phénomène réel? la/la
6. (inflation / pollution / criminalité) problème sérieux? l'/la/la
7. (argent / succès / liberté) chose indispensable? l'/le/la
8. (hommes politiques / journalistes / commerçants) personnes honnêtes?

A c t i v i t é 8 Questions personnelles STRUCTURE 3

1. Avez-vous les yeux bleus? marron (*brown*)? gris? verts? Avez-vous les cheveux noirs? blonds? roux? Avez-vous le visage (*face*) ovale? rond? rectangulaire? carré (*square*)? Préférez-vous les gens qui ont les cheveux longs ou courts?
2. Avez-vous parfois mal à la tête? mal aux dents? mal à l'estomac? Qu'est-ce que vous faites alors?
3. En quelles circonstances est-ce que vous levez (*raise*) la main? élevez la voix? haussez (*shrug*) les épaules? hochez (*nod*) la tête? fermez les yeux? perdez la tête?

4. Quelles sont vos couleurs favorites? Pour certaines personnes le rouge évoque le courage. Qu'est-ce que le rouge évoque pour vous? et le bleu? le vert? le blanc? le noir?
5. En général, que faites-vous le samedi soir? le dimanche? Qu'est-ce que vous allez faire dimanche prochain?
6. Etes-vous bien informé(e) de la géographie économique? Quels sont les pays qui produisent du pétrole? des céréales? du vin? Pouvez-vous citer des pays qui exportent des automobiles? des textiles?
7. Etes-vous bien informé(e) de l'actualité *(current events)*? Comment s'appelle le sénateur de votre état? le maire de votre ville? le président de la France? le roi d'Espagne? la reine d'Angleterre? le Pape?
8. Comment s'appelle votre médecin? votre dentiste?

WRITTEN

Activité 9 Diététique

STRUCTURE 3

Lisez les descriptions des personnes suivantes. Puis dites si oui ou non elles prennent les aliments *(food)* entre parenthèses. Utilisez le verbe suggéré dans des phrases affirmatives ou négatives. Faites une phrase pour chaque aliment.

⇨ Nous aimons la viande. (manger: le rosbif)
   Nous mangeons du rosbif.

1. Paul veut maigrir. (manger: la salade / les spaghetti / le céleri / les concombres / la glace / la crème)
2. Je n'aime pas les boissons alcooliques. (boire: le vin / l'eau minérale / la limonade / la bière / le champagne)
3. Vous aimez le poisson, mais vous n'aimez pas la viande. (commander: le saumon / la sole / le porc / le jambon / le thon)
4. Mes cousins sont végétariens. (acheter: le riz / la viande / les carottes / le poulet / les fruits)
5. Je mange seulement des produits laitiers *(dairy products)*. (manger: la glace / le yaourt / les légumes / le fromage)
6. Sophie déteste les choses sucrées *(sweet)*. (prendre: le gâteau / la glace / le poivre / le sel / la moutarde / le sucre)

DIALOG

Activité 10 Conversation

STRUCTURE 3

Posez à vos camarades certaines questions en utilisant les éléments suivants.

⇨ gagner (l'argent?)
   — **Est-ce que tu gagnes de l'argent?**
   — **Oui, je gagne de l'argent. (Non, je ne gagne pas d'argent.)**

1. manger (la viande? le fromage? les frites?)
2. boire (le café? le thé? l'eau minérale?)
3. au petit déjeuner; prendre (les céréales? le lait? le jus d'orange?)
4. en hiver; faire (le ski? le ski nautique?)
5. en été; faire (le tennis? la voile? la planche à voile?)
6. en ce moment; avoir (le travail? le temps libre?)
7. en général; avoir (l'ambition? la patience?)
8. pendant les vacances; aller faire (le camping? l'auto-stop?)

Vocabulaire
Quelques matières et quelques substances

Quelques métaux

l'acier *m.*	*steel*	*le nickel	*nickel*
*l'aluminium *m.*	*aluminum*	*le plomb	*lead*
le cuivre	*copper*	*l'uranium *m.*	*uranium*
le fer	*iron*		

Quelques métaux précieux

l'argent *m.*	*silver*	l'or *m.*	*gold*

Quelques matériaux de construction

*le béton	*concrete*	la pierre	*stone*
le bois	*wood*	le verre	*glass*
la brique	*brick*		

Quelques textiles

le coton	*cotton*	le nylon	*nylon*
la laine	*wool*	*la soie	*silk*

Quelques produits énergétiques

*le charbon	*coal*	*le pétrole	*oil, petroleum*
l'essence *f.*	*gas*		

D'autres produits

*le caoutchouc	*rubber*	le plastique	
*le cuir	*leather*	*la matière plastique	*plastic*
le papier	*paper*		

Collectez le verre pour le Recycler

Activité 11 La bonne matière

Complétez les phrases suivantes avec les noms de substances qui conviennent logiquement. Utilisez les noms du *Vocabulaire* et l'article partitif.

⇨ Les voitures consomment . . . **Les voitures consomment de l'essence.**

1. L'Arabie Saoudite et le Koweït produisent . . .
2. En 1848 les prospecteurs sont allés en Californie pour chercher . . .
3. Jacqueline veut faire un pull. Elle achète . . .
4. Tu veux écrire? Prends un stylo et . . .
5. Pour faire un feu, on peut utiliser . . . ou . . .
6. Les mines de l'ouest des Etats-Unis produisent . . . , . . . , . . .
7. Aujourd'hui, dans la construction des monuments, on utilise . . . et . . .
8. On peut faire des chemises avec . . . , . . . ou . . .
9. Autrefois, on utilisait . . . pour faire des chaussures. Maintenant, on utilise aussi . . .
10. Les Etats-Unis exportent . . . Ils importent . . .

Entre nous

A votre tour

Lisez attentivement le texte suivant.

L'économie française   **Le Marché Commun** *(The Common Market):* an economic union of nations formed to stimulate trade among its members.

La France est le premier pays agricole du Marché Commun. Ses champs°   fields
produisent du blé° et du maïs. Ses fermes produisent du lait et du beurre.   wheat
Ses vignes produisent du raisin avec lequel on fait les meilleurs vins du
monde. Mais aujourd'hui, la France est avant tout un grand pays
industriel. Ses usines produisent de l'acier, du ciment, des produits
chimiques, des matières plastiques et toute une variété de produits
manufacturés: des automobiles, des avions, du matériel électrique et
électronique. Pour assurer cette production, la France a besoin de
matières premières.° Si ses mines produisent du charbon, du fer et de   raw materials
l'aluminium, la France est relativement pauvre en sources d'énergie. Elle
doit importer du pétrole et du gaz naturel en grandes quantités. En
échange, la France exporte des produits agricoles et des produits
manufacturés.

Maintenant, faites une brève étude économique des pays ou des régions
suivantes. Dans cette étude vous pouvez utiliser des verbes comme: produire /
fabriquer / acheter / vendre / échanger / importer / exporter / avoir besoin de.

les Etats-Unis	le Japon	le Texas
le Canada	la Californie	votre région

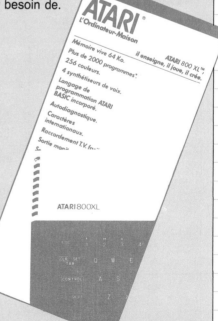

L'Ordinateur Personnel IBM
- le nouveau standard micro.

*l'Ordinateur Personnel. l'Apple /// - le professionnel d'Apple.

4. Les adjectifs de description

Activités 12, 13, 14, 15   pp. 63, 65, 68, 69

Regular forms

Descriptive adjectives agree in gender and number with the nouns or pronouns they modify. Regular adjectives have the following endings:

	SINGULAR	PLURAL		
MASCULINE	–	-s	patient	patients
FEMININE	-e	-es	patiente	patientes

⇨ Adjectives that end in **-e** in the masculine singular do not add another **-e** in the feminine.

> un employé **dynamique**   une employée **dynamique**

⇨ Adjectives that end in **-s** or **-x** in the masculine singular have the same form in the masculine plural.

> un passeport **français**   des passeports **français**
> un étudiant **sérieux**   des étudiants **sérieux**

Irregular forms

Irregular feminine forms

MASCULINE ENDING	FEMININE ENDING		
-eux	-euse	curieux	curieuse
-oux	-ouse	jaloux	jalouse
-f	-ve	actif	active
-en	-enne	moyen	moyenne
-ien	-ienne	canadien	canadienne
-on	-onne	bon	bonne
-el	-elle	naturel	naturelle
-et	-ette	muet	muette
-et	-ète	discret	discrète
-er	-ère	cher	chère
-eur	-euse	travailleur	travailleuse
-teur	-trice	conservateur	conservatrice
		but: menteur	menteuse

DE GRAMMAIRE

⇨ Most adjectives of color (**rouge, bleu, vert . . .**) agree with the nouns they modify. Adjectives of color remain invariable (that is, they do not take endings) when:

This is a new structure.

—they are derived from nouns, such as **orange** and **marron** (*chestnut*) Also: **ivoire, cerise**
(but not **rose**)

un pull **orange**	des robes **orange**
une veste **marron**	des chaussures **marron**

—they are modified by another adjective or noun

une jupe **bleue**	*but:* une jupe **bleu marine** (*navy blue*)
des chemises **vertes**	*but:* des chemises **vert pomme** (*apple green*)

⇨ A few adjectives have no feminine forms.

This is a new structure.

un garçon **snob**   une fille **snob**

...un ciel pur, une mer bleue, des hôtels luxueux

La Tunisie: Une terre. Des hommes.

⇨ The adjectives **beau, nouveau,** and **vieux** have the following forms:

SINGULAR		PLURAL	
MASCULINE	FEMININE	MASCULINE	FEMININE
beau (bel)	belle	beaux	belles
nouveau (nouvel)	nouvelle	nouveaux	nouvelles
vieux (vieil)	vieille	vieux	vieilles

The forms in parentheses are used before a masculine noun beginning with a vowel sound.

un **bel** appartement   un **vieil** homme

⇨ Note the following irregular feminine forms:

gentil, gentille   *nice*   **gros, grosse**   *big, fat*   Other irregular feminine forms are presented on p. 278.

⇨ Those adjectives in **-eur** that are derived from Latin (**meilleur, supérieur, inférieur, intérieur**) are regular.

This is a new structure.

C'est ma **meilleure** amie.

Irregular plural forms

Adjectives that end in **-al** in the masculine singular end in **-aux** in the masculine plural.
(They are regular in their feminine forms.)

un ami **loyal** des amis **loyaux**
(une amie loyale) (des amies loyales)

Position of adjectives

Most adjectives come after the nouns they modify.

une fille **intelligente**   des idées **intéressantes**   une maison **moderne**

A few adjectives usually come before the noun.

bon ≠ mauvais	Les **bons** élèves n'ont pas de **mauvaises** notes.
grand ≠ petit	J'habite un **petit** appartement dans un **grand** immeuble.
vieux ≠ jeune	Ce **jeune** avocat habite dans un **vieil** immeuble.
premier ≠ dernier	Le **premier** train arrive à la **dernière** station.

▷ Other adjectives that usually come before the noun are: **beau, joli, long, gros, gentil.**

This is a new structure.

▷ When several adjectives are used to modify a noun, each occupies the position it would if it were used alone.

un **grand** appartement
un appartement **moderne** } → un **grand** appartement **moderne**

Certain adjectives, such as **excellent** and **magnifique,**
may come before or after the noun.
C'est un **excellent** repas.
C'est un repas **excellent**.

AIR AFRIQUE
une grande compagnie dans un grand continent

➡️ The plural of **final** is regular. This is a new structure.

les examens **finals**

➡️ Certain common adjectives have a different meaning according to their position. After the noun, they have their literal or objective meaning. Before the noun, they have a figurative or abstract meaning. This is a new structure.

ancien	*old*	J'habite une maison **ancienne**.
	BEFORE: *former*	Voici notre **ancienne** maison.
cher	*expensive*	Vous achetez des vêtements **chers**.
	BEFORE: *dear*	Mes **chers** amis vont venir.
brave	*brave, courageous*	Les gens **braves** aiment le danger.
	BEFORE: *decent, worthy*	Vous êtes des **braves** gens!
pauvre	*poor (= without money)*	Soyez généreux avec les gens **pauvres**.
	BEFORE: *poor (= to be pitied)*	Le **pauvre** Henri n'a jamais de chance.
propre	*clean*	Mettez une chemise **propre**.
	BEFORE: *own*	J'ai ma **propre** chambre.
sale	*dirty, not clean*	J'ai les mains **sales**.
	BEFORE: *nasty, unpleasant*	Quel **sale** chien!
seul	*lonely, alone, by oneself*	C'est un homme **seul**.
	BEFORE: *only*	Tu es mon **seul** ami!
certain	*certain, sure*	C'est un succès **certain**!
	BEFORE: *some*	Ce livre a eu un **certain** succès.
dernier	*last (= preceding)*	La semaine **dernière**, je suis allée au cinéma.
	BEFORE: *last, latest*	J'ai vu le **dernier** film de Paul Newman.
même	*very, exact, itself*	C'est la vérité **même**!
	BEFORE: *same, identical*	C'est la **même** histoire!

➡️ Note the use of the adjective **drôle**:

drôle	*funny (= comical)*	Ce sont des histoires **drôles**.
drôle de (+ noun)	*funny (= strange)*	Vous avez de **drôles d**'idées!

5. C'est vs. il est Activité 16 p. 68

To describe people, animals, or things, the following constructions are used:

c'est. . . ce sont. . .	il est. . . / elle est. . . ils sont. . . / elles sont. . .
+ *name* C'est **Madame Dupont**.	+ *adjective* Elle est **française**.
+ *determiner* + *noun* C'est **une journaliste**.	+ *name of profession* Elle est **journaliste**.
+ *determiner* + *adjective* + *noun* C'est **une excellente journaliste**.	+ *place* Elle est **à Tokyo**.
+ *determiner* + *noun* + *adjective* C'est **une journaliste française**.	
+ *stress pronoun* C'est **elle**.	

6. Les adjectifs interrogatifs, démonstratifs et possessifs
Activités 17, 18 pp. 69–70

Interrogative, demonstrative, and possessive adjectives are determiners. They agree with the nouns they introduce and have the following forms:

	SINGULAR		PLURAL	
	MASCULINE	FEMININE	MASCULINE	FEMININE
INTERROGATIVE *which, what*	quel	quelle	quels	quelles
DEMONSTRATIVE *this, that; these, those*	ce (cet)	cette	ces	
POSSESSIVE *my* *your* *his, her, its, one's*	mon ton son	ma (mon) ta (ton) sa (son)	mes tes ses	
our *your* *their*	notre votre leur		nos vos leurs	

➪ The forms in parentheses are used before feminine nouns or adjectives beginning with a vowel sound.

Nicole est **une** amie.   C'est **mon** amie.

➡️ With professions, two constructions may be used:

Voici Madame Nadou.
{ **Elle est** architecte.
{ **C'est une** architecte.

➡️ Note the different forms of **c'est:**

	AFFIRMATIVE	NEGATIVE
SINGULAR	**C'est** Antoine.	**Ce n'est pas** Jean-Pierre.
PLURAL	**Ce sont** mes amis.	**Ce ne sont pas** vos amis.

AIR INTER
NOTRE MONDE C'EST LA FRANCE

➡️ The adjective **quel** can be used in exclamatory sentences. In that case, no indefinite article is used after **quel.** This is a new structure.

Quelle agréable surprise!   *What a pleasant surprise!*

➡️ To distinguish between what is nearby and what is farther away, **-ci** and **-là** are added to the noun.

Veux-tu **cette** photo**-ci** ou   *Do you want **this** picture (**over here**) or*
cette photo**-là?**   *that picture (**over there**)?*

➡️ The gender and number of a possessive adjective are determined by the noun that it introduces.

Voici Pierre.   Voici **sa** voiture.   *Here is **his** car.*
Voici Nathalie.   Voici **sa** voiture.   *Here is **her** car.*

Note: To clarify the identity of the possessor, the expressions **à lui, à eux, à elle,** or **à elles** may be used. This is a new structure.

Voici **sa** voiture **à lui.**   *That's **his** car.*

➡️ Possessive adjectives may be reinforced by the adjective **propre** (*own*), which comes before the noun. This is a new structure.

Ce fermier fait son **propre** vin   *This farmer makes his **own** wine*
avec son **propre** raisin.   *with his **own** grapes.*

7. La possession avec *de*

To express possession or relationship, the following construction is used:

$$\text{noun} + \textbf{de (d')} + \begin{cases} \text{proper name} \\ \text{determiner} + \text{noun} \end{cases}$$

La soeur **de Jean** habite à Paris. *Jean's sister lives in Paris.*
Où sont les clés **de la voiture?** *Where are the car keys?*

8. Adverbes et expressions de quantité Activités 19, 20 pp. 71–72

Adverbs of quantity can introduce nouns according to the construction:

adverb of quantity + **de (d')** + noun

Compare: Nous travaillons **trop.** Nous avons **trop de** travail.
Combien coûtent les oranges? **Combien d'**oranges voulez-vous?

⇨ In the above construction, no other determiner is used.

Cette voiture consomme **de l'**essence. Elle consomme **trop d'**essence.
L'Arabie Saoudite produit **du** pétrole. Elle produit **beaucoup de** pétrole.

Nouns can be introduced by expressions referring to a specific quantity according to the construction:

specific quantity + **de (d')** + noun

Compare:

IMPRECISE QUANTITY: PARTITIVE ARTICLE	PRECISE QUANTITY: EXPRESSION OF QUANTITY
Pierre achète **du** raisin.	Il achète **un kilo de** raisin.
Voici **de la** bière.	Voici **une bouteille de** bière.
Prenez **des** céréales.	Prenez **trois boîtes de** céréales.

➡ Possession may also be indicated with the expressions **être à** and **appartenir à** *(to belong to)*.

> Ces disques **sont à** Jacques.   *These records **belong to** Jacques.*
> Cette auto **appartient au** professeur.   *This car **belongs to** the teacher.*

➡ Note the interrogative construction: **à qui + être.**

> **A qui sont** ces clés?   *Whose keys are those?*

The most common adverbs of quantity are:

peu de	*not much (of), not many*
un peu de	*a little (of), a little bit (of)*
assez de	*enough (of)*
beaucoup de	*much, very much; many, very many, a lot of*
trop de	*too much, too many*
*beaucoup trop de**	*much too much, many too many*
*tant de**	*so much, so many; that much, that many*
*tellement de**	*so much, so many; that much, that many*
combien de . . . ?	*how much, how many?*

Note the two possible constructions with **combien de:**

> **Combien d**'employés recrutez-vous?   **Combien** recrutez-vous **d**'employés?

ORTOGRAFE
HPH

l'orthographe a beaucoup d'importance...

Vocabulaire   La description des personnes

L'aspect physique

brun	dark-haired	**blond**	blond
beau	handsome, beautiful	*laid	ugly
mignon	cute ⎫	**moche**	plain, unattractive
joli	pretty ⎭		
grand	tall	**petit**	short
*mince	thin ⎫	**gros**	fat
*maigre	skinny ⎭		
fort	strong	**faible**	weak
		⎰ **vieux** ⎱	old
jeune	young	⎱ **âgé** ⎰	

fort ou mince
vous trouverez tout ce qu'il vous faut

DORIAN GUY
Chemisier Habilleur
36. avenue George-V

La personnalité et le caractère

*agréable ⎫			
sympathique ⎬	pleasant, nice ⎫	**désagréable**	unpleasant
*aimable	kind ⎭		
gentil	nice	**méchant**	bad, nasty
intelligent	intelligent, smart ⎫	**bête**	dumb
*brillant	very smart, brilliant ⎭		
drôle	funny ⎫		
amusant	funny, amusing ⎬	**pénible**	boring
*intéressant	interesting ⎭		
content ⎱	happy	**triste**	sad
heureux ⎰			
*raisonnable ⎱	rational, wise	**fou (folle)**	crazy
*sage ⎰			
prudent	cautious, careful	**imprudent**	careless
généreux	generous	**égoïste**	selfish

La vie sociale

poli	polite	**impoli**	impolite
*bien élevé	well-mannered	*mal élevé	ill-mannered
bavard	talkative	*silencieux	silent, quiet
*honnête	honest	*malhonnête	dishonest
riche	rich	**pauvre**	poor
célèbre	famous	*inconnu	unknown

Décrivez les personnes suivantes. Faites une phrase affirmative qui contient deux adjectifs du *Vocabulaire*. Puis faites une phrase négative avec un adjectif.

1. les élèves de la classe
2. mes grands-parents
3. mes voisins (*neighbors*)
4. le Président des Etats-Unis
5. l'amie idéale
6. le vendeur idéal
7. King Kong
8. John McEnroe
9. Brooke Shields
10. moi

Vocabulaire

Quelques adjectifs irréguliers

NON-COGNATES

en -eux (-euse)

heureux	*happy*
malheureux	*unhappy*
***joyeux**	*cheerful*
ennuyeux	*boring*
paresseux	*lazy*
***amoureux**	*in love*

en -f (-ve)

neuf	*new, brand-new*
sportif	*athletic, one who likes sports*
***vif**	*lively, alert*

en -en (-enne)

moyen	*average*

en -ien (-ienne)

en -el (-elle)

en -et (-ète)

inquiet	*worried*
secret	*secretive*

en -er (-ère)

cher	*expensive, dear*
étranger	*foreign*
fier	*proud*
léger	*light*
dernier	*last*
premier	*first*

COGNATES

ambitieux	*mystérieux
***consciencieux**	*prétentieux
courageux	**sérieux**
curieux	**superstitieux**
généreux	

actif	**intuitif**
***attentif**	**naïf**
impulsif	

canadien	**italien**

***cruel**	*ponctuel
intellectuel	*superficiel
naturel	

***complet**	*indiscret
*discret	

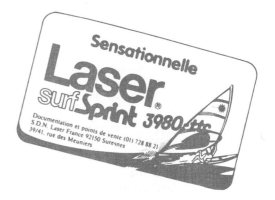

NON-COGNATES

en -eur (-euse)

travailleur   *hard-working*

en -teur (-trice)

*créateur   *creative*
*conservateur   *conservative*

en -al (*pl.* **-aux**)

*égal   *equal*
*génial   *brilliant, bright*

COGNATES

*libéral   *original
*loyal   *spécial
normal

NOTE DE VOCABULAIRE:
Note the difference between **nouveau** (*newly acquired*), which comes before the noun, and **neuf** (*brand-new*), which comes after the noun.

Paul a une **nouvelle** voiture.   (*It's a 1975 Renault.*)
Mélanie a une voiture **neuve**.   (*It's the latest model.*)

WRITTEN

Activité 13   Oui ou non?   STRUCTURE 4

Lisez ce que font les personnes suivantes et décrivez leur personnalité. Utilisez les adjectifs entre parenthèses dans des phrases affirmatives ou négatives.

⇨ Cette employée n'est pas à l'heure. (ponctuel?)
Elle n'est pas ponctuelle.

1. Ces étudiantes préparent l'examen. (sérieux? paresseux? travailleur?)
2. Cette élève comprend vite. (intelligent? vif? attentif? brillant?)
3. Mademoiselle Brun est une excellente secrétaire. (loyal? discret? consciencieux? compétent?)
4. Marie et Suzanne font du jogging tous les jours. (sportif? inactif?)
5. Cette jeune artiste a vraiment un talent extraordinaire. (créateur? original? conservateur?)
6. Mademoiselle Lacombe espère être la présidente de sa compagnie. (ambitieux? agressif? dynamique?)
7. Cette actrice joue d'une manière spontanée. (naturel? instinctif?)
8. Ces hommes politiques veulent réformer la société. (conservateur? libéral?)
9. Ces personnes ne voyagent jamais le vendredi 13. (superstitieux? rationnel? courageux?)
10. Sylvie aime son fiancé, mais elle n'aime pas qu'il sorte avec d'autres filles. (libéral? amoureux? jaloux?)
11. Ces jeunes filles font leurs études à Rome, mais elles sont de Québec. (italien? canadien? étranger?)

Vocabulaire
La description des objets

L'aspect physique

la forme	***carré, rectangulaire***	*square, rectangular*
	rond, ovale	*round, oval*
les dimensions	**long (longue)** ≠ **court**	*long* ≠ *short*
	large** ≠ **étroit	*wide, broad* ≠ *narrow*
	haut** ≠ **bas (basse)	*tall, high* ≠ *low*
	énorme ≠ **minuscule**	*huge* ≠ *tiny, minute*
le poids	**léger** ≠ **lourd**	*light* ≠ *heavy*
la température	**chaud** ≠ **froid**	*hot, warm* ≠ *cold*
la consistance	***solide** ≠ **fragile***	*solid* ≠ *fragile*
le mouvement	**rapide** ≠ **lent**	*fast* ≠ *slow*
l'apparence	***propre** ≠ **sale***	*clean* ≠ *dirty*
le contenu	**plein** ≠ **vide**	*full* ≠ *empty*
l'âge	**neuf** ≠ { **vieux** / **d'occasion** *	*new* ≠ { *old* / *second-hand, used*
	moderne ≠ **ancien**	*modern* ≠ *old, ancient*

Quelques autres caractéristiques

cher ≠ **bon marché**   *expensive* ≠ *cheap, inexpensive*
facile ≠ **difficile**   *easy* ≠ *hard, difficult*
*__confortable__ ≠ **inconfortable*__   *comfortable* ≠ *uncomfortable*
utile ≠ **inutile**   *useful* ≠ *useless*

__pratique, économique__   *practical, economical*
__étrange, bizarre__   *strange, odd*

NOTE DE VOCABULAIRE:

Bon marché and **d'occasion** are invariable expressions.

Je vais acheter une voiture **d'occasion**.
Ces blue-jeans ne sont pas **bon marché**.

Exposition voitures neuves et d'occasion
Essai de l'Alpine Renault A 310 V6

Activité 14 A l'agence immobilière (*At the real estate office*) STRUCTURE 4

Le choix de notre résidence dépend de notre personnalité et de nos finances. Certaines personnes vont dans une agence immobilière. Dites quel type de logement (colonne A) chacune cherche et dans quel endroit (colonne B). Utilisez plusieurs adjectifs si vous voulez.

A		B	
une chambre	beau	un quartier	beau
un studio	grand	un village	grand
un appartement	petit	une ville	petit
une maison	confortable	une région	calme
une villa	moderne		pittoresque
un château	ultra-moderne		touristique
	rustique		isolé
	cher		animé (*lively, busy*)
	bon marché		aéré (*with fresh air*)
	original		
	bien décoré		

⇨ le jeune étudiant
Le jeune étudiant cherche un petit appartement bon marché dans un quartier animé.

1. le jeune cadre (*young executive*)
2. la famille de cinq enfants
3. le couple de retraités (*retired couple*)
4. le millionnaire texan
5. les deux espions (*spies*)
6. les jeunes mariés
7. l'artiste
8. le prince arabe
9. l'actrice de cinéma
10. moi

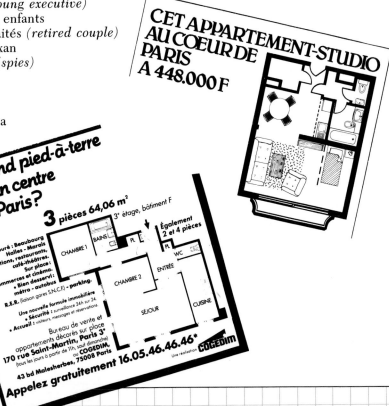

CET APPARTEMENT-STUDIO AU CŒUR DE PARIS A 448.000 F

Un grand pied-à-terre en plein centre de Paris?

3 pièces 64,06 m²   3ᵉ étage, bâtiment F

Également 2 et 4 pièces

CHAMBRE 1   BAINS   PL.

CHAMBRE 2   ENTRÉE   WC

SÉJOUR   CUISINE

• Bien entouré : Beaubourg Halles - Marais Expositions, restaurants, café-théâtres.
  Sur place : commerces et cinéma.
• Bien desservi : métro - autobus.
R.E.R. (liaison gares S.N.C.F.) - **parking.**
  Une nouvelle formule immobilière
• **Sécurité :** surveillance 24h sur 24.
• **Accueil :** visiteurs, messages et réservations.
Bureau de vente et appartements décorés sur place
170 rue Saint-Martin, Paris 3ᵉ
(tous les jours à partir de 11h, sauf dimanche)
ou COGEDIM,
43 bd Malesherbes, 75008 Paris
Appelez gratuitement 16.05.46.46.46* Une réalisation COGEDIM

Activité 15 Avant ou après?

STRUCTURE 4

Lisez les descriptions suivantes. D'après ces descriptions, faites des phrases en utilisant le nom en italique et l'adjectif entre parenthèses. Commencez chaque phrase par **C'est.**

⇨ Cet *étudiant* n'a pas beaucoup d'argent. (pauvre)
  C'est un étudiant pauvre.

1. Ce *millionnaire* est très malheureux. (pauvre)
2. Cet *homme* n'est pas marié. (seul)
3. Cette *robe* coûte une fortune! (chère)
4. Cet *élève* a obtenu son diplôme en 1980. (ancien)
5. Cette *maison* date du 17ᵉ siècle. (ancienne)
6. Cette *fille* ignore le danger. (brave)
7. Cet *enfant* ne se lave pas. (sale)
8. Cet *enfant* est arrogant, menteur, désobéissant et hypocrite. (sale)

Activité 16 Identifications

STRUCTURE 5

Imaginez qu'un ami français vous demande qui sont les personnes et les choses suivantes. Identifiez-les pour lui. Faites deux phrases, l'une avec **ce (c')** et l'autre avec **il (elle, ils, elles).** Si vous voulez, vous pouvez utiliser le mot entre parenthèses.

⇨ l'Astrodome (un stade)
  C'est un stade. (C'est le stade où on peut voir les Astros.)
  Il est grand. (Il est couvert.)

1. les Yankees (une équipe)
2. Thanksgiving (une fête)
3. Montpelier (une ville)
4. les Rocheuses (des montagnes)
5. Stanford et Berkeley (des universités)
6. Meryl Streep (une actrice)
7. Dan Rather (un journaliste)
8. Rhonda Fleming (une chanteuse)

LE CHAMPION
DES PRIX...
DU CHOIX...
DE LA QUALITE...
c'est : MONOPRIX Dillon
M
heures d'ouverture :
de 8 h 30 à 12 h 30 et
de 15 h 00 à 19 h 30
vendredi jusqu'à 20 h

Vocabulaire

Objets de la vie courante

En général

un objet	*object, thing*
une chose	*thing*
*****une machine**	*machine*
*****un appareil**	*machine, piece of equipment, appliance*
*****un article**	*article, item*
*****un produit**	*product*
*****une marchandise**	*merchandise*
*****une marque**	*make, brand*

Quelques objets courants

une clé	*key*
un timbre	*stamp*
un sac	*bag, handbag*
une valise	*suitcase*
*****une pièce**	*coin*
*****un billet**	*banknote, ticket*
*****un billet d'avion**	*airplane ticket*
un carnet	*small notebook*
*****un carnet d'adresse**	*address book*
*****un carnet de chèques**	*check book*

Le matériel de bureau

*****un stylo à bille**

une machine à écrire

une calculatrice

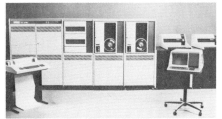

un ordinateur

*****un micro-ordinateur**

*****une machine de traitement de texte**

NOTES DE VOCABULAIRE:

1. In colloquial French, the nouns **un truc** and **un machin** are used to designate any undefined object.

    Passe-moi ce **truc**!   *Pass me that **thing**!*

2. Note the following expressions:

*****Quel genre de** . . .	⎫	**Quel genre de** produits cherchez-vous?
*****Quelle sorte de** . . .	⎬ *What kind/type of* . . .	**Quelle sorte d'**appareils vendez-vous?
*****Quel type de** . . .	⎭	**Quel type de** machine préférez-vous?

Activité 17 Combien?

Quand on veut acheter quelque chose, le prix est une considération importante. Dans les magasins suivants, les acheteurs s'informent des prix. Faites des dialogues entre l'acheteur et le vendeur d'après le modèle. (Pour cela, faites un choix logique d'objets et de prix.)

⇨ dans un magasin d'articles ménagers
— **Combien coûte ce réfrigérateur?**
— **Quel réfrigérateur?**
— **Ce réfrigérateur-ci.**
— **Il coûte 3.000 francs.**

1. dans un magasin de vêtements
2. dans un magasin de chaussures
3. dans une boutique philatélique
4. dans une boutique de matériel de bureau
5. dans un «bagagerie» *(luggage shop)*
6. dans une papeterie

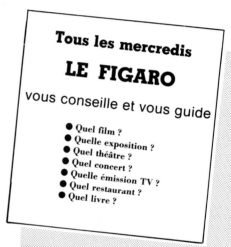

Tous les mercredis

LE FIGARO

vous conseille et vous guide

● Quel film ?
● Quelle exposition ?
● Quel théâtre ?
● Quel concert ?
● Quelle émission TV ?
● Quel restaurant ?
● Quel livre ?

Activité 18 Bon voyage!

Les personnes de la colonne A partent en vacances. Dites ce que chacun fait avant de partir en utilisant les éléments des colonnes B et C. Utilisez les adjectifs possessifs qui conviennent.

A	B	C
nous	faire	le passeport
Madame Simonet	donner	la maison
vous	laisser	les valises
Monsieur Verdier	mettre	le carnet de chèques dans la poche
mes cousines	chercher	les vêtements dans la valise
Pierre et André	prendre	la clé au concierge *(superintendent)*
moi	fermer à clé	l'adresse à la secrétaire
toi		le numéro de téléphone aux amis

⇨ **Nous laissons (donnons) notre numéro de téléphone à nos amis.**

Activité 19   Expression personnelle

Exprimez votre opinion sur les sujets suivants. Dans chaque phrase, utilisez un adverbe de quantité qui reflète votre opinion. Vos phrases peuvent être affirmatives ou négatives.

⇨ nous / importer (le pétrole)
   Nous importons trop (beaucoup trop) de pétrole.
   (Nous n'importons pas assez de pétrole.)

1. les étudiants / avoir (les examens, le temps libre, le travail)
2. moi / avoir (le temps libre, l'argent, la chance)
3. nous / consommer (l'énergie, l'essence, les produits artificiels)
4. les enfants / manger (le sucre, les aliments naturels, les aliments sans valeur nutritive)
5. les jeunes / avoir (le courage, l'ambition, les idées, les problèmes)
6. les parents / donner (l'argent, les responsabilités, les conseils, les encouragements) à leurs enfants
7. les Américains / prendre (les vacances, les vitamines, les médicaments)
8. à la télé, il y a (les programmes sportifs, les nouvelles, la publicité)
9. dans la société, il y a (la violence, l'injustice, les inégalités)
10. l'industrie / créer (la pollution, les déchets [*waste products*], les produits nouveaux, les possibilités d'emploi)
11. le progrès technique / provoquer (les changements, le chômage [*unemployment*])
12. aujourd'hui, le monde / offrir (les tentations, les chances de réussite, les bons exemples, les motivations) à la jeunesse (*youth*)

La pollution inquiète le gouvernement

ECONOMISONS L'ENERGIE

Vocabulaire   Quelques quantités

Poids (weights) et mesures

*une once	ounce
une livre	(metric) pound (= 1/2 kilo)
un kilo	kilogram
*une tonne	ton
un litre	liter
*un demi-litre	half liter

L'EDAM
UNE TRANCHE DE VIE.

La Hollande, l'autre pays du fromage.

Quelques récipients (containers)

un paquet	package, pack	une boîte	box, can
un pot	jar	une bouteille	bottle
un sac	sack, bag	une tasse	cup
un tube	tube		
un verre	glass		

D'autres quantités

*un cachet	tablet	*une douzaine	dozen
*un morceau	piece	*une feuille	sheet, leaf
		*une portion	portion, helping
		*une tranche	slice

Activité 20   **En quelles quantités?**   STRUCTURE 8

Les personnes suivantes achètent ou emploient certains produits. Dites quelle quantité, en utilisant une expression du *Vocabulaire*. Soyez logique!

⇨ Eric achète des oranges.
Il achète un kilo (un sac, trois livres, une douzaine) d'oranges.

1. Vous achetez de la moutarde.
2. Monsieur Simon commande du vin.
3. Jacques désire du chocolat.
4. Nous achetons des pommes de terre.
5. Je commande du jambon.
6. Nathalie prend du gâteau.
7. Nous prenons des céréales.
8. Françoise achète du dentifrice (toothpaste).
9. A la station-service, Stéphanie prend de l'essence.
10. Vous écrivez sur du papier.
11. Monsieur Dupont achète des cigarettes.
12. Quand j'ai mal à la tête, je prends de l'aspirine.

Entre nous

A votre tour

Lisez attentivement le texte suivant.

Josette Martinot est journaliste. Après beaucoup d'hésitation elle a décidé de remplacer sa vieille machine à écrire par une machine de traitement de texte. Sur la recommandation d'un ami, elle va à ELECTRO-BUREAU, un magasin spécialisé dans le matériel de bureau. Là, elle peut contempler les nouveaux produits de la merveilleuse technologie électronique moderne. Elle regarde les différents modèles de machines de traitement de texte. Finalement elle s'adresse à un vendeur:

— Combien coûte cette machine?

— Quelle machine?

— Cette machine-ci. C'est une machine française, n'est-ce pas?

— Non, elle est japonaise. C'est la nouvelle SIGMA 3000 X. C'est notre dernier modèle. Elle est en solde° à 30.000 francs.   *on sale*

— Euh . . . 30.000 francs? C'est un peu cher pour mon budget . . .

— C'est une machine extrêmement fiable.° Et elle est garantie pour dix ans.   *reliable*

— La garantie est gratuite,° n'est-ce pas?   *free*

— Absolument gratuite . . . si vous souscrivez à notre contrat d'entretien.°   *maintenance*

— Et combien coûte ce contrat?

— Seulement 2.000 francs par an.

— Merci!

(Josette en elle-même°) Je crois que je vais garder ma machine à écrire. D'accord, elle n'est pas neuve, mais elle est robuste . . . et c'est une vieille amie!   *to herself*

1. Décrivez certains appareils ou certaines machines que vous possédez (un appareil-photo, une machine à écrire, une chaîne-stéréo, un micro-ordinateur).

2. Vous êtes dans un grand centre commercial. Des clients veulent acheter les choses suivantes. Imaginez le dialogue entre le client et le vendeur/la vendeuse.

    une machine à écrire
    un micro-ordinateur
    une chaîne-stéréo
    une moto
    une auto

DEUXIÈME PARTIE

OPTIONAL ## Constructions, expressions et locutions

1. Quelques noms à sens variable

A few nouns have different meanings depending on whether they are masculine or feminine. Here are the more common ones.

un poste	*post, station, job*	**une poste**	*post office*
un livre	*book*	**une livre**	*pound*
un tour	*tour, trip around, trick*	**une tour**	*tower*
un mort	*dead person*	**la mort**	*death*
un voile	*veil*	**une voile**	*sail*
un poêle	*stove*	**une poêle**	*frying pan*

2. Quelques noms composés

Many compound nouns are derived from verbs according to the following pattern:

> verb – noun

    un ouvre-boîtes   *a can opener* (i.e., a device that *opens cans*)

Nouns formed according to the above pattern are usually hyphenated. They are always masculine. In the plural, the verb part never takes an **-s**. The noun part may take an **-s** depending on the meaning.

    un **ouvre-boîtes**   des **ouvre-boîtes**

Here are some of these nouns:

porter: *to carry*		**sécher:** *to dry*	
un porte-avions	*aircraft carrier*	**un sèche-cheveux**	*hair dryer*
un porte-documents	*attaché case (i.e., document carrier)*	**laver:** *to wash*	
		un lave-vaisselle	*dishwasher*
un porte-clés	*key holder*		
un porte-bagages	*luggage rack*	**casser:** *to break*	
		un casse-cou	*daredevil (i.e., one who breaks his neck)*
tirer: *to pull*			
un tire-bouchon	*corkscrew*	**un casse-tête**	*puzzle, puzzling problem*
gratter: *to scrape*			
un gratte-ciel	*skyscraper*	**chasser:** *to chase*	
		un chasse-neige	*snowplow*
essuyer: *to wipe*			
un essuie-glace	*windshield wiper*		

3. La construction: nom + **de** (**en, à**) + nom

When a noun modifies another noun, the construction is usually:

> main noun + **de** + modifying noun

une voiture de sport	*a sports car*
une raquette de tennis	*a tennis racket*
une classe de français	*a French class*
du jus d'orange	*orange juice*

⇨ To indicate the substance that an object is made of, the following construction is often used:

> noun + **en** (or **de**) + noun (name of substance)

une chemise en nylon	or	**une chemise de nylon**	*a nylon shirt*
un bracelet en argent	or	**un bracelet d'argent**	*a silver bracelet*
une maison en brique	or	**une maison de brique**	*a brick house*

⇨ To indicate how an object functions or what its use is, the following construction is often used:

> noun + **à** + noun

FUNCTIONS

un moteur à essence	*a gas engine (i.e., an engine that runs on gas)*
une cuisinière à gaz	*a gas stove or range*
un bateau à vapeur	*a steamboat*

USE

une brosse à dents	*a toothbrush (i.e., a brush used for teeth)*
des patins à glace	*ice skates*

Compare:	**une tasse de café**	*a cup (full) of coffee*
	une tasse à café	*a coffee cup (i.e., a cup for serving coffee)*

Note also the construction:

> noun + **à** + verb

une machine à écrire	*a typewriter (i.e., a machine for writing)*
une machine à laver	*a washing machine*

4. Quelques expressions invariables

The following verbal expressions are often used with nouns. They are invariable. Note their usage.

voici, voilà (+ noun)   *here is/are; here come(s)*

   Voici Pierre et **voilà** sa cousine.
   Voici ton livre et tes disques.

il y a (+ noun)   *there is, there are*

   Il y a 20 étudiants dans la classe.
   Il y a du lait mais **il n'y a pas** de bière dans le réfrigérateur.
   Y a-t-il un volontaire pour répondre à la question?

il faut (+ noun)   *. . . is/are necessary; one needs (to have) . . .*

   Pour aller en France, **il faut** un passeport.
   Combien d'oeufs **faut-il** pour faire cette omelette?

il reste (+ noun)   *. . . is/are left*

   Il reste des légumes, mais **il ne reste pas** de viande.

il manque (+ noun)   *. . . is/are missing*

   Il manque trois élèves aujourd'hui.
   Combien d'argent **manque-t-il**?

Le français et le monde scientifique

Le TGV (Train à Grande Vitesse) permet de relier Paris à Marseille à la vitesse de 260 kilomètres/heure.

Dans le domaine des sciences, les contributions françaises sont innombrables. Il suffit d'évoquer les travaux de Descartes (géométrie analytique), de Pascal (lois sur la pression atmosphérique), d'Ampère (électromagnétisme), de Niepce et Daguerre (photographie), de Pasteur (bactériologie), de Pierre et Marie Curie (découverte du radium), de Broglie (théorie de la mécanique ondulatoire) . . .

Mais aujourd'hui? Aujourd'hui plus que jamais, le génie scientifique français s'exprime dans un grand nombre de réalisations concrètes, spécialement dans le domaine des transports (Concorde, TGV, métro), de l'énergie (fours solaires), de l'aérospatiale (fusée Ariane), de l'électronique appliquée aux systèmes de communication (Télématique, Vidéotex), de la recherche médicale . . .

Le Concorde, produit de la coopération franco-britannique, relie Paris-New York en 3 heures 45.

Médecin dans un laboratoire de recherches

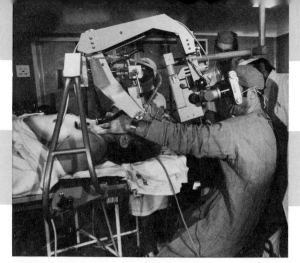

Micro-chirurgie

Le four solaire d'Odeillo-Font Romeu est l'appareil de ce type le plus puissant du monde.

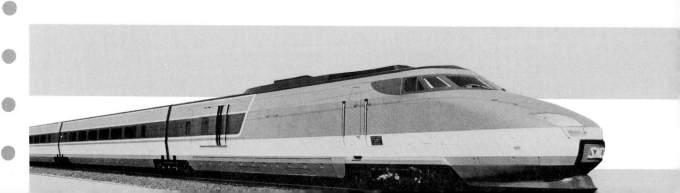

Grâce à ce poste central de contrôle à Lille, le métro, entièrement automatisé, peut fonctionner sans conducteur.

Laboratoires du C.N.R.S.
Four Solaire

L. C. A.
Centre d'Odeillo

La fusée Ariane sur sa base de lancement de Kourou (Guyane française)

Contrôleuse aérienne

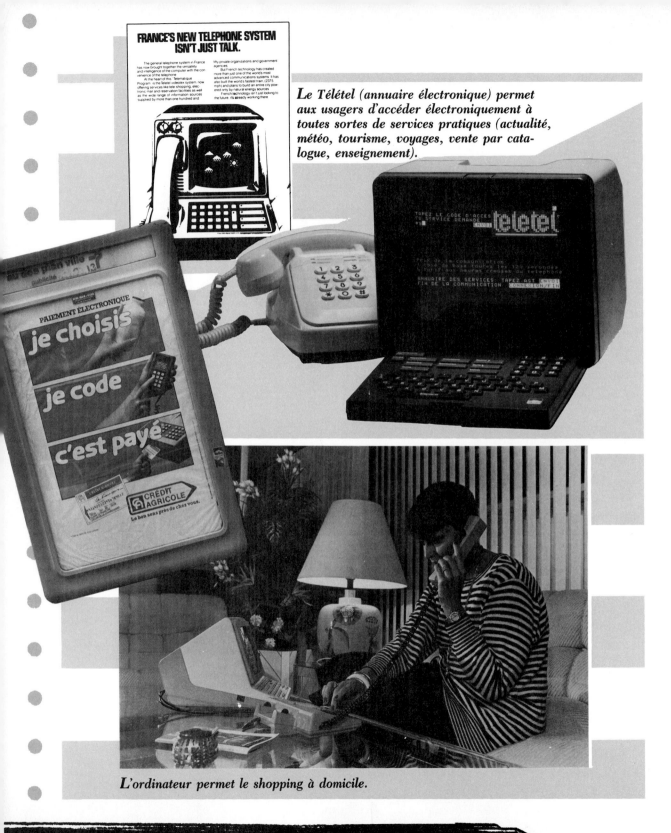

Le Télétel (annuaire électronique) permet aux usagers d'accéder électroniquement à toutes sortes de services pratiques (actualité, météo, tourisme, voyages, vente par catalogue, enseignement).

L'ordinateur permet le shopping à domicile.

UNITÉ 1

La description du passé

Leçon 1 Le passé composé avec *avoir*

A. Le passé composé avec *avoir:* verbes réguliers

Several tenses are used in French to describe the past. The most common past tense is the **passé composé** which, as its name indicates, is a compound tense.

Compound tenses consist of two parts and are formed according to the general pattern:

> auxiliary verb (**avoir** or **être**) + past participle

The compound tenses of most French verbs are formed with the auxiliary verb **avoir.**

Forms

The **passé composé** of **voyager** has the following forms:

j'ai **voyagé**	nous **avons voyagé**
tu **as voyagé**	vous **avez voyagé**
il/elle/on **a voyagé**	ils/elles **ont voyagé**

The **passé composé** of most verbs is formed according to the following pattern:

> present tense forms of **avoir** (affirmative, negative, or interrogative) + past participle

⇨ Note the negative and interrogative forms of the **passé composé** in the sentences on the right.

	PRESENT OF AVOIR	PASSÉ COMPOSÉ
NEGATIVE	Je **n'ai pas** le journal.	Je **n'ai pas acheté** le journal.
	Eric **n'a jamais** d'argent.	Eric **n'a jamais gagné** d'argent.
INTERROGATIVE	**Est-ce que tu as** ce disque?	**Est-ce que tu as écouté** ce disque?
	Avez-vous une voiture?	**Avez-vous loué** une voiture?
	A-t-elle sa raquette?	**A-t-elle trouvé** sa raquette?

The past participles of regular verbs are formed as follows:

The agreement of the past participle with a preced.. direct object is presented on pp. 184–185, 188–189.

verbs in **-er**	**er → é**	acheter → J'ai **acheté** un vélo.
verbs in **-ir**	**ir → i**	choisir → Vous avez **choisi** un disque.
verbs in **-re**	**re → u**	vendre → Ils ont **vendu** leur auto.

⇨ Verbs like **dormir** have regular past participles.   Also: **mentir, sentir, ressentir.**

dormir   Nous avons **dormi** sous la tente.
servir   Qu'est-ce que vous avez **servi** comme dessert?

Uses

The **passé composé** is used to describe completed events and actions that took place at a certain time in the past. It is the most frequently used past tense in French and has several English equivalents.

Jacques **a fini** ce livre.   { *Jacques **finished** this book.*
{ *Jacques **has finished** this book.*
{ *Jacques **did finish** this book.*

Anne **n'a pas téléphoné.**   { *Anne **did not phone.***
{ *Anne **has not phoned.***

OPTIONAL   *A remarquer*

In the **passé composé,** adverbs such as **bien, mal, déjà, souvent,** and adverbs of quantity (**beaucoup, trop, assez. . .**) come between the auxiliary verb and the past participle.   For a more complete treatment of this point, see pp. 296–297.

Je n'ai pas **bien** dormi.
Nous avons **beaucoup** travaillé.

Avez-vous pensé aux
VACANCES de vos ENFANTS
et des JEUNES ? Non. Alors

Février
Pâques
(Les 3
zones)

Consultez
le spécialiste
du VOYAGE de
QUALITÉ
SKI et SÉJOURS
LINGUISTIQUES

Thomas Cook   Service
Jeunes
25, rue de la Pépinière. 260-33-20

dez à vos camarades s'ils ont fait les choses suivantes l'été dernier.
t répondre affirmativement ou négativement. Continuez la
sation si vous voulez.

availler?
— **As-tu travaillé? (Est-ce que tu as travaillé?)**
— **Oui, j'ai travaillé. (Non, je n'ai pas travaillé.)**
— **Où as-tu travaillé?**
— **J'ai travaillé dans un hôpital.**

1. économiser de l'argent?
2. voyager?
3. acheter une moto?
4. visiter la France?
5. rencontrer des gens intéressants?
6. louer un appartement?
7. dormir sous une tente?
8. bronzer *(to get a tan)*?
9. rendre visite à tes cousins?
10. perdre ton temps?
11. établir des nouvelles amitiés *(friendships)*?
12. accomplir un objectif important?

...il y a 1300 km de plage pour bronzer heureux.

La Tunisie : Une terre. Des hommes.

Activité 2 Oui ou non?

Dites que les personnes suivantes ont fait la première chose entre
parenthèses. Utilisez cette information pour dire si oui ou non elles ont
fait les autres choses.

⇨ Jacques (étudier / regarder la télé?)
Jacques a étudié. Il n'a pas regardé la télé.

1. nous (étudier / réussir à l'examen?)
2. moi (dormir / travailler?)
3. vous (jouer comme des champions / perdre le match?)
4. toi (oublier l'heure du rendez-vous / rencontrer tes amis?)
5. les étudiants (préparer l'examen / rendre visite à leurs amis?)
6. ces enfants (écouter leurs parents / désobéir?)
7. nous (travailler / gagner de l'argent?)
8. vous (réfléchir / répondre intelligemment à la question?)
9. Janine (entendre le téléphone / répondre?)
10. nos amis (perdre patience / réagir calmement?)
11. moi (parler sincèrement / mentir?)
12. mon oncle (bâtir une maison à la campagne / déménager de Paris?)

Activité 3 **Le week-end dernier**

François a passé le week-end à la campagne. Quand il revient, Jean-Paul, son camarade de chambre, lui explique ce qui est arrivé. François lui pose des questions. Jouez les deux rôles d'après le modèle.

⇨ ton cousin / téléphoner (quand?)
    Jean-Paul: Ton cousin a téléphoné.
    François: Quand a-t-il téléphoné?

1. Cécile et Marie / téléphoner (pour quelle raison?)
2. le facteur *(mailman)* / apporter un paquet (pour qui?)
3. notre équipe / perdre le match (par quel score?)
4. Albert / vendre sa voiture (à qui?)
5. Sylvie / trouver du travail (où?)
6. tes cousins / envoyer un télégramme (pourquoi?)
7. les voisins / appeler la police (pourquoi?)
8. la police / arrêter un cambrioleur *(burglar)* (quand?)
9. mes amis / déménager (dans quelle ville?)

B. Les participes passés irréguliers en *-é*, *-i* et *-u*

Many verbs that are irregular in the present tense have irregular past participles.

(être)	Paulette a **été** malade.
(rire)	Pourquoi avez-vous **ri**?
(lire)	Avez-vous **lu** cet article?

Some verbs have irregular past participles ending in **-é**, **-i**, and **-u**.

You may want to review the present tense of these verbs and have students derive their **passé composé** forms:

être	p. 20
avoir	p. 20
devoir	p. 22
pouvoir	p. 22
vouloir	p. 22
rire	p. 24
suivre	p. 26
tenir	p. 22
courir	p. 24
connaître	p. 24
plaire	p. 26
battre	p. 26
vivre	p. 26
lire	p. 26
voir	p. 26
savoir	p. 24
boire	p. 26
croire	p. 26
recevoir	p. 26
résoudre	p. 28
vaincre	p. 28

in -é	
être	→ **été**

in -i	
rire	→ **ri**
suivre	→ **suivi**

in -u			
avoir	→ **eu**	lire	→ **lu**
devoir	→ **dû**		
pouvoir	→ **pu**	voir	→ **vu**
vouloir	→ **voulu**	savoir	→ **su**
tenir	→ **tenu**	boire	→ **bu**
courir	→ **couru**	croire	→ **cru**
connaître	→ **connu**	recevoir	→ **reçu**
plaire	→ **plu**		
		résoudre	→ **résolu**
battre	→ **battu**	vaincre	→ **vaincu**
vivre	→ **vécu**		

expressions			
il y a	→ il y a **eu**	il faut	→ il a **fallu**
il pleut	→ il a **plu**	il vaut	→ il a **valu**

⇨ Verbs that are conjugated like the above verbs in the present tense have similar past participles.

élire	→ **élu**	Les Français ont **élu** un nouveau président.
apercevoir	→ **aperçu**	J'ai **aperçu** ton frère dans la rue.

AVEZ-VOUS LU FEMMES D'AUJOURD'HUI CETTE SEMAINE?

femmes d'aujourd'hui
écho mode

OPTIONAL *A remarquer*

Note the meanings of certain verbs in the **passé composé.**

être → **j'ai été**

    I have been   J'**ai été** victime d'un accident.

    I went   J'**ai été** à l'hôpital.

devoir → **j'ai dû**

    I had to   Paul n'est pas là. Il **a dû** partir.   For different meanings of

    I must have   Henri n'est pas ici. Il **a dû** rater le bus.   **devoir** and **pouvoir**, see p. 23.

pouvoir → **j'ai pu**

    I was able   J'**ai pu** obtenir deux billets.

    I could   Ils n'**ont** pas **pu** venir à la réception.

connaître → **j'ai connu**

    I met   J'**ai connu** votre cousin à Paris.

savoir → **j'ai su**

    I learned, found out   Il **a su** la vérité en parlant à ton frère.

A c t i v i t é   4   **Avez-vous fait ces choses?**

Dites si oui ou non vous avez jamais fait les choses suivantes. Si votre réponse est négative, utilisez le mot **jamais.**

⇨ avoir la grippe?

    Oui, j'ai eu la grippe. (Non, je n'ai jamais eu la grippe.)

1. avoir un accident de vélo?
2. être en Grèce?
3. boire du champagne?
4. boire de l'eau minérale française?
5. suivre un régime végétarien?
6. suivre des cours de karaté?
7. voir une éclipse?
8. voir un OVNI (Objet Volant Non-Identifié [*UFO*])?
9. courir un cinq mille (5000) mètres?
10. courir un marathon?
11. lire une pièce *(play)* de Shakespeare?
12. vivre dans un pays étranger?
13. recevoir un «A» en français?
14. appartenir à une chorale *(choir)*?
15. obtenir un prix dans un concours de photo?

A c t i v i t é 5 **Où ont-ils été?**

Dites où les personnes de la colonne A ont été en utilisant les endroits de la colonne B. Dites aussi ce qu'elles ont fait en utilisant les éléments de la colonne C. Soyez logique!

A	B	C
moi	à Paris	rire
nous	au café	voir un match
mon petit frère	à l'agence de voyages	courir un peu
vos amis	à l'Académie de musique	lire des revues
vous	au cinéma	suivre des cours de piano
	au cirque	retenir des billets d'avion
	à la bibliothèque	boire de l'eau minérale
	au stade	apercevoir la tour Eiffel

⇨ **Nous avons été à la bibliothèque. Nous avons lu des revues.**

A c t i v i t é 6 **Petits problèmes**

Chacun a ses petits problèmes. Racontez au passé les problèmes des personnes suivantes. Pour cela, mettez les phrases au passé composé.

⇨ Henri boit trop de café. Il ne peut pas dormir.
   Henri a bu trop de café. Il n'a pas pu dormir.

1. Il y a une panne d'électricité *(power failure)* vendredi soir. Vous ne pouvez pas étudier. Vous devez étudier samedi.
2. Nous ne croyons pas le bulletin de la météo *(weather forecast)*. Il pleut. Nous ne pouvons pas rester à la plage. Il faut rentrer.   **la météo = la météorologie**
3. Vous ne voulez pas réserver des billets. Vous ne retenez pas vos places *(seats)*. Vous avez tort. Tous les billets sont vendus. Vous ne pouvez pas aller au concert.
4. Nous avons soif. Nous buvons trop d'eau. Nous avons mal au ventre. Nous sommes malades. Nous devons rester à la maison.
5. Les étudiants n'ont pas envie d'étudier. Ils ne lisent pas la leçon. Ils ne savent pas la réponse aux questions du professeur. Ils reçoivent une mauvaise note. Ils déçoivent le professeur.
6. Marc n'est pas prudent. Il ne voit pas l'obstacle. Il a un accident. Il doit aller à l'hôpital.
7. Les gens élisent un candidat médiocre. Ce candidat ne tient pas ses promesses. Il déçoit les électeurs.
8. Monsieur Bertrand stationne sa voiture dans la rue. Il ne voit pas l'interdiction de stationner. Il n'aperçoit pas l'agent de police. Il reçoit une contravention *(ticket)*.

C. Les participes passés irréguliers en *-is, -it, -ert* et *-int*

Some verbs have irregular past participles ending in **-is, -it, -ert,** and **-int.**

You may have students review the present tense of these verbs and practice formation of the passé composé:

mettre	p. 26
prendre	p. 22
acquérir	p. 28
faire	p. 20
dire	p. 26
conduire	p. 26
écrire	p. 26
ouvrir	p. 8
peindre	p. 28

in -is	*in* -it	*in* -ert
mettre → **mis**	faire → **fait**	ouvrir → **ouvert**
prendre → **pris**	dire → **dit**	
acquérir → **acquis**	conduire → **conduit**	*in* -int
	écrire → **écrit**	peindre → **peint**

⇨ Verbs conjugated like the above verbs in the present tense have similar past participles.

comprendre → **compris**	Je n'ai pas **compris** votre question.
traduire → **traduit**	Nous **avons traduit** un poème.
découvrir → **découvert**	Alexander Fleming **a découvert** la pénicilline.

Sir Alexander Fleming (1881–1955): English doctor who discovered penicillin in 1929.

DIALOG **A c t i v i t é 7** **Conversation**

Demandez à vos camarades s'ils ont déjà (*ever*) fait les choses suivantes.

⇨ écrire un poème?
— **As-tu déjà écrit un poème?**
— **Oui, j'ai déjà écrit un poème. (Non, je n'ai jamais écrit de poème.)**

1. faire du camping?
2. faire une promenade à cheval?
3. conduire une Alfa Romeo?
4. apprendre à piloter un avion?
5. écrire un roman?
6. prédire un événement futur?
7. souffrir du mal de mer (*seasickness*)?
8. ouvrir un compte en banque?
9. peindre un tableau?
10. acquérir une oeuvre (*work*) d'art?

WRITTEN **A c t i v i t é 8** **A chacun son métier**

Attribuez à chaque personne de la colonne A une des professions de la colonne B. Dites ce qu'a fait cette personne en utilisant le passé composé des expressions de la colonne C. Soyez logique!

A	**B**	**C**
moi	chauffeur de taxi	prendre des photos
vous	cuisinier	écrire un article
ma cousine	biologiste	construire cette maison
toi	agent de police	découvrir un nouveau vaccin
nous	architecte	faire un discours (*speech*)
mes amis	journaliste	traduire un texte
	photographe	conduire les touristes à l'aéroport
	interprète	ouvrir un restaurant
	candidat politique	mettre le cambrioleur (*burglar*) en prison

⇨ **Tu es photographe. Tu as pris des photos.**

A c t i v i t é **9**   **Un peu d'histoire**

Dites si oui ou non les personnes suivantes ont fait les choses entre
parenthèses. Pour cela, faites des phrases affirmatives ou négatives au
passé composé.

1. Christophe Colomb (faire un long voyage? découvrir un nouveau
   continent? ouvrir une nouvelle route vers [*toward*] les Indes?)   oui / oui / non
2. Ernest Hemingway (écrire *le Vieil Homme et la mer*? vivre à Paris?
   connaître beaucoup d'aventures?)   oui / oui / oui
3. Madame Curie (découvrir le radium? recevoir le prix Nobel de chimie?
   obtenir le prix Nobel de physique?)   oui / oui / oui
4. Martin Luther King (combattre l'injustice? disparaître tragiquement?
   avoir une influence importante?)   oui / oui / oui
5. Louis XIV (vivre au 19ᵉ siècle? construire le palais de Versailles? dire
   «L'Etat, c'est moi!»?)   Louis XIV (1638–1715), "le Roi-Soleil," was king of France non / oui / oui
                             for 72 years. His palace at Versailles took 20 years to build.
6. les frères Wright (faire une invention importante? découvrir la
   photographie? recevoir le prix Nobel?)   oui / non / non

WRITTEN A c t i v i t é **10**   **Substitutions**

Lisez ce que les personnes suivantes ont fait. Puis faites des nouvelles
phrases où vous utiliserez le passé composé des verbes entre parenthèses.

⇨ Christine a lu cette lettre. (écrire)   **Christine a écrit cette lettre.**

1. Nous avons invité ta cousine. (écrire à / voir / apercevoir / reconnaître)
2. Mon petit frère a trouvé son cadeau d'anniversaire. (ouvrir / découvrir /
   recevoir)
3. Les étudiants n'ont pas regardé le poème. (lire / comprendre / traduire)
4. Vous avez acheté du café. (faire / prendre / boire)
5. Jeannette a acheté ce pull. (prendre / mettre)
6. Mes cousins ont habité au Canada. (faire un voyage / vivre / prendre
   beaucoup de photos)
7. Tu as accepté la vérité. (dire / admettre / savoir / reconnaître /
   promettre de dire)
8. Henri a utilisé la voiture de sa soeur. (prendre / conduire / avoir un
   accident avec)
9. Cette compagnie internationale a acheté des bureaux en France.
   (construire / ouvrir)

DIALOG **A propos** *(By the way)*

Imaginez que des camarades français vous parlent de leurs expériences. Lisez chaque phrase et préparez trois questions pour cette personne. Utilisez votre imagination, et des verbes au passé composé.

➡ Henri: «J'ai vu un OVNI *(UFO)*.»

As-tu appelé la police?
As-tu pu prendre des photos?
Est-ce que tu as eu peur?

1. Brigitte: «J'ai passé un mois en Alaska.»
2. Georges: «L'été dernier, j'ai traversé *(crossed)* la France à bicyclette.»
3. Béatrice: «L'année dernière, j'ai pris un avion qui a été détourné *(hijacked)* sur Cuba.»
4. Jean-Pierre: «J'ai été invité à passer un week-end à Monte-Carlo.»
5. Elisabeth: «J'ai passé une nuit dans une maison hantée.»
6. Vincent: «J'ai été figurant *(extra)* dans un film à Paris.»

Monte-Carlo: the capital of Monaco, on the Côte d'Azur.

WRITTEN **A votre tour**

1. Y a-t-il un personnage historique que vous admirez particulièrement? Expliquez pourquoi. (Qu'est-ce que cette personne a fait? Comment a-t-elle contribué au progrès de l'humanité?)
2. Qui est votre auteur préféré? Qu'est-ce qu'il/elle a écrit? Expliquez pourquoi sa vie et ses oeuvres *(works)* sont intéressantes.
3. Avez-vous vu un film récemment? Décrivez l'action de ce film.
4. Imaginez qu'une firme française recrute du personnel. Plusieurs étudiants se présentent *(are showing up)* pour une entrevue professionnelle. Composez et jouez un dialogue entre le chef du personnel et les candidats. (Le chef du personnel peut demander aux candidats ce qu'ils ont étudié, s'ils ont déjà travaillé, où et dans quelle capacité, ce qu'ils ont appris, s'ils ont voyagé, ce qu'ils ont fait avant, etc.)

MICHELIN

PNEU MICHELIN
46, Av. de Breteuil 75341 PARIS CEDEX 07
Tél. (1) 539 25 00

Leçon 2 Le passé composé avec *être*

A. Le passé composé avec *être*

The **passé composé** of **aller** has the following forms:

MASCULINE		FEMININE	
je **suis**	allé	je **suis**	allée
tu **es**	allé	tu **es**	allée
il **est**	allé	elle **est**	allée
nous **sommes** allés		nous **sommes** allées	
vous **êtes**	allé(s)	vous **êtes**	allée(s)
ils **sont**	allés	elles **sont**	allées

The **passé composé** of many verbs of motion is formed with **être** according to the following pattern:

> present tense forms of **être** + past participle
> (affirmative, negative, or interrogative)

Certain verbs of motion are conjugated with **avoir: marcher / courir / grimper / quitter**, etc.

⇨ Note the negative and interrogative forms of the **passé composé** in the sentences on the right.

	PRESENT OF ÊTRE	PASSÉ COMPOSÉ
NEGATIVE	Tu **n'es pas** français.	Tu **n'es pas allé** en France.
	Mes cousins **ne sont jamais** à l'heure.	Ils **ne sont jamais arrivés** à l'heure.
INTERROGATIVE	**Est-ce que tu es** musicien?	**Est-ce que tu es allé** au concert?
	Etes-vous parisien?	**Etes-vous né** à Paris?

When the **passé composé** of a verb is conjugated with **être**, the past participle agrees in gender and number with the subject.

Paul est **allé** à Bordeaux.   Bordeaux: a large seaport in southwestern France and a great center of the wine trade.
Alice et Claudine sont **allées** à Biarritz.   Biarritz: a summer resort on the Gulf of Gascogne in southwestern France.

⇨ Since **vous** can be masculine or feminine, singular or plural, the agreement reflects the gender and number of the subject that **vous** represents.

Où êtes-**vous** all**é**e hier, **Madame Durand?**
Où êtes-**vous** allés samedi dernier, **Paul et Eric?**

WRITTEN **A c t i v i t é 1**   **Où et pourquoi?**

Quand nous allons dans un endroit, c'est généralement dans un but *(goal)* précis. Exprimez cela pour les personnes de la colonne A en choisissant une destination de la colonne B et une activité de la colonne C. Soyez logique!

A	B	C
nous	le cinéma	déjeuner
vous	la plage	rencontrer des amis
Nicole	la discothèque	nager
Janine et Hélène	le supermarché	courir
mes cousins	le stade	danser
Jacques	la campagne	acheter de l'aspirine
moi	la poste	faire du jogging
toi	la pharmacie	faire un pique-nique
?	le restaurant	acheter de la glace
	?	envoyer une lettre
		voir un western
		?

⇨ **Je suis allé(e) à la pharmacie. J'ai acheté de l'aspirine.**

Vocabulaire

Les verbes conjugués avec *être*

The following verbs are conjugated with **être**. Note the past participles of these verbs in the sample sentences.

aller	*to go*	Jean **est allé** au Mexique.
venir	*to come*	André **est venu** chez nous.
revenir	*to come back*	Je **suis revenu** avec lui.
arriver	*to arrive, come*	Le train **est arrivé** à deux heures.
partir	*to leave*	L'avion **est parti** ce matin.
entrer	*to enter, go in, come in*	Qui **est entré** dans ma chambre?
sortir	*to go out, get out*	Eric **est sorti** avec Christine.
monter	*to go up, climb*	Le chat **est monté** sur le toit.
descendre	*to go down, descend*	Le chien **est descendu** dans la cave.

la **cave** = *cellar*

rentrer	*to go back, come back, return*	Pierre **est rentré** à minuit.
retourner	*to go back, return*	Paul **est retourné** au café.
tomber	*to fall*	Alain **est tombé** dans la rue.
rester	*to stay*	Guy **est resté** dans sa chambre.
passer	*to pass, go by/through*	Je **suis passé** chez vous à midi.
devenir	*to become*	Mon cousin **est devenu** photographe.
naître	*to be born*	Je **suis né** à Paris.
mourir	*to die*	Mon grand-père **est mort** l'année dernière.

DIALOG **Activité 2** **Conversation**

Demandez à vos camarades s'ils ont déjà *(ever)* fait les choses suivantes.

⇨ aller au Canada
— **Es-tu déjà allé(e) au Canada?**
— **Oui, je suis allé(e) au Canada. (Non, je ne suis pas allé(e) au Canada.)**

1. aller à New York?
2. monter à l'Empire State Building?
3. aller en Europe?
4. monter à la tour Eiffel?
5. descendre dans un sous-marin *(submarine)*?
6. entrer dans ta chambre par la fenêtre?
7. rester plusieurs jours dans un hôpital?
8. tomber de bicyclette?
9. sortir avec des amis français?
10. partir d'un cinéma avant la fin du film?
11. arriver en retard à la classe de français?

NOTES DE VOCABULAIRE:

1. **Naître** and **mourir** are irregular in the present tense.

naître: je **nais**   nous **naissons**   **mourir:** je **meurs**   nous **mourons**
           tu **nais**   vous **naissez**   tu **meurs**   vous **mourez**
           il **naît**   ils **naissent**   il **meurt**   ils **meurent**

2. The verbs of motion in the chart can be used alone or they can be followed by the name of a place. These place names must be introduced by a preposition, such as **à, de, en, sur, dans,** etc.

Jeanne est entrée **dans** la chambre.   *Jeanne entered the room.*
Nous sommes partis **de** Paris à midi.   *We left Paris at noon.*

3. The verbs **monter, descendre, sortir, rentrer,** and **passer** can be followed by a *direct object*. In this case, they are conjugated with **avoir** and have a somewhat different meaning.

monter:	*to take or carry up;*	Nous **avons monté** les valises dans la chambre.
	to climb, go up	J'ai **monté** les escaliers sans difficulté.
descendre:	*to take/bring down;*	As-tu **descendu** ta raquette?
	to go down	Nous **avons descendu** les marches *(steps)*.
sortir:	*to take out*	J'ai **sorti** mon argent de la banque.
rentrer:	*to bring/take in*	Nous **avons rentré** l'auto dans le garage.
passer:	*to pass along;*	J'ai **passé** l'enveloppe à mon frère.
	to spend (time);	Où **avez**-vous **passé** le mois de juillet?
	to take (a test)	Nous **avons passé** l'examen hier.

Compare:

Hélène **est sortie** du taxi.   *Hélène **got out** of the taxi.*
Elle **a sorti** ses valises.   *She **took** her suitcases **out**.*

A c t i v i t é 3   **Un drôle de week-end!**

Robert avait l'intention de passer un week-end agréable à la plage avec son cousin. Racontez les événements. Pour cela, mettez les phrases au passé composé.

1. Samedi, Robert va à la plage.
2. Son cousin Lucien vient avec lui.
3. Les deux garçons partent à dix heures.
4. Ils arrivent à la plage vers midi.
5. Après le pique-nique ils montent dans le bateau de Robert.
6. Ils vont en mer.
7. Soudain, le ciel devient très gris.
8. La mer devient très agitée.
9. La pluie tombe.
10. Les deux garçons rentrent chez eux trempés *(soaked)*.
11. Ils meurent de fatigue.
12. Ce soir-là, ils ne sortent pas.
13. Ils restent chez eux.

A c t i v i t é 4   Qu'est-ce qu'ils ont fait?

Décrivez ce que les personnes suivantes ont fait en utilisant le passé composé des verbes entre parenthèses. (Certains verbes sont conjugués avec **avoir**, d'autres avec **être**.)

1. ma soeur (aller à l'université / étudier la biologie / devenir médecin)
2. mes amis (venir chez moi / jouer aux cartes / partir à minuit)
3. vous (faire du ski / tomber / aller à l'hôpital)
4. toi (perdre le contrôle de ta bicyclette / tomber / descendre dans le ravin)
5. nous (acheter des billets / monter dans le bus / partir en vacances)
6. le pilote *(racing driver)* (monter dans sa voiture / partir à toute vitesse [*very fast*] / gagner la course)
7. les cambrioleurs *(burglars)* (entrer par la fenêtre / prendre l'argent / sortir par la porte)
8. le train (arriver à neuf heures / rester dix minutes dans la gare / partir à 9 heures 10)
9. beaucoup de soldats américains (aller en France / combattre les nazis / mourir pour la liberté)
10. Napoléon (naître en Corse / devenir empereur des Français / mourir en exil)

Vocabulaire

Quelques expressions pour la description du passé			
avant	*before*	à nouveau	*again*
après	*after*	de nouveau	*again*
		encore	*once more*
d'abord	*first*	déjà	*already*
ensuite	*then, afterwards*		
puis	*then*		
enfin	*at last, finally*		

avoir lieu	*to take place*	Les jeux Olympiques **ont eu lieu** à Los Angeles en 1984.
arriver	*to happen, occur*	«Le jour de gloire **est arrivé**.» Second line of the "Marseillaise," the French national anthem.
se passer	*to happen, occur*	Cet événement **s'est passé** en 1900.

Qu'est-ce qu'il y a?	*What's the matter?*
Qu'est-ce qu'il y a eu? ⎫	
Qu'est-ce qui est arrivé? ⎬	*What happened?*
Qu'est-ce qui s'est passé? ⎭	

NOTES DE VOCABULAIRE:
1. Note the constructions with **déjà** and **encore**.

    As-tu **déjà** voyagé en train?   *Have you ever traveled by train?*

    Le bus n'est **pas encore** parti.   *The bus has **not left yet**.*
2. Note the use of the impersonal construction **il est arrivé. . .à**.

    Il est arrivé un accident à Sylvie.   *An accident **happened** to Sylvie.*

B. L'usage du présent avec *depuis*

The following sentences describe actions that are going on now or that have been going on for a certain time. Note the use of the expression **depuis**, and compare the use of tenses in French and English.

Anne **habite** à Paris.	Anne *is living* in Paris.
Anne **habite** à Paris **depuis** 1980.	Anne *has been living* in Paris *since 1980*.
J'**étudie** le français.	*I am studying* French.
J'**étudie** le français **depuis** trois ans.	*I have been studying* French *for three years*.

In French, actions that have been going on for a certain time and are still continuing in the present are expressed by a verb in the present tense according to the construction:

> present + **depuis** + $\begin{cases} \text{starting point of the action} \\ \text{elapsed time} \end{cases}$

▷ **Depuis** corresponds to *since* when referring to the starting point of the action. It corresponds to *for* when referring to the time that has elapsed since the beginning of the action.

Note the following interrogative expressions:

Depuis quand?	*Since when?*	**Depuis quand** habitez-vous ici?
Depuis combien de temps?	*For how long?*	**Depuis combien de temps** as-tu le permis de conduire?

▷ The beginning of the action may be expressed by **depuis que** + *clause in the present*.

Je suis en excellente santé **depuis que je fais du jogging** tous les jours.	*I have been in excellent health (ever) since I have been jogging every day.*

Depuis 1894, on prépare les meilleurs escargots de Paris.
LA MAISON DE L'ESCARGOT

OPTIONAL

A remarquer

1. Similar constructions are used with the expression **il y a** + *elapsed time* + **que** (*for* + elapsed time).

   Il y a deux ans que j'habite Paris.   *I have been living in Paris for two years.*

2. In *negative* sentences with **depuis**, the verb may be in the present tense or the **passé composé**, depending on the meaning or focus.

Mon père **ne fume plus depuis deux ans.**	*My father **has not been smoking for two years.** (The focus is on the fact that he is still not smoking.)*
Mon père **n'a pas fumé depuis deux ans.**	*My father **has not smoked since two years ago.** (The focus is on the fact that he stopped two years ago.)*
Je **ne vois plus** Roger **depuis un mois.**	*I **have not been seeing** Roger **for a month.** (I am still not seeing him.)*
Je **n'ai pas vu** Roger **depuis un mois.**	*I **have not seen** Roger **since a month ago.** (He left for Japan.)*

Activité 5   Expression personnelle

Dites depuis quand ou combien de temps vous faites les choses suivantes.

⇨ étudier le français?
J'étudie le français depuis trois ans (depuis 1982).

1. aller à cette école?
2. habiter dans cette ville?
3. connaître mon meilleur ami (ma meilleure amie)?
4. savoir nager?
5. savoir conduire?
6. avoir le permis de conduire (*driver's license*)?
7. avoir un appareil-photo?
8. faire cet exercice?

Activité 6   Depuis combien de temps?

Lisez ce qu'ont fait les personnes suivantes. Dites depuis combien de temps elles font les choses entre parenthèses en faisant référence au présent.

⇨ Robert a rencontré Jacqueline le 1ᵉʳ septembre. Nous sommes maintenant le 15 octobre. (connaître Jacqueline?)
Il connaît Jacqueline depuis six semaines (depuis un mois et demi, depuis 45 jours).

1. Madame Lemieux est arrivée au bureau à 9 heures. Il est midi. (travailler?)
2. Tu as obtenu ton permis de conduire en janvier. Nous sommes en avril. (savoir conduire?)
3. Vous êtes venus à Paris en 1980. Nous sommes maintenant en 19––.   Give the current year. (habiter à Paris?)
4. Je suis arrivé à la gare à 10h05. Il est maintenant 10h50. (attendre le train?)
5. Cette pianiste a commencé le piano à l'âge de 4 ans. Elle a maintenant 31 ans. (jouer du piano?)
6. Henri s'est couché (*went to bed*) à minuit. Il est 10 heures du matin. (dormir?)
7. Nous avons quitté la maison à 11 heures. Il est midi cinq. (faire du jogging?)
8. Carmen et Silvia se sont inscrites (*registered*) à l'Alliance Française en septembre. Nous sommes maintenant en juillet. (apprendre le français?)

The Alliance Française: an organization dedicated to the teaching of French language and culture throughout the world.

Entre nous

A propos *(By the way)*

Vos camarades vous parlent de ce qu'ils ont fait. Lisez les phrases suivantes et pour chacune préparez deux questions. Utilisez votre imagination et des verbes au passé composé, si possible avec *être*.

⇨ J'ai eu un accident!

    Es-tu allé(e) à l'hôpital?

    Combien de temps es-tu resté(e) là-bas?

1. J'ai passé un drôle *(strange)* de week-end!
2. J'ai passé une soirée formidable!
3. Pendant les vacances, je suis allé(e) à Paris.
4. J'ai passé deux semaines au Canada.
5. J'ai passé des vacances sensationnelles.
6. Oh là là! J'ai eu de la chance!
7. Notre voyage a bien commencé, mais mal fini.
8. Ah vraiment, je suis content(e) d'être rentré(e).

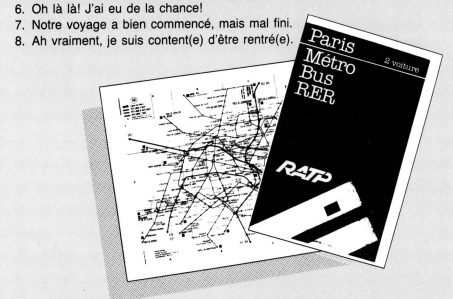

A votre tour

1. Décrivez un voyage que vous avez fait récemment.
   (Où êtes-vous allé[e]? Quand êtes-vous parti[e]? Quand êtes-vous rentré[e]?)
2. Présentez certains éléments autobiographiques.
   (Quand êtes-vous né[e]? Où? Combien de temps est-ce que votre famille est restée dans cet endroit? Où êtes-vous allés ensuite? Et après?)
3. Choisissez un explorateur et décrivez l'une de ses explorations.
4. Décrivez certains de vos passe-temps *(hobbies)* et dites depuis combien de temps vous faites ces choses.

Leçon 3 L'imparfait (I)

A. L'imparfait: formation et usage général

The **imparfait** *(imperfect tense)* is another past tense that occurs frequently in description and narration.

Forms

Note the **imparfait** forms of three regular verbs (**parler, finir, vendre**) and one irregular verb (**faire**).

INFINITIVE	parler	finir	vendre	faire	IMPARFAIT ENDINGS
PRESENT	nous **parlons**	**finissons**	**vendons**	**faisons**	
IMPARFAIT	je **parlais**	**finissais**	**vendais**	**faisais**	-ais
	tu **parlais**	**finissais**	**vendais**	**faisais**	-ais
	il/elle/on **parlait**	**finissait**	**vendait**	**faisait**	-ait
	nous **parlions**	**finissions**	**vendions**	**faisions**	-ions
	vous **parliez**	**finissiez**	**vendiez**	**faisiez**	-iez
	ils/elles **parlaient**	**finissaient**	**vendaient**	**faisaient**	-aient

For all verbs except **être,** the **imparfait** is formed according to the pattern:

> **imparfait** stem
> (**nous** form of the present minus **-ons**) + **imparfait** endings

This formation pattern applies to irregular as well as to stem-changing verbs.

	PRESENT	IMPARFAIT
IRREGULAR VERBS		
sortir	nous **sortons**	je **sortais**
prendre	nous **prenons**	je **prenais**
boire	nous **buvons**	je **buvais**
écrire	nous **écrivons**	j'**écrivais**
-ER VERBS WITH STEM CHANGE		
acheter	nous **achetons**	j'**achetais**
espérer	nous **espérons**	j'**espérais**
payer	nous **payons**	je **payais**
VERBS IN -GER AND -CER		
voyager	nous **voyageons**	je **voyageais** *but:* nous **voyagions**
commencer	nous **commençons**	je **commençais** *but:* nous **commencions**

▢ In the **nous/vous** forms, the **imparfait** stem of **-ger** and **-cer** verbs is derived from the infinitive.

▢ In the **imparfait, être** has an irregular stem (**ét-**) and regular endings.

j'**étais**	nous **étions**
tu **étais**	vous **étiez**
il **était**	ils **étaient**

▢ Note the **imparfait** forms of the following impersonal expressions:

il y a	**il y avait**	*(there were)*
il faut	**il fallait**	*(it was necessary)*
il pleut	**il pleuvait**	*(it was raining)*
il vaut	**il valait**	*(it was worth)*

Il fallait faire mieux ...
... et nous l'avons fait
HOTEL - BAR - RESTAURANT
LE DUPARQUET
68, Avenue des Caraïbes - F.-de-F. — Tél. : 72-61-45

Use review

The choice between the **passé composé** and the **imparfait** reflects the way the speaker views the past action or situation being described.

• In general, the **passé composé** is used to describe specific actions completed in the past. It describes *what happened*.

Nous **avons visité** Paris (en 1982).	*We **visited** Paris (in 1982).*
Mes amis **sont venus** chez moi (hier soir).	*My friends **came** to my house (last evening).*

• In general, the **imparfait** is used to describe ongoing or habitual actions in the past. It describes what *was happening* at a certain time or *what used to be*.

(En 1980) nous **habitions** à Genève.	*(In 1980) we **were living** in Geneva.*
(Autrefois) les gens ne **voyageaient** pas beaucoup.	*(In the past) people **did** not (**used to**) travel much.*

Note that the time period of the action may be expressed or omitted.

Activité 1   **Le tremblement de terre** *(The earthquake)*

Un léger tremblement de terre a eu lieu hier. Chaque personne explique
où elle était et ce qu'elle faisait au moment du tremblement de terre.

⇨ Monsieur Moreau / au salon / regarder la télé
Monsieur Moreau était au salon. Il regardait la télé.

1. nous / au restaurant / dîner
2. vous / au café / jouer aux cartes
3. Philippe / dans sa chambre / téléphoner à sa fiancée
4. moi / chez moi / étudier
5. Mademoiselle Mercier / au bureau / travailler
6. les voisins / dans la rue / attendre le bus
7. toi / chez toi / finir un livre
8. Marie / dans un magasin / choisir une nouvelle robe
9. les touristes / à l'hôtel / remplir la fiche d'hôtel *(hotel
   registration card)*
10. nous / à la bibliothèque / rendre des livres
11. vous / à l'opéra / applaudir le ténor

Activité 2   **Occupations**

Philippe veut savoir où étaient ses amis hier après le déjeuner. Dites-lui
ce que chacun faisait et si oui ou non cette personne était chez elle.

⇨ Denis / faire les courses   **Denis faisait les courses. Il n'était pas chez lui.**

1. nous / faire du jogging
2. toi / faire la vaisselle
3. vous / lire un livre
4. Jean-François / courir
5. Alice et Cécile / prendre des photos
6. moi / suivre un cours à l'Académie
   de musique
7. Paul et Henri / voir un western
   à la télé
8. vous / conduire vos amis à l'aéroport
9. toi / écrire une lettre
10. ces étudiants / dormir
11. nous / boire du café avec nos amis
12. Suzanne / ranger sa chambre

Activité 3   **Et avant?**   This exercise practices question formation.

Lisez ce que font les personnes suivantes et demandez ce qu'elles faisaient
avant. Pour cela, posez une question en utilisant l'inversion et l'expression
interrogative entre parenthèses.

⇨ Philippe habite à Bruxelles. (où?)   **Et avant, où habitait-il?**

1. Monsieur Simonet travaille à Dijon. (où?)
2. Gilbert sort avec Renée. (avec qui?)
3. Nathalie suit des cours de piano. (quels cours?)
4. Pierre et Thomas vont à l'université. (à quelle école?)
5. Ma cousine a un alligator. (quel animal?)
6. Gisèle et Caroline pratiquent le yoga. (quelle activité?)
7. Madame Richard possède une Jaguar. (quelle voiture?)
8. Monsieur Vantard appartient au Jockey Club. (à quel club?)   Le Jockey Club: an elite Paris club.

B. L'usage de l'imparfait: événements habituels

Compare the use of tenses in the following sentences:

D'habitude, je **prenais** le bus.	Un jour, j'**ai pris** le train.
Le samedi, Paul **allait** au cinéma.	Samedi dernier, il **est allé** au concert.
Pendant les vacances, nous **voyions** souvent Henri.	Nous **avons vu** Janine une fois la semaine dernière.

You may remind students of the construction **le** + *day* (p. 45). This construction implies repeated action.

The **imparfait** is used to describe habitual actions and actions that repeated themselves an undetermined number of times in the past.

- It is often used with expressions such as <u>généralement, d'habitude, le samedi, le week-end.</u> These expressions imply repetition.
- It is used to express actions that are described in English with the constructions *used to + verb* and *would + verb.*

  Autrefois, Anne **sortait** avec Eric.   *In the past, Anne **used to go out** with Eric.*

The **passé composé** is used to describe single and isolated actions or actions that were repeated a specific number of times.

- It is used with expressions such as **une fois, deux fois, dix fois, hier, samedi dernier.**

⇨ Remember that the choice between the **passé composé** and the **imparfait** reflects the speaker's view of the action. Compare the following sentences:

Pendant les vacances,. . .	*During vacation,. . .*
nous **sortions** souvent.	*we often **went out*** *(i.e., we often **used to go out**).*
nous **sommes sortis** souvent.	*we often **went out*** *(i.e., we often **did go out**).*

In the first sentence, the speaker is stressing the habitual or regular character of the action. In the second sentence, the speaker considers the action as a series of isolated occurrences.

ΛIRTOUR ΛFRIQUE
LE SPECIALISTE DES VACANCES EN AFRIQUE NOIRE.

40 séjours et circuits dans 10 pays à partir de 4.260 F*

BENIN	MAURITANIE
CENTRAFRIQUE	NIGER
CONGO	SENEGAL
COTE D'IVOIRE	TCHAD
HAUTE VOLTA	TOGO

AIR AFRIQUE ΛIRTOUR

You may point out that the expressions on the left usually refer to single actions (→ **passé composé**). The expressions on the right are generally used with the **imparfait** since they imply habitual repetition. They are, however, used with the **passé composé** when they refer to a series of actions considered as independent or isolated.

Vocabulaire

record *P.C* *imp.*

Quelques expressions pour décrire le passé			
un jour	one day	toujours	always
ce jour-là	on that day	tous les jours	every day
l'autre jour	the other day		
		parfois	sometimes
une fois	once	quelquefois	sometimes
deux fois	twice	autrefois	in the past
plusieurs fois	several times		
pour la première fois	for the first time	en général	generally
		généralement	
soudain	suddenly	habituellement	usually
tout à coup	all of a sudden	d'habitude	
brusquement		souvent	often
		de temps en temps	from time to time
finalement	finally	rarement	seldom
enfin			

NOTE DE VOCABULAIRE:

The expressions on the left are usually used with the **passé composé**. The expressions on the right may be used with the **passé composé** or the **imparfait**, depending on what type of action is described.

DIALOG **Activité 4   Conversation** — Do w/ partner

Demandez à vos camarades s'ils faisaient les choses suivantes quand ils étaient plus jeunes. . . disons, il y a cinq ans.

⇨ habiter dans cette ville?
  — **Habitais-tu dans cette ville?**
  — **Oui, j'habitais dans cette ville. (Non, je n'habitais pas dans cette ville.)**

1. aller à cette école?
2. jouer aux jeux-vidéo?
3. réussir à tes examens?
4. obéir à tes professeurs?
5. rougir souvent?
6. être indépendant(e)?
7. avoir un vélo?
8. croire aux fantômes (*ghosts*)?
9. voir souvent tes cousins?
10. faire du jogging?
11. apprendre le français?
12. connaître ton meilleur ami d'aujourd'hui?
13. savoir conduire?
14. vouloir être acteur/actrice?

Activité 5 En France

Les étudiants suivants font leurs études aux Etats-Unis. Lisez ce qu'ils font maintenant et dites ce qu'ils faisaient quand ils étaient en France. Suivez le modèle.

⇨ François habite à San Francisco. (à Marseille)
Avant, il habitait à Marseille.   Marseille: second largest city in France and a great Mediterranean seaport.

1. Nous habitons à Denver. (à Grenoble)   Grenoble: a city in southeastern France; site of the 1968 Winter Olympics.
2. Ces filles jouent au tennis. (au volley)
3. Tu travailles dans un restaurant. (dans une banque)
4. Nicole et Thérèse voyagent en avion. (en train)
5. Tu conduis une Chevrolet. (une Renault)
6. Je lis *Time Magazine*. (*L'Express*)   *L'Express*: a French weekly news magazine.
7. Tu bois du Coca-Cola. (de l'eau minérale)
8. Mes cousins font du ski nautique. (de la planche à voile)

WRITTEN ## Activité 6 Oui ou non? ✓ – on board – 8 students each get one

Lisez les descriptions des personnes suivantes quand elles étaient plus jeunes. Dites si oui ou non elles faisaient les choses entre parenthèses.

⇨ Caroline était sérieuse. (étudier?)   **Oui, elle étudiait!**

1. Mes petits cousins n'étaient pas sérieux. (étudier? réussir à leurs examens? obéir à leurs parents?)
2. Catherine était sportive. (aller à la piscine? faire du jogging? rester chez elle le week-end?)
3. Tu étais très timide. (rougir? sortir souvent? aimer parler en public?)
4. Monsieur Bernard n'était pas riche. (avoir une vieille voiture? acheter des vêtements chers? boire du champagne?)
5. Vous aviez d'excellentes relations avec votre famille. (voir souvent vos cousins? écrire à vos grands-parents? rendre visite à votre oncle?)
6. Mon cousin Charles était très paresseux. (dormir beaucoup? faire beaucoup de sport? appartenir à un club de sport?)
7. J'étais assez imprudent. (conduire vite? prendre des risques inutiles? agir impulsivement?)
8. Nous étions des enfants modèles. (aider nos parents? décevoir nos amis? dire toujours la vérité?)

A c t i v i t é 7 **Retour au village natal** *— tune*

Après trente ans d'absence, Monsieur Martin retourne au village où il est né. Il note que beaucoup de changements ont eu lieu depuis son départ. Voici le village d'aujourd'hui. Décrivez le village d'autrefois.

⇨ Le village est prospère. (relativement pauvre)
   Autrefois, le village était relativement pauvre.

1. Les gens vivent dans des maisons modernes. (dans des fermes)
2. Il y a un grand supermarché. (beaucoup de petits commerces)
3. On va au travail en auto. (à bicyclette)
4. Cette usine fabrique des ordinateurs. (des machines agricoles)
5. Elle emploie 1.000 ouvriers. (une centaine d'ouvriers)
6. Elle vend ses produits dans le monde entier. (sur le marché local)
7. Le patron conduit une Mercédès 450. (une vieille Renault)
8. Les jeunes font du tennis. (du football)

A c t i v i t é 8 **Une fois n'est pas coutume**

Décrivez ce que les personnes suivantes faisaient d'habitude le samedi pendant leurs vacances. Puis dites ce qu'elles ont fait un jour. Utilisez les expressions **généralement** et **une fois**, et le temps du verbe qui convient.

⇨ Jacqueline / aller (à la plage / à la piscine)
   Généralement Jacqueline allait à la plage, mais une fois elle est allée à la piscine.

1. nous / aller (au cinéma / à un concert)
2. vous / dîner (à la maison / dans un restaurant chinois)
3. Sylvie / sortir (avec Robert / avec le cousin de Robert)
4. mes amis / jouer (au tennis / au volley)
5. toi / faire (du jogging / du ski nautique)
6. François / organiser (un pique-nique / une surprise-partie)
7. Caroline / rendre visite (à son fiancé / à son oncle)
8. toi / laver (ta moto / la voiture de ton oncle)

Activité 9 Une année à Montpellier

Guillaume a passé l'année dernière à l'université de Montpellier dans le Sud de la France. Voici comment il raconte son séjour. Racontez le séjour de Guillaume au passé. Utilisez le passé composé ou l'imparfait.

⇨ J'arrive à Montpellier en septembre.
   Je suis arrivé à Montpellier en septembre.

1. Pendant mon séjour, j'habite à la Cité Universitaire.
2. Au début, je ne connais personne.
3. Très vite, je fais la connaissance d'autres étudiants.
4. Pendant la semaine, j'étudie beaucoup.
5. Le week-end, je sors avec mes amis.
6. En général, nous faisons des promenades dans la région.
7. Un jour, nous allons en Espagne en autobus.
8. Pendant ce voyage, je rencontre Françoise.
9. Le week-end suivant, elle me présente à ses parents.
10. De temps en temps, ils m'invitent à dîner.
11. Je passe une très bonne année.
12. Malheureusement, je dois rentrer chez moi.

Activité 10 Expression personnelle

Pour chaque époque, composez deux phrases. Dans la première phrase décrivez quelque chose que vous faisiez régulièrement. Puis décrivez quelque chose que vous avez fait de spécial.

⇨ Quand j'avais dix ans. . .
   Quand j'avais dix ans, je passais mes vacances chez mes grands-parents.
   Je suis allé(e) à New York pour la première fois.

1. Quand j'avais quinze ans. . .
2. Quand j'avais neuf ans. . .
3. Quand j'avais sept ans. . .
4. Quand j'avais cinq ans. . .

L'AMERIQUE EST MOINS CHERE QUE VOUS NE LE CROYEZ.

AIR FRANCE-VACANCES
DES PRIX POUR TOUT LE MONDE.

C. L'usage de l'imparfait: actions progressives

Compare the use of tenses in the following sentences:

Nous **regardions** la télé. . .   quand tu **as téléphoné.**
Jacques ne **faisait** pas attention. . .   quand le professeur **a posé** la question.

Pendant que j'**attendais** le bus. . .   j'**ai vu** un accident.
Quand vous **dormiez**. . .   votre maison **a été** cambriolée (*burglarized*).

The **imparfait** is used to describe progressive actions; that is, actions that were in progress or going on at a certain point or period in time.

In English, progressive actions are described with the construction
was/were + verb in -ing.

Nous **regardions** la télé.   *We **were watching** TV.*

The **passé composé** is used to describe specific actions that occurred at a given point in time.

➡ Depending on the viewpoint of the speaker, an action may be progressive or specific. Compare:

A neuf heures, nous **dînions.**   *At nine, we **were having** dinner.*
A neuf heures, nous **avons dîné.**   *At nine, we **had** dinner.*

In the first sentence, the speaker is describing *what was going on* at a given time. In the second sentence, the speaker is describing *what happened* at that time.

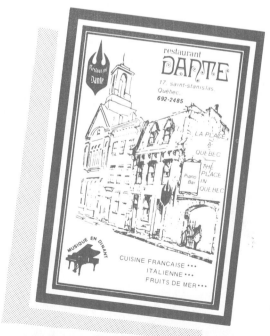

⇨ The relationship between events and the corresponding choice of the **imparfait** or the **passé composé** can be illustrated graphically.

You may want to point out that the action that was interrupted is in the **imparfait**.

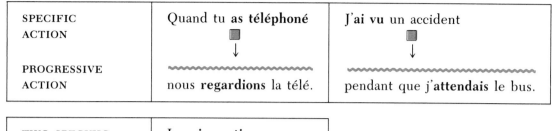

SPECIFIC ACTION	Quand tu **as téléphoné** ⬛ ↓	J'**ai vu** un accident ⬛ ↓
PROGRESSIVE ACTION	nous **regardions** la télé.	pendant que j'**attendais** le bus.

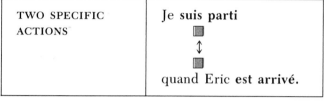

TWO SPECIFIC ACTIONS	Je **suis parti** ⬛ ↕ ⬛ quand Eric **est arrivé**.

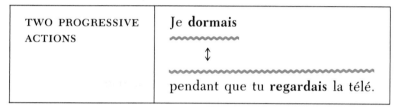

TWO PROGRESSIVE ACTIONS	Je **dormais** ～～～ ↕ ～～～ pendant que tu **regardais** la télé.

OPTIONAL *A remarquer*

The **imparfait** is used in sentences with **depuis** *(since, for)* to describe actions or situations that began in the past and were continuing when another past action occurred.

J'**étudiais depuis** ce matin quand tu **as téléphoné**.	*I had been studying since this morning when you called.*
Eric **habitait** à Paris **depuis** un an quand il a rencontré Alice.	*Eric had been living in Paris for one year when he met Alice.*

⇨ Such past actions may also be expressed by the construction:

> **il y avait** + elapsed time + **que** . . . (+ **imparfait**)

Il y avait un an qu'Eric **habitait** à Paris quand il a recontré Alice.	*Eric had been living in Paris for one year when he met Alice.*

You may want to review the use of **depuis** with the present tense (p. 97) and compare the use of **depuis** with the **imparfait**:
J'**habite** à Paris **depuis** 2 ans.   *I have been living in Paris for 2 years.*
J'**habitais** à Paris **depuis** 2 ans quand. . .   *I had been living in Paris for 2 years when. . .*

Vocabulaire · Quelques expressions de temps

PREPOSITION (+ NOUN)

pendant — *during* — Qu'est-ce que tu as fait **pendant** les vacances?

CONJUNCTION (+ CLAUSE)

pendant que — *while* — Le facteur est passé **pendant que** vous faisiez les courses.

lorsque — *when* — Nous avons rencontré Alain **lorsque** nous étions à Marseille.

au moment où — *just as* — Le téléphone a sonné **au moment où** nous sommes rentrés.

NOTES DE VOCABULAIRE:

1. The construction **pendant** + *period of time* corresponds to the English construction *for* + *period of time*.

   J'ai habité à Lyon **pendant trois ans.**   *I lived in Lyon **for three years.***

   Lyon: third largest city in France.

2. Note the use of the interrogative expression **pendant combien de temps?** (*for how long?*).

   Pendant combien de temps avez-vous habité à Genève?

Make sure that students make the distinction between **depuis** and **pendant**:
J'**habite** à Paris **depuis** un an.   *I **have been living** in Paris **for** a year.*
J'**ai habité** à Québec **pendant** un an.   *I **lived** in Quebec **for** a year.*

GENÈVE
OFFICE DU TOURISME
DE GENÈVE

A c t i v i t é 11   Zut alors!

Certaines choses arrivent toujours au mauvais moment. Exprimez cela au passé.

⇒ Nous faisons une promenade. / quand / Il commence à pleuvoir.
Nous faisions une promenade quand il a commencé à pleuvoir.

1. Je gagne le match. / quand / Je tombe.
2. Je suis dans l'ascenseur (*elevator*). / lorsque / Il y a une panne (*power failure*).
3. Vous visitez la Floride. / quand / Il y a un ouragan (*hurricane*).
4. Mes amis voyagent en France. / au moment où / Le dollar est dévalué.
5. Mon cousin va à 100 à l'heure. / quand / La police l'arrête.
6. Georges écrit à sa petite amie. / au moment où / Le professeur lui pose une question.
7. Tu prends une photo. / quand / Tu perds l'équilibre (*balance*) et tu tombes dans la piscine.
8. Lucien embrasse (*kisses*) Adèle. / au moment où / Le père d'Adèle arrive.

Activité 12   Qu'est-ce qui se passait?

Lisez la description au présent des deux événements. Puis décrivez ces événements au passé, utilisant le passé composé et l'imparfait.

⇨ Robert téléphone. Nous dînons.
Robert a téléphoné pendant que nous dînions.

1. Le téléphone sonne. Je regarde un film à la télé.
2. Quelqu'un vient. Tu fais les courses.
3. Jacques arrive. Vous êtes au cinéma.
4. Brigitte achète un micro-ordinateur. Ils sont en solde *(on sale)*.
5. Sylvie perd son portefeuille *(wallet)*. Elle fait une promenade.
6. Les cambrioleurs *(burglars)* entrent chez les voisins. Ils dorment.
7. Le train part. Vous regardez l'horaire *(train schedule)*.
8. Le chat emporte le bifteck. Personne ne regarde.

Activité 13   Tout est bien qui finit bien   OPTIONAL: This activity deals with *A remarquer.*

Avec un peu de patience, tout finit bien. Exprimez cela d'après le modèle.

⇨ Jacques attend au café pendant dix minutes. Sa fiancée arrive.
Jacques attendait au café depuis dix minutes quand sa fiancée est arrivée.

1. Les spectateurs attendent pendant deux heures. Les coureurs arrivent.
2. Annie joue dans un théâtre de province pendant six mois. On lui offre un rôle dans un grand film.
3. Madame Boudreau travaille dans cette entreprise pendant cinq ans. Elle reçoit une promotion importante.
4. Cet astronome observe le ciel pendant 50 ans. Il découvre une nouvelle comète.
5. Ces géologues explorent la région pendant une semaine. Ils trouvent une mine d'or.
6. Ces chimistes travaillent sur ce problème pendant dix ans. Ils obtiennent le prix Nobel.
7. Je cherche du travail pendant une semaine. Je trouve un job très bien payé.

Activité 14   Une surprise

Béatrice vient d'arriver à Paris. Elle passe sa première nuit dans un hôtel.
Le matin, elle ouvre la fenêtre de sa chambre et elle regarde ce qui se
passe dans la rue. Racontez l'histoire de Béatrice au passé. Pour cela,
utilisez les verbes au passé composé ou à l'imparfait.

1. moi / ouvre / la fenêtre
2. moi / regarder / le spectacle de la rue
3. un vieux monsieur / promener / son chien
4. des gens / attendre / l'autobus
5. un commerçant / laver / sa vitrine (*shop window*)
6. quelques personnes / aller / au marché
7. à la terrasse d'un café / un garçon / boire / une limonade
8. moi / regarder / attentivement / le garçon
9. tout d'un coup / moi / reconnaître / mon cousin Thomas
10. moi / fermer / la fenêtre
11. moi /sortir / lui dire bonjour

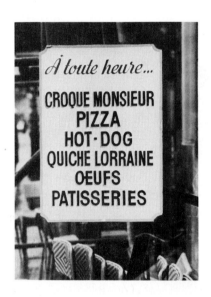

WRITTEN ## Activité 15   Un accident

Nicole a vu un accident hier. Lisez sa description et puis changez le texte
au passé. Commencez par: **Hier soir, j'étais. . .** Utilisez l'imparfait et le
passé composé.

NICOLE:
Je suis chez moi. Mes frères dorment mais moi, je travaille. Tout à coup
j'entends un grand bruit (*noise*) dans la rue. J'ouvre la fenêtre. Je vois
une voiture sur le trottoir (*sidewalk*). Je sors de mon appartement. Dans
la voiture, il y a un jeune homme qui semble évanoui (*unconscious*). Je
vois qu'il saigne (*is bleeding*). J'appelle un monsieur qui promène (*is
walking*) son chien dans la rue. Je lui demande d'appeler la police. Cinq
minutes après, une ambulance arrive et je rentre chez moi.

Entre nous

Situations

Imaginez comment on vivait en 1900 (ou à une autre époque de votre choix).
Pour cela, traitez les sujets suivants dans des paragraphes de trois à cinq lignes.
(Si vous le voulez, vous pouvez utiliser les verbes entre parenthèses.)

⇨ les transports
(voyager / exister / aller / prendre)

En 1900, on voyageait beaucoup moins qu'aujourd'hui. Evidemment, ni la voiture ni l'avion n'existaient. On voyageait en train, à cheval ou à pied. Les gens qui voulaient aller en Europe prenaient le bateau. Il fallait souvent deux semaines pour aller des Etats-Unis en France.

NEW YORK AIR FRANCE

5 828 km en 3 h 45
avec Concorde

1. les loisirs
(avoir / aller / faire / voir / assister à / jouer à / rester / voyager)
2. les gens
(être / avoir / faire / aller / travailler / gagner / dépenser)
3. les femmes
(être / avoir / faire / pouvoir / vouloir / devoir / voter / rester / travailler)
4. la vie domestique
(avoir / faire / acheter / dépenser / habiter / laver)
5. la vie économique
(avoir / faire / travailler / produire / acheter / vendre / importer / exporter)

A votre tour

Imaginez que vous avez vécu les expériences suivantes. Racontez les événements dans un petit paragraphe. Parlez de ce que vous faisiez et de ce que vous avez vu et ce que vous avez fait.

⇨ J'ai assisté à une manifestation *(demonstration)*.

C'était vendredi dernier vers cinq heures. Je passais dans le Quartier latin. J'ai vu un grand nombre d'étudiants qui marchaient dans la rue. Certains portaient des pancartes *(signs)*. Ils protestaient contre la réduction de crédits universitaires. Soudain, la police est arrivée. . .

1. J'ai perdu mon portefeuille *(wallet)*.
2. J'ai vu un accident.
3. J'ai entendu une explosion.
4. On a volé ma bicyclette.
5. J'ai vu un incendie *(fire)*.

Le Quartier latin: a part of Paris on the left bank of the Seine; the historic student center.

A. L'usage de l'imparfait: circonstances d'un événement

Compare the use of tenses in the following sentences:

Nous **sommes allés** à la plage.	C'**était** jeudi dernier.
	Il **faisait** beau.
	Nous **avions** chaud.
J'**ai eu** un accident hier.	Il **était** dix heures du soir.
	Il **pleuvait.**
	La visibilité **était** mauvaise.
Irène **est allée** au Mexique en 1980.	Elle **avait** 18 ans.
	Elle **voulait** apprendre l'espagnol.
	Elle **était** contente de voyager.
J'**ai vu** Pierre dans la rue.	Il **était** très élégant.
	Il **portait** son beau costume bleu.
	Il **revenait** d'une entrevue professionnelle.

The **passé composé** is used to describe a well-defined action, completed in the past at a given time. (The mention of the time may be omitted.)

The **imparfait** is used to describe the background or circumstances of the main action, such as:
- time and weather
- age, outward or physical appearance
- feelings, beliefs, emotional state
- other external circumstances and actions in progress

OPTIONAL *A remarquer*

1. Since they express a physical condition, a feeling, a belief, or a state of mind, the verbs **être** (**fatigué**. . .), **avoir** (**peur**. . .), **vouloir, penser, pouvoir, savoir, croire** are very often used in the **imparfait**. However, when these verbs are used to describe a sudden action or event, they are used in the **passé composé**.

Compare:

Pierre n'**était** pas malade.	*Pierre **was** not sick.*
Il **a été** malade après avoir mangé cinq hamburgers.	*He (suddenly) **became** sick after eating five hamburgers.*
Marie **voulait** aller au cinéma.	*Marie **wanted** to go to the movies.*
Mais quand elle a vu la pluie, elle **a voulu** rester chez elle.	*But when she saw the rain, she (suddenly) **decided** to stay home.*

In the first sentence of each pair, the event is considered as the main topic of discussion. In the second sentence, the event is just the background of another event.

2. Depending on the viewpoint of the speaker, an event may be considered a main action or merely the background of another action.

Il **a fait** froid hier.	*(My goodness! It was ten below zero!)*
Il **faisait** froid hier.	*(That is why I did not go out.)*
Thomas **a eu** la grippe.	*(He did catch it last winter.)*
Thomas **avait** la grippe.	*(That is why he was not in a good mood when I saw him.)*

A c t i v i t é 1   **Une question de circonstances**

Les situations suivantes ont eu lieu il y a un certain temps. Décrivez-les et expliquez leurs circonstances. Utilisez le passé composé et l'imparfait selon le modèle.

⇨ Nous faisons une promenade. Il fait beau.
Nous avons fait une promenade parce qu'il faisait beau.

1. Je rentre à la maison. Il fait mauvais.
2. Monique met son pull. Elle a froid.
3. Mes amis vont au restaurant. Ils ont faim.
4. Vous restez chez vous. Vous êtes malades.
5. Marthe prend de l'aspirine. Elle a mal à la tête.
6. Mes cousins passent un mois à Munich. Ils veulent apprendre l'allemand.
7. Je n'achète pas cette cassette. Je n'ai pas assez d'argent.
8. Tu ne comprends pas le film. Les acteurs parlent anglais.
9. Antoine a eu un accident. Il ne fait pas attention.
10. Paul n'invite pas Suzanne. Il est trop timide.
11. J'achète ces chaussures. Elles sont en solde *(on sale)*.
12. Nous travaillons pendant les vacances. Nous avons besoin d'argent.
13. Cette entreprise ferme. Elle est en faillite *(bankrupt)*.
14. Cette firme américaine ouvre un bureau à Paris. Elle veut exporter ses produits en France.

WRITTEN A c t i v i t é 2   **Joyeux anniversaire!**

Voici ce que Paul Durand a écrit dans son journal le premier mai. Lisez le texte et mettez-le au passé. Remplacez **Aujourd'hui** par **Hier** et utilisez le passé composé et l'imparfait comme il convient.

Aujourd'hui nous sommes le premier mai. C'est l'anniversaire de ma cousine Hélène. Je vais chez elle. Il y a beaucoup d'invités. Hélène est très élégante. Elle porte une jupe blanche et un pull bleu marine. Comme *(Since)* il fait beau, nous faisons un pique-nique sur l'herbe. Pendant le pique-nique, je parle à une jeune fille qui a l'air très sympathique. Après le pique-nique je lui demande si elle veut faire une promenade en bateau. Elle accepte mon invitation. Nous montons dans le bateau. J'ai chaud et j'enlève ma veste. Malheureusement je fais un faux mouvement et nous tombons dans l'eau. L'eau est très froide et la jeune fille est absolument furieuse. Tant pis!

A c t i v i t é 3   **Un rapport de témoin** *(A witness's account)*

Comme elle se promenait dans la rue, Janine Mercier a remarqué quelque
chose de curieux. Lisez son compte rendu *(report)* et mettez-le au passé.
Commencez votre narration par **Samedi dernier** au lieu d'**Aujourd'hui.**
Utilisez le passé composé et l'imparfait, comme il convient.

Aujourd'hui il fait beau. Je sors de mon appartement. Je passe dans la rue
Pasteur. Je remarque une voiture qui stationne *(is parked)* en face de la
Banque Populaire. Dans la voiture il y a deux hommes. Le conducteur
porte un chapeau et des lunettes de soleil. Le passager sort de la voiture.
Il est assez grand. Il porte un costume bleu. Il ouvre la porte de la
banque avec une clé *(wrench)* spéciale. Je regarde l'heure. Il est sept
heures moins le quart. Je sais que la banque est toujours fermée à cette
heure-là. Dix minutes plus tard, l'homme sort de la banque avec un sac
sur le dos. Je comprends que c'est un cambrioleur *(burglar)*. Je note le
numéro de la voiture et je téléphone à la police.

B. L'usage des temps avec *il y a*

Note the expresssion **il y a** and compare the use of tenses in the sentences below.

Il y a cinq ans, Roland **allait** au lycée Pasteur.

Five years ago, Roland was going to the Lycée Pasteur.

Il y a quatre ans, il **est allé** à l'université.

Four years ago, he went to college.

Il y a une heure, nous **dînions**.

An hour ago, we were having dinner.

Nous **avons dîné il y a une heure**.

We had dinner an hour ago.

The construction **il y a** + *elapsed time* corresponds to the English construction *elapsed time* + *ago*. It can be used with:

• the **imparfait** to describe what was going on at a given time;
• the **passé composé** to describe what happened at that time.

WRITTEN **A c t i v i t é 4** **Exercice de mémoire**

Avez-vous bonne mémoire? Si non, utilisez votre imagination. Faites des phrases d'après le modèle, en utilisant l'imparfait.

⇨ 5 ans / moi / habiter / où?
Il y a cinq ans, j'habitais en Californie (à New York, à Houston. . .)

1. 2 heures / moi / être / où?
2. une semaine / il / faire / quel temps?
3. 5 ans / moi / aller / à quelle école?
4. 10 ans / ma famille / habiter / où?
5. 5 ans / mon père ou ma mère / travailler / pour quelle compagnie?
6. 20 ans / le président / être / qui?
7. 100 ans / ma ville / avoir / combien d'habitants?

A c t i v i t é 5 **Quand?**

Dites depuis combien de temps les événements suivants ont eu lieu. Si vous n'êtes pas sûr(e), inventez une réponse.

⇨ moi / commencer mes études de français
J'ai commencé mes études de français il y a deux (trois, quatre) ans.

1. moi / naître
2. ma mère / naître
3. moi / apprendre à nager
4. mes parents / acheter leur voiture
5. les derniers jeux Olympiques / avoir lieu
6. le Président des Etats-Unis / être élu
7. les Etats-Unis / devenir un pays indépendant
8. John Kennedy / mourir ₁₉₆₃

C. Le plus-que-parfait

Note the **plus-que-parfait** forms of **voyager** and **partir.**

INFINITIVE	voyager	partir
PLUS-QUE-PARFAIT	j'avais voyagé tu avais voyagé il/elle/on avait voyagé nous avions voyagé vous aviez voyagé ils/elles avaient voyagé	j'étais parti(e) tu étais parti(e) il/elle/on était parti(e) nous étions parti(e)s vous étiez parti(e)(s) ils/elles étaient parti(e)s

Forms

The **plus-que-parfait** is a compound tense. It is formed as follows:

> **imparfait** of **avoir** or **être** + past participle

⇨ The auxiliary verb used (**avoir** or **être**) is the same as in the **passé composé.**

PASSÉ COMPOSÉ	PLUS-QUE-PARFAIT
Hélène **a téléphoné** à 11 heures.	Elle **avait téléphoné** à 10 heures.
Nous **avons travaillé** cet été.	Nous **avions travaillé** l'été d'avant.
Julie **est allée** au cinéma.	Hier, elle **était allée** au théâtre.
Jeudi, nous **sommes restés** chez nous.	Mercredi aussi, nous **étions restés** chez nous.

⇨ The auxiliary verb (**avoir** or **être**) can be in the affirmative, negative, or interrogative form.

IMPARFAIT (AVOIR OR ÊTRE)	PLUS-QUE-PARFAIT
Elle **n'avait pas** le journal.	Elle **n'avait pas acheté** le journal.
Tu **n'étais jamais** à Paris.	Tu **n'étais jamais allé** à Paris.
Est-ce que vous aviez ce disque?	**Est-ce que vous aviez écouté** ce disque?
Etais-tu avec Annie?	**Etais-tu sorti** avec Annie?
Avait-il les documents?	**Avait-il pris** les documents?

⇨ When the auxiliary is **être**, the past participle agrees with the subject.

Use

Like the English pluperfect (*had* + past participle), the **plus-que-parfait** is used to describe events or actions that happened before another past event.

J'ai visité Québec en 1980.
J'avais visité Montréal en 1979.

I visited Quebec in 1980.
*I **had visited** Montreal in 1979.*

Quand nous sommes arrivés à la gare,
le train **était parti**.

*When we arrived at the station,
the train **had left**.*

Il avait faim. . .
parce qu'il n'**avait** pas **déjeuné**.

*He was hungry. . .
because he **had** not **had** lunch.*

For use of **plus-que-parfait** in: • **si**-clauses, see pp. 372, 379, 383;
• indirect discourse, see p. 466.

Activité 6 Trop tard!

Quelquefois on a des problèmes quand on est en retard. Dites ce qui est arrivé aux personnes suivantes. Suivez le modèle.

⟹ J'arrive chez Nicole. Elle est sortie.
Quand je suis arrivé chez Nicole, elle était sortie.

1. Monsieur Bertin arrive à la gare. Le train est parti.
2. Nous arrivons au concert. On a vendu tous les billets.
3. La police arrive. Les cambrioleurs *(burglars)* ont pris l'argent.
4. Claudine va au cinéma. Le film a commencé.
5. Je vais au marché. La marchande a vendu tous les fruits.
6. Henri veut inviter Christine. Elle est sortie avec Paul.
7. Philippe rentre chez lui. Son cousin a pris sa voiture.
8. Le lièvre *(hare)* arrive au but *(finish line)*. La tortue *(turtle)* a gagné la course *(race)*.

Vocabulaire

C'est arrivé. . .

aujourd'hui	*today*
hier	*yesterday*
avant-hier	*the day before yesterday*
ce matin	*this morning*
hier après-midi	*yesterday afternoon*
avant-hier soir	*the night before last*
la veille	*the day before*
la veille de Noël	*Christmas eve*
le lendemain	*the day after*
le lendemain de mon anniversaire	*the day after my birthday*

le 13 mai	*May 13th*
le 30 octobre dernier	*last October 30th*
en août	*in August*
en septembre dernier	*last September*
au mois de juin	*in the month of June*
en 1980	*in 1980*
au printemps	*in the spring*
en été	*in the summer*
en automne	*in the autumn*
en hiver	*in the winter*

la semaine dernière	*last week*
la semaine prochaine	*next week*
la semaine précédente	*the week before*
la semaine suivante	*the week after*
la semaine d'avant	*the previous week*
la semaine d'après	*the next week*

il y a 3 jours	*3 days ago*
il y a 20 ans	*20 years ago*
il y a longtemps	*a long time ago*

pendant les vacances	*during vacation*
au cours d'un voyage	*during a trip*

au début de l'année	*at the beginning of the year*
à la fin du mois	*at the end of the month*

Activité 7 **Un malheur n'arrive jamais seul!**

Les personnes suivantes n'ont vraiment pas de chance. Lisez ce qui leur est arrivé et dites ce qui leur était arrivé avant.

⇨ Cette semaine Monsieur Gasse a raté son train. (la semaine dernière / son avion)
La semaine dernière, il avait raté son avion.

1. Ce matin, ces touristes ont perdu les clés de leur chambre. (hier / leur passeport)
2. Hier, j'ai cassé le téléviseur. (avant hier / la radio)
3. Ce mois-ci, tu as eu une mauvaise note en histoire. (le mois dernier / en anglais)
4. En décembre, Roland a attrapé une pneumonie. (en novembre / la grippe)
5. Jeudi, je suis tombé dans les escaliers. (mardi / dans la rue)
6. Ce week-end, nous sommes restés chez nous à cause de la neige. (le week-end d'avant / à cause de la pluie)
7. Samedi dernier, Thérèse est sortie avec un garçon snob. (le samedi d'avant / avec un garçon ennuyeux)
8. Cette semaine, j'ai souffert d'une migraine. (la semaine dernière / d'un terrible mal aux dents)

Activité 8 **Il y a toujours une raison!**

Lisez ce qui est arrivé aux personnes suivantes. Puis essayez de trouver une explication. Posez des questions où vous utilisez l'inversion et le plus-que-parfait du verbe entre parenthèses.

⇨ Ces étudiants ont raté l'examen. (étudier?)   **Avaient-ils étudié?**

1. Madame Picard a raté son bus. (arriver à l'heure?)
2. Marguerite et Cécile n'ont pas pu aller au concert. (réserver les billets?)
3. André n'a pas bien dormi. (boire trop de café?)
4. Monsieur Jourdain avait mal à la tête. (regarder la télé pendant tout le week-end?)
5. Jacqueline paraissait triste. (recevoir des mauvaises nouvelles?)
6. Roland était furieux. (perdre son match de tennis?)

En direct de Monaco
TENNIS
14.55
Ⓕ R3
TOURNOI INTERNATIONAL DE MONTE-CARLO
QUARTS DE FINALE MESSIEURS
Commentaires de Christian Quidet
Réalisation de Jean Bescont

A c t i v i t é 9 **Précautions**

Il est souvent prudent de faire certaines choses avant d'en faire d'autres.
Décrivez ce qu'ont fait les personnes de la colonne A en choisissant une
expression de la colonne B. Dites ce qu'elles avaient fait avant en
choisissant une expression de la colonne C. Soyez logique!

A	**B**	**C**
moi	aller au restaurant	réfléchir
nous	aller au Mexique	téléphoner
vous	partir en voyage	réserver une table
mon cousin	aller chez Paul	faire le plein d'essence
mes amis	quitter la maison	apprendre l'espagnol
Alice	répondre à la question	faire les courses
	préparer le dîner	fermer la porte à clé

▷ **Mes amis sont allés chez Paul. Avant, ils avaient téléphoné.**

A c t i v i t é 10 **Une légende**

Ernest Martin, 65 ans, est aujourd'hui retraité *(retired)*. Il raconte
souvent à ses petits-enfants des histoires de son enfance. Lisez le texte
suivant et jouez le rôle d'Ernest Martin. Pour cela, commencez par
«Quand j'étais jeune, j'habitais. . .» et utilisez l'imparfait, le passé
composé et le plus-que-parfait, comme il convient.

UNE LÉGENDE:
Je suis jeune. J'habite un petit village dans le centre de la France. Près
de ce village il y a une grotte très profonde. Selon *(According to)* une
vieille légende, une famille aristocratique très riche a trouvé refuge dans
cette grotte pendant la Révolution. Cette famille est restée là plusieurs
mois, mais un jour elle a été dénoncée et elle a dû partir précipitamment
(in a hurry). Avant de partir, le père, assisté de ses deux fils, a enterré
(buried) un trésor quelque part *(somewhere)* dans la grotte.

la Révolution
française de 1789

Mon grand-père parle souvent de cette légende. Il connaît un vieux
fermier qui prétend *(claims)* avoir trouvé *(to have found)* quelques pièces
d'or mais personne ne les a vues.

Moi aussi, je crois la légende. Avec mes camarades d'école, je vais
souvent explorer la grotte. Evidemment nous ne trouvons rien. Mais nous
passons d'inoubliables *(unforgettable)* journées dans un monde mystérieux
et fascinant.

Contextes

The purpose of this type of activity is to have the students understand the sentences, and not necessarily to use the learned structures in the answers.

Les phrases suivantes font partie de différentes conversations. Imaginez le contexte de ces conversations dans un petit paragraphe.

⇨ «La visibilité était mauvaise.»

Jean-Louis a emprunté la voiture de sa soeur. Il est allé à la campagne avec des amis. Quand il est rentré le soir, il y avait beaucoup de brouillard *(fog)* sur la route. Il n'a pas vu une voiture qui venait en sens inverse. Pour l'éviter, il est monté sur le trottoir *(sidewalk)* et il a heurté un obstacle. Maintenant il explique à sa soeur comment l'accident est arrivé.

1. «Les spectateurs étaient furieux.»
2. «Tout le monde était de bonne humeur.»
3. «J'ai eu une bonne surprise quand je suis rentré chez moi.»
4. «Il portait des lunettes de soleil.»
5. «Vraiment! Tu n'as rien entendu?!»
6. «Il y avait beaucoup de monde.»
7. «Cela a eu lieu il y a dix ans au moins.»
8. «Je n'avais jamais fait cela avant.»

A propos

Vos camarades vous disent ce qu'ils ont fait. Créez un dialogue où vous leur posez des questions concernant les circonstances et l'action elle-même.

⇨ «Hier je suis rentré(e) très tard chez moi.»

Quelle heure était-il?
Qu'est-ce que tu avais fait avant?
Est-ce que tes parents dormaient? etc.

1. «J'ai eu un accident.»
2. «J'ai assisté à un événement extraordinaire.»
3. «J'ai été témoin *(witness)* de quelque chose de bizarre.»
4. «J'ai eu une très mauvaise surprise quand je suis rentré(e) chez moi.»
5. «J'ai vraiment eu très peur.»
6. «Vraiment, je n'ai pas bien dormi.»

A votre tour

1. Racontez un accident dont *(of which)* vous avez été la victime ou auquel vous avez assisté. Décrivez les circonstances de cet accident. Dites aussi ce que vous avez fait et ce qui s'est passé.
2. Décrivez un autre événement auquel vous avez assisté ou participé (un événement sportif, un concert, un spectacle *(show),* une réunion politique, etc.). Décrivez les circonstances et les faits spécifiques de cet événement.
3. Racontez une légende ou une histoire d'enfant; par exemple, le Petit Chaperon Rouge *(Little Red Riding Hood)*, Cendrillon *(Cinderella)*, les Trois Ours, etc. Some key words: *(see below)*
4. Racontez ce que vous avez fait le week-end dernier et le week-end d'avant.

le loup	*wolf*	les belles-soeurs	*stepsisters*	le soulier en verre	*glass slipper*
la corbeille	*basket*	la fée	*fairy*	un bol de céréales	*bowl of cereal*
la forêt	*woods*	la citrouille	*pumpkin*	«juste comme il faut»	*''just right''*
le bûcheron	*woodcutter*	le carrosse	*coach*	se casser	*to break*
le fusil	*gun*	le souris	*mouse*	sauter par la	*to jump out of the*
la belle-mère	*stepmother*	transformer	*to transform, change*	fenêtre	*window*

Leçon 5 Le passé simple

A. Le passé simple: formation régulière

Introduction

The level of language that we use in conversation may vary in formality depending on whom we are talking with or what topics we are discussing. Similarly, we tend to express ourselves differently in writing and in speaking. In general, written style is more formal than spoken style. When describing the past, for instance, French authors generally use the **passé simple,** a formal tense, used primarily in written narration. To be able to read French literature with fluency, it is necessary to recognize the forms of the **passé simple.**

Forms

Note the forms of the **passé simple** of **parler, finir,** and **répondre,** paying attention to the endings.

Infinitive ending in:		-er	-ir	-re
INFINITIVE		parler	finir	répondre
PASSÉ SIMPLE	je	parlai	finis	répondis
	tu	parlas	finis	répondis
	il/elle/on	parla	finit	répondit
	nous	parlâmes	finîmes	répondîmes
	vous	parlâtes	finîtes	répondîtes
	ils/elles	parlèrent	finirent	répondirent

As its name indicates, the **passé simple** is a simple tense. It consists of one word.
- The stem of the **passé simple** is the infinitive minus **-er, -ir,** or **-re.**
- The endings are the same for verbs in **-ir** and **-re.**

⇨ A few verbs that are irregular in the present tense are regular in the **passé simple.**

aller	Napoléon **alla** en Egypte en 1798.
partir	Ses meilleurs officiers **partirent** avec lui.
découvrir	Christophe Colomb **découvrit** l'Amérique.
battre	Washington **battit** les Anglais à Yorktown.

Use

The **passé simple** replaces the **passé composé** in literary works and in very formal spoken language. The meaning of both tenses is nearly identical.

Les Alliés **gagnèrent** la guerre.
Les Alliés **ont gagné** la guerre.
}
*The Allies **won the war**.*

A c t i v i t é 1   **Quelques contributions françaises**

Les phrases suivantes décrivent les contributions faites par des Français dans les domaines des découvertes géographiques, des arts, des sciences et de la philosophie. Exprimez ces contributions en utilisant le passé composé.

⇨ Jacques Cartier explora les rives *(banks)* du Saint-Laurent. $^{(1534)}$
   Jacques Cartier a exploré les rives du Saint-Laurent.

1. La Salle et ses compagnons explorèrent les rives du Mississippi. $^{(1682)}$
2. Pascal inventa la première machine à calculer. $^{(1642)}$
3. Niepce et Daguerre inventèrent la photographie. $^{(1837, 1839)}$
4. Descartes développa la géométrie analytique. $^{(1637)}$
5. Lavoisier détermina la composition de l'air. $^{(1777)}$
6. Pasteur trouva l'origine des maladies contagieuses. $^{(1870–1886)}$
7. Henri Becquerel découvrit la radioactivité. $^{(1896)}$
8. Pierre et Marie Curie découvrirent le radium. $^{(1898)}$
9. Claude Debussy composa «la Mer». $^{(1905)}$
10. Monet et Renoir créèrent l'école impressionniste. $^{(1874–1886)}$
11. La Révolution française proclama l'égalité de tous les citoyens *(citizens)*. $^{(1789)}$
12. Les révolutionnaires français proclamèrent la liberté de religion et la suppression de l'esclavage *(slavery)*. $^{(1789)}$

WRITTEN

A c t i v i t é 2   **Un peu d'histoire franco-américaine**

La longue amitié entre la France et les Etats-Unis est illustrée par beaucoup d'épisodes. Décrivez quelques-uns de ces épisodes en utilisant le passé simple. (Note: Tous les verbes de cet exercice ont un passé simple régulier.)

⇨ les Français / aider / les Américains pendant la guerre de l'Indépendance
   Les Français aidèrent les Américains pendant la guerre de l'Indépendance.

1. la France / signer / un traité *(treaty)* d'alliance avec les Etats-Unis   le 6 février 1778
2. le roi *(king)* de France / envoyer / ses meilleures troupes
3. les Français / combattre / courageusement à Yorktown   1781
4. Napoléon / vendre / la Louisiane aux Etats-Unis   1803
5. les Français / donner / la statue de la Liberté au peuple américain   le 4 juillet 1884: construit par Fréderic Auguste Bartholdi
6. beaucoup d'Américains / combattre / avec des Français pendant la Première Guerre mondiale *(World War I)*
7. les troupes du général Eisenhower / libérer / la France en 1944 (mil neuf cent quarante-quatre)
8. le Plan Marshall / faciliter / la reconstruction économique de la France   1948

B. Le passé simple: quelques verbes irréguliers

Since the **passé simple** is used to narrate past events, it is used primarily
in the **il/elle** and **ils/elles** forms. Note these forms for the following verbs:

avoir	il **eut**	ils **eurent**		acquérir	il **acquit**	ils **acquirent**
être	il **fut**	ils **furent**		vaincre	il **vainquit**	ils **vainquirent**
faire	il **fit**	ils **firent**				
				lire	il **lut**	ils **lurent**
mettre	il **mit**	ils **mirent**		connaître	il **connut**	ils **connurent**
prendre	il **prit**	ils **prirent**		recevoir	il **reçut**	ils **reçurent**
voir	il **vit**	ils **virent**				
				venir	il **vint**	ils **vinrent**
devoir	il **dut**	ils **durent**		tenir	il **tint**	ils **tinrent**
vouloir	il **voulut**	ils **voulurent**				
pouvoir	il **put**	ils **purent**		peindre	il **peignit**	ils **peignirent**
savoir	il **sut**	ils **surent**				
boire	il **but**	ils **burent**				
croire	il **crut**	ils **crurent**		vivre	il **vécut**	ils **vécurent**
courir	il **courut**	ils **coururent**		naître	il **naquit**	ils **naquirent**
				mourir	il **mourut**	ils **moururent**
dire	il **dit**	ils **dirent**				
rire	il **rit**	ils **rirent**				
suivre	il **suivit**	ils **suivirent**				
conduire	il **conduisit**	ils **conduisirent**				
écrire	il **écrivit**	ils **écrivirent**				

All forms of the **passé simple** can be derived from the above forms by
using the following set of endings:

je	-s	nous	^mes
tu	-s	vous	^tes
il	-t	ils	-rent

> **avoir:** Nous **eûmes** une mauvaise surprise.
> **faire:** Je **fis** une découverte intéressante.

WRITTEN **Activité 3   Le héros des deux mondes**

La Fayette a joué un rôle historique important, d'abord dans la Révolution
américaine et ensuite pendant la Révolution française. Voici pourquoi on
l'appelle le «héros des deux mondes». Lisez la biographie suivante. Puis
modifiez cette biographie en mettant les verbes soulignés au passé composé.

La Fayette naquit à Chavaniac en 1757 (mil sept cent cinquante-sept). Issu *(Born)* d'une famille noble et très riche, il eut une enfance *(childhood)* confortable et aisée. Il commença une carrière militaire et à l'âge de 18 ans il devint capitaine de cavalerie. Un jour, il entendit parler de la Révolution américaine. Il fut immédiatement enthousiasmé par les idées nouvelles et il voulut partir pour l'Amérique. Il demanda au roi la permission de quitter la France, mais le roi lui refusa cette autorisation.

La Fayette alla secrètement en Espagne où il acheta un bateau avec son propre *(own)* argent et il partit pour l'Amérique.

Arrivé à Philadelphie en 1777 (mil sept cent soixante-dix-sept), il fut nommé général par le Congrès américain. Il combattit à Brandywine où il fut blessé *(wounded)*. Il devint l'ami de Washington et il participa aux grandes batailles de la guerre de l'Indépendance.

En 1779 (mil sept cent soixante-dix-neuf), La Fayette revint en France où il plaida *(pleaded)* la cause des patriotes américains. Cette fois-ci, le roi reçut le jeune homme avec bienveillance *(kindness)* et il écouta ses propos avec intérêt. Quelques mois plus tard, La Fayette retourna en Amérique où il put annoncer à Washington l'arrivée de l'armée et de la flotte *(fleet)* françaises. C'est avec l'aide de cette armée et de cette flotte que les Américains furent victorieux à Yorktown. Cette grande victoire franco-américaine marqua la fin des hostilités. Peu après, l'Angleterre reconnut l'indépendance américaine.

De retour en France, La Fayette fut acclamé comme un héros. En 1789 (mil sept cent quatre-vingt-neuf), il participa aux premiers événements de la Révolution française et il devint l'un des hommes politiques les plus importants de cette époque. (C'est lui qui proposa l'idée d'une «déclaration européenne des droits *(rights)* de l'homme et du citoyen [*citizen*]».) Il fut élu vice-président de l'Assemblée nationale et il devint commandant de la Garde nationale.

Mais à cause de ses idées modérées, La Fayette dut quitter la France. Il alla en Autriche *(Austria)* où il fut fait prisonnier. Libéré par Napoléon, il rentra en France où il continua à exprimer ses idées politiques.

En 1824 (mil huit cent vingt-quatre), La Fayette revint aux Etats-Unis où il fit un voyage triomphal. Quand il mourut en 1834 (mil huit cent trente-quatre), les Etats-Unis prirent le deuil *(mourning)* de ce héros et une délégation américaine vint déposer sur sa tombe un peu de terre *(soil)* américaine. En 1917 (mil neuf cent dix-sept), lorsque les premières troupes américaines arrivèrent en France, leur commandant prononça la phrase célèbre: «La Fayette, nous voilà!»

A c t i v i t é 4 **La conquête de la lune**

Il y a plus de quinze ans, les hommes ont réalisé un des plus anciens rêves de l'humanité: marcher sur la lune. Racontez cet événement célèbre en mettant les verbes entre parenthèses au passé simple.

Le 20 juillet 1969 (mil neuf cent soixante-neuf) le monde (apprendre) une nouvelle extraordinaire. Ce jour-là, deux astronautes américains (débarquer) sur la lune. L'astronaute Neil Armstrong (mettre) le premier le pied sur la surface lunaire. C'est à ce moment qu'il (prononcer) la phrase célèbre: «C'est un petit pas pour un homme, mais un pas de géant pour l'humanité.» Quelques minutes après, il (être) rejoint par son compagnon Edwin Aldrin. Les deux hommes (planter) le drapeau américain et (déposer) une plaque commémorant l'événement. Ensuite, ils (prendre) des photos et ils (faire) un grand nombre d'expériences scientifiques. Ils (installer) un séismographe et ils (ramasser [*to collect*]) des échantillons *(samples)* de roches lunaires. Puis, ils (retourner) au vaisseau *(ship)* spatial. Le président des Etats-Unis (saluer) le succès de l'expédition quand il (téléphoner) aux astronautes. Il (exprimer) le véritable sens de l'événement quand il (dire): «En ce moment sans égal dans l'histore de l'humanité, les nations de la terre sont véritablement un seul peuple.»

ON A MARCHÉ SUR LA LUNE
Milou est descendu de la fusée au bout d'une corde que Tintin déta-
che... Ils sont sur la lune!

Entre nous

Qui est-ce?

Lisez les brèves biographies suivantes et identifiez les personnes correspondantes. (Les noms de ces personnes figurent en bas de l'exercice. . .mais dans un ordre différent.)

1. Il naquit en Espagne où il étudia la peinture. A l'âge de 23 ans, il vint en France où il vécut des années difficiles. Il inventa un nouveau style et bientôt il devint le plus grand artiste de son époque.

   Picasso

2. Cette princesse naquit en Autriche *(Austria)*. A l'âge de 15 ans, elle vint en France pour épouser le futur roi de France. Elle eut une fin *(end)* tragique. Elle mourut en effet sur l'échafaud *(scaffold)* français pendant la Révolution française.

   Marie-Antoinette

3. Ce génie militaire naquit dans une île située à 150 kilomètres de la France continentale. Il fut nommé général à l'âge de 24 ans, et il participa aux grandes campagnes de la Révolution française. Il devint empereur en 1804 et il conquit militairement le reste de l'Europe. Il mourut en exil en 1821.

   Napoléon

4. Cette héroïne française naquit dans un petit village de Lorraine où elle passa son enfance. Un jour elle entendit des voix qui lui dirent d'aller chez le roi. Le roi lui donna une armée avec laquelle *(which)* elle délivra la France de l'occupation anglaise. Elle mourut tragiquement à l'âge de 20 ans.

   Jeanne d'Arc

5. Dans sa jeunesse *(youth),* cet artiste français eut un accident qui le rendit infirme *(crippled him)*. Il alla à Paris où il étudia la peinture. Il peignit des scènes de cirque et de music-hall. Il dessina aussi de nombreuses affiches qui le rendirent célèbre.

   Henri de Toulouse-Lautrec

6. Cette Française créa un style de mode qui fit d'elle la plus grande couturière *(fashion designer)* de son époque. Elle donna son nom à un parfum qui est utilisé aujourd'hui par des millions de femmes dans le monde.

   Coco Chanel

7. Ces deux frères inventèrent le transport aérien. Ils construisirent en effet un ballon à air chaud dans lequel *(which)* voyagèrent les premiers passagers de l'espace. Présentée à Versailles en 1783, leur invention eut un succès immédiat.

   les frères Montgolfier

8. Cet inventeur français perdit la vue *(eyesight)* dans un accident à l'âge de trois ans. Il dut aller dans un institut spécialisé où il fut élève puis professeur. Pour faciliter l'instruction des jeunes aveugles *(blind people),* il inventa un système d'écriture qui est aujourd'hui utilisé dans le monde entier.

   Louis Braille

(Marie-Antoinette / Napoléon / Pablo Picasso / les frères Montgolfier / Louis Braille / Coco Chanel / Jeanne d'Arc / Henri de Toulouse-Lautrec)

A votre tour

Choisissez deux ou trois personnages historiques importants et décrivez leur biographie en quelques lignes sans révéler leur identité. Faites deviner cette identité à vos camarades.

OPTIONAL

Constructions, expressions et locutions

1. La description d'un événement: où?

Nous habitons. . .
Je suis allé. . .
Cet événement s'est passé. . .

> en ville
> > rue Bonaparte, avenue Mozart
> > place de la Concorde, boulevard Raspail
>
> dans la banlieue°   *suburbs*
>
> à la campagne
>
> en montagne
> > dans les Alpes, dans les Pyrénées

à la mer
 au bord de la mer°   *seashore*

à l'étranger°   *abroad*
 à Londres, à Madrid, au Caire
 à La Havane

 au Brésil, au Portugal, au Mexique
 en Belgique, en Suisse, en Espagne, en Israël
 aux Bermudes
 à Cuba, à Tahiti
 à la Jamaïque, à la Martinique

aux Etats-Unis
 au (dans le) Texas, au (dans le) Vermont
 dans le Maine, dans l'état de New York, dans l'état de Washington
 en Caroline du Nord, en Virginie

au Canada
 à Québec, à Montréal, à Ottawa
 dans l'Ontario, dans la province de Québec

2. L'usage des prépositions avec les verbes de mouvement

Note the use of the prepositions below with verbs of movement.

on va. . .	à l'hôtel, au restaurant, à la plage
	dans un hôtel de luxe, dans un restaurant chinois,
	dans un pays étranger
	en classe, en ville, en vacances
on entre. . .	dans un restaurant, dans une chambre, dans un appartement
	par la porte principale
on passe. . .	au salon
	dans la salle à manger
	par une porte, par la fenêtre
	à travers° un champ° *through; field*
	le long° d'un couloir° *along; hall*
on monte. . .	à la tour Eiffel, au grenier° *attic*
	jusqu'au sommet
	dans un grenier
	dans un avion, dans un train, dans une auto
	par l'escalier, par l'ascenseur° *elevator*
on descend. . .	d'une auto, d'un avion, d'une échelle° *ladder*
	à la cave° *cellar*
	dans une cave

3. An et année

Although both **an** and **année** mean *year*, **an** is the term most frequently used.

L'**an** dernier (*ou* L'**année** dernière) j'ai visité Rome.

However, when duration is emphasized, **année** is preferred.

Nous avons passé **une année** au Brésil.	*We spent **a year** (= **a whole year**) in Brazil.*

The same distinction exists between:

jour and **journée**   **matin** and **matinée**   **soir** and **soirée**

Compare:

Il y a sept **jours** dans une semaine.	*(no emphasis on duration)*
Nous avons passé une **journée** agréable à la campagne.	*(emphasis on duration)*
Ce **matin,** j'ai téléphoné à Marie.	*(no emphasis on duration: at a particular point in the morning)*
Je vais vous téléphoner dans la **matinée.**	*(emphasis on duration: in the course of the morning)*

Note the construction **toute la** + **journée/matinée/soirée.**

J'ai étudié **toute la journée.**	*I studied **all day long.***
Il a plu **toute la soirée.**	*It rained **the whole evening.***

4. Heure, temps et fois

Although **heure, temps,** and **fois** correspond to the English word *time*, their uses are different.

- **Heure** refers to clock time (i.e., at what time?).

Quelle **heure** est-il?	*What **time** is it?*
Vous n'êtes pas à l'**heure.**	*You are not on **time**.*
C'est l'**heure** de dîner.	*It's **time** for dinner. (It's dinner**time**.)*

- **Temps** refers to duration (i.e., time it takes to do something: how much time?).

Le **temps** c'est de l'argent.	*Time is money.*
Je n'ai pas le **temps** d'étudier.	*I don't have **time** to study.*
Vous perdez votre **temps.**	*You are wasting your **time**.*
Jacques passe son **temps** à lire les bandes dessinées.	*Jacques spends his **time** reading the comics.*
Ce coureur a réalisé le meilleur **temps.**	*This runner posted the best **time**.*

Combien de temps es-tu resté ici?	*How much time (How long) did you stay here?*
Pendant combien de temps vas-tu étudier?	*For how long (For how much time) are you going to study?*
Depuis combien de temps habites-tu à Paris?	*For how long (For how much time) have you been living in Paris?*

➭ Sometimes **temps** has the meaning of *moment* or *period*.

En ce **temps**-là. . .	*In those **times**. . .*
En **temps** de guerre. . .	*In **time** of war. . .*

- **Fois** refers to single or repeated occasions (i.e., how many times?).

Une fois n'est pas coutume.	*Once (One time) does not make a habit.*
J'ai vu ce film trois **fois.**	*I saw this movie three **times**.*
Nous sommes allés plusieurs **fois** au Canada.	*We went several **times** to Canada.*
C'est la première **fois** et la dernière **fois** que je vais à ce restaurant.	*It's the first **time** and the last **time** that I am going to this restaurant.*
Combien de fois as-tu gagné à la loterie?	*How many **times** did you win the lottery?*

Note the following expressions with **temps** and **fois**:

longtemps	*(for) a long time*	Pierre est resté **longtemps** en France.
de temps en temps	*from time to time*	Nous allions **de temps en temps** à la campagne.
en même temps	*at the same time*	Ne parlez pas **en même temps**.
à plein temps	*full time*	Etes-vous étudiant **à plein temps**?
à mi-temps	*half-time*	Je travaille **à mi-temps**.
à temps partiel	*part-time*	Vous travaillez **à temps partiel**.
parfois	*sometimes*	**Parfois** Annie sortait avec nous.
quelquefois	*sometimes, at times*	**Quelquefois** vous avez des idées bizarres.
autrefois	*in the past, formerly*	**Autrefois** le Canada était une colonie française.
il était une fois	*once upon a time*	**Il était une fois** une belle princesse. . .

5. Le préfixe **re-**

The prefix **re-** attached to a verb adds the meaning of *again* or *back* to that verb.

lire	*to read*		
relire	*to reread, read again*	**Relisez** ce poème!	Also: **refaire, reprendre, revoir, redire,** etc.
venir	*to come*		
revenir	*to come back*	Quand vas-tu **revenir**?	Also: **reprendre,** etc.

➡ In compound tenses, the prefix **re-** is attached to the past participle.

J'ai **revu** ce film à la télé.

➡ When the verb begins with a vowel, the prefix **re-** becomes **r-** or **ré-**.

envoyer	*to send*	→	**renvoyer**	*to send back*	Also: **réinviter, réimprimer,** etc.
organiser	*to organize*	→	**réorganiser**	*to reorganize, organize again*	

Le français dans le monde

Au 18ᵉ siècle, on parlait français dans toutes les cours d'Europe. Au 19ᵉ siècle, le français était la langue diplomatique internationale. Si le français ne joue plus ce rôle aujourd'hui, il n'en a pas moins conservé son importance et son prestige. C'est l'une des six langues officielles utilisées aux Nations Unies. C'est une langue de culture apprise par des millions d'étudiants et d'étudiantes à travers le monde. Avant tout, c'est la langue commune de 100 millions de «francophones» à qui elle sert de lien culturel et spirituel. Ces groupes francophones ne sont pas concentrés géographiquement. On parle français non seulement en France, mais aussi en Suisse, en Belgique, en Luxembourg, au Québec, en Haïti, à Tahiti, et dans bien d'autres régions du globe.

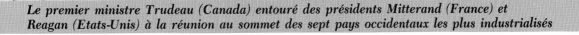

Le premier ministre Trudeau (Canada) entouré des présidents Mitterand (France) et Reagan (Etats-Unis) à la réunion au sommet des sept pays occidentaux les plus industrialisés

La délégation française aux Nations Unies

FONDS DES NATIONS UNIES
POUR L'ENFANCE

UNICEF

vivre ensemble avec nos différences

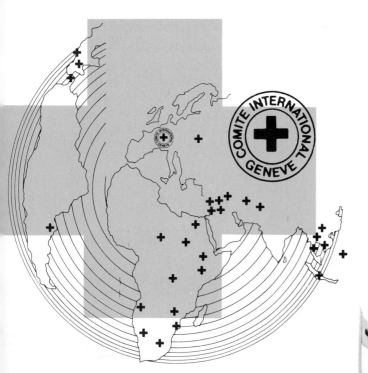

Réunion de travail à l'UNESCO (Paris)

Le siège du Comité International de la Croix-Rouge à Genève (Suisse)

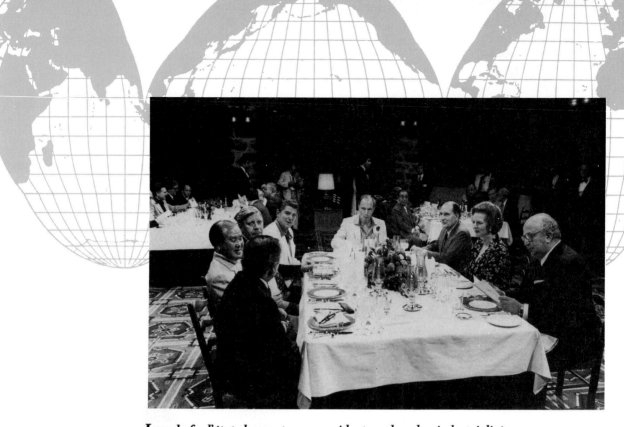

Les chefs d'état des sept pays occidentaux les plus industrialisés au château de Montebello (Canada)

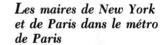

Les maires de New York et de Paris dans le métro de Paris

Le président Mitterand à la conférence des Nations Unies sur les pays les moins avancés (UNESCO, Paris)

Canada, terre variée, pays bilingue

Le français, langue officielle au Québec

au Québec, on vit en français

UNITÉ 2

Les pronoms

Leçon 6 Pronoms sujets, accentués et compléments d'objet

A. Les pronoms sujets et les pronoms accentués

Forms

Review the forms of subject and stress pronouns in the chart below.

(PERSON)	SUBJECT PRONOUNS	STRESS PRONOUNS	
(singular) 1st 2nd 3rd	je (j') tu il elle	moi toi lui elle	Moi, je parle français. Toi, tu habites à Genève. Lui, il étudie l'italien. Elle, elle travaille à Québec.
(plural) 1st 2nd 3rd	nous vous ils elles	nous vous eux elles	Nous, nous restons chez nous. Vous, vous sortez ce soir. Eux, ils voyagent souvent. Elles, elles font une promenade en voiture.

Subject and stress pronouns have the same gender and number as the nouns they replace or the persons to whom they refer.

	SUBJECT PRONOUN	STRESS PRONOUN
Eric déjeune.	**Il** déjeune.	Il déjeune chez **lui.**
Mes cousines travaillent.	**Elles** travaillent.	Elles travaillent chez **elles.**

Uses

In French, subject pronouns are bound to the verb and cannot stand alone. They refer to the people or things that perform the action of the verb.

In spoken French, they are always linked to the verb with liaison (or elision).

Stress pronouns are independent of the verb and may stand alone. They are used in stressed position: at the beginning or end of a sentence, or after a preposition or conjunction.

Stress pronouns are used in the following cases:

1. After a preposition (à, de, chez, pour, avec, sans, avant, après, etc.):

   Ce livre est à **moi**.   Nous dînons chez **vous**.
   Jean parle toujours d'**eux**.   Après **moi** le déluge. . .

Pour vous,
Pour elle,
Pour lui…

2. After **c'est** (**ce n'est pas**) and **ce sont** (**ce ne sont pas**):

   C'est Paul?   Non, ce n'est pas **lui**! C'est **moi**!
   Ce sont tes cousins?   Oui, ce sont **eux**.

3. In sentences without a verb:

   Qui a réussi à l'examen?   Pas **moi**!

4. After and before **et** and **ou**:

   Vous et **moi**, nous sommes très différents.
   Qui a gagné? **Toi** ou **elle**?

5. After **que**:

   Mon frère est plus âgé que **moi**.
   Mais je suis plus grand que **lui**.

6. To reinforce a subject or a direct object pronoun:

   In this case, the stress pronoun is usually the first pronoun of the sentence.

   Moi, je veux partir.
   Eric, **lui**, a décidé de rester.
   Eux, je ne les comprends pas.

   ⇨ When the stress pronoun represents the same person as the subject, it can be reinforced by **-même(s)**. This construction corresponds to the English expression *myself, yourself*, etc.

   J'ai décoré ma chambre **moi-même**.   *I decorated my room **myself**.*
   Vous pensez trop à **vous-mêmes**.   *You think about **yourselves** too much.*

A remarquer

OPTIONAL

Note the use of the constructions *stress pronoun* + **aussi** and *stress pronoun* + **non plus** in short responses.

   — Georges va au cinéma ce soir.   — **Moi aussi!**   *(Me too! So am I!)*
   — Il ne va pas étudier.   — **Moi non plus!**   *(Neither am I!)*

Dites ce qu'ont fait les personnes suivantes samedi après-midi. Dites aussi si oui ou non ces personnes sont restées chez elles. Pour chaque phrase utilisez un pronom sujet et un pronom accentué d'après le modèle.

⇨ Paul / déjeuner au restaurant
   Il a déjeuné au restaurant. Il n'est pas resté chez lui.

1. Madame Legrand / laver sa voiture
2. André et Daniel / faire les courses
3. moi / ranger ma chambre
4. toi / assister à un concert
5. vous / faire une promenade
6. nous / nettoyer le jardin
7. Martin / faire la vaisselle
8. Gisèle et Suzanne / faire des achats en ville

A c t i v i t é **2**   **Oui ou non?**

Lisez les phrases suivantes et dites si elles sont vraies ou non. Pour cela, utilisez la construction **c'est** (**ce n'est pas**) + *pronom accentué* + **qui** + *verbe*.

⇨ Christophe Colomb a découvert l'Amérique.
   C'est vrai. C'est lui qui a découvert l'Amérique.
   (C'est faux. Ce n'est pas lui qui a découvert l'Amérique.)

1. Marie Curie a découvert le radium.   Oui.
2. Les frères Wright ont inventé l'hélicoptère.   Non: C'est Sikorsky.
3. Edison a inventé le phonographe.   Oui.
4. Les Américains ont lancé le premier satellite artificiel.   Non: Ce sont les Russes.
5. Je suis le meilleur étudiant/la meilleure étudiante de la classe.
6. J'ai pris le livre du professeur.
7. Nous avons gagné à la loterie hier.

A c t i v i t é **3**   **Réciprocité**

Lisez ce que font les personnes suivantes. Décrivez leurs actions en utilisant des pronoms seulement. Ensuite, expliquez que ces actions sont réciproques. Pour cela, inversez les pronoms sujets et les pronoms accentués et faites les changements nécessaires.

⇨ Je vais chez André.   **Je vais chez lui. Il va chez moi.**

1. Jacques sort avec Hélène.
2. Je joue au tennis avec Paul.
3. Thérèse déjeune chez son cousin.
4. Tu pars sans ton frère.
5. Je travaille pour mes amis.
6. Nous parlons de nos professeurs.
7. Marc est amoureux de Janine.
8. Les employés ne sont pas contents de leur patron (*boss*).
9. Je ne suis pas toujours d'accord avec mes parents.
10. Tu pars en vacances avec tes cousines.

Activité 4 Autonomie

Lisez ce qu'ont fait les personnes suivantes. Dites qu'elles ont fait cela elles-mêmes. Utilisez la construction *pronom accentué* + *-même*.

⟹ Henri a préparé le dîner. **Il a préparé le dîner lui-même.**

1. Hélène a écrit ce poème.
2. Nous avons développé nos photos.
3. Ces étudiants ont organisé la réunion (*meeting*).
4. J'ai répondu à cette lettre.

5. Vous avez signé ce document.
6. Mes cousines ont vendu leur voiture.
7. J'ai décoré ma chambre.
8. Tu as réparé ta moto.

B. Le pronom sujet *on*

Note the use of the subject pronoun **on** in the following sentences:

Est-ce qu'**on** parle français à Genève?	*Do **they** speak French in Geneva?*
En 1900, **on** n'avait pas l'électricité.	*In 1900, **people** didn't have electricity.*
Quand **on** est jeune, **on** est idéaliste.	*When **you** are young, **you** are idealistic.*
	*When **one** is young, **one** is idealistic.*

On is an indefinite subject pronoun that has several English equivalents: *they, people, one, you (in a general sense).*

⟹ **On** is a *third-person singular* pronoun. It is used with the **il** form of the verb and is modified by *masculine singular* adjectives. The corresponding possessive adjectives are **son/sa/ses** and the stress pronoun is **soi**.

On doit aider **ses** amis.	*One should help **one's** friends.*
On ne doit pas toujours penser à **soi**.	*One should not always think of **oneself**.*

⟹ In conversational French, **on** is often used instead of **nous**. In this case, the corresponding possessive adjectives are **notre/nos,** and the stress pronoun is **nous**.

On va au café?	*Are **we** going to the café?*
On invite **nos** amis?	*Do **we** invite **our** friends?*
Ce soir **on** dîne chez **nous**.	*Tonight **we** are having dinner at **our** house.*

OPTIONAL

A remarquer

1. Occasionally **on** has the meaning of *someone* or *anyone*.

Ecoutez! **On** sonne!	*Listen! **Someone** is ringing (the doorbell)!*
Est-ce qu'**on** a téléphoné?	*Did **anyone** phone?*

2. The construction **on** + *verb* is sometimes expressed by a passive construction in English.

For alternatives to the passive construction, see pp. 390–391.

On parle français ici.	*French **is spoken** here.*
On a arrêté un dangereux bandit.	*A dangerous bandit **has been arrested**.*

A c t i v i t é 5 **Un peu de géographie**

Demandez à vos camarades dans quelle région de France on fait les choses indiquées dans la colonne A. Ils vont vous répondre en utilisant les éléments de la colonne B.

A
skier
parler un dialecte italien
parler un dialecte allemand
trouver beaucoup de monuments romains
trouver beaucoup de monuments préhistoriques
produire du vin
faire le meilleur camembert
voir beaucoup de châteaux de la Renaissance

B
en Normandie
en Alsace
en Corse
en Provence
en Bretagne
en Touraine
en Savoie
dans la région de Bordeaux

⇨ — **Où parle-t-on un dialecte italien?**
— **On parle un dialecte italien en Corse.**

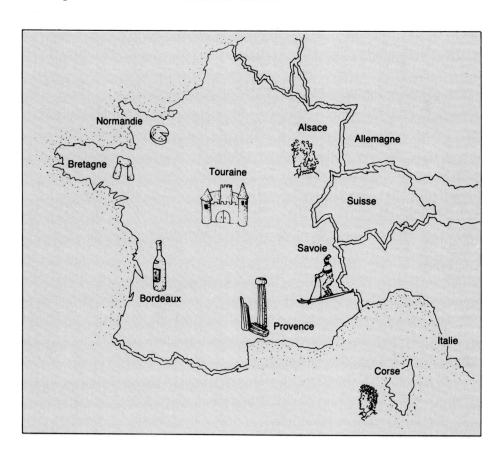

Activité 6 **Autres pays, autres coutumes**

Lisez ce que font les habitants de certains pays. Dites qu'on ne fait pas
ces choses dans d'autres pays. Dites aussi ce qu'on fait. Utilisez le pronom
indéfini **on**.

⇨ Les Français parlent français. (en Italie?)
En Italie, on ne parle pas français. On parle italien.

1. Les Japonais parlent japonais. (en Chine?)
2. Les Américains jouent au baseball. (en France?)
3. Les Anglais conduisent à gauche. (aux Etats-Unis?)
4. Les Mexicains célèbrent leur fête nationale le 5 mai. (en France?)   le 14 juillet
5. Les Suisses produisent des montres. (en Arabie Saoudite?)
6. Les Brésiliens exportent du café. (au Japon?)

Φ

BAUME & MERCIER
GENEVE
1830

Activité 7 **Quand on. . .**

Dites ce qu'on fait (ou ce qu'on ne fait pas) dans les circonstances
suivantes. Complétez les phrases en utilisant votre imagination.

⇨ Quand on est jeune. . .
**Quand on est jeune, on aime son indépendance (on est idéaliste, on aime le
rock, on n'aime pas la musique classique. . .).**

1. Quand on a de l'argent. . .
2. Quand on n'a pas d'argent. . .
3. Quand on veut maigrir. . .
4. Quand on veut réussir à ses examens. . .
5. Quand on est dans un pays étranger. . .
6. Quand on est indépendant. . .
7. Quand on est triste. . .
8. Quand on veut réussir dans la vie *(life)*. . .
9. Quand on est idéaliste. . .
10. Quand on a confiance *(confidence)* en soi. . .

C. Les pronoms compléments d'objet direct et indirect

In a sentence, the object receives the action of the verb.
- A *direct object* answers the question *whom?* (**qui?**) or *what?* (**quoi?**)
- An *indirect object* answers the question *to whom?* (**à qui?**)

DIRECT OBJECT

qui?	Je vois **Jacques.**	‖	*(whom?)*	*I see **Jacques.***
quoi?	Je vois **la maison.**	‖	*(what?)*	*I see **the house.***

INDIRECT OBJECT

à qui?	Je parle à **Jeannette.**	‖	*(to whom?)*	*I speak to **Jeannette.***

⇨ Note that a verb that takes a direct object in French may require an indirect object in English, and vice versa.

French	direct object	Nous écoutons **Pierre.**
English	indirect object	*We are listening **to Pierre.***

French	indirect object	Lucie téléphone **à sa soeur.**
English	direct object	*Lucy is calling **her sister.***

Forms

Direct and indirect object pronouns have the following forms:

le français, je le parle par coeur ♥

(SUBJECT)	DIRECT OBJECT	INDIRECT OBJECT	Object pronouns are always linked to the verb with liaison (or elision).	
(je)	me (m')		Vous **m'**invitez.	Vous **m'**écrivez.
(tu)	te (t')		Je **te** comprends.	Je **te** parle.
(il)	le (l')	lui	Je **le** connais.	Je **lui** téléphone.
(elle)	la (l')		Je **la** connais.	Je **lui** téléphone.
(nous)	nous		Tu **nous** écoutes.	Tu **nous** parles.
(vous)	vous		Je **vous** invite.	Je **vous** écris.
(ils)	les	leur	Je **les** vois souvent.	Je **leur** rends visite.
(elles)			Je **les** connais.	Je **leur** parle.

In general, object pronouns come immediately before the verb, according to the pattern:

subject (+ **ne**) + object pronoun + verb (+ **pas**)

Tu connais **Paul**?	Non, je ne **le** connais pas.
Tu téléphones **à tes cousins**?	Non, je ne **leur** téléphone pas.

➡ In inverted questions, object pronouns also precede the verb.

Prends-tu **ta voiture**?	**La** prends-tu?
Avez-vous parlé **à vos cousins**?	**Leur** avez-vous parlé?
Est-ce que tu **nous** invites?	**Nous** invites-tu?

Uses

Position of pronouns:
• with compound tenses is given on pp. 184–185;
• with imperative is given on pp. 157, 164, 166–167, 168;
• with infinitive construction is given on pp. 160, 164, 166, 168.

The direct object pronouns **le/la/les** replace direct object nouns referring to specific people or things.

Tu vois **Annette**?	Oui, je **la** vois.
Tu vois **cette voiture**?	Oui, je **la** vois.

➡ Direct object pronouns are used with **voici** and **voilà**.

Voilà **Henri**!	**Le** voilà!	*There he is!*
Voici **mes cassettes**!	**Les** voici!	*Here they are!*

The indirect object pronouns **lui/leur** replace **à** + nouns referring to specific people only.

Tu téléphones **à Denise**?	Oui, je **lui** téléphone.
Cette maison appartient **à tes cousins**?	Non, elle ne **leur** appartient pas.

➡ Indirect object pronouns cannot be used with certain verbs, such as **penser à** *(to think of)*, **être à** *(to belong to)*, **tenir à** *(to value highly)*, **faire attention à** *(to pay attention to)*. With these verbs, the construction **à** + *stress pronoun* is used.

Ce livre est **à Jacques**.	Il est **à lui**.
Je pense **à cette fille**.	Je pense **à elle**.
Vous tenez **à vos amis**.	Vous tenez **à eux**.
Ne fais pas attention **à Henri**!	Ne fais pas attention **à lui**!

OPTIONAL   *A remarquer*

The neuter object pronoun **le** may be used to replace an adjective (or adjective phrase) or a clause.

Vous êtes **sérieux**?	Oui, nous **le** sommes.	*Yes, we are.*
Tu étais **occupé** hier?	Non, je ne **l'**étais pas.	*No, I was not.*
Espérez-vous **aller en France**?	Oui, je **l'**espère.	*I hope so.*
Je crois **qu'il va pleuvoir**. Et toi?	Moi, je ne **le** crois pas.	*I don't believe so.*

Vocabulaire | Quelques verbes et les compléments correspondants

Quelques verbes qui prennent un complément d'*objet direct* en français

écouter	*to listen to*	**J'écoute** un disque de rock.
regarder	*to look at;*	**Regardez** ce match de tennis.
	to watch (on TV)	Ce soir, je vais **regarder** un film américain.
chercher	*to look for*	Je **cherche** mes livres mais je ne les trouve pas.
aller chercher	*to get, pick up*	Je **vais chercher** mes amis à l'aéroport.
attendre	*to wait for*	Nous **attendons** le bus.
payer	*to pay for*	Combien **as-tu payé** ce tableau?

Quelques verbes qui prennent un complément d'*objet indirect* en français

appartenir à	*to belong to*	Cette maison **appartient à** Monsieur Duval.
parler à	*to speak, talk to*	Nous **parlons à** nos amis.
téléphoner à	*to call, phone*	Je vais **téléphoner à** ma cousine.
rendre visite à	*to visit* (a person)	**J'ai rendu visite à** mon oncle hier.
répondre à	*to answer*	**Répondez au** professeur!
obéir à	*to obey*	Ce chien n'**obéit** pas **à** son maître (*master*).
désobéir à	*to disobey*	Philippe **désobéit à** ses parents.
plaire à	*to please*	Est-ce que cet appartement **plaît à** vos amis?
ressembler à	*to look like*	Tu **ressembles à** ta soeur.
pardonner à	*to forgive*	On doit **pardonner à** ses ennemis.

NOTE DE VOCABULAIRE:

Note how the construction **plaire à** is usually expressed in English.

　　Ce tableau **me plaît**. 　*I like this painting. (This painting **pleases me**.)*

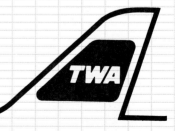

Vous plaire, ça nous plaît.

A c t i v i t é 8 **Refus**

Roger demande certains services (*favors*) à Albert, qui refuse. Jouez le rôle de Roger et d'Albert.

➡ inviter ce week-end? **Roger: Tu m'invites ce week-end?**
Albert: Non, je ne t'invite pas ce week-end.

1. téléphoner ce soir?
2. passer tes notes?
3. amener au concert?
4. présenter à tes amis?
5. prêter tes disques?
6. aider avec mes devoirs?
7. accompagner à la bibliothèque?
8. attendre après la classe?

A c t i v i t é 9 **Conversation**

Demandez à vos camarades s'ils font les choses suivantes. Ils vont répondre affirmativement ou négativement en utilisant le pronom qui convient.

➡ téléphoner à tes amis? **— Est-ce que tu téléphones à tes amis?**
— Oui, je leur téléphone. (Non, je ne leur téléphone pas.)

1. regarder les nouvelles?
2. écouter la radio?
3. aimer la musique classique?
4. faire les courses?
5. nettoyer ta chambre tous les jours?
6. payer tes dettes (*debts*)?
7. critiquer tes amis?
8. pardonner à tes ennemis?
9. parler souvent à tes voisins?
10. obéir à ton père?
11. téléphoner souvent à ta meilleure amie?
12. rendre visite à tes cousins?

A c t i v i t é 10 **Oui ou non?**

Nos sentiments déterminent souvent nos actions envers (*towards*) d'autres personnes. Les phrases suivantes décrivent les sentiments de certaines personnes. Décrivez leurs actions. Pour cela, utilisez les verbes entre parenthèses dans des phrases affirmatives ou négatives. Utilisez aussi le pronom complément d'objet direct ou indirect qui convient.

➡ J'admire mes professeurs. (trouver intéressants?) **Je les trouve intéressants.**

1. Eric est amoureux d'Alice. (aimer? trouver sympathique? téléphoner?)
2. Henri n'est pas patient avec son cousin. (attendre? répondre? trouver pénible?)
3. Philippe respecte ses parents. (écouter? obéir? désobéir? critiquer?)
4. Charles est très différent de son frère. (ressembler? imiter?)
5. Nous connaissons bien nos voisins. (inviter? téléphoner? rendre visite? voir souvent?)
6. Christine n'aime pas Paul. (admirer? trouver égoïste? pardonner?)
7. Irène a beaucoup d'affection pour ses grands-parents. (oublier? écrire? rendre visite?)
8. Je ne suis pas d'accord avec vous. (comprendre? écouter? croire?)
9. Tu n'es pas généreux avec moi. (aider? amener au restaurant? apporter des cadeaux?)

Activité 11 Questions personnelles

1. Ressemblez-vous à votre père? à votre mère? à vos frères? à vos soeurs? A qui ressemblez-vous le plus?
2. Rendez-vous souvent visite à votre meilleur ami? à votre meilleure amie? à vos voisins? à vos grands-parents? A qui rendez-vous visite pendant les vacances?
3. Pensez-vous souvent à vos cousins? à vos amis d'enfance *(childhood)*? à vos camarades de classe?
4. Est-ce qu'on vous fait souvent des compliments? des reproches? Est-ce qu'on vous donne des conseils *(advice)*?
5. Est-ce que la maison où vous habitez vous appartient? Sinon, à qui appartient-elle?

Activité 12 Pas aujourd'hui!

Brigitte Dupuis est une jeune cadre *(executive)* qui travaille pour une compagnie d'assurances. Voilà comment elle décrit ce qu'elle fait chaque jour en sortant de chez elle. Aujourd'hui Brigitte a la grippe et reste à la maison. Dites qu'aujourd'hui elle ne suit pas sa routine habituelle.

⇨ Je dis bonjour aux voisins.
D'habitude elle dit bonjour aux voisins, mais aujourd'hui elle ne leur dit pas bonjour.

1. Je salue *(greet)* la concierge.
2. Je dis bonjour à la marchande de journaux.
3. J'achète le journal.
4. Je lis les nouvelles.
5. Je prends l'autobus.
6. Je retrouve mes collègues au bureau.
7. Je salue le patron.
8. J'ouvre mon courrier *(mail)*.
9. Je téléphone à mes clients.
10. J'utilise le micro-ordinateur.
11. A midi, je déjeune avec une collègue.
12. L'après-midi, je prépare les factures *(invoices)*.
13. Je finis mon travail.
14. Je dis au revoir à ma secrétaire.
15. Je fais les courses.
16. Je sors avec mon fiancé.

Entre nous

Contextes

Les phrases suivantes font partie de différentes conversations. Imaginez le contexte de ces conversations dans un petit paragraphe.

➡️ «Est-ce que tu le connais?»

Annie est à une surprise-partie. Elle aperçoit un jeune homme qui a l'air sympathique. Elle demande à une amie qui c'est.

1. «Alors, qu'est-ce qu'on fait?»
2. «Ce n'est pas moi!»
3. «Lui, il n'est pas d'accord!»
4. «J'ai fait cela moi-même!»
5. «Les voilà!»
6. «Est-ce que c'est à toi?»
7. «Combien est-ce que tu le vends?»
8. «Vraiment, je ne vous comprends pas!»

A votre tour

1. Faites des comparaisons entre la France et les Etats-Unis en utilisant le pronom **on.**
   (Si vous voulez, vous pouvez utiliser les verbes suivants: être / avoir / faire / manger / boire / étudier / travailler / produire / importer / exporter / célébrer / jouer, etc.)

   ➡️ Quand on travaille pour une firme française, on a cinq semaines de vacances par an. Aux Etats-Unis, on a seulement deux semaines.

2. Décrivez certaines choses que vous faites assez régulièrement et expliquez dans quelles circonstances vous ne les faites pas.
   (Si vous voulez, vous pouvez utiliser les verbes suivants: faire / lire / préparer / regarder / voir / inviter / téléphoner / parler / répondre / écrire, etc.)

   ➡️ En général, je regarde la télé jusqu'à minuit, mais quand je suis fatigué(e), je ne la regarde pas.

UNITÉ 2
Leçon 7 Les pronoms *y* et *en;* la position des pronoms à l'impératif et à l'infinitif

A. Le pronom *y*

Note the position and use of the pronoun **y** in the following sentences:

Tu vas **à Paris** cet été?	Oui, j'**y** vais.
Est-ce que mes livres sont **sur la table**?	Non, ils n'**y** sont pas.
Tes parents sont restés **dans cet hôtel**?	Oui, ils **y** sont restés.
Jacques est revenu **chez vous**?	Non, il n'**y** est pas revenu.
Allez-vous **au concert**?	Oui! Et vous? **Y** allez-vous aussi?

The pronoun **y** usually comes before the verb. It is used to replace a noun introduced by a preposition of place (**à, en, dans, chez, sur, sous, devant**, etc.). In this usage, it corresponds to *there*.

Vas-tu **à la bibliothèque**?	Oui, j'**y** vais.	*Yes, I am (going **there**).*

The pronoun **y** is also used to replace **à** + noun referring to a thing.

Vous croyez **à votre horoscope**?	Oui, nous **y** croyons.
Tu fais attention **à ta santé**?	Oui, j'**y** fais attention.
Jean a participé **au championnat de tennis**?	Non, il n'**y** a pas participé.

Compare:	Je réponds **à Jacques**.	*(a person)*	Je **lui** réponds.
	Je réponds **à cette lettre**.	*(a thing)*	J'**y** réponds.

Activité 1 Problèmes d'argent

Un groupe d'étudiants américains passe les vacances en France. Malheureusement ces étudiants n'ont pas beaucoup d'argent. Dites ce qu'ils font ou ne font pas en répondant affirmativement ou négativement aux questions suivantes.

⇨ Patricia va dans cet hôtel de luxe? **Non, elle n'y va pas.**

1. Robert déjeune au restaurant universitaire?
2. Roger et Vincent dînent à la Tour d'Argent? la Tour d'Argent: an expensive restaurant in Paris.
3. Béatrice reste à l'auberge de la jeunesse *(youth hostel)*?
4. Vous passez la nuit au Ritz? le Ritz: an expensive hotel in Paris.
5. Tu campes sur la plage?
6. Andréa va au musée du Louvre en taxi?
7. Daniel et David partent pour la Provence en auto-stop *(hitchhiking)*?
8. Christine invite ses amis français chez Maxim's? Maxim's: an expensive restaurant in Paris.
9. Eric dort dans cette grange *(barn)*?

B. Le pronom *en*

Note the position and use of the pronoun **en** in the following sentences:

Tu prends **du rosbif**?   Oui, j'**en** prends.
Vous avez **de la patience**!   Moi, je n'**en** ai pas.

As-tu acheté **des tomates**?   Oui, j'**en** ai acheté.
Christine n'a pas eu **de chance**.   Non, elle n'**en** a pas eu.

Voulez-vous **de la glace**?   Non, merci! Et vous? **En** voulez-vous?

The pronoun **en** usually comes before the verb. It replaces a direct object noun introduced by the articles **du, de la, de l', des,** and **de, d'.**

Compare: Henri prend **le pain**.   Il **le** prend.
           Henri prend **du pain**.   Il **en** prend.

▷ The pronoun **en** is also used to replace:

1. The preposition **de** *(from, of, about)* + *noun:*

Paul vient **de Genève**?   Oui, il **en** vient.
Isabelle a besoin **de ses livres**?   Oui, elle **en** a besoin.
Tu parles **de tes projets**?   Non, je n'**en** parle jamais.

2. A *noun* introduced by the articles **un, une** or by a *number:*

Tu as une **guitare**?   Oui, j'**en** ai une.
Thérèse a deux **frères**?   Non, elle **en** a trois.

3. **De** + a *noun* introduced by an *expression of quantity:*

Tu as beaucoup **d'argent**?   Non, je n'**en** ai pas beaucoup.
Vous mangez trop **de chocolat**.   C'est vrai! J'**en** mange trop.

Vous voulez deux kilos **d'oranges**?   Non, j'**en** veux trois kilos.
Combien de verres **de lait** as-tu bu?   J'**en** ai bu trois verres.

4. The preposition **de** + *infinitive* or *infinitive construction:*

Tu as envie **de lire ce livre**?   Non, je n'**en** ai pas envie.

A remarquer

OPTIONAL

The construction **de** + *noun referring to a person* can be replaced by **de** + *stress pronoun,* or by **en.**

Tu as peur **de ces gens**?   { Non, je n'ai pas peur **d'eux**.
                             { Non, je n'**en** ai pas peur.

Activité 2 La visite médicale

Le docteur Lasanté pose certaines questions à un patient. Jouez le rôle du patient. Utilisez les expressions entre parenthèses et le pronom **en**.

⇨ Vous mangez des fruits? (oui) **Oui, j'en mange.**

1. Vous mangez du pain? (oui)
2. Vous buvez de la bière? (non)
3. Vous fumez des cigarettes? (non)
4. Vous prenez des vitamines? (oui)
5. Vous faites du sport? (non, pas beaucoup)
6. Vous faites du jogging? (oui, un peu)
7. Vous avez du travail? (oui, trop)
8. Combien d'enfants avez-vous? (trois)

WRITTEN ### Activité 3 Combien?

Dites ce que font les personnes de la colonne A en utilisant les éléments de la colonne B. Puis dites en quelle quantité en utilisant les éléments de la colonne C. Soyez logique!

A	B	C
moi	prendre de l'aspirine	un ou deux
vous	prendre des photos	trois ou quatre
Claudine	acheter du lait	une paire
Jean-Pierre	boire du café	un litre
toi	inviter des amis	une tasse
mes amis	prendre de l'essence	un kilo
Monsieur Leclerc	acheter des oranges	deux cachets (*tablets*)
nous	apporter des disques	30 litres
	acheter des chaussures	une douzaine

⇨ **Vous achetez des oranges. Vous en achetez trois ou quatre (une douzaine, un kilo).**

Vous ne conduisez pas une voiture les yeux fermés. Alors ouvrez l'œil quand vous en achetez une.

TOYOTA

Vocabulaire

assister à	*to attend, be present at*	Vas-tu **assister au** concert?
jouer à	*to play* (a sport)	Simon **joue au** tennis.
participer à	*to participate in, take part in*	Je vais **participer** à un concours *(contest)* de photo.
penser à	*to think about*	Est-ce que tu **penses** à l'avenir?
réfléchir à	*to think about*	Je n'ai pas **réfléchi** à cette question.
croire à	*to believe in*	**Croyez-vous** à cette histoire?
réussir à	*to pass* (a test)	Nous allons **réussir** à l'examen de français.
renoncer à	*to renounce, give up*	Je ne **renonce** jamais à mes projets.
tenir à	*to value highly*	Je **tiens** beaucoup à cet objet.
faire attention à	*to pay attention to; to be careful about*	Ne **faites** pas **attention** à cette remarque. Je **fais attention** à ma santé.
avoir besoin de	*to need*	J'ai **besoin de** mon stylo.
avoir envie de	*to feel like*	As-tu **envie de** voyager?
avoir peur de	*to be afraid of*	**Avez-vous peur des** fantômes *(ghosts)*?
avoir honte de	*to be ashamed of*	N'avez-vous pas **honte de** votre attitude?
avoir l'intention de (+ inf.)	*to intend to*	J'ai **l'intention de** partir à six heures.

être { content / heureux / fier / triste }	de	to be { *pleased with, to* / *happy to* / *proud of, to* / *sad to* }	Etes-vous **content de** vos progrès? Je **suis heureux de** faire votre connaissance. Monsieur Durand **est fier de** sa fille. Jeanne **est triste de** partir.

Other verbs followed by **de: dépendre de, rêver de** *(to dream of)*.

NOTES DE VOCABULAIRE:

1. Note the constructions with **jouer** *(to play):*
   jouer à (+ sport or game) Je **joue au** volleyball. Toi, tu n'**y joues** pas.
   jouer de (+ musical instrument) Catherine **joue de** la flûte. J'**en joue** aussi.

2. Note the uses of **penser** *(to think):*
   Penser à means *to think about* in the sense of *to have something/someone in mind.*
   — Est-ce que tu **penses** à l'examen?
   — Oui, j'**y pense.**
   Penser de means *to think about* in the sense of *to have an opinion of or about.*
   — Qu'est-ce que tu **penses de** l'examen?   Penser de: only used in questions.
   — Je pense qu'il est difficile. Et toi, qu'est-ce que tu **en penses?**

A c t i v i t é 4 **Conversation**

Demandez à vos camarades s'ils font les choses suivantes. Vos camarades vont utiliser les pronoms **y** ou **en** dans leurs réponses.

⇨ jouer du piano? — **Tu joues du piano?**
— **Oui, j'en joue. (Non, je n'en joue pas.)**

1. jouer au tennis?
2. jouer de la guitare?
3. faire du jogging?
4. faire attention à ta santé?
5. croire aux OVNI *(UFOs)*?
6. avoir peur des fantômes *(ghosts)*?
7. assister aux matchs de football de l'école?
8. participer aux réunions sportives *(sports meets)*?
9. avoir besoin d'encouragements?
10. avoir envie de sortir samedi prochain?
11. penser aux vacances?
12. réfléchir à l'avenir?
13. être content(e) de ta vie *(life)*?
14. être content(e) de tes notes en français?

A c t i v i t é 5 **Oui ou non?**

Lisez ce que font les personnes suivantes. Sur la base de ces informations, faites des phrases négatives ou affirmatives utilisant les verbes entre parenthèses et les pronoms **y** ou **en**.

⇨ Jean déteste le football. (jouer?) **Il n'y joue pas.**

1. Nous regardons le match de tennis. (assister? participer?)
2. Je doute de l'existence des fantômes *(ghosts)*. (croire? avoir peur?)
3. Les Canadiens respectent leurs traditions. (être fiers? avoir honte?)
4. Le chimiste abandonne cette expérience. (renoncer? croire?)
5. Nous avons confiance *(trust)* dans notre avenir. (réfléchir? avoir peur?)
6. Le président prépare le budget. (réfléchir? penser?)
7. Nous avons de bons résultats en français. (être fiers? être contents?)
8. Jacqueline a reçu un cadeau de son fiancé. (tenir? faire attention?)
9. Madame Rémi ne veut pas de ces vieux meubles. (avoir besoin? tenir?)
10. Je ne veux pas étudier ce soir. (avoir envie? renoncer?)

C. La position des pronoms compléments à l'impératif

Note the position of the object pronoun in affirmative commands.

Cherche **tes livres**!	Cherche-**les**!
Répondez **à vos amis**!	Répondez-**leur**!
Allons **au stade**!	Allons-**y**!
Prenez **des vitamines**!	Prenez-**en**!

In affirmative commands, the object pronoun comes after the verb and is linked to it by a hyphen.

⇨ Note that **me** becomes **moi** when placed after the verb.

Ecris-**moi**!

Parlez-**moi** de vos projets!

In negative commands, object pronouns come before the verb.

Compare:	Téléphone-**moi** ce soir!	Ne **me** téléphone pas demain!
	Prête-**lui** ton vélo!	Ne **lui** prête pas ta moto!

OPTIONAL *A remarquer*

In affirmative commands, liaison is required between the verb and the pronouns **y** and **en**. Therefore an **-s** is added to the **tu** forms of all **-er** verbs (including **aller**) when they are followed by **y** or **en**.

Va au musée!	Vas-y!
Mange des légumes!	Manges-en!

A c t i v i t é 6   Le nouveau secrétaire

Vous travaillez pour une compagnie française. Votre nouveau secrétaire vous pose certaines questions. Répondez-lui affirmativement ou négativement. Utilisez un pronom dans vos réponses.

⇨ Je téléphone à Madame Simon? (oui)   **Oui, téléphonez-lui!**

1. Je téléphone à Monsieur Laurent? (non)
2. J'ouvre cette enveloppe? (oui)
3. Je copie ces documents? (oui)
4. Je signe cette lettre? (non)
5. J'envoie ces chèques? (non)
6. Je vais à l'agence de voyages? (oui)
7. Je prends vos billets d'avion? (oui)
8. Je réserve une chambre d'hôtel? (oui)
9. Je vais à la banque? (non)
10. Je passe à la librairie? (oui)
11. Je commande du papier à lettres? (oui)
12. J'achète des enveloppes? (non)
13. J'écris à vos associés? (oui)
14. Je reste au bureau ce soir? (oui)

A c t i v i t é 7 Que faire?

Lisez les phrases suivantes et dites à un(e) camarade ce qu'il/elle doit faire ou ne pas faire.

⇨ Ces vêtements sont très chers. (acheter?) **Ne les achète pas! (Achète-les!)**

1. Ce musée est très intéressant. (aller? visiter?)
2. La machine à écrire ne marche pas. (utiliser? prendre? apporter chez le réparateur?)
3. Ces oranges sont pourries *(rotten)*. (manger? laisser sur la table? jeter?)
4. Ce chien n'est pas méchant. (chasser? avoir peur?)
5. Ces étudiantes françaises semblent perdues *(lost)*. (aider? parler? inviter chez toi?)
6. Ce nouveau jeu électronique est passionnant *(exciting)*. (acheter? jouer?)
7. Cette question est importante. (étudier? réfléchir? traiter superficiellement? répondre intelligemment?)
8. Ces objets sont précieux. (faire attention? perdre? laisser dans ta voiture?)

La nouvelle Golf. Essayez-la, vous ne la reconnaîtrez pas.

VOLKSWAGEN

A c t i v i t é 8 S'il te plaît

Paul parle à son ami Henri. Il lui demande de faire ou de ne pas faire certaines choses. Jouez le rôle de Paul en utilisant l'impératif des verbes entre parenthèses dans des phrases affirmatives ou négatives. Soyez logique!

⇨ Je n'ai pas d'argent. (prêter dix francs)
   S'il te plaît, prête-moi dix francs!

1. J'ai besoin de dormir. (téléphoner ce soir)
2. J'arrive dans dix minutes. (attendre)
3. J'aimerais parler à ta cousine. (donner son numéro de téléphone)
4. Je pars en vacances. (écrire)
5. Je suis fatigué. (obliger à sortir avec toi)
6. Je ne fume pas. (offrir des cigarettes)   ... pas de cigarettes.
7. Je ne suis pas un martien. (regarder de cette façon)
8. Je dis la vérité. (croire)
9. Je veux savoir la vérité. (dire des mensonges [*lies*])   ... pas de mensonges.

A c t i v i t é 9 **A la recherche d'un travail**

Nicole vient de terminer ses études et maintenant elle cherche du travail. Elle demande conseil à son amie Annie. Jouez le rôle des deux amies. Si vous le voulez, justifiez les réponses d'Annie.

⇨ lire les petites annonces *(classified ads)*?
    Nicole: **Est-ce que je dois lire les petites annonces?**
    Annie: **Oui, lis-les! Il y a souvent des offres intéressantes!**
            (Non, ne les lis pas! Tu perds ton temps. Il n'y a jamais d'offres intéressantes!)

1. préparer mon curriculum vitae?
2. aller à l'agence de l'emploi?
3. mettre une annonce *(ad)*?
4. écrire au président d'Air France?
5. suivre des cours de programmation?
6. retourner à l'université?
7. téléphoner au ministre du Travail?   Labor
8. renoncer à mes projets professionnels?

      Secretary of

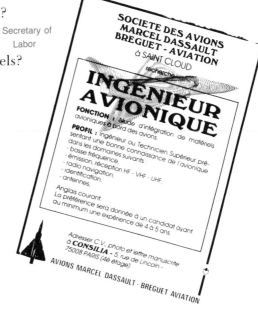

D. Les pronoms compléments dans les constructions infinitives

An infinitive construction consists of two elements: a *conjugated* verb (**aller, pouvoir, vouloir...**) + an *infinitive*. Note the position of the object pronouns in the sentences below.

Je vais téléphoner à **Pierre**.	Je vais **lui** téléphoner.
Vous devez faire **du sport**.	Vous devez **en** faire.
Tu ne vas pas inviter **Catherine**.	Tu ne vas pas **l'**inviter.
Nous ne voulons pas aller **au café**.	Nous ne voulons pas **y** aller.
Je n'ai pas pu voir **ce film**.	Je n'ai pas pu **le** voir.
Va parler **à ta soeur**!	Va **lui** parler!

In an infinitive construction, the pronoun comes immediately before the verb of which it is the object.

When the conjugated verb is **aller, vouloir, pouvoir, devoir, aimer, préférer, espérer, venir de...**, the object pronoun comes before the infinitive.

Je viens de rencontrer **Paul**.	Je viens de **le** rencontrer.
(**Paul** is the object of **rencontrer**.)	

Vous aimez la photo...
Nous aussi.
Venez en parler avec nous.

7, av. de Grammont
31, r. Nationale, TOURS

LEFÈVRE
OPTIQUE-PHOTO

➪ However, when the conjugated verb is a verb of *perception* (**écouter, entendre, voir...**) or a verb of *communication* (**demander à, dire à, promettre à, permettre à...**), the object pronoun comes immediately *before the conjugated verb*.

Je vois **Henri** partir.	Je **le** vois partir.
(**Henri** is the object of **je vois**.)	
J'ai dit **à Jacques** de venir.	Je **lui** ai dit de venir.
(**Jacques** is the object of **j'ai dit**.)	

Activité 10 Plus tard

Les personnes suivantes ne font pas certaines choses. Dites quand elles vont les faire. Utilisez la construction **aller** + *infinitif* et le pronom qui convient.

⟹ François ne téléphone pas à Elisabeth. (ce soir)
Il va lui téléphoner ce soir.

1. Janine ne finit pas la leçon. (après le dîner)
2. Vous ne faites pas les courses. (samedi)
3. Henri n'utilise pas le micro-ordinateur. (après le dîner)
4. Les étudiants ne parlent pas au professeur. (après l'examen)
5. Je ne réponds pas à cette lettre. (ce week-end)
6. Philippe ne range pas sa chambre. (ce soir)
7. Tu ne prends pas de photos. (s'il y a du soleil)
8. Vous ne buvez pas de café. (avec le dessert)
9. Je ne dîne pas au restaurant. (demain)
10. Nous n'allons pas en France. (l'année prochaine)
11. Thomas ne fait pas de ski. (en hiver)
12. Le président ne parle pas de l'inflation. (dans sa conférence de presse)
13. Mes cousins ne me rendent pas visite. (pendant les vacances)
14. Je ne vous écris pas. (dans une semaine)

Activité 11 Questions personnelles

Répondez aux questions suivantes. Utilisez un pronom dans vos réponses.

1. Ce week-end est-ce que vous allez rencontrer vos amis? faire du sport? téléphoner à vos cousins? étudier vos leçons? regarder la télé? aller au cinéma?
2. Chez vous, est-ce que vous devez aider vos parents? nettoyer votre chambre? ranger vos affaires? faire les courses? aller au supermarché?
3. Un jour, espérez-vous aller en France? habiter à Paris? avoir une voiture de sport? avoir des responsabilités importantes? avoir beaucoup d'argent?
4. Chez vous, pouvez-vous conduire la voiture de vos parents? utiliser les disques de vos frères? inviter vos amis? organiser des surprises-parties?
5. Après vos études, est-ce que vous allez chercher du travail? acheter une voiture? rester chez vos parents? louer un appartement?
6. Est-ce que vous savez jouer aux échecs *(chess)*? jouer de la flûte? faire du yoga? danser le tango?

PARIS 16ᵉ

32.50 m²

PASSY KENNEDY

Tél. 520.13.14

100, avenue du Président Kennedy, 75016 Paris

Activité 12 La concierge

Madame Pipelet est concierge dans un immeuble à Paris. Elle connaît bien les habitudes de ses locataires *(tenants)* car elle observe tout ce qui se passe dans son immeuble. Jouez le rôle de Madame Pipelet d'après le modèle.

⇨ Monsieur Bertrand part tôt le matin. (voir)
Je le vois partir tôt le matin.

1. Mademoiselle Turpin rentre tard le soir. (entendre)
2. Ces étudiants lavent leur voiture le dimanche. (regarder)
3. Les filles de Monsieur Rimbaud jouent du piano. (écouter)
4. Monsieur Simon promène son chien. (voir)
5. Les Durand redécorent leur appartement. (observer)
6. Le fils Durand organise des surprises-parties quand ses parents sont en voyage. (entendre)
7. Le fils Dupont sourit à la fille Mercier. (voir)
8. Monsieur Tessier ronfle *(snores)*. (entendre)

Activité 13 Imitations

Imaginez que vous êtes à Paris avec Jacqueline, une amie française. Lisez ce qu'elle fait et dites si oui ou non vous allez faire les mêmes choses.

⇨ Avant le petit déjeuner, elle fait du jogging.
Moi aussi, je vais en faire. (Moi, je ne vais pas en faire.)

1. Après le petit déjeuner, elle fait les courses.
2. Ensuite, elle va chez le coiffeur.
3. Puis, elle entre dans une boutique de chaussures.
4. Elle achète des sandales.
5. A midi, elle va dans un restaurant.
6. Elle prend du pâté.
7. Elle commande des escargots *(snails)*.
8. Elle boit de l'eau minérale.
9. Elle paie l'addition.
10. Elle fait une promenade à pied au Jardin du Luxembourg.

Jardin du Luxembourg: park on the Left Bank.

Entre nous

Contextes

Les phrases suivantes font partie de différentes conversations. Imaginez le contexte de ces conversations dans un petit paragraphe.

➡ «Prenez-en!»

Madame Martin vient de recevoir une boîte de chocolats. Elle l'ouvre et offre les chocolats à ses invités.

1. «Allons-y!»
2. «Non, merci, je n'en prends jamais!»
3. «Est-ce que vous y croyez, vous?»
4. «Combien en voulez-vous?»
5. «Dites-leur la vérité!»
6. «Je vais y réfléchir.»
7. «Nous allons en parler!»
8. «Je ne peux pas y aller. . .»

A votre tour

1. Décrivez 8 à 10 choses que vous aimez faire et dites si vous allez les faire ce week-end. Sinon, dites quand vous allez les faire.

➡ J'aime aller au cinéma. Je ne vais pas y aller ce week-end. Je vais y aller lundi prochain.

2. Imaginez un dialogue entre un jeune Français qui va venir aux Etats-Unis et son ami américain. Le jeune Français demande des conseils à son ami qui lui répond affirmativement ou négativement.
(Voici certains verbes que vous pouvez utiliser: acheter / apporter / prendre / louer / réserver / chercher / écrire / envoyer / téléphoner)

➡ — Est-ce que je dois acheter des chèques de voyage?
— Oui, achètes-en. (Non, n'en achète pas.)

NEW YORK WEEK-END

Ce mois-ci
−400ᶠ

Leçon 8 L'ordre des pronoms

A. L'ordre des pronoms (I)

Each of the sentences below contains two third-person objects, one direct and the other indirect. Note the order of the object pronouns.

J'envoie **le télégramme à Janine.**   Je **le lui** envoie.
Eric ne prête pas **sa voiture à ses amis.**   Il ne **la leur** prête pas.

When two third-person object pronouns occur together the sequence is:

$$\left.\begin{array}{l} \text{le} \\ \text{la} \\ \text{les} \end{array}\right\} \text{ before } \left\{\begin{array}{l} \text{lui} \\ \text{leur} \end{array}\right.$$

➭ Note how this pattern applies to:

INFINITIVE CONSTRUCTIONS

Je vais donner **cette photo à François.**   Je vais **la lui** donner.
Tu ne veux pas prêter **tes livres à tes cousins.**   Tu ne veux pas **les leur** prêter.

AFFIRMATIVE AND NEGATIVE COMMANDS

Envoie **cette lettre à Georges!**   Envoie-**la-lui!**
Ne montre pas **cette carte à Hélène!**   Ne **la lui** montre pas!

DIALOG **Activité 1 En famille**

Charles a les objets suivants. Il les prête aux membres de sa famille mais il ne les prête pas aux autres personnes. Pour chaque objet, faites un dialogue avec vos camarades de classe d'après le modèle.

➭ Charles a une guitare. (à son amie Pauline?)
  — **Est-ce qu'il la prête à son amie Pauline?**
  — **Non, il ne la lui prête pas.**

1. Charles a une raquette de tennis. (à son cousin?)
2. Il a des cassettes. (à ses voisines?)
3. Il a une machine à écrire. (à son frère?)
4. Il a une voiture de sport. (à son ami François?)
5. Il a des skis neufs. (à sa soeur?)
6. Il a un micro-ordinateur. (à ses voisins?)
7. Il a une chaîne-stéréo. (à ses camarades de classe?)
8. Il a des disques de jazz. (à sa cousine?)

Vocabulaire

La construction *donner quelque chose à quelqu'un*

acheter. . .à. . .	*to buy (for, from)*	Thomas **achète** un ballon de football à son neveu.
vendre. . .à. . .	*to sell*	Je vais **vendre** ma Renault **à** un ami.
donner. . .à. . .	*to give*	Le professeur **donne** des conseils (*advice*) à ses étudiants.
prêter. . .à. . .	*to lend, loan*	Vas-tu **prêter** ta nouvelle voiture à tes amies?
rendre. . .à. . .	*to give back*	**Rendez** ce livre à son propriétaire (*owner*).
emprunter. . .à. . .	*to borrow (from)*	Je vais **emprunter** dix francs à Jacques.
apporter. . .à. . .	*to bring*	Mélanie **apporte** un cadeau à son père.
dire. . .à. . .	*to tell*	**Dites** la vérité à vos parents!
demander. . .à. . .	*to ask (of)*	Roland **demande** des conseils à Marguerite.
écrire. . .à. . .	*to write*	Philippe **écrit** une lettre à sa fiancée.
envoyer. . .à. . .	*to send*	Nous **envoyons** un télégramme à nos cousins.
montrer. . .à. . .	*to show*	Ne **montre** pas cette lettre à ton frère!
offrir. . .à. . .	*to give, offer*	Denise **offre** des fleurs à sa mère.
laisser. . .à. . .	*to leave*	**Laisse** les clés à la concierge (*superintendent*).

NOTE DE VOCABULAIRE:

Acheter à may mean *to buy for* or *to buy from.*

    Monsieur Rémi achète un vélo **à son fils.**   (*for his son*)
    Il achète ce vélo **au marchand de cycles.**   (*from the bicycle dealer*)

A c t i v i t é 2 Bon voyage!

Dans sa profession d'avocate internationale, Martine Mercier voyage beaucoup. Dites ce qu'elle va faire avant son prochain voyage. Pour cela, refaites les phrases en utilisant deux pronoms compléments.

⇨ Elle va donner son adresse à sa secrétaire.   **Elle va la lui donner.**

1. Elle va donner son numéro de téléphone à ses amis.
2. Elle doit laisser ses clés à la concierge.
3. Elle va prêter sa voiture à son frère.
4. Elle doit demander son billet d'avion au représentant d'Air France.
5. Elle doit apporter le mémorandum à sa secrétaire.
6. Elle veut montrer le contrat à son patron.
7. Elle doit rendre les documents à ses collègues.
8. Elle va envoyer le télégramme à ses clients.

B. L'ordre des pronoms (II)

In the pairs of sentences below, the sentence on the right contains two object pronouns. One of these is a first- or second-person pronoun and the other is a third-person pronoun. Note the sequence of these object pronouns.

Philippe **me** vend **sa guitare.**   Philippe **me la** vend.
Je ne **vous** donne pas **mes cassettes.**   Je ne **vous les** donne pas.

When a first- or second-person pronoun and a third-person pronoun occur together before the verb, the sequence is:

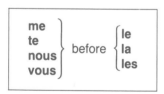

⇨ Note how this pattern applies to:

INFINITIVE CONSTRUCTIONS
Marie va **te** vendre **ses disques.**   Elle va **te les** vendre.

NEGATIVE COMMANDS
Ne **nous** montre pas **tes photos**!   Ne **nous les** montre pas!

In affirmative commands, where the pronouns come after the verb, the sequence is:

$$\left.\begin{array}{l}\textbf{le}\\\textbf{la}\\\textbf{les}\end{array}\right\} \text{before} \left\{\begin{array}{l}\textbf{moi}\\\textbf{nous}\end{array}\right.$$

Passe-**moi** ce livre!   Passe-**le-moi**!
Rendez-**nous** ces documents!   Rendez-**les-nous**!

Activité 3 A qui?

Philippe fait certaines choses pour les personnes entre parenthèses. Exprimez cela en utilisant deux pronoms compléments.

⇨ Il vend sa moto. (à vous)   **Il vous la vend.**

1. Il vend ses cassettes. (à moi)
2. Il prête son vélo. (à toi)
3. Il prête sa raquette. (à vous)
4. Il montre sa collection de cartes postales. (à moi)
5. Il rend ces disques. (à toi)
6. Il envoie ce paquet. (à nous)
7. Il raconte cette histoire. (à vous)
8. Il apporte le magazine. (à moi)
9. Il va expliquer le problème. (à vous)
10. Il va annoncer la nouvelle. (à toi)
11. Il veut vendre sa chaîne-stéréo. (à nous)
12. Il doit rendre la machine à écrire. (à vous)
13. Il veut emprunter le micro-ordinateur. (à moi)
14. Il peut apporter les magazines. (à nous)

DIALOG Activité 4 Oui, merci!

Un ami français vous offre certaines choses. Acceptez. Pour cela, utilisez l'impératif des verbes suivants et deux pronoms.

⇨ Tu veux écouter ce disque? (prêter)   **Oui, merci! Prête-le-moi!**

1. Tu veux écouter cette cassette? (prêter)
2. Tu veux lire ce journal? (passer)
3. Tu veux voir ces photos? (montrer)
4. Tu veux recevoir cette revue? (envoyer)
5. Tu veux utiliser ma moto? (prêter)
6. Tu veux acheter ma guitare? (vendre)
7. Tu veux savoir la vérité? (dire)
8. Tu veux connaître ces garçons? (présenter)

C. L'ordre des pronoms avec *y* et *en*

Note the order of the object pronouns in the sentences below.

Charles prête **de l'argent à ses amis.**	Il **leur en** prête.
Je ne **vous** parle pas **de mes problèmes.**	Je ne **vous en** parle pas.
Eric rencontre **ses amis au café.**	Il **les y** rencontre.
Vous ne **m'**invitez pas **à votre pique-nique.**	Vous ne **m'y** invitez pas.

When the pronoun **y** or **en** is used with another object pronoun, it always comes in second position.

⇨ Note how this sequence applies to:

INFINITIVE CONSTRUCTIONS

Je vais prêter **de l'argent à Cécile.**	Je vais **lui en** prêter.
Je dois rencontrer **mes cousins au café.**	Je dois **les y** rencontrer.

AFFIRMATIVE AND NEGATIVE COMMANDS

Donne de l'argent à tes amis!	Donne-**leur-en**! Ne **leur en** donne pas!
Donnez-**nous des conseils!**	Donnez-**nous-en**! Ne **nous en** donnez pas!

Note: In affirmative commands, **moi** becomes **m'** before **en**.

Donnez-**moi des oranges!**	Donnez-**m'en**!

When **y** and **en** occur together, **y** comes before **en.** Note this pattern with the expression **il y a.**

Il y a **de la neige.**	Il **y en** a.
Il n'y a pas **de danger.**	Il n'**y en** a pas.
Y a-t-il **de la limonade?**	**Y en** a-t-il?

Activité 5 Oui ou non?

Répondez aux questions suivantes, affirmativement ou négativement. Utilisez les pronoms **lui/leur** et **en.** Soyez logique!

⇨ Est-ce qu'on donne de l'aspirine à un malade?   **Oui, on lui en donne.**

1. Est-ce qu'on offre des cigarettes à un athlète?
2. Est-ce qu'on donne des allumettes (*matches*) aux enfants?
3. Est-ce qu'on parle de ses problèmes à ses amis?
4. Est-ce qu'on offre du chocolat à une personne qui est au régime (*on a diet*)?
5. Est-ce qu'on demande des conseils à ses parents?
6. Est-ce qu'on raconte des histoires de fantômes (*ghost stories*) à une personne impressionnable?
7. Est-ce qu'on envoie des cartes de voeux (*season's greetings*) à ses amis?
8. Est-ce qu'on donne un bon pourboire (*tip*) à un garçon désagréable?
9. Est-ce qu'on sert des tomates à un végétarien?
10. Est-ce qu'on emprunte de l'argent à un banquier (*banker*)?
11. Est-ce qu'on écrit des poèmes à une personne qu'on aime?

A c t i v i t é 6   Merci!

Les personnes suivantes font certaines choses pour d'autres personnes.
Lisez les phrases et transformez-les en utilisant **en** et un autre pronom.

⇨ Le steward sert du café aux passagers.
   Il leur en sert.

1. Le garçon apporte de la bière à Monsieur Langlois.
2. L'agent de police donne des renseignements *(information)*
   aux touristes.
3. Le professeur donne des bonnes notes aux élèves.
4. Janine prête de l'argent à son frère.
5. Madame Bertrand va envoyer des cadeaux à ses petits-enfants.
6. Jean-Philippe va acheter du parfum à sa fiancée.
7. Je vous fais des compliments.
8. Tu nous offres du chocolat.
9. Je vais t'apporter des croissants.
10. Nous allons vous envoyer des cartes postales.
11. Mes professeurs vont m'écrire des lettres de recommandation.

A c t i v i t é 7   D'autres services

Les personnes suivantes rendent d'autres services *(are doing other favors)*
à d'autres personnes. Lisez les phrases et puis transformez-les en utilisant
le pronom **y** et un autre pronom.

⇨ Marc invite son cousin au cinéma.
   Il l'y invite.

1. Antoine invite sa fiancée au restaurant.
2. Marc accompagne sa soeur à la plage.
3. Le chauffeur de taxi amène ses clients à l'aéroport.
4. Le pilote transporte les passagers à Paris.
5. Je te conduis à l'école.
6. Nous vous invitons au théâtre.
7. Tu m'accompagnes au concert.
8. Henri nous amène au stade.
9. Christine va conduire sa mère au supermarché.
10. Nicole va inviter ses amis à sa surprise-partie.
11. Je peux vous conduire à la gare.
12. Nous pouvons t'accompagner à la station de métro.

D. Résumé: L'ordre des pronoms

When two object pronouns are used in the same sentence, they occur in the following sequences:

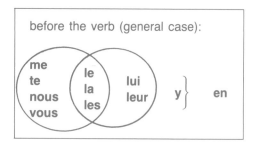

before the verb (general case):

| me te nous vous | le la les | lui leur | y | en |

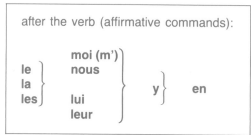

after the verb (affirmative commands):

| le la les | moi (m') nous lui leur | y | en |

Activité 8 Au restaurant

Imaginez que vous êtes dans un restaurant français. Le garçon vous propose certaines choses. Acceptez ou refusez. Utilisez les verbes à l'impératif et deux pronoms.

⇨ Je vous apporte le menu?
Oui, apportez-le-moi. (Non, ne me l'apportez pas.)

1. Je vous montre la carte des vins?
2. Je vous sers de l'eau minérale?
3. Je vous donne du pain?
4. Je vous apporte des escargots *(snails)*?
5. Je vous décris le plat du jour?
6. Je vous propose un dessert?
7. Je vous sers du café?
8. Je vous apporte l'addition *(bill)*?
9. Je vous rends la monnaie *(change)*?
10. Je vous commande un taxi?

WRITTEN Activité 9 Problèmes de conscience

Dites si oui ou non on doit faire les choses suivantes. Si vous le voulez, expliquez votre position.

⇨ mettre les criminels en prison?
**Oui, on doit les y mettre. On doit protéger la société.
(Non, on ne doit pas les y mettre. Les criminels ne sont pas toujours responsables de leurs actions.)**

1. laisser les criminels en prison?
2. dire la vérité à un grand malade?
3. prêter de l'argent aux pays pauvres?
4. donner des subventions *(subsidies)* aux écoles privées?
5. donner des responsabilités importantes aux jeunes?
6. vendre des armes aux pays du Proche-Orient *(Near East)*?
7. vendre du blé *(wheat)* à l'Union soviétique?
8. acheter des produits minéraux à l'Afrique du Sud?

Entre nous

Contextes

Les phrases suivantes font partie de différentes conversations. Imaginez le contexte de ces conversations dans un petit paragraphe.

➡️ «Rends-les-moi!»

Eric a emprunté des disques à Jeannette mais il a oublié de les lui rendre. Un jour, Jeannette passe chez Eric et lui demande de lui rendre ses disques.

1. «Envoyez-les-moi avant vendredi!»
2. «Donnez-m'en une douzaine, s'il vous plaît.»
3. «C'est la dernière fois! Maintenant ne m'en demande plus!»
4. «Est-ce que tu peux nous la prêter pour ce soir?»
5. «Je te promets de te les rendre dans un mois!»
6. «Ne lui en parlez pas!»
7. «Si j'ai assez d'argent, je vais lui en offrir un!»
8. «Nous allons les y rencontrer.»

A votre tour

1. Faites une liste de plusieurs objets qui vous appartiennent. Dites si oui ou non vous les prêtez à d'autres personnes, et pourquoi ou pourquoi pas.

➡️ J'ai une moto. Je ne la prête jamais à mon frère. Si je ne la lui prête pas, c'est parce qu'il n'est pas très prudent.

2. Imaginez un dialogue entre deux amis qui veulent vendre ou échanger quelque chose. Faites durer la négociation aussi longtemps que possible. (Si vous le voulez, vous pouvez imaginer les échanges d'objets suivants: un stylo / une collection de cartes postales / un ballon de football / une raquette de tennis / une guitare / une chaîne-stéréo / un vélo / une machine à écrire / un «Walkman»)

➡️ — Est-ce que tu veux acheter ma machine à écrire?
— Ça dépend! Combien est-ce que tu me la vends?
— Ecoute! Puisque *(Since)* tu es un ami, je vais te la vendre 300 francs.
— Je ne peux pas te l'acheter à ce prix-là, mais si tu veux, je peux te l'échanger contre. . .

A. Introduction: La construction réfléchie et les verbes pronominaux

Reflexive verbs (**les verbes pronominaux**) are very common in French. These verbs are used to describe a reflexive action, that is, an action performed by the subject on or for itself.

Reflexive verbs, such as **se laver, se regarder,** are conjugated with a reflexive pronoun, which represents the same person as the subject.

Compare the use of non-reflexive and reflexive verbs in the following sentences:

NON-REFLEXIVE	REFLEXIVE
Madame Brun **lave** sa voiture.	Madame Brun **se lave.**
Je **regarde** le match.	Je **me regarde** dans la glace.

⇨ Sometimes French reflexive verbs correspond to English reflexive verbs. In such cases, the French reflexive pronouns are expressed by pronouns such as *myself, yourself,* etc.

Jeanne **se regarde** dans la glace. *Jeanne **looks at herself** in the mirror.*

⇨ Very often, French reflexive verbs are expressed in English by non-reflexive verbs, although a reflexive construction is implied.

Vous **vous lavez.**	*You are washing. (Literally, you are washing yourself.)*
Philippe **s'amuse.**	*Philippe **is having fun.** (Literally, Philippe is enjoying himself.)*
Mes amis **se promènent.**	*My friends **are going for a walk.** (Literally, my friends are taking themselves for a walk.)*
Nous **nous excusons.**	*We **apologize.** (Literally, we are excusing ourselves.)*

⇨ Often, French reflexive verbs are used to express a change in physical, mental, or social condition or state. In English this is expressed by the verbs *to get, to be getting, to be becoming/growing.*

Tu **t'impatientes.**	*You are getting impatient.*
Vous **vous préparez.**	*You are getting ready.*
Mon cousin **se marie.**	*My cousin is getting married.*

⇨ Sometimes French reflexive verbs are expressed in English by a passive construction.

Cela **ne se fait pas!**   *That is not done!*

OPTIONAL *A remarquer*

A reflexive pronoun may be a direct or an indirect object.

Pauline se prépare pour l'examen.   *Pauline is preparing herself for the exam.*
  Se is a direct object.   (Pauline prépare **quelqu'un.**)

Henri s'achète une cravate.   *Henri is buying himself a tie.*
  S' is an indirect object.   (Henri achète la cravate **pour (à) quelqu'un.**)

The distinction between the direct or indirect object nature of the reflexive pronoun is important for the agreement of the past participle in compound tenses. (See page 188.)

B. Les verbes pronominaux: formation

Note the forms and positions of the reflexive pronouns in the conjugation of the reflexive verb **se laver.**

PRESENT	IMPERATIVE
je **me** lave	
tu **te** laves	**Lave-toi!**
il/elle/on **se** lave	
nous **nous** lavons	**Lavons-nous!**
vous **vous** lavez	**Lavez-vous!**
ils/elles **se** lavent	

Reflexive pronouns, like other object pronouns, come before the verb, except in affirmative commands.

⇨ Note the position of reflexive pronouns in negative sentences and inverted questions:

Tu te laves.   Tu ne **te** laves pas.   **Te** laves-tu?
Nous nous préparons.   Nous ne **nous** préparons pas.   **Nous** préparons-nous?

In affirmative commands, reflexive pronouns come after the verb. Note that **te** becomes **toi.**

Tu **te** prépares?   Prépare-**toi!**
Vous **vous** lavez?   Lavez-**vous!**

In an infinitive construction, the reflexive pronoun must represent the same person as the subject. The reflexive pronoun comes immediately before the infinitive.

Je vais **me préparer** pour le concert.

Nous n'allons pas **nous acheter** cette voiture.

When a reflexive pronoun and another object pronoun are both used before the verb, the reflexive pronoun always comes first.

Francine s'achète **ce disque.**	Elle **se** l'achète.
Tu t'achètes **des tickets de métro.**	Tu **t'en** achètes.
Vous **vous** intéressez **à la musique.**	Vous **vous** y intéressez.

➡ In affirmative commands, where the reflexive pronoun comes *after* the verb, the order is:

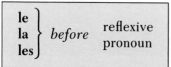
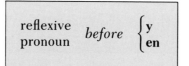

Note that **toi** + **en** becomes **t'en.**

Achète-**toi** cette veste!	Achète-**la-toi**!
Achetez-**vous** un micro-ordinateur!	Achetez-**vous-en** un!
Achète-**toi** une machine à écrire!	Achète-**t'en** une!

A c t i v i t é 1   **Oui ou non?**

Lisez ce que font les personnes entre parenthèses. Complétez la description de chaque personne en utilisant le verbe pronominal dans une phrase affirmative ou négative.

➡ s'excuser? (Ce garçon n'est pas poli.)
Ce garçon ne s'excuse pas.

1. se préparer pour l'examen? (Nous étudions. / Tu es paresseux. / Je regarde la télé. / Ces étudiants apprennent les verbes.)
2. s'impatienter? (Je suis patient. / Monsieur Thibaud attend depuis une heure. / Vous êtes toujours calmes.)
3. s'amuser? (Ces étudiants travaillent. / Je suis avec mes amis. / Vous étudiez. / Mes amis sont à la plage.)
4. s'excuser? (Je suis poli. / Tu as tort. / Mélanie a raison. / Vous faites erreur. / Ces garçons sont très arrogants.)
5. se laver les mains? (Nous allons dîner. / Je viens de réparer ma voiture. / Ils n'ont pas de savon.)
6. s'acheter un sandwich au jambon? (J'ai faim. / Vous voulez maigrir. / Ces filles sont végétariennes. / Nous aimons la viande.)

Vocabulaire · Quelques verbes pronominaux

Les occupations de la journée

prendre un bain: *to take a bath*
prendre une douche: *to take a shower*

se réveiller	*to wake up*	**se baigner**	*to go for a swim*
se lever	*to get up*	**se promener**	*to go for a walk/ride*
se laver	*to wash (oneself)*	**se reposer**	*to rest*
se peigner	*to comb one's hair*	**s'asseoir**	*to sit down*
se brosser	*to brush*		
(les dents)	*(one's teeth)*	**se préparer**	*to get ready*
		se dépêcher	*to hurry*
se raser	*to shave*		
se maquiller	*to put on make-up*	**se déshabiller**	*to get undressed*
s'habiller	*to get dressed*	**se coucher**	*to go to bed*
		s'endormir	*to fall asleep*

Les émotions et les sentiments

s'amuser	*to have fun*	**s'inquiéter**	*to get worried, worry*
s'ennuyer	*to get bored, be bored*	**se mettre en colère**	*to get angry*
		se sentir (fatigué)	*to feel (tired)*
s'impatienter	*to become impatient*	**se porter bien (mal)**	*to be in good (bad) health*
s'énerver	*to get upset*		

POUR FAIRE LA FÊTE

On s'habille comme on veut

NOTES DE VOCABULAIRE:

1. **S'asseoir** is irregular and has the following forms:

PRESENT		IMPERATIVE
je **m'assieds**	nous **nous asseyons**	**Assieds-toi!**
tu **t'assieds**	vous **vous asseyez**	**Asseyons-nous!**
il/elle/on **s'assied**	ils/elles **s'asseyent**	**Asseyez-vous!**

PASSÉ COMPOSÉ   je **me suis assis(e)**

2. Remember that the definite article is used with parts of the body. This pattern is common with reflexive verbs such as **se laver, se brosser**, etc.

Je me lave **les** mains.   *I am washing **my** hands.*
Nous nous brossons **les** cheveux.   *We brush **our** hair.*

Activité 2 Qu'est-ce qu'ils font?

Lisez ce que font les personnes suivantes. Refaites les phrases en remplaçant les expressions en italique par un verbe pronominal.

⇨ Jean-Jacques *sort du lit*. **Il se lève.**

1. Monsieur Renaud *utilise son rasoir*.
2. Ces filles *utilisent du mascara*.
3. Nous *mettons nos vêtements*.
4. Vous *utilisez un peigne*.
5. Nous *faisons une promenade* dans le parc.
6. Je *fais une promenade* en voiture.
7. Tu *cours* pour être à l'heure au rendez-vous.
8. Vous *allez au lit*.
9. Marcel *nage* dans l'océan.
10. Jean-Claude *fait la sieste*.
11. Le professeur *perd patience*.
12. Tu *perds le contrôle de tes émotions*.
13. Nous *trouvons le temps long*.
14. Jacqueline *est en bonne santé (health)*.

Activité 3 Suggestions

Lisez les suggestions suivantes et complétez-les. Pour cela, utilisez l'impératif affirmatif ou négatif des verbes entre parenthèses.

⇨ Restons calmes! (s'énerver) **Ne nous énervons pas!**

1. Va plus vite! (se dépêcher)
2. Ne restons pas chez nous! (se promener)
3. Ne restez pas au lit! (se lever)
4. Ne travaille pas! (se reposer)
5. Attendons encore un peu! (s'impatienter)
6. Restez calmes! (se mettre en colère)
7. Sois sérieux en classe! (s'amuser)
8. Soyons plus optimistes! (s'inquiéter)
9. Ne restez pas debout (standing)! (s'asseoir)
10. Mets tes vêtements! (s'habiller)
11. Prenons notre temps! (se dépêcher)
12. Continue ton travail! (se reposer)

WRITTEN ## Activité 4 Que vont-ils faire?

En général, quand on va dans un certain endroit, c'est parce qu'on veut y faire quelque chose. Exprimez cela pour les personnes de la colonne A. Utilisez la construction **aller** + *infinitif* du verbe pronominal. Soyez logique!

A	B	C
moi	à la plage	s'amuser
toi	à la surprise-partie	se baigner
Nicole	dans la forêt	se laver
Marcel	dans une boutique	se promener
nous	dans la cuisine	se raser
vous	dans la chambre	se reposer
mes amis	dans la salle de bains	se maquiller
		s'acheter des vêtements
		se faire un sandwich

⇨ **Nicole va dans la salle de bains. Elle va se maquiller.**

A c t i v i t é 5 Que dire?

Ce que nous disons à nos amis dépend souvent des circonstances dans lesquelles *(which)* ils se trouvent. Exprimez cela en utilisant l'impératif affirmatif ou négatif d'un verbe pronominal.

⇨ Georges va passer un mois en France.
Je lui dis: «Amuse-toi!»

1. Vos soeurs vont à une surprise-partie.
2. Le réveil *(alarm clock)* vient de sonner mais votre cousin ne veut pas sortir du lit.
3. Une vieille dame est debout *(standing)* dans l'autobus. Vous lui offrez votre siège *(seat)*.
4. Le bus va arriver dans quelques minutes. Vos amis ne sont pas prêts *(ready)*.
5. Sophie attend son petit ami depuis une heure.
6. Votre voisin sort de l'hôpital après une longue maladie.
7. Un ami va à une entrevue professionnelle.
8. Une amie n'a pas reçu de nouvelles de ses grands-parents depuis trois mois.

C. L'usage des verbes pronominaux: sens idiomatique

For many verbs, there is usually a close relationship in meaning between their reflexive and non-reflexive forms (e.g., **amuser**, *to amuse*, and **s'amuser**, *to have fun*). For other verbs, there is a much more distant relationship in meaning. Such reflexive verbs are considered to be *idiomatic*.

Compare the meanings of the verbs in each set of sentences below:

Je **trouve** Nice sur la carte.	*I **find** Nice on the map.*
Nice **se trouve** dans le Sud de la France.	*Nice **is located** in the South of France.*
Nous **occupons** un petit appartement.	*We **are occupying** a small apartment.*
Vous **vous occupez** de ce problème.	*You **are taking care** of this problem.*
Tu **entends** cette chanson?	*Do you **hear** that song?*
Tu **t'entends** avec ton frère?	*Do you **get along** with your brother?*

S'entendre is often used in a reciprocal sense. See p. 181.

⇨ A few verbs are used *only* in the reflexive form.

se souvenir de	*to remember*	Est-ce que tu **te souviens de** moi?
se moquer de	*to make fun of*	Ne **vous moquez** pas **de** vos amis!

Vocabulaire

s'appeler	*to be named*	Comment **t'appelles**-tu?
se rappeler	*to remember*	Je ne **me rappelle** pas le nom de votre cousin.
se demander	*to wonder*	Les étudiants **se demandent** si l'examen va être facile.
se taire	*to be quiet*	Pourquoi est-ce que vous **vous taisez?**
se tromper	*to make a mistake*	Tout le monde peut **se tromper.**
s'excuser	*to apologize*	J'ai tort et je **m'excuse.**
s'installer	*to settle (down)*	Nous allons **nous installer** en Provence.
s'arrêter	*to stop*	Le bus **s'arrête** ici.
s'en aller	*to leave, go away*	Ne **vous en allez** pas! Attendez-moi!
se trouver	*to be (located)*	Où **se trouve** la pharmacie?
se passer	*to happen*	Qu'est-ce qui **se passe?**
s'intéresser à	*to be interested in*	Je **m'intéresse** à la musique classique.
s'attendre à	*to expect*	Nous **nous attendons** à une bonne nouvelle.
s'habituer à	*to get used to*	On ne **s'habitue** pas à l'injustice.
se mettre à	*to start, begin*	**Mettez-vous** au travail!
se rendre à	*to go to*	Le médecin va **se rendre** à l'hôpital.
s'apercevoir de	*to notice*	On ne **s'aperçoit** pas toujours **de** ses erreurs.
se rendre compte de	*to realize*	Est-ce que tu **te rends compte de** la situation?
s'approcher (de)	*to get close to*	Nous **nous approchons de** notre destination.
se débarrasser de	*to get rid of*	Je vais **me débarrasser de** ces vieux journaux.
s'occuper de	*to take care of*	**Occupez-vous de** vos affaires!
se moquer de	*to make fun of, laugh at*	Ne **te moque** pas **de** tes amis.
se préoccuper de	*to worry about*	Roland **se préoccupe de** son avenir.
se servir de	*to use*	Je **me sers de** la voiture de mon père.
se souvenir de	*to remember*	Est-ce que vous **vous souvenez de** moi?

NOTES DE VOCABULAIRE:
1. The verb **se taire** is irregular. Note its forms:

PRESENT		IMPERATIVE
je **me tais**	nous **nous taisons**	**Tais-toi!**
tu **te tais**	vous **vous taisez**	**Taisons-nous!**
il/elle/on **se tait**	ils/elles **se taisent**	**Taisez-vous!**

PASSÉ COMPOSÉ   je **me suis tu(e)**

2. The verb **s'en aller** means *to leave, go away*. Note its imperative forms.

AFFIRMATIVE	NEGATIVE
Va-t'en!	**Ne t'en va pas!**
Allons-nous-en!	**Ne nous en allons pas!**
Allez-vous-en!	**Ne vous en allez pas!**

3. Note the uses of the pronouns **y** and **en** with verbs followed by the prepositions **à** and **de**.

Tu t'intéresses **à la musique**?   Tu t'y intéresses?
Tu te sers **de ton stylo**?   Tu t'en sers?

> When the object of **à** or **de** is a person, a stressed pronoun may be used.
> Paul? Je me souviens **de lui**.
> Claire? Je m'intéresse **à elle**.

4. Although **se rappeler** and **se souvenir de** both mean *to remember*, their constructions are different.

se rappeler quelque chose   Non, je ne **me rappelle** pas cette date.
se souvenir de quelqu'un *ou*   Tu **te souviens de** Monsieur André?
de quelque chose   Eric **se souvient** bien **de** cet événement.

5. **Se mettre à** is often followed by an infinitive.

Il **se met à** rire.   *He **starts to laugh**.*

DIALOG **A c t i v i t é 6**   **Conversation**

Demandez à vos camarades s'ils font les choses suivantes. Ils vont vous répondre affirmativement ou négativement en utilisant les pronoms **y** ou **en**.

⇨ s'intéresser à la politique?
— **Est-ce que tu t'intéresses à la politique?**
— **Oui, je m'y intéresse. (Non, je ne m'y intéresse pas.)**

1. s'intéresser à la musique?
2. se rendre aux concerts?
3. s'intéresser aux sports?
4. se rendre aux matchs de football de l'école?
5. s'attendre à une bonne note en français?
6. s'attendre à une surprise agréable dans quelques jours?
7. s'occuper de ses frères et soeurs?
8. se préoccuper de ses notes en français?
9. se souvenir de ses amis d'enfance (*childhood*)?
10. se débarrasser de ses vieux livres?
11. se débarrasser de ses vieux vêtements?
12. se servir d'une machine à écrire?
13. se servir d'un micro-ordinateur?
14. se moquer des gens prétentieux?
15. se moquer des critiques?

Activité 7   Le bon verbe

Lisez attentivement les phrases suivantes. Remplacez les tirets par les verbes pronominaux qui conviennent logiquement.
Voici ces verbes par ordre alphabétique: s'en aller / s'appeler / s'approcher / s'arrêter / s'attendre / se débarrasser / se demander / s'excuser / s'habituer / s'installer / s'occuper / se rendre compte / se servir / se souvenir / se taire / se tromper / se trouver

1. J'ai une excellente mémoire. Je — très bien de l'événement que vous décrivez.
2. La voiture de Jacques ne marche pas. Il — de la voiture de sa mère.
3. Vous êtes optimiste. Vous — toujours à de bonnes nouvelles.
4. Robert habite maintenant à Paris. Il est très content de ce changement. Il — très bien à sa nouvelle existence.
5. Vous êtes trop curieux. Vous — toujours des choses qui ne vous concernent pas.
6. Nous avons nettoyé le grenier (*attic*). Maintenant nous allons — de cette pile de vieux magazines.
7. Monsieur Rimbaud a 63 ans. Il — de l'âge de la retraite (*retirement*).
8. Je pensais que j'avais raison. En réalité, j'avais tort! Maintenant je — de mon erreur.
9. Je suis le fils de Monsieur Durand. Je — Patrick Durand.
10. Nous ne restons pas ici. Nous — dans dix minutes.
11. Tu fais erreur. Tu —.
12. Je te présente mes regrets. Je —.
13. Vous ne parlez jamais. Est-ce que vous — en classe de français?
14. L'hôpital n'est pas ici. Il — sur le boulevard Pasteur.
15. Mes cousins viennent de déménager. Ils — dans leur nouvel appartement.
16. Ce train n'est pas très rapide. Il — dans toutes les gares.
17. Thomas est très pâle. Je — s'il est malade.

WRITTEN Activité 8   Etes-vous d'accord?

Voici certaines opinions. Dites si oui ou non vous êtes d'accord avec ces opinions. Si vous voulez, justifiez votre opinion avec un exemple.

1. Les journalistes se trompent souvent.
2. Les Américains ne s'occupent pas assez de leur santé (*health*).
3. Les jeunes ne s'intéressent pas assez à la politique.
4. Les gens se préoccupent trop de leurs problèmes matériels.
5. Il ne faut pas trop se préoccuper de l'avenir (*future*).
6. On s'habitue à tout (*everything*).
7. On doit s'attendre à une guerre mondiale (*world war*).
8. La fin du monde s'approche.

D. L'usage des verbes pronominaux: sens réciproque

Note the meanings of the reflexive verbs in the following sentences:

Le chien et le chat **se regardent.**	*The dog and the cat **look at each other.***
Vous **vous connaissez,** n'est-ce pas?	*You **know one another,** don't you?*
Nous **nous voyons** souvent le week-end.	*We often **see each other** on weekends.*

Reflexive verbs may be used to express a reciprocal action, that is, an action that the subjects perform for one another. In this case, the reflexive pronouns usually correspond to the English expressions *each other* or *one another*.

The following verbs are often used with a reciprocal meaning: **s'aimer / se parler / se raconter / se téléphoner / s'inviter / se voir / s'aider / se quitter**

⇨ When the reflexive verb is used in a reciprocal sense, the subject must be *plural*: **nous, vous, ils, elles;** or **on** in the plural sense.

Est-ce qu'**ils s'aiment?**	*Do they love each other?*
On se comprend bien.	*We understand each other well.*

Vocabulaire — Quelques verbes pronominaux à sens réciproque

se rencontrer	*to meet*	**se battre**	*to have a fight*
		se disputer	*to have an argument*
s'entendre	*to get along*		
s'embrasser	*to kiss*	**se fiancer**	*to get engaged*
		se marier	*to get married*

Divorcer (to get divorced) is not a reflexive verb.
Michelle et Robert ont divorcé.

NOTE DE VOCABULAIRE:
Both **épouser** and **se marier avec** mean *to marry someone.* Note the constructions used with these two verbs.

Jean va **épouser** Nicole.   Marc va **se marier avec** Hélène.

Activité 9 Relations personnelles

Lisez les descriptions des personnes suivantes. Décrivez leurs relations en utilisant les verbes entre parenthèses dans des phrases affirmatives ou négatives. (Attention: Ces relations sont réciproques!)

⇨ Paul et Janine sont fiancés. (s'aimer)   **Ils s'aiment.**

1. Marc et Suzanne sont fiancés, mais ils n'habitent pas dans la même ville. (s'écrire / se téléphoner / se voir tous les jours / se rencontrer après le travail)
2. Mes voisins et moi, nous sommes d'excellents amis. (s'inviter / s'écrire / se téléphoner / s'entendre bien / se battre)
3. Pierre et toi, vous êtes inséparables. (se connaître bien / se voir souvent / se disputer / se quitter)
4. Christine et Marie sont des jumelles *(twins)* mais elles ne sont jamais d'accord. (se ressembler / s'entendre / se disputer)

Contextes

Les phrases suivantes font partie de différentes conversations. Imaginez le contexte de ces conversations dans un petit paragraphe.

➡ «Taisez-vous, s'il vous plaît!»

Jacques était au cinéma. Devant lui, il y avait deux personnes qui parlaient continuellement. Jacques n'a pas pu entendre le film. Il a demandé aux deux personnes de se taire.

1. «Dépêchez-vous!»
2. «Ne t'inquiète pas!»
3. «Allez-vous-en!»
4. «Amusez-vous bien!»
5. «Arrêtez-vous!»
6. «Où est-ce qu'on va se rencontrer?»
7. «Je ne m'y habitue pas.»
8. «Est-ce que vous vous en servez?»
9. «Pourquoi est-ce que vous vous mettez à rire?»
10. «Mais oui! Je m'en souviens très bien!»

Situations

Jean-Claude Mercier a 26 ans et il est célibataire *(single)*. Il travaille comme technicien radiologiste *(X-ray technician)* dans un hôpital parisien. Voici la description d'une journée typique.

En général, Jean-Claude Mercier se lève à sept heures et demie du matin. Il se lave, se rase et s'habille. Il s'en va de chez lui à huit heures. Il s'arrête dans un café où il prend un café noir et des croissants. Puis il se dépêche parce qu'il ne veut pas rater son bus. Il se rend à l'hôpital Pasteur où il s'occupe du laboratoire de radiologie. Il se met au travail à neuf heures et il s'arrête de travailler à cinq heures. D'habitude il se rend chez lui et il se prépare un dîner simple. Il se fait une omelette ou un steak au poivre. Après le dîner il s'installe devant la télévision et il regarde les nouvelles parce qu'il s'intéresse à la politique. Parfois il se rend à un club philatélique car *(because)* il s'intéresse beaucoup aux timbres. Vers dix heures, il se promène un peu parce qu'il a besoin de se sentir en forme pour le lendemain. A onze heures, il se couche et il s'endort rapidement.

Maintenant imaginez la journée des personnes suivantes:

Raymond Monet, 28 ans, célibataire, garçon dans un restaurant
Jacqueline Dutour, 35 ans, mariée, mère de famille
Paulette Maréchal, 27 ans, célibataire, journaliste
Jean-Claude Lecat, 35 ans, marié, représentant de commerce
Adrienne Simon, 20 ans, célibataire, étudiante

Dans chaque description utilisez au moins 10 verbes pronominaux.

A votre tour

1. Décrivez une journée typique pendant l'année scolaire et une journée typique de vacances. Utilisez au moins 10 verbs pronominaux pour chaque description.
2. Décrivez vos relations avec des personnes que vous connaissez bien (vos amis, vos cousins, vos parents, vos professeurs, etc.). Utilisez plusieurs verbes pronominaux à sens réciproque.

Leçon 10 Les pronoms compléments aux temps composés

A. Les pronoms aux temps composés

Remind students that verbs conjugated with **être** agree with the subject.

In the sentences below, the verbs are in a compound tense (**passé composé** or **plus-que-parfait**). Note the position of the object pronouns.

Tu as invité **Caroline**?	Oui, je l'ai invitée.
Tu avais invité **Paul et Robert**?	Non, je ne **les** avais pas invités.
Vous avez téléphoné **à Thérèse**?	Oui, nous **lui** avons téléphoné.
Vous aviez parlé **à vos cousins**?	Non, nous ne **leur** avions pas parlé.
Vous avez pris **des photos**?	Oui, nous **en** avons pris.
Tu étais allé **en Provence**?	Non, je n'**y** étais pas allé.

When the verb is in a compound tense, the object pronouns come before the auxiliary **avoir** or **être.**

▷ If two objects are used, they follow the same sequence as in simple tenses.

François **m**'a prêté **sa voiture**.	Il **me l**'a prêtée.
J'ai parlé **de ce projet à Henri**.	Je **lui en** ai parlé.

When the compound tense is conjugated with **avoir,** the past participle agrees with the direct object if that direct object comes before the verb. Note that this preceding direct object may be a noun or a pronoun.

J'ai rencontré une fille.	**Quelle fille** as-tu rencontrée?
J'avais vu cette exposition.	Quand l'avais-tu vue?

▷ There is *no* agreement with a preceding *indirect* object.

Nous avons écrit à Charlotte.	Nous **lui** avons écrit.

▷ There is *no* agreement with **en.**

Nous avons parlé de Sylvie.	Nous **en** avons parlé.

⇨ When two objects (direct and indirect) come before the verb, the past participle agrees with the direct object.

J'ai prêté ma voiture à Paul.   Je **la** lui ai prêtée ce matin.

Tu as acheté des disques à ta soeur.   **Quels disques** est-ce que tu lui as achetés?

OPTIONAL A *remarquer*

1. There is agreement with the pronouns **me/te/nous/vous** if they are the *direct* object of the verb. The ending of the past participle reflects the gender and number of the pronoun.

DIRECT OBJECT   INDIRECT OBJECT

Caroline, je t'ai vue hier,   . . .mais je ne t'ai pas parlé.

Mes amis, je **vous** ai attendus à midi,   . . .mais je ne **vous** ai pas téléphoné.

2. In spoken French, the agreement is not heard with past participles ending in **-é, -i,** and **-u,** since these past participles sound the same in the masculine and feminine forms. The agreement is heard, however, when the past participle ends in **-s** or **-t.**

Où as-tu **mis** ma raquette?   Je l'ai **mise** sur la table.

DIALOG **A c t i v i t é 1** **Conversation**

Demandez à vos camarades de classe s'ils ont fait les choses suivantes dimanche dernier. Ils vont vous répondre affirmativement ou négativement en utilisant le pronom complément qui convient.

⇨ faire du jogging?
— **As-tu fait du jogging?**
— **Oui, j'en ai fait. (Non, je n'en ai pas fait.)**

1. acheter le journal?
2. lire la page des sports?
3. faire les mots croisés?
4. téléphoner à ton meilleur ami (ta meilleure amie)?
5. écrire à tes cousins?
6. aller à la campagne?
7. dîner au restaurant?
8. jouer au tennis?
9. faire une promenade en voiture?
10. prendre des photos?

Vrai ou faux?

Testez vos connaissances en histoire. Pour cela, dites si les faits décrits
sont vrais ou faux. Utilisez des pronoms compléments dans vos réponses.

⇨ Edison a découvert la photographie?   **C'est faux. Il ne l'a pas découverte.**

1. Christophe Colomb a découvert l'Amérique?   Discutable.
2. La France a colonisé la Louisiane?   Oui.
3. Les Français ont aidé les Américains durant la guerre de
   l'Indépendance?   Oui.
4. Le roi Louis XIV a construit le château de Versailles?   Oui.
5. Napoléon est né en Corse (*Corsica*)?   Oui.
6. Jules César a épousé Cléopâtre?   Non.
7. Alexandre Dumas a écrit beaucoup de romans?   Oui.
8. Ernest Hemingway a obtenu le prix Nobel?   Oui.

A c t i v i t é 3 **Accusations**

Richard accuse son camarade de chambre Georges d'avoir fait ou de ne
pas avoir fait les choses suivantes. Georges proteste. Jouez le rôle de
Georges.

⇨ Tu n'as pas fait les courses! (si)   **Si, je les ai faites.**

1. Tu as pris mes cassettes! (non)
2. Tu as ouvert cette lettre! (non)
3. Tu as conduit ma voiture! (non)
4. Tu as pris la clé du garage! (non)
5. Tu n'as pas fait la vaisselle (*dishes*)! (si)
6. Tu n'as pas mis les provisions (*food*) dans le réfrigérateur! (si)   mises
7. Tu n'as pas appris tes leçons! (si)
8. Tu n'as pas dit la vérité! (si)

A c t i v i t é 4   **Au revoir!**

Les étudiants suivants ont passé l'été en France. Dites ce que chacun a fait la veille *(the day before)* de son retour aux Etats-Unis. Pour cela, transformez les phrases avec le pronom (1 à 6) ou les deux pronoms (7 à 12) qui conviennent.

⇨ Catherine a acheté du parfum.   **Elle en a acheté.**

1. Vous avez acheté des souvenirs.
2. J'ai fait mes valises.
3. Tu as dit au revoir à tes amis.
4. Nous avons cherché nos billets d'avion.
5. Robert a pris des photos de la tour Eiffel.
6. Christine a téléphoné à sa mère.
7. J'ai donné mon adresse à Pierre.
8. Tu as acheté des cadeaux à ta famille française.
9. Suzanne a invité ses amies au restaurant.
10. Albert a envoyé des cartes postales à ses cousins.
11. Nous avons donné nos bagages au porteur.
12. J'ai changé mes francs à la banque.

au 5ᵉ étage

les Boutiques
Cadeaux
en Fête

jusqu'au 31 décembre

Aux Trois Quartiers
retrouvez le plaisir d'acheter
17, Boulevard de la Madeleine, Paris - Tel. 260.39.30

WRITTEN A c t i v i t é 5   **Avant**

Lisez ce qu'ont fait les personnes suivantes. D'après cela, dites ce qu'elles avaient fait ou n'avaient pas fait avant. Utilisez le plus-que-parfait des verbes entre parenthèses et un pronom complément dans des phrases affirmatives ou négatives.

⇨ Robert a raté ses examens. (préparer?)   **Il ne les avait pas préparés.**

1. Madeleine n'a pas trouvé ses clés. (laisser dans sa voiture? oublier?)
2. J'ai immédiatement reconnu cette fille. (rencontrer à la plage l'été dernier? parler plusieurs fois?)
3. Aujourd'hui André est sorti avec Isabelle. (téléphoner hier soir? inviter au cinéma?)
4. J'ai trouvé ces livres dans le grenier *(attic)*. (garder? rendre à la bibliothèque?)
5. Mes amis n'ont pas voulu revoir le film. (voir pendant les vacances? trouver formidable?)
6. Caroline a reçu une carte de Jacques. (écrire? demander de répondre?)
7. Nous n'avons pas retrouvé vos lettres. (garder? détruire?)
8. Jean-Pierre a payé François. (emprunter de l'argent? acheter sa moto?)

B. Les verbes pronominaux aux temps composés

In compound tenses, reflexive verbs are conjugated with **être**. Note the conjugation pattern of the reflexive verb **s'amuser** in the **passé composé** and the **plus-que-parfait.** Note also the forms of the past participle.

PASSÉ COMPOSÉ	PLUS-QUE-PARFAIT
je **me suis** amusé(e)	je **m'étais** amusé(e)
tu **t'es** amusé(e)	tu **t'étais** amusé(e)
il **s'est** amusé	il **s'était** amusé
elle **s'est** amusée	elle **s'était** amusée
nous **nous sommes** amusé(e)s	nous **nous étions** amusé(e)s
vous **vous êtes** amusé(e)(s)	vous **vous étiez** amusé(e)(s)
ils **se sont** amusés	ils **s'étaient** amusés
elles **se sont** amusées	elles **s'étaient** amusées

Note the forms of these verbs in negative sentences and inverted questions.

NEGATIVE	INVERTED QUESTIONS
Il **ne** s'est **pas** amusé.	S'est-il amusé?
Elle **ne** s'était **pas** amusée.	S'était-elle amusée?

The past participle of a reflexive verb agrees with the reflexive pronoun when this pronoun functions as a direct object. This is the case with most reflexive verbs.

⇨ There is *no* agreement when the reflexive pronoun functions as an *indirect object*. This occurs when:

- the corresponding non-reflexive verb takes an indirect object:
  demander à, écrire à, téléphoner à, etc.   Others: **parler à, répondre à.**

  Compare: (**se**: *direct object*)   (**se**: *indirect object*)
  Jeanne s'est impatientée.   Elle s'est demandé pourquoi
                                                        nous étions en retard.

  Julien et Anne **se** sont rencontrés.   Ils **se** sont téléphoné.

- the reflexive verb is followed by a direct object noun:
  Mes cousins se sont acheté **une Renault.**

However, there is agreement with a *preceding direct object*.

Quelle voiture est-ce qu'ils se sont achetée?

A remarquer

Reflexive verbs, such as **se laver** or **se couper**, can be used alone or with parts of the body. Compare the forms of the past participles in the sentences below.

Paul et Alain se sont **lavés**.
(There is agreement because **se** functions as a *direct object*.)

Paul et Alain se sont **lavé** les mains.
(There is no agreement because the direct object – **les mains** – comes *after* the verb. Here **se** is the *indirect object*).

A c t i v i t é 6   **Conversation**

Demandez à vos camarades de classe s'ils ont fait les choses suivantes hier.

⇨ se réveiller tôt?   — **Est-ce que tu t'es réveillé(e) tôt?**
            — **Oui, je me suis réveillé(e) tôt.**
            (**Non, je ne me suis pas réveillé(e) tôt.**)

1. se réveiller tard?
2. se promener?
3. se rendre en ville?
4. s'amuser?
5. se disputer avec un ami?
6. se mettre en colère?
7. se reposer après le dîner?
8. se coucher tôt?

A c t i v i t é 7   **Une histoire d'amour**

Racontez l'histoire d'amour de Julien et de Sylvie. Pour cela, mettez les verbes suivants au passé composé.

⇨ se connaître pendant les vacances   **Ils se sont connus pendant les vacances.**

1. se rencontrer à la plage
2. se parler
3. se trouver sympathiques
4. se téléphoner
5. se donner rendez-vous *(to make a date)*
6. se voir tous les jours
7. s'embrasser
8. se revoir après les vacances
9. s'écrire régulièrement
10. se fiancer
11. se marier

se marier est une affaire sérieuse : c'est pour la vie.

Vocabulaire   Quelques verbes pronominaux

La santé et les accidents

se blesser (au pied)	*to get hurt*	Je **me suis blessé** au pied en jouant au football.
se casser (la jambe)	*to break (one's leg)*	Anne **s'est cassé** la jambe en skiant.
se couper (au doigt)	*to cut (one's finger)*	Marc **s'est coupé** au doigt avec ce couteau.
se faire mal (à la main)	*to hurt (one's hand)*	Claire **s'est fait mal** à la main en tombant.
se sentir (malade)	*to feel (sick)*	Comment **te sens**-tu? Je **me sens** malade.

D'autres activités

s'absenter	*to go away, be absent* (from a place)	Je vais **m'absenter** pendant trois jours.
se cacher	*to hide*	Ne **te cache** pas! Je te vois.
se débrouiller	*to manage, get by*	Nous n'avons pas beaucoup d'argent mais nous **nous débrouillons**.
s'échapper (de)	*to escape (from)*	L'oiseau **s'est échappé** de sa cage.

Usually **se blesser** refers to a more serious injury than **se faire mal**.
Have students note the constructions **se blesser à, se faire mal à**.

Two possible constructions:
se couper le doigt
se couper au doigt

A C T I V I T É 8   **Oui ou non?**

Lisez ce qu'ont fait les personnes suivantes et dites si elles font les choses entre parenthèses. Utilisez le passé composé de ces verbes à la forme affirmative ou négative.

⇨ Janine est allée à une surprise-partie. (s'amuser?)   **Elle s'est amusée.**

1. François et Claude ont assisté à une conférence qui n'était pas très intéressante. (s'amuser?)
2. Nous avons oublié de mettre le réveil *(alarm)*. (se réveiller à l'heure?)
3. Nicole et Thérèse ont attendu leurs amis pendant une heure. (s'impatienter?)
4. J'ai trop mangé. (se sentir bien?)
5. Vous avez eu un accident de ski assez sérieux. (se casser la jambe?)
6. Tu es tombé de bicyclette mais tu as eu beaucoup de chance. (se blesser?)
7. Madame Mercier est tombée dans la rue. (se faire mal au dos?)
8. Monsieur Dupont est resté au bureau. (s'absenter?)
9. Vous avez bu trop de café. (s'endormir rapidement?)
10. Mon petit frère a eu peur. (se cacher sous la table?)
11. Les prisonniers ont trouvé la porte ouverte. (s'échapper?)
12. Vous n'avez pas beaucoup d'argent mais vous avez de l'imagination. (se débrouiller?)

Activité 9 Zut alors!

Les personnes suivantes parlent d'accidents qu'elles ont eus. Lisez ce qui est arrivé à ces personnes et décrivez le genre d'accident. (Utilisez des verbes comme **se casser, se blesser à, se faire mal à** + une partie du corps.)

⟹ Paul est tombé dans les escaliers.
   Il s'est cassé le pied (la jambe, etc.).

1. Jeannette est tombée de bicyclette.
2. Nous avons heurté *(bumped into)* la porte.
3. Il y avait une pierre *(stone)* dans le plat de lentilles que j'ai mangé.
4. Tu as marché sur du verre.
5. Vous êtes entré dans une porte vitrée *(glass door)*.
6. Jean-Pierre est tombé en faisant du jogging.

Activité 10 Tout s'explique

Dites ce qu'ont fait les personnes suivantes et expliquez ce qu'elles avaient fait avant. Pour cela, mettez le premier verbe au passé composé et le deuxième verbe au plus-que-parfait.

⟹ Jean-Pierre et Michèle (se marier en juillet / se fiancer en février)
   Jean-Pierre et Michèle se sont mariés en juillet. Ils s'étaient fiancés en février.

1. moi (me réveiller en forme / me coucher avec une migraine terrible)
2. nous (nous réconcilier / nous disputer pour une chose idiote)
3. toi (te dépêcher / te lever en retard)
4. vous (vous reposer / vous sentir très fatigués)
5. Charles (se rendre à l'hôpital / se blesser au pied)
6. Hélène et Thomas (se revoir à Paris / se rencontrer pendant les vacances)
7. mon père (s'acheter un rasoir électrique / se couper avec son vieux rasoir)
8. nous (nous perdre / nous tromper de direction)

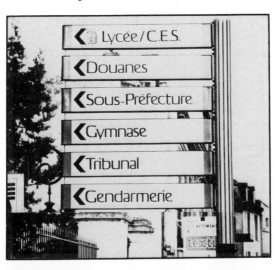

Situations

Marc a passé les vacances sur la Côte d'Azur. Un jour il a rencontré une jeune fille sur la plage. Malheureusement il n'a pas eu de chance. Voici comment Marc raconte son histoire.

«Un jour, je me promène sur la plage. J'aperçois une jeune fille. Je lui dis bonjour. Elle me sourit. Je m'arrête. Nous nous parlons. Je l'invite à prendre un café. Elle me dit d'accord! Nous nous rendons dans un café. Je m'assieds près d'elle. Je la trouve sympathique. Elle me trouve sympathique. Ensuite, nous nous promenons. Nous nous donnons rendez-vous pour le lendemain. Nous nous quittons. Le lendemain, je me réveille. Je me rase. Je m'habille bien. Je me dépêche pour être à l'heure au rendez-vous. Malheureusement je tombe dans l'escalier. Je me casse la jambe. Une ambulance me transporte à l'hôpital. Je ne peux pas aller au rendez-vous. Je me rends compte que je n'ai pas l'adresse de la jeune fille. Je ne l'oublie pas, mais nous ne nous revoyons jamais.»

— Racontez l'histoire de Marc au passé.
— Imaginez d'autres histoires semblables avec des personnes et des circonstances différentes. Décrivez ces histoires au passé.

Voici quelques idées pour commencer:
• Antoine, un étudiant canadien, passe ses vacances à Paris. Le dernier jour de son séjour, il fait la connaissance d'une Parisienne très sympathique. . .
• Janine passe ses vacances d'hiver à Chamonix. Un jour elle rencontre un jeune Américain. . .

Chamonix: ski resort at the foot of Mont Blanc.

Contextes

Les phrases suivantes font partie de différentes conversations. Imaginez le contexte de ces conversations dans un petit paragraphe.

⇨ «Comment est-ce que tu t'es débrouillé?»

François devait prendre l'avion ce matin. Comme il était en retard, il s'est dépêché. Quand il est arrivé à l'aéroport, il s'est aperçu qu'il avait oublié son billet. Un ami lui demande ce qu'il a fait.

1. «Où est-ce que vous vous êtes blessé?»
2. «Qu'est-ce qui s'est passé?»
3. «Quand est-ce que tu t'en es aperçu?»
4. «Pourquoi est-ce que vous ne vous êtes pas arrêté?»
5. «Malheureusement, ils ne se sont pas entendus!»
6. «Quand est-ce que vous vous êtes revus?»
7. «Heureusement, je ne me suis pas fait mal!»
8. «Malgré tout *(In spite of everything)*, nous nous sommes bien amusés.»

A votre tour

1. Racontez votre journée d'hier. Si vous voulez, vous pouvez indiquer l'heure à laquelle *(which)* vous avez fait certaines choses.
   (Voici certains verbes que vous pouvez utiliser: se réveiller / se lever / s'habiller / se rendre à / se mettre à / s'occuper de / se promener / s'arrêter / se reposer / se coucher / s'endormir)

2. Racontez une petite mésaventure *(mishap)* personnelle en utilisant 5 ou 6 verbes pronominaux au passé composé.
   (Voici certains verbes que vous pouvez utiliser: se rendre à / se blesser / se faire mal à / se tromper / s'excuser / se rendre compte / s'inquiéter / se souvenir)

OPTIONAL

Constructions, expressions et locutions

1. Manquer; il manque et il reste

The verb **manquer** (*to miss, to lack, to be missing*) is used in several different constructions with different meanings.

- **manquer** + direct object   *to miss*

    Ne manquez pas votre train.   Ne **le** manquez pas.
    Zut! J'ai manqué la classe de français.   Je l'ai manquée.

    ⇨ A synonym of **manquer** is **rater.**

    Nous **avons raté** notre avion.

- **manquer de**   *to lack, to be lacking*

    Tu manques de patience.   Tu **en** manques.
    Ce livre manque d'originalité.   Il **en** manque.

- **manquer à**   *to be missed by*

    Nicole manque à ses amis.   Elle **leur** manque.

    ⇨ Compare this construction with its English equivalent.

    Nicole manque à ses amis.
    $\begin{cases} \textit{Nicole is missed by her friends.} \\ \textit{Nicole's friends miss her.} \end{cases}$

    Vous me manquez.
    $\begin{cases} \textit{You are missed by me.} \\ \textit{I miss you.} \end{cases}$

Manquer is also used in the impersonal expression:

il manque   *there is/are. . .missing*

Il manque dix francs.	$\left\{\begin{array}{l} \textit{There are ten francs missing.} \\ \textit{Ten francs are missing.} \end{array}\right.$
Il manque dix francs à Renée.	*Renée is ten francs short.* *(= There are ten francs missing to Renée.)*
Il me manque dix francs.	*I am short ten francs.* *(= There are ten francs missing to me.)*

⇨ The verb **rester** *(to stay, remain)* is used in a similar construction:

il reste   *there is/are. . .left*

Il reste du fromage.	*There is some cheese left.*
Il ne me reste pas d'argent.	*I don't have any money left.* *(= There is no money left to me.)*

2. Se passer; il se passe et il s'agit de

Note the use of **se passer** *(to happen, take place)* in the following sentences:

Qu'est-ce qui **se passe**?	*What **is happening**?*
Où **se passe** le match?	*Where **does** the game **take place**?*
Cet événement **s'est passé** à Paris.	*That event **took place/happened** in Paris.*

In the last two examples, **se passer** is synonymous with **avoir lieu** *(to take place).*

En 1976, les jeux Olympiques **ont eu lieu** à Montréal.	*In 1976, the Olympic Games **took place** in Montreal.*

⇨ **Se passer** is also used in the impersonal expression **il se passe** + *event.*

Il **se passe** des choses bizarres.	*Strange things **are happening**.*

⇨ The expression **il s'agit de** + *noun* is always used impersonally. Note its use in the sentences below and note the English equivalents.

De quoi **s'agit-il**?	*What **is it about**?*
Dans ce film, **il s'agit d'**un crime.	*This movie **is about** a crime.* *(= In this movie, **it is about** a crime.)*

A synonymous expression is **il est question de**.

Dans ce livre, **il est question d'**un homme qui. . .	*This book **is about** a man who. . .* *(= In this book, **it is about** a man who. . .)*

3. S'asseoir et être assis

Compare the meanings of **s'asseoir** and **être assis**.

Henri **s'assied** sur la chaise.	*Henri **sits down** on the chair.*
Maintenant il **est assis**.	*Now he **is seated**.*

While **s'asseoir** expresses an action (the act of sitting down), **être assis** expresses the result of this action. Similar differences exist with other reflexive verbs.

se lever *(to get up)* vs. **être levé** *(to be up)*
se coucher *(to go to bed)* vs. **être couché** *(to be in bed)*
s'endormir *(to fall asleep)* vs. **être endormi** *(to be asleep)*

Also: **se mettre debout** *(to stand up)* vs. **être debout** *(to be standing up)*
s'agenouiller *(to kneel)* vs. **être agenouillé** *(to be kneeling)*
se baisser *(to lower oneself)* vs. **être baissé** *(to be lowered)*

4. Quelques constructions réfléchies idiomatiques

In addition to **s'en aller** *(to go away, leave)*, there are other verbal expressions conjugated with the pronouns **en** and **y**. In these expressions, **en** and **y** do not refer to anything specific.

en vouloir à	*to bear a grudge against; to be upset with*	Il **en veut** à ses cousins. Il leur **en veut**.
s'en faire	*to worry*	Ne **vous en faites** pas pour moi!
s'y prendre	*to handle a situation, go about something*	Comment allez-vous **vous y prendre**?

5. Usage de la construction réfléchie

As mentioned previously, the reflexive construction is very common in French. Often it is used to describe a change of state or condition, or a transformation process. In this case, it corresponds to the English construction *to be getting (growing, becoming)* + adjective.

Le ciel **se couvre**.	*The sky **is becoming cloudy**.*
La situation **s'améliore**.	*The situation **is getting better**.*
Les tensions internationales **s'aggravent**.	*International tensions **are getting worse**.*

Le français et le monde des affaires

Qui ne connaît pas les noms de Dior, Saint Laurent, ou de Chanel? Ces noms prestigieux ont donné une image de marque aux produits français, mais ils ne représentent qu'une proportion infinitésimale de la production française. A l'heure actuelle, la France est la cinquième puissance industrielle du monde. C'est le principal partenaire commercial des pays d'Afrique du Nord et d'Afrique noire. Aujourd'hui, ingénieurs et architectes français construisent routes, usines, ponts, ports et métros en Arabie Saoudite, en Chine, au Brésil, à Mexico. Voilà pourquoi le français reste une langue commerciale de première importance.

La Défense, centre des affaires (Paris)

BNP

La Banque Nationale de Paris,
première banque française,
deuxième banque mondiale,
implantée dans 77 pays.

Un salut américain aux produits français

CIO
Crédit Industriel de l'Ouest

**Le Crédit Industriel de l'Ouest
est à votre disposition
à New York.**

SOCIÉTÉ GÉNÉRALE

*Renault, firme française,
firme américaine*

Style français, Know-how américain...

TOUT CELA
FAIT PARTIE
DE LA FAMILLE.

Renault Encore ▲

▼ Renault Sportwagon

Renault Alliance ▲

▼ Renault Fuego

RENAULT
THE ONE TO WATCH

TALBOT

PEUGEOT

CITROËN

LES CYCLOMOTEURS

CYCLES PEUGEOT

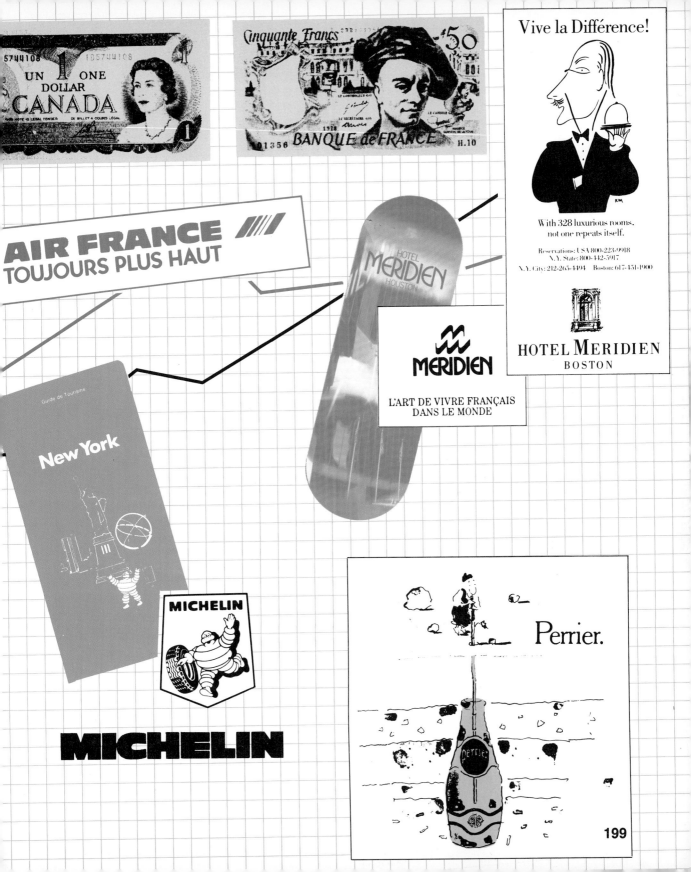

UN 1 ONE DOLLAR CANADA

Cinquante Francs 50 BANQUE de FRANCE H.10

AIR FRANCE ////
TOUJOURS PLUS HAUT

HOTEL MERIDIEN HOUSTON

MERIDIEN

L'ART DE VIVRE FRANÇAIS
DANS LE MONDE

Guide de Tourisme

New York

MICHELIN

MICHELIN

Perrier.

199

Modes et parfums de France

Christian Dior

Haute
Couture

Haute
Fourrure

Prêt-à-Porter :
Féminin,
Masculin
et Fourrure

Accessoires
de Mode

26 au 32, avenue Montaigne, Paris 8e
12, rue Boissy-d'Anglas, Paris 8e

SONIA RYKIEL

Yves Saint Laurent tricot PARIS

UNITÉ 3

L'infinitif, le participe présent, le subjonctif

Leçon 11 L'infinitif

A. L'infinitif: formes affirmative et négative

Note the affirmative and negative forms of the infinitive in the following sentences:

Alain veut **sortir.**
Je t'interdis de **répéter** cela.

Moi, je préfère **ne pas sortir.**
Je te promets de **ne jamais répéter** cela.

Il est dangereux de **fumer.**
Qu'est-ce que tu allais **faire** ce soir?

Marc a décidé de **ne plus fumer.**
J'avais l'intention de **ne rien faire.**

The infinitive is the basic form of the verb. In the negative, the construction is:

> **ne pas (jamais/plus/rien)** + infinitive

⇨ However, the negative expression **personne** comes after the infinitive.

Tu veux parler à quelqu'un?   Non, je préfère **ne** parler à **personne.**

⇨ Object and reflexive pronouns come between **pas (jamais/plus/rien)** and the infinitive.

Tu as parlé à Jérôme?
Ta soeur va se marier?

Non, j'ai décidé de ne pas **lui** parler.
Non, elle a décidé de ne pas **se** marier avant trente ans.

The infinitive is much more common in French than in English. It can be used as:

• a subject

Fumer peut être dangereux.   *Smoking can be dangerous.*
Voir, c'est croire.   *Seeing is believing.*

• a direct object

J'aime **nager.**   *I like swimming. (I like to swim.)*

• the object of a preposition

Réfléchissez avant de **parler**!   *Think before speaking!*

A remarquer

The infinitive is often used instead of the imperative in general (rather than personal) instructions. This usage occurs in recipes, technical instructions, public notices, etc.

GENERAL INSTRUCTIONS

Laver les légumes.
Les **mettre** dans une casserole *(pot)*.

PERSONAL INSTRUCTIONS

Lavez les légumes.
Mettez-les dans une casserole.

Citation: Etre ou ne pas être, voilà la question.

Proverbe: Vouloir, c'est pouvoir.

A c t i v i t é 1 **Et vous?**

Lisez ce que font les personnes suivantes. Dites si vous aimez faire ces choses ou si vous préférez ne pas les faire.

⇨ André reste à la maison le samedi soir.
Moi aussi, j'aime rester à la maison le samedi soir.
(Moi, je préfère ne pas rester à la maison le samedi soir.)

1. Sylvie étudie le week-end.
2. Henri va souvent chez le dentiste.
3. Guillaume critique ses amis.
4. Renée nage quand il fait froid.
5. Jean-Claude agit impulsivement.
6. Suzanne perd son temps.
7. Alain se dispute avec son frère.
8. Robert s'impatiente pendant ses examens.
9. Gérard se lève très tôt le dimanche matin.
10. Thomas se promène quand il pleut.

MERCI de ne pas fumer

✝ L'ASSOCIATION DU TIMBRE DE NOËL

B. La construction: nom/adjectif + *de* + infinitif

Note the use of the infinitive in the sentences below.

C'est **l'heure de rentrer.**	*It's **time to go home.***
As-tu **le temps d'écrire** à Paul?	*Do you have **time to write** to Paul?*
Je n'ai pas **la patience de** vous **répondre.**	*I don't have **the patience to answer** you.*
Je suis **content de** vous **voir.**	*I am **happy to see** you.*
Sylvie est **obligée de rester** ici.	*Sylvie **has to (is obliged to) stay** here.*
Nous sommes **fatigués d'étudier.**	*We are **tired of studying.***

When a noun or an adjective is followed by a verb, the most common pattern is:

$$\left.\begin{array}{l} \text{noun} \\ \text{adjective} \end{array}\right\} + \textbf{de} + \text{infinitive}$$

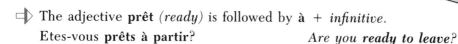

➡️ The adjective **prêt** *(ready)* is followed by **à** + *infinitive*.

Etes-vous **prêts à partir?**   *Are you **ready to leave?***

➡️ The expressions **être le premier/le dernier/le seul** *(the only one)* are also followed by **à** + *infinitive*.

Vous n'êtes pas **les seuls à penser** cela.   *You are not **the only ones to think** that.*

OPTIONAL   *A remarquer*

Nouns may sometimes be followed by **à** + *infinitive* to express a passive idea.

C'est un client **à inviter.**	*This is a client **to invite.***
	(= to be invited)
Nous cherchons une maison **à louer.**	*We are looking for a house **to rent.***
	(= to be rented)
C'est un problème difficile **à résoudre.**	*It's a problem (that is) hard **to solve.***
	(= to be solved)
C'est une voiture facile **à conduire.**	*It's a car (that is) easy **to drive.***
	(= to be driven)

Note also the construction: **être à** + *infinitive*.

Ma voiture **n'est pas à vendre.**	*My car **is not for sale.***
	(= is not to be sold)

Activité 2 Sentiments et attitudes

Lisez ce que font les personnes suivantes. Décrivez leurs sentiments ou attitudes en utilisant l'adjectif entre parenthèses dans une phrase affirmative ou négative.

⇨ Jacques quitte sa fiancée. (heureux?)
Il n'est pas heureux de quitter sa fiancée.

1. Nous quittons nos amis. (tristes?)
2. Vous partez en vacances. (contents?)
3. Ces élèves reçoivent une mauvaise note. (heureux?)
4. Le professeur répète les mêmes choses. (fatigué?)
5. Les hommes politiques (*politicians*) parlent en public. (embarrassés?)
6. Mademoiselle Leriche a une Mercédès. (fière [*proud*]?)
7. Nous faisons votre connaissance. (enchantés [*delighted*]?)
8. J'ai un «A» à l'examen. (surpris?)
9. Tu travailles comme volontaire pour la Croix-Rouge. (obligé?)
10. Je trouve un travail intéressant. (sûr?)

Activité 3 Expression personnelle

Complétez les phrases suivantes avec **de** + un verbe à l'infinitif. Utilisez votre imagination.

1. Je suis heureux/heureuse. . .
2. A l'école, nous sommes obligés. . .
3. Chez moi, je suis obligé(e). . .
4. Parfois, je suis fatigué(e). . .
5. Je suis capable. . .
6. Tout le monde est capable. . .
7. Aujourd'hui les gens ont rarement le temps. . .
8. Je voudrais avoir l'occasion. . .
9. Un jour j'ai eu la chance. . .
10. Pour les vacances, j'ai formulé le projet. . .
11. Mes amis et moi, nous avons l'intention. . .
12. Quand j'étais plus jeune, j'avais l'idée. . .
13. Parfois, j'ai l'impression. . .

C. La construction impersonnelle: *il est* + adjectif + *de* + infinitif

In the following sentences, general comments are made about certain activities. Note the use of the infinitive in these sentences.

Il est important d'être honnête.　　　*It is important to be honest.*
Il n'est pas indispensable d'être riche.　*It is not absolutely necessary to be rich.*
Est-il dangereux de prendre des risques?　*Is it dangerous to take risks?*

General statements may be expressed according to the following pattern:

> **il est** + adjective + **de** + infinitive

You may want to compare the following constructions:
1. Cet exercice est impossible à faire.
   This exercise is impossible to do (to be done).
2. Il est impossible de faire cet exercice.
   It is impossible to do this exercise.

In the first sentence, there is a definite subject (**l'exercice**) and a passive idea is expressed. In the second sentence, the subject is the impersonal **il**.

OPTIONAL **À remarquer**

These impersonal expressions can be "personalized" with an indirect object of reference.

Il **nous** est difficile de répondre.　　*We find it difficult to answer.*
　　　　　　　　　　　　　　　　　　*(It is difficult **for us** to answer.)*

Il **m'**est impossible de rester.　　　　*I cannot possibly stay.*
　　　　　　　　　　　　　　　　　　*(It is impossible **for me** to stay.)*

Activité 4　Commentaires personnels

Lisez ce que font les personnes suivantes. Faites un commentaire général sur leurs actions ou leurs attitudes. Pour cela, utilisez les adjectifs entre parenthèses dans une phrase affirmative ou négative.

⇨ Henri fait du ski. (dangereux?)
Il est dangereux de faire du ski.
(Il n'est pas dangereux de faire du ski.)

1. Ma cousine a beaucoup d'argent. (important? agréable?)
2. Cet étudiant boit beaucoup de café. (bon? mauvais?)
3. Gisèle conduit très vite. (prudent? dangereux?)
4. Cette personne est impartiale. (difficile? nécessaire?)
5. Thérèse fait des projets d'avenir. (indispensable? naturel?)
6. Roland dit la vérité. (difficile? essentiel?)
7. Paul lit des bandes dessinées. (stupide? amusant?)
8. Ce candidat s'énerve avant l'interview. (bon? normal?)
9. Nathalie sait programmer un ordinateur. (utile? facile?)
10. Suzanne veut réussir. (naturel? important?)

D. Les verbes suivis de l'infinitif

Note the infinitive constructions in the sentences below.

J'aime sortir.	*I like to go out.*
Je veux aller au cinéma.	*I want to go to the movies.*
Nous apprenons **à** programmer.	*We are learning how to program.*
Nous avons commencé **à** faire des progrès.	*We have begun to make progress.*
Paul refuse **de** sortir.	*Paul refuses to go out.*
Il a décidé **de** rester chez lui.	*He has decided to stay home.*

French verbs are frequently followed by an infinitive construction. Depending on which main verb is used, the pattern is:

> main verb + infinitive
> main verb + **à** + infinitive
> main verb + **de** + infinitive

⇨ In such constructions, when the infinitive is used with an object pronoun, this pronoun comes immediately *before* the infinitive.

Je n'ose pas parler au professeur.

Je n'ose pas lui parler.

J'ai commencé à lire cet article.

J'ai commencé à le lire.

Nous avons décidé d'aller à Paris.

Nous avons décidé d'y aller.

You may want to point out that there is no contraction of **à** or **de** with **le** when it is a direct object pronoun.
Je commence à le lire.
Je viens de le lire.

Avec ABC, c'est si facile d'apprendre à dessiner et à peindre.

joie de dessiner... et de peindre.

COMMENT APPRENDRE AVEC ABC ?
Le matériel de base est une véritable encyclopédie du dessin et de la peinture : 1.096 pages, 4.160 illustrations, 245 expériences, c'est-à-dire les conseils, les "recettes", les procédés techniques de plus de 100 artistes aux tempéraments divers.
Tout ce qu'il vous faut avoir vu et appris pour que votre main sache obéir à votre imagination pour créer des lignes, des formes, des couleurs. Vous travaillerez chez vous, pendant vos loisirs, vos week-ends. Peu à peu, vous passerez du "petit dessin" d'amateur au croquis puis à l'œuvre aboutie, reflet de votre inspiration, de votre sensibilité, de votre fantaisie. ABC, c'est l'investissement le plus rentable pour vos loisirs, votre épanouissement personnel, votre culture, votre joie de vivre.

Vocabulaire

verbe + infinitif

aimer	to like, enjoy	espérer	to hope	savoir	to know how
aimer mieux	to prefer	désirer	to want	pouvoir	to be able; can
préférer	to prefer	souhaiter	to wish	devoir	to have to; must
détester	to dislike, hate	vouloir	to want		

compter	to expect, intend	Où **comptes**-tu aller cet été?
penser	to plan, expect	Je **pense** faire un voyage au Japon.

oser	to dare	Il **a osé** prendre des risques et il a réussi.
prétendre	to claim	Pourquoi **prétends**-tu avoir toujours raison?

NOTE DE VOCABULAIRE:
The same construction can be used with verbs of movement, such as
aller, monter, descendre, venir, partir, sortir.

> Je **monte** chercher ma valise.   Nous **venons** acheter les billets.

verbe + à + infinitif

apprendre à	to learn how to	Quand **as**-tu **appris à** skier?

commencer à	to begin	Je n'ai pas **commencé à** travailler.
continuer à	to continue	**Continuez à** réfléchir à cette question!

chercher à	to seek to, try	Je **cherche à** comprendre le monde où je vis.
réussir à	to succeed in, be successful in	**As**-tu **réussi à** résoudre ce problème?
arriver à	to manage to	Je ne **suis** pas **arrivé à** réparer ma voiture!

hésiter à	to hesitate	N'**hésitez** pas **à** exprimer (to express) vos idées.
renoncer à	to give up, decide against	Nous **avons renoncé à** faire ce voyage.

songer à	to think about	Henri et Sylvie **songent à** se marier.
tenir à	to insist upon	Je **tiens à** vous dire la vérité.

s'amuser à	to have fun	Il **s'amuse à** imiter ses amis.
se décider à	to decide, make up one's mind	**Décidez-vous à** faire du sport!
se préparer à	to get ready to	Le pilote **se prépare à** atterrir (to land).
se mettre à	to begin	Mon petit frère **s'est mis à** pleurer (to cry).

verbe + **de** + infinitif

accepter de	*to accept, agree*	**Acceptes**-tu **de** prendre des risques?
cesser de	*to cease, stop*	**Cessez de** parler tout le temps!
finir de	*to stop, finish*	Nous **avons fini d'**étudier.
choisir de	*to choose*	**J'ai choisi d'**étudier le violon.
décider de	*to decide*	Henri **a décidé de** faire un voyage.
essayer de	*to try*	**Essayez d'**être patients!
éviter de	*to avoid*	**Evitez d'**être en retard!
oublier de	*to forget*	Zut! **J'ai oublié de** fermer les fenêtres et il pleut!
refuser de	*to refuse*	Antoine **a refusé de** répondre.
regretter de	*to regret, be sorry about*	Je **regrette de** vous poser cette question, mais. . .
menacer de	*to threaten*	**J'ai menacé de** partir.
négliger de	*to neglect, forget*	Il **a négligé de** répondre à ma lettre.
faire semblant de	*to pretend*	Ne **faites** pas **semblant de** dormir.
rêver de	*to dream of*	Mon cousin **rêve d'**être acteur de cinéma.
se dépêcher de	*to hurry*	**Dépêchez-vous de** partir!
s'excuser de	*to apologize for*	Il **s'est excusé d'**être en retard.
se souvenir de	*to remember*	Je **me souviens d'**avoir visité ce musée.
s'arrêter de	*to stop*	Elle ne **s'arrête** pas **de** parler.

NOTE DE VOCABULAIRE:
Note the difference in the constructions with **décider**:

décider de	*to decide*	Il **a décidé de** partir.
se décider à	*to make up one's mind*	Il **s'est décidé à** partir.

Activité 5 Chez le médecin

Imaginez que vous êtes médecin en France. Vous donnez des conseils à Monsieur Legros, un homme d'affaires (*businessman*) qui ne fait pas beaucoup d'exercice. Renforcez ces conseils en utilisant l'impératif, affirmatif ou négatif, des verbes entre parenthèses. Soyez logique dans vos conseils!

⇨ Ne fumez pas! (cesser)   **Cessez de fumer!**

1. Suivez ce régime! (continuer)
2. Prenez vos vitamines! (oublier)
3. Perdez dix kilos! (essayer)
4. Nagez! (apprendre)
5. Prenez des vacances! (songer)
6. Ne vous énervez pas! (éviter)
7. Faites du jogging tous les jours! (hésiter)
8. Ne mangez pas de spaghetti! (renoncer)
9. Faites du sport! (se décider)
10. Ne buvez pas de café! (s'arrêter)
11. Faites de la gymnastique! (commencer)
12. Payez ma note (*bill*)! (négliger)

8. Renoncez à manger des spaghetti.
10. Arrêtez-vous de boire du café.

Activité 6 Une question de personnalité

Lisez la description des personnes suivantes. D'après cela, dites ce qu'elles font. Utilisez les verbes entre parenthèses dans des phrases affirmatives ou négatives.

⇨ Antoine est réservé. (oser / parler en public)   **Il n'ose pas parler en public.**

1. Hélène est généreuse. (refuser / aider ses amis)
2. Je suis poli. (s'excuser / être en retard)
3. Vous aimez l'aventure. (hésiter / prendre des risques)
4. Janine a beaucoup d'imagination. (cesser / avoir des idées extraordinaires)
5. Tu es optimiste. (espérer / être millionnaire)
6. Eric est snob. (prétendre / connaître beaucoup de gens célèbres)
7. Ces étudiants sont sérieux. (se mettre / préparer leurs examens)
8. Tu n'es pas très persistant. (renoncer / suivre ce régime)
9. Vous êtes paresseux. (faire semblant / étudier)
10. Mon oncle est ambitieux. (rêver / être le président de sa compagnie)
11. Le président est conservateur. (chercher / changer la constitution)
12. Ces candidats sont honnêtes. (tenir / dire la vérité)

Activité 7 Qu'est-ce qu'ils ont fait?

Imaginez ce qu'ont fait les personnes suivantes. Pour cela, utilisez les verbes au passé composé et la construction infinitive dans des expressions de votre choix. Vos phrases peuvent être affirmatives ou négatives.

⇨ Cet athlète malchanceux (*unlucky*) / réussir. . .
   Cet athlète malchanceux n'a pas réussi à battre le record du monde (à gagner, à vaincre ses adversaires [*opponents*], etc.).

1. Cet athlète victorieux / réussir. . .
2. Cet employé négligent / se souvenir. . .

3. Cette personne curieuse / chercher. . .
4. Les employés en grève (*on strike*) / menacer. . .
5. Pour être à l'heure au rendez-vous, ce garçon / se dépêcher. . .
6. Ces étudiants paresseux / finir. . .
7. A l'âge d'un an, ce bébé / se mettre à. . .
8. Les enfants espiègles (*mischievous*) / s'amuser. . .
9. Ce garçon indécis (*hesitant*) / oser. . .
10. Après sa dernière visite médicale, cette personne / s'arrêter. . .

A c t i v i t é 8 **Questions personnelles**

Répondez aux questions suivantes.

1. Etes-vous sportif/sportive? Avez-vous appris à jouer au tennis? à faire du ski? à faire de la planche à voile (*wind-surfing*)?
2. Souhaitez-vous avoir beaucoup de responsabilités? jouer un rôle politique? avoir un rôle dans la vie de votre communauté? Qu'est-ce que vous souhaitez faire plus tard?
3. Comptez-vous voyager? continuer vos études? vous marier? avoir une famille? Qu'est-ce que vous comptez faire l'année prochaine?
4. En général, osez-vous prendre des risques? dire la vérité quand elle n'est pas facile à dire? contredire vos professeurs?
5. Quand vous étudiez, arrivez-vous à vous concentrer? Quand vous avez un problème sérieux avec l'un de vos amis, arrivez-vous à rester calme? à analyser logiquement la situation?
6. Tenez-vous beaucoup à être riche? à avoir une existence confortable? à être indépendant(e)?
7. Oubliez-vous parfois d'étudier? de préparer vos devoirs? d'écrire à vos amis pour leur anniversaire?
8. Parfois faites-vous semblant d'étudier? d'écouter vos parents? de vous intéresser aux problèmes de vos amis?

A c t i v i t é 9 **Expression personnelle**

Complétez les phrases avec une construction infinitive de votre choix.

1. Quand j'étais enfant, je m'amusais. . .
2. Un jour, j'ai réussi. . .
3. Je ne regrette pas. . .
4. J'ai décidé. . .
5. Je me suis arrêté(e). . .
6. Je tiens. . . , mais je ne tiens pas spécialement. . .
7. Un jour ou l'autre, tout le monde doit se préparer. . .

E. Les verbes de communication suivis de l'infinitif

In the sentences below, the main verb is a verb of communication. Note the use of the infinitive construction.

Je demande à Eric **de** téléphoner.   *I am asking Eric to call.*

J'ai promis à Marie **de** répondre à sa lettre.   *I promised Marie to answer her letter.*

Le professeur apprend **aux** élèves **à** programmer.   *The teacher teaches the students how to program.*

Je remercie Pierre **de** m'aider.   *I thank Pierre for helping me.*

Albert oblige son frère **à** dire la vérité.   *Albert obliges his brother to tell the truth.*

Verbs of communication are often followed by an infinitive. Depending on which verb of communication is used, the pattern is:

> verb of communication + **à quelqu'un** + **de** + infinitive
> verb of communication + **à quelqu'un** + **à** + infinitive
>
> verb of communication + **quelqu'un** + **de** + infinitive
> verb of communication + **quelqu'un** + **à** + infinitive

⇨ Most verbs of communication follow the first of the above patterns.

⇨ In these constructions, object pronouns come before the verb to which they refer. This may be the verb of communication or the infinitive.

Je propose à mes amis de sortir.   Je leur propose de sortir.

Je propose à mes amis d'aller au cinéma.   Je leur propose d'y aller.

Nous avons persuadé Janine de venir.   Nous l'avons persuadée de venir.

Nous avons persuadé Paul de prendre des photos.   Nous l'avons persuadé d'en prendre.

Vocabulaire

Quelques verbes de communication et leur construction

La construction **demander** à quelqu'un **de** faire quelque chose

demander à. . .de	*to ask*	**proposer à. . .de**	*to suggest*
recommander à. . .de	*to recommend*	**offrir à. . .de**	*to offer*
commander à. . .de	*to order*	**permettre à. . .de**	*to allow, let,*
ordonner à. . .de	*to order*		*give permission*
		promettre à. . .de	*to promise*
dire à. . .de	*to tell*		
écrire à. . .de	*to write*	**défendre à. . .de**	*to forbid*
		interdire à. . .de	*to forbid*
conseiller à. . .de	*to advise*		
suggérer à. . .de	*to suggest*	**reprocher à. . .de**	*to reproach*

La construction **apprendre** à quelqu'un **à** faire quelque chose

apprendre à. . .à	*to teach*
enseigner à. . .à	*to teach*

La construction **persuader** quelqu'un **de** faire quelque chose

convaincre. . .de	*to convince*
persuader. . .de	*to persuade*
empêcher. . .de	*to prevent, stop*
prier. . .de	*to ask, beg*
supplier. . .de	*to beg*
remercier. . .de	*to thank*
accuser. . .de	*to accuse*
féliciter. . .de	*to congratulate*

La construction **autoriser** quelqu'un **à** faire quelque chose

autoriser. . .à	*to authorize*
inviter. . .à	*to invite*
aider. . .à	*to help*
décider. . .à	*to convince*
obliger. . .à	*to oblige, require*
encourager. . .à	*to encourage*

Activité 10 **Logique!**

Les personnes de la colonne A demandent aux personnes de la colonne B de faire ou de ne pas faire certaines choses. Exprimez cela d'une façon logique en utilisant les éléments des colonnes A, B, C et D. (Les verbes de la colonne D peuvent être affirmatifs ou négatifs.)

A	**B**	**C**	**D**
le médecin	demander	les passagers	obéir
le pilote	conseiller	les touristes	fumer
le professeur	reprocher	l'élève	trop manger
l'officier	défendre	les enfants	écouter
le guide	ordonner	les soldats	attacher leurs ceintures
les parents	interdire	les joueurs	*(seat belts)*
l'arbitre *(umpire)*	persuader	les clients	faire des efforts
l'entraîneur	obliger		faire du sport
(coach)	encourager		tricher *(to cheat)*
	prier		se taire
	inviter		suivre un régime
	apprendre		visiter le musée
	commander		parler français

⇨ **Le médecin conseille à ses clients de suivre un régime.**

⇨ **Le médecin encourage à ses clients à ne pas fumer.**

Activité 11 **En France**

Les personnes suivantes voyagent en France. Lisez ce qu'elles font. Puis dites sous quelle influence elles font ou elles ne font pas ces choses. Pour cela, utilisez le passé composé des verbes entre parenthèses et le pronom complément qui convient.

⇨ Pierre dîne dans ce petit restaurant. (un ami / recommander)
  Un ami lui a recommandé de dîner dans ce petit restaurant. Remind students that the past participle agrees with a preceding direct object (see asterisks).

1. Je montre mon passeport. (le douanier [*customs officer*] / demander) …m'a demandé de
2. Nous visitons les châteaux de la Loire. (l'agent touristique / suggérer) …nous a suggéré de
3. Ces étudiants boivent un verre de vin. (le vigneron [*wine grower*] / inviter) …nous a invité(e)s à
4. Tu prends des escargots *(snails)*. (le garçon / recommander) …t'a recommandé de
5. Jeannette parle français. (ses amis / encourager) …l'ont encouragée à*
6. Paul et David font du camping dans ce champ. (le fermier / permettre) …leur a permis de
7. Vous ne marchez pas sur les pelouses *(lawns)*. (le gardien / interdire) …vous a interdit de
8. Nous ne prenons pas de photos. (le mauvais temps / empêcher) …nous a empêché(e)s de*
9. Je reste chez eux. (mes amis français / supplier) …m'ont supplié(e) de*
10. Marc respecte le code de la route *(highway regulations)*. (la police / prier) …l'a prié de*
11. Nous faisons de la planche à voile. (une amie / apprendre) …nous a appris à
12. Gisèle passe une semaine en Provence. (l'agence de tourisme / convaincre) …l'a convaincue de*

Entre nous

A votre tour

Dites aux personnes suivantes ce qu'il faut faire (ou ne pas faire). Pour cela, vous pouvez utiliser les verbes entre parenthèses. . .et votre imagination.

⇨ Un ami cherche du travail. (conseiller)

   Je lui conseille de lire les petites annonces.

1. Des touristes français vont visiter votre région. (conseiller / suggérer / recommander)
2. Quelqu'un vous téléphone. C'est un faux numéro *(wrong number)*. La personne s'excuse, mais recommence. . . (conseiller / suggérer)
3. Un ami veut emprunter votre bicyclette, mais vous savez qu'il n'est pas très prudent. (prier / permettre / interdire)
4. Vous vous disputez avec votre meilleure amie. (reprocher / interdire / ordonner / défendre)
5. Un ami français veut passer l'été aux Etats-Unis mais il n'a pas beaucoup d'argent. (conseiller / proposer / inviter / offrir / aider)
6. Une amie a des difficultés avec sa classe de français. (aider / convaincre / empêcher / apprendre)
7. Votre petit frère a cassé votre chaîne-stéréo. (demander / empêcher / reprocher / accuser / interdire)
8. Votre cousine vous invite à son mariage. (féliciter / remercier / dire / offrir / aider)
9. Un ami veut quitter l'école. (suggérer / convaincre / persuader / empêcher)

Situations

Certaines personnes parlent à d'autres gens. Imaginez ce qu'elles leur disent en utilisant les verbes de la leçon. Créez 2 ou 3 phrases pour chaque situation.

⇨ Un patron parle à ses employés consciencieux.

   Je vous félicite de bien travailler.
   J'ai décidé d'augmenter vos salaires.
   Continuez à faire des efforts.
   N'hésitez pas à me faire certaines suggestions.

1. Un patron parle à un employé négligent.
2. Un entraîneur *(coach)* parle aux joueurs de l'équipe de football avant un match très important.
3. Une jeune guide parisienne parle à un groupe de touristes canadiens.
4. Avant une mission secrète, le chef du contre-espionnage parle à ses agents.
5. Monsieur Richard donne sa Rolls-Royce à réparer à un mécanicien.
6. Pendant la campagne électorale, une candidate parle à un groupe d'électeurs.
7. Madame Rimbaud parle à sa fille qui va passer deux mois aux Etats-Unis.

Leçon 12 L'infinitif et le participe présent

A. L'infinitif passé

Note the forms of the *past infinitive* in the sentences below.

Je suis content d'**avoir vu** ce film.	*I am happy **to have seen** that film.*
Nous te félicitons d'**avoir réussi** à ton examen.	*We congratulate you on **having passed** your exam.*
Est-ce que tu regrettes d'**être parti**?	*Are you sorry **to have left**?*
Nous nous excusons de **nous être impatientés**.	*We apologize for **having become impatient**.*

The past infinitive is formed according to the pattern:

> **avoir** or **être** + past participle

▷ In the negative, two constructions are possible:

- **ne pas** (**jamais, rien**) may come *before* the past infinitive;
- **ne** may come before the verb and **pas** (**jamais, rien**) between **avoir** or **être** and the past participle.

> Ne (pas) comes before any object pronoun.
> Je regrette de **ne pas vous** avoir vu.

Le professeur nous reproche de **ne pas** avoir étudié assez.
Le professeur nous reproche de **n'**avoir **pas** étudié assez.

OPTIONAL *A remarquer*

The rules for agreement of the past participle also apply to the past infinitive.

- For verbs conjugated with **être**, the past participle agrees with the subject.

    Mes cousines se souviennent d'être **resté|es|** dans cet hôtel.

- For verbs conjugated with **avoir**, the past participle agrees with a preceding direct object.

    Où sont **tes photos**? Je ne me souviens pas de **les** avoir **vu|es|**.

- For reflexive verbs, the past participle agrees with the reflexive pronoun when that pronoun functions as the direct object.

    Nous regrettons de **nous** être **disputé|s|**.

A c t i v i t é   1   **Réactions**

Lisez ce qu'ont fait les personnes suivantes et expliquez leurs réactions.
Pour chaque personne, dites si elle est contente ou furieuse.

⇨ Monsieur Lombard a raté son avion.
   Il est furieux d'avoir raté son avion.

1. Jean-Jacques a perdu ses lunettes.
2. Christine a retrouvé les clés de la voiture.
3. Mes parents ont eu une contravention *(traffic ticket)*.
4. Tu as gagné ton match de tennis.
5. Elisabeth est sortie avec un garçon sympathique.
6. Vous êtes arrivés en retard au rendez-vous.
7. Henri s'est trompé de train.
8. Mes cousins se sont perdus.

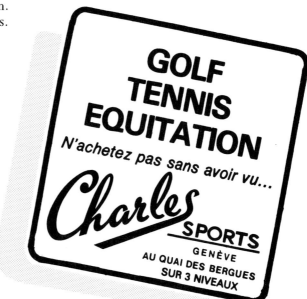

GOLF
TENNIS
EQUITATION
N'achetez pas sans avoir vu...
Charles SPORTS
GENÈVE
AU QUAI DES BERGUES
SUR 3 NIVEAUX

A c t i v i t é   2   **Excuses**

Les personnes suivantes s'excusent d'avoir fait ou de ne pas avoir fait
certaines choses. Présentez leurs excuses.

⇨ Nous n'avons pas répondu à votre lettre.
   Nous nous excusons de ne pas avoir répondu à votre lettre.

1. Pauline a oublié la date de ton anniversaire.
2. Gérard s'est impatienté.
3. Je me suis mis en colère.
4. Tu t'es endormi pendant la classe de français.
5. Christine n'est pas arrivée à l'heure.
6. Henri n'a pas été poli avec tes cousins.
7. Je ne suis pas resté pour la conférence.
8. Nous sommes arrivés en retard au rendez-vous.

B. L'infinitif après certaines prépositions

Note the use of the infinitive in the following sentences:

J'économise mon argent **pour aller** en Europe cet été.	*I am saving my money **in order to** go to Europe this summer.*
Je vais vous écrire **avant de partir**.	*I am going to write to you **before leaving**.*
Ne pars pas **sans dire** au revoir à mes parents.	*Don't leave **without saying** good-by to my parents.*
Réfléchissez un peu **au lieu de parler** tout le temps.	*Think a little **instead of talking** all the time.*

The present infinitive is used after most prepositions (**pour, sans, avant de, au lieu de**).

⇨ The past infinitive is used after **après**.

Je vais partir **après avoir fait** mes valises.	*I am going to leave **after packing (having packed)** my suitcases.*
Nous allons travailler **après nous être reposés** un peu.	*We are going to work **after resting (having rested)** a little.*

OPTIONAL *A remarquer*

The construction **pour** + *past infinitive* is used to express the cause of a past event or action.

J'ai reçu une contravention **pour n'avoir** pas **respecté** la limite de vitesse.
*(I got a ticket **for not having observed** the speed limit.)*

Vocabulaire — Les prépositions suivies de l'infinitif

pour	*(in order) to*	Je te téléphone **pour t'inviter** à dîner.
afin de	*(in order) to, for the purpose of*	Je suis allé à la banque **afin d'y déposer** mon argent.
avant de	*before*	Téléphone-moi **avant de venir**.
après	*after*	Nous sommes sortis **après avoir fait** la vaisselle.
sans	*without*	Ne parlez pas **sans réfléchir**!
au lieu de	*instead of*	**Au lieu d'étudier**, je regarde la télé.
à condition de	*provided*	On peut conduire vite **à condition d'être** prudent.

NOTE DE VOCABULAIRE:
After verbs of movement, the preposition **pour** is usually not expressed.

Yves monte chercher mes valises.   *Yves is going up to get my suitcases.*

A c t i v i t é 3 **Pourquoi**

Nous avons chacun des motifs différents pour aller à certains endroits.
Dites où sont allées les personnes entre parenthèses et expliquez
pourquoi. Utilisez la construction **pour** + *infinitif* et votre imagination.

⇨ au café (moi)
  **Je suis allé(e) au café pour téléphoner (pour rencontrer mes amis, pour jouer
  aux jeux-vidéo, pour boire une limonade).**

1. à la banque (moi / mon père / le cambrioleur [*burglar*])
2. en Russie (le Président / les touristes / l'espion [*spy*] / nous)
3. au stade (moi / ces athlètes / les spectateurs)
4. au restaurant (nous / le garçon / mes parents)
5. à New York (moi / vous / mes grands-parents / ce banquier japonais /
   ces étudiants français)
6. chez moi (moi / mes amis / le facteur [*mailman*])
7. à la Maison Blanche (le Président / les journalistes / les représentants
   du mouvement écologique)
8. en Floride (nous / mon petit cousin / les gens âgés)

miniguide
santé
du grand
voyageur   MINISTERE DE LA SANTE ET DE LA FAMILLE   COMITE FRANÇAIS D'EDUCATION POUR LA SANTE

pour
revenir
en bonne
santé

WRITTEN A c t i v i t é 4 **Avant et après**

Expliquez l'ordre dans lequel (*which*) les personnes suivantes ont fait
certaines choses. Faites deux phrases pour chaque personne suivant le
modèle.

⇨ Henri / dîner (se laver les mains, se brosser les dents)
  Avant de dîner, Henri s'est lavé les mains.
  Après avoir dîné, il s'est brossé les dents.

1. nous / déjeuner (regarder le menu, payer l'addition)
2. toi / regarder la télé (étudier, se coucher)
3. les touristes / aller au Centre Pompidou (visiter le Louvre, rentrer à
   l'hôtel)
4. le candidat / parler (regarder ses notes, répondre aux questions)
5. André et Michèle / se fiancer (sortir souvent ensemble, se marier)
6. ce professeur / écrire un livre (faire des recherches [*research*], donner
   des conférences [*lectures*])
7. George Washington / être président (être général, se retirer à Mount
   Vernon)
8. La Fayette / être nommé général (se présenter au Congrès, combattre
   avec Washington)

Est-ce bien?

Dites ce que font les personnes suivantes. Pour cela, transformez les phrases en utilisant les prépositions entre parenthèses. Faites un commentaire personnel sur ces actions en disant si c'est bien ou non.

➡ Vous répondez et vous ne faites pas d'erreur. (sans)
  Vous répondez sans faire d'erreur. C'est bien!

➡ Tu t'amuses et tu n'étudies pas. (au lieu de)
  Tu t'amuses au lieu d'étudier. Ce n'est pas bien!

1. Le garçon parle et il ne réfléchit pas. (sans)
2. Catherine invente une histoire et elle ne dit pas la vérité. (au lieu de)
3. Jacqueline attend ses amis et elle ne s'impatiente pas. (sans)
4. Nous aidons nos amis et nous ne nous reposons pas. (au lieu de)
5. Tu quittes le restaurant et tu ne paies pas. (sans)
6. Cette ville construit un hôpital et elle ne construit pas une centrale (*power plant*) nucléaire. (au lieu de)
7. Tu critiques tout et tu ne t'informes pas. (sans)
8. Ces sénateurs votent des crédits (*funds*) pour les chômeurs (*unemployed*) et ils ne votent pas des crédits militaires. (au lieu de)

A c t i v i t é 6 **Expression personnelle**

Complétez les phrases suivantes avec une expression de votre choix.

1. J'étudie le français pour. . .
2. J'aimerais être riche afin de. . .
3. J'ai un peu peur avant de. . .
4. Je me sens bien après. . .
5. D'habitude, je me repose après. . .
6. J'ai parfois mal à la tête après. . .
7. Je consulte mes amis avant de. . .
8. Parfois, j'agis sans. . .
9. Plus tard, j'aimerais. . . au lieu de. . .
10. Je veux. . . avant de. . .
11. Dans la vie, il est difficile de réussir sans. . .
12. On peut être heureux à condition de. . .

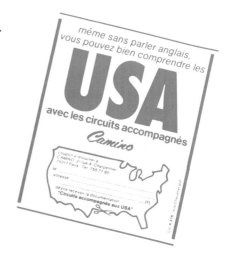

C. Le participe présent: formation

Note the form of the *present participle* in the following sentences:

Parlant français, nous avons passé une semaine très agréable à Paris.	*Speaking French, we spent a very pleasant week in Paris.*
Ne **parlant** pas anglais, Pierre n'a pas compris le film de Hitchcock.	*Not speaking English, Pierre did not understand the Hitchcock movie.*
En **allant** au cinéma, Sylvie a rencontré ses amis.	*While going to the movie theater, Sylvie met her friends.*

The present participle is a verbal form ending in **-ant**. It is formed according to the following pattern:

> **nous** form of the present minus **-ons** + **-ant**

travailler	(nous **travaill**ons)	**travaillant**
finir	(nous **finiss**ons)	**finissant**
répondre	(nous **répond**ons)	**répondant**
commencer	(nous **commenç**ons)	**commençant**
nager	(nous **nage**ons)	**nageant**
partir	(nous **part**ons)	**partant**
écrire	(nous **écriv**ons)	**écrivant**
boire	(nous **buv**ons)	**buvant**

Also: espérer (nous espérons) espérant
lever (nous levons) levant
appeler (nous appelons) appelant

There are three irregular present participles.

être	**étant**	**Etant** malade, Catherine n'est pas sortie.
avoir	**ayant**	N'**ayant** pas d'argent, nous avons dîné chez nous.
savoir	**sachant**	Ne **sachant** pas votre adresse, je ne suis pas passé chez vous.

▷ Object pronouns come before the present participle.

Je n'ai pas vu **Nathalie**.	Ne **la** voyant pas, je lui ai téléphoné.
Nous sommes allés **à la plage**.	En **y** allant, nous avons eu un accident.

▷ When a reflexive verb is used in its present participle form, the reflexive pronoun always represents the same person as the subject.

se promener	En **nous** promenant, **nous** avons rencontré Jacques.
se dépêcher	En **me** dépêchant, **je** suis tombé.

▷ The present participle is invariable and does not take endings to agree with the subject. Verbal adjectives are discussed in Str. E (p. 225).

A remarquer

The perfect participle (**le participe passé composé**) is formed as follows:

> **ayant** or **étant** + past participle

Ayant fini mon travail, je suis parti. *Having finished my work, I left.*
Etant partis à l'heure, nous sommes *Having left on time, we arrived on time.*
   arrivés à l'heure.
S'étant levée tôt, elle était fatiguée. *Having gotten up early, she was tired.*

The agreement rules of the past participle are the same as for other compound tenses.

A c t i v i t é 7 Pas de chance!

Les personnes suivantes ont eu certains problèmes. Expliquez
les circonstances de ces problèmes en utilisant la construction
en + *participe présent*.

⇨ Claire s'est blessée. Elle jouait au basketball.
   Claire s'est blessée en jouant au basketball.

1. Je me suis cassé la jambe. Je faisais du ski.
2. Mon cousin s'est cassé une dent. Il mangeait du homard *(lobster)*.
3. Tu as perdu ton portefeuille *(wallet)*. Tu allais au marché.
4. J'ai eu un accident. Je conduisais la voiture de mes parents.
5. Vous vous êtes coupés. Vous vous rasiez.
6. Nous nous sommes perdus. Nous nous promenions dans la forêt.
7. Nous sommes tombés à l'eau. Nous faisions une promenade en bateau.

D. Le participe présent: usages

The present participle is not used as frequently in French as it is in
English. It is used mainly after the preposition **en**.

The construction **en** + *present participle* is used to express:

• simultaneity

J'étudie **en écoutant** la radio. *I study **while listening** to the radio.*
En partant, n'oublie pas de ***Upon (On, When) leaving**, don't forget*
   fermer la fenêtre. *to close the window.*

• means or method

Eric apprend le russe **en écoutant** *Eric is learning Russian **by listening***
   des cassettes. ***to cassettes.***
En partant tôt, vous êtes sûr de ***By (In) leaving** early, you are sure not*
   ne pas rater votre bus. *to miss your bus.*

• manner

Anne répond **en souriant**.	*Anne answers **smiling** (with a smile).*
Robert est arrivé **en courant**.	*Robert arrived **running** (on the run).*

⇨ The present participle is used by itself:

• to explain the reason why an action is carried out

Etant fatigués, nous ne sommes pas sortis.	***Being** tired (= Since we were tired), we didn't go out.*
Voulant être à l'heure, j'ai pris un taxi.	***Wanting** to be on time (= Since I wanted to be on time), I took a cab.*

• to express the circumstances of an action

Elle est arrivée à l'aéroport **portant** ses valises.	*She arrived at the airport **carrying** her suitcases.*
Comprenant son erreur, il s'est excusé.	***Realizing** his mistake, he apologized.*

Pour commencer à apprendre l'anglais en s'amusant.

RÉCRÉ ANGLAIS

un ensemble complet de jeux et d'activités

• Sur la cassette : 1 heure de chansons et de dialogues.
• Dans le livret : 48 pages de découvertes d'activités amusantes pour les enfants et les parents.

OPTIONAL *A remarquer*

1. The present participle can also be used by itself in clauses that describe a noun or a pronoun. (In such cases, however, the French tend to prefer **qui** + *verb*.)

You may want to refer to the section dealing with the relative pronoun **qui**, p. 417

Un homme **portant** un chapeau noir est entré dans la banque.	Un homme **qui portait** un chapeau noir est entré dans la banque.
Nous cherchons une personne **parlant** français et espagnol.	Nous cherchons une personne **qui parle** français et espagnol.

2. The perfect participle is used instead of the present participle to indicate that one of two actions was completed earlier than the other.

Ayant fini mon travail, je vais me reposer.
Ayant dîné, il a quitté le restaurant.
S'étant perdus, ils ont demandé leur chemin *(way)* à l'agent de police.

Activité 8 Comment?

Dites comment les personnes suivantes font certaines choses. Ensuite, expliquez comment vous faites ces mêmes choses.

⇨ Monsieur Carré célèbre son anniversaire. Il boit du champagne.
Monsieur Carré célèbre son anniversaire en buvant du champagne.
Moi, je célèbre mon anniversaire en organisant une surprise-partie.

1. Vous restez en bonne condition physique. Vous nagez tous les jours.
2. Christine apprend le français. Elle sort avec des Français.
3. Tu te reposes. Tu fais du yoga.
4. François gagne de l'argent. Il lave des voitures.
5. Nous nous préparons aux examens. Nous dormons bien la veille *(night before)*.
6. Marie-Claire soigne *(takes care of)* sa grippe. Elle boit du thé chaud.
7. Thomas reste en bonne santé. Il ne fume pas.
8. Tu amuses tes amis. Tu imites Woody Allen.
9. Martine étonne *(amazes)* ses amis. Elle avale des poissons rouges *(goldfish)*.
10. Jacques et Antoine préparent leur avenir. Ils lisent leur horoscope.

Activité 9 En même temps

On peut faire plusieurs choses en même temps. Décrivez ce que font les personnes suivantes en utilisant la construction **en** + *participe présent*. Ensuite faites un commentaire sur leurs activités en utilisant l'adjectif entre parenthèses.

⇨ Tu réfléchis et tu réponds à la question. (intelligent?)
Tu réfléchis en répondant à la question. C'est intelligent!

1. J'écoute de la musique et je fais du jogging. (amusant?)
2. Monsieur Rimbaud ronfle *(snores)* et il dort. (amusant pour sa femme?)
3. Vous parlez et vous mangez. (poli?)
4. On boit du vin blanc et on mange du poisson. (bon?)
5. Philippe lit le journal et il conduit. (prudent?)
6. L'acrobate fume un cigare et il marche sur les mains. (facile?)
7. Cet étudiant mâche *(chews)* du chewing-gum et il répond au professeur. (impoli?)
8. Le chat attend la souris *(mouse)* et il fait semblant de dormir. (hypocrite?)
9. Roméo ferme les yeux et il embrasse Juliette. (romantique?)

E. L'adjectif verbal en *-ant*

The words in heavy type are modifying nouns. Note the forms of these adjectives.

Paul est un garçon **amusant**.　　　*Paul is an **amusing** boy.*
Hélène est une fille **intéressante**.　*Hélène is an **interesting** girl.*

Vos propos sont **irritants**.　　　*Your remarks are **irritating**.*
Vous posez des questions **troublantes**.　*You are raising **troubling** questions.*

Most verbal adjectives in **-ant** are derived from verbs in the same manner as the present participle. However, since these words are adjectives, they agree with the nouns or pronouns they modify.

OPTIONAL **A remarquer**

Adjectives in **-ant** modify a noun or pronoun. They are never followed by an object. On the other hand, present participles are verbs and may be used with a direct or indirect object. Compare:

ADJECTIF VERBAL	PARTICIPE PRÉSENT
Voici des remèdes **calmants**.	Ce sont des remèdes **calmant la toux** (*cough*).
Anne et Sophie sont des filles **étonnantes**.	**Etonnant leurs amis**, elles ont décidé de faire le tour du monde en ballon.

Activité 10   C'est vrai!

Robert raconte ce qui lui est arrivé. Soyez d'accord avec lui, d'après le modèle.

⇨ Cette histoire m'a amusé.
   C'est vrai! C'est une histoire amusante!

1. Ces gens m'ont amusé.
2. Cette nouvelle m'a étonné.
3. Ce livre m'a passionné (*fascinated*).
4. Ces rumeurs m'ont inquiété.　inquiétantes
5. Ces remarques m'ont irrité.　irritantes
6. Ce remède m'a calmé.
7. Ces enfants m'ont obéi.
8. Ce chien m'a désobéi.

Au Hilton :
un étonnant art de vivre.

Hilton International Paris

18, av. de Suffren 75740 Paris cedex 15
Tél. : 273.92.00

Hilton étonne.

Entre nous

Séries

Nos actions forment souvent une série d'événements successifs. Racontez ce que vous avez fait aux époques *(times)* suivantes en décrivant l'enchaînement *(sequence)* de vos actions. Pour cela, composez un petit paragraphe en faisant des phrases commençant par **Après.**

⇨ ce matin

D'abord, je me suis levé(e).
Après m'être levé(e), j'ai pris un bain.
Après avoir pris un bain, je me suis habillé(e).
Après m'être habillé(e), j'ai pris le petit déjeuner.

1. hier soir
2. samedi après-midi
3. dimanche matin
4. l'été dernier
5. quand j'étais très jeune

Expression personnelle

Décrivez vos actions en complétant les phrases suivantes avec les prépositions entre parenthèses.

1. J'apprends le français (en. . . , pour. . .).
2. Ce soir, je vais étudier (afin de. . . , avant de. . . , après. . .).
3. Ce week-end, je vais sortir (pour. . . , à condition de. . . , après. . .).
4. J'espère trouver du travail (en. . . , avant de. . . , après. . .).
5. Je veux obtenir mon indépendance (en. . . , pour. . . , sans. . .).
6. Dans la vie, il faut s'entraider *(to help one another)* (afin de. . . , au lieu de. . . , en. . .).

Situations

Un journaliste a interviewé plusieurs Français sur leur travail, leurs loisirs, leurs moyens d'information, etc. Lisez le résultat de la première interview. Imaginez les autres interviews d'après la personnalité de chaque personne. Vous pouvez utiliser les mots clés suivants:

s'occuper / gagner sa vie / s'informer / se détendre *(to relax)* / garder la forme / enrichir son existence / s'amuser / passer les week-ends / etc.

⇨ Robert Dumas (30 ans, célibataire [*single*], agent d'assurances)

Robert Dumas a 30 ans. Il est célibataire. Il travaille pour une compagnie d'assurances. Il gagne sa vie en vendant des polices *(policies)* d'assurance. Il s'informe en lisant *L'Express* et en regardant la télé. Il se détend *(relaxes)* en faisant les mots croisés et en allant au cinéma. Il garde la forme en faisant du jogging tous les matins et en faisant de la gymnastique dans un Club Sportif. Il enrichit sa vie en voyageant et en lisant.

1. Juliette Simon (18 ans, célibataire, étudiante)
2. Roland Barret (21 ans, célibataire, musicien)
3. Jacqueline Anselme (30 ans, mariée sans enfants, informaticienne [*data processing specialist*])
4. Marc Letendre (35 ans, marié, 2 enfants, architecte)
5. Véronique Tessier (25 ans, célibataire, mannequin [*model*])

Leçon 13 Le subjonctif (I)

A. Le concept du subjonctif

Tenses and moods

In a sentence, the verb is the word (or group of words) that identifies the action. A verb is characterized by its tense and its mood.

- The tense indicates the *time of the action*.
  The present, the **passé composé**, the **imparfait**, and the future are tenses.
- The mood indicates the *attitude of the speaker* toward the action.
  The indicative, the imperative, the subjunctive, and the conditional are moods.

In English, the subjunctive is used only rarely.

INDICATIVE	SUBJUNCTIVE
You *are* late.	It is important that you *be* on time.
I *am* in school.	I wish I *were* on vacation.
Paul *speaks* English.	The teacher insists that he *speak* French in class.

In French, however, the subjunctive is used very frequently. As in English, it occurs mainly in dependent clauses; that is, in clauses that cannot stand alone and that are connected to a main (or independent) clause.

MAIN CLAUSE	DEPENDENT CLAUSE
Je suggère	que votre ami **soit** à l'heure.
I suggest	*that your friend **be** on time.*

The indicative and the subjunctive

Compare the use of the indicative and the subjunctive in the following sentences:

INDICATIVE	SUBJUNCTIVE
Alain **part.**	Il faut qu'il **parte.**
Je sais qu'il **part** demain.	Je regrette qu'il **parte** bientôt.
Je pense qu'il **va** en France.	Je doute qu'il **aille** en Angleterre.

The *indicative* mood is *objective*. It is used to describe facts. It states what is considered as certain. It is the mood of *what is*.
The indicative is the most frequently used mood in French.

It occurs:
• in main clauses;
• in dependent clauses introduced by **que,** after verbs and expressions asserting the knowledge of a fact. (**je sais que. . . , je pense que. . .**)

The *subjunctive* mood is *subjective*. It is used to express feelings, judgments, and emotions relating to an action. It states what is considered as desirable, possible, doubtful, uncertain, etc. It is the mood of *what may or might be*.

The subjunctive occurs primarily:
• in dependent clauses introduced by **que,** after verbs and expressions of will, desire, emotion, doubt. (**il faut que. . . , je regrette que. . . , je doute que. . .**)

⇨ Note that either the indicative or the subjunctive may be used in a dependent clause introduced by **que.** The choice between the indicative or the subjunctive depends on what is expressed by the verb in the main clause.

MAIN CLAUSE	DEPENDENT CLAUSE
statement of fact or belief ⟶	indicative
statement of will, emotion, or doubt ⟶	subjunctive

⇨ The indicative and the subjunctive are also used in dependent clauses introduced by certain conjunctions other than **que.** Here, the choice of the mood depends on which conjunction is used.

INDICATIVE

Je te téléphone **parce que** tu **pars** demain.

SUBJUNCTIVE

Je te téléphone **avant que** tu **partes** demain.

B. La formation régulière du subjonctif: verbes à un radical

Note the present subjunctive forms of the following three regular verbs
(**parler, finir, vendre**) and the irregular verb (**sortir**).

INFINITIVE		parler	finir	vendre	sortir
PRESENT INDICATIVE	ils	**parlent**	**finissent**	**vendent**	**sortent**
PRESENT SUBJUNCTIVE	que je	**parle**	**finisse**	**vende**	**sorte**
	que tu	**parles**	**finisses**	**vendes**	**sortes**
	qu'il/elle/on	**parle**	**finisse**	**vende**	**sorte**
	que nous	**parlions**	**finissions**	**vendions**	**sortions**
	que vous	**parliez**	**finissiez**	**vendiez**	**sortiez**
	qu'ils/elles	**parlent**	**finissent**	**vendent**	**sortent**

In the present indicative, the above verbs have the same *stem* in the **nous** and **ils** forms.

In the present subjunctive, these verbs have:
• one stem: the **ils** stem of the present indicative;
• a common set of endings.

These endings are the same for all verbs in the subjunctive (except **être** and **avoir**).

je	-e	nous	-ions
tu	-es	vous	-iez
il/elle/on	-e	ils/elles	-ent

⇨ The above pattern applies to regular verbs in **-er, -ir,** and **-re,** and to
many verbs that are irregular in the present indicative.

	PRESENT INDICATIVE	PRESENT SUBJUNCTIVE
s'asseoir	ils **s'asseyent**	que je **m'asseye**
battre	ils **battent**	que je **batte**
conduire	ils **conduisent**	que je **conduise**
connaître	ils **connaissent**	que je **connaisse**
courir	ils **courent**	que je **coure**
dire	ils **disent**	que je **dise**
écrire	ils **écrivent**	que j' **écrive**
lire	ils **lisent**	que je **lise**
mettre	ils **mettent**	que je **mette**
partir	ils **partent**	que je **parte**
plaire	ils **plaisent**	que je **plaise**
rire	ils **rient**	que je **rie**
suivre	ils **suivent**	que je **suive**
vivre	ils **vivent**	que je **vive**

You may want to review the conjugation pattern of these verbs:

s'asseoir	p. 175
battre	p. 26
conduire	p. 26
connaître	p. 24
courir	p. 24
dire	p. 26
écrire	p. 26
lire	p. 26
mettre	p. 26
partir	p. 26
plaire	p. 25
rire	p. 24
suivre	p. 26
vivre	p. 26

This pattern applies to verbs that follow the same pattern
as those listed: e.g., **décrire: que je décrive.**
This pattern also applies to: **peindre: que je peigne
vaincre: que je vainque
résoudre: que je résolve**

This pattern also applies to the verbs in **-cer** and **-ger**.

annoncer   ils **annonc**ent   que j'**annonce**   que nous **annoncions**
manger   ils **mang**ent   que je **mange**   que nous **mangions**

A c t i v i t é 1   **Pour trouver du travail. . .**

Les étudiants suivants cherchent du travail pour l'été prochain. Dites ce que chacun doit faire. Pour cela, utilisez la construction **il faut que** + *subjonctif*.

⇨ préparer son curriculum vitae (Caroline)
   Il faut que Caroline prépare son curriculum vitae.

1. téléphoner à cette agence d'emploi (toi / vous / nous)
2. demander une lettre de recommandation au professeur (Robert / Annie et Marie)
3. regarder les offres d'emploi (moi / Jean-Pierre)
4. remplir ce questionnaire (moi / nous / Mélanie)
5. réussir à ce test psychologique (moi / toi / vous / mes amis / Denise)
6. répondre à cette offre (nous / moi / Madeleine)
7. attendre la réponse de cette compagnie (vous / Pierre et Jacques)
8. lire les petites annonces *(classified ads)* (toi / ces filles)
9. écrire un curriculum vitae intelligent (moi / mes cousins / vous)
10. se sentir prêt pour cette entrevue (ces étudiants / Marc / moi)
11. mettre une chemise blanche (toi / Albert / Roger et Denis)
12. produire une bonne impression (moi / vous / Jacqueline / ces candidates)

Activité 2 Oui ou non?

Madame Lambert est directrice d'une fabrique de parfums. Elle vient d'engager un nouveau secrétaire à qui elle donne ses instructions. Jouez le rôle de Madame Lambert en commençant vos phrases par **Il faut que** ou **Il ne faut pas que.**

⇨ répondre au téléphone?
   Il faut que vous répondiez au téléphone.

1. écrire à cette banque?
2. mettre ces lettres à la poste?
3. reproduire ces documents?
4. détruire ce contrat important?
5. ouvrir ma correspondance personnelle?
6. lire le journal pendant les heures de bureau?
7. sourire aux clients?
8. se servir du téléphone pour vos conversations privées?
9. connaître bien la liste de nos produits?
10. dire nos secrets de fabrication à nos concurrents (competitors)?
11. partir avant l'heure?
12. suivre mes instructions?

Activité 3 Et vous?

Dites si oui ou non vous devez faire les choses suivantes. Commencez vos phrases par **Il faut que** ou **Il n'est pas nécessaire que.**

⇨ étudier ce soir?
   Oui, il faut que j'étudie ce soir.
   (Non, il n'est pas nécessaire que j'étudie ce soir.)

1. travailler ce week-end?
2. réussir à l'examen de français?
3. rendre des livres à la bibliothèque?
4. sortir ce soir?
5. offrir un cadeau au professeur?
6. relire mes notes avant la classe?
7. dormir plus de huit heures par jour?
8. suivre un régime?
9. courir tous les jours?
10. mettre des lunettes pour lire?
11. se rendre à la bibliothèque aujourd'hui?
12. se coucher tôt ce soir?
13. se servir d'un dictionnaire pour épeler correctement?

C. La formation régulière du subjonctif: verbes à deux radicaux

The verbs **payer**, **prendre**, and **venir** have different stems in the **nous** and **ils** forms of the present indicative. Note their present subjunctive forms in the chart below.

INFINITIVE		**payer**	**prendre**	**venir**	ENDINGS
PRESENT INDICATIVE	ils nous	**pai**ent **pay**ons	**prenn**ent **pren**ons	**vienn**ent **ven**ons	
PRESENT SUBJUNCTIVE	que je que tu qu'il/elle/on	**pai**e **pai**es **pai**e	**prenn**e **prenn**es **prenn**e	**vienn**e **vienn**es **vienn**e	-e -es -e
	que nous que vous qu'ils/elles	**pay**ions **pay**iez **pai**ent	**pren**ions **pren**iez **prenn**ent	**ven**ions **ven**iez **vienn**ent	-ions -iez -ent

In the present indicative, some verbs have different stems in the **nous** and **ils** forms.

In the present subjunctive, these verbs have two stems:
- the **ils** stem of the present indicative (for the **je, tu, il,** and **ils** forms);
- the **nous** stem of the present indicative (for the **nous** and **vous** forms).

▷ The above pattern applies to:

- regular verbs in **-er** that have a stem change, such as:

acheter	que j'**achète**	que nous **achetions**
appeler	que j'**appelle**	que nous **appelions**
préférer	que je **préfère**	que nous **préférions**
payer	que je **paie**	que nous **payions**

- a few verbs that are irregular in the present indicative, such as:

prendre	que je **prenne**	que nous **prenions**
venir	que je **vienne**	que nous **venions**
boire	que je **boive**	que nous **buvions**
voir	que je **voie**	que nous **voyions**
recevoir	que je **reçoive**	que nous **recevions**
mourir	que je **meure**	que nous **mourions**

Also: **fuir: que je fuie, que nous fuyions**
acquérir: que j'acquière, que nous acquérions

This pattern applies to the verbs that have the same conjugation pattern in the present indicative.

▷ Note also the subjunctive forms of the following impersonal expressions:

il pleut	qu'il **pleuve**
il faut	qu'il **faille**
il vaut mieux	qu'il **vaille mieux**

Activité 4 Voyage en Touraine

Françoise habite en Touraine et elle est très fière de sa région qu'elle fait visiter *(is showing)* à ses amis. Jouez le rôle de Françoise, d'après le modèle.

⇨ (toi) visiter ma région   **Il faut que tu visites ma région.**

1. (toi / Marc / vous) venir en Touraine
2. (toi / Philippe et André / vous / nous) voir le château d'Amboise
3. (moi / Marthe / vous / vos amis) prendre une photo du château de Chenonceaux
4. (toi / nous / Gilbert et Sylvie) boire du vin de Vouvray   vins blancs réputés
5. (toi / tes cousins / vous) apprendre l'histoire de la Touraine
6. (Henri / ces touristes / vous) recevoir une bonne impression de notre région
7. (toi / Albert et Thérèse / vous) se souvenir de ce séjour ici
8. (toi / Sophie / Paul et Michel / vous) revenir l'année prochaine

D. L'usage du subjonctif après *il faut que*

The expression **il faut** expresses an obligation and has several English equivalents *(someone must, should, has to, needs to; it is necessary that)*. Note the use of this expression in the sentences below.

Il faut **que je parte.**	*I have to (I must)* **leave.**
Il faut **que tu prennes** ton passeport.	*You must (need to)* **take** *your passport.*
Il faut **que vous visitiez** Paris.	*You should (must, have to)* **visit** *Paris.*
Il faut absolument **que vous veniez** chez moi.	*It is absolutely necessary* **that you come** *to my house.*

To express an obligation concerning someone or something specific, the following construction is used:

> **il faut que** + subjunctive

⇨ However, when the obligation is a *general* or *impersonal* one, the following construction is used:

> **il faut** + infinitive

Compare:

EN GÉNÉRAL	PLUS SPÉCIFIQUEMENT
Pour voyager, **il faut obtenir** un passeport.	Si tu veux voyager, **il faut que tu obtiennes** un passeport.
Dans la vie, **il faut prendre** des risques.	**Il faut que vous preniez** des risques.

➭ Similar constructions are used after **il vaut mieux** (*it is better*).

Il vaut mieux que nous **partions** avant la pluie.

The negative expression **il ne faut pas que** + *subjunctive* can be used to forbid or to advise someone against doing something. It corresponds to the English *someone must not* or *should not*.

Il ne faut pas que vous fumiez.   *You should not smoke.*

➭ The English expression *it is not necessary that* is expressed by **il ne faut pas nécessairement que** or **il n'est pas nécessaire que**.

Il n'est pas nécessaire que vous **restiez** ici.   *It is not necessary that you stay here. (You don't have to stay here.)*

OPTIONAL *A remarquer*

In conversational French, the impersonal construction **il faut** + *infinitive* is sometimes used to express a personal obligation.

Dépêche-toi, Henri! **Il faut partir** maintenant.   *Hurry up, Henri!* **You must go now.**

Mes amis, **il ne faut pas vous inquiéter.**   *My friends,* **you should not worry.**

"Group Written" refers to activities that lend themselves to a written response by small groups. Each group is assigned one or two items, writes out its responses, and shares them orally with the rest of the class.

GROUP WRITTEN A c t i v i t é 5   **Que faire?**

Lisez les situations suivantes et dites comment les personnes doivent réagir. Dites s'il faut ou s'il ne faut pas qu'elles fassent les choses entre parenthèses.

➭ Jacques veut aller en Australie. Qu'est-ce qu'il doit faire? (apprendre l'anglais?)
Oui, il faut qu'il apprenne l'anglais.
(**Non, il ne faut pas qu'il apprenne l'anglais.**)

1. Paul veut acheter une voiture mais il n'a pas beaucoup d'argent. Que doit-il faire? (acheter une voiture neuve? lire les petites annonces? choisir une voiture d'occasion? choisir une grosse voiture? négocier le prix? demander une garantie? essayer la voiture?)

2. Thérèse et Annette sont deux étudiantes françaises qui veulent passer l'été aux Etats-Unis. Elles veulent voir beaucoup de choses. . . mais elles ont un budget limité. Qu'est-ce qu'elles doivent faire? (voyager en avion? louer une voiture? prendre le bus? rester dans des auberges de jeunesse [*youth hostels*]? chercher du travail? acheter des billets de loterie?)

3. Nous sommes des étudiants américains qui allons passer une année en France. Nous sommes arrivés à Paris il y a deux semaines et maintenant nous avons un cafard terrible *(we are terribly homesick)*. Qu'est-ce que nous devons faire? (rentrer aux Etats-Unis? connaître d'autres Américains? sortir avec des Français? nous inscrire [*to join*] dans un club sportif? voir un psychiatre?)

4. Thomas a vingt ans. Il vient d'avoir une grande déception sentimentale. Qu'est-ce qu'il doit faire? (quitter son travail? demander conseil à ses amis? écrire une lettre d'insulte à sa petite amie? partir en voyage? réfléchir? s'engager dans la Légion Etrangère?)

5. Vous êtes toujours nerveux quand vous passez un examen. Demain vous avez un examen très important. Qu'est-ce que vous devez faire ce soir? (étudier toute la nuit? vous reposer? sortir avec des amis? voir un film à la télé? boire un bon café? dormir?)

6. Tu passes la nuit seul(e) dans une grande maison isolée à la campagne. Il est deux heures du matin et tu entends des bruits très étranges. Qu'est-ce que tu dois faire? (te lever? te cacher sous le lit? allumer la lumière? agir avec calme? alerter la police? appeler un exorciste?)

7. Robert a fait la connaissance d'une jeune fille très sympathique. Il l'invite au restaurant. A la fin du repas, il s'aperçoit qu'il a oublié son portefeuille *(wallet)*. Qu'est-ce qu'il doit faire? (demander de l'argent à la jeune fille? expliquer discrètement la situation au patron [*manager*] du restaurant? offrir de faire la vaisselle? partir sans payer?)

8. Monsieur Roland est un employé modèle. Tous les ans il reçoit une augmentation *(raise)* de salaire, mais cette année, à cause des restrictions de budget, il ne reçoit rien. Qu'est-ce qu'il doit faire? (quitter son travail? parler à son patron? écrire une lettre au président de la compagnie? se mettre en grève [*go on strike*]? attendre l'année prochaine?)

9. Tu te promènes dans la campagne. Tu vois des petits hommes verts qui sortent d'un objet circulaire. Qu'est-ce que tu dois faire? (téléphoner à la police? engager la conversation avec ces petits hommes? prendre des photos? finir ce rêve [*dream*] absurde? te réveiller?)

10. Madame Michaud a acheté une vieille maison. Un jour, elle trouve un trésor *(treasure)* dans le grenier *(attic)*. Qu'est-ce qu'elle doit faire? (téléphoner à l'ancien propriétaire [*former owner*]? le remercier? lui rendre le trésor? garder le trésor?)

E. L'usage du subjonctif après certaines expressions impersonnelles d'opinion

Note the use of the subjunctive in the following sentences:

Il est important que tu réfléchisses à l'avenir.

It is important that you think of the future.

Il est bon que vous agissiez prudemment.

It is good that you act cautiously.

Il est dommage que Paul ne me **croie** pas.

It is too bad that Paul does not believe me.

An opinion concerning someone or something specific can be expressed by the construction:

> **il est** + { adjective or noun } + **que** + subjunctive

When the opinion expressed is a general one, the following construction is used:

> **il est** + { adjective or noun } + **de** + infinitive

Compare:

EN GÉNÉRAL

Il est important **de voter.**
Il est utile **d'apprendre** le français.

EN PARTICULIER

Il est important **que vous votiez.**
Il est utile que vos amis **apprennent** le français.

Certain impersonal expressions are used to state facts (rather than to express opinions). These expressions are followed by the indicative.

Il est évident que vous **dites** la vérité.

It is obvious that you are telling the truth.

université de caen

normandie france

35ᵉ
COURS
INTERNATIONAUX
D'ETE

(langue, civilisation et
littérature françaises)

4 sessions

4 Juillet — 21 Juillet
25 Juillet — 11 Août
15 Août — 1ᵉʳ Septembre
5 Septembre — 22 Septembre

Vocabulaire   Quelques expressions d'opinion et de nécessité

il faut que	*it is necessary that*	il est injuste	*it is unfair*
il vaut mieux que	*it is better that*	il est inutile	*it is useless*
		il est regrettable	*it is regrettable, too bad*
il est bon	*it is good*		
il est souhaitable	*it is desirable*		
il est utile	*it is useful*	il est absurde	*it is absurd*
		il est ridicule	*it is ridiculous*
il est essentiel	*it is essential*		
il est important	*it is important*	il est bizarre	*it is odd*
		il est curieux	*it is curious*
il est nécessaire	*it is necessary*	il est étrange	*it is strange*
il est indispensable	*it is indispensable, absolutely necessary*		
		il est étonnant	*it is astonishing*
		il est surprenant	*it is surprising*
il est juste	*it is fair*		
il est normal	*it is to be expected*	il est dommage	*it is a pity*
il est naturel	*it is natural*		

Activité 6 Et vous?

Evaluez personnellement les choses suivantes. Pour cela, utilisez l'adjectif entre parenthèses dans des phrases affirmatives ou négatives, selon le modèle.

⇨ apprendre le français? (utile)
Oui, il est utile que j'apprenne le français.
(Non, il n'est pas utile que j'apprenne le français.)

1. recevoir un «A» en français? (juste)
2. réfléchir à l'avenir? (important)
3. apprendre à programmer un ordinateur? (utile)
4. suivre des cours de karaté? (ridicule)
5. obéir à mes parents? (normal)
6. aider mes amis? (naturel)
7. gagner beaucoup d'argent? (indispensable)
8. devenir plus tolérant? (nécessaire)
9. perdre mon temps? (bon)
10. réussir dans l'existence? (important)
11. prendre des risques quand je conduis? (absurde)

A c t i v i t é 7 Commentaires personnels

Faites un commentaire personnel sur les sujets suivants. Pour cela, utilisez des expressions qui reflètent votre opinion dans des phrases affirmatives ou négatives. Si vous voulez, justifiez votre opinion.

⇨ les femmes / recevoir le même salaire que les hommes
Il est juste que les femmes reçoivent le même salaire que les hommes. Après tout, elles font le même travail.

1. les parents / aider leurs enfants
2. les enfants / obéir aux adultes
3. les gens / agir souvent par intérêt personnel
4. nous / élire des candidats libéraux
5. on / construire des centrales (*power plants*) nucléaires
6. le gouvernement / financer la recherche médicale
7. on / abolir la peine de mort (*death penalty*)
8. les Américains et les Russes / s'entendre
9. on / détruire le stock d'armes nucléaires
10. les Etats-Unis / réduire les dépenses (*spending*) militaires
11. nous / militer pour la paix (*peace*) dans le monde
12. les pays développés / aider les pays sous-développés
13. le gouvernement / combattre l'inflation
14. beaucoup de gens / souffrir de l'injustice
15. les Américains / maintenir leurs traditions

A c t i v i t é 8 Quelques conseils

Imaginez que les personnes suivantes viennent vous consulter. Dites-leur ce qu'elles doivent faire. Utilisez des expressions impersonnelles dans des phrases affirmatives ou négatives et le subjonctif des expressions entre parenthèses.

⇨ Philippe a la grippe. (sortir) **Il n'est pas bon que tu sortes.**

1. Nicole a 18 ans. Elle veut être ingénieur. (suivre des cours de maths? étudier le français? apprendre à programmer?)
2. Votre cousine parle parfaitement le chinois. Elle vient d'obtenir son diplôme de littérature chinoise. Elle veut être professeur mais elle ne trouve pas de travail. (perdre courage? mettre une annonce dans les journaux professionnels? continuer ses études de chinois? accepter n'importe quel [*any*] travail? changer d'objectif professionnel? chercher du travail dans une entreprise qui fait le commerce avec la Chine?)
3. Roland a 18 ans et il est étudiant. Il vient d'hériter 100.000 dollars de sa grand-mère. (mettre tout l'argent à la banque? acheter une voiture de sport? quitter l'université?)
4. Jacques a 20 ans. Pauline a 19 ans. Ils sont étudiants et veulent se marier, mais ils n'ont pas d'argent et pas de travail. (réfléchir? attendre un peu? finir les études? demander conseil à leurs parents?)
5. Monsieur Martin a 45 ans. C'est le président de sa compagnie. C'est un homme jovial mais un peu obèse et pas très athlétique. (fumer? dîner tous les jours au restaurant? maigrir? suivre un régime?)

A votre tour

Complétez les phrases suivantes avec une idée personnelle. Utilisez, si vous voulez, les sujets suggérés.

1. Il faut que. . .
2. Il ne faut pas que. . .
3. Il vaut mieux que. . .
4. Il est important que. . .
5. Il est indispensable que. . .
6. Il est dommage que. . .

| moi |
| mes parents |
| mes amis |
| les jeunes |
| les Américains |
| nous |
| on |

➡ Il est dommage que les jeunes ne s'intéressent pas à la politique.

➡ Il est important qu'ils reçoivent plus de responsabilités.

Expression personnelle

Ce que nous devons faire dépend souvent des circonstances dans lesquelles *(which)* nous nous trouvons. Décrivez trois choses que vous devez faire dans les circonstances suivantes. Pour cela, faites des phrases en utilisant l'expression **Il faut que je.**

➡ Avant le dîner. . .

Avant le dîner, il faut que je mette la table. Il faut que je nettoie ma chambre. Il faut que je promène le chien.

1. Après le dîner. . .
2. Avant le week-end. . .
3. Avant l'examen de français. . .
4. Avant les vacances. . .
5. Si je veux trouver du travail cet été. . .
6. Si je veux acheter une voiture. . .
7. Si je veux avoir une carrière intéressante plus tard. . .
8. Si je veux parler français comme un Français. . .

Contextes

Les phrases suivantes font partie de différentes conversations. Imaginez le contexte de ces conversations dans un petit paragraphe.

 «Il faut que je réfléchisse!»

Madame Descroix a décidé d'acheter un nouveau réfrigérateur. Elle passe dans un magasin d'appareils ménagers *(household appliances)* où elle remarque un modèle qui lui plaît beaucoup. Malheureusement, elle hésite à cause du prix. Quand le vendeur lui demande si elle désire acheter ce réfrigérateur, Madame Descroix lui répond qu'elle doit réfléchir avant de se décider.

1. «Il ne faut pas que vous perdiez courage!»
2. «Il est indispensable que vous soyez ici à 6 heures 25.»
3. «Il vaut mieux que je parte maintenant.»
4. «Il est dommage que vous ne vous entendiez pas!»
5. «Il n'est pas normal qu'il gagne tout le temps!»
6. «Combien de temps faut-il que j'attende?»
7. «Il n'est pas nécessaire que vous reveniez demain.»
8. «Il faut que tu t'excuses!»

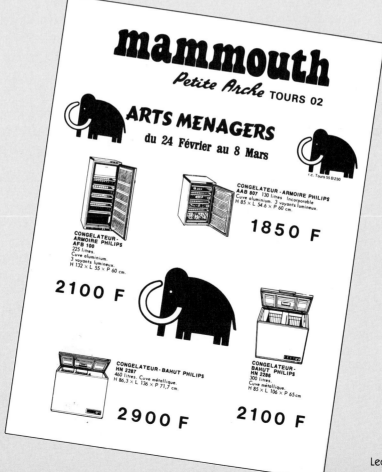

Leçon 14 Le subjonctif (II)

A. Le subjonctif des verbes *avoir, être, aller* et *faire*

The subjunctive forms of **avoir**, **être**, **aller**, and **faire** are irregular. Note these forms.

avoir	être	aller	faire
que j'aie	que je **sois**	que j'**aille**	que je **fasse**
que tu **aies**	que tu **sois**	que tu **ailles**	que tu **fasses**
qu'il **ait**	qu'il **soit**	qu'il **aille**	qu'il **fasse**
que nous **ayons**	que nous **soyons**	que nous **allions**	que nous **fassions**
que vous **ayez**	que vous **soyez**	que vous **alliez**	que vous **fassiez**
qu'ils **aient**	qu'ils **soient**	qu'ils **aillent**	qu'ils **fassent**

⇨ Both the endings and the stems of the subjunctive of **avoir** and **être** are irregular.

⇨ The endings of the subjunctive of **aller** and **faire** are regular, but their stems are irregular. Note that **aller** has *two* subjunctive stems and **faire** has only *one*.

⇨ Note that the present subjunctive of **il y a** is **qu'il y ait**.

Activité 1 Oui ou non?

Informez-vous sur les personnes suivantes. Puis dites ce qu'elles doivent faire et ce qu'elles ne doivent pas faire. Utilisez la construction **il faut que** ou **il ne faut pas que** + *subjonctif*.

⇨ Tu veux maigrir. (faire du sport?)   **Il faut que tu fasses du sport.**

1. Je veux obtenir une bonne note en français. (aller au laboratoire de langues? être studieux? faire semblant d'étudier?)
2. Vous allez passer le permis de conduire *(driver's license)*. (être prudent? faire attention? aller à 100 à l'heure?)
3. Tu veux courir un marathon. (être en bonne condition physique? avoir du courage? faire du jogging régulièrement?)
4. Ces filles veulent être médecins. (avoir un diplôme? aller à l'université? faire de la biologie?)
5. Claudine va à une entrevue professionnelle. (avoir son curriculum vitae? être arrogante? faire mauvaise impression?)
6. Thérèse veut être actrice. (être timide? avoir du talent? aller à Hollywood?)
7. Nous allons prendre l'avion pour Paris. (faire nos valises? avoir nos passeports? aller à l'aéroport? être en retard?)
8. Les jeunes veulent réformer la société. (avoir un idéal? être réalistes? faire de la politique? faire la révolution?)

A c t i v i t é 2   **Le monde d'aujourd'hui**

Lisez les phrases suivantes et exprimez votre opinion. Utilisez une expression comme **il (n')est (pas) bon que . . ., il (n')est (pas) normal que . . ., il est regrettable que . . .**, etc.

1. Les femmes ont plus de responsabilités qu'avant.
2. La majorité des jeunes vont à l'université.
3. Les gens sont assez matérialistes.
4. Les relations familiales sont moins solides qu'autrefois.
5. La médecine fait beaucoup de progrès.
6. Il y a beaucoup de violence à la télévision.
7. Une guerre nucléaire est possible.
8. On ne fait pas assez d'efforts pour aider les pays pauvres.
9. Nous avons un idéal pacifiste.
10. Nous sommes mieux informés qu'autrefois.

B. L'usage du subjonctif après les verbes de volonté

Note the use of the subjunctive in the following sentences:

Je **veux** que tu **fasses** attention.	*I want you to be careful.*
M. Simon **ne veut pas** que son fils **prenne** la voiture.	*Mr. Simon does not want his son to take the car.*

The subjunctive is used after verbs that express a wish, will, or desire when the wish concerns someone or something other than the subject. In this case, the main clause and the dependent clause introduced by **que** have different subjects.

⇨ When the wish concerns the subject itself, an infinitive construction is used. In this case, the main clause and the infinitive clause have the same subject.

Compare:	INFINITIVE	SUBJUNCTIVE
	Je veux sortir.	J'aimerais que **mes amis sortent** avec moi.
	Vous désirez partir.	**Vous** désirez **que je parte** aussi?

OPTIONAL *A remarquer*

1. In the affirmative, **espérer** is followed by **que** + *indicative*. In the negative, it is followed by the subjunctive.

   J'espère que vous **êtes** honnête. Je **n'espère pas que** vous **soyez** riche.

2. When used to express an indirect request, certain verbs of communication, such as **demander, permettre, ordonner, interdire, défendre,** may be followed by **que** + *subjunctive*. Compare the following constructions:

Je demande **qu'il vienne.**	*I ask that he come.*	(The request is made indirectly.)
Je lui demande **de venir.**	*I ask him to come.*	(The request is made directly.)

Activité 3 Pas d'accord!

Lisez ce que veulent faire les personnes suivantes. Dites que les personnes entre parenthèses ne sont pas d'accord.

⇨ Mélanie veut sortir ce soir. (sa mère)   **Sa mère ne veut pas qu'elle sorte ce soir.**

1. Je veux prendre la voiture. (mon père)
2. Vous voulez acheter une moto. (vos parents)
3. Tu veux partir après le dîner. (moi)
4. Jean veut payer pour elle. (Hélène)
5. Marc veut conduire très vite. (ses amis)
6. Nous voulons nous servir de ta machine à écrire. (toi)
7. Certains étudiants veulent dormir pendant la classe. (le professeur)
8. Les libéraux veulent faire des réformes. (les conservateurs)
9. Juliette veut voir Roméo. (ses parents)
10. Les employés veulent faire la grève (to go on strike). (le patron)
11. L'accusé veut se taire. (le juge)
12. César veut s'en aller. (Cléopâtre)

Vocabulaire Quelques verbes et expressions de volonté

accepter	to agree	Je n'**accepte** pas **que** la société soit injuste.
admettre	to accept, admit	**Admettez**-vous **que** les inégalités persistent?
aimer mieux	to prefer	Nous **aimons mieux que** le gouvernement change de politique.
désirer	to wish	**Désirez**-vous **qu'**il fasse des réformes?
exiger	to insist, demand	Le professeur **exige que** les étudiants fassent attention.
préférer	to prefer	Nous **préférons que** ce candidat soit élu.
souhaiter	to wish	Je **souhaite que** mes amis réussissent dans la vie.
vouloir	to want	**Veux**-tu **que** j'aille à la réunion avec toi?
vouloir bien	to agree, be willing, accept	Je **veux bien que** vous m'accompagniez.

WRITTEN ## Activité 4 Logique

Faites des phrases logiques en utilisant les éléments des colonnes A, B, C et D. Notez que les verbes dans les colonnes B et D peuvent être affirmatifs ou négatifs.

A	B	C	D	
le public	souhaiter	les enfants	être consciencieux	faire attention
le professeur	exiger	le président	être malhonnête	désobéir
les parents	désirer	les commerçants	dire la vérité	faire des erreurs
les gens	vouloir	les étudiants	avoir de l'ambition	s'occuper de lui/d'eux
	préférer	les journalistes	faire des réformes	

⇨ **Le public ne souhaite pas que les commerçants soient malhonnêtes.**
(Le public exige que les commerçants ne soient pas malhonnêtes.)

C. Le subjonctif après les expressions d'émotion

Note the use of the subjunctive in the following sentences:

Nous sommes contents **que tu ailles** à Paris.	*We are happy **that you are going** to Paris.*
Je crains **que vous soyez** malades.	*I am afraid **that you are sick**.*
Je regrette **que tu** ne **comprennes** pas.	*I am sorry **that you do not understand**.*

The subjunctive is used after verbs and expressions of emotion when the emotion concerns someone or something other than the subject. (In this case, the main clause and the dependent clause introduced by **que** have different subjects.)

⇨ When the emotion concerns the subject itself, the infinitive construction is used.
Compare:

INFINITIVE	SUBJUNCTIVE
Je suis heureux de faire un voyage.	**Je** suis heureux que **vous fassiez** un voyage.
Nous regrettons de ne pas venir.	**Nous** regrettons que **tu ne viennes** pas.
Je crains d'être malade.	**Le médecin** craint que **je sois** malade.

Vocabulaire — Verbes et expressions d'émotion

la joie *(happiness)*		la tristesse et le regret *(sadness and regret)*	
être heureux (heureuse) **être content(e)**	*to be happy*	**être triste** **être malheureux (malheureuse)**	*to be sad* *to be unhappy*
être enchanté(e) **être ravi(e)**	*to be very happy*	**être désolé(e)** **être navré(e)**	*to be sorry* *to be very sorry*
se réjouir	*to be happy, delighted*	**regretter** **déplorer**	*to regret* *to deplore*
la crainte *(fear)*		l'étonnement *(amazement, astonishment)*	
avoir peur **craindre**	*to be afraid* *to fear*	**être surpris(e)** **être étonné(e)**	*to be surprised* *to be astonished, amazed*
la colère *(anger)*		la honte *(shame)*	
être furieux (furieuse)	*to be mad*	**avoir honte** **être gêné(e)** **être embarrassé(e)**	*to be ashamed* *to be bothered* *to be embarrassed*
l'orgueil *(pride)*		l'émotion *(emotion)*	
être fier (fière) **être flatté(e)**	*to be proud* *to be flattered*	**être ému(e)**	*to be moved*

You may want to review the forms of **craindre**, pp. 28–29.

A c t i v i t é 5 **Craintes**

Dites ce que craignent les personnes suivantes. Pour cela, utilisez la construction **craindre** + *subjonctif*. (Notez que le subjonctif peut être à la forme affirmative ou négative. Soyez logique!)

⇨ le professeur (les étudiants: réussir à l'examen?)
Le professeur craint que les étudiants ne réussissent pas à l'examen.

1. ce candidat (les électeurs: voter pour lui?)
2. le chef d'orchestre (les musiciens: être prêts pour le concert?)
3. le médecin (le malade: avoir une pneumonie?)
4. les touristes (le restaurant: être cher?)
5. cet enfant (le père Noël: venir?)
6. la police (les bandits: s'échapper?)
7. le parachutiste (son parachute: s'ouvrir?)
8. les passagers (le conducteur: s'endormir?)
9. l'acteur (la critique: être bonne?)

DIALOG A c t i v i t é 6 **Au Café de l'Avenir**

Monsieur Legrand et Monsieur Dumas se rencontrent souvent au Café de l'Avenir pour discuter de politique. Monsieur Legrand est plutôt conservateur et Monsieur Dumas est plutôt libéral. Jouez le rôle de ces deux personnes en utilisant des expressions du *Vocabulaire*.

⇨ La France / aider les pays pauvres
Monsieur Legrand: Je déplore que la France aide les pays pauvres.
Monsieur Dumas: Eh bien, moi, je me réjouis que la France aide les pays pauvres.

1. on / construire des centrales (*power plants*) nucléaires
2. les étudiants / être pour le désarmement
3. les jeunes de 18 ans / avoir le droit de vote
4. le président / faire des réformes
5. les femmes / avoir les mêmes responsabilités que les hommes
6. beaucoup de gens / appartenir au parti socialiste
7. les Français / tenir à leurs traditions
8. la police / être très stricte

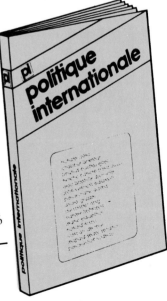

politique internationale,

la revue indispensable à ceux qui s'intéressent aux grands problèmes internationaux...

politique internationale : 11, rue du Bois de Boulogne - 75116 Paris - Tél. : 500.15.26

A c t i v i t é 7 **Réactions**

Décrivez les réactions des personnes suivantes face aux événements entre parenthèses. Pour cela, utilisez l'une des expressions du *Vocabulaire*. Plusieurs choix sont souvent possibles. Soyez logique!

⇨ mes parents (je reçois un «A» en français)
Mes parents sont heureux (contents, fiers, étonnés) que je reçoive un «A» en francais.
(Mes parents se réjouissent que je reçoive un «A» en français.)

1. le professeur (nous sommes sérieux / nous faisons des progrès / nous ne réussissons pas tous à l'examen)
2. moi (tu ne dis pas toujours la vérité / tu es souvent impatient / tu es mon meilleur ami)
3. mes parents (je réfléchis à l'avenir / je prends mes responsabilités / je suis trop indépendant / je suis des cours de karaté)
4. le patron (les employés sont mécontents [*dissatisfied*] de leur travail / ils ont beaucoup de réclamations [*complaints*] / ils font la grève [*go on strike*])
5. les amis d'Annie (leur amie est malade / elle a l'appendicite / elle sort de l'hôpital dans une semaine)
6. le médecin (Monsieur Roland fait du jogging / il a toujours soif / il boit trop de café)
7. Jean-Claude (sa fiancée lui écrit / elle lui dit qu'elle sort avec un autre garçon / elle a l'intention de se marier avec ce garçon)
8. les parents de Juliette (leur fille connaît Roméo / elle est amoureuse de lui / elle a l'intention de les quitter)

A c t i v i t é 8 **Double effet**

Certains événements provoquent une réaction double — chez les personnes qu'ils affectent directement mais aussi chez d'autres personnes. Exprimez cela d'après le modèle.

⇨ Vous partez en vacances. (vous / vos amis: se réjouir)
Vous vous réjouissez de partir en vacances.
Vos amis se réjouissent que vous partiez en vacances.

1. Tu vends ta moto. (tu / tes parents: être content)
2. Je comprends tout. (je / le professeur: être surpris)
3. Nous nous en allons. (nous / nos amis: être triste)
4. Nathalie est la présidente de sa classe. (elle / ses parents: être fier)
5. J'ai la mononucléose. (je / le médecin: avoir peur)
6. Les employés sont en retard. (ils / le patron: regretter)
7. Ce chimiste obtient le Prix Nobel. (il / ses collègues: être fier)
8. Ulysse revient chez lui après dix ans d'absence. (il / sa femme: être ému)

D. Le subjonctif après les expressions de doute

Note the use of the subjunctive in the following sentences:

Je doute **qu'il fasse** beau demain.	*I doubt **that the weather will be** nice tomorrow.*
Il est possible **que nous restions** chez nous.	*It is possible **that we will stay** home.*
Croyez-vous **qu'il pleuve?**	*Do you believe **that it will rain?***

The subjunctive is used after *expressions of doubt* or *uncertainty*.

⇨ Verbs like **croire, penser, se souvenir, être sûr, être certain,** and expressions like **il est sûr, il est certain,** are used to convey belief, knowledge, or conviction of certain facts. When used in the *affirmative,* they are followed by the *indicative.* When used in the *interrogative* or the *negative,* however, these verbs and expressions may convey an element of doubt or uncertainty. In this case they are followed by the *subjunctive.*

Compare:

CERTAINTY (INDICATIVE)	UNCERTAINTY AND DOUBT (SUBJUNCTIVE)
Je pense que cette histoire **est** amusante.	Je ne pense pas qu'elle **soit** vraie.
Le médecin croit que je **suis** fatigué.	Il ne croit pas que je **sois** malade.
Il est vrai qu'il **fait** beau ici.	Est-il vrai qu'il **fasse** beau à Paris?

OPTIONAL *A remarquer*

Depending on the level of certainty or doubt that the speaker wants to convey, certain expressions may be followed by the indicative *or* the subjunctive.

Compare:

Il semble que tu **as** raison.	*It seems that you are right.* (This is pretty sure.)
Il semble que tu **aies** raison.	*It would seem that you are right.* (It is much less sure.)

DIALOG **A c t i v i t é 9** **L'optimiste et le pessimiste**

L'optimiste voit l'existence sous un aspect positif. Le pessimiste voit l'existence sous un aspect négatif. Jouez le rôle de l'optimiste et du pessimiste. Commencez vos phrases par **Je crois que** ou **Je doute que,** selon votre personnalité.

⇨ la vie / être belle
        L'optimiste: Je crois que la vie est belle.
        Le pessimiste: Je doute que la vie soit belle.

1. les gens / être généreux
2. les jeunes / avoir un idéal
3. les parents / faire le maximum pour aider leurs enfants
4. la situation économique / s'améliorer
5. nos problèmes / disparaître
6. les journalistes / dire la vérité
7. le président / être honnête avec le public
8. nous / vivre dans un monde moins dangereux qu'avant
9. on / découvrir prochainement *(soon)* une cure contre le cancer

Vocabulaire

EXPRESSIONS DE CERTITUDE (+ INDICATIF)	EXPRESSIONS DE DOUTE (+ SUBJONCTIF)
je sais que. . .	je doute que. . .
j'affirme que. . .	
je dis que. . .	
je crois que. . .	je ne crois pas que. . .
	crois-tu que. . .?
je pense que. . .	je ne pense pas que. . .
	penses-tu que. . .?
je suis sûr(e) que. . .	je ne suis pas sûr(e) que. . .
	es-tu sûr(e) que. . .?
il est sûr / vrai / certain que. . .	il n'est pas sûr / vrai / certain que. . .
	est-il sûr / vrai / certain que. . .?
il est clair que. . .	il est douteux que. . .
il est probable que. . .	il est possible que. . .
il est évident que. . .	il est impossible que. . .
	il se peut que. . . *(it's possible)*

A c t i v i t é 10 **Etes-vous d'accord?**

Voici quelques propositions. Exprimez votre opinion sur ces sujets. Pour cela, utilisez l'une des expressions du *Vocabulaire*. Si possible, illustrez votre opinion en formulant une réflexion personnelle.

⇨ la majorité des gens / être superstitieux?
Je ne pense pas que la majorité des gens soient superstitieux.
Moi, par exemple, je n'hésite pas à voyager le vendredi 13.

1. l'argent / faire le bonheur?
2. les gens / être fondamentalement honnêtes?
3. les gens idéalistes / être naïfs
4. les média / manipuler l'opinion publique?
5. on / devenir plus conservateur avec l'âge?
6. la politesse / appartenir au passé?
7. la logique / gouverner le monde?
8. la liberté / être un mythe?
9. les injustices / aujourd'hui tendre à disparaître?
10. il / être facile de changer son destin?

E. Le passé du subjonctif

The subjunctive mood, like the indicative mood, has several tenses. Read each set of sentences below. In the first sentence of each pair, the subject expresses feelings about a *present event* and uses the *present subjunctive*. In the second sentence of each pair, the subject expresses feelings about a *past event* and uses the *past subjunctive*. Compare the verbs in heavy type.

Je doute que Paul **téléphone** aujourd'hui.	*I doubt that Paul **will call** today.*
Je doute qu'il **ait téléphoné** hier.	*I doubt that he **called** yesterday.*
Je regrette que vous ne **veniez** pas cet après-midi.	*I am sorry that you **are not coming** this afternoon.*
Je regrette que vous ne **soyez** pas **venu** samedi.	*I am sorry that you **did not come** on Saturday.*
Il est possible que je **me trompe**.	*It is possible that I **am making a mistake**.*
Il est possible que je **me sois trompé**.	*It is possible that I **made a mistake**.*

The past subjunctive is a compound tense formed according to the pattern:

> present subjunctive of **avoir** or **être** + past participle

parler	aller	s'amuser
que j'**aie parlé**	que je **sois allé(e)**	que je **me sois amusé(e)**
que tu **aies parlé**	que tu **sois allé(e)**	que tu **te sois amusé(e)**
qu'il **ait parlé**	qu'il **soit allé**	qu'il **se soit amusé**
qu'elle **ait parlé**	qu'elle **soit allée**	qu'elle **se soit amusée**
que nous **ayons parlé**	que nous **soyons allé(e)s**	que nous **nous soyons amusé(e)s**
que vous **ayez parlé**	que vous **soyez allé(e)(s)**	que vous **vous soyez amusé(e)(s)**
qu'ils **aient parlé**	qu'ils **soient allés**	qu'ils **se soient amusés**
qu'elles **aient parlé**	qu'elles **soient allées**	qu'elles **se soient amusées**

⇨ The agreement pattern of the past participle in compound tenses also applies to the past subjunctive.

Je suis heureux que tu aies téléphoné à ces filles et que tu **les** aies invité**es**.

Use

The past subjunctive is used to refer to an action that took place before the action expressed in the main clause.

Compare the uses of the tenses in the sentences below.

Je suis content que vous **veniez** cet après-midi.

Je suis content que vous **soyez venu** hier soir.

J'ai craint que tu **te perdes** en venant chez moi.

J'ai craint que tu **aies perdu** mon adresse.

Activité 11   Où est Anne-Marie?

Anne-Marie avait rendez-vous avec ses amis, mais elle n'est pas là. Ses amis font des suppositions sur la cause possible de son retard. Exprimez ces suppositions. Pour cela, faites des phrases commençant par **Il est possible** + *le passé du subjonctif*.

⇨ Elle a oublié le rendez-vous.   **Il est possible qu'elle ait oublié le rendez-vous.**

1. Elle a perdu notre adresse.
2. Elle a rencontré son petit ami.
3. Elle a raté le bus.
4. Elle a eu un accident.
5. Elle est allée à la bibliothèque.
6. Elle ne s'est pas souvenue de la date.
7. Elle s'est perdue.
8. Elle s'est reposée et elle ne s'est pas réveillée.

Activité 12   Les mystères de l'univers

Beaucoup de mystères n'ont pas été élucidés *(cleared up)*. Que pensez-vous des choses suivantes? Exprimez votre opinion en utilisant une expression de doute ou de certitude, et le passé du subjonctif ou le passé composé de l'indicatif.

⇨ les Vikings / découvrir l'Amérique?
   Je doute (Je ne crois pas / Il est douteux) que les Vikings aient découvert l'Amérique.
   (Je suis sûr(e) que les Vikings ont découvert l'Amérique.)

1. les Egyptiens / utiliser l'électricité?
2. Dracula / exister?
3. un écrivain inconnu *(unknown)* / écrire les pièces *(plays)* de Shakespeare?
4. des navigateurs romains / explorer l'Amérique du Sud?
5. des extra-terrestres / venir sur la Terre?
6. des ingénieurs russes / inventer la bombe atomique?
7. un agent soviétique / assassiner le Président Kennedy?
8. Hitler / s'échapper de Berlin?

Entre nous

Interactions

Quand on demande quelque chose à quelqu'un, cette personne exige souvent quelque chose de vous. Exprimez ces interactions entre les personnes suivantes. Pour cela, utilisez les verbes et expressions de cette leçon . . . et votre imagination.

⇒ le candidat / le public

Le candidat veut que le public vote pour lui.
Le public souhaite que le candidat défende ses intérêts.

1. le professeur / les étudiants
2. les électeurs / le président
3. le patron / les employés
4. le médecin / les patients
5. le chef d'orchestre / les musiciens
6. les parents / les enfants
7. les Américains / les Russes
8. les hommes / les femmes

Situations

Les personnes suivantes ne sont pas d'accord. Pour chaque personne, imaginez trois arguments en utilisant les verbes et expressions de la leçon.

⇒ Monsieur Camus n'est pas satisfait du micro-ordinateur qu'il vient d'acheter. Il va se plaindre au vendeur qui le lui a vendu. (Monsieur Camus / le vendeur)

Monsieur Camus: Je crains que votre micro-ordinateur ne fonctionne pas.
Je suis étonné que vous vendiez des produits de mauvaise qualité.
J'exige que vous me remboursiez.

Le vendeur: Je regrette que vous ne soyez pas satisfait de nos produits.
Il est possible que vous n'utilisiez pas cette machine correctement.
Je ne suis pas sûr que vous ayez suivi les instructions.

1. Jean-Claude veut emprunter la voiture de ses parents. Son père refuse catégoriquement. (Jean-Claude / son père)
2. On va installer une centrale (*power plant*) nucléaire près de la ville où habitent Nathalie et Pierre. Nathalie est pour. Pierre est contre. (Nathalie / Pierre)
3. Aux Nations Unies, les délégués des Etats-Unis et de l'Union soviétique s'accusent mutuellement d'impérialisme en citant des exemples. (le délégué américain / le délégué russe)
4. La secrétaire de Madame Brunot vient demander une augmentation. Madame Brunot s'étonne de cette demande et reproche à sa secrétaire d'être négligente dans son travail. La secrétaire est surprise par l'attitude de sa patronne et menace de partir. (la secrétaire / Madame Brunot)
5. Monsieur Martin a demandé à un peintre de repeindre sa maison. Le peintre fait le travail et présente sa note (*bill*) qui est deux fois le prix convenu (*agreed upon*). Monsieur Martin refuse de payer. (Monsieur Martin / le peintre)

Contextes

Les phrases suivantes font partie de différentes conversations. Imaginez le contexte de ces conversations dans un petit paragraphe.

⇨ «Il faut que tu fasses attention!»

Janine et Paul font une promenade en voiture. C'est Janine qui conduit. Quand ils rentrent, la neige commence à tomber. La visibilité est mauvaise et la route devient très glissante *(slippery)*. Pierre s'inquiète. Il demande à Janine d'être prudente.

1. «Il faut que vous fassiez du sport.»
2. «Est-il nécessaire que j'aie mon diplôme d'ingénieur?»
3. «Je doute qu'il réussisse.»
4. «J'exige que tu sois honnête avec moi!»
5. «Je crains qu'il se soit perdu!»
6. «Je me réjouis que vous ayez pu venir.»
7. «Il est dommage qu'il n'ait pas fait beau!»
8. «Ses parents sont furieux qu'il ne leur ait pas parlé de cela.»
9. «J'ai peur qu'il n'y ait pas beaucoup de monde.»
10. «Il se peut qu'il ait oublié.»

Leçon 15 Le subjonctif (III)

A. Le subjonctif présent des verbes *pouvoir, savoir* et *vouloir*

The subjunctive forms of **pouvoir, savoir,** and **vouloir** are irregular.

INFINITIVE		pouvoir	savoir	vouloir
PRESENT SUBJUNCTIVE	que je	puisse	sache	veuille
	que tu	puisses	saches	veuilles
	qu'il/elle/on	puisse	sache	veuille
	que nous	puissions	sachions	voulions
	que vous	puissiez	sachiez	vouliez
	qu'ils/elles	puissent	sachent	veuillent

⇨ The subjunctive *endings* of **pouvoir, vouloir,** and **savoir** are regular.
- **Pouvoir** and **savoir** have *one* subjunctive stem.
- **Vouloir** has *two* subjunctive stems.

Activité 1 Doutes

Informez-vous sur les personnes suivantes. Ensuite, exprimez vos doutes sur ce qu'elles savent, peuvent ou veulent faire. Commencez vos phrases par **Je doute que** et utilisez le subjonctif.

⇨ Nicole est fatiguée! (Elle veut sortir ce soir?)
  Je doute qu'elle veuille sortir ce soir.

1. Françoise a beaucoup de travail ce week-end! (Elle peut aller à la surprise-partie? Elle veut faire une promenade en auto?)
2. Mon cousin n'est pas doué *(gifted)* pour la mécanique! (Il sait réparer le téléviseur? Il peut réparer cette voiture? Il veut changer le carburateur?)
3. Ces garçons ne sont pas très sportifs! (Ils savent faire de la planche à voile? Ils veulent jouer au tennis avec nous?)
4. Vous ne vous intéressez pas à l'actualité *(current events)*. (Vous savez la nouvelle? Vous pouvez répondre à cette question? Vous voulez aller à la conférence de presse?)
5. Tu n'es vraiment pas doué pour la musique! (Tu peux reconnaître cet opéra? Tu veux aller au concert? Tu sais jouer de la guitare?)
6. Oh là là, vos amis ne savent rien faire! (Ils peuvent vous aider? Ils veulent préparer le dîner? Ils savent faire la cuisine?)

B. L'usage du subjonctif après certaines conjonctions

Note the use of the subjunctive in the following sentences:

Je te prête mon auto **pour que tu ailles** à la plage.	*I am lending you my car **so that you may go** to the beach.*
Nous allons téléphoner à Jacques **avant qu'il parte** au Canada.	*We are going to call Jacques **before he leaves** for Canada.*
Je vais sortir **à moins qu'il fasse** très mauvais.	*I am going to go out **unless the weather is** very bad.*
Nous allons étudier **bien que nous soyons** fatigués.	*We are going to study **even though we are** tired.*
Je vais travailler **jusqu'à ce que j'aie** assez d'argent pour le voyage.	*I am going to work **until I have** enough money for the trip.*
Nous allons voyager, **pourvu que nous ayons** notre diplôme.	*We are going to travel, **provided that we have** our degree.*

The subjunctive is used after conjunctions that express:
- a purpose: **pour que**
- a restriction: **à moins que, bien que, pourvu que**
- a time limitation: **avant que, jusqu'à ce que**

In general, these conjunctions indicate an element of uncertainty since they introduce an event that may or may not take place.

⇨ The indicative is used after conjunctions such as **pendant que** *(while)*, **parce que** *(because)*, **puisque** *(since)*, **depuis que** *(since)*, **après que** *(after)*, which introduce *facts* considered as certain.

Aussitôt que and **dès que** also use the indicative (future tense). See p. 356.

Je reste chez moi **parce que** je dois travailler.
Après que j'ai fini mon travail, je me suis reposé.

⇨ The infinitive is used after prepositions such as **pour, sans** *(without)*, **avant de**, etc., when there is no change of subject. Compare:

SUBJUNCTIVE	INFINITIVE
Je te téléphone **pour que tu saches** la vérité.	Je te téléphone **pour savoir** la vérité.
Il est sorti **sans que nous** lui **disions** au revoir.	Il est sorti **sans dire** au revoir.
Nous voulons vous voir **avant que vous partiez.**	Nous voulons vous voir **avant de partir.**

A remarquer

The French tend to avoid the subjunctive construction with conjunctions such as **avant que, bien que, jusqu'à ce que.** When possible, the construction *preposition + noun* is preferred. Compare:

Je vais vous téléphoner **avant que vous partiez.**	Je vais vous téléphoner **avant votre départ.**
Cet homme a travaillé **jusqu'à ce qu'il meure.**	Cet homme a travaillé **jusqu'à sa mort.**
Bien qu'il fasse froid, ils sont restés dehors.	**Malgré le froid,** ils sont restés dehors.

A c t i v i t é 2 **Pourquoi?**

Quand on fait quelque chose, c'est généralement dans un certain but *(goal)*. Expliquez les motifs des personnes suivantes. Utilisez la construction **pour que** + *subjonctif* dans des phrases affirmatives ou négatives. Soyez logique!

⇨ Je prête 20 francs à Philippe. Il va au cinéma?
Je prête 20 francs à Philippe pour qu'il aille au cinéma.

⇨ Je vous explique cela. Vous faites des erreurs dans votre composition?
Je vous explique cela pour que vous ne fassiez pas d'erreurs dans votre composition.

1. Ma mère me donne de l'argent. Je fais les courses?
2. Je te prépare un bon café. Tu dors pendant l'examen?
3. Tu as parlé au professeur. Il t'écrit une lettre de recommandation?
4. Le professeur écrit des lettres de recommandation. Nous trouvons du travail?
5. Le dentiste vous a fait une piqûre *(shot)*. Vous souffrez?
6. Lucien ouvre la porte. Son chien sort?
7. Je ferme la fenêtre. Vous avez froid?
8. Je te donne de l'aspirine. Tu as mal à la tête?
9. Marc a invité sa cousine. Je fais sa connaissance.
10. Je donne un bon pourboire *(tip)* au garçon. Il nous sert comme des princes?

La Braisière

BAR
RESTAURANT

RHODON Alain
Propriétaire
Chef de Cuisine

30, Rue V.-Hugo - 37000 Tours

Tél. (47) 20.91.18

Vocabulaire

pour que	*so that*	Je te prête le journal **pour que** tu lises cet article.
avant que	*before*	Je veux vous parler **avant que** vous partiez.
sans que	*without*	Paul est entré **sans que** ses amis le voient.
à condition que	*on condition that, assuming that*	Je vais sortir avec toi, **à condition que** tu aies fini ton travail.
à moins que	*unless*	**A moins que** mes amis aient une voiture, nous n'allons pas sortir ce week-end.
bien que	*although*	**Bien que** je n'aie pas beaucoup d'argent, j'ai décidé de voyager.
pourvu que	*provided that*	Nous allons sortir, **pourvu qu'**il fasse beau.
jusqu'à ce que	*until*	Je vais rester en France **jusqu'à ce que** les vacances soient finies.

Quelques autres conjunctions

quoique	*although*	Je vais vous aider **quoique** je n'aie pas beaucoup de temps.
afin que	*so that, in order that*	Je te prête mon appareil-photo **afin que** tu prennes des photos.
de peur que	*for fear that*	Je répète la question **de peur que** vous n'ayez pas compris.
en attendant que	*while waiting for*	**En attendant que** vous veniez, j'ai continué à travailler.

Also: **de crainte que**   *for fear that*
    J'ai pris mon manteau **de crainte qu'**il **fasse** froid.

NOTES DE VOCABULAIRE:

1. In literary French, **ne** is used with the verb after **à moins que** and **avant que.**
   In these cases, the **ne** has no negative value and no English equivalent.

   Je vous téléphonerai avant que vous (ne) partiez. (*. . . before you leave*)

2. When there is no change of subject, the construction *conjunction + subjunctive* is replaced by the construction *preposition + infinitive* with the following prepositions:

pour	*(in order) to*	J'achète le journal **pour** lire cet article.
avant de	*before*	Je veux vous parler **avant de** partir.
sans	*without*	Paul est entré **sans** voir ses amis.
afin de	*in order to*	J'ai pris mon appareil-photo **afin de** prendre des photos.

   The infinitive construction can also be used with the prepositions **à condition de, à moins de, de peur de, en attendant de.**

3. The conjunctions **jusqu'à ce que, pourvu que,** and **bien que** are used even when there is no change in subject. There are no corresponding infinitive constructions.

Activité 3 Dépêchez-vous!

Dites aux personnes suivantes de se dépêcher. Utilisez la conjonction **avant que** et les expressions suggérées.

⇨ Achète ton billet. Le bus va partir!
Achète ton billet avant que le bus parte!

1. Passe à la librairie. Elle va fermer!
2. Rentrons. Il va faire nuit!
3. Achète un manteau. Il va faire froid!
4. Prenez des photos. Le soleil va disparaître!
5. Ralentis *(Slow down)*! La police va te voir!
6. Etudiez. Le professeur va se mettre en colère!
7. Nettoie ta chambre. Tes amis vont venir!
8. Faisons une pétition. On va construire une centrale nucléaire!
9. Travaillons pour la paix dans le monde. Il est trop tard!

Activité 4 C'est remarquable!

Expliquez pourquoi les choses suivantes sont remarquables. Pour cela, utilisez la construction **bien que** + *subjonctif (présent* ou *passé)*. Ensuite, faites un commentaire en utilisant l'adjectif ou le nom entre parenthèses dans une phrase affirmative ou négative.

⇨ Cet enfant joue du Mozart. Il a seulement six ans. (remarquable?)
Cet enfant joue du Mozart bien qu'il ait seulement six ans. C'est remarquable!

1. Ce vieil homme fait du vélo. Il a quatre-vingts ans. (dangereux?)
2. Une jeune femme a couru dans le Marathon de New York. Elle est invalide *(handicapped)*. (courageux?)
3. Les avions volent *(fly)*. Ils sont plus lourds que l'air. (un miracle?)
4. La tortue est arrivée la première. Elle est plus lente que le lièvre *(hare)*. (possible?)
5. Les étudiants ont réussi à l'examen. Ils n'ont pas étudié! (juste?)
6. Cet homme est devenu millionnaire. Il n'a jamais appris à lire. (un scandale?)
7. Beethoven a composé des symphonies. Il a été sourd *(deaf)*. (incroyable?)
8. Joseph Conrad a écrit des romans en anglais. Il est né en Pologne *(Poland)*. (extraordinaire?)

Activité 5 **Une excursion en voiture!**

Gérard a proposé à ses amis de faire une promenade en voiture. Jouez le rôle de Gérard.

⇨ Nous allons faire une excursion. Il fait beau. (à condition que)
Nous allons faire une excursion à condition qu'il fasse beau.

1. Nous allons partir. Il y a trop de circulation. (avant que)
2. Je vais prendre de l'essence dans cette station-service. Elle est ouverte. (à condition que)
3. Je vais mettre la radio. Vous préférez regarder le paysage. (à moins que)
4. Je vais m'arrêter ici. Vous pouvez prendre des photos de ce village pittoresque. (pour que)
5. Nous pouvons déjeuner dans ce restaurant. Il n'est pas dans le Guide Michelin. (bien que)
6. Nous n'allons pas repartir. Vous avez bu un bon café. (sans que)
7. Nous allons visiter ce vieux château. On peut le visiter aujourd'hui. (pourvu que)
8. Vous pouvez prendre des photos. Le gardien vient. (en attendant que)
9. Je vais conduire. Je suis fatigué. (jusqu'à ce que)
10. Nous allons rentrer avant neuf heures. Il n'y a pas de brouillard (*fog*). (à condition que)

Activité 6 **Interactions**

Nos actions nous concernent non seulement nous-mêmes. Souvent elles affectent ou dépendent d'autres personnes. Exprimez cela d'après le modèle.

⇨ Monsieur Lamblet va passer une année au Mexique pour apprendre l'espagnol. (ses enfants)
Monsieur Lamblet va passer une année au Mexique pour que ses enfants apprennent l'espagnol.

1. Je vais téléphoner à la gare pour savoir l'heure du train. (vous)
2. Nous allons passer dans ce magasin pour acheter une valise. (tu)
3. Nous pouvons faire une excursion avec nos amis à condition d'avoir une auto. (ils)
4. Je vais rendre visite à Marie-Claude avant de partir en vacances. (elle)
5. Nous n'allons pas quitter Paris sans avoir visité le Centre Pompidou. (vous)
6. Nous allons nous arrêter dans ce café afin de boire le vin du pays. (tu)
7. Jacques est arrivé en avance à l'aéroport de peur de rater son avion. (sa soeur)
8. Nous pouvons déjeuner ici en attendant de partir. (le train)

A c t i v i t é 7   **Stratégie**

Madame Bellamy dirige une entreprise de parfumerie. Tous les mois, elle réunit son état-major *(staff)* pour discuter la stratégie de son entreprise. Jouez le rôle de Madame Bellamy en complétant les phrases suivantes. (Attention: Certaines conjonctions sont suivies du subjonctif; les autres sont suivies de l'indicatif.)

1. Je vous ai demandé de venir pour que. . . (nous / revoir la situation de l'entreprise)
2. Nos ventes progressent bien que. . . (la situation économique générale / n'être pas très bonne)
3. Nos exportations vers les Etats-Unis augmentent depuis que. . . (le franc / avoir été dévalué)
4. J'ai contacté notre agence de New York afin que. . . (elle / faire de la publicité pour nos produits à la télévision)
5. Nous devons développer de nouveaux produits sans que. . . (nos concurrents [*competitors*] / le savoir)
6. Pour financer ces produits, je vais emprunter au Crédit Lyonnais pendant que. . . (les taux [*rates*] d'intérêt / être bas)
7. Nous allons réussir dans notre programme à condition que. . . (vous / faire un effort supplémentaire)
8. J'ai l'intention de vous récompenser pourvu que. . . (nous / obtenir des résultats suffisants)
9. Pour ma part, je vais continuer à travailler jusqu'à ce que. . . (notre entreprise / être la première parfumerie mondiale)
10. Nous allons atteindre cet objectif parce que. . . (nos produits / être les meilleurs)

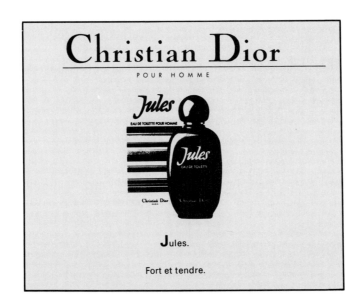

C. Le subjonctif après un pronom relatif

In the sentences on the left, the speaker is referring to people or things that *do exist*. In the sentences on the right, the speaker is referring to people or things that *may* (or *may not*) *exist*. Compare the use of the subjunctive and indicative moods in these sentences.

INDICATIVE

Monsieur Durand a un secrétaire **qui sait** l'anglais.

Je connais un hôtel **qui est** très confortable.

Nous habitons dans un appartement **qui est** situé en ville et **qui** n'**a** pas de vue.

Il y a un film **que les enfants peuvent** regarder.

J'ai un instrument **avec lequel tu peux** réparer ta moto.

Je cherche le magazine **où il y a** des bandes dessinées.

SUBJUNCTIVE

Monsieur Durand cherche un secrétaire **qui sache** le japonais.

Connaissez-vous un hôtel **qui soit** bon marché?

Nous aimerions habiter dans une maison **qui soit** située à la campagne et **qui ait** un grand jardin.

Est-ce qu'il y a un film **que les enfants puissent** comprendre?

Je n'ai pas d'instrument **avec lequel tu puisses** réparer ta voiture.

Je cherche un magazine **où il y ait** des mots croisés faciles.

For a complete presentation of relative pronouns, see Unité 6. You may want to review briefly **qui** (p. 417) and **que** (p. 418).

Both the *indicative* and the *subjunctive* may be used after a relative pronoun (**qui, que, lequel, où,** etc.). The choice between these two moods depends on what the speaker has in mind.

- The *indicative* is used to refer to people or things whose existence is *certain*.
- The *subjunctive* is used to refer to people or things whose existence is still *uncertain* in the mind of the speaker.

Compare:

Je cherche la personne **qui va** à Paris.

Je cherche une personne **qui aille** à Paris.

(This person does exist. In fact, I saw her buying her ticket.)

(Although many people are at the airport, I am not sure if there is anyone going to Paris. I am trying to identify such a person.)

A remarquer

In general, the *subjunctive* is used in a relative clause preceded by
le premier, le dernier, le seul, a *superlative* construction, or a negative
expression such as **personne** or **rien.** This is because these expressions
convey *feelings, emotions, judgments,* or *doubts* on the part of the
speaker.

The *indicative* is used, however, when the speaker is describing a definite
fact. Compare:

Paris est la plus belle ville **que j'aie visitée.**	(This is my own opinion, but other people may have different opinions.)
Paris est la plus grande ville **que j'ai visitée** cet été.	(This is a fact. I did not visit New York, Tokyo, or any other larger cities.)

A c t i v i t é 8 Offres d'emploi

Vous travaillez comme chef du personnel dans une entreprise française.
Vous cherchez des employés qui ont certaines qualifications. Préparez les
offres d'emploi que vous voulez mettre dans un journal professionnel.
Commencez chaque phrase par **Nous cherchons.**

⇨ une secrétaire / elle sait l'anglais
Nous cherchons une secrétaire qui sache l'anglais.

1. deux vendeurs / ils savent l'allemand
2. un comptable *(accountant)* / il sait programmer un micro-ordinateur
3. un directeur financier / il connaît les méthodes modernes de gestion
   (management)
4. des employés / ils ont un diplôme de technicien supérieur
5. un mécanicien / il sait réparer les tracteurs
6. deux ingénieurs / ils peuvent prendre en charge la production de notre
   usine *(factory)*
7. un représentant *(sales representative)* / il veut passer un an au Japon
8. un jeune cadre *(executive)* / il peut assister le vice-président

A c t i v i t é 9 **Au bureau de tourisme**

Vous travaillez en France dans un bureau de tourisme. Des touristes demandent aux employés s'ils connaissent certains endroits ou certaines personnes. Les employés répondent affirmativement. Jouez les deux rôles.

⇨ un hôtel (être confortable)

> **le/la touriste: Connaissez-vous un hôtel qui soit confortable?**
> **l'employé(e): Bien sûr, je connais un hôtel qui est confortable.**

1. un hôtel (être bon marché)
2. un hôtel (avoir une piscine)
3. une librairie (vendre le plan de la ville)
4. un restaurant (servir les spécialités régionales)
5. une banque (prendre les traveller-chèques)
6. une famille (prendre des pensionnaires [*boarders*])
7. un guide (connaître bien la ville)
8. un guide (comprendre le japonais)
9. un cinéma (faire des réductions aux étudiants)
10. un mécanicien (savoir réparer les voitures de sport)

A c t i v i t é 10 **Et vous?**

Indiquez vos préférences. Pour cela, complétez les phrases avec le pronom **qui** et la caractéristique entre parenthèses qui vous semble la plus importante.

⇨ J'aimerais avoir des amis. . . (être brillants? être sincères? me comprendre?)
> **J'aimerais avoir des amis qui soient sincères (qui soient brillants, qui me comprennent).**

1. Je voudrais avoir une voiture. . . (être confortable? aller vite? consommer peu?)
2. Je voudrais avoir un chien. . . (obéir? être intelligent? garder ma maison?)
3. Je voudrais avoir des professeurs. . . (être brillants? donner de bons conseils? donner des examens faciles?)
4. Ce week-end je voudrais sortir avec une personne. . . (avoir le sens de l'humour? savoir danser? vouloir bien m'inviter au restaurant?)
5. Plus tard, je voudrais vivre dans une maison. . . (avoir une piscine? être très confortable? avoir une belle vue?)
6. J'aimerais avoir un travail. . . (être intéressant? payer bien? offrir des possibilités d'avancement?)
7. J'aimerais avoir un patron/une patronne (*boss*). . . (être intelligent(e)? n'être pas trop strict(e)? respecter mes idées?)
8. Un jour, j'espère me marier avec quelqu'un. . . (aimer les enfants? savoir faire la cuisine? avoir les mêmes opinions que moi?)

D. Résumé: L'usage du subjonctif

The subjunctive is used. . .	REMARKS	
1. After que • OBLIGATION & OPINION (pages 234-238) After **il faut que** and expressions of obligation and opinion, when these expressions concern someone or something in *particular*.	The *infinitive* is used to express a *general* obligation or opinion.	
• WILL & DESIRE (pages 243-244) After verbs and expressions that convey a wish, a will, a desire, when the wish concerns *someone or something other than the subject*.	The *infinitive* is used when the wish concerns the *subject*.	
• FEELINGS & EMOTIONS (page 245) After verbs and expressions that convey feelings and emotions, when these feelings concern *someone or something other than the subject*.	The *infinitive* is used when these feelings concern the *subject*.	
• DOUBT (pages 248-249) After verbs and expressions that convey *doubt* or *uncertainty*.	The *indicative* is used after verbs and expressions used to express *knowledge* or *certainty*.	
2. After certain conjunctions (pages 255-257) After conjunctions that express a purpose, restriction, or time limitation: pour que afin que avant que à condition que sans que de peur que à moins que en attendant que bien que pourvu que quoique jusqu'à ce que	When there is no change in subject the *infinitive* is used after: pour afin de avant de à condition de sans de peur de à moins de en attendant de — — — — The *indicative* is used after conjunctions that introduce a statement of fact: parce que pendant que après que puisque depuis que	
3. After relative pronouns (pages 261-262) After the relative pronouns **qui, que, lequel,** and **où** when there is an element of *doubt* or *uncertainty* about the existence of what is described.	The *indicative* is used when there is *no* doubt about the existence of what is being described.	

subjunctive	infinitive	indicative
Il faut que **vous soyez** optimistes. Il est bon que **tu saches** l'espagnol. Je souhaite que **vous fassiez** un beau voyage. Je suis heureux que **tu partes** en vacances. Je doute que **vous ayez** compris. Crois-tu que **l'examen soit** facile?	Il faut **être** optimiste. Il est bon de **savoir** l'espagnol. Je souhaite **faire** un beau voyage. Je suis heureux de **partir** en vacances.	 Je sais que **vous n'avez** pas compris. Oui, je crois qu'**il est** facile.
Je te prête de l'argent **pour que tu ailles** au cinéma.	Je prends de l'argent **pour aller** au cinéma.	Je te prête de l'argent **parce que je suis** généreux.
Nous cherchons quelqu'un **qui sache** l'anglais.		Nous connaissons quelqu'un **qui sait** le japonais.

Complétez les phrases suivantes avec la forme appropriée de l'indicatif ou du subjonctif de **comprendre.**

1. Il faut que tu . . . la situation.
2. Est-ce que tu . . . l'italien?
3. Nous ne . . . pas quand le professeur parle trop vite.
4. Je regrette que mon père ne . . . pas toujours mes projets.
5. Je sais que tu . . . vite!
6. Je ne suis pas sûr que vous . . . mon point de vue.
7. Je répète pour que tu . . . bien.
8. Non, vraiment, je ne . . . pas.
9. Tu vas bien t'amuser à Paris parce que tu . . . le français.
10. J'ai un ami qui . . . le japonais.
11. Je voudrais avoir une amie qui me . . . .
12. Est-ce qu'il y a quelqu'un qui . . . l'espagnol?
13. J'aimerais parler à la personne qui . . . le français.

A c t i v i t é **12** **Une Américaine à Paris**

Denise, une étudiante américaine, a décidé de passer quelques mois à Paris. Elle est là depuis quelques semaines. Comme elle ne connaissait pas beaucoup de monde, elle s'est inscrite au Cours de l'Alliance Française. Un jour, elle écrit à ses amis américains. Complétez ses phrases en utilisant l'indicatif ou le subjonctif, et votre imagination.

1. J'ai décidé d'aller à Paris parce que je. . .
2. J'améliore *(am improving)* mon français depuis que je. . .
3. Je m'amuse bien, bien que je. . .
4. Le week-end dernier, mes amis ont organisé une surprise-partie afin que je. . .
5. Une amie m'a invitée au restaurant parce que je. . .
6. Je vais rester à Paris jusqu'à ce que je. . .
7. J'espère que vous allez m'écrire avant que je. . .
8. Dites-moi ce que vous faites pendant que je. . .

Entre nous

A votre tour

Complétez les phrases suivantes avec des idées personnelles.

1. Si je veux réussir dans la vie, il faut que je. . .
2. Je souhaite que mes amis. . .
3. Si nous voulons la paix *(peace)*, il est essentiel que. . .
4. Je suis heureux/heureuse que. . .
5. Je suis optimiste (pessimiste) parce que. . .
6. Je suis sûr(e) que. . . mais je doute que. . .
7. Il est dommage que. . .
8. Je voudrais avoir des responsabilités pour (pour que). . .
9. Aujourd'hui, il y a trop de gens qui. . .
10. J'aimerais connaître des gens qui. . .

Contextes

Les phrases suivantes font partie de différentes conversations. Imaginez le contexte de ces conversations dans un petit paragraphe.

▷ «D'accord, mais à condition que tu sois prudent!»

Jean-Claude a promis à Isabelle de faire une promenade en voiture avec elle. Malheureusement sa voiture est chez le mécanicien. Il demande à son père s'il peut emprunter la voiture familiale. Son père accepte mais sous une certaine condition. . .

1. «D'accord! A condition que vous veniez avec moi!»
2. «Bien que ce soit dimanche, il faut que j'aille au bureau!»
3. «Je veux bien pourvu que ce ne soit pas trop cher.»
4. «Au revoir et à samedi. . .à moins évidemment qu'il fasse mauvais!»
5. «Il faut finir cela avant qu'il fasse nuit!»
6. «Nous cherchons des gens qui puissent nous aider.»
7. «Je cherche quelqu'un qui sache comment fonctionne cette machine!»
8. «Connaissez-vous un hôtel qui soit confortable et bon marché?»

pour qu'un séjour à Paris soit (enfin) un séjour parisien.

Le Grand Hôtel
Place de l'Opéra

GRAND HÔTEL, tél. : 260.33.50
2 rue Scribe 75009 PARIS, télex : 220875

OPTIONAL

Constructions, expressions et locutions

1. Quelques expressions pour exprimer son opinion

à mon avis	*in my opinion*	**A mon avis,** il est utile de parler plusieurs langues.
selon **d'après** $\Big\}$ + $\Big\{$ *noun or stress pronoun*	*according to*	**Selon** les médecins, le sport est bon pour la santé. **D'après** eux, il faut faire des exercices tous les jours.

en réalité	*actually*	Pierre a dit qu'il a étudié mais **en réalité** il n'a rien fait.
en fait	*as a matter of fact, in fact*	**En fait,** il est allé voir un film avec ses amis.
en effet	*as a matter of fact, indeed*	Nous l'avons rencontré **en effet** au cinéma.
en tout cas	*in any case, at any rate*	**En tout cas,** il n'était pas chez lui hier.
en outre	*besides, moreover*	**En outre,** il n'est pas rentré avant minuit.

cependant	*nevertheless, still, however*	Janine dit qu'elle m'a écrit. **Cependant,** je n'ai pas reçu sa lettre.
pourtant	*nevertheless, however*	Véronique n'est pas riche. **Pourtant,** elle prête de l'argent à ses amis.
néanmoins	*nevertheless, nonetheless*	Dans ce film espagnol, les acteurs parlaient très vite. **Néanmoins,** nous avons compris.
toutefois	*nevertheless*	Je n'ai pas beaucoup de temps. **Toutefois,** je vais vous aider.
quand même	*nevertheless, however*	Vous n'avez pas étudié mais **quand même** vous avez réussi à l'examen.

d'un côté	*on the one hand*	**D'un côté,** ma soeur est généreuse.
de l'autre côté	*on the other hand*	**De l'autre côté,** elle ne prête jamais sa voiture.
par contre	*on the other hand, however*	Je ne peux pas venir chez vous demain. **Par contre,** je peux passer samedi.

de plus	*besides, moreover*	Apprendre une langue étrangère est amusant. **De plus,** c'est utile.
du reste	*besides, moreover*	**Du reste,** beaucoup de compagnies aujourd'hui exigent la connaissance de plusieurs langues.
d'ailleurs	*besides, moreover*	Moi, **d'ailleurs,** je suis des cours d'anglais commercial.
par ailleurs	*on the other hand*	**Par ailleurs,** je parle déjà italien et espagnol.
par conséquent	*therefore, consequently*	J'ai beaucoup de travail. **Par conséquent,** je ne peux pas sortir.
malgré cela	*in spite of that, nevertheless*	**Malgré cela,** je vais inviter quelques amis après le dîner.
malgré tout	*in spite of everything, after all*	**Malgré tout,** on doit s'amuser un peu, n'est-ce pas?

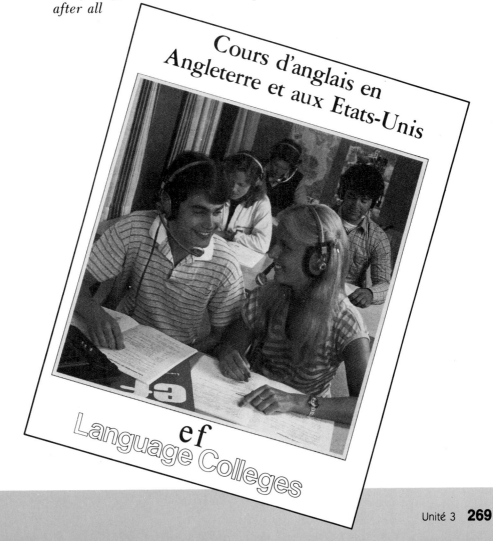

Cours d'anglais en Angleterre et aux Etats-Unis

ef Language Colleges

2. Les verbes **commencer** et **finir** suivis de l'infinitif

The verbs **commencer** and **finir** vary their meaning according to the construction in which they are used. Compare:

commencer à + infinitive
    Nous **avons commencé à étudier.**

to begin + infinitive; *to start* + gerund
    *We **began to study.***
    *We **started studying.***

commencer par + infinitive
    Nous **avons commencé par apprendre** les verbes.

to begin/start by + gerund
    *We **began by learning** the verbs.*
    *We **started by learning** the verbs.*

finir de + infinitive
    Il **a fini de** protester.

to finish/stop + gerund
    *He **finished protesting.***
    *He **stopped protesting.***

finir par + infinitive
    Il **a fini par comprendre** la situation.

to end up by + gerund; *finally* + verb
    *He **ended up by understanding** the situation.*
    *He **finally understood** the situation.*

FRANCE

3. Le subjonctif dans les propositions indépendantes

The subjunctive is sometimes used in independent (that is, free-standing) clauses. Note its uses in the following sentences:

(request)

Qu'ils **entrent**!	*Have them **come in**!*
Que la musique **continue**!	*May the music **play on**!*
Que les jeunes mariés **s'embrassent**!	*Let the newlyweds **kiss each other**!*

(wish)

Qu'ils **soient** heureux!	*May they **be** happy!*
Que la chance les **aide**!	*May good luck **be with them**!*

The subjunctive is sometimes used after **que** in independent clauses to express a request or wish.

Note that when used to express a request, the subjunctive clause is equivalent to an imperative construction.

➪ In clauses of this type, the subjunctive occurs only in the **il/ils** forms.

➪ The subjunctive may also occur in an independent clause after **pourvu que** (*let's hope that*).

Pourvu qu'il fasse beau demain!	***Let's hope that*** *the weather is nice tomorrow!*
Pourvu que vous ayez de la chance!	***Let's hope that*** *you will be lucky!*

ROY SCHEIDER

« QUE LE SPECTACLE COMMENCE... »

PALME D'OR
GRAND PRIX DU FESTIVAL CANNES 80

4. L'usage des conjonctions et des prépositions après certains verbes

Note the use of **à ce que** (+ subjunctive) and **à** (+ infinitive) after the following verbs:

s'attendre *(to expect)*	Je **m'attends à ce que** l'examen soit facile. Je **m'attends à** avoir un «A».
faire attention *(to be careful, watch out)*	**Fais attention à ce que** ton chien ne sorte pas. **Fais attention à** bien fermer la porte.

⇨ The indicative is used after **faire attention à ce que** when it means *to pay attention to what.* . .

Fais attention à ce que je dis.

Note the use of **pour que** (+ subjunctive) and **pour** (+ infinitive) after the following verbs and expressions:

insister *(to insist)*	Vos amis **insistent pour que** vous leur répondiez. Ils **insistent pour** avoir votre opinion.
être d'accord *(to see no objection, be in favor, accept)*	Je **suis d'accord pour que** vous veniez. Je **suis d'accord pour** organiser une surprise-partie.
faire tout son possible *(to do all that is possible)*	Nous **faisons tout notre possible pour que** vous soyez contents. Nous **faisons tout notre possible pour** aider nos amis.
faire de son mieux *(to do one's best)*	Le patron du restaurant **fait de son mieux pour que** ses clients soient contents. Le patron du restaurant **fait de son mieux pour** rendre ses clients heureux.
se débrouiller/ s'arranger *(to manage)*	Je vais **me débrouiller (m'arranger) pour que** vous trouviez une chambre cette nuit. Je vais **me débrouiller (m'arranger) pour** parler au patron de l'hôtel.

Le français et les arts

«France, mère des arts» disait déjà au 16e siècle le poète Joachim du Bellay. Cette vocation artistique de la France s'est affirmée au cours des siècles. Au début du 20e siècle, la réputation des artistes français avait fait de Paris la capitale artistique du monde. C'est à cette époque que se créa l'officieuse «Ecole de Paris» à laquelle participèrent les plus grands artistes du monde: l'Italien Modigliani, les Espagnols Picasso et Juan Gris, le Russe Chagall, le Japonais Foujita, et bien d'autres. Aujourd'hui, sous l'impulsion du Ministère de la Culture, on assiste à un renouveau de toutes les formes artistiques en France.

Elisabeth Platel, danseuse-étoile des Ballets de l'Opéra de Paris

Présentation de Carmen à l'Opéra de Paris

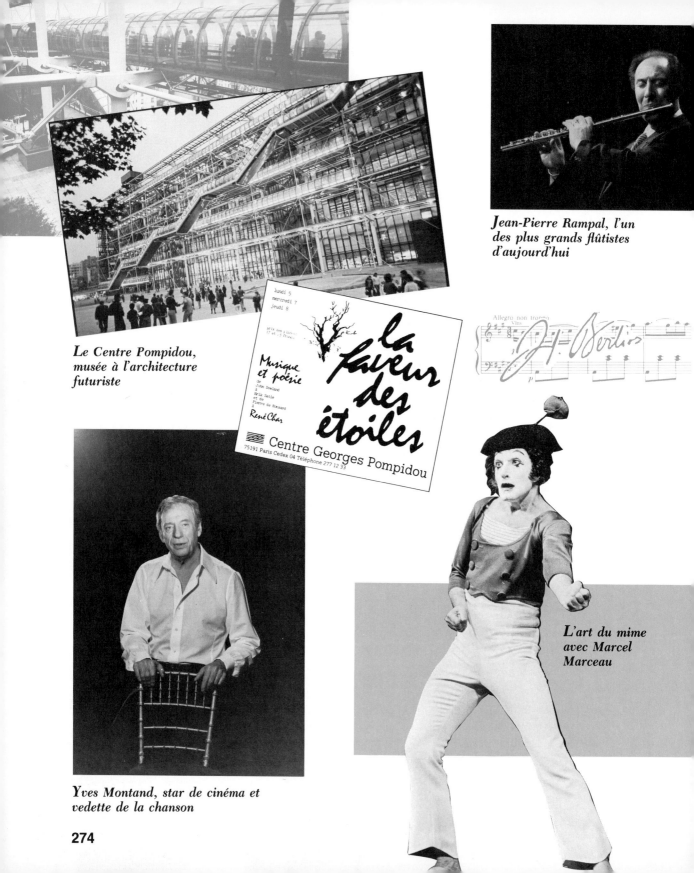

Jean-Pierre Rampal, l'un des plus grands flûtistes d'aujourd'hui

Le Centre Pompidou, musée à l'architecture futuriste

lundi 5
mercredi 7
jeudi 8

Musique
et poésie
de
John Dowland
à
Erik Satie
et de
Pierre de Ronsard
à
René Char

la faveur des étoiles

Centre Georges Pompidou
75191 Paris Cedex 04 Téléphone 277 12 33

L'art du mime avec Marcel Marceau

Yves Montand, star de cinéma et vedette de la chanson

Rudolf Noureev, aujourd'hui directeur artistique de l'Opéra de Paris

Présentation de Dom Juan à la Comédie-Française

Le réalisateur François Truffaut avec sa caméra

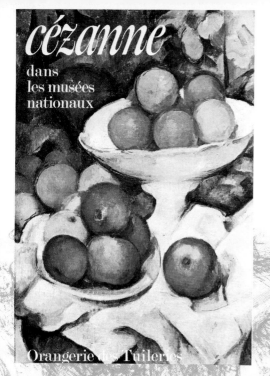

cézanne

dans
les musées
nationaux

Orangerie des Tuileries

MANET
1832-1883

THE METROPOLITAN MUSEUM OF ART
SEPTEMBER 10-NOVEMBER 27 1983

Bonnard

23 février – 21 mai 1984
Centre Georges Pompidou
Musée national d'art moderne

Picasso

Degas

Matisse

Soutine

Le peintre Gérard Garouste dans son atelier

UNITÉ 4

Adjectifs, adverbes, expressions indéfinies et négatives

Leçon 16

Les adjectifs; le comparatif et le superlatif

A. Quelques adjectifs irréguliers

For most adjectives, the feminine form is obtained by adding an **-e** to the masculine form. Some common irregular patterns were presented on pages 54-55. Here are some less common irregular patterns.

s → sse

bas	basse	*low*
gros	grosse	*big, fat*
gras	grasse	*fat, fatty*
épais	épaisse	*thick*

s, c → che

frais	fraîche	*fresh, cool*
blanc	blanche	*white*
franc	franche	*frank*
sec	sèche	*dry*

x → sse

roux	rousse	*redheaded*
faux	fausse	*false*

c → que, cque

public	publique	*public*
turc	turque	*Turkish*
grec	grecque	*Greek*

x → ce

doux	douce	*soft, mild, gentle, sweet*

g → gue

long	longue	*long*

il → ille

gentil	gentille	*nice, kind*
pareil	pareille	*similar*

ou → olle

fou	folle	*crazy*
mou	molle	*soft, slack, flabby*

⇨ Note also:
favori	favorite	*favorite*

A c t i v i t é 1 Le contraire

Refaites les phrases suivantes affirmativement. Pour cela, utilisez un adjectif irrégulier de sens contraire.

⇨ Cette veste n'est pas noire.
Elle est blanche.

1. Cette robe n'est pas courte.
2. Cette femme n'est pas hypocrite.
3. Cette altitude n'est pas élevée.
4. Ces photos ne sont pas différentes.
5. Cette histoire n'est pas vraie.
6. Cette feuille de papier n'est pas mince *(thin)*.
7. Cette Mercédès n'est pas une petite voiture.
8. Au Sahara l'atmosphère n'est pas humide.   sèche
9. Ces personnes ne sont pas rationnelles.
10. Cette plage n'est pas privée.

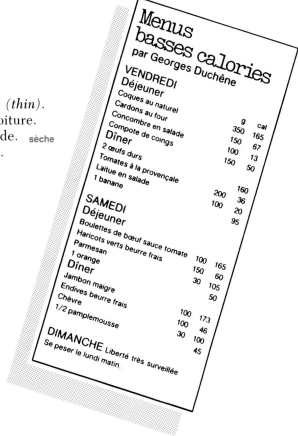

Menus basses calories
par Georges Duchêne

VENDREDI
Déjeuner
Coques au naturel
Cardons au four
Concombre en salade
Compote de coings
Dîner
2 œufs durs
Tomates à la provençale
Laitue en salade
1 banane

	g	cal
	350	165
	150	67
	100	13
	150	50
	200	160
	100	36
		20
		95

SAMEDI
Déjeuner
Boulettes de bœuf sauce tomate
Haricots verts beurre frais
Parmesan
1 orange
Dîner
Jambon maigre
Endives beurre frais
Chèvre
1/2 pamplemousse

	100	165
	150	60
	30	105
		50
	100	173
	100	46
	30	100
		45

DIMANCHE Liberté très surveillée
Se peser le lundi matin.

A c t i v i t é 2 Définitions

Lisez les phrases suivantes et complétez-les avec l'adjectif irrégulier qui convient.

1. Ma cousine dit toujours la vérité. Elle est. . .
2. Meryl Streep est l'actrice que je préfère. C'est mon actrice. . .
3. Fatima habite à Istanbul. Elle est. . .
4. Hélène est née à Athènes. Elle est. . .
5. Cette fille aide ses amis. Elle est. . .avec eux.
6. Au printemps, les températures ne sont pas très froides. Elles sont. . .
7. La margarine et le beurre sont des produits riches en lipides *(fats)*. Ce sont des matières. . .   grasses
8. Quand la glace n'est pas mise au réfrigérateur, elle devient. . .

B. Le comparatif des adjectifs

Comparative constructions are used to compare people or things on a one-to-one basis. Note the forms of these constructions with adjectives.

André est **plus intelligent que** son cousin. {*André is **more intelligent than** his cousin. / André is **smarter than** his cousin.*

Mais il est **moins sportif que** lui. *But he is **less athletic than** he.*

Nous sommes **aussi travailleurs que** vos amis. *We are **as hardworking as** your friends.*

Vous n'êtes pas **aussi sérieux qu'**avant. *You are not **as serious as** before.*

The comparative forms of adjectives follow the pattern:

(+) **plus**		noun
(−) **moins**	+ adjective + **que** +	stress pronoun
(=) **aussi**		adverb

⇨ The adjectives in comparative constructions agree with the nouns or pronouns they modify. Note that the second element of the comparison (**que** + noun/pronoun) is often not expressed.

Voici un garçon sérieux. Voici des filles **plus sérieuses**.

⇨ The comparative of **bon/bonne** (in the **plus** form) is **meilleur/meilleure**.

Ce vin de Californie est bon, mais ce vin français est **meilleur**.
but: Ce vin italien est **moins bon**.

⇨ The position of adjectives in a comparative construction is the same as in a regular construction. For emphasis, however, adjectives that usually come before the noun may be placed after the noun in a comparative construction.

Voici une **petite** voiture. Voici une voiture **plus petite**.

OPTIONAL *A remarquer*

1. The adverbs **beaucoup** or **bien** can be used to reinforce a comparative construction.

   Aujourd'hui les voitures sont **beaucoup plus économiques** qu'avant, mais elles sont **bien moins solides**.

2. A comparative construction may be followed by **que** + *clause*.

   Vous êtes plus sérieux **que je pensais**.

   In such a construction, **si** may replace **aussi** when the verb is negative.

   Vous n'êtes pas **si malheureux que vous pensez**.

   In formal French, the pleonastic **ne** is often inserted before the verb in the clause following a comparative construction:
   Vous êtes plus sérieux que je **ne** pensais.

*Rameau pianos "plus musicaux que jamais"
8 modèles, 28 variantes de pianos droits à partir de 16.000 F
En vente chez les meilleurs détaillants*

Activité 3 Ah, le bon vieux temps!

Monsieur Ladoux a passé toute sa vie dans le même village. Il se souvient du bon temps de sa jeunesse où tout était meilleur qu'aujourd'hui. Jouez le rôle de Monsieur Ladoux. Soyez logique!

➡ l'air / pur? **Autrefois l'air était plus pur.**

1. les rivières / polluées?
2. les produits agricoles / bons?
3. les jeunes / travailleurs?
4. les gens / préoccupés par l'argent?
5. les relations entre les gens / bonnes?
6. la société / matérialiste?
7. les problèmes de l'existence / sérieux?
8. la vie / simple?

Activité 4 A votre avis

Comparez les choses ou les personnes suivantes en utilisant les adjectifs entre parenthèses. (Les adjectifs sont donnés au masculin. Mettez ces adjectifs à la forme qui convient.)

➡ l'Alaska: le Texas (grand) **L'Alaska est plus grand que le Texas.**

1. l'hiver: le printemps (froid / agréable)   hiver *m.*
2. l'amitié: l'amour (important / difficile / durable)   amitié *f.*
3. les relations (*connections*): l'argent (utile / nécessaire / superflu)   relation *f.*
4. l'eau minérale: l'eau ordinaire (cher / naturel / bon)
5. les voitures françaises: les voitures américaines (petit / confortable / cher / économique / aérodynamique / bon)
6. les Américains: les Français (indépendant / sportif / cultivé / réaliste / élégant)
7. les femmes: les hommes (généreux / intuitif / impulsif / patient / franc / indépendant / réaliste)
8. ma mère: mon père (optimiste / idéaliste / généreux / gentil / entêté [*stubborn*])

C. Le superlatif des adjectifs

Superlative constructions are used to compare people or things with the rest of a group. Note the forms of these constructions with adjectives.

Le 21 juin est le jour **le plus long** de l'année.	*June 21 is **the longest** day of the year.*
La Californie est l'état **le plus peuplé** des Etats-Unis.	*California is **the most populated** state in the United States.*
Pierre et Marc sont les garçons **les moins sérieux** de la classe.	*Pierre and Marc are **the least serious** students in the class.*

The superlative forms of adjectives follow the pattern:

$$\text{le/la/les} + \begin{Bmatrix} \textbf{plus} \\ \textbf{moins} \end{Bmatrix} + \text{adjective } (+ \textbf{ de } + \text{noun})$$

➡ After a superlative construction, the preposition **de** is used to introduce the reference group. Note that the second element of the comparison (**de** + *noun*) is often not expressed.

Est-ce que Paris est la plus belle ville **du monde?**	*Is Paris the most beautiful city **in the world?***

➡ The superlative of **bon/bonne** (in the **plus** form) is **le meilleur/la meilleure.**

C'est une **bonne** actrice.	C'est **la meilleure** actrice.

➡ In a superlative construction, the position of the adjective (before or after the noun) is usually the same as in a regular construction.

Montréal est une **grande** ville.	C'est la plus **grande** ville du Canada.
C'est une ville **cosmopolite.**	C'est la ville la plus **cosmopolite.**

Note that when the superlative adjective comes before the noun, the definite article can be replaced by a possessive or a demonstrative adjective.

Nathalie est **la** meilleure amie de Christine.
C'est aussi **ma** meilleure amie.

A remarquer

A superlative construction can be followed by a relative clause (introduced by **qui, que, où. . .**). In such a construction, the verb is usually in the *subjunctive*. This is because the use of a superlative often implies an opinion, a judgment, or an emotion on the part of the speaker.

> Paris est **la plus belle** ville que je **connaisse.**
> Caruso est **le meilleur** chanteur qui **ait existé.** Enrico Caruso (1873–1921): famous Italian opera singer.
> (These are my opinions. Other people may have different ideas.)

When the speaker wants to state a fact in an objective manner, however, the indicative is used.

> Paris est **la plus grande** ville que **j'ai visitée** cet été.
> (This is a fact. I did not visit any other large cities.)

A c t i v i t é 5   Comparaisons

Comparez les choses suivantes. Donnez à chacune son importance relative, d'après le modèle. Exprimez votre opinion personnelle.

⟹ (la France / le Canada / les Etats-Unis): un pays intéressant
Les Etats-Unis sont un pays intéressant.
Le Canada est un pays plus intéressant.
La France est le pays le plus intéressant.

1. (New York / San Francisco / la Nouvelle Orléans): une belle ville
2. (le platine / l'argent / l'or): un métal précieux
3. (la santé / l'argent / l'amour): une chose importante
4. (l'inflation / le chômage (*unemployment*) / l'injustice): un problème dangereux
5. (le courage / l'honnêteté / la générosité): une qualité importante
6. (les Yankees / les Orioles / les Indiens): une bonne équipe

A c t i v i t é 6   Oui ou non?

Lisez les descriptions suivantes. Pour chaque chose, dites si elle représente le sommet dans sa catégorie.

⟹ Paris est une grande ville. (le monde)
Paris n'est pas la plus grande ville du monde.

1. Le Connecticut est un petit état. (les Etats-Unis)
2. Le mont Everest est un sommet élevé. (l'Asie)
3. La France est un pays prospère. (l'Europe)
4. Mars est un mois froid. (l'année)
5. La tour Eiffel est un haut monument. (Paris)
6. Les Yankees sont une bonne équipe. (la Ligue américaine)
7. Raphaël et Michel-Ange étaient des peintres inspirés. (leur génération)
8. Picasso est un artiste célèbre. (le vingtième siècle [*twentieth century*])
9. Meryl Streep est une bonne actrice. (notre époque)

Raphaël (1483–1520): an Italian painter and architect; one of the greatest artists of the Italian Renaissance.
Michel-Ange (1475–1564): an Italian Renaissance painter, architect, sculptor, and poet.
He painted the ceiling of the Sistine Chapel.

D. Le comparatif et le superlatif avec les noms

Comparative and superlative constructions can also be used with nouns.
Note the forms of these constructions below.

COMPARATIVE	SUPERLATIVE
J'ai **plus de travail que** mon cousin. (*I have **more work than** my cousin.*)	C'est moi qui ai **le plus de travail** de la classe. (*I am the one who has **the most work** in the class.*)
Et j'ai **moins de loisirs que** lui. (*And I have **less free time than** he does.*)	C'est nous qui avons **le moins de loisirs**. (*We are the ones who have **the least free time**.*)
Nous avons fait **autant d'efforts qu'**avant, mais nous n'avons pas fait **autant de progrès**. (*We made **as much effort as** before, but we haven't made **as much progress**.*)	

Comparative constructions with nouns are formed according to the pattern:

$$\left. \begin{array}{l} (+)\ \textbf{plus de} \\ (-)\ \textbf{moins de} \\ (=)\ \textbf{autant de} \end{array} \right\} + \text{noun} \left(+ \ \textbf{que} \ + \left\{ \begin{array}{l} \text{noun} \\ \text{stress pronoun)} \\ \text{adverb} \end{array} \right. \right.$$

Superlative constructions with nouns are formed according to the pattern:

$$\left. \begin{array}{l} \textbf{le plus de} \\ \textbf{le moins de} \end{array} \right\} + \text{noun} \ (+ \ \textbf{de} \ + \ \text{noun})$$

➡ In such constructions, there is no article before the noun.

Compare: J'ai **du** travail.   J'ai plus **de** travail que toi.
          Tu fais **des** efforts.   Tu fais moins **d'**efforts que moi.

Activité 7 C'est évident!

Comparez les choses ou les personnes suivantes en utilisant l'adjectif entre parenthèses. Faites une autre comparaison en utilisant la phrase qui suit. Soyez logique!

⇒ Jacques (+ pauvre) Annie / Il a de l'argent.
   Jacques est plus pauvre qu'Annie. Il a moins d'argent.

1. Nathalie (+ sportive) Philippe / Elle fait du sport.
2. Roger (+ économe) Antoine / Il dépense de l'argent.
3. Albert (= brillant) Thérèse / Il a des idées originales.
4. Suzanne (− heureuse) Sylvie / Elle a des problèmes.
5. les voitures japonaises (+ économiques) les voitures américaines / Elles consomment de l'essence.
6. le français (− facile) l'espagnol / Il présente des problèmes.

Activité 8 Questions personnelles

1. A votre avis, qui est l'actrice la plus intelligente? l'acteur le plus drôle? l'auteur qui a le plus de talent? l'actrice qui a le plus de succès? le meilleur chanteur? la meilleure chanteuse?
2. Quel est le meilleur film que vous ayez vu récemment? la meilleure pièce de théâtre? l'événement sportif le plus intéressant? Pourquoi?
3. Quel est le programme de télé le plus intéressant? le moins intéressant? Quel est le jeu-vidéo le plus difficile? le moins drôle?
4. Aujourd'hui qui est le meilleur joueur de tennis? la meilleure joueuse? la meilleure équipe de football américain? les meilleurs joueurs de baseball?
5. Quel est le meilleur sport pour la santé? le sport le plus spectaculaire? le sport le moins violent?
6. Selon vous, quel est le meilleur restaurant de votre ville? le restaurant le moins cher? le restaurant qui a le plus d'ambiance (*atmosphere*)?
7. Quels sont les magasins les moins chers? les magasins qui offrent la meilleure qualité? les magasins les plus populaires?

Vêtements Féminins
Vêtements pour enfants
Objets exotiques
Bijouterie
Accessoires mode

le moins cher des grands magasins...

Au Petit Paris

70 RUE NATIONALE · □ TOURS

Entre nous

Contextes

Les phrases suivantes font partie de différentes conversations. Imaginez le contexte de ces conversations dans un petit paragraphe.

⇨ «Merci, vous êtes gentille!»

Nous sommes dans le métro. Il est six heures du soir. A cette heure-là, il y a toujours beaucoup de monde. Stéphanie donne sa place *(seat)* à une vieille dame qui la remercie.

1. «N'hésite pas! Tu ne vas jamais retrouver une occasion pareille!»
2. «C'était le génie le plus brillant de son temps.»
3. «Je ne suis pas aussi patient que vous croyez. Si vous ne faites pas plus d'efforts, je. . .»
4. «Vous aviez raison. Nous avons passé des vacances plus agréables et nous n'avons pas dépensé autant d'argent.»
5. «Il a moins de diplômes, mais il donne l'impression d'être plus ambitieux. Est-ce que c'est lui que nous allons choisir pour ce poste au Venezuela?»
6. «Pourquoi est-ce que tu as décidé cela? Là-bas, l'air est moins pur, le climat est moins bon, les gens sont moins sympathiques et la vie n'est pas aussi facile qu'ici. Evidemment, tu vas gagner plus d'argent, mais tu vas avoir beaucoup plus de dépenses!»
7. «Vous avez raison! C'est la plus jolie, mais c'est aussi la plus chère du magasin! Est-ce que vous pouvez me montrer quelque chose d'autre *(something else)*?»
8. «Mon cousin qui habite ici depuis longtemps dit que c'est le meilleur de la ville! Allons-y ce soir!»
9. «Au début vous n'allez pas gagner autant d'argent, mais vous allez avoir plus de responsabilités et vos chances de promotion sont bien meilleures. C'est à vous de décider!»
10. «Non, cette saison n'a pas été aussi bonne! L'année dernière, nous avons eu beaucoup plus de monde. . . C'est probablement à cause du temps qui n'a pas été aussi beau!»

Situations

Imaginez un débat entre les personnes suivantes. Chaque personne présente les avantages de sa situation dans un petit paragraphe en utilisant le comparatif ou le superlatif. (Si vous voulez, vous pouvez faire des phrases avec les noms entre parenthèses.)

⇨ Jacqueline habite dans le Sud. Robert habite dans le Nord.

(le climat / la vie / les gens)

Jacqueline: Dans le Sud le climat est moins froid. En hiver, il fait beaucoup plus doux. La vie est plus facile. Les gens sont. . . Il y a plus de. . . Il y a moins de. . .

Robert: Oui, dans le Nord le climat est peut-être plus froid, mais il est plus sain *(healthy)*. . .

1. Antoine habite en ville. Sylvie habite à la campagne.
   (l'air / la pollution / les gens / les relations humaines / les possibilités de loisirs)
2. Henri va passer un an en France. Béatrice va passer un an au Mexique.
   (le climat / la mode de vie / l'environnement / la cuisine / les loisirs / le confort /
   les gens)
3. Gilbert a une Renault. Alice a une Jaguar.
   (les performances / le confort / le prestige / la consommation d'essence /
   les frais d'entretien [upkeep])
4. Marc veut être professeur. Gisèle veut être médecin.
   (les revenus / l'intérêt du travail / la possibilité de loisirs)
5. Cet été, Nicole va faire du camping dans les Alpes. Daniel va aller chez
   ses cousins en Bretagne.
   (le confort / l'exercice / la possibilité de rencontrer des gens / les risques)
6. Monsieur Leblanc travaille dans une petite entreprise de caractère familial.
   Madame Leblanc travaille dans une grande compagnie internationale.
   (le salaire / l'ambiance / les possibilités de promotion / les possibilités de
   voyager / les relations humaines / le prestige)

A votre tour

1. Avec le temps, beaucoup de choses changent. Comparez votre existence
   d'aujourd'hui avec votre existence d'il y a deux ou trois ans. Dites pourquoi
   elle est plus intéressante et pourquoi elle est moins intéressante. Si vous
   voulez, vous pouvez considérer les éléments suivants:

   le travail / les loisirs / les amis / l'argent / les responsabilités / les relations
   avec les parents / les études

   ➡ En général, ma vie est plus intéressante qu'avant. J'ai moins d'amis, mais mes amis sont plus
   sincères et plus généreux. . .

2. Imaginez que vous travaillez pour le syndicat d'initiative (chamber of
   commerce) de votre région. Préparez une brochure où vous expliquez les
   avantages de cette région sur d'autres régions. Vous pouvez considérer les
   éléments suivants:

   le milieu physique: le climat / l'air / le paysage / les rivières / les
       ressources naturelles
   le milieu humain: la population / les gens / les relations humaines
   le milieu culturel: l'histoire / les loisirs
   le milieu économique: les industries / les impôts / le commerce

   ➡ Visitez notre région. Ici l'air est plus pur et les rivières sont plus propres et moins polluées
   qu'ailleurs (elsewhere).

3. Indiquez vos préférences dans les domaines suivants et expliquez pourquoi:
   les sports / les sujets d'étude / les loisirs / le genre de musique / le mode
   de transport / la ville / la région / la profession

   ➡ Mon sport préféré est le tennis. Il est peut-être moins spectaculaire que le football ou le hockey,
   mais il est moins violent. . .

Leçon 17 Les adverbes

A. Introduction: Les adverbes

Adverbs are invariable words or groups of words that generally answer the questions *how?* (adverbs of manner), *when?* (adverbs of time), *where?* (adverbs of place), *how much?* (adverbs of quantity).

(manner)	Tu cours **vite.**	*You run **fast.***
(time)	Je me lève **tôt.**	*I am getting up **early.***
(place)	Nous habitons **là-bas.**	*We live **over there.***
(quantity)	Vous n'étudiez pas **assez.**	*You do not study **enough.***

Vocabulaire Quelques adverbes

Adverbs of manner

bien	*well*	**ensemble**	*together*
mal	*badly, poorly*	**vite**	*fast, quickly*

Adverbs of place

ici	*here*	**près**	*near*
là	*there*	**loin**	*far*
là-bas	*over there*		
		à l'intérieur	*inside*
ailleurs	*elsewhere*	**dehors**	*outside, out*
partout	*everywhere*		

Adverbs of time

aujourd'hui	*today*	**tout de suite**	*right now, immediately*
hier	*yesterday*	**bientôt**	*soon*
demain	*tomorrow*	**déjà**	*already*
		encore	*again, still, another time*
tôt	*early*	**à nouveau**	*again*
tard	*late*		
		maintenant	*now*
avant	*before*	**autrefois**	*in the past*
après	*after, afterward*	**quelquefois**	*sometimes*
		souvent	*often*
d'abord	*first, at first*	**longtemps**	*for a long time*
ensuite	*then, after*	**toujours**	*always*
alors	*then*		
enfin	*at last, finally*		

Irlande
Allez loin sans aller loin.

A remarquer

In the above sentences, the adverbs modify a verb. An adverb may also modify an adjective or another adverb.

Vous êtes **très** bon en français.

Vous parlez **très** bien.

Adverbs of quantity

peu	*little, not much*	**tant**	*so much, that much*
assez	*enough*	**tellement**	*so much, that much*
beaucoup	*a lot, very much*	**plus**	*more*
trop	*too much*	**davantage**	*more*
		moins	*less*
suffisamment	*enough*		
énormément	*a lot*		

You may want to introduce **beaucoup trop** *(much too much)*.
Tu es **beaucoup trop** impatient.
Make sure that students never form **trop beaucoup**.

Adverbs of restriction

presque	*almost*	**seulement**	*only*
peut-être	*maybe, perhaps*	**à peine**	*hardly, scarcely*

NOTES DE VOCABULAIRE:
1. The expressions **ne. . .presque pas** and **ne. . .presque jamais** correspond to *hardly* and *hardly ever*.

    Il **ne** pleut **presque pas**.   *It is **hardly** raining.*
    Il **ne** se trompe **presque jamais**.   *He **hardly ever** makes a mistake.*

2. The construction *adverb of quantity* + **de** may be used to introduce a noun. (See page 60.)

    Je travaille **davantage**.   Je gagne **davantage** d'argent.

Activité 1 La vie de Bernard Masson

Complétez le texte avec les adverbes suivants:
   ailleurs / autrefois / bien / bientôt / dehors / encore / ensemble /
   ensuite / longtemps / maintenant / presque / tard / tôt

Bernard Masson a vécu ____ à New York. Voilà pourquoi il parle très ____
anglais. Il travaille comme interprète. ____ il travaillait pour les Nations
Unies. ____ il travaille pour l'UNESCO à Paris.

Bernard Masson est un employé modèle. Il arrive ____ à son bureau le
matin et il part ____ le soir. Regardez. Il est ____ neuf heures du soir et il
travaille ____! Il espère obtenir ____ une promotion. Sinon, il va chercher
du travail ____!

Le week-end Bernard Masson se repose. Il se lève ____. En général il ne
reste pas chez lui pour le déjeuner. Il déjeune ____. ____ il téléphone à
une amie et ils vont ____ au cinéma.

Activité 2 Entre amis

Analysez les situations suivantes et suggérez à vos amis ce qu'il faut faire.
Pour cela, utilisez la forme **nous** de l'impératif et un adverbe qui convient
logiquement.

➩ Notre bus part demain matin à six heures. (se lever)
   Levons-nous tôt!

1. Vraiment, ce restaurant n'est pas extraordinaire. (dîner)   ailleurs
2. Il fait un temps splendide aujourd'hui. (jouer)   dehors
3. Nos amis veulent aller au cinéma avec nous. (sortir)   ensemble
4. Cette personne veut une réponse immédiate. (répondre)   tout de suite
5. C'est dimanche demain! (se lever)   tard
6. Nous sommes pressés! (marcher)   vite
7. Vraiment, nous ne faisons pas assez d'efforts! (travailler)   davantage
8. Il pleut. (rentrer)   maintenant

**PARTOUT AVEC LE SPORT,
COCA-COLA.**

B. Les adverbes de manière en -ment

Many adverbs of manner end in **-ment**, which corresponds to the English ending *-ly*. In each pair of sentences below, compare the adjective and the corresponding adverb in **-ment**.

Jacques est **loyal**. Il agit **loyalement**.
Nathalie est **sérieuse**. Elle étudie **sérieusement**.
Vous êtes **naïf**. Vous répondez **naïvement**.

Adverbs in **-ment** are derived from adjectives according to the following pattern:

> feminine form of the adjective + **-ment**

spécial, **spéciale** → **spécialement**   curieux, **curieuse** → **curieusement**
calme, **calme** → **calmement**   actif, **active** → **activement**
but: gentil, **gentille** → **gentiment**

▷ If the feminine form ends in *vowel* + **e**, the final **e** is dropped.

vrai, **vraie** → **vraiment**   poli, **polie** → **poliment**

▷ Adjectives of two or more syllables ending in **-ent** and **-ant** have corresponding adverbs in **-emment** and **-amment**.*

récent → **récemment**   élégant → **élégamment**
évident → **évidemment**   constant → **constamment**
différent → **différemment**   brillant → **brillamment**
but: lent → **lentement**   Other common adjectives: **fréquent, patient, prudent; indépendant.**

▷ A few adverbs end in **-ément**:

précis, précise → **précisément**
énorme, énorme → **énormément**
confus, confuse → **confusément**

OPTIONAL · *A remarquer*

Many English adverbs in *-ly* have no French equivalent in **-ment**. Such adverbs are often expressed in French by the construction **d'une façon** or **d'une manière** + *adjective*.

d'une façon réaliste   *realistically*   Cet artiste peint **d'une façon réaliste**.

These constructions are often used in French even when a corresponding adverb in **-ment** does exist.

Cette jeune fille s'exprime **d'une manière très naturelle**.   *That young woman expresses herself very naturally.*
(Cette jeune fille s'exprime **très naturellement**.)

* These endings are pronounced /amɑ̃/, to rhyme with «amant».

A c t i v i t é 3 A votre avis

Quand on fait une chose, on doit bien faire cette chose. Exprimez cela pour les personnes de la colonne A en utilisant les verbes de la colonne B et les adverbes dérivés des adjectifs de la colonne C. Pour chaque personne faites deux phrases, une affirmative, l'autre négative. Soyez logique!

A	**B**	**C**	
les chauffeurs de taxi	agir avec (leurs) amis	dangereux	lent
les journalistes	traiter (leurs) employés	juste	égoïste
les patrons	présenter les faits	sévère	correct
les juges	défendre (leurs) idées	honnête	intelligent
les citoyens	traiter les criminels	généreux	stupide
le professeur	servir (leurs) clients	poli	calme
les commerçants	respecter la loi	rapide	objectif
les gens	parler français	doux	sec
moi	conduire	patient	?
nous	agir	prudent	?
toi	étudier		

⇨ **Le professeur doit parler français lentement.**
Il ne doit pas parler français rapidement.

A c t i v i t é 4 Une question de personnalité

Informez-vous sur les personnes suivantes et dites comment elles agissent. Pour cela, utilisez les verbes entre parenthèses avec les adverbes dérivés des adjectifs suggérés. Vos phrases peuvent être affirmatives ou négatives.

⇨ Charles s'énerve. (agir / patient)
Il n'agit pas patiemment.

1. Tu prends trop de risques. (conduire / prudent, dangereux)
2. Vous vous dépêchez. (aller / rapide, lent)
3. J'aide mes amis. (agir / égoïste, généreux)
4. Henri a tendance à être pessimiste. (réagir / négatif, positif)
5. Caroline est la meilleure étudiante de la classe. (répondre / brillant, intelligent)
6. Notre professeur est facile à comprendre. (parler / clair, confus)
7. Jacques est amoureux de Catherine. (aimer cette fille / fou, énorme)
8. Ces étudiants font attention. (écouter le professeur / attentif, distrait [*absent-minded*])
9. Pauline n'est pas comme tout le monde. (faire les choses / original, différent)
10. Beaucoup de gens ne réfléchissent pas avant de prendre des décisions. (agir / imprudent, logique, rationnel)
11. Vous dites la vérité! (répondre / franc, sincère, hypocrite)
12. Monsieur Durand n'aime pas parler. (s'exprimer / sec, long, discret)

Vocabulaire — Quelques adverbes en *-ment*

heureusement	*fortunately*	**Heureusement,** nous sommes arrivés à l'heure.
malheureusement	*unfortunately*	**Malheureusement,** nos amis sont arrivés en retard.
vraiment	*really*	**Vraiment,** nous n'avons pas eu de chance.
réellement	*really, actually*	**Réellement,** je n'ai pas le temps de vous parler.
habituellement	*usually*	**Habituellement,** nous allons au cinéma le samedi soir.
actuellement	*at present*	**Actuellement,** mes cousins sont en Suisse.
finalement	*finally, at last*	**Finalement,** vous avez compris!
seulement	*only, however*	Je voudrais voyager. **Seulement,** je n'ai pas d'argent.
autrement	*otherwise*	**Autrement,** tout va bien.
justement	*precisely, as a matter of fact*	Voilà François! **Justement,** j'allais lui téléphoner.
brusquement	*all of a sudden*	**Brusquement,** il a décidé de partir.

NOTES DE VOCABULAIRE:

1. The above adverbs are used to reinforce or modify the meaning of an entire sentence. As such, they usually come at the beginning of the sentence.
2. The meanings of some of these adverbs are but distantly related to the adjectives from which they are derived.

> **heureux** *(happy)* → **heureusement** *(fortunately)*

Activité 5 Situations

Lisez les situations suivantes et complétez les phrases en utilisant votre imagination.

⇒ Daniel s'est cassé la jambe en skiant. Vraiment. . .
Vraiment, il n'a pas de chance.

1. J'avais oublié que le professeur avait annoncé un examen pour ce matin. Heureusement. . .
2. Claire m'a invité au restaurant. Malheureusement. . .
3. La nuit dernière, je dormais tranquillement quand brusquement. . .
4. Nous avons décidé d'aller en Suisse cet été. Seulement. . .
5. Vous me demandez ce que *(what)* je prends pour le déjeuner. Habituellement. . .
6. Nous avons attendu Jean-Claude pendant une heure. Finalement. . .
7. Elisabeth fait un voyage en Europe. Actuellement. . .
8. Tu me dis que tu viens de gagner à la loterie. Justement. . .
9. Il faut absolument que tu finisses ce travail avant ce soir. Autrement. . .

C. La position des adverbes aux temps simples

In the sentences below, the adverbs in heavy print are modifying the verbs. Note the position of these adverbs.

Je vais **rarement** au cinéma.	*I **rarely** go to the movies.*
Nous parlons **toujours** français en classe.	*We **always** speak French in class.*
Pierre sort **souvent** le samedi.	*Pierre **often** goes out on Saturdays.*

In French, adverbs never come between the subject and the verb. When the verb is in a simple tense, the adverb usually comes after the verb. The specific position of an adverb in a sentence varies according to the type of adverb.

▷ Adverbs of quantity (**beaucoup, trop, assez**) and the common adverbs **bien** and **mal** come immediately after the verb.

Suzanne aime **beaucoup** les sports.	*Suzanne likes sports **a lot**.*
Elle joue **bien** au tennis.	*She plays tennis **well**.*

▷ Most adverbs of manner in **-ment** and many general adverbs of time (**enfin, souvent, toujours**) usually come immediately after the verb, but their position may vary according to the emphasis they receive.

Je vais **souvent** en ville.	*I **often** go downtown.*
Je vais en ville **souvent**.	*I go downtown **often**.*
Répondez **franchement** à cette question!	*Answer this question **frankly**!*
Répondez à cette question **franchement**!	*Answer this question **frankly**!*

▷ Adverbs of place (**ici, là-bas**) and specific adverbs of time (**aujourd'hui, maintenant**) usually come at or near the end of the sentence.

Je vais rencontrer mes amis **ici**.
Anne va finir ce livre **aujourd'hui**.

▷ For emphasis, many adverbs of place and time, and some adverbs in **-ment** may come at the beginning of the sentence.

Ici on parle français.	*French is spoken **here**.*
Maintenant nous allons dîner.	*Now we are going to have dinner.*
Généralement Paul est à l'heure.	*Generally Paul is on time.*

OPTIONAL *A remarquer*

When the adverbs **peut-être**, **probablement**, and **sans doute** *(probably)* come at the beginning of the sentence, they are followed by inversion.

Pierre est **peut-être** en France.	**Peut-être est-il** à Paris!
Vous avez **sans doute** raison.	**Sans doute avez-vous** raison cette fois-ci!

A c t i v i t é 6 **Une question de degré**

Dites si vous aimez ou non les choses suivantes en utilisant un adverbe de quantité.

⇨ la musique classique?
J'aime beaucoup (assez) la musique classique.
(Je n'aime pas tellement [trop, beaucoup] la musique classique.)

1. le rock?
2. les spaghetti?
3. la cuisine chinoise?
4. les escargots (*snails*)?
5. l'art moderne?
6. l'humour de Woody Allen?
7. les films de science fiction?
8. les histoires de fantômes (*ghost stories*)?
9. les romans policiers (*detective stories*)?
10. le confort?
11. l'effort physique?
12. l'effort intellectuel?
13. la chaleur (*hot weather*)?
14. le froid (*cold weather*)?
15. les promenades à pied?
16. votre vie actuelle (*present-day*)?

A c t i v i t é 7 **Comment? Quand?**

Dites comment et quand vous faites les choses suivantes. Pour cela, utilisez l'adverbe entre parenthèses.

⇨ dormir (bien?)
Je dors bien. (Je ne dors pas bien.)

1. jouer au tennis (bien?)
2. aller au cinéma (souvent? aujourd'hui?)
3. sortir avec mes camarades (régulièrement? demain?)
4. parler français (facilement? bien? souvent?)
5. comprendre les questions du professeur (toujours? quelquefois? rarement?)
6. faire mes devoirs (vite? maintenant? ici?)
7. répondre aux lettres que je reçois (très vite? toujours?)
8. préparer mes examens (consciencieusement?)
9. réagir au danger (calmement?)
10. analyser mes problèmes (objectivement?)
11. préparer mon avenir (activement?)

D. La position des adverbes aux temps composés

In the following sentences the verb is in a compound tense. Compare the position of the adverbs in these sentences.

Nous avons **trop** dormi.
André n'a pas **bien** joué au tennis.
J'étais **déjà** allé à Paris.
Vous avez **parfaitement** compris.

Nous nous sommes levés **tard**.
Mais il a joué **courageusement**.
J'étais allé **là-bas** en avril.
Vous vous êtes exprimés **clairement**.

The position of an adverb in a compound tense varies according to the type of adverb.

	almost always between the auxiliary and the past participle	never between the auxiliary and the past participle
ADVERBS OF QUANTITY	**beaucoup, trop, peu, tellement,** etc.	
ADVERBS OF PLACE		**ici, là, là-bas, ailleurs, dehors,** etc.
ADVERBS OF MANNER	**bien, mal**	**ensemble**
ADVERBS OF RESTRICTION	**presque, à peine, seulement, peut-être**	
ADVERBS OF TIME	**déjà, encore, ne. . .pas encore, toujours**	**avant, après, aujourd'hui, hier, autrefois, tôt, tard**

⇨ The following adverbs usually come *between* the auxiliary and the past participle unless they are stressed:
- adverbs of time:
  enfin (*finally*), **longtemps** (*for a long time*), **tout de suite** (*right away*), **aussitôt** (*right away*), **bientôt** (*soon*)

   Il est **souvent** allé à Paris.   (accent on **allé à Paris**)
   (Il est allé à Paris **souvent**.)   (accent on **souvent**)

- adverbs in -ment that strengthen (or weaken) the meaning of the verb:
  vraiment, réellement, certainement, complètement, absolument, totalement, parfaitement, finalement, probablement

   Il est **finalement** parti.

➪ Adverbs of manner in **-ment** usually come *after* the past participle. However, they may come between the auxiliary and the past participle.

Nous avons examiné **sérieusement** cette question.
(Nous avons **sérieusement** examiné cette question.)

➪ The position of **vite** (*fast, quickly*) varies with its meaning.

vite: *quickly, in no time*	Il a **vite** compris.
vite: *at a fast pace*	Nous avons marché **vite**.

➪ In questions, **déjà** may correspond to *ever*. Compare:

Est-ce que Pierre est **déjà** allé à Québec?	*Has Pierre **ever** gone to Quebec City?*
Est-il **déjà** parti?	*Has he **already** left?*

➪ In negative sentences, adverbs that come between the auxiliary and the past participle follow **pas**.

Je n'ai **pas bien** compris votre question.
Je ne me suis **pas beaucoup** amusé.

➪ **Peut-être, presque,** and certain adverbs in **-ment**, such as **probablement, certainement, totalement,** come *before* **pas**.   This is because such verbs modify the adverb **pas**.

Vous n'avez **probablement** pas compris.
Henri n'est **peut-être** pas sorti.

OPTIONAL *À remarquer*

Adverbs of manner in **-ment** may, when stressed, come at the end of the sentence.

J'ai répondu **correctement** à cette question.
J'ai répondu à cette question **correctement**.   (stress on **correctement**)

DIALOG **A c t i v i t é 8** **Conversation**

Demandez à vos camarades de classe ce qu'ils ont fait pendant les dernières vacances d'été. Ils vont vous répondre affirmativement ou négativement en utilisant un adverbe de quantité.

➪ travailler?
— **Tu as travaillé?**
— **Oui, j'ai beaucoup travaillé. (Oui, mais j'ai peu travaillé.)**
  (Non, je n'ai pas beaucoup [tant, assez, suffisamment, tellement] travaillé.)

1. voyager?
2. sortir?
3. jouer au tennis?
4. bronzer (*to get a tan*)?
5. se reposer?
6. s'amuser?
7. se promener?
8. faire la fête (*to live it up*)?

Activité 9 Aujourd'hui et hier

Dites ce que les personnes font d'habitude. Dites aussi qu'elles n'ont pas fait ces choses hier. Pour cela, utilisez les éléments suivants et mettez l'adverbe à la place convenable.

➪ Henri / jouer au tennis (bien)
D'habitude, Henri joue bien au tennis.
Mais hier, il n'a pas bien joué au tennis.

1. Thérèse / préparer ses leçons (bien)
2. nous / aller à l'école (rapidement)
3. Monsieur Durand / téléphoner à ses clients (souvent)
4. nous / répondre au téléphone (tout de suite)
5. mon petit frère / dormir (beaucoup)
6. Jacques / parler à sa fiancée (longtemps)
7. vous / rentrer à la maison (tard)
8. moi / me lever (tôt)
9. mes frères / jouer (dehors)

Les soldes sont actuellement chez Burberrys

Burberrys
8, bd Malesherbes - Paris 8ᵉ

WRITTEN ## Activité 10 Pourquoi?

Informez-vous sur les personnes suivantes et expliquez ce qu'elles ont fait. Pour cela, faites des phrases au passé composé en mettant l'adverbe à la place convenable. Ces phrases peuvent être affirmatives ou négatives.

➪ Nous avons perdu le match. (jouer bien?)
Nous n'avons pas bien joué.

1. Paul a eu un accident. (conduire prudemment? voir mal la signalisation [*traffic signs*]?)
2. Nous nous sommes perdus. (comprendre mal les instructions? lire bien la carte?)
3. Je suis tombé malade. (manger trop? me reposer suffisamment?)
4. Caroline parle bien espagnol. (étudier sérieusement cette langue? aller souvent au Mexique? sortir longtemps avec un Espagnol?)
5. Vous êtes fatigués. (dormir assez? travailler beaucoup? vous lever tôt?)
6. Nous avons eu très peur. (tomber presque dans le fossé [*ditch*]? voir vraiment un fantôme [*ghost*]?)
7. François a gagné un prix à un jeu télévisé. (comprendre tout de suite la question? s'énerver trop? répondre correctement?)
8. Monsieur Verdier a eu une contravention (*ticket*). (aller vite? conduire prudemment?)
9. Nous sommes prêts à partir en voyage. (acheter les billets hier? faire déjà les valises?)

A c t i v i t é 11 Un peu d'histoire

Jeanne d'Arc est la plus grande héroïne française. Lisez les phrases suivantes et complétez-les en utilisant les adverbes entre parenthèses.

1. Jeanne d'Arc est née en 1412. (probablement)
2. A cette époque, les Anglais avaient conquis la France. (militairement)
3. A l'âge de 15 ans, Jeanne d'Arc a entendu des voix surnaturelles. (réellement)
4. Ces voix lui ont demandé d'aller voir le roi. (fermement)
5. Elle est allée chez le roi. (immédiatement)
6. Le roi a cru en la mission divine de Jeanne d'Arc. (vraiment)
7. Il lui a donné une armée. (tout de suite)
8. Avec cette armée, Jeanne d'Arc a combattu les Anglais. (héroïquement)
9. Elle est entrée dans la ville d'Orléans. (victorieusement)
10. Les Anglais ont capturé Jeanne d'Arc. (finalement)
11. Elle est morte au bûcher *(at the stake)*. (courageusement)
12. Peu après sa mort, les armées françaises ont libéré le pays. (totalement)

E. Le comparatif et le superlatif des adverbes

Note the comparative and superlative forms of the adverbs in the sentences below.

Nous travaillons **plus sérieusement que** vous.
Je me suis reposé **moins longtemps que** Jacques.
Anne est venue **aussi rapidement que** possible.

C'est Jeannette qui étudie **le plus sérieusement de** cette classe.
Ce sont ces garçons qui ont travaillé **le moins longtemps**.

The comparative and superlative constructions with adverbs are formed according to the following patterns:

COMPARATIVE	**plus** **moins** } + adverb (+ **que**. . .) **aussi**
SUPERLATIVE	**le plus** **le moins** } + adverb (+ **de**. . .)

Point out that only **le** (not **la**, **les**) is used with adverbs.

⇨ The comparative form of **bien** is **mieux**. The superlative form is **le mieux**.
Contrast the forms of the adjective **bon** and the adverb **bien**.

ADJECTIVE

Jeanne est **bonne** en tennis.
Elle est **meilleure** que moi.
C'est **la meilleure** joueuse de l'école.

ADVERB

Elle joue **bien**.
Elle joue **mieux** que moi.
C'est elle qui joue **le mieux**.

A remarquer

Note the use of the construction: **le plus** + adverb + **possible** (*as . . . as possible*).

Un journaliste doit présenter les nouvelles **le plus objectivement possible.**
*(A reporter should present the news **as objectively as possible**.)*

A c t i v i t é 12   Comparaisons

Comparez les gens suivants en utilisant le verbe entre parenthèses et
l'adverbe formé sur l'adjectif des phrases ci-dessous.

⟹ Hélène est plus prudente que Jean-Pierre. (conduire)
Elle conduit plus prudemment que lui.

Lufthansa. Pour mieux voyager.

1. Nous sommes plus consciencieux que vous. (travailler)
2. Paul est moins brillant que Denise. (répondre)
3. Tu es aussi élégante que ta cousine. (t'habiller)
4. Vous êtes plus franc que vos amis. (vous exprimer)
5. Marc n'est pas aussi généreux que toi. (agir)
6. En tennis, je suis meilleur que mon frère. (jouer)
7. En français, nous sommes aussi bons que vous. (réussir)

A c t i v i t é 13   Bravo!

Les personnes suivantes se sont distinguées dans leurs domaines
respectifs. Félicitez-les en utilisant le superlatif (**le plus** ou **le moins**).

⟹ la championne / courir / vite?
Bravo! Vous êtes la championne qui a couru le plus vite!

1. l'athlète / sauter *(to jump)* / haut?
2. les étudiantes / répondre / bien?
3. l'explorateur / aller / loin?
4. l'étudiant / se tromper / souvent?
5. la personne / agir / égoïstement?
6. le malade / rester à l'hôpital / longtemps?

A c t i v i t é 14   A votre avis

Répondez aux questions suivantes.

1. Parmi *(Among)* les journalistes de télévision, quel (quelle) est celui
   (celle) qui présente les nouvelles le plus objectivement? le plus
   clairement? le mieux?
2. Parmi les vedettes *(stars)* de cinéma, quelle est celle qui joue le plus
   intensément? le plus intelligemment? le mieux? le plus mal?
3. Parmi les chanteurs et les chanteuses d'aujourd'hui, quel (quelle) est
   celui (celle) qui chante le plus originalement? le mieux? le moins bien?
   Quel (Quelle) est celui (celle) qui s'habille le plus élégamment? le plus
   bizarrement? le mieux? le plus mal?
4. Parmi les personnalités politiques d'aujourd'hui, quelle est celle qui
   agit le plus honnêtement? le plus conservativement? le mieux pour
   l'intérêt du pays?

Entre nous

Contextes

Les phrases suivantes font partie de différentes conversations. Imaginez le contexte de ces conversations dans un petit paragraphe.

➡️ «Ailleurs, ce n'est pas mieux!»

Robert et Jean-Pierre ont décidé de faire un pique-nique. Ils partent en voiture. A midi, Robert s'arrête, mais Jean-Pierre trouve que l'endroit où ils sont n'est pas assez isolé. Ils cherchent un autre endroit. Là, Jean-Pierre se plaint qu'il n'y a pas assez d'ombre *(shade)*. Ils s'arrêtent à un nouvel endroit. Jean-Pierre se plaint qu'il y a des fourmis *(ants)*. Cette fois-ci, Robert refuse d'aller plus loin.

1. «Heureusement, je n'étais pas là quand c'est arrivé!»
2. «Elle a vraiment changé! Je l'ai à peine reconnue!»
3. «Ne parlez pas tant et réfléchissez davantage!»
4. «Je veux bien te les rendre. Seulement, actuellement j'ai un petit problème.»
5. «Si tu ne cours pas plus vite, nous n'allons jamais arriver là-bas à l'heure. Peut-être le film a-t-il déjà commencé!»
6. «Ne t'impatiente pas tant! J'arrive tout de suite.»
7. «Franchement, vous avez mal joué! Il va falloir faire mieux la prochaine fois!»
8. «C'est elle qui habite le plus loin, mais c'est elle qui m'écrit le plus souvent.»

A votre tour

Dites comment vous faites certaines choses en général et comment vous les avez faites en une occasion particulière. Vous pouvez utiliser les verbes entre parenthèses avec un adverbe de manière.

(agir / parler / courir / jouer au tennis / conduire / faire des devoirs / dormir / exprimer mes opinions. . .)

➡️ En général, j'agis calmement. Je n'ai pas agi calmement quand quelqu'un m'a insulté(e) la semaine dernière. . .

Leçon 18 Les nombres

A. Les nombres cardinaux

Note the cardinal numbers in heavy print.

> Comptons jusqu'à **vingt: un, deux, trois.** . .
> L'année a **365** (**trois cent soixante-cinq**) jours.

Cardinal numbers are used in counting and in expressing amounts.

⇨ Cardinal numbers are used in the titles of rulers (except for **premier/première**).

le roi Louis XIV (**Quatorze**)	*King Louis **the Fourteenth***
le pape Jean-Paul II (**Deux**)	*Pope John Paul **the Second***
but: la reine Elisabeth 1re (**Première**)	*Queen Elizabeth **the First***
le roi François 1er (**Premier**)	*King François **the First***

Vocabulaire   Les nombres cardinaux

0	zéro						
1	un	11	onze	21	vingt et un	75	soixante-quinze
2	deux	12	douze	22	vingt-deux	77	soixante-dix-sept
3	trois	13	treize	23	vingt-trois	80	quatre-vingts
4	quatre	14	quatorze	30	trente	81	quatre-vingt-un
5	cinq	15	quinze	31	trente et un	84	quatre-vingt-quatre
6	six	16	seize	40	quarante	90	quatre-vingt-dix
7	sept	17	dix-sept	50	cinquante	91	quatre-vingt-onze
8	huit	18	dix-huit	60	soixante	92	quatre-vingt-douze
9	neuf	19	dix-neuf	70	soixante-dix	98	quatre-vingt-dix-huit
10	dix	20	vingt	71	soixante et onze	99	quatre-vingt-dix-neuf

100	cent	200	deux cents	2.000	deux mille
101	cent un	202	deux cent deux	10.000	dix mille
102	cent deux	300	trois cents	100.000	cent mille
110	cent dix	1.000	mille	1.000.000	un million
121	cent vingt et un	1.001	mille un	10.000.000	dix millions
150	cent cinquante	1.100	mille cent	1.000.000.000	un milliard

NOTES DE VOCABULAIRE:

1. **Un** becomes **une** before a feminine noun.

   vingt et un garçons   **vingt et une** filles

2. The conjunction **et** is used with **un** in the numbers 21, 31, 41, 51, 61
   (and other numbers containing them: 121, 221, 1.041, etc.).
   The conjunction **et** is used with **onze** in 71 (and numbers containing it: 171, 271, . . .).

⇨ Cardinal numbers are used in dates (except for **premier**). The pattern is:

> **le** + cardinal number + month + year

Pauline est née **le 22 (vingt-deux) novembre 1966**.
Je suis né **le premier janvier**.

Notes:
1. There is no elision with **huit** and **onze**.

   En France, **le onze** novembre est un jour de fête.

   There is no liaison either:
   les onze joueurs; nos huit enfants.

2. Dates are abbreviated by giving the day first and the month second.

   le 1/4/85   le premier avril 1985

3. The year may be read in two ways.

   |1| |954| |mille| |neuf cent cinquante-quatre|
   |19| |54| |dix-neuf cent| |cinquante-quatre|

   In dates, the form
   mil is sometimes used.

3. The number **quatre-vingts** and multiples of **cent** (**deux cents, trois cents**) are written with an **s**, unless they are followed by another number. Compare:

   | quatre-vingts livres | quatre-vingt-cinq livres |
   | trois cents disques | trois cent cinquante disques |

4. The numbers **cent** and **mille** are never introduced by **un**.

   | Peux-tu me prêter **cent** francs? | *Can you lend me **one hundred** francs?* |
   | Voici **mille** dollars. | *Here is **a thousand** dollars.* |

   Mille never takes an **s**.

   deux cent mille soldats

5. In the singular, **million** and **milliard** are introduced by **un**. In the plural, these numbers take an **s**.

   J'ai **un million** de questions à vous poser.
   La terre a plus de quatre **milliards** d'habitants.

   Million(s) and **milliard(s)** are followed by **de** + *noun*. However, **de** is not used if **million(s)** or **milliard(s)** is followed by another number.

   La France a une population de 50 **millions d'habitants**.
   La région parisienne a une population de **neuf millions cinq cent mille habitants**.

6. In contrast to English, commas are used to separate the decimals, and periods are used to indicate the thousands.

   | 0,8 (zéro virgule huit) | 1.000 (mille) |
   | 10,2 (dix virgule deux) | 1.000.000 (un million) |

When a number is the direct object, it is used with the pronoun **en**. (See p. 153). Compare:
J'ai trois frères.   J'**en** ai **trois**.
Nous avons acheté cinq disques.   Nous **en** avons acheté **cinq**.

Activité 1 Au standard *(At the switchboard)*

En France, les numéros de téléphone sont donnés par groupes de deux chiffres. Demandez les numéros suivants.

⇨ 56.11.09 à Tours
   Je voudrais le cinquante-six, onze, zéro neuf à Tours, s'il vous plaît.

1. 21.36.45 à Lyon
2. 62.01.98 à Lille
3. 99.12.81 à Annecy
4. 54.75.16 à Dijon
5. 07.88.26 à Marseille
6. 69.46.71 à Strasbourg
7. 78.41.29 à Nice
8. 38.05.84 à Cannes
9. 91.34.52 à Bordeaux

Phone numbers in Paris and the Paris region have 7 digits:
254.13.49 = le deux cent cinquante-quatre, treize, quarante-neuf

Activité 2 A Paris

Voici quelques statistiques parisiennes. Exprimez ces statistiques.

⇨ 6 gares principales
   A Paris il y a six gares principales.

G. du Nord, G. de l'Est, G. St-Lazare,
G. de Lyon, G. d'Austerlitz, G. Montparnasse

1. 20 arrondissements *(districts)*
2. 82 musées
3. 35 ponts *(bridges)*
4. 353 stations de métro
5. 499 cinémas
6. 1.255 hôtels
7. 8.050 restaurants et cafés
8. 94.460 immeubles
9. 2.500.000 habitants

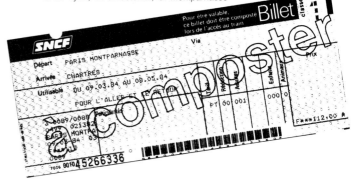

Activité 3 La vie en chiffres

Notre vie est marquée par un grand nombre de données statistiques. Décrivez Monsieur Jean Dufour en lisant les phrases suivantes.

1. Monsieur Jean Dufour a 34 ans.
2. Il mesure 1 mètre 81.
3. Il pèse 77 kilos.
4. Quand tout va bien, sa tension artérielle *(blood pressure)* est de 120 sur 80.
5. Il habite à Paris au 127, rue de Sèvres.
6. Son numéro de téléphone est le 357.11.74.
7. Il est chef du personnel dans une entreprise de 1.200 employés.
8. Il gagne 27.000 francs par mois.
9. Il conduit une Peugeot 504.
10. Hier il a reçu une contravention *(ticket)* de 250 francs parce qu'il conduisait à 130 kilomètres à l'heure.

In France, blood pressure is often reported in centimeters; i.e., 12 sur 8.

Maintenant, faites la description d'un Américain ou d'une Américaine que vous connaissez en utilisant des statistiques semblables.

Activité 4 Le savez-vous?

A votre avis, quelle est la réponse aux questions suivantes?

1. Le marathon est une course d'endurance. Quelle est la longueur de cette course?
   a. 21 kilomètres   b. 35 kilomètres 400   c. 42 kilomètres 195

2. La tour Eiffel est le plus haut monument de France. Quelle est sa hauteur?
   a. 100 mètres   b. 300 mètres   c. 1.000 mètres

3. Le Concorde est un avion de transport supersonique. Combien de temps faut-il pour aller de Paris à New York en Concorde?
   a. 2 heures 35 minutes   b. 3 heures 45 minutes   c. 4 heures 50 minutes

4. Le chameau est un animal célèbre pour sa grande sobriété. Combien de jours un chameau peut-il rester sans boire d'eau?
   a. 16 jours   b. 32 jours   c. 96 jours

5. Les tortues ont une longue durée de vie. Combien d'années peut vivre une tortue?
   a. 75 ans   b. 100 ans   c. 150 ans

6. Les vins de Bordeaux sont très réputés. Quel est le prix record pour une bouteille de vin de Bordeaux de l'année 1864?
   a. 350 dollars   b. 1.000 dollars   c. 18.000 dollars

7. Le roi Louis XIV est le roi de France qui a régné le plus longtemps. Pendant combien de temps a-t-il régné?   Louis XIV (1638–1715) became king when he was 5 years old.
   a. 28 ans   b. 55 ans   c. 72 ans

8. L'atome est la plus petite quantité de matière. Combien y a-t-il d'atomes dans une goutte (drop) d'eau?
   a. 1 million   b. 10 milliards   c. 90.000 milliards

Voici les réponses:

1.c 2.b 3.b 4.a 5.c 6.c 7.c 8.c

Activité 5 Quelques dates importantes

Faites correspondre les événements de la colonne A avec les dates de la colonne B.

A	B	
la conquête de la lune	12-10-1492	21-7-1969
la prise de la Bastille	1-9-1715	14-7-1789
le jour le plus long (Jour-J [D-Day])	4-7-1776	6-6-1944
l'armistice de la Première Guerre mondiale	14-7-1789	11-11-1918
la défaite de Napoléon Ier à Waterloo	21-6-1815	21-6-1815
la découverte de l'Amérique	11-11-1918	12-10-1492
la mort de Louis XIV	6-6-1944	1-9-1715
la déclaration de l'Indépendance américaine	21-7-1969	4-7-1776
ma naissance (birth)	?	

⇨ **Ma naissance a eu lieu le 8 septembre 1968.**

Activité 6 Qui sont-ils?

Identifiez les personnages historiques ci-dessous en utilisant les définitions suivantes: **un pape / un roi / une reine / un empereur.**

➡️ Napoléon III   **Napoléon III est un empereur français.** (1808–1873)

1. Napoléon Ier	4. Jean-Paul II	7. Louis XIV
2. François Ier	5. George VI	8. Louis XV
3. Elisabeth Ire	6. Elisabeth II	9. Jean XXIII

1. (1769–1821)   4. (1920–   )   7. (1638–1715)
2. (1494–1547)   5. (1895–1952)   8. (1710–1774)
3. (1533–1603)   6. (1926–   )   9. (1881–1963)

B. Les nombres ordinaux

Ordinal numbers are used to rank people, things, or events. Note the ordinal numbers in the sentences below.

Paul a gagné le **premier** prix.   *Paul won the **first** prize.*
J'habite au **sixième** étage.   *I live on the **sixth** floor.*
Nous vivons au **vingtième** siècle.   *We live in the **twentieth** century.*
Pour la **centième** fois, je vous   *For the **hundredth** time, I'm
    dis non!   telling you no!*

Forms

Ordinal numbers are derived from cardinal numbers according to the following pattern:

cardinal number (minus final **-e**, if any) + **-ième**

trois   → **troisième**   vingt et un → **vingt et unième**
quinze   → **quinzième**   trente-deux → **trente-deuxième**

Exceptions: un, une → **premier, première**
             cinq   → **cinquième**
             neuf   → **neuvième**

➡️ Ordinal numbers are abbreviated as follows:
1er (1ère), 2e, 3e . . . 100e   Sometimes abbreviated as **2ème** or **2ième**, etc.

➡️ **Second** is sometimes used instead of **deuxième,** especially in a series of only two items.   Note the pronunciation of **second**: /səgɔ̃/.
la **Seconde** Guerre mondiale   *World War **II***

Uses

Ordinal numbers are adjectives that agree with the nouns or pronouns that they modify.

When **premier** and **dernier** *(last)* are used with a cardinal number, they always come in second position. Compare:

Lisez les **cinq premières** lignes.	*Read the **first five** lines.*
Novembre et décembre sont les **deux derniers** mois de l'année.	*November and December are the **last two** months of the year.*

Ordinal numbers can function as nouns. In this case they are introduced by articles. <small>Note that the ordinal keeps the same number and gender as the noun it refers to.</small>

Vous êtes **la première**.	*You are **the first** (one).*
A quel étage habites-tu? Moi, j'habite **au cinquième**.	*What floor do you live on? I live **on the fifth** (floor).*

OPTIONAL *A remarquer*

Adverbs are derived from ordinal numbers according to the following pattern:

> ordinal number (feminine form) + **-ment**

Premièrement, mettez votre parachute.
Deuxièmement, ouvrez la porte.
Troisièmement, sautez!

Premièrement is often replaced by **d'abord.**

D'abord, nous allons visiter Notre-Dame.

DIALOG **A c t i v i t é 7 L'immeuble commercial**

Mademoiselle Giraud travaille à la réception d'un immeuble commercial. Les visiteurs lui demandent à quel étage se trouvent certains bureaux. Elle les renseigne *(informs)*. Jouez le rôle des visiteurs et de Mademoiselle Giraud.

la Société Mercier (22)   **Société** = Company
   le visiteur: Pardon, Mademoiselle. Où se trouve la Société Mercier?
   Mlle Giraud: Elle se trouve au vingt-deuxième étage, Monsieur.

1. la Société CINEPUB (11)   **au onzième**
2. la Compagnie Industrielle du Nord (8)   **au huitième**
3. la Compagnie IMPEX (19)
4. la Société Lambert (34)
5. l'Agence Anderson (21)
6. l'Agence Alpha (15)
7. la Compagnie LOCABUS (5)
8. les bureaux de l'Agence France-Export (31)

Activité 8 Vrai ou faux?

Lisez les phrases suivantes et dites si elles sont vraies ou fausses. Si elles sont fausses, rectifiez-les.

⇨ Avril est le 3ᵉ mois de l'année.
C'est faux. Avril est le quatrième mois de l'année.

1. Décembre est le 12ᵉ mois de l'année.   vrai
2. Octobre est le 9ᵉ mois.   faux: le dixième
3. George Washington est le 2ᵉ président des Etats-Unis.   faux: le premier
4. Léonard de Vinci a vécu au 17ᵉ siècle.   faux: au quinzième et au seizième (1452–1519)
5. La Révolution française a eu lieu au 18ᵉ siècle.   vrai
6. La photographie a été inventée au 19ᵉ siècle.   vrai
7. En 1976, les Américains ont célébré le 150ᵉ anniversaire de la Déclaration d'Indépendance.   faux: le deux centième
8. On a déjà célébré le 2.000ᵉ anniversaire de la ville de Paris.   vrai: 2.000ᵉ anniversaire a été célébré en 1952

C. Les fractions et les pourcentages

Note how fractions are expressed in French.

1/2	**une moitié**		
1/3	**un tiers**	2/3	**deux tiers**
1/4	**un quart**	3/4	**trois quarts**
1/5	**un cinquième**	4/5	**quatre cinquièmes**
1/6	**un sixième**	5/6	**cinq sixièmes**
1/10	**un dixième**	7/10	**sept dixièmes**
1/100	**un centième**	9/10	**neuf dixièmes**

In general, fractions are expressed according to the pattern:

> cardinal number / ordinal number

⇨ Fractions are nouns. In a sentence they are often introduced by a definite article.   Note that **le/la** replace **un/une**.

J'ai lu **la moitié (le tiers)** de ce livre.	*I read **half (one third)** of this book.*
Paul a dépensé **les trois quarts** de son argent.	*Paul spent **three fourths** of his money.*
Les quatre cinquièmes des Français habitent dans les villes.	***Four fifths** of the French people live in cities.*

⇨ **Moitié** and **demi** both mean *half.* **Moitié** is a noun.

Demi is an adjective that can be used either:
- in the invariable combination **demi-** (+ *noun*) to form a new noun:
une **demi-heure,** un **demi-kilo.**
- as **et demi(e)** after a noun: une heure **et demie,** un kilo **et demi.**

Compare the use of **moitié** and **demi** in the sentences below.

Donnez-moi **la moitié du** gâteau.	*Give me **half of the cake**.*
Donnez-moi une **demi**-tasse de café.	*Give me **half a cup** of coffee.*
Donnez-moi un kilo **et demi** d'oranges.	*Give me a kilo **and a half** of oranges.*

Percentages are expressed according to the construction:

> cardinal number + **pour cent**

Quatre-vingt-un pour cent (81%) des jeunes Français étudient l'anglais.
L'année dernière, l'inflation a été de **six pour cent** (6%).
Je suis d'accord avec vous **cent pour cent** (100%).

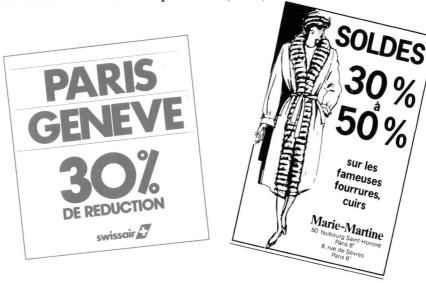

OPTIONAL *A remarquer*

1. Note the constructions **à demi-** and **à moitié** (+ *adjective*):

Le verre est **à demi-plein.**	*The glass is **half full**.*
Cette bouteille est **à moitié vide.**	*This bottle is **half empty**.*

2. Note the following construction:

Deux jeunes Français **sur dix** vont à l'université.	*Two young French people **out of ten** go to the university.*

A c t i v i t é 9   **Le savez-vous?**

Indiquez la réponse aux questions suivantes en choisissant l'une des options: a, b ou c.

1. Quelle proportion de la surface du globe est représentée par les océans?
   a. 1/4   b. 2/3   c. 3/4

2. Quelle proportion de la population mondiale habite en Asie?
   a. 1/3   b. 1/2   c. 2/3

3. Quelle proportion de la population française habite dans la région parisienne?
   a. 1/20   b. 1/10   c. 1/5

4. Quel est le pourcentage de jeunes Français allant à l'université?
   a. 5%   b. 20%   c. 50%

5. Quel est le pourcentage de lycéens français étudiant l'anglais comme première langue?
   a. 20%   b. 40%   c. 80%

6. Quel est le pourcentage des résidences françaises équipées d'un téléphone?
   a. 70%   b. 80%   c. 90%

7. Quel pourcentage de l'énergie produite en France est d'origine nucléaire?
   a. 5%   b. 20%   c. 50%

8. Quel est le pourcentage d'abstentions aux élections présidentielles françaises?
   a. 15%   b. 25%   c. 35%

Voici les réponses:

1.c 2.c 3.a 4.b 5.c 6.a 7.b 8.a

A c t i v i t é 10   **Quelle proportion?**

Les gens suivants ont commencé à faire certaines choses. Quelle proportion de leurs tâches (tasks) ont-ils déjà accomplie?

⇨ Cet article a 30 pages. J'ai déjà lu 10 pages de cet article.
   J'ai déjà lu un tiers de cet article.

1. Ce livre a 300 pages. J'ai déjà lu 200 pages de ce livre.
2. Ce rapport a 100 pages. Nous avons déjà écrit 30 pages de ce rapport.
3. Ce documentaire va durer deux heures. Le cinéaste (film maker) a déjà filmé une heure.
4. Ce mur a 10 mètres carrés. Le peintre a déjà peint 9 mètres carrés.
5. Cet immeuble a 8 étages. Les ouvriers ont déjà construit 3 étages.
6. La distance entre Paris et Lyon est de 500 kilomètres. Nous avons déjà conduit 200 kilomètres.

Entre nous

Contextes

Les phrases suivantes font partie de différentes conversations. Imaginez le contexte de ces conversations dans un petit paragraphe.

⇨ «La France a battu l'Allemagne par un score de cinq à trois.»

Henri vient de regarder les nouvelles sportives à la télé. Sa soeur lui demande quel est le résultat du match de football France-Allemagne.

1. «C'est au dix-huitième étage, Monsieur.»
2. «J'en ai pris la moitié.»
3. «Vous faites erreur! Ici c'est le vingt-deux, quarante et un, douze.»
4. «Si vous payez en espèces *(cash),* je peux vous faire une réduction de cinq pour cent.»
5. «Vous alliez à plus de cent vingt à l'heure. Cela va vous coûter deux cents francs.»
6. «Sa construction a commencé en mille quatre cent cinquante, Mademoiselle.»
7. «Pour la millième fois, je te dis non!»
8. «Nous pouvons compter sur une participation électorale de soixante-cinq pour cent.»
9. «Mais oui! Nos modèles sont garantis cent pour cent.»
10. «Nous avons fait les trois quarts du chemin *(way).* Il nous reste encore cent cinquante kilomètres.»

A votre tour

1. Faites un portrait numérique de vous-même. (Vous pouvez donner, par exemple, votre âge, votre taille *(height),* votre numéro de téléphone, votre numéro de sécurité sociale, votre adresse, etc.)
2. Faites une petite étude statistique de votre ville ou de votre région. (Vous pouvez décrire en chiffres sa population, son économie, ses ressources naturelles, sa production, etc.)
3. Imaginez qu'un magazine français prépare un article sur la jeunesse américaine. Ce magazine vous demande de faire une enquête auprès de *(with)* vos amis. Faites cette enquête et donnez les résultats en pourcentage. (Quel est leur sport préféré? leur loisir préféré? Combien de fois vont-ils au cinéma ou au concert par mois? Combien ont une auto? une chaîne-stéréo? un micro-ordinateur? etc.)

Leçon 19 Expressions indéfinies

A. L'adjectif indéfini *tout*

Note the forms and uses of the indefinite adjective **tout.**

J'ai lu **tout ce livre.**	*I read **this whole (entire) book.***
Nous avons travaillé **toute la journée.**	*We worked **all (the whole) day.***
As-tu parlé à **tous tes amis?**	*Did you talk to **all of your friends?***
Toutes les semaines, je vais au cinéma.	***Every week,** I go to the movies.*

The indefinite adjective **tout** agrees in gender and number with the noun it introduces. Note its forms.

	MASCULINE	FEMININE
SINGULAR	tout (le)	toute (la)
PLURAL	tous (les)	toutes (les)

⇨ The adjective **tout** is generally followed by an article, a possessive adjective, or a demonstrative adjective.

In the singular, **tout/toute** means *all, (the) whole, the entire.* In the plural, **tous/toutes** means *all (the), every.*

A remarquer

1. In the singular, the adjective **tout** is sometimes directly followed by a noun. In this case it means *every*.

Tout voyageur doit avoir son passeport.	***Every** traveler should have his/her passport.*

2. Note the use of **tous les/toutes les** + *number* + *expression of time*.

Les Français élisent leur président **tous les sept ans.**	*The French elect their president **every seven years.***
J'ai une classe de français **tous les deux jours.**	*I have a French class **every other day.***

3. Note the use of **tous les/toutes les** + *number*.

J'ai deux sœurs. Elles habitent **toutes les deux** à Paris.	*I have two sisters. **Both of them** live in Paris.*
Où allez-vous **tous les trois?**	*Where are **the three of you** going?*

A c t i v i t é 1 **Quel travail!**

You may want to use the subjunctive with this activity:
Il faut que vous. . .

Monsieur Imbert veut que ses employés finissent tout leur travail avant de
partir en week-end. Jouez le rôle de Monsieur Imbert en utilisant **tout**
dans les phrases suivantes.

⇨ Finissez votre travail!　　**Finissez tout votre travail!**

1. Envoyez ces lettres!
2. Téléphonez à nos clients!
3. Déposez les chèques à la banque!
4. Mettez l'argent liquide *(cash)* dans le coffre *(safe)*!
5. Classez ces papiers!
6. Recopiez cette liste!
7. Fermez les portes!
8. Eteignez les lumières *(lights)*!

A c t i v i t é 2 **Généralisations**

Quelqu'un fait les observations suivantes. Faites des généralisations
personnelles dans des phrases affirmatives ou négatives.

⇨ Cet étudiant est sérieux.　　**Tous les étudiants sont sérieux.**
　　　　　　　　　　　　　　　　(Tous les étudiants ne sont pas sérieux.)

1. Ce professeur est strict.
2. Cet homme politique est honnête.
3. Cette fille est indépendante.
4. Ce jeune Américain est sportif.
5. Ce millionnaire est heureux.
6. Cette industrie pollue l'atmosphère.
7. Cette guerre *(war)* est injuste.
8. Cette vérité doit être dite.
9. Cette généralisation est absurde.

A c t i v i t é 3 **Expression personnelle**

Faites-vous les choses suivantes régulièrement? Répondez affirmativement
ou négativement en utilisant **tous** et **toutes,** et le mot entre parenthèses.

⇨ parler français? (le jour)　　**Oui, je parle français tous les jours.**
　　　　　　　　　　　　　　　　(Non, je ne parle pas français tous les jours.)

1. regarder la télé? (le soir)
2. sortir avec mes amis? (le samedi soir)
3. faire du jogging? (l'après-midi)
4. acheter le journal? (le matin)
5. aller au cinéma? (la semaine)
6. aller chez le coiffeur? (le mois)
7. célébrer mon anniversaire? (l'an)
8. être de bonne humeur? (le jour)

*Tous les mois
dans le magazine*
PHOTO
*les plus belles images
du monde*

B. Le pronom *tout*

Note the forms and uses of the *pronoun* **tout** in the groups of sentences below.

1. Chez moi, je fais **tout**.   *At home, I do **everything**.*
Dans la vie, **tout** est possible.   *In life, **everything** is possible.*

Nous avons **tout** compris.   *We understood **everything**.*
Je n'ai pas **tout** lu.   *I didn't read **everything**.*

In the singular, the pronoun **tout** is invariable and means *everything*. It does not refer to a specific antecedent.

L'Espagne: Tout sous le soleil.

▷ When **tout** is used as the direct object of a verb in a compound tense, it usually comes *between* the auxiliary and the past participle.

2. J'ai invité mes amis.
     Tous sont venus.   *All came. (**Every one of them** came.)*
     (Ils sont **tous** venus.)   *(They **all** came.)*

J'ai écrit à mes amies.
     Toutes ne m'ont pas répondu.   *Not **all** of them answered me.*
     (Elles ne m'ont pas **toutes** répondu.)   *(They did not **all** answer me.)*

In the plural, the pronouns **tous*** and **toutes** mean *all (all of them)*, *everyone* *(every one of them)* and usually refer to people or things specifically mentioned.

▷ When **tous/toutes** is used as the direct object of a verb in a compound tense, it usually comes between the auxiliary and the past participle.
     Nous les avons **toutes** invitées.   *We invited them **all**.*

OPTIONAL   *A remarquer*

Note the use of **tous/toutes** with the pronouns **nous** and **vous**.

     Nous parlons **tous** français.   ***We all** speak French. (**All of us** speak French.)*
     Vous êtes **toutes** allées en France,   ***You all** went to France, didn't you? (**All of you**
     n'est-ce pas?   *went to France, didn't you?)*

           * When used as a pronoun, **tous** is pronounced /tus/.

A c t i v i t é 4   Oui ou non?

Lisez ce qu'ont fait les personnes suivantes. Complétez la description en utilisant **tout** et le passé composé du verbe entre parenthèses dans une phrase affirmative ou négative.

➡ Tu as oublié quelque chose. (dire)
   Tu n'as pas tout dit.

1. Ces gens ont été victimes d'un grave incendie (*fire*). (perdre)
2. Excusez-moi! Je n'ai pas bien entendu. (comprendre)
3. Ce garçon est vraiment maladroit (*clumsy*). (casser)
4. Vous n'avez pas eu assez d'argent. (acheter)
5. Marc a fini la bouteille. (boire)
6. Nous avons laissé le dessert. (manger)

DIALOG **A c t i v i t é 5   Conversation**

Demandez à vos camarades s'ils ont fait toutes les choses suivantes. Ils vont vous répondre en utilisant un pronom.

➡ voir les films de Woody Allen?
   — As-tu vu tous les films de Woody Allen?
   — Oui, je les ai tous vus. (Non, je ne les ai pas tous vus.)

1. regarder les bandes dessinées du journal de dimanche dernier?
2. lire les pièces de Shakespeare?
3. écouter les disques des Beatles?
4. inviter tes amis pour ton anniversaire?
5. comprendre les explications de ce livre?
6. faire les exercices de cette leçon?

C. Quelques expressions indéfinies de quantité

Indefinite expressions of quantity refer to an undetermined number of people or things.
- As indefinite adjectives, these expressions introduce nouns.
- As pronouns, they replace nouns.

Forms

Note the forms of the indefinite adjectives of quantity and their corresponding pronouns.

ADJECTIVE (+ NOUN)		PRONOUN	
quelques. . .	*some, a few*	quelques-uns quelques-unes }	*some, a few*
un(e) autre. . . d'autres. . .	*another* *other, some other*	un(e) autre d'autres	*another one* *others, some others,* *other ones*
plusieurs. . .	*several*	plusieurs	*several*
certain(e)s. . .	*some, certain*	certain(e)s	*some, certain ones*
la plupart de. . .	*most of*	la plupart	*most (of them)*

Uses

The above expressions of quantity can be used either as subjects or as objects.

Compare the use of the adjectives and pronouns in the sentences below.

	ADJECTIVE	PRONOUN
SUBJECT	**Quelques** amis m'ont écrit. **Quelques** cassettes sont en solde *(on sale)*.	**Quelques-uns** m'ont écrit. **Quelques-unes** sont en solde.
	Plusieurs lettres sont arrivées hier. **Une autre** lettre est arrivée ce matin.	**Plusieurs** sont arrivées hier. **Une autre** est arrivée ce matin.
DIRECT OBJECT	J'invite **quelques** amies. Nous avons acheté **quelques** disques. J'ai vendu **la plupart de** mes livres.	J'**en** invite **quelques-unes**. Nous **en** avons acheté **quelques-uns**. J'**en** ai vendu **la plupart**.
	J'ai reçu **plusieurs** lettres. Prenez **d'autres** photos. Voici **plusieurs** magazines.	J'**en** ai reçu **plusieurs**. Prenez-**en** **d'autres**. **En** voici **plusieurs**.

When a pronoun of quantity functions as the direct object of a verb, **en** must be used with that verb.
To review the use of **en** with expressions of quantity, see p. 153.

A remarquer

1. The adjective **quelques** means *some* in the sense of *a few* or *a limited number of*. It is more specific than the indefinite article **des**.

   Paul a **des** amis à Paris.   *Paul has friends in Paris (maybe 3 or 5 or dozens... who knows?).*

   Henri a **quelques** amis à Paris.   *Henri has **some** friends in Paris (certainly not more than 10, and maybe only 2 or 3).*

2. As a subject, **la plupart** is usually followed by a plural verb.

   La plupart des invités sont arrivés.   **La plupart sont** venus en auto.

3. When used in a negative sentence as a direct object, the pronoun **un/une autre** becomes **pas d'autre**.

   Tu as **une autre** cassette?   Non, je n'en ai **pas d'autre**.

4. Indefinite *adjectives* are always followed by a noun. The indefinite *pronouns* (**plusieurs, quelques-un[e]s, certain[e]s**) are sometimes followed by **de** + *determiner* + *noun*. Compare:
             In this case, **en** is not used with the indefinite object pronoun.

   (adjective)   J'ai acheté **quelques** livres.   *I bought **a few** books.*
   (pronoun)   J'ai acheté **quelques-uns** de ces livres.   *I bought **a few of** those books.*

   (adjective)   J'ai vu **plusieurs** amis.   *I saw **several** friends.*
   (pronoun)   J'ai vu **plusieurs de** mes amis.   *I saw **several of** my friends.*

5. Indefinite pronouns of quantity may be followed by **d'entre eux/elles** (*of them*) in referring to people or things already mentioned.

   Ces étudiantes travaillent bien.   **Certaines d'entre elles** sont vraiment brillantes.
   J'ai beaucoup d'amis en France.   Voici l'adresse **de quelques-uns d'entre eux**.

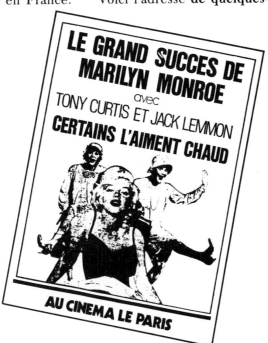

LE GRAND SUCCES DE MARILYN MONROE
avec
TONY CURTIS ET JACK LEMMON
CERTAINS L'AIMENT CHAUD

AU CINEMA LE PARIS

A c t i v i t é   6   **Oui et non!**

Tout le monde ne fait pas les mêmes choses. Exprimez cela en répondant aux questions suivantes. Dans votre première réponse utilisez l'adjectif entre parenthèses dans une phrase affirmative. Dans votre seconde réponse, utilisez le pronom correspondant dans une phrase négative.

⇨ Les étudiants ont étudié? (certains)
Certains étudiants ont étudié. Certains n'ont pas étudié.

1. Les étudiantes ont réussi à l'examen? (plusieurs)
2. Les professeurs sont sympathiques? (certains)
3. Les personnes riches sont avares (*stingy*)? (quelques)
4. Les sports sont violents? (quelques)
5. Les journalistes disent la vérité? (certains)
6. Les montres japonaises sont bon marché? (quelques)
7. Les vins français sont extraordinaires? (quelques)

A c t i v i t é   7   **Une semaine à Paris**

Supposez que vous venez de passer une semaine à Paris. Répondez affirmativement aux questions suivantes. Utilisez un pronom indéfini dans vos réponses.

⇨ Vous avez acheté quelques cartes postales?
Oui, j'en ai acheté quelques-unes.

1. Vous avez acheté quelques souvenirs?
2. Vous avez pris quelques photos?
3. Vous avez vu plusieurs musées hier?
4. Vous avez visité un autre musée cet après-midi?
5. Vous avez envoyé plusieurs lettres?
6. Vous avez acheté quelques disques?
7. Vous avez rencontré quelques Françaises?

A c t i v i t é   8   **A nouveau**

Dites ce que les personnes suivantes ont fait et dites qu'elles ont refait ces choses plus tard. Utilisez la forme appropriée du pronom **un autre**.

⇨ J'ai vu un film lundi. (vendredi)
J'en ai vu un autre vendredi.

1. Henri a pris des photos ce matin. (cet après-midi)
2. Madame Moreau a acheté une voiture il y a six ans. (cette année)
3. Nous avons acheté des cartes postales à la librairie. (au bureau de tabac)
4. Monsieur Richard a bu un bon café ce matin. (après le déjeuner)
5. Cet architecte a construit une maison pour nous. (pour nos cousins)
6. Cette journaliste a écrit des articles sur la Normandie. (sur la Bretagne)

D. Quelques autres expressions indéfinies

Forms

Note the forms of the following indefinite adjectives and their corresponding pronouns.

ADJECTIVE (+ NOUN)		PRONOUN	
chaque. . .	*each*	chacun, chacune	*each one*
—		l'un, l'une	*(the) one*
		les uns, les unes	*(the) ones, some*
l'autre. . .	*the other*	l'autre	*the other (one)*
les autres. . .	*the other*	les autres	*(the) others,*
			the other ones
le même, la même. . .	*the same*	le même, la même	*the same (one)*
les mêmes. . .	*the same*	les mêmes	*the same (ones)*

Uses

The above expressions can be used as subjects or as objects of the verb.

Compare the use of the adjectives and pronouns in the sentences below.

ADJECTIVE	PRONOUN
Chaque région de France est différente.	**Chacune** a ses traditions.
Je vais prendre **l'autre** autobus.	Je vais prendre **l'autre**.
J'ai acheté **la même** cravate que toi.	J'ai acheté **la même**.
	La même coûte 100 francs ici.

Note that since these pronouns are not expressions of quantity, **en** is not required when the pronouns function as direct objects.

⇨ The pronouns **le même, les mêmes, les uns, les autres** contract with **à** and **de**.

Albert appartient à un club sportif.	J'appartiens **au même**.
Je me souviens de ces personnes.	Je ne me souviens pas **des autres**.

chaque mois dans

jazz MAGAZINE

l'histoire
et l'actualité
du jazz

A remarquer

1. Note the difference between **tous/toutes les** *(every)* and **chaque** *(each)*.
   Tous/toutes les emphasizes the collective aspect of members of a
   group. It is a plural expression that as a subject takes a plural verb.

   Chaque and the corresponding pronoun **chacun(e)** emphasize the
   individual aspect of each member of the group. They are singular
   expressions that as subjects take singular verbs.

Tous les hommes sont égaux.	*Every man is equal. (**All men** are equal.)*
Chacun est différent.	*Each one is different.*

Tous les livres sont en solde.	*Every book is on sale.*
Chacun coûte dix francs.	*Each one costs ten francs.*

2. The pronoun **chacun/chacune** can be followed by **de** + *noun* or the
   expression **d'entre eux/elles** *(of them)* to refer to a previously
   mentioned noun.

   J'ai écrit à **chacun de mes amis** pendant les vacances.
   Chacun d'entre eux m'a répondu.

3. The pronouns **l'un, l'une, les uns,** and **les unes** are often used together
   with **l'autre** and **les autres** to point out a contrast or comparison. Note
   the use of these pronouns in the sentences below.

   J'ai deux soeurs.
L'une est journaliste.	*One is a reporter.*
L'autre est avocate.	*The other one is a lawyer.*

   Ces étudiants vont voyager.
Les uns vont aller en France.	*Some are going to France.*
Les autres vont aller en Espagne.	*The others are going to Spain.*

4. The constructions **l'un (l'une) et l'autre** and **les uns (les unes) les
   autres** are sometimes used to express reciprocity. They correspond to
   the English expressions *one another* and *each other*.

Aidons-nous **les uns les autres!**	*Let's help **each other!***

A c t i v i t é 9 **A la douane** (*At customs*) OPTIONAL: This activity is based on *A remarquer*, p. 320.

Aujourd'hui le contrôle est particulièrement strict à Roissy, l'aéroport de Paris. Un jeune douanier (*customs officer*) demande ses instructions à son chef. Le chef lui dit d'être très vigilant. Jouez les rôles du jeune inspecteur et de son chef.

⇨ contrôler (*to check*) les passagers?
> **le jeune douanier: Est-ce que je contrôle tous les passagers?**
> **son chef: Oui, il faut que vous contrôliez chaque passager!**

1. vérifier les passeports?
2. contrôler les visas?
3. ouvrir les valises?
4. examiner les bagages à main?
5. inspecter les paquets (*packages*)?
6. vérifier l'identité des voyageurs?

A c t i v i t é 10 **Vive la différence!**

Nous vivons dans un monde où les différences individuelles sont importantes. Exprimez cela en insistant sur le caractère unique des personnes et des choses suivantes. Utilisez les pronoms **chacun** et **chacune**, d'après le modèle.

⇨ Les régions françaises ont les mêmes traditions?
> **Non! Chacune a des traditions différentes.**

1. Les restaurants ont le même menu?
2. Les magasins vendent les mêmes produits?
3. Les aliments (*foods*) ont la même valeur nutritive?
4. Les voitures ont les mêmes caractéristiques techniques?
5. Les revues traitent les mêmes sujets?
6. Les joueurs de football portent le même numéro?
7. Les individus expriment (*express*) les mêmes opinions?
8. Les électeurs votent pour les mêmes candidats?

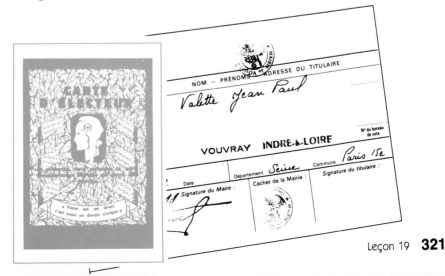

Activité 11 On ne peut pas tout faire!

Madame Lamblet demande à son assistant s'il a fait certaines choses. Il répond qu'il a fait les unes mais pas les autres. Jouez le rôle de l'assistant. Utilisez **l'un, l'autre** dans les phrases 1 à 4, et **les uns, les autres** dans les phrases 5 à 8.

⟹ Avez-vous copié ces deux documents?
J'ai copié l'un mais je n'ai pas copié l'autre.

1. Avez-vous répondu à ces deux lettres?
2. Avez-vous encaissé *(cashed)* ces deux chèques?
3. Avez-vous envoyé ces deux factures *(invoices)*? l'une
4. Etes-vous passé à ces deux agences de publicité?
5. Avez-vous étudié ces contrats?
6. Avez-vous téléphoné à ces clients? les uns
7. Vous êtes-vous occupé de ces dossiers *(files)*?
8. Avez-vous écrit à ces fournisseurs *(suppliers)*? les uns

PARIS-LONDRES: 300 F. ALLER-RETOUR. A LA BONNE HEURE.

L'autre façon de s'envoler pour l'Angleterre. SEAJET

Activité 12 D'accord?

Voici certaines opinions. Dites si oui ou non vous êtes d'accord avec chacune de ces opinions. Si possible, justifiez votre position avec un exemple personnel.

⟹ Dans la vie, chacun pense d'abord à soi.
Je ne suis pas d'accord. Cette opinion est trop égoïste et pessimiste. Au contraire, je pense que chacun doit aider les autres.

1. Ce sont toujours les autres qui ont de la chance.
2. La justice n'est pas la même pour tout le monde.
3. Le malheur des uns fait le bonheur des autres.
4. La justice consiste à donner à chacun les mêmes chances.
5. Chacun a le devoir *(duty)* d'aider les autres.
6. Il y a plusieurs individus en chacun de nous.

Contextes

Les phrases suivantes font partie de différentes conversations. Imaginez le contexte de ces conversations dans un petit paragraphe.

➡️ «Ici chacun a sa spécialité.»

Monsieur Bernard est le directeur d'une entreprise spécialisée dans l'électronique. Il est très fier de sa compagnie et de ses employés. Aujourd'hui il fait visiter *(is showing)* son usine à des industriels japonais. Il leur montre comment ses employés travaillent.

1. «Il faut que chacun de vous joue le mieux possible.»
2. «Ne t'inquiète pas. Tout va bien.»
3. «Est-ce que tu m'as dit toute la vérité?»
4. «Avec ce bruit, je n'ai pas dormi de toute la nuit. Heureusement, ce n'est pas toutes les nuits comme ça.»
5. «Tu peux en prendre plusieurs. Il y en a d'autres.»
6. «Zut, alors! L'une est chez le mécanicien et mon frère a pris l'autre.»
7. «Toutes ne sont pas ouvertes aujourd'hui. Quelques-unes seulement!»
8. «Si tu vas là-bas, achète-m'en quelques-uns.»
9. «Je voulais acheter le même. J'en ai essayé plusieurs mais finalement j'en ai acheté un autre.»
10. «Ils étaient tous d'accord, mais maintenant chacun a changé d'opinion.»

A votre tour

1. Décrivez votre ville en disant ce qu'elle a à offrir. Vous pouvez parler des choses suivantes: les hôtels, les restaurants, les magasins, les monuments, les écoles, les jardins publics, les gens, les commerçants, etc. . . . Utilisez les expressions de la leçon dans votre description.

➡️ Dans ma ville, il y a plusieurs hôtels. Tous ces hôtels sont confortables. Certains sont assez chers mais les autres sont relativement bon marché. . .

2. Imaginez que vous êtes un(e) journaliste français(e) en visite aux Etats-Unis pour couvrir certains événements importants. Décrivez ce que vous voyez en utilisant 5 ou 6 expressions de la leçon.
(Vous pouvez choisir parmi les événements suivants: une conférence de presse du Président / la célébration de la fête nationale / l'ouverture *(opening)* de l'Assemblée générale des Nations Unies / l'arrivée du Marathon de New York / les World Series, etc.)

➡️ J'assiste à l'ouverture de l'Assemblée générale des Nations Unies. Tous les délégués sont présents. Plusieurs orateurs prennent la parole *(speak)*. Chacun fait un discours *(speech)*. Certains parlent du problème de l'énergie. Un autre parle du problème du désarmement. A la fin de la session, j'interviewe quelques délégués sur la situation internationale. Les uns me disent que. . .

Leçon 20 La négation

A. La construction négative

In each pair of sentences below, the one on the right is in the negative. Note these negative constructions.

J'ai un vélo.	Je n'ai **pas** de voiture.
Nous travaillons beaucoup.	Nous **ne** travaillons **jamais** le week-end.
Nous avons visité Paris.	Nous n'avons **pas** visité Genève.
Henri est allé au Canada.	Il n'était **jamais** allé au Canada avant.
Je refuse de rester ici.	Je préfère **ne pas** rester ici.
Mes parents aiment voyager.	Ils regrettent de **ne jamais** voyager.

The negative construction consists of two words:
- **ne,** which always comes before the verb, (and any object pronouns), and
- **pas, jamais** (or other second negative word), which usually comes:
  - immediately after the verb when the verb is in a simple tense;
  - between the auxiliary (**avoir** or **être**) and the past participle when the verb is in a compound tense;
  - before the infinitive when the negative construction refers to that infinitive.

⇨ In sentences without a verb, only the second negative word is used.

Qui a pris mon livre?	**Pas** moi!
Je ne sors pas ce soir.	Pourquoi **pas**?
Vous êtes allé au Brésil?	Non, **jamais**!

⇨ With the past infinitive, the second negative word can come either before the auxiliary (and the object pronouns, if any) or between the auxiliary and the past participle.

Je regrette de **ne pas** vous avoir répondu.⎱
Je regrette de **ne** vous avoir **pas** répondu.⎰   *I'm sorry **not** to have answered you.*

⇨ The expression **pas du tout** (*not at all*) follows the above patterns.
Vous n'avez **pas du tout** compris.

OPTIONAL   *A remarquer*

1. **Jamais** can be used without **ne** in a non-negative question. In this sense it corresponds to the English *ever*.

As-tu **jamais** conduit une voiture de sport?   *Have you **ever** driven a sports car?*

2. For emphasis, **jamais** can be placed at the beginning of the sentence.

Jamais je n'ai dit cela!   *I **never** said that!*

3. After certain verbs, such as **pouvoir, cesser** *(to stop)*, or **oser** *(to dare)*, **pas** is often omitted when these verbs are followed by an infinitive.

Nous **ne** pouvons vous répondre.   *We cannot answer you.*
Je **n'**ose lui dire la vérité.   *I do **not** dare to tell him the truth.*
Il **ne** cesse de neiger.   *It does **not** stop snowing.*

A c t i v i t é   1   Ignorance

Les personnes suivantes ne connaissent pas certaines choses ou certaines personnes. Expliquez pourquoi. Pour cela, utilisez le passé composé du verbe entre parenthèses et l'expression négative **ne. . .jamais.**

⇨ Je ne connais pas Marseille. (visiter)   Alternate, using object pronouns.
Je n'ai jamais visité Marseille.

1. Nous ne connaissons pas cette étudiante. (rencontrer)
2. Tu ne connais pas mes cousins. (voir)
3. Je ne connais pas votre fiancée. (parler)
4. Mes amis ne connaissent pas ce restaurant. (dîner dans)
5. Vous ne connaissez pas ce programme. (regarder)
6. Je ne connais pas Monaco. (aller à)
7. Tu ne connais pas ce magasin. (entrer dans)
8. Nous ne connaissons pas cette rue. (passer par)

A c t i v i t é   2   Regrets

Les personnes suivantes ne font pas (ou n'ont pas fait) certaines choses et le regrettent. Exprimez cela en utilisant la construction **regretter de** + *infinitif négatif* et un pronom complément d'objet. (Attention: Utilisez l'infinitif passé pour les phrases 5 à 8.)

⇨ Madame Dupont ne regarde jamais la télévision.
Elle regrette de ne jamais la regarder.

1. Tu ne fais jamais de jogging.
2. Nous ne dînons jamais au restaurant.
3. Monsieur Delorme ne s'intéresse pas à la politique.
4. Vous n'appartenez pas à ce club.
5. Madame Smith n'a pas appris le français.
6. Philippe n'a pas assisté à la conférence.
7. Les étudiants n'ont pas réussi à l'examen.
8. Isabelle n'est jamais allée à Québec.

B. *Quelqu'un, quelque chose, ne. . .personne* et *ne. . .rien*

Note the negative constructions that correspond to the indefinite pronouns
quelqu'un and **quelque chose**.

Tu connais **quelqu'un** ici?   Non, je **ne** connais **personne**.
Vous avez vu **quelqu'un**?   Non, nous **n'**avons vu **personne**.
Quelqu'un a téléphoné?   Non, **personne n'**a téléphoné.

Tu fais **quelque chose** ce soir?   Non, je **ne** fais **rien**.
Vous avez entendu **quelque chose**?   Non, nous **n'**avons **rien** entendu.
Quelque chose est arrivé?   Non, **rien n'**est arrivé.

Forms

To refer to unspecified people or things, French speakers use the following expressions:

AFFIRMATIVE		NEGATIVE	
quelqu'un	*someone, somebody*	**ne. . .personne**	*nobody, no one, not anybody, not anyone*
quelque chose	*something*	**ne. . .rien**	*nothing, not anything*

➪ The above expressions are indefinite pronouns. In sentences requiring
agreement, they are treated as masculine singular forms.

Est-ce que quelqu'un **est** venu?   { Oui, Françoise est venu**e**.
                                                       { Non, personne n'**est** venu.
Est-ce que quelque chose **est** arrivé   Oui, une lettre de Paris.
  au courrier *(mail)*?

➪ Note the following constructions:

quelqu'un, quelque chose }
personne, rien   } + **de** + masculine adjective

quelqu'un, quelque chose }
personne, rien   } + **à** + infinitive

Florence est **quelqu'un de très occupé**.   Elle a toujours **quelque chose à faire**.
Je n'ai rencontré **personne d'intéressant**.   Je n'ai **rien** eu **à faire**.

As-tu **quelque chose d'important à**   Non, je n'ai **rien d'important à te dire**.
  me **dire**?

Uses

As pronouns, **personne** and **rien** may be used as the subject or the object of the
sentence. When they are subjects, they come before the verb (and **ne** remains in
its usual place).

Personne n'est parfait.   **Rien n'**est impossible.

In compound tenses, the direct object **rien** comes between the auxiliary and the past participle. The direct object **personne** comes after the past participle.

Je n'ai **rien** vu.   Je n'ai vu **personne**.

Rien and **personne** may be the direct object of an infinitive. **Rien** comes before the infinitive. **Personne** comes after the infinitive.

Je préfère **ne rien** faire et **ne** voir **personne**.

OPTIONAL   *A remarquer*

Quelqu'un and **quelque chose** may be used after the negative forms of **être**.

L'argent n'est pas **quelque chose** d'essentiel.   *Money is not **something** essential.*

A c t i v i t é 3   **Opinions**

Donnez votre opinion sur les personnes et les choses suivantes. Pour cela, faites des phrases affirmatives ou négatives en utilisant **quelqu'un** ou **quelque chose** et l'adjectif entre parenthèses.

⇨ le tabac (dangereux?)
   Le tabac est (n'est pas) quelque chose de dangereux.

1. la pollution (dangereux?)
2. l'amitié (essentiel?)
3. l'argent (indispensable?)
4. le Président (supérieurement intelligent?)
5. la femme du président (remarquable?)
6. la musique (important pour moi?)
7. Brooke Shields (très intéressant?)
8. moi (généreux?)

A c t i v i t é 4   **C'est évident!**

Informez-vous sur les personnes suivantes et dites ce qu'elles ne font pas. Utilisez le présent des verbes entre parenthèses et l'expression négative **ne. . .personne** ou **ne. . .rien**.

⇨ André se repose. (faire)   **Il ne fait rien.**

1. Ce garçon est timide. (parler à)
2. Tu te tais. (dire)
3. Vous n'êtes pas très sociables. (inviter chez vous)
4. Je n'ai pas d'argent. (acheter)
5. Nous sommes courageux. (avoir peur de)
6. Henri n'est pas très curieux. (s'intéresser à)
7. Nous restons chez nous. (sortir avec)
8. Ce chien est très désobéissant. (obéir à)

A c t i v i t é 5 **Une mauvaise surprise**

Quand Brigitte est rentrée du concert, elle a trouvé la porte et les fenêtres de son appartement grandes ouvertes (*wide open*) et les lumières allumées. Elle appelle un inspecteur de police qui lui pose les questions suivantes. Brigitte répond négativement. Jouez le rôle de Brigitte.

⇨ L'inspecteur: Avez-vous entendu quelque chose?
   Brigitte: Non, je n'ai rien entendu.

1. Avez-vous vu quelqu'un en rentrant?
2. Avez-vous observé quelque chose d'anormal?
3. Avez-vous remarqué quelqu'un de suspect?
4. Est-ce que vous avez donné votre adresse à quelqu'un récemment?
5. Est-ce que vous avez fait quelque chose de spécial hier soir?
6. Est-ce que vous avez invité quelqu'un chez vous la semaine dernière?
7. Est-ce que quelqu'un vous a téléphoné dans l'après-midi?
8. Est-ce que quelque chose d'important a disparu?
9. Est-ce que quelqu'un est venu réparer l'électricité récemment?
10. Est-ce qu'il y avait quelque chose de grande valeur (*value*) dans votre appartement?

A c t i v i t é 6 **Pourquoi?**

Donnez une explication à l'action ou à la condition des personnes suivantes. Pour cela, utilisez la construction **avoir quelque chose à** (**n'avoir rien à**) + *infinitif* dans des phrases affirmatives ou négatives. Utilisez le verbe **avoir** au *présent* dans les phrases 1 à 5 et au *passé composé* dans les phrases 6 à 8.

⇨ J'ai soif. (boire)   **Je n'ai rien à boire.**

1. Nous avons faim. (manger)
2. Cet étudiant lève la main. (dire)
3. Vous êtes inactif. (faire)
4. Ces personnes sont innocentes. (se reprocher)
5. Vous ne devez pas avoir peur. (craindre)
6. Ces touristes ont payé des droits de douane (*customs duties*). (déclarer)
7. Tu es resté silencieux. (dire)
8. J'ai été invité au restaurant. (dépenser [*to spend*])

C. L'expression négative *ne. . .aucun*

Note the use of the negative expression **ne. . .aucun(e)** (*not any, no; not a single*) in the sentences on the right.

Cette maison a un certain confort.   Cet appartement **n**'a **aucun** confort.
Vous avez pris des photos?   Non, je **n**'ai pris **aucune** photo.

Aucun(e) is an indefinite negative expression of quantity that is always in the singular. It can be used as an adjective or a pronoun.

Compare: ADJECTIVE   PRONOUN
          Aucun client **n**'a téléphoné.   **Aucun n**'a téléphoné.
          Cet artiste **n**'a **aucun** talent. Il **n**'en a **aucun**.
          Je **n**'ai acheté **aucune** revue.   Je **n**'en ai acheté **aucune**.

> Note that in compound tenses, **aucun** comes after the past participle.

➭ As a pronoun, **aucun(e)** can be a subject or an object.
Since **aucun(e)** is an expression of quantity, it must be used with **en** when it functions as a direct object.

OPTIONAL **A remarquer**

When used as a pronoun, **aucun** can be followed by **de** + *noun* or by **d'entre eux/elles.** In this case, **en** is not used.

Tu as lu ces livres?   Non, je **n**'ai lu **aucun de ces livres.**
Tu connais ces filles?   Non, je ne connais **aucune d'entre elles.**

A c t i v i t é 7 **La tempête de neige** (*The snowstorm*)

Imaginez qu'une tempête de neige paralyse complètement la ville où vous passez les vacances de Noël. Expliquez les conséquences de cette tempête en répondant négativement aux questions suivantes. Utilisez **aucun** ou **aucune.**

➭ Les magasins sont ouverts?
  Non, aucun magasin n'est ouvert aujourd'hui.

1. Les banques sont ouvertes?
2. Les autobus fonctionnent?
3. Les rues sont dégagées (*cleared*)?
4. Les lettres sont livrées (*delivered*)?
5. Les voitures peuvent circuler?
6. Les avions peuvent décoller (*take off*)?

UCPA
UNION NATIONALE DES CENTRES SPORTIFS DE PLEIN AIR
Association agréée et subventionnée par le ministère du Temps Libre, de la Jeunesse et des Sports
62, rue de la Glacière - 75640 PARIS cedex 13 - Tél. 336.05.20
HIVER-PRINTEMPS
VACANCES D'HIVER
SPORTS DIVERS...
POUR LES JEUNES DE 16 A 35 ANS

Activité 8 **Critiques**

Critiquez les personnes ou les choses suivantes. Pour cela, refaites les phrases en utilisant l'expression **ne. . .aucun** et le pronom **en**.

⇨ Tu n'as pas d'ambition.
  Tu n'en as aucune.

1. Vous ne faites pas d'effort! aucun
2. Nos professeurs n'ont pas d'humour! aucun
3. Ces artistes n'ont pas de talent! aucun
4. Ce cinéma ne fait pas de prix spéciaux pour les étudiants. aucun
5. Ces employés ne montrent pas d'initiative. aucune
6. Les joueurs de notre équipe n'ont pas fait d'effort. aucun
7. Tu n'as pas fait de progrès en français! aucun
8. Mon patron *(boss)* ne m'a pas donné de responsabilités. aucune

D. Quelques autres expressions négatives

Compare the affirmative and corresponding negative expressions in the groups of sentences below.

1. Il neige **encore**?   Non, il **ne** neige **plus**.
   Vous voulez **encore** du café?   Non merci, je **ne** veux **plus** de café.
   Vos amis partent **déjà**?   Non, ils **ne** partent **pas encore**.

AFFIRMATIVE		NEGATIVE	
encore	*still, more*	**ne. . .plus**	*no longer, not any longer, no more, not anymore*
déjà	*already*	**ne. . .pas encore**	*not yet*

⇨ In compound tenses, the second part of the negative expression (**plus, pas encore**) comes *between* the auxiliary (**avoir** or **être**) and the past participle.

Mon père n'a **plus** fumé.
Il n'a **plus** acheté de cigarettes.

Vous n'avez **pas encore** fini!
Vous n'êtes **pas encore** partis!

Lentilles de contact SOUPLES
On ne les sent plus sur l'œil.
Essayez YSOPTIC
80, Bd Malesherbes
75008 Paris
Tel. 563.85.32
Documentation et liste des correspondants
français et étrangers sur demande.

2.	Vous allez **quelque part**?	Je **ne** vais **nulle part**.
	Tu as rencontré cette personne **quelque part**?	Je **ne** l'ai rencontrée **nulle part**.

AFFIRMATIVE		NEGATIVE	
quelque part	*somewhere*	**ne. . .nulle part**	*nowhere, not anywhere*

➦ In compound tenses, **nulle part** comes *after* the past participle.

3.	Tu veux du café **ou** du thé?	Je **ne** veux **ni** café **ni** thé.
	Est-ce que c'est ton père **ou** ta mère qui t'a prêté de l'argent?	**Ni** mon père **ni** ma mère **ne** m'a prêté d'argent.
	La radio **et** les journaux ont annoncé cet événement.	**Ni** la radio **ni** les journaux **n**'ont annoncé cet événement.

AFFIRMATIVE		NEGATIVE	
(et. . .) et	*(both. . .) and*	**ne. . .ni. . .ni. . .**	*neither. . .nor*
(ou. . .) ou	*(either. . .) or*		

➦ After **ni,** the indefinite and partitive articles are generally not used.

➦ The words **ni. . .ni. . .** come immediately before the words that they modify.
Compare:

Note that **ne** comes before the verb.

Je **n**'ai lu **ni** cette pièce **ni** ce roman.	*I have read **neither** that play **nor** that novel.*
Je **n**'ai **ni** lu **ni** vu cette pièce.	*I have **neither** read **nor** seen this play.*

A c t i v i t é 9   Bonnes décisions

Les personnes suivantes ont décidé de faire certaines choses. Dites qu'elles n'ont plus fait les choses entre parenthèses.

➫ J'ai décidé d'économiser mon argent. (acheter des choses inutiles)
Je n'ai plus acheté de choses inutiles.

1. Monsieur Duché a décidé de suivre un régime. (boire de la bière; manger des spaghetti)
2. Nous avons décidé de rester calmes. (nous énerver; nous mettre en colère)
3. J'ai décidé de préparer mes examens. (sortir tous les soirs; penser aux vacances)
4. André a décidé de se marier avec Catherine. (écrire à Sophie; sortir avec Nadine)
5. Vous avez décidé d'être prudents. (conduire à 100 à l'heure; prendre des risques inutiles)

Activité 10 Pas d'accord!

Aujourd'hui vous êtes de mauvaise humeur et vous contredisez tout.
Contredisez les phrases suivantes en utilisant l'expression négative
ni. . .ni. . .

⇨ Les jeunes sont idéalistes et sincères.
Ah non! Les jeunes ne sont ni idéalistes ni sincères!

1. Les étudiants sont sérieux et travailleurs.
2. Les gens sont honnêtes et généreux.
3. Nos professeurs sont justes et patients.
4. Les jeunes ont de l'ambition et du courage.
5. Le Président et le Congrès veulent faire des réformes.
6. La radio et la télévision disent la vérité.
7. Les Américains et les Russes veulent la paix.

E. Résumé: Les expressions négatives

Review the negative expressions and their positions in the table below.

SIMPLE TENSES	COMPOUND TENSES	INFINITIVE
Je **ne** sors **pas**.	Je **ne** suis **pas** sorti.	Je préfère **ne pas** sortir.
Je **ne** fume **jamais**.	Je n'ai **jamais** fumé.	Je décide de **ne jamais** fumer.
Je **ne** voyage **plus**.	Je n'ai **plus** voyagé.	Je regrette de **ne plus** voyager.
Je **ne** fais **rien**.	Je n'ai **rien** fait.	J'ai décidé de **ne rien** faire.
Je n'invite **personne**.	Je n'ai invité **personne**.	Je préfère n'inviter **personne**.
Je **ne** pars **pas encore**.	Je **ne** suis **pas encore** parti.	J'ai décidé de **ne pas encore** partir.
Je **ne** vais **nulle part**.	Je **ne** suis allé **nulle part**.	J'ai décidé de n'aller **nulle part**.
Je **ne** reçois **aucune** lettre.	Je n'ai reçu **aucune** lettre.	Je suis triste de n'avoir reçu **aucune** lettre.
Je **ne** vois **ni** Pierre **ni** Paul.	Je n'ai vu **ni** Pierre **ni** Paul.	J'ai décidé de **ne** voir **ni** Pierre **ni** Paul.

A remarquer

Several negative expressions can be used in combination.

Henri n'a **jamais plus** parlé de ses
   projets à ses amis.

Henri **never** talked about his plans **anymore**
   to his friends.

Il n'a **jamais plus rien** dit à **personne**.

He **never** said **anything** to **anyone anymore**.

The most common sequence of negative expressions is:

$$\textbf{ne. . .}\;[\,\textbf{jamais}\,]\;>\;[\,\textbf{plus}\,]\;>\;\begin{bmatrix}\textbf{personne}\\\textbf{rien}\\\textbf{aucun(e)}\end{bmatrix}$$

Audi 100 Avant:
rien ne sera jamais plus pareil.

Audi

Activité 11 **Promesses**

Les personnes suivantes ont promis de ne pas faire certaines choses.
Exprimez cela en utilisant le passé composé de **permettre**. Utilisez la
négation avec l'infinitif.

⇨ Jacques ne part pas.
   Il a promis de ne pas partir.

1. Mon père ne fume plus.
2. Vous ne dites rien.
3. Tu ne critiques personne.
4. Le professeur ne fait aucun reproche aux étudiants.
5. Nous ne perdons plus notre temps.
6. Tu ne crées aucun problème à tes amis.
7. Je ne dis cela à personne.
8. Paul ne cache *(hides)* rien à ses parents.

Activité 12 Non!

Lisez la description des personnes suivantes et complétez cette
description. Pour cela, utilisez l'expression entre parenthèses au présent
et l'une des expressions négatives du tableau récapitulatif *(summary table)*
(excepté **ne. . .pas**).

⇨ Jacques réussit à ses examens sans étudier. (avoir du mérite?)
   Il n'a aucun mérite.

1. Je déteste attendre. (avoir de la patience?)
2. Monsieur Martinot vient de déménager. (habiter ici?)
3. Vous restez chez vous. (aller?)
4. Yvette et Robert sont fiancés. (être mariés?)
5. Françoise est végétarienne. (manger du jambon ou du poulet?)
6. Vous êtes bien silencieux! (dire?)
7. Marc est toujours de bonne humeur. (s'ennuyer?)
8. Nous ne sortons pas. (se rendre?)
9. Je viens de prendre de l'aspirine. (avoir mal à la tête?)
10. Tu n'as pas dix-huit ans. (pouvoir voter?)

WRITTEN Activité 13 Jean Malchance

Jean Malchance n'a pas la chance de son cousin Robert Bonnechance.
Lisez ce qui est arrivé à Robert. Puis décrivez ce qui est arrivé à Jean en
mettant les expressions en italique à la forme négative.

1. Le mécanicien a *déjà* réparé ma voiture et je peux aller *quelque part*
   ce week-end avec mes amis.
2. *Un* magasin était ouvert dimanche dernier et j'ai acheté *quelque chose*
   pour l'anniversaire de ma tante.
3. *Quelqu'un* m'a téléphoné samedi dernier et j'ai fait *quelque chose*
   d'intéressant. Je suis allé *quelque part* où je me suis amusé.
4. *Une* lettre est arrivée du Canada ce matin. Je constate *(realize)* que
   mes amis canadiens pensent *encore* à moi.
5. Mes voisins me parlent *encore*. Ils sont polis *et* serviables *(helpful)*
   avec moi.
6. Mon patron est *toujours* content de mon travail. Il va me donner une
   promotion *et* une augmentation *(raise)* de salaire.
7. Quand je suis parti ce matin, le magasin de journaux était *déjà* ouvert.
   J'ai pu acheter un journal *et* des magazines. J'ai eu *quelque chose*
   d'intéressant à lire dans le train.
8. Mon train a eu deux heures de retard. Quand je suis arrivé à Paris,
   quelqu'un m'attendait *encore* à la gare.

F. L'expression *ne. . .que*

The expression **ne. . .que** is not a negative expression. It is a limiting expression that means *only*. Note its use in the following sentences:

Je parle français.
Je **ne** parle **que** français. — *I speak **only** French.*
Je **ne** parle français **qu**'en France. — *I speak French **only** in France.*
Je **ne** parle français en France **qu**'avec mes amis. — *I speak French in France **only** with my friends.*

With the limiting construction **ne. . .que, ne** comes before the verb and **que** comes before the word or phrase to which the restriction applies.

⇨ Since **ne. . .que** is not a negative expression, the indefinite and partitive articles do not change after the verb.

Je mange des légumes.   Je **ne** mange **que des** légumes.

OPTIONAL **A remarquer**

1. If the restriction applies to an *object pronoun*, the following construction is used:

> **ne** + verb + **que** + (**à** +) stress pronoun

Je le connais.   Je **ne** connais **que** lui.
Je t'écris.   Je **n**'écris **qu**'à toi.

2. If the restriction applies to the *verb* itself, the following construction is used:

> **ne faire que** + infinitive

J'étudie.   Je **ne** fais **qu**'étudier.
Vous vous reposez.   Vous **ne** faites **que** vous reposer.

J'ai travaillé.   Je **n**'ai fait **que** travailler.
Nous nous sommes amusés.   Nous **n**'avons fait **que** nous amuser.

MAISON
DES JEUNES
ET DE LA
CULTURE
JOUÉ LES TOURS

Activité 14 Dommage!

Exprimez votre déception (*disappointment*) aux choses suivantes. Pour cela, remplacez l'expression **seulement** (*only*) par la construction **ne. . .que.**

⇨ Je sors seulement le samedi soir.
   Je ne sors que le samedi soir.

1. Le professeur donne seulement des examens difficiles.
2. La cafétéria sert seulement des spaghetti!
3. Ce cinéma donne seulement des films stupides!
4. Nous avons seulement une semaine de vacances à Noël!
5. Je reçois seulement des notes à payer (*bills*).
6. Mes amis me rendent visite seulement quand ils ont besoin de moi.
7. J'ai reçu seulement un «C» à l'examen.
8. Mes parents ont eu seulement des problèmes avec leur nouvelle voiture!

Activité 15 Restrictions

Informez-vous sur les personnes ou les choses suivantes. Décrivez les restrictions correspondantes. Pour cela, faites des phrases en utilisant la construction **ne. . .que** et les éléments entre parenthèses.

⇨ Thérèse est végétarienne. (manger des légumes)
   Elle ne mange que des légumes.

1. Ce film n'est pas très long. (durer [*to last*] une heure)
2. Ce magasin est spécialisé. (vendre des micro-ordinateurs / réparer les machines à écrire)
3. Je suis au régime. (boire de l'eau minérale / manger des fruits)
4. Thomas est amoureux de Jeannette. (penser à elle / sortir avec elle)
5. Le cinéma est fermé. (ouvrir à sept heures / donner des westerns)
6. Vous êtes égoïstes. (penser à vous / vous intéresser à vos problèmes personnels / vous occuper de vos intérêts)
7. Ma tante est très riche. (voyager en première classe / dîner dans les restaurants trois étoiles)
8. Ces gens travaillent beaucoup. (dormir six heures par nuit / se reposer le dimanche / prendre une semaine de vacances par an)
9. Nous faisons des économies. (voyager en bus / aller dans les restaurants bon marché)

LA TAUPINIERE
crêperie

52 ,RUE DE LA FOULERIE
BLOIS
Tél.(54)74.36.56.

Entre nous

Contextes

Les phrases suivantes font partie de différentes conversations. Imaginez le contexte de ces conversations dans un petit paragraphe.

⇨ «Prenez tout. Il faut que rien ne reste ici!»

Les Pécoul viennent d'acheter une nouvelle maison. Ils vont déménager. Le jour du déménagement *(moving)*, Monsieur Pécoul donne ses instructions aux déménageurs *(movers)*.

1. «Je ne suis allé nulle part. Et toi, est-ce que tu as fait quelque chose d'intéressant?»
2. «Ne t'inquiète de rien. Personne ne te connaît ici! Et puis, après tout, tu n'as rien fait de mal, seulement quelque chose de stupide.»
3. «C'est drôle. Moi, je n'ai rien vu ni rien entendu. Pourtant, je suis sûr que quelqu'un est passé puisqu'il n'y a plus rien dans le réfrigérateur.»
4. «Excuse-moi, mais j'ai quelqu'un à voir maintenant. Mais si tu n'as rien à faire ce soir, nous pouvons nous rencontrer quelque part.»
5. «Je croyais lui faire une surprise, mais il n'aime ni le pâté ni les escargots *(snails)*! Ah, vraiment, c'est quelqu'un de difficile à satisfaire. Rien ne lui plaît!»
6. «J'en ai essayé plusieurs, mais aucune ne m'a plu.»
7. «Je suis vraiment désolé, mais je n'ai acheté qu'un billet.»
8. «Jean-François a vraiment changé depuis les vacances. Maintenant il ne pense qu'à elle.»
9. «D'accord, elle n'a que dix-huit ans, mais elle est intelligente et ambitieuse. Est-ce qu'on lui fait une offre?»

Situations

Volontairement ou non, beaucoup de gens se limitent à certaines activités. Exprimez cela pour les personnes suivantes. Pour cela, composez un paragraphe de plusieurs phrases en utilisant des expressions négatives ou l'expression **ne. . .que.**

⇨ Régine suit un régime.

Elle ne mange plus de pain. Elle ne mange ni viande ni pomme de terre. Elle ne mange que des fruits et des légumes. Elle n'a pas encore perdu dix kilos, mais elle ne perd pas courage.

1. Je suis en vacances.
2. François est un étudiant qui n'a pas beaucoup d'argent.
3. Monsieur Allard a décidé de faire attention à sa santé.
4. Nous sommes perdus sur une île déserte.
5. Mademoiselle Lenoir a hérité d'un vieil oncle très riche.
6. Sylvie a rompu *(broke off)* avec son fiancé.
7. Monsieur Roland vient de prendre sa retraite *(has just retired)*.
8. Monsieur Richard, millionnaire snob et dépensier *(extravagant)*, vient de perdre sa fortune au Casino de Monte-Carlo.
9. Le grand pianiste Trémolo s'est cassé le bras dans un accident de ski.

OPTIONAL
Constructions, expressions et locutions

1. Les adverbes d'intensité

Adverbs of intensity reinforce the meaning of an adjective or another adverb. The main adverbs of intensity are **très** (*very*), **fort** (*quite, very*), **bien** (*quite, really*), **si** (*so*), **tout** (*quite, all*), **vraiment** (*really*).

Vous êtes **très** bon en français.	Vous parlez **très** bien.
Cette fille est **fort** intelligente.	Elle s'exprime **fort** intelligemment.
Oh là là, vous êtes **bien** arrogants.	Vous agissez **bien** arrogamment.
Cette personne est **si** généreuse!	Elle aide **si** généreusement ses amis!
C'est **tout** simple!	Répondez **tout** simplement à cette question!

⇨ Although **tout** (*quite, all*) is an adverb, it is used in the feminine form **toute** (**toutes**) before a feminine adjective beginning with a consonant sound.

Catherine était **toute** pâle.   *but:* Christine était **tout** étonnée.

⇨ As an adverb of intensity, **bien** can be used to reinforce the meaning of a verb.

Nous parlons **bien** de la même chose, n'est-ce pas?	*We are **indeed** speaking about the same thing, aren't we?*
Je comprends **bien**.	*I **do** understand.*
Vos amis partent **bien** à midi?	*Your friends are **indeed** leaving at noon?*

Note however that **bien** softens the meaning of verbs like **aimer** and **vouloir**.

Anne **aime bien** Charles.	*Anne **likes** Charles (but she does not love him).*
Je **veux bien** vous aider.	*I **am willing** to help you (although I may not really want to.)*

⇨ In conversational French, the following adverbs of intensity are commonly used: **drôlement** (*very*), **terriblement** (*extremely*).

Oh là là! Il fait **drôlement** froid ce matin!
Cette histoire n'est pas **terriblement** amusante!

2. Adjectifs utilisés comme adverbes

A few adjectives are used as adverbs in the construction *verb + adjective*. Used in this manner, the adjectives are invariable. Note the following expressions:

coûter cher	*to be expensive*	Ces chemises **coûtent cher.**
parler fort (haut, bas)	*to speak in a loud (high, low) voice*	Silence! Ne **parlez** pas si **fort**!
sentir bon (mauvais)	*to smell good (bad)*	Ce parfum **sent bon.** Qu'est-ce que c'est?
chanter juste (faux)	*to sing on key (off key)*	J'adore chanter, mais malheureusement je **chante faux.**
voir clair	*to see clearly*	Quand il fait nuit, on ne **voit** pas **clair.**
travailler dur	*to work hard*	Les ouvriers **travaillent dur** pour finir cette maison.

3. Quelques expressions avec **tout** et **autre**

tout

Tout is used in the following expressions:

tout le monde	*everyone, everybody*	Est-ce que **tout le monde** a compris?
tout le temps	*all the time*	Ne parlez pas **tout le temps**.
tout de suite	*right away, immediately*	Nous partons **tout de suite** après le dîner.
tout à l'heure	*in a little while;*	Je vais sortir **tout à l'heure**.
	a short while ago	Ce télégramme est arrivé **tout à l'heure**.
tout à coup	*suddenly, all of a sudden*	**Tout à coup**, la neige a commencé à tomber.
tout à fait	*quite, entirely*	Je ne suis pas **tout à fait** prêt.
pas du tout	*not at all*	Répétez! Je n'ai **pas du tout** compris!
toujours	*always;*	Vout êtes **toujours** de bonne humeur.
	still	Est-ce que vous habitez **toujours** à Paris?
partout	*everywhere*	On vend ce journal **partout**.
en tout cas	*at any rate, in any case*	Si tu n'écris pas, **en tout cas** téléphone-nous pour nous donner de tes nouvelles.

Tout is also used in the expression **tout seul** *(all by oneself, all alone)*.

This expression consists of two parts:
- the adverb **tout**, which agrees with feminine nouns or pronouns, but which remains invariable with masculine plural nouns or pronouns;
- the adjective **seul**, which agrees with the noun or pronoun it modifies.

Lise a réparé **toute seule** sa voiture.	*Lise fixed her car **by herself**.*
Mes amies sont allées **toutes seules** au cinéma.	*My girlfriends went **by themselves** to the movies.*
Jean et Eric ont préparé le repas **tout seuls**.	*Jean and Eric fixed the meal **by themselves**.*

autre

Autre is used in several expressions with the meaning of *else*.

autre chose	*something else*	Avez-vous **quelque chose d'autre** à me dire?
quelque chose d'autre		
quelqu'un d'autre	*someone else*	Ce n'est pas notre facteur *(mailman)* habituel qui est passé. C'est **quelqu'un d'autre** que je ne connais pas.
rien d'autre	*nothing else*	Si vous n'avez **rien d'autre** à faire, vous pouvez partir.
personne d'autre	*nobody else*	Ne donnez ce document à **personne d'autre** qu'à Monsieur Dupont!

4. La construction **de plus en plus**

The expressions **de plus en plus** *(more and more)* and **de moins en moins** *(less and less)* can be used:

- by themselves, to modify a *verb*

  Nous travaillons **de plus en plus**. . .
  et nous nous reposons **de moins en moins**.

- to modify an *adjective* or an *adverb*

  Il fait **de plus en plus** froid.
  Pourquoi êtes-vous **de moins en moins** optimiste?

  With short English adjectives, the equivalent construction is *(cold)er and (cold)er*.

  Cette personne parle **de plus en plus** fort.
  La voiture va **de moins en moins** vite.

- to introduce **de** + *noun*

  J'ai **de plus en plus de** travail. . .
  et **de moins en moins de** vacances.

Note: When **de plus en plus** modifies the adverb **bien**, the resulting expression is **de mieux en mieux**.

Vous jouez **bien** au tennis.	*You play tennis **well**.*
Vous jouez **de mieux en mieux**.	*You are playing **better and better**.*

5. La construction **plus. . .plus**

Note the use of the construction **plus. . .plus** in the following sentences:

Plus on a d'amis, **plus** on est heureux.	***The more** friends you have, **the happier** you are.*
Plus vous parlez, **plus** vous dites des bêtises.	***The more** you talk, **the more** you say stupid things.*
Plus l'été s'approche, **plus** il fait chaud.	***The closer** summer comes, **the warmer** it is.*

The construction **plus. . .plus** corresponds to the English constructions *the more. . .the more*, or (with short adjectives) *the . . .-er, the . . .-er*. Note that after **plus**, regular word order is used.

⇨ Similar constructions occur with **moins. . .moins** *(the less. . .the less)*, **plus. . .moins** *(the more. . .the less)*, and **moins. . .plus** *(the less. . .the more)*.

Moins on fait d'effort, **moins** on réussit.	***The less** effort you make, **the less** you succeed.*
Plus on est actif, **moins** on perd son temps.	***The more** active you are, **the less** time you waste.*
Moins tu manges, **plus** tu maigris.	***The less** you eat, **the more** weight you lose.*

Le français et les loisirs

Une nouvelle passion: celle de la planche à voile

S'il existe un art de vivre typiquement français, cet art de vivre est basé sur l'équilibre entre le temps consacré au travail et le temps consacré aux loisirs. L'importance des loisirs a été officialisée par la création d'un Ministère du Temps Libre, de la Jeunesse et des Sports. Que cherchent donc les Français dans leurs loisirs? Avant tout, l'épanouissement personnel par la culture et surtout par le sport. Les Français d'aujourd'hui courent, joggent, sautent, nagent et skient . . . Ils remettent en valeur les vertus du vieil adage «un esprit sain dans un corps sain».

Pour les fanas de la bicyclette, le Tour de France reste la grande épreuve.

Départ, place de la Concorde, des montgolfières participant à la Coupe Gordon-Bennett

squash

tennis

JEUX ELECTRONIQUES

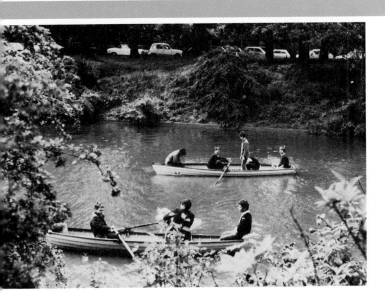

Partie de canotage au Bois de Boulogne

promenades

Ski acrobatique dans les Alpes

MUSIQUE & DANSE

Les jeunes redécouvrent les plaisirs de la danse.

Des adeptes du tourisme pédestre consultent leur itinéraire.

cinéma

Le samedi soir, le cinéma reste l'une des distractions préférées des Français.

En été, des milliers de «véliplanchistes» s'adonnent à leur sport favori.

344

UNITÉ 5

Le futur, le conditionnel, le passif

Leçon 21 Le futur

A. Le futur: formation régulière et usage

In the following sentences, the verbs are in the future tense.

Je **passerai** l'été en France.   *I will spend the summer in France.*
Nous **visiterons** la Bretagne.   *We will visit Brittany.*

Bretagne, a province in western France, is known for its many local traditions.
Many of its people still speak a Celtic dialect.

Forms

In French, the future is a simple tense. It consists of one word. Note the future forms of the regular verb **parler** and the irregular verb **écrire**.

parler	écrire	ENDINGS
je **parlerai**	j'**écrirai**	-ai
tu **parleras**	tu **écriras**	-as
il/elle/on **parlera**	il/elle/on **écrira**	-a
nous **parlerons**	nous **écrirons**	-ons
vous **parlerez**	vous **écrirez**	-ez
ils/elles **parleront**	ils/elles **écriront**	-ont

The future tense is formed as follows:

future stem + future endings

➩ All verbs have the same set of endings in the future tense.

For all regular verbs and many irregular verbs:

future stem = infinitive (minus final **-e**, if any)

➩ For all verbs, the future stem ends in **r**.

LA PROCHAINE FOIS
LOUEZ UNE VOITURE
EQUIPEE DU TELEPHONE
vous gagnerez du temps.

STILE 736 82 82

➡️ Note the future stems of verbs such as **acheter, payer, appeler,** and **jeter.**

You may want to review these verbs on pp. 8–9.

INFINITIVE	FUTURE STEM	
acheter	**achèter-**	J'**achèterai** une guitare.
payer	**paier-**	Je **paierai** avec un chèque.
appeler	**appeller-**	Je t'**appellerai** demain.
jeter	**jetter-**	Je **jetterai** ces vieux journaux.

(There is no stem change for verbs such as **répéter:** Je **répéterai** la question.)

➡️ The interrogative and negative forms of the future are formed according to the same patterns used for other simple tenses.

— **Sortirez-vous** ce soir?   — Et Paul? **Restera-t-il** chez lui?
— Non, nous **ne sortirons pas.**   — Non, il **ne restera pas** chez lui.

Uses

The future tense is generally used to describe events that will happen (or will not happen) sometime in the future.

Nous **arriverons** demain par le bus de huit heures.   We **will arrive** tomorrow on the eight o'clock bus.
Un jour, je **serai** indépendant.   One day, I **will be** independent.
Nous ne **serons** jamais parfaits.   We **will** never **be** perfect.

➡️ The construction **aller** + *infinitive* is used to express the near future, especially in conversational style. If necessary, you may want to review this structure on p. 20.

Ce soir nous **allons dîner** dans un restaurant chinois.   *Tonight we **are going to have** dinner in a Chinese restaurant.*

DIALOG **A c t i v i t é 1**   **Conversation**

Demandez à vos camarades s'ils feront les choses suivantes le week-end prochain.

➡️ dîner au restaurant?
— **Dîneras-tu** au restaurant?
— **Oui, je dînerai** au restaurant. (**Non, je ne dînerai pas au restaurant.**)

1. assister à un concert?
2. prendre des photos?
3. nettoyer ta chambre?
4. acheter des disques?
5. perdre ton temps?
6. sortir?
7. rendre visite à un ami?
8. lire un livre?
9. écrire une lettre?
10. dormir jusqu'à midi?
11. se lever tôt?
12. se promener à la campagne?
13. se reposer?
14. s'ennuyer?

Vocabulaire
Pour décrire le futur

l'avenir = le futur   *future*
un but = un objectif   *goal, objective*
un projet   *plan*
un rêve   *dream*

atteindre (un but)   *to reach (a goal)*
réaliser (un rêve)   *to see (a dream) come true, to achieve*

prochain	*next*	L'été **prochain** je visiterai Paris.
bientôt	*soon*	Claude partira **bientôt** au Canada.
tout à l'heure	*shortly*	Je te répondrai **tout à l'heure**.
dès	*as of*	Je m'occuperai de cela **dès** demain.
jusqu'à	*until*	Je resterai ici **jusqu'à** cinq heures.
dans (+ *time*)	*in. . .*	Le bus partira **dans dix minutes**.
d'ici (+ *time*)	*within. . . ;*	Je vous téléphonerai **d'ici une heure**.
	between now and. . .	
dans (+ *time*) **d'ici**	*in. . .from now*	**Dans deux mois d'ici**, ce sera l'été.

NOTE DE VOCABULAIRE:

Note the difference between **en** (+ *time*) and **dans** (+ *time*).

Je réparerai votre voiture **en une heure**.   *I'll fix your car **in** (= within the time span of) **one hour.***

Je réparerai votre voiture **dans une heure**.   *I'll fix your car (**in**) **one hour** (**from now**).*

A c t i v i t é 2 **Vive le progrès!**

Avec le progrès, tout est possible ou presque. . . Dites si les choses
suivantes se réaliseront et dans combien de temps. Dans un an? dans cinq
ans? dans dix ans? dans vingt ans? ou jamais?

⟹ on (éliminer complètement la pollution?)
Dans dix ans on éliminera complètement la pollution.
(On n'éliminera jamais complètement la pollution.)

1. les médecins (découvrir une cure contre le cancer? fabriquer un
   cerveau [*brain*] artificiel?)
2. les savants (contrôler le climat? produire des aliments totalement
   artificiels?)
3. tout le monde (se servir de micro-ordinateurs? employer des robots
   domestiques? parler une langue universelle?)
4. les Américains (signer un traité de limitation d'armements avec l'Union
   soviétique? établir des relations diplomatiques avec Cuba?)
5. nous (passer les vacances sur la lune? voyager en fusée [*rocket*]?)
6. moi (parler français sans accent? vivre en France?)

WRITTEN A c t i v i t é 3 **Conséquences**

Nos actions ou notre personnalité déterminent souvent ce que nous ferons
ou ce que nous serons plus tard. Informez-vous sur les personnes
suivantes et décrivez ce qu'elles feront. Utilisez les verbes entre
parenthèses dans des phrases affirmatives ou négatives.

⟹ Nicole suit un régime. (grossir?)
Elle ne grossira pas.

1. Vous buvez trop de café. (vous énerver pendant l'examen? vous
   coucher tôt? dormir bien cette nuit?)
2. Oh là là! J'ai mal à la tête! (sortir ce soir? prendre de l'aspirine?
   étudier jusqu'à minuit? me coucher tard?)
3. Thérèse veut faire des économies. (acheter des choses inutiles? mettre
   son argent à la banque? prendre un taxi pour aller à l'école?)
4. Ah vraiment, vous ne vous dépêchez pas! (arriver en retard à la gare?
   rater votre train?)
5. Tu es très indépendant. (vivre chez tes parents jusqu'à l'âge de 30 ans?
   écouter les conseils de tes amis? suivre ta propre [*own*] inspiration?)
6. Mes cousins sont très prudents. (prendre des risques? tenter [*to try*]
   leur chance à Las Vegas? réfléchir avant d'agir?)
7. Jacqueline a beaucoup de talent artistique. (étudier les maths? suivre
   des cours de peinture? produire des chefs-d'oeuvre [*masterpieces*]?)
8. Claire est très méticuleuse. (nettoyer sa chambre? ranger ses
   vêtements? laisser ses livres en désordre?)

B. Le futur: formes irrégulières

All verbs have regular future endings. A few verbs, however, have
irregular future stems. Note these stems in the chart below.

INFINITIVE	FUTURE STEM	
avoir	aur-	Quand **auras**-tu ton passeport?
être	ser-	A quelle heure **serez**-vous à l'aéroport?
faire	fer-	Nous **ferons** un voyage cet été.
aller	ir-	Où **irez**-vous?
devoir	devr-	Nous **devrons** prendre nos billets en janvier.
pouvoir	pourr-	Henri ne **pourra** pas venir avec nous.
vouloir	voudr-	Mes amis **voudront** voir Paris.
envoyer	enverr-	Je vous **enverrai** mon adresse.
recevoir	recevr-	— Quelle note **recevrons**-nous?
savoir	saur-	— Vous **saurez** cela après l'examen.
venir	viendr-	A quelle heure **viendras**-tu?
voir	verr-	Nous **verrons** nos amis au café.
courir	courr-	Vous **courrez** un grand risque!
mourir	mourr-	Nous **mourrons** tous un jour.
s'asseoir	s'assiér-	Je **m'assiérai** à côté de vous.
acquérir	acquerr-	Vous **acquerrez** beaucoup d'expérience.

PRESENT	FUTURE	
il y a	**il y aura**	**Il y aura** une tempête.
il pleut	**il pleuvra**	Est-ce qu'**il pleuvra** ce week-end?
il faut	**il faudra**	**Il faudra** que tu prennes ton imperméable.
il vaut mieux	**il vaudra mieux**	**Il vaudra mieux** que vous restiez chez vous.

⇨ Verbs conjugated like the above verbs in the present tense have similar
future stems.

refaire	**refer-**	Nous **referons** cet exercice.
s'apercevoir	**s'apercevr-**	Vous **vous apercevrez** de votre erreur.
obtenir	**obtiendr-**	Quand **obtiendras**-tu ton diplôme?

C'est si bon que vous voudrez rester à bord.

AIR CANADA

A c t i v i t é 4 **Rêves ou réalités?**

Il est permis de rêver. . . Dites si vous réaliserez un jour les rêves suivants.

➡ être millionnaire? **Oui, un jour je serai millionnaire!**
(Non, je ne serai jamais millionnaire!)

1. être un écrivain (*writer*) célèbre?
2. avoir des petits-enfants?
3. faire le tour du monde?
4. savoir piloter un avion?
5. voir Paris?
6. aller à Pékin?
7. courir un marathon?
8. recevoir une invitation à la Maison Blanche?
9. devenir sénateur?
10. obtenir le prix Nobel?
11. pouvoir changer le charbon (*coal*) en or (*gold*)?
12. acquérir un appartement à Monaco?

WRITTEN **A c t i v i t é 5** **Oui ou non?**

Lisez ce que les gens viennent de faire et dites si oui ou non ils feront les choses entre parenthèses.

➡ Je viens de boire un bon café. (avoir sommeil?) **Je n'aurai pas sommeil.**

1. Suzanne vient de s'inscrire à un club de sport. (faire du sport régulièrement? être en bonne santé? savoir mieux jouer au tennis?)
2. Vous venez d'étudier. (être prêts pour l'examen? savoir les réponses? recevoir une bonne note?)
3. Zut! Je viens de rater mon examen du permis de conduire (*driver's test*)! (obtenir mon permis? pouvoir conduire? devoir passer l'examen encore une fois?)
4. Nous venons d'inviter des amis à dîner chez nous. (aller au supermarché? faire les courses? aller au restaurant ce soir?)
5. Ces étudiants viennent de partir pour la France. (voir Paris? pouvoir parler français? revenir chez eux avec des merveilleux souvenirs de vacances?)
6. Tu viens de te casser la jambe. (aller à l'hôpital? avoir un plâtre [*cast*]? vouloir danser ce soir?)
7. Nicole vient d'apprendre le mariage de sa cousine qui habite en Australie. (aller au mariage? envoyer un télégramme de félicitations? faire un cadeau?)
8. Monsieur Simon vient d'être arrêté par la police pour excès de vitesse (*speeding*). (avoir une contravention [*ticket*]? être plus prudent? aller moins vite la prochaine fois?)
9. On vient d'annoncer une tempête pour le week-end. (il pleut? il vaut mieux rester chez soi? il faut laisser les fenêtres ouvertes?)

Activité 6   **L'art de la communication**

Dans le monde moderne, il est important de communiquer ses idées ou ses instructions d'une façon claire et précise. Lisez les situations suivantes et jouez le rôle des personnes indiquées. Pour cela, composez un petit paragraphe de 5 à 7 phrases en utilisant le futur. (Si vous voulez, vous pouvez utiliser les verbes entre parenthèses dans des phrases affirmatives ou négatives.)

1. Madame Dupuis, chef des relations publiques d'une firme française, n'est pas une personne très ordonnée *(orderly)*. Elle vient d'engager une nouvelle secrétaire pour mettre de l'ordre dans son bureau. Le premier jour, Madame Dupuis donne ses instructions à sa secrétaire.

   (ranger / nettoyer / classer [*to file*] / jeter / mettre / se débarrasser de / mettre de l'ordre dans / écrire / téléphoner / taper à la machine)

2. Josette et Pierre Durand ont deux enfants (Béatrice, 7 ans, et Jean-Claude, 3 ans). Ce soir, ils ont décidé de sortir. Ils ont engagé les services d'une jeune «baby-sitter». Quand celle-ci *(she)* arrive, Josette Durand lui donne ses instructions.

   (préparer / donner à manger / laver / donner un bain / jouer / lire / mettre au lit / ranger / éteindre / faire attention à / partir / rentrer)

3. Annette Mathieu travaille comme guide pour une agence de tourisme. Son travail consiste à accompagner des groupes de touristes dans Paris et de leur montrer certains aspects intéressants de la ville. Ce matin, Annette doit accompagner un groupe de touristes japonais. Elle leur explique le programme de la journée.

   (partir / aller / faire / visiter / voir / apercevoir / monter / descendre / s'arrêter / prendre / déjeuner / revenir)

4. Monsieur X travaille pour le service de renseignements *(CIA)*. Il veut obtenir des informations sur un laboratoire secret, construit par un pays ennemi. Avant d'envoyer son meilleur agent en mission, il lui donne ses instructions.

   (aller / partir / prendre / chercher / observer / voir / découvrir / rencontrer / parler / téléphoner / obtenir / faire attention à / se souvenir de)

5. Adèle Montfort est candidate aux élections municipales d'une petite ville de 50.000 habitants qui sont généralement conservateurs. Adèle a des idées libérales. Elle présente son programme dans une réunion électorale.

   (bâtir / construire / changer / dépenser / augmenter / réduire / laisser / se débarrasser / obliger / encourager / remplacer / commencer / employer / combattre / gagner)

C. L'usage du futur dans les phrases avec *si*

The sentences below express future possibilities. They describe what *will happen if* a certain condition is met. Each sentence contains two clauses:

- a si-*clause* (*if*-clause), which states the condition;
- a *main clause* (result clause), which expresses the possible outcome.

Note the sequence of tenses in these sentences.

Si le bus n'**arrive** pas, nous **prendrons** un taxi.	*If the bus **does** not **come**, we **will take** a taxi.*
Anne **ira** au Mexique si elle **a** assez d'argent.	*Anne **will go** to Mexico if she **has** enough money.*
S'il **a** le temps, Pierre nous **rendra** visite.	*If he **has** the time, Pierre **will pay** us a visit.*

In sentences where the **si**-clause expresses a supposition about the future, the sequence of tenses is:

SI-CLAUSE	MAIN (OR RESULT) CLAUSE
present	future

⇨ **Si** becomes **s'** only before **il** and **ils.** (There is no elision with **elle, elles, on,** or with a word beginning with a vowel sound.)

⇨ The **si**-clause may come before or after the main clause. It is placed at the end of the sentence for emphasis.

OPTIONAL **A remarquer**

In similar constructions, English may use the future in both the *if*-clause and the result clause. In French, the **si**-clause must be expressed in the present.

Si tu m'**aides**, nous **finirons** plus vite.

{ *If you **help** me, we **will finish** faster.*
{ *If you **will help** me, we **will finish** faster.*

Activité 7 **C'est évident**

Nos projets dépendent souvent de notre attitude ou de notre condition physique. Exprimez cela pour les personnes de la colonne A. Pour cela, utilisez la construction **si** + **être** + les expressions de la colonne B, et le futur des verbes de la colonne C. (Attention! Ces verbes peuvent être affirmatifs ou négatifs.) Soyez logique!

A	B	C
Hélène	malade	se reposer
Pierre et André	fatigué	se coucher
moi	en forme	jouer au tennis
toi	de bonne humeur	inviter des amis
ma cousine	de mauvaise humeur	rester à la maison
nous	inspiré	dîner dans un restaurant
vous	fauché (*broke*)	sortir avec des amis
	prudent	écrire un poème
		faire une promenade
		prendre des risques
		conduire vite
		courir un dix mille mètres

⇨ **Si vous êtes prudent, vous ne prendrez pas de risques!**

Activité 8 **Conditions**

Il y a souvent des conditions à ce que l'on veut faire. Dites ce que feront les personnes suivantes si certaines conditions sont réalisées. Attention! Ces conditions peuvent être affirmatives ou négatives.

⇨ moi (sortir / être malade)
 Je sortirai si je ne suis pas malade.

1. Madame Martin (voyager / avoir son passeport)
2. Monsieur Rémi (aller en Chine / obtenir un visa)
3. les étudiants (recevoir un «A» / rater l'examen)
4. vous (pouvoir voter / avoir 18 ans)
5. toi (réussir / avoir peur du danger)
6. nous (avoir des amis / être égoïstes)
7. ma cousine (être architecte / obtenir son diplôme)
8. toi (savoir faire du ski / avoir peur de tomber)
9. moi (s'asseoir à la table d'honneur / y être invité)
10. vous (se souvenir de mon adresse / l'écrire dans un carnet)

A c t i v i t é 9 Possibilités

On a prédit les choses suivantes. Dites ce que feront (ou ne feront pas)
les personnes entre parenthèses dans ces circonstances.

⇨ Il fera beau cet après-midi. (moi: prendre mon imperméable?)
S'il fait beau cet après-midi, je ne prendrai pas mon imperméable.

1. Il pleuvra ce week-end. (nous: sortir? moi: faire une promenade? vous: rester chez vous?)
2. Les transports publics seront en grève (*strike*) la semaine prochaine. (nous: aller à pied à l'école? Madame Durand: prendre un taxi pour aller à son bureau? vous: prendre le bus?)
3. Il y aura une tempête de neige demain. (les magasins: fermer? la circulation [*traffic*]: être paralysée? les automobilistes: devoir être prudents?)
4. Il y aura une nouvelle crise de l'énergie. (l'essence: coûter moins cher? l'inflation: diminuer? les entreprises: connaître [*to experience*] de graves difficultés?)
5. La situation économique s'améliorera. (les entreprises: investir? le chômage [*unemployment*]: augmenter? les gens: avoir plus d'argent? tout le monde: être plus heureux?)
6. L'inflation continuera. (tout: coûter plus cher? les employés: demander des augmentations de salaire? moi: faire des économies?)

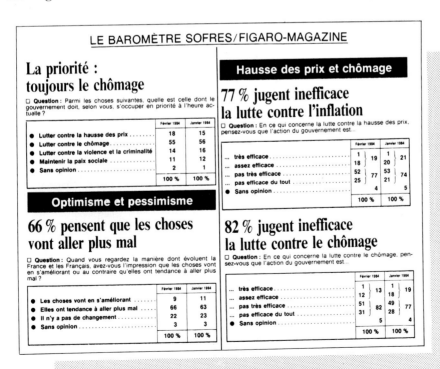

D. L'usage du futur après *quand*

Read carefully the pairs of sentences below. The first sentence describes a situation that exists in the *present*. The second sentence describes a situation that will occur in the *future*. Compare the use of tenses.

Quand André **a** de l'argent,
il **s'achète** des vêtements.
Quand il **aura** beaucoup d'argent,
il **s'achètera** une voiture.

*When André **has** money,*
*he **buys** clothes.*
*When he **has** a lot of money,*
*he **will buy** himself a car.*

Quand je **suis** chez moi,
je ne **parle** pas français.
Quand je **serai** en France,
je **parlerai** français.

*When I **am** at home,*
*I **don't speak** French.*
*When I **am** in France,*
*I **will speak** French.*

When referring to a future situation or event, the French use the future tense in both the *when*-clause (**quand**-clause) and the main clause. The pattern is:

QUAND-CLAUSE	MAIN CLAUSE
future	future

⇨ The future is also used after **quand** when the verb of the main clause is in the *near future* (**aller** + *infinitive*) or when it is in the *imperative* and a future event is implied.

Quand je **serai** à Paris, je **vais** vous **rendre** visite.
Quand vous **serez** à Paris, **rendez**-moi visite!

⇨ The **quand**-clause may come at the beginning or at the end of the sentence. It comes at the end for emphasis.

Nous sortirons **quand** il fera beau.

⇨ In sentences of this type, the future is also used after the conjunctions **lorsque** (*when*), **dès que** (*as soon as*), **aussitôt que** (*as soon as*), **tant que** (*as long as*).

Lorsque j'**aurai** mon passeport,
je **partirai**.
J'**écrirai** à Alain
dès que j'**aurai** son adresse.
Nous vous **téléphonerons**
aussitôt que nous **serons** à Nice.
Tant qu'il **pleuvra**,
nous **resterons** à la maison.

*When I **have** my passport,*
*I **will leave**.*
*I **will write** to Alain*
*as soon as I **have** his address.*
*We **will phone** you*
*as soon as we **are** in Nice.*
*As long as it **rains**,*
*we **will stay** home.*

Vocabulaire

Quelques conjonctions de temps

quand	*when*		aussitôt que	*as soon as*
lorsque	*when*		dès que	*as soon as*
			tant que	*as long as*

WRITTEN **Activité 10**   **Projets de voyage**

Les étudiants de la colonne A ont décidé de voyager cet été. Décrivez
leurs projets de voyage. Pour cela, utilisez la construction **quand** + le
futur d'**aller** avec l'un des endroits de la colonne B, et le futur d'un des
verbes de la colonne C. Soyez logique et respectez la géographie!

A	**B**	**C**
moi	au Mexique	parler français
vous	en Grèce	parler espagnol
Nicole et Monique	en Egypte	aller à la plage tous les jours
nous	à la Martinique	faire de la planche à voile
mes cousins	sur la Côte d'Azur	faire une croisière (*cruise*) sur la
toi	(*French Riviera*)	Méditerranée
		faire une promenade à dos de chameau
		(*camel*)
		voir Athènes
		visiter les ruines aztèques
		prendre des photos des Pyramides

➩ **Quand j'irai au Mexique, je parlerai espagnol.**

Activité 11 S'il te plaît

Imaginez que vous avez un(e) ami(e) français(e) qui habite avec votre famille. Dites-lui de faire certaines choses à un certain moment. Pour cela, utilisez l'impératif et la construction **quand** + *futur*.

➡ être prudent(e) / conduire ma voiture
Sois prudent(e) quand tu conduiras ma voiture.

1. faire attention / traverser *(to cross)* la rue
2. éteindre la télévision / sortir
3. rester calme / passer l'examen du permis de conduire *(driver's test)*
4. fermer la porte à clé *(to lock the door)* / quitter l'appartement
5. acheter le journal / aller en ville
6. rendre ce livre / passer à la bibliothèque
7. me rendre mes disques / retourner en France
8. m'écrire / être chez toi

WRITTEN Activité 12 **La bonne occasion**

Il y a toujours un moment opportun pour faire certaines choses. Exprimez cela en disant ce que feront les personnes suivantes quand l'occasion se présentera.

➡ Madame Mercier (acheter des tomates / dès que / elles sont meilleur marché)
Madame Mercier achètera des tomates dès qu'elles seront meilleur marché.

1. Nicole (acheter ces robes / lorsque / elles sont en solde [*on sale*])
2. toi (demander la voiture à ton père / quand / il est de bonne humeur)
3. vous (aller en France / dès que / le prix du voyage est moins élevé)
4. nous (prendre des photos / aussitôt que / la lumière [*light*] est meilleure)
5. les employés (demander une augmentation [*raise*] / lorsque / la compagnie fait des bénéfices importants [*big profits*])
6. moi (mettre mon argent à la banque / dès que / les taux [*rates*] d'intérêt sont plus élevés)
7. toi (demander de l'argent à tes parents / quand / ils reviennent de la banque)
8. Roméo (grimper [*to climb*] au balcon / aussitôt que / Juliette ouvre la fenêtre)
9. les souris *(mice)* (danser / tant que / le chat n'est plus là)
10. les prisonniers (s'échapper / aussitôt que / le gardien ne regarde pas)

BANQUE NATIONALE DE PARIS

Entre nous

En France

Les personnes suivantes vont passer quelque temps en France. Imaginez leur séjour (comment voyageront-elles? où resteront-elles? que feront-elles? où iront-elles?) Pour chaque personne, composez un paragraphe de 5 à 7 phrases en utilisant le futur et votre imagination.

1. Nous sommes étudiants. Nous n'avons pas beaucoup d'argent. Avant de partir, nous avons acheté un Eurail-Pass.
2. Monsieur Martin est vice-président d'une compagnie qui fabrique des micro-ordinateurs. Il vient en France pour ouvrir une filiale *(branch)*.
3. Irène prépare un diplôme d'architecture. Elle s'intéresse à la restauration des maisons anciennes.
4. Je suis étudiant. Je voudrais prendre contact avec des étudiants français pour organiser un club d'échange avec mon école.
5. Madame Simon est acheteuse en chef pour une chaîne de grands magasins spécialisés dans les produits de luxe. Elle voudrait augmenter ses ventes *(sales)* de produits importés.

A votre tour

Complétez les phrases suivantes avec une réflexion personnelle.

1. Si je veux gagner de l'argent cet été. . .
2. Si je ne trouve pas de travail. . .
3. Si un jour je suis très riche. . .
4. Quand j'aurai mon diplôme. . .
5. Quand j'aurai 25 ans. . .
6. Je serai vraiment indépendant(e) lorsque. . .
7. Je serai totalement heureux (heureuse) quand. . .
8. J'achèterai une maison dès que. . .
9. Je cesserai de travailler aussitôt que. . .
10. Je resterai célibataire tant que. . .

Leçon 22 Le conditionnel

A. Le conditionnel présent

The conditional is a *mood* that has a present and a past tense. In the following sentences, the verbs in heavy print are in the *present conditional*.

Nous **voyagerions** si nous avions le temps.
J'**aimerais** visiter Genève.

*We **would travel** if we had the time.*
*I **would like** to visit Geneva.*

Forms

The *present conditional* is a *simple* tense. It consists of one word. Note the forms of the present conditional of the regular verb **parler** and the irregular verbs **prendre** and **aller**.

INFINITIVE		parler	prendre	aller	ENDINGS
FUTURE	je (j')	parlerai	prendrai	irai	
PRESENT CONDITIONAL	je (j')	parlerais	prendrais	irais	-ais
	tu	parlerais	prendrais	irais	-ais
	il/elle/on	parlerait	prendrait	irait	-ait
	nous	parlerions	prendrions	irions	-ions
	vous	parleriez	prendriez	iriez	-iez
	ils/elles	parleraient	prendraient	iraient	-aient

The present conditional is formed as follows:

> future stem + imparfait endings

▷ For most verbs, the future stem is the infinitive (minus the final **e**, if any). (Review the verbs with irregular future stems in Leçon 21, page 350.)

▷ The interrogative and negative forms of the present conditional are formed according to the same patterns as for other simple tenses.
— **Achèteriez-vous** une voiture de sport?
— Non, je **n'achèterais pas** de voiture de sport.

Uses

In general, the present conditional is used to express what would happen (if a certain condition were met).

(Si on était en vacances. . .)
  Je **serais** à la plage.
  Mes amis **voyageraient**.
  Personne n'**étudierait**.

(*If we were on vacation. . .*)
  *I **would be** on the beach.*
  *My friends **would travel**.*
  *Nobody **would be** studying.*

➡️ The present conditional of verbs like **aimer, vouloir, pouvoir, devoir, il faut,** and **il vaut mieux** may be used instead of the present indicative to express a wish or request in a more polite manner.

Je veux te parler.
Je **voudrais** te parler.
J'**aimerais** te parler.

I want to talk to you.
*I **would like** to talk to you.*

Peux-tu me prêter ton auto?
Pourrais-tu me prêter ton auto?

Can you lend me your car?
***Could** you lend me your car?*

Vous devez faire attention.
Vous **devriez** faire attention.

You must pay attention.
*You **should** (**ought to**) pay attention.*

Il faut que tu sois prudent.
Il **faudrait** que tu sois prudent.

You must be careful.
*You **should** be careful.*

OPTIONAL **A remarquer**

Note also the following expressions:

Je serais heureux de vous inviter à dîner.
Auriez-vous l'amabilité de venir?

*I **would be happy** to invite you to have dinner.*
***Would you be kind enough** to come?*

A c t i v i t é 1 **Projets en l'air** This exercise practices verbs with regular conditional stems.

Des étudiants se rencontrent à la cafétéria. Pendant le déjeuner ils discutent de ce qu'ils feraient s'ils n'étaient pas étudiants. Exprimez le choix de chacun en utilisant le conditionnel des verbes entre parenthèses.

⇨ François (écrire un roman)
François écrirait un roman.

1. nous (voyager; visiter l'Egypte; naviguer [*to sail*] sur le Nil)
2. toi (te reposer; te lever tard; te coucher tôt)
3. vous (apprendre à jouer de la guitare; jouer dans un orchestre de jazz)
4. moi (choisir une existence simple; vivre à la campagne; travailler dans une ferme)
5. Jean-Luc (visiter l'Orient; découvrir la civilisation indienne; décrire ses aventures dans un roman)
6. Thomas et Charles (apprendre à faire la cuisine; ouvrir un restaurant; préparer les spécialités de la région)
7. Mélanie (suivre des cours d'art dramatique; fonder une troupe théâtrale; jouer des pièces d'Ionesco)
8. mes cousines (s'intéresser à la politique; travailler pour la paix; combattre l'injustice)
9. nous (travailler dans un hôpital comme volontaire; aider les gens; servir notre communauté)
10. vous (vous inscrire dans un club écologiste; militer pour le respect de la nature; prendre position contre l'énergie nucléaire)

Eugène Ionesco (1912–): a French playwright of Romanian origin; a member of the Académie française.

une fleur
une plante
un arbre
ça embellit la vie

Activité 2   **A vous le choix**

Imaginez que vous avez le choix entre les choses suivantes. Indiquez
votre choix en utilisant le conditionnel.

⇨ aller au cinéma ou à un concert?
  Si j'avais le choix, j'irais au cinéma (à un concert).

1. être un(e) grand(e) artiste ou un(e) grand(e) savant *(scientist)*?
2. être avocat(e) ou médecin?
3. avoir beaucoup de responsabilités ou beaucoup de temps libre?
4. avoir un yacht ou un château en France?
5. faire un voyage en ballon ou en planeur *(glider)*?
6. faire une promenade à cheval ou à dos de chameau *(camel)*?
7. aller au cirque ou à la fête foraine *(carnival)*?
8. aller à un concert de jazz ou à une conférence sur la para-psychologie?
9. savoir piloter un avion ou programmer un ordinateur?
10. recevoir des compliments ou des cadeaux?
11. recevoir un Oscar ou le prix Nobel de littérature?
12. voir un film de science-fiction ou un drame psychologique?
13. voir Paris ou Rome?
14. devenir riche ou célèbre?

Activité 3   **Un peu de politesse**

On peut exprimer ses requêtes d'une manière directe mais brusque. On
peut aussi les exprimer avec politesse. Choisissez la seconde solution.
Pour cela, transformez les phrases suivantes en utilisant le conditionnel.

⇨ Je veux vous parler.
  Je voudrais vous parler.

1. Je veux parler à votre directeur.
2. Nous voulons exprimer notre opinion.
3. Est-ce que tu peux m'aider?
4. Pouvez-vous me prêter votre voiture?
5. Il faut que vous me téléphoniez.
6. Il faut que votre secrétaire m'envoie cette lettre.
7. Vous devez réfléchir à ma proposition.
8. Il vaut mieux que vous preniez une décision maintenant.

B. L'usage du conditionnel dans les phrases avec *si*

The following sentences state what would happen if a certain condition were met. Here, the *if*-clause (si-clause) expresses a situation contrary to fact or reality. Note the sequence of tenses.

Si j'étais riche,
  je **voyagerais**.
	If I were *rich (. . .and I am not),*
	  *I **would travel**.*

Vous réussiriez à vos examens
  si vous **travailliez** plus!
	*You **would pass** your exams
	  if you **were studying** more (. . .for now
	  you are not studying enough)!*

In sentences where **si** introduces a condition that has not yet been met or that is contrary to fact, the sequence of tenses is:

SI-CLAUSE	MAIN (OR RESULT) CLAUSE
imparfait	present conditional

▷ Note that the *conditional* is always used in the main clause, and <u>never</u> in the si-clause.

Si tu **dormais** davantage. . .	$\begin{cases} \textit{If you \textbf{would sleep} more. . .} \\ \textit{If you \textbf{were to sleep} more. . .} \\ \textit{If you \textbf{slept} more. . .} \end{cases}$
tu ne **serais** pas toujours fatigué.	*you **wouldn't** always **be** tired.*

▷ A similar construction is used with **même si** *(even if)*.

Nous **serions** heureux
  même si nous n'**avions** pas d'argent.
	*We **would be** happy
	  even if we **didn't have** any money.*

▷ Note that the condition may be expressed by a phrase rather than by a si-clause.

A votre place,
  je **ferais** un effort.
Avec plus d'argent,
  Sophie **achèterait** une chaîne-stéréo.
	In your place *(= if I were you),*
	  *I **would make** an effort.*
	With more money *(= if she had more
	  money), Sophie **would buy** a stereo.*

A c t i v i t é 4   **Rêves**

Rêver ne coûte rien. . . Expliquez le rêve des personnes de la colonne A
en utilisant les éléments des colonnes B et C. Les verbes de la colonne C
peuvent être affirmatifs ou négatifs. Soyez logique!

A	**B**	**C**
Hélène	multi-millionnaire	mourir
moi	invisible	savoir tout
vous	immortel	protéger les innocents
nous	hyper-intelligent	voler *(to fly)* comme un oiseau
mes amis	extra-lucide	se préoccuper de l'avenir
Monsieur Rivière	*(clairvoyant)*	voyager dans l'espace
ces étudiants	Superman	vivre dans un château
Madame Mercier	Robin des Bois	combattre les méchants *(bad people)*
	(Robin Hood)	passer à travers *(through)* les murs
		avoir besoin d'argent
		connaître le présent, le passé et l'avenir
		entrer sans sonner *(without ringing)*
		comprendre la théorie de la relativité

⇨ **Si j'étais immortel, je ne me préoccuperais pas de l'avenir.**

A c t i v i t é 5   **Vive la différence!**

Marc et Hélène ne sont jamais d'accord sur ce qu'ils veulent faire. Lisez
ce que Marc dit à Hélène. Jouez le rôle d'Hélène en disant ce qu'elle
ferait à la place de Marc.

⇨   Marc: Si j'ai de l'argent, j'achèterai une auto. (une moto)
  Hélène: Eh bien, moi, si j'avais de l'argent, j'achèterais une moto.

1. Si je suis riche un jour, j'achèterai un appartement à Paris. (une villa
   sur la Côte d'Azur)

La Côte d'Azur, or French Riviera, is known for its pleasant weather and popular beaches.

2. Si je vais à Paris, je resterai à l'hôtel. (chez des amis)
3. Si je vais au cinéma, je verrai une comédie musicale. (un film de
   science-fiction)
4. Si je ne travaille pas ce week-end, j'irai au cinéma. (à la campagne)
5. Si je veux gagner de l'argent, je travaillerai dans un restaurant.
   (dans une agence de voyages)
6. Si j'ai faim, je mangerai un sandwich. (une crêpe)
7. Si ma cousine se marie, je lui enverrai une lettre de félicitations.
   (un télégramme)

Activité 6 **La réalité et le rêve**

Les personnes suivantes font certaines choses mais préféreraient faire autre chose. Décrivez ce qu'elles feraient si elles ne faisaient pas ce qu'elles font.

⇨ Paul est étudiant. (faire du théâtre)
   Si Paul n'était pas étudiant, il ferait du théâtre.

1. Nous sommes étudiants. (voyager)
2. Vous préparez l'examen. (aller au café)
3. Madame Mercier travaille. (se reposer)
4. Monsieur Simon est au régime. (boire de la bière)
5. J'étudie. (sortir avec mes amis)
6. Ma soeur est à l'université. (travailler dans une agence de publicité)
7. Nous finissons ce travail. (faire une promenade en voiture)
8. Tu dois attendre tes parents. (voir le match de football)
9. Je suis fauché *(broke)*. (m'acheter une voiture de sport)

Activité 7 **Décisions**

Supposez que vous ayez la possibilité de faire les choses suivantes. Que feriez-vous?

⇨ visiter un pays étranger?
   Si je visitais un pays étranger, je visiterais le Japon (la Chine, la France. . .).

1. acheter une voiture?
2. habiter dans une autre ville?
3. faire un nouveau sport?
4. apprendre une autre langue que le français?
5. voir un film ce week-end?
6. dîner dans un bon restaurant?
7. inviter quelqu'un à dîner?
8. faire la connaissance d'une personne célèbre?
9. être une autre personne?

GROUP
WRITTEN Activité 8 **Oui ou non?**

Dites comment les gens réagiraient dans les circonstances suivantes. Pour cela, utilisez les verbes entre parenthèses dans des phrases affirmatives ou négatives.

⇨ Tu es alerte. Qu'est-ce que tu ferais si tu voyais un accident? (téléphoner à la police?)
   Oui, tu téléphonerais à la police si tu voyais un accident.

1. Nous sommes des gens calmes. Que ferions-nous s'il y avait un incendie *(fire)* dans notre hôtel? (nous énerver? attendre l'arrivée des pompiers [*firefighters*]? sauter par [*to jump out*] la fenêtre?)

2. Notre professeur est une personne intelligente et cultivée. Qu'est-ce qu'il ferait s'il allait en France? (aller au théâtre? visiter des musées? voir des opéras?)

3. Vous êtes une personne généreuse mais prudente. Que feriez-vous si un inconnu vous demandait de l'argent dans la rue? (lui donner cent dollars? lui donner un dollar? refuser de lui parler?)

4. Demain j'ai un examen important. Qu'est-ce que je ferais si j'avais une forte migraine? (aller au lit? prendre de l'aspirine? boire du café? continuer à étudier?)

5. Nathalie est une jeune fille élégante et raffinée. Qu'est-ce qu'elle ferait si elle était invitée à un grand gala? (aller chez le coiffeur? porter des blue-jeans? mettre une robe élégante? se maquiller?)

6. Madame Martin est une personne honnête et sensée (*sensible*). Qu'est-ce qu'elle ferait si elle avait besoin d'argent? (acheter des billets de loterie? attaquer une banque? chercher du travail?)

7. Vous êtes très timide. Qu'est-ce que vous feriez si vous voyiez des extra-terrestres? (avoir peur? parler avec eux? prendre des photos? vous cacher derrière un arbre? courir très vite?)

8. Madame Boutron est la présidente d'une compagnie textile. Qu'est-ce qu'elle ferait si sa compagnie était en difficulté? (augmenter son salaire? réduire les salaires de ses employés? contrôler les dépenses? vendre ses machines? demander une subvention [*subsidy*] au gouvernement?)

A c t i v i t é 9 **Et vous?**

Dites ce que vous feriez dans les conditions suivantes. Si possible, faites deux phrases, l'une affirmative, l'autre négative.

⇨ gagner à la loterie?
Si je gagnais à la loterie, j'achèterais une voiture.
Je ne changerais pas mes habitudes.

1. recevoir un héritage (*inheritance*) important?
2. avoir une dispute sérieuse avec mon meilleur ami/ma meilleure amie?
3. aller en Europe?
4. devoir passer un an en France?
5. se casser le bras?
6. voir un ours (*bear*) dans la forêt?
7. voir un fantôme (*ghost*)?
8. être invité(e) à la Maison Blanche?

C. L'usage du conditionnel dans le discours indirect

In French, as in English, a statement may be made directly.

> Paul est au Portugal.

The same statement may be reported *indirectly* by using a *declarative verb* (such as **dire, déclarer, écrire, annoncer, savoir, croire,** etc.).

> Paul écrit qu'il est au Portugal.

In the sentences below, the declarative verbs introduce a future event. Note the use of tenses.

On **annonce**
   qu'il **fera** beau ce week-end.
	*They **are announcing**
	   that it **will be** nice weather this weekend.*

On **a annoncé**
   qu'il **ferait** beau le week-end
   dernier.
	*They **announced**
	   that it **would be** nice weather last weekend.*

Maintenant Pauline **dit**
   qu'elle **viendra** demain.
	*Now Pauline **says**
	   that she **will come** tomorrow.*

Hier elle **avait dit**
   qu'elle **viendrait** aujourd'hui.
	*Yesterday she **had said**
	   that she **would come** today.*

After a declarative verb, future events are expressed according to the following tense sequence:

DECLARATIVE VERB	FUTURE EVENT
present	future
past (imparfait, passé composé, plus-que-parfait, etc.)	present conditional

OPTIONAL **A remarquer**

The future and the present conditional may be used after the verbs **savoir si** and **demander si.** Note that in such cases, **si** *(whether, if)* introduces a question, and not a condition.

Je ne **sais** pas **si**
   Alain **viendra** avec nous.
	Je ne **savais** pas **si**
	   Alain **viendrait** avec nous.

Activité 10 Promesses

Les personnes suivantes ont promis certaines choses. Exprimez ces promesses en utilisant le passé composé de **dire**.

⇨ les étudiants (étudier)
  Les étudiants ont dit qu'ils étudieraient.

1. le professeur (donner un examen facile)
2. le Président (réduire les impôts [*taxes*])
3. la banque (nous envoyer un chèque)
4. mes parents (m'offrir un micro-ordinateur)
5. toi (m'aider à peindre ma chambre)
6. moi (faire des progrès en français)
7. mon cousin (venir me chercher à l'aéroport)
8. Janine et Robert (se marier en décembre)

Activité 11 L'optimisme paie

Notre succès dépend souvent de notre optimisme. Dites que les personnes suivantes savaient que leurs projets réussiraient. Pour cela, mettez le premier verbe à l'imparfait et le second au conditionnel.

⇨ Marie Curie (savoir / découvrir le radium)
  Marie Curie savait qu'elle découvrirait le radium.

1. Christophe Colomb (être persuadé / découvrir un nouveau continent)
2. Jeanne d'Arc (déclarer / libérer la France)
3. Lindbergh (savoir / traverser l'Atlantique)
4. les Américains (penser / gagner la guerre contre le Japon)
5. Martin Luther King (espérer / son rêve se réaliser)
6. Gandhi (être sûr / son pays être indépendant)
7. les frères Wright (être convaincus / leur merveilleuse machine voler [*to fly*] dans les airs)
8. les parents de Mozart (penser / leur fils devenir un grand compositeur)

Entre nous

Contextes

Les phrases suivantes font partie de différentes conversations. Imaginez le contexte de ces conversations dans un petit paragraphe.

➡ «A ta place, je n'hésiterais pas.»

Marie-Jeanne est étudiante. Elle a l'intention de rester chez elle ce week-end pour étudier. Samedi matin elle reçoit un coup de téléphone de Jacques, un jeune homme qu'elle a rencontré récemment et qu'elle trouve très sympathique. Jacques lui dit qu'il vient d'acheter une voiture de sport et il l'invite à faire une promenade à la campagne avec lui. Marie-Jeanne hésite et demande conseil à sa camarade de chambre (roommate).

1. «Si j'étais toi, je ne ferais pas cela!»
2. «Qu'est-ce que tu ferais si tu étais à ma place?»
3. «Pourriez-vous m'aider?»
4. «Ah, si j'avais votre âge. . .»
5. «Vous devriez prendre une décision!»
6. «Moi, je refuserais!»
7. «Eh dites donc! Vous pourriez faire attention!»
8. «Pourtant, je t'avais dit que ce ne serait pas possible!»
9. «Je savais bien qu'ils ne seraient pas d'accord.»

Situations

Parfois nous nous trouvons dans des situations ambivalentes ou problématiques. Lisez les situations suivantes et dites comment vous réagiriez si vous étiez à la place des personnes indiquées. Pour cela, composez un petit paragraphe de 5 à 7 phrases où vous utiliserez le conditionnel. . .et votre imagination.

1. Pour impressionner Stéphanie, sa nouvelle petite amie, Raphaël a invité celle-ci (her) dans un grand restaurant. Au moment de payer, Raphaël s'aperçoit qu'il a oublié son portefeuille (wallet).

   Si j'étais Raphaël. . .

2. Brigitte écrit une lettre de félicitations à Nathalie qui vient de se marier et une lettre de condoléances à Martine qui vient de perdre sa mère. Par mégarde (mistake), Brigitte se trompe d'enveloppe et envoie la lettre de félicitations à Martine et la lettre de condoléances à Nathalie.

   Si j'étais Brigitte. . .

3. A l'aéroport, Jacqueline a pris par erreur une valise qui ne lui appartient pas. En ouvrant cette valise, elle découvre un million de dollars. . .et un revolver.

   Si j'étais Jacqueline. . .

4. Raymond Ledoux a invité son patron à dîner. L'invitation est prévue *(planned)* pour samedi soir. Vendredi vers huit heures, alors qu'il est en train de regarder la télé avec sa femme, Raymond Ledoux entend la sonnette *(doorbell)*. Il ouvre la porte. . .à son patron qui évidemment s'est trompé de date.

> Si j'étais Raymond Ledoux. . .

5. Marie-Jeanne a emprunté la voiture de Claire pour le week-end. Au moment de rendre la voiture à son amie, Marie-Jeanne remarque une éraflure *(dent)* fraîche. Elle n'arrive pas à se souvenir si l'éraflure était là quand elle a emprunté la voiture.

> Si j'étais Marie-Jeanne. . .

6. Denis a le rôle principal dans la pièce donnée par son école en fin d'année. Il connaît son rôle par coeur, mais le jour de la représentation il a un énorme trou *(lapse)* de mémoire.

> Si j'étais Denis. . .

A votre tour

Voici plusieurs professions. Décrivez ce que vous feriez si vous exerciez l'une de ces professions.

⇨ journaliste

> Si j'étais journaliste, je me spécialiserais dans les problèmes de politique internationale. J'essaierais de rester objectif. Evidemment, je voyagerais beaucoup. Je. . .

1. médecin
2. architecte
3. avocat(e)
4. photographe
5. acteur/actrice
6. homme/femme
7. ingénieur
8. ? (une autre profession de votre choix)

Ingénieur de recherche débutant

CECA S.A., filiale de l'un des plus importants groupes pétroliers français, intervient dans des secteurs industriels aussi divers que le forage, la production pétrolière, l'industrie alimentaire et chimique...

Nous nous situons parmi les leaders internationaux dans la chimie de spécialités avec plus de 65 % de notre C.A. à l'étranger.

Dans le cadre de notre constante expansion, nous souhaitons rencontrer un ingénieur de recherche débutant.

Vous êtes jeune diplômé de l'ENSIC, INSCIR, IGC ou UTC et possédez une solide formation en génie chimique.

Nous vous proposons, dans un premier temps, d'effectuer des mises au point de procédés.

Nous offrirons, à terme, à un candidat de valeur, un poste d'ingénieur de fabrication dans l'une de nos usines de province.

Merci d'adresser lettre manuscrite, C.V. et photo à CECA S.A. - 11, avenue Morane-Saulnier - 78140 VELIZY.

CECA SA
CHIMIE DE SPECIALITES

Leçon 23

UNITÉ 5

Deux temps composés: le futur antérieur et le conditionnel passé

A. Révision: Le plus-que-parfait

The verbs in the following sentences are in the **plus-que-parfait.**

Nous **avions rencontré** nos amis.	*We **had met** our friends.*
Nous **étions sortis** avec eux.	*We **had gone out** with them.*
Nous **nous étions amusés.**	*We **had enjoyed** ourselves.*

Review the forms of the **plus-que-parfait** in Leçon 4, page 118.

In general, the **plus-que-parfait** is used to describe a past event that took place before another past event.

L'été dernier, nous sommes allés en France.
L'été d'avant, nous **étions allés** en Espagne.

⇨ The **plus-que-parfait** is sometimes used after **si** to express a wish about the past.

Ah, **si** j'**avais gagné** à la loterie. . .	*If (only) I **had won** the lottery. . .*
Si seulement vous **aviez écouté** nos conseils!	*If only you **had listened** to our advice!*
Si je n'**avais** pas **eu** tant de travail!	*If (only) I **had** not **had** so much work!*

Activité 1 Trop tard

Les personnes suivantes ont fait certaines choses, mais elles auraient préféré faire autre chose. Exprimez leurs regrets.

⇨ Mes parents ont acheté une voiture confortable. (économique)
Ah, s'ils avaient acheté une voiture économique!

1. Henri a acheté une voiture. (une moto)
2. Nous avons travaillé pour une banque. (une agence de voyages)
3. Vous avez appris le russe. (le français)
4. Mes grands-parents ont visité la Belgique. (la France)
5. Tu es allé à Lisbonne. (Paris)
6. Jacqueline est sortie avec son cousin. (un étudiant français)
7. Nous sommes restés dans un hôtel de luxe. (un petit hôtel pittoresque et bon marché)
8. Je suis allé au cinéma. (à un concert de rock)
9. Monsieur Durand s'est acheté une machine à écrire. (une machine de traitement de texte [*word processor*])
10. Vous vous êtes promenés en ville. (sur la plage)
11. André s'est assis à côté de Paul. (Nathalie)
12. Tu t'es arrêté dans ce restaurant ultra-chic et ultra-cher. (ce petit café sympathique)

DÉJEUNERS D'AFFAIRES
DINERS AUX CHANDELLES
SALONS PARTICULIERS

Relais Louis XIII

8, RUE DES GRANDS-AUGUSTINS
75006 PARIS — TÉL. : 326 75-96

PARKING PUBLIC
27, rue Mazarine

DANS UNE AMBIANCE D'ÉPOQUE PRESTIGIEUSE ET CONFORTABLE

B. Le futur antérieur

In the sentences below, the verb is in the future perfect.

Dans deux ans, Sylvie **aura quitté** l'université.	*In two years, Sylvie **will have left** college.*
Ses amis **auront obtenu** leur diplôme aussi.	*Her friends **will have received** their diplomas also.*
Ma soeur **se sera mariée.**	*My sister **will have gotten married.***

Forms

The *future perfect* is a *compound* tense. Note the future perfect forms of **parler**, **partir**, and **s'amuser**.

INFINITIVE	parler	partir	s'amuser
FUTURE PERFECT	j'aurai parlé tu auras parlé il aura parlé elle aura parlé nous aurons parlé vous aurez parlé ils auront parlé elles auront parlé	je serai parti(e) tu seras parti(e) il sera parti elle sera partie nous serons parti(e)s vous serez parti(e)(s) ils seront partis elles seront parties	je me serai amusé(e) tu te seras amusé(e) il se sera amusé elle se sera amusée nous nous serons amusé(e)s vous vous serez amusé(e)(s) ils se seront amusés elles se seront amusées

The future perfect is formed according to the pattern:

> future of **avoir** or **être** + past participle

INTERROGATIVE FORMS

Est-ce qu'il aura parlé? ⎱
Aura-t-il parlé? ⎰

Est-ce qu'elle se sera amusée? ⎱
Se sera-t-elle amusée? ⎰

NEGATIVE FORMS

Il n'aura pas parlé.

Elle ne se sera pas amusée.

⇨ In the future perfect, the agreement rules of the past participle are the same as for any other compound tense.

Je n'ai pas fini mes devoirs. Je **les** aurai finis dans une heure.

Uses

In general, the future perfect is used to describe a future event that will have taken place before another future event.

Compare the use of the future and the future perfect in the sentences below.

Nous **partirons** bientôt.	*We **will leave** soon.*
Dans deux heures nous **serons partis**.	*In two hours we **will have left**.*
Les médecins **découvriront** une cure contre le cancer dans quelques années.	*Doctors **will discover** a cure for cancer in a few years.*
Ils **auront découvert** cette cure avant l'an 2000.	*They **will have discovered** this cure before the year 2000.*

⇨ The future perfect can be used after **quand** (**lorsque, dès que, aussitôt que**) when the future event it describes takes place *before* the future event of the main clause. (Note that in sentences of this type, English would use the present perfect rather than the future perfect.)

Quand j'**aurai lu** ce livre, je te le prêterai.	***When I have read** this book, I will lend it to you.*
Paul écrira à ses parents **aussitôt qu'**il **sera arrivé** à Paris.	*Paul will write to his parents **as soon as** he **has arrived** in Paris.*
Téléphone-moi **dès que** tu **auras fini** ton travail.	*Phone me **as soon as** you **have finished** your work.*

Also after **tant que** *(as long as)* introducing a negative clause.

OPTIONAL *A remarquer*   Monsieur Lombard s'inquiétera **tant que** sa fille **ne sera pas rentrée**.

The future perfect is sometimes used in an independent clause to express a *supposition* concerning something that may have happened.

Jacques n'est pas là.	*Jacques is not here.*
	⎰*He **may have forgotten** our date!*
Il **aura oublié** notre rendez-vous!	⎨*He **must have forgotten** our date!*
	⎱*He **probably forgot** our date!*

A c t i v i t é 2   Oui ou non?

Dites si oui ou non vous aurez fait les choses suivantes avant l'époque indiquée.

⇨ ce soir à six heures (dîner?)   **Ce soir à six heures, j'aurai dîné.**
(Ce soir à six heures, je n'aurai pas dîné.)

1. ce soir à dix heures (préparer mes classes de demain?)
2. demain à sept heures (me réveiller?)
3. à la fin de l'année (finir ce livre?)
4. dans deux ans (terminer mes études?)
5. dans cinq ans (me marier?)
6. à l'âge de 30 ans (écrire mon premier roman?)
7. à l'âge de 40 ans (obtenir le prix Nobel?)
8. à l'âge de 50 ans (devenir millionnaire?)

Activité 3 L'an 2000

Tout est possible, mais dans un certain temps. Dites si oui ou non les personnes suivantes auront réalisé les objectifs entre parenthèses en l'an 2000.

⇨ moi (célébrer mon 30ème anniversaire?)
Oui, j'aurai célébré mon trentième anniversaire.
(Non, je n'aurai pas célébré mon trentième anniversaire.)

1. les savants (*scientists*) (créer une intelligence artificielle?)
2. les Américains (négocier un traité de non-agression avec les Russes?)
3. le gouvernement (supprimer l'inflation? trouver une solution au problème du chômage [*unemployment*]? éliminer les sources de pollution?)
4. les médecins (trouver une cure contre les maladies de coeur? découvrir un vaccin contre la grippe? éliminer le cancer?)
5. nous (apprendre à parler parfaitement français? passer une année en France?)
6. notre professeur (obtenir un prix littéraire? prendre sa retraite [*to retire*]? quitter cette école?)
7. mes parents (gagner à la loterie? devenir millionnaires? acheter un château en France?)

N⁰ 004560

AMBOISE
A conserver par le visiteur pour
être présenté à toute réquisition

2 Fr. 50

WRITTEN Activité 4 Une question de priorité

Les personnes suivantes feront la première chose entre parenthèses d'abord. Puis, quand elles auront fini, elles feront la deuxième. Exprimez cela, d'après le modèle.

⇨ nous (terminer nos études / chercher du travail)
Quand nous aurons terminé nos études, nous chercherons du travail.

1. Anne (comprendre le problème / l'expliquer à Paul)
2. moi (lire ce roman / le prêter à mon cousin)
3. le critique de cinéma (voir ce film / écrire un article)
4. ces candidats (être élus / faire des réformes)
5. nous (économiser assez d'argent / faire un voyage)
6. vous (obtenir votre passeport / partir)
7. Jacques (arriver à Paris / envoyer un télégramme à sa fiancée)
8. André et Jacqueline (se marier / acheter une maison)
9. ces gens (s'apercevoir de leur erreur / s'excuser)
10. les touristes (arriver au sommet de la tour Eiffel / découvrir un panorama magnifique)

Activité 5 S'il te plaît

Demandez à un ami de faire certaines choses pour vous dès que possible.
Utilisez l'impératif et la construction **dès que** + *futur antérieur*.

⇨ tu m'envoies l'adresse de Jacques / tu la reçois
Envoie-moi l'adresse de Jacques dès que tu l'auras reçue.

1. tu me téléphones / tu achètes nos billets de cinéma
2. tu me réponds / tu reçois ma lettre
3. tu m'envoies des photos / tu les développes
4. tu me prêtes ce livre / tu le finis
5. tu m'expliques cette question / tu la comprends
6. tu me rends mon livre / tu le lis
7. tu me téléphones / le professeur annonce la date de l'examen
8. tu m'écris / tes amis arrivent à Paris

WRITTEN ## Activité 6 **Tout en son temps**

La réalisation de certaines choses nécessite souvent la réalisation préalable
(prior) d'autres choses. Exprimez cela, d'après le modèle.

⇨ (les supporteurs / célébrer la victoire) quand (l'équipe / gagner)
Les supporteurs célébreront la victoire quand l'équipe aura gagné.

1. (Monsieur Thomas / acheter une maison) lorsque (son patron / lui
   donner une augmentation)
2. (nous / dîner) quand (les invités / arriver)
3. (moi / partir en vacances) dès que (le mécanicien / réparer ma voiture)
4. (les passagers / descendre) dès que (le bus / s'arrêter)
5. (Madame Rémi / fermer le magasin) lorsque (le dernier client / partir)
6. (les journalistes / poser des questions) aussitôt que (le président / finir
   son discours)
7. (vous / pouvoir fumer) quand (le capitaine / enlever [*to turn off*] le signal)
8. (les souris [*mice*] / danser) aussitôt que (le chat / partir)

C. Le conditionnel passé

In the following sentences, the verb is in the *past conditional*.

J'**aurais été** content de vous voir.	*I would have been happy to see you.*
Nous **serions sortis** ensemble.	*We would have gone out together.*
Vous **vous seriez amusés**.	*You would have had fun.*

Forms

The *past conditional* is a *compound* tense. Note the past conditional forms of **parler**, **partir**, and **s'amuser**.

INFINITIVE		parler	partir		s'amuser
PAST CONDITIONAL	je (j') aurais	parlé	serais	parti(e)	me serais amusé(e)
	tu aurais	parlé	serais	parti(e)	te serais amusé(e)
	il aurait	parlé	serait	parti	se serait amusé
	elle aurait	parlé	serait	partie	se serait amusée
	nous aurions	parlé	serions	parti(e)s	nous serions amusé(e)s
	vous auriez	parlé	seriez	parti(e)(s)	vous seriez amusé(e)(s)
	ils auraient	parlé	seraient	partis	se seraient amusés
	elles auraient	parlé	seraient	parties	se seraient amusées

The past conditional is formed according to the following pattern:

> present conditional of **avoir** or **être** + past participle

INTERROGATIVE FORMS

Est-ce qu'il aurait parlé?
Aurait-il parlé?

NEGATIVE FORMS

Non, il n'aurait pas parlé.

Est-ce qu'elle se serait amusée?
Se serait-elle amusée?

Non, elle ne se serait pas amusée.

⇨ In the past conditional, the agreement rules of the past participle are the same as for any other compound tense.

Tu n'as pas invité Denise.   A ta place, je l'aurais invitée.

⇨ Note the forms and meanings of the past conditional of **vouloir**, **pouvoir**, **devoir**, and **il faut**.

J'**aurais voulu** sortir avec vous! ⎰ *I would have liked to go out with you!*
⎱ *I wish I had gone out with you!*

Vous **auriez pu** m'écrire! — *You could have written to me!*

Tu **aurais dû** dire la vérité! — *You should (ought to) have told the truth!*

Il **aurait fallu** que vous insistiez! — *You should have insisted!*

Uses

The past conditional is used to describe what would have happened if certain conditions had been met. Note the use of this tense in the sentences below.

Si vous aviez étudié,
   vous **auriez réussi.**

If you had studied,
   you would have been successful.

Si tu avais fait attention,
   cet accident ne **serait** pas **arrivé.**

If you had been careful,
   that accident wouldn't have happened.

Si j'avais su,
   je ne t'**aurais** pas **prêté** ma moto.

If I had known (better),
   I wouldn't have lent you my motorcycle.

Contrary-to-fact sentences that refer to the past are usually formed according to the pattern:

SI-CLAUSE	MAIN (OR RESULT) CLAUSE
plus-que-parfait	past conditional

⇨ The past conditional occurs only in the result clause. It is never used in the si-clause, as in English. Compare:

Si tu **avais écouté,**
   tu aurais compris.

*If you **would have listened** (if you **had listened**), you would have understood.*

⇨ A similar construction is used with **même si** (*even if*).

Même si j'**avais eu** le temps, je ne **serais** pas **allé** voir ce film.

*Even if I **had had** the time, I wouldn't have gone to see that movie.*

⇨ The underlying condition may be expressed by a phrase other than a si-clause. Note the phrases in heavy type in the sentences below.

Avec plus d'argent, nous aurions acheté une voiture plus confortable.

***With more money,** we would have bought a more comfortable car.*

A votre place, je n'aurais pas fait cela.

***(If I were) in your place,** I wouldn't have done that.*

OPTIONAL *A remarquer*

The past conditional is also used after a declarative verb in the past to describe a future event preceding another one.

Je pensais que
   tu **aurais téléphoné** avant de venir.

I thought (that)
   *you **would have phoned** before coming.*

Activité 7 L'incendie (The fire)

André habite à Paris au deuxième étage d'un immeuble. Hier il y a eu un incendie dans cet immeuble. Voici ce qu'André a fait. Dites si oui ou non vous auriez fait les mêmes choses dans les mêmes conditions.

⇨ téléphoner à la police   **Moi aussi, j'aurais téléphoné à la police.**
(Moi, je n'aurais pas téléphoné à la police.)

1. appeler les pompiers (firefighters)
2. fermer les fenêtres
3. prendre ses notes de français
4. laisser son argent dans un tiroir (drawer)
5. ouvrir la porte
6. sortir de son appartement
7. aller chez le voisin
8. s'énerver
9. avoir peur
10. ouvrir la fenêtre
11. sauter (to jump)
12. se casser la jambe

Activité 8 Regrets

On regrette parfois ce qu'on fait. Lisez ce que les personnes suivantes ont fait et dites que si elles avaient su, elles n'auraient pas fait ces choses.

⇨ Tu t'es mis en colère.   **Si tu avais su, tu ne te serais pas mis en colère.**

1. J'ai dépensé tout mon argent.
2. Vous avez pris beaucoup de risques.
3. Tu t'es énervé pendant l'examen.
4. Nous avons laissé la porte ouverte.
5. Tu es arrivé en retard.
6. Les Indiens ont vendu Manhattan pour 24 dollars.
7. Anne Boleyn a épousé Henri VIII.
8. Ce millionnaire a pris le Titanic.
9. Napoléon est allé en Russie.
10. Les Japonais ont attaqué Pearl Harbor.

Anne Boleyn (1507–1536) was the second wife of Henry VIII and the mother of Queen Elizabeth the First. She was killed under the order of her husband.

In 1812, Napoléon, then at the summit of his glory, decided to invade Russia. His troops, however, were completely defeated.

Activité 9 Zut alors!

Lisez ce qui est arrivé aux personnes suivantes. Dites ce qu'elles auraient dû faire pour éviter ces problèmes. Pour cela, utilisez le conditionnel passé du verbe **devoir** et le verbe entre parenthèses dans une phrase affirmative ou négative.

⇨ Philippe a raté son examen. (étudier)   **Il aurait dû étudier.**

1. Nous avons raté l'avion. (se dépêcher)
2. Mes cousins ont eu un accident. (prendre des risques)
3. Tu as attrapé un rhume (cold). (ouvrir la fenêtre)
4. Vous vous êtes perdus. (acheter un plan de la ville)
5. Jacques s'est disputé avec sa fiancée. (rester calme)
6. Hélène a été mordue (bitten) par un chien. (se promener dans cette ferme)
7. Je me suis cassé la cheville (ankle) en skiant. (faire attention)
8. Tu as grossi pendant les vacances de Noël. (manger tant de chocolat)

Activité 10 **Tant pis (ou tant mieux)!**

Nous ne faisons pas toujours ce que nous devrions faire. Lisez ce que les personnes n'ont pas fait. Expliquez les conséquences agréables ou désagréables de leurs actions si elles avaient fait ces choses. Pour cela, utilisez le conditionnel passé des verbes entre parenthèses à la forme affirmative ou négative. Etudiez le modèle.

⟹ Tu n'as pas pris d'aspirine. (avoir mal à la tête?)
   Si tu avais pris de l'aspirine, tu n'aurais pas eu mal à la tête.

1. Vous n'avez pas étudié. (avoir une bonne note? rater l'examen? faire plaisir à vos professeurs?)
2. Tu n'as pas mis ta ceinture de sécurité (*seat belt*). (être blessé(e) à la tête? passer deux semaines à l'hôpital?)
3. Je ne suis pas allé(e) à la surprise-partie. (danser? rencontrer mes amis? m'amuser? m'ennuyer chez moi?)
4. Mes cousins n'ont pas appris le français. (passer des vacances intéressantes à Paris? rencontrer des Français? s'amuser?)
5. Le Petit Chaperon Rouge (*Little Red Riding Hood*) n'a pas écouté sa mère. (aller directement chez sa grand-mère? parler au loup [*wolf*]? avoir une fin tragique?)
6. Nous n'avons pas acheté la carte (*map*) de la région. (nous tromper de route? nous perdre? arriver à l'heure à notre destination? trouver ce petit restaurant? passer une soirée agréable ensemble?)
7. Jean-Philippe n'a pas fait attention. (voir l'obstacle? avoir un accident? tomber dans le ravin? se casser les côtes [*ribs*]? aller à l'hôpital? rencontrer une infirmière très sympathique? se marier avec elle?)
8. Tu n'as pas eu assez d'argent pour t'acheter un billet d'avion. (prendre le bus? prendre l'avion? périr dans l'accident d'avion?)

AIR FRANCE VACANCES
Des prix pour tout le monde.

Activité 11 **Expression personnelle**

Complétez les phrases suivantes en disant ce que vous auriez fait dans les circonstances suivantes. Utilisez un verbe au conditionnel passé et votre imagination.

1. S'il avait fait très beau le week-end dernier. . .
2. S'il y avait eu une panne d'électricité (*power failure*) hier soir. . .
3. Si j'étais allé(e) en France l'été dernier. . .
4. Si j'étais né(e) dans une famille très riche. . .
5. Si j'avais vécu au dix-neuvième siècle. . .
6. Si j'avais vécu au Moyen Age (*Middle Ages*). . .

D. Résumé: L'usage des temps avec *quand* et *si*

1. Review the sequence of tenses in sentences with **quand**.

to describe:	QUAND-CLAUSE	MAIN CLAUSE	
two present actions	present	present	**Quand** j'**étudie**, j'**écoute** de la musique.
		imperative	Ne me **téléphone** pas **quand** je **travaille**.
two future actions that are simultaneous (or nearly simultaneous)	future	future	**Quand** je **travaillerai**, je **gagnerai** de l'argent.
		imperative	**Téléphone**-moi **quand** tu **seras** à Paris.
two future actions, one of which occurs before the other	future perfect	future	**Quand** j'**aurai gagné** assez d'argent, j'**achèterai** une voiture.
		imperative	**Téléphone**-moi **quand** tu **seras arrivé** à ton hôtel.

⇨ The **quand**-clause may come before or after the main clause, depending on the emphasis it receives.

⇨ The same sequence of tenses is used with **lorsque**, **aussitôt que** and **dès que**, and **tant que**.

Tant que je n'**aurai** pas **reçu** ta **réponse**, je ne **prendrai** pas de decision.

As long as I have not received your answer, I will not make a decision.

⇨ In sentences with **quand** (and **lorsque**), the verb in the main clause may be in the future perfect if the action it describes occurred first. The verb of the **quand**-clause is then in the future.

Quand vous **partirez**, j'**aurai donné** ma réponse.

When you leave, I will have given my answer.

⇨ When a sentence is transformed from direct speech to *indirect speech* and when the declarative verb is in a *past* tense, the following changes occur:

future → present conditional	future perfect → past conditional

Compare:

Je **dis** que je **viendrai** quand je **pourrai**.
Il **dit** qu'il **téléphonera** dès qu'il **sera arrivé**.

J'**ai dit** que je **viendrais** quand je **pourrais**.
Il **a dit** qu'il **téléphonerait** dès qu'il **serait arrivé**.

2. Review the sequence of tenses in sentences with **si.**

to describe:	SI-CLAUSE	MAIN OR RESULT CLAUSE	
a possibility (concerning a future event)	present	future imperative	**Si** j'**étudie**, je **réussirai** à mon examen. **Si** tu **étudies** beaucoup, **prends** des vitamines!
a situation contrary to reality	imparfait	present conditional	**Si** j'**étudiais**, je **réussirais.**
a past situation contrary to reality	plus-que-parfait	past conditional	**Si** j'**avais étudié,** j'**aurais réussi.**

▷ The **si**-clause may come before or after the main clause, depending on the emphasis it receives.

▷ The same sequence of tenses is used with **même si** *(even if).*

Même si j'**avais** le temps,   *Even if I had the time,*
je n'**irais** pas au cinéma.   *I would not go to the movies.*

▷ In French, as in English, the above sequence of tenses may be modified to fit the sequence of facts or situations described.

SI-CLAUSE	MAIN OR RESULT CLAUSE	
imparfait	past conditional	**Si** j'**étais** égoïste, je ne t'**aurais** pas **prêté** ma voiture.
plus-que-parfait	present conditional	**Si** tu **avais déjeuné** à midi, tu n'**aurais** pas faim maintenant.

JEREMY IRONS   ORNELLA MUTI
ALAIN DELON

UN AMOUR DE SWANN
UN FILM DE *VOLKER SCHLÖNDORFF*

Activité 12 **Achats**

Complétez les phrases suivantes avec la forme du verbe **acheter** qui convient.

1. Si tu ____ une voiture de sport, qu'est-ce que ce serait?
2. Je préparerai les sandwichs dès que j'____ le pain et le jambon.
3. Si mes parents en ont vraiment besoin, ils ____ un micro-ordinateur.
4. Si nous ____ des billets, nous aurions pu aller au concert samedi dernier.
5. Si j'avais été à ta place, j'____ une voiture plus économique.
6. Quand Pierre ira en France, il ____ du parfum pour sa cousine.
7. Eh, Philippe, si tu vas en Suisse, ____-moi une boîte de ce fameux chocolat!
8. Quand vous ____ cette maison, vous devrez immédiatement signer un chèque de 10.000 dollars.
9. Lorsque tu ____ ta nouvelle bicyclette, demande au vendeur la carte de garantie.
10. Est-ce que vous ____ cette maison si vous aviez su que les dépenses de chauffage *(heating expenses)* étaient si élevées?
11. Quand on ____ une voiture d'occasion, on prend toujours des risques.
12. Si j'avais eu plus d'argent, j'____ un cadeau pour ma nièce.
13. Quand j'____ le journal, j'achèterai aussi des cartes postales.
14. Si Madame Bertrand ____ son réfrigérateur l'année dernière, elle l'aurait payé moins cher.
15. Même si Christine ____ des disques, elle ne me les prêterait pas!
16. Si ma cousine avait de l'argent, elle ____ une guitare.
17. Tu répareras ta radio aussitôt que tu ____ les pièces *(parts)* nécessaires.
18. Si nous vivions à la campagne, nous ____ du lait frais tous les jours.

Activité 13 **Expression personnelle**

Complétez les phrases suivantes avec une expression de votre choix.

1. J'irai en France lorsque. . .
2. Je chercherai du travail aussitôt que. . .
3. Si j'avais beaucoup d'argent, je. . .
4. Si c'était les vacances, je. . .
5. Si je n'étais pas étudiant(e), je. . .
6. Je serai complètement indépendant(e) quand. . .
7. Je serais parfaitement heureux (heureuse) si. . .
8. Si un jour je suis élu(e) président(e) des Etats-Unis, . . .
9. Le monde sera meilleur quand. . .
10. Si mes parents avaient été français, . . .
11. Si j'avais vécu au 18e siècle, . . .

Entre nous

Contextes

Les phrases suivantes font partie de différentes conversations. Imaginez le contexte de ces conversations dans un petit paragraphe.

⇨ «A ta place, je ne l'aurais pas achetée!»

Roland a acheté une voiture de sport d'occasion pour un très bon prix. Malheureusement, un mois après l'avoir achetée, il a dû acheter une nouvelle batterie et changer les pneus. Il constate aussi qu'il y a une fuite *(leak)* d'essence et que les freins ne marchent pas très bien. Il parle de ces problèmes à son ami Jean-Pierre qui est très calé *(talented)* en mécanique. Jean-Pierre examine la voiture et dit à Roland ce qu'il pense.

1. «A votre place, j'aurais dit la vérité.»
2. «Vous auriez dû prendre votre appareil-photo!»
3. «Si j'avais su, je n'aurais jamais accepté.»
4. «Je te promets de faire cela dès que je serai arrivé là-bas.»
5. «Ne sois pas triste! Tu l'auras vite oubliée!»
6. «Puisque *(Since)* tu es si malin *(clever),* qu'est-ce que tu aurais fait, toi?»
7. «Si j'avais pu, je l'aurais fait, mais. . .»
8. «Personne n'aurait cru cela et pourtant. . .»
9. «Je ne dis pas non. . . quand j'aurai économisé assez d'argent.»
10. «Retéléphonez quand vous aurez obtenu votre diplôme.»
11. «Nous nous déciderons dès que nous aurons examiné votre proposition.»
12. «Quand vous aurez enfin compris, il sera peut-être trop tard!»

Situations

Lisez ce qui est arrivé aux personnes suivantes. Dites ce que vous auriez fait (ou pas fait) dans les mêmes circonstances. Utilisez le conditionnel passé et votre imagination. Faites au moins deux phrases pour chaque situation.

⇨ Roland a vu des bandits qui s'échappaient d'une banque.

Si j'avais été à la place de Roland, j'aurais appelé la police.
Je n'aurais pas couru après les bandits. J'aurais noté le numéro de leur voiture.

1. Gilbert a eu un accident avec la nouvelle voiture de sport de son frère.
2. Catherine a trouvé mille dollars dans la rue.
3. Jean-Pierre a reçu un million de francs en héritage de sa grand-mère.
4. Sylvie a vu des lumières *(lights)* étranges dans une maison abandonnée.
5. Quand Marthe est rentrée chez elle hier soir, elle a vu des flammes qui s'échappaient d'une fenêtre.
6. Nathalie a acheté au Marché aux Puces *(Flea Market)* un tableau qui vaut *(is worth)* une fortune.
7. Les parents de Thomas sont en voyage. Hier Thomas est rentré du cinéma très tard. Il a voulu ouvrir la porte de son appartement mais il n'a pas trouvé les clés.
8. Jacques a vu une personne qui se noyait *(was drowning).* Jacques est assez bon nageur mais il ne connaît pas les techniques de sauvetage *(lifesaving).*

Leçon 24 Le passif

A. La construction passive

In an *active* construction, the subject performs the action. In a *passive* construction, the subject is the recipient of the action that is performed by a named or unnamed agent. Compare the two constructions:

ACTIVE	Le congrès **vote** les lois.	*Congress **votes** the laws.*
PASSIVE	Les lois **sont votées** par le congrès.	*The laws **are voted** by Congress.*
ACTIVE	Shakespeare **a écrit** «Hamlet».	*Shakespeare **wrote** "Hamlet."*
PASSIVE	«Hamlet» **a été écrit** par Shakespeare.	*"Hamlet" **was written** by Shakespeare.*

Form

The passive construction is formed according to the following pattern:

> subject + **être** + past participle (+ **par** + agent)

Sometimes **de** may be used instead of **par** when the verb expresses an on-going situation.
Il est admiré **de** tous.

➯ In such constructions, the verb **être** can be in any tense (present, **imparfait, passé composé**...) or any mood (indicative, conditional, subjunctive).

Ma voiture **est** réparée
Ma voiture **a été** réparée
Ma voiture **sera** réparée ⎫ par ce mécanicien.
Je pensais que ma voiture **serait** réparée
Je suis content que ma voiture **soit** réparée

➯ Questions and negative sentences are formed by using the interrogative and negative forms of **être.**

Es-tu compris par tes amis?	*Are you understood by your friends?*
Non, je **ne suis pas** toujours **compris.**	*No, I am not always understood.*
Les bandits **ont-ils été arrêtés?**	*Have the bandits been arrested?*
Non, ils **n'ont pas été arrêtés.**	*No, they have not been arrested.*

➯ The past participle of the passive verb agrees with the subject of the sentence.

Uses

The passive construction is used mainly:

- to describe situations in which there is no clear agent

Ma soeur **a été blessée** dans un accident d'auto.	*My sister **was injured** in a car accident. (No specific person injured her.)*
Ces terrains **ont été inondés.**	*These lands **were flooded.** (No one person was responsible.)*
Paris **a été fondé** il y a 2.000 ans.	*Paris **was founded** 2000 years ago. (There is no specific person who founded the city.)*
Notre existence **va être transformée.**	*Our lives **are going to be transformed.** (Who knows how and by whom. . .)*

- to focus on the subject, rather than the agent

Aïe! **J'ai été piqué** par une abeille.	*Ouch! I **have been stung** by a bee. (The focus is on the victim, me, rather than on the agent, the bee.)*
Cette maison **a été détruite** par un incendie.	*This house **was destroyed** by a fire. (The focus is on the house, not the fire.)*
La pénicilline **a été découverte** par Fleming.	*Penicillin **was discovered** by Fleming. (Here again we are interested in the discovery rather than the discoverer.)*

OPTIONAL *A remarquer*

A distinction can be made between true passive constructions and false passive constructions.

- A *true passive* construction describes an *action* (that is, has been, or will be in progress).
- A *false passive* construction describes the *result* of an action. The past participle functions as an adjective.

Compare:

TRUE PASSIVE: ONGOING ACTION	FALSE PASSIVE: RESULT OF ACTION
La fenêtre **est ouverte** par le vent. *The window **is opened** by the wind.*	La fenêtre **est ouverte.** *The window **is open** (and not closed).*
Ma voiture **est réparée** par un excellent mécanicien. *My car **is being fixed** by an excellent mechanic.*	Ma voiture **est réparée.** *My car **is fixed** (and now runs again).*

Whereas false passive constructions are very frequent in French, true passive constructions tend to be avoided. (See Structure B.)

Activité 1 Oui ou non?

Décrivez ce qui arrive aux personnes ou aux choses suivantes. Pour cela, faites des phrases affirmatives ou négatives en utilisant la construction passive avec les verbes entre parenthèses. Soyez logique!

⇨ le pain / le boucher (vendre?)
Le pain n'est pas vendu par le boucher.

1. les bons étudiants / le professeur (encourager? féliciter? punir?)
2. cette grande championne / son public (applaudir? saluer? critiquer?)
3. ces documents secrets / l'espion (*spy*) (photographier? copier? oublier dans l'avion?)
4. la constitution / les citoyens (*citizens*) (voter? respecter? approuver?)
5. les criminels / la police (poursuivre? arrêter? mettre en prison?)
6. cette lettre confidentielle / l'employé indiscret (ouvrir? lire? signer?)
7. moi / mon meilleur ami (critiquer? inviter? conseiller?)
8. nous, les Américains / les Russes (admirer? menacer? imiter?)

Activité 2 Un peu d'histoire

Attribuez certains événements ou certaines créations à leurs auteurs. Respectez la vérité historique en faisant des phrases affirmatives ou négatives.

⇨ «la Cinquième symphonie» / composer / Beethoven?
«La Cinquième symphonie» a été composée par Beethoven.

1. «Don Juan» / composer / Mozart?   vrai (composé)
2. «Roméo et Juliette» / écrire / Shakespeare?   vrai (écrit)
3. la «Mona Lisa» / peindre / Michel-Ange?   faux: Léonard de Vinci
4. la pénicilline / découvrir / des chimistes russes?   faux: un anglais, Fleming
5. le téléphone / inventer / Thomas Edison?   faux: Alexander Graham Bell
6. Québec / fonder / des Français?   vrai
7. la Floride / explorer / des navigateurs espagnols?   vrai
8. l'Angleterre / occuper / des légions romaines?   vrai
9. Abraham Lincoln / assassiner / un acteur?   vrai
10. la statue de la Liberté / construire / un sculpteur français?   vrai

PETITS GUIDES DES GRANDS MUSEES

musée du louvre

Vocabulaire

Quelques mésaventures

attaquer	*to attack*
blesser	*to hurt, wound, injure*
cambrioler	*to burglarize*
casser	*to break*
chasser	*to chase*
empoisonner	*to poison*
mordre	*to bite*
piquer	*to sting*
poursuivre	*to pursue, chase*
renverser	*to knock down, spill; to run over*
voler	*to steal*

WRITTEN **A c t i v i t é 3** **Mésaventures**

Les personnes de la colonne A se rencontrent à l'hôpital. Expliquez leur mésaventure en utilisant les éléments des colonnes B et C. Soyez logique!

A	**B**	**C**
moi	attaquer	un chien
vous	blesser	un taureau *(bull)*
Catherine	chasser	une vipère *(poisonous snake)*
ces enfants	empoisonner	une guêpe *(wasp)*
nous	mordre	une moto
Marc	piquer	un rat
Monsieur Simon	renverser	des champignons vénéneux *(poisonous)*
mon frère	poursuivre	un camion *(truck)*

➯ **Ces enfants ont été mordus par un chien.**

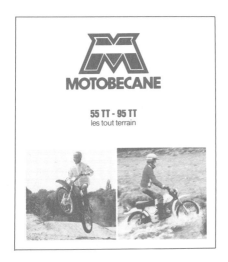

MOTOBECANE

55 TT - 95 TT
les tout terrain

B. Comment éviter le passif

The passive construction occurs much less frequently in French than in English. In the following cases, active constructions are generally preferred to passive constructions.

1. When an agent is explicitly named, this agent becomes the subject of the active construction. (Note that the subject of the passive construction becomes the direct object of the active construction.)

PASSIVE	→ ACTIVE
Notre maison est construite par **un architecte.**	**Un architecte** construit **notre maison.**
Cet opéra a été composé par **Mozart.**	**Mozart** a composé **cet opéra.**
Nous sommes influencés par **la mode.**	**La mode nous** influence.
J'ai été surpris par **votre décision.**	**Votre décision m'**a surpris.

2. When an agent is not named, but is known to be a person or group of people, the indefinite pronoun **on** becomes the subject of the active construction. (The subject of the passive construction becomes the direct object of the active construction.)

PASSIVE	→ ACTIVE
Le français est parlé à Montréal.	**On** parle **français** à Montréal.
Le malade est transporté à l'hôpital.	**On** transporte **le malade** à l'hôpital.
Notre voiture a été volée.	On a volé **notre voiture.**
Les bandits ont été arrêtés.	On a arrêté **les bandits.**

⇨ When the unnamed agent is not a person or group of people, a passive construction must be used.

Pendant la tempête, des arbres **ont été renversés.**

*During the storm, trees **were knocked down**. (The damage was created not by people, but by the wind.)*

3. Certain English passive constructions cannot be expressed by a parallel construction in French. This is the case with verbs that take an indirect object, such as **téléphoner à, répondre à, permettre à, promettre à, dire à, demander à, donner à, prêter à, envoyer à.**

In French, the indirect object of an active verb cannot become the subject of a passive construction. Instead, an active construction with **on** as the subject is used. Compare:

PASSIVE CONSTRUCTION IN ENGLISH   ACTIVE CONSTRUCTION IN FRENCH

subject + passive verb + rest of sentence	on + active verb + indirect object + rest of sentence

*My letter **was answered**.*   **On a répondu** à ma lettre.
*Paul **was telephoned** immediately.*   **On a téléphoné** à Paul immédiatement.

*We **are** not **allowed** to leave.*   **On** ne nous **permet** pas de partir.
*They **were promised** a raise.*   **On** leur **a promis** une augmentation.

⇨ Although the passive construction may be used in French with verbs taking a *direct object* (such as **laisser, inviter, prévenir**), an active construction with **on** as the subject is usually preferred.

*I **was invited** to the party.*   **On m'a invité** à la fête.
                                         (**J'ai été invité** à la fête.)

*Eric **had been warned** of the danger.*   **On avait averti Eric** du danger.
                                         (**Eric avait été averti** du danger.)

4. When the English passive construction refers to a habitual activity, French often uses a reflexive construction. Such reflexive constructions can be used only when the subject of the sentence is inanimate.

Cela ne **se fait** pas.   *That **is** not **done**.*
Cela ne **se dit** jamais.   *That **is** never **said**.*

Le champagne **se sert** frais.   *Champagne **is served** cool.*
Les tomates **se vendent** au kilo.   *Tomatoes **are sold** by the kilo.*

Champagne
Taittinger

Activité 4 **Le monde comme il est**

Répondez affirmativement ou négativement aux questions suivantes.
Utilisez des constructions actives avec un sujet spécifique.

⟹ Le président est respecté par le public?
Oui, le public respecte le président.
(Non, le public ne respecte pas le président.)

1. La limite de vitesse *(speed limit)* est respectée par les automobilistes?
2. La vérité est toujours dite par les média?
3. L'opinion est manipulée par la télévision?
4. Les rivières sont polluées par les industries?
5. Les hommes sont remplacés par les robots?
6. Les ressources naturelles sont protégées par le gouvernement?
7. Notre existence est facilitée par le progrès?
8. L'injustice est condamnée par tout le monde?

Activité 5 **Et demain?**

Dites comment vous voyez l'avenir. Pour cela, répondez aux questions
suivantes affirmativement ou négativement. Utilisez **on** et une construction
active.

⟹ L'inflation sera contrôlée?
Oui, on contrôlera l'inflation.
(Non, on ne contrôlera pas l'inflation.)

1. La constitution sera changée?
2. La pollution sera arrêtée?
3. De nouvelles sources d'énergie seront développées?
4. De nouvelles centrales nucléaires seront construites?
5. Une cure contre le cancer sera découverte?
6. Les robots seront utilisés dans les usines *(factories)*?
7. L'énergie solaire sera utilisée dans toutes les maisons?
8. Le français sera appris avec des micro-ordinateurs?

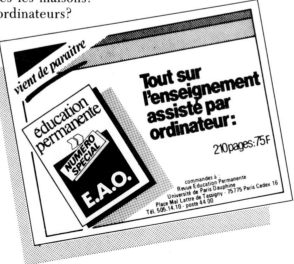

A c t i v i t é 6   **Réactions!**

Décrivez les événements suivants en utilisant **on** et une construction active. Ensuite faites un commentaire sur l'événement en utilisant l'expression entre parenthèses dans une phrase affirmative ou négative.

⇨ Les films violents ont été interdits à la télé. (juste?)
  On a interdit les films violents à la télé. C'est juste! (Ce n'est pas juste!)

1. L'usage des cigarettes a été interdit dans les hôpitaux. (normal?)
2. Un coeur artificiel a été inventé. (une invention importante?)
3. Deux dangereux bandits ont été arrêtés. (bien?)
4. La statue de la Liberté a été peinte en rouge. (un scandale?)
5. Un Martien a été observé à Central Park. (possible?)
6. Un trésor a été découvert dans mon jardin. (sensationnel?)
7. Ma bicyclette a été volée. (drôle?)
8. Notre école a été fermée à cause d'une tempête de neige. (tragique?)
9. Une semaine de vacances supplémentaires a été annoncée. (un désastre?)
10. Les réserves d'or de Fort Knox ont été cambriolées. (impossible?)

WRITTEN   A c t i v i t é 7   **Pourquoi?**

Décrivez les sentiments des personnes de la colonne A en utilisant les adjectifs de la colonne B. Expliquez leurs sentiments en utilisant **on** et les verbes de la colonne C dans une construction active. Vos phrases peuvent être affirmatives ou négatives. Soyez logique!

A	B	C
moi	content	dire la vérité
vous	heureux	envoyer des fleurs
nous	triste	faire des compliments
les employés	fier	faire des reproches
Sylvie	inquiet	écrire une lettre de félicitations
Madame Baron	furieux	rendre l'argent
		promettre une augmentation de salaire
		donner des responsabilités importantes

⇨ **Madame Baron est furieuse. On ne lui a pas dit la vérité.**

SAINT-VALENTIN

un bouquet signé
LACHAUME
10, RUE ROYALE

Activité 8 Comment?

Dites comment on fait les choses suivantes. Pour cela, remplacez la construction passive par une construction réflexive et l'une des expressions entre parenthèses.

▷ En été, le thé est servi souvent. . . (chaud ou froid?)
En été, le thé se sert souvent froid.

1. En France, le café est bu. . . (après ou pendant le déjeuner?) **après**
2. En France, le pain est mangé. . . (avec ou sans beurre?) **sans beurre**
3. En France, les cigarettes sont vendues. . . (au supermarché ou au bureau de tabac?) **au bureau de tabac**
4. A table, le couteau est mis. . . (à droite ou à gauche?)
5. Au passé composé, le verbe **aller** est conjugué. . . (avec **être** ou **avoir**?)
6. Le basketball est joué. . . (avec cinq ou sept joueurs?)
7. Aux jeux Olympiques, les distances sont calculées. . . (en yards ou en mètres?)
8. En général, les matchs de football sont disputés *(played)*. . . (en été ou en automne?)

Contextes

Les phrases suivantes font partie de différentes conversations. Imaginez le contexte de ces conversations dans un petit paragraphe.

➡ «On m'a convoquée *(asked me to come)* pour lundi prochain.»

Véronique vient de finir ses études. Maintenant elle cherche du travail. Elle a envoyé son curriculum vitae à plusieurs compagnies. Une des compagnies lui a téléphoné et lui a demandé de passer une entrevue professionnelle lundi.

1. «Pour un amoureux de la nature, il n'a pas de chance. Ce matin il a été piqué par une abeille *(bee)* et cet après-midi il a été poursuivi par un taureau *(bull)*.»
2. «Heureusement, je n'ai pas été blessée!»
3. «Malheureusement, on nous a dit que la maison avait été vendue.»
4. «Il faut absolument qu'elle soit réparée avant le week-end.»
5. «On m'avait promis du travail mais c'est un autre candidat qui a été choisi.»
6. «Imagine-toi! On m'a demandé mon autographe!»
7. «Est-ce qu'on vous a dit la vérité?»
8. «On l'a arrêté facilement. Il ne savait pas qu'il avait été filmé par une caméra secrète.»
9. «Comment est-ce que ça se mange?»
10. «Ça se voit seulement dans les westerns!»
11. «Autrefois, ça se faisait beaucoup, mais maintenant. . .»

A votre tour

1. Décrivez les changements qui ont eu lieu dans votre ville ou votre région dans les dix dernières années. Vous pouvez traiter les sujets suivants en utilisant les verbes suggérés dans des constructions passives à la forme affirmative ou négative.

   la pollution / la circulation / les transports en commun / l'industrie / le chômage / les quartiers anciens / les monuments / les conditions de vie / de nouvelles industries / des écoles / de nouveaux quartiers / de nouveaux magasins

   (contrôler, créer, développer, améliorer, réduire, supprimer [*to do away with*], ouvrir, fermer, construire, bâtir, restaurer, rénover, nettoyer)

2. Imaginez que vous travaillez comme reporter pour le journal de votre ville. Décrivez 5 ou 6 «faits divers» *(small news items)* qui ont eu lieu le week-end dernier en utilisant le passif.

➡ La banque Durand a été cambriolée. Les cambrioleurs ont été arrêtés par la police.

Leçon 25 Les constructions infinitives avec *faire* et les verbes de perception

A. La construction: *faire* + infinitif

In a causative construction, the subject does not perform the action, but has it performed by someone else. In English, there are two main causative constructions:

- to make/have someone (the actor or agent) do something
- to have something done

Both constructions are expressed in French by the construction:

> **faire** + infinitive

Note the use of this construction in the sentences below, paying attention to the position of the words in heavy print.

(to make/have someone do something)   . . .or to have something do something; i.e., the sun makes the flowers grow.

Mes amis rient.	Je fais rire **mes amis.**	*I make **my friends** laugh.*
Jacques étudie.	Le professeur fait étudier **Jacques.**	*The teacher makes (has) Jacques study.*

(to have something done)

Ma voiture est lavée.	Je fais laver **ma voiture.**	*I have **my car** washed.*
Votre maison est vendue.	Vous faites vendre **votre maison.**	*You have **your house** sold.*

The causative construction | **faire** + infinitive | constitutes a block that generally cannot be broken.

The actor or agent and/or the thing or persons acted upon are the objects of the construction | **faire** + infinitive |. As nouns, they come after the infinitive; as pronouns, they come before **faire,** according to the patterns:

| **faire** + infinitive | + noun object | pronoun object + | **faire** + infinitive |

Eric fait rire **Pauline.**	Il **la** fait rire. Il **me** fait rire aussi.
Le professeur fera étudier **les élèves.**	Il **les** fera étudier. Il **nous** fera étudier.
J'ai fait réparer **ma voiture.**	Je l'ai fait réparer.
Il faut que je fasse nettoyer **mes vêtements.**	Il faut que je **les** fasse nettoyer.

▷ In the construction **faire** + *infinitive*, the verb **faire** can be used in any tense (present, future, etc.) and any mood (indicative, subjunctive, etc.)

▷ In the negative, it is the verb **faire** that takes the negative expression.

Eric fait réparer sa montre.   Il **ne fait pas** réparer sa chaîne-stéréo.
J'ai fait laver mon pantalon.   Je **n'ai pas fait** laver mes chemises.

▷ In questions, it is the verb **faire** that takes the interrogative construction.

Tu fais nettoyer cette veste.   Où **fais-tu** nettoyer cette veste?
Vous avez fait laver votre auto.   **Avez-vous fait** laver votre auto?

▷ In an affirmative command, object pronouns come after **faire**.

Faites travailler **ces élèves**!   Faites-**les** travailler!
Fais nettoyer **cette veste**!   Fais-**la** nettoyer!

▷ In the **passé composé,** the past participle **fait** does *not* agree with a preceding direct object pronoun.

J'ai fait réparer mon vélo.   Je l'ai **fait** réparer.
J'ai fait réparer ma montre.   Je l'ai **fait** réparer.

Un bon conseil.

Faites vérifier votre tension artérielle.

La Fondation canadienne des maladies du coeur

A remarquer

(or person)

When both the actor and the thing acted upon are mentioned, the construction **faire** + *infinitive* has two objects according to the pattern:

| faire + infinitive | **quelque chose à quelqu'un** |

à may be replaced by **par**:
J'ai fait réparer ma voiture **par** ce mécanicien.

(Marc lit la lettre.)
Je **fais** lire **la lettre à Marc**.　　　　*I have Marc read the letter.*

(Le mécanicien répare l'auto.)
Je **fais** réparer **l'auto au mécanicien**.　*I have the mechanic fix the car.*

Note that in such constructions:
- The *actor* becomes the *indirect object*. It is replaced by an indirect object pronoun.
(or person)
- The *thing acted upon* becomes the *direct object*. It is replaced by a direct object pronoun.

Compare the following patterns:

ONE OBJECT

(Marc lit.)
Je fais lire Marc.
Je le fais lire.

(Les élèves étudient.)
Le professeur fait étudier les élèves.
Le professeur les fait étudier.

TWO OBJECTS

(Marc lit la lettre.)
Je fais lire la lettre à Marc.
Je lui fais lire la lettre.
Je la lui fais lire.

(Les élèves étudient la leçon.)
Le professeur fait étudier la leçon aux élèves.
Il leur fait étudier la leçon.
Il la leur fait etudier.

A c t i v i t é 1　Oui ou non?

Décrivez l'effet que les personnes ou les choses suivantes provoquent chez vous. Pour cela, utilisez la construction **me faire** + *infinitif* dans des phrases affirmatives ou négatives.

⇨ Woody Allen (rire?)
Woody Allen me fait rire. (Woody Allen ne me fait pas rire.)

1. mes professeurs (étudier? trembler? rire?)
2. le sport (maigrir? grossir? garder la forme?)
3. la cuisine de la cafétéria (maigrir? grossir? vomir?)
4. les films d'épouvante *(horror movies)* (rire? sourire? pleurer [*to cry*]? hurler [*to scream*]?)
5. les compliments (rougir? sourire? perdre la tête?)
6. l'avenir (rêver? réfléchir?)

398　Unité 5

A c t i v i t é 2 Causes et effets

Lisez ce que font les personnes ou les choses suivantes et dites sous quelle influence elles font cela. Utilisez la construction **faire + infinitif**.

⇨ Janine rit. (Paul)   **Paul fait rire Janine.**

1. Les élèves étudient. (le professeur)
2. Les enfants obéissent. (les parents)
3. Les enfants chantent. (le directeur de la chorale)
4. Les employés travaillent. (le patron)
5. Les touristes partent. (le mauvais temps)
6. Le criminel parle. (la police)
7. La société change. (les réformes)
8. Les usines (*factories*) ferment. (la crise économique)
9. Les plantes meurent. (le froid)
10. Le lapin (*rabbit*) disparaît. (le magicien)

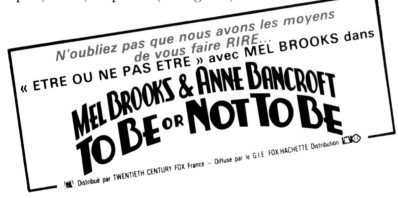

N'oubliez pas que nous avons les moyens de vous faire RIRE... « ETRE OU NE PAS ETRE » avec MEL BROOKS dans

MEL BROOKS & ANNE BANCROFT
TO BE or NOT TO BE

Distribué par TWENTIETH CENTURY FOX France – Diffuse par le G.I.E. FOX HACHETTE Distribution

A c t i v i t é 3 Les résidences secondaires (*Vacation homes*)

Les personnes suivantes ont acheté des résidences secondaires dans le sud de la France. Dites comment chacun fera transformer sa maison.

⇨ Madame Bernard: la cuisine sera transformée
Madame Bernard fera transformer la cuisine.

1. mes cousins: les serrures (*locks*) seront changées
2. Monsieur André: les fenêtres seront réparées
3. les jeunes mariés: la salle à manger sera décorée
4. Madame Richard: une piscine sera installée
5. vous: un garage pour votre Mercédès sera construit
6. moi: le toit (*roof*) sera remplacé
7. toi: les arbres seront coupés
8. nous: l'électricité sera mise
9. vous: une salle de bains sera installée
10. ma mère: des fleurs seront plantées
11. les voisins: les volets (*shutters*) seront peints

A c t i v i t é 4   **Tout change!**

Autrefois les personnes faisaient elles-mêmes certaines choses.
Maintenant elles les font faire. Exprimez cela en utilisant la construction
faire + *infinitif* et un pronom.

➡ Monsieur Lenoir réparait sa voiture.   **Maintenant il la fait réparer.**

1. Sylvie réparait sa chaîne-stéréo.   5. Vous nettoyiez le jardin.
2. Nous peignions notre maison.   6. Mes cousins tondaient (*mowed*) la pelouse (*lawn*).
3. Tu lavais tes chemises.   7. Monsieur Roland tapait ses lettres.
4. Je développais mes photos.   8. On lavait ses vêtements.

DIALOG A c t i v i t é 5   **Les joies de la propriété** (*ownership*)

Après un an de mariage, Pierre et Janine Lamarque ont acheté un
appartement. Malheureusement, il y a beaucoup de travaux à faire dans
cet appartement. Lisez les commentaires de Pierre et jouez le rôle de
Janine.

➡ Pierre: Le thermostat ne marche pas! (changer)
Janine: Il faut que nous le fassions changer.

1. La baignoire (*bathtub*) est vraiment archaïque! (changer)
2. Le chauffe-eau (*water heater*) ne fonctionne pas! (remplacer)
3. Les rideaux sont sales! (nettoyer)
4. Le sofa est usé (*worn*)! (recouvrir)
5. La cuisine est ancienne! (refaire)
6. Les chambres ne sont pas propres! (repeindre)
7. La sonnette (*doorbell*) ne marche pas! (réparer)

B. La construction: *se faire* + infinitif

The construction **se faire** + *infinitive* can be used to indicate that the
subject is having something done for himself or herself.

Compare the constructions:

Antoine **se coupe** les cheveux.   *Antoine **cuts his** (**own**) **hair**.*
Antoine **se fait couper** les cheveux.   *Antoine **is having** his hair **cut**.*

Marthe **se fait** une robe.   *Marthe **is making herself** a dress.*
Marthe **se fait faire** une robe.   *Marthe **is having** a dress **made** (**for herself**).*

➡ **Se faire** is a reflexive verb. In the **passé composé** and other compound
tenses, it is conjugated with **être**. Note that the past participle does *not*
agree with the reflexive pronoun.

Ma mère s'est **fait** faire un manteau.
Nous **nous** sommes **fait** conduire à la gare en taxi.

A c t i v i t é 6 En ville

Les personnes de la colonne A ont été en ville. Dites où chacune est allée et ce qu'elle s'est fait faire. Utilisez le passé composé de la construction **se faire** + *infinitif,* et soyez logique.

A	**B**	**C**
nous	à l'hôpital	photographier
toi	chez le dentiste	couper les cheveux
Monsieur Duroc	chez le coiffeur	faire un shampooing
mes amis	chez la voyante	vacciner contre la grippe
Anne et Sylvie	*(fortune teller)*	arracher *(to pull)* une dent
moi	chez le tailleur	prédire l'avenir
ma soeur	*(tailor)*	faire un costume/une robe
	chez le photographe	
	chez la couturière	
	(seamstress)	

⇨ **Je suis allé à l'hôpital. Je me suis fait vacciner contre la grippe.**

C. La construction: verbe de perception + infinitif

Verbs of perception (**voir, regarder, écouter, entendre**) are often followed by an infinitive construction.

In the sentences below, the nouns in heavy print are the *subjects* of the infinitive. Note the position of these nouns.

(Mélanie chante.)
J'écoute **Mélanie** chanter.⎫
J'écoute chanter **Mélanie.**⎭ *I listen to **Melanie** sing (singing).*

(Les enfants jouent.)
Je vois **les enfants** jouer.⎫
Je vois jouer **les enfants.**⎭ *I see **the children** play (playing).*

When the infinitive has a noun subject, this subject may come before *or* after the infinitive.

⇨ When the infinitive has both a noun subject and an object, the *noun subject* comes *before* the infinitive.

(Anne chante une chanson.)
J'écoute **Anne** chanter une chanson.   *I listen to **Anne** singing a song.*

(Les enfants jouent au ballon.)
Je regarde **les enfants** jouer au ballon.   *I watch **the children** play ball.*

When the construction *verb of perception + infinitive* is used in a compound tense, there is no agreement of the past participle.
   Je **les** ai **entendu** chanter.

⇨ Object pronouns come before the verb to which they are related. Note that the subject of the infinitive becomes the direct object of the verb of perception.

Je vois ⟦Pierre⟧ jouer.

Je ⟦le⟧ vois jouer.   *I see **him** play.*

J'entends ⟦Marthe⟧ jouer ⟦du piano⟧.

Je ⟦l'⟧entends ⟦en⟧ jouer.   *I hear **her** play (**it**).*

A c t i v i t é 7   **Le Carnaval**   The **Carnaval**, celebrated during **Mardi gras** *(Fat Tuesday)* is an occasion for many joyous activities (floats, parades, bands, street dancing).

Les personnes suivantes assistent au Carnaval de Fort-de-France. Dites ce que chacun voit ou entend.   Fort-de-France is the capital of the island of Martinique.

⇨ Les gens dansent. Henri regarde.
    Henri regarde les gens danser. (Henri regarde danser les gens.)

⇨ Les gens jettent des confetti. Henri regarde.
    Henri regarde les gens jeter des confetti.

1. Les orchestres jouent. Francine écoute.
2. Les chars fleuris *(floats)* passent. Nous regardons.
3. Un garçon lance un pétard *(firecracker)*. Je vois.
4. Le pétard explose. Vous entendez.
5. Les jeunes chantent des chansons créoles. Nous écoutons.
6. La Reine du Carnaval salue *(greets)* la foule. Tu vois.
7. L'effigie du Carnaval passe dans la rue. On regarde.
8. Les gens applaudissent. On peut entendre.
9. Les touristes prennent des photos. Nous voyons.

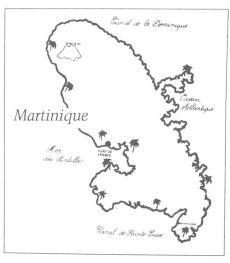

D. La construction: *laisser* + infinitif

Note the constructions used with **laisser** *(to let)* + *infinitive*.

NOUNS

(**Les enfants** partent.)
Nous laissons partir **les enfants.**⎫
Nous laissons **les enfants** partir.⎭

(**Les enfants** vont **au cirque**.)
Nous laissons **les enfants** aller **au cirque.**

PRONOUNS

(**Ils** partent.)
Nous **les** laissons partir.

(**Ils y** vont.)
Nous les laissons **y** aller.

The constructions with **laisser** + *infinitive* are similar to the constructions used with verbs of perception.

OPTIONAL   *A remarquer*

In a construction with **laisser**, the infinitive may have both a subject and a direct object.

(**Eric** prend **mes disques**.)   *(Eric takes my records.)*
Je laisse **Eric** prendre **mes disques.**   *I let Eric take my records.*

The noun subject can be replaced by either a direct or an indirect object pronoun. Compare these two constructions:

DIRECT OBJECT

Je laisse ⏥Eric⏥ lire ces livres. = Je laisse lire ces livres ⏥à Eric⏥.

Je ⏥le⏥ laisse lire ⏥ces livres⏥.

Je ⏥le⏥ laisse ⏥les⏥ lire.

INDIRECT OBJECT

Je ⏥lui⏥ laisse lire ⏥ces livres⏥.

Je ⏥les⏥ ⏥lui⏥ laisse lire.

A c t i v i t é 8 Oui ou non?

Lisez ce que les personnes suivantes veulent faire et dites si vous les laisseriez faire.

⇨ Un ami veut regarder votre album de photos.
   Je le laisserais regarder mon album de photos.
   (Je ne le laisserais pas regarder mon album de photos.)

1. Une amie veut écouter vos disques.
2. Vos voisins veulent utiliser votre tondeuse *(lawnmower)*.
3. Un enfant veut jouer avec des allumettes *(matches)*.
4. Quelqu'un veut copier sur vous pendant un examen.
5. Votre frère veut lire votre journal *(diary)*.
6. Un inconnu *(stranger)* veut entrer chez vous.

Entre nous

Contextes

Les phrases suivantes font partie de différentes conversations. Imaginez le contexte de ces conversations dans un petit paragraphe.

➭ «Eh bien, moi, ça ne me fait pas rire!»

C'est le premier avril. Quand Albert rentre chez lui, il découvre que quelqu'un a peint son bureau en bleu, une couleur qu'il déteste. Il ne trouve pas la plaisanterie *(joke)* très drôle.

1. «Ah, vraiment, vous me faites rire!»
2. «Qu'est-ce qui te fait rougir?»
3. «Oh là là, comme tu es drôle! Où est-ce que tu t'es fait couper les cheveux?»
4. «Excusez-moi de vous avoir fait attendre.»
5. «Elle s'est fait faire une robe pour l'occasion.»
6. «Eh bien, si tu ne peux pas faire ça toi-même, fais-la réparer.»
7. «Zut, alors! Maintenant il faut que je fasse nettoyer le tapis!»
8. «Ah, s'il vous plaît! Ne me faites pas perdre patience!»
9. «Il m'a fait comprendre qu'il fallait que je fasse renouveler mon permis de conduire.»
10. «Il faut tout faire refaire ici!»
11. «Je ne sais pas. Je ne les ai pas entendu partir.»
12. «Je ne suis pas complètement décidé. Laissez-moi réfléchir!»

Un Parfum qui fait rêver...

L'AIR DU TEMPS
Parfum de NINA RICCI

Situations

Lisez les situations suivantes et dites ce que les personnes font faire. Pour cela, utilisez la forme appropriée de la construction **faire** + *inf.* et votre imagination. Faites trois phrases pour chaque situation.

⇨ Christine va bientôt se marier.

Christine va se faire faire une robe de mariée.
Elle va faire mettre une annonce dans les journaux.
Elle va faire imprimer *(print)* des invitations.

1. Les Moreau ont pris leur retraite *(retirement)*. Ils ont acheté une vieille ferme qui avait besoin de réparations.
2. Mademoiselle Monteux est une jeune avocate qui réussit très bien dans sa profession. Elle vient d'acheter un appartement dans un quartier très chic de Paris. Malheureusement, l'appartement est assez ancien.
3. Caroline vient de finir ses études de commerce. Elle cherche du travail dans les relations publiques. Jeudi prochain elle a rendez-vous avec la directrice d'une agence de publicité très prestigieuse.
4. Monsieur Aron vient d'être promu *(promoted)* vice-président d'une banque. On lui donne le bureau d'un autre vice-président qui vient de partir. Monsieur Aron a l'intention de transformer ce bureau.
5. Dans une semaine, Jacques va partir en vacances. Il a l'intention d'aller à Athènes en voiture. Il apporte sa vieille Peugeot chez le mécanicien.
6. Josette est une grande brune aux cheveux longs. Elle a été choisie pour le rôle principal de Jeanne d'Arc dans une pièce donnée par son école.

A votre tour

Indiquez 5 choses que vous faites vous-mêmes (et que vous ne faites pas faire à d'autres personnes) et 5 choses que vous ne faites pas vous-mêmes (et que vous faites faire à d'autres personnes).

⇨ Je lave mes chemises. Je ne les fais pas laver.
Je ne répare pas ma chaîne-stéréo. Je la fais réparer.

Chaîne n° 1   **UNIQUE**
Chaîne stéréophonique de très haute qualité
AMSTRAD   BSR   Sonic
Prix incroyable : **990 F**

OPTIONAL

Constructions, expressions et locutions

1. Les verbes **devoir, vouloir** et **pouvoir** (résumé)

	TO EXPRESS	MOODS, TENSES
devoir + infinitive	*obligation*	all tenses of the indicative
	intent and supposition	indicative: present and **imparfait**
	probability	indicative: present, **imparfait, passé composé, plus-que-parfait**
	advice or suggestion	conditional present
	regret or reproach	conditional past
vouloir + infinitive	*request or desire*	indicative: all tenses
	polite request	conditional: present, past
pouvoir + infinitive	*ability*	all tenses, all moods
	permission	all tenses, all moods
	possibility	all tenses, all moods
	polite request	conditional present
	softened reproach	conditional past

EXAMPLES

Tu **dois** travailler.	*You **must** work. You **have** to work.*
Tu **devais** travailler.	*You **had** to work.*
Tu **devras** travailler.	*You **will have** to work.*
Tu **as dû** travailler.	*You **had** to work.*
Le train **doit** arriver bientôt.	*The train **is supposed to** arrive soon.*
Le train **devait** arriver à midi.	*The train **was supposed to** arrive at noon.*
Pierre **doit** être au laboratoire.	*Pierre is **probably** (**must** be) in the laboratory.*
Anne **a dû** manquer son train.	*Anne **must have** missed her train.*
Tu **devrais** faire attention.	*You **should** (**ought to**) be careful.*
J'**aurais dû** me dépêcher.	*I **should have** hurried.*
Vous **auriez dû** me téléphoner.	*You **should have** phoned me.*

Je **veux** vous parler.	*I **want** to speak to you.*
Je **voudrais** vous parler.	*I **wish** (**would like**) to speak to you.*
J'**aurais voulu** vous parler.	*I **would have liked** to have spoken to you.*
	*(I **wish** I had spoken to you.)*

Je **peux** travailler.	*I **can** work. (I **am able** to work.)*
Je **pourrai** vous aider.	*I **will be able** to help you.*
Je n'**ai** pas **pu** réparer ma voiture.	*I **was not able to** (**could** not) repair my car.*
J'**aurais pu** courir plus vite.	*I **could have** run faster.*
Est-ce que je **peux** partir?	***May** I leave?*
Cela **peut** être dangereux.	*This **may** (**can**) be dangerous.*
Pourriez-vous me prêter 100 francs?	***Could** you lend me 100 francs?*
Vous **auriez pu** nous téléphoner.	*You **could have** called us.*

2. La construction: **être à** + infinitif

The construction **être à** + *infinitive* often corresponds to the English construction **should** + *passive verb*.

Cette exposition **est à voir.**	*This exhibit **should be seen!***
Ce film **est à ne pas manquer.**	*This movie **should not be missed.***
Ces papiers **sont à jeter.**	*Those papers **should be thrown out.***
Ces documents **sont à brûler.**	*Those documents **should be burned.***

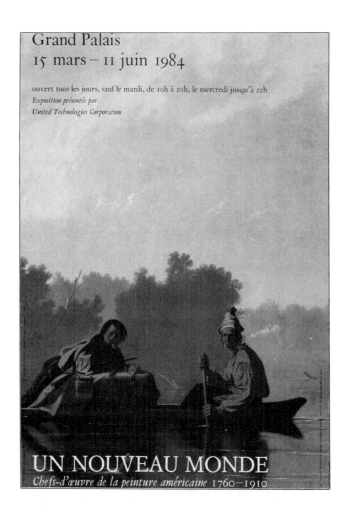

Grand Palais
15 mars – 11 juin 1984

ouvert tous les jours, sauf le mardi, de 10h à 20h, le mercredi jusqu'à 22h
Exposition présentée par
United Technologies Corporation

UN NOUVEAU MONDE
Chefs-d'œuvre de la peinture américaine 1760–1910

3. Les expressions idiomatiques avec **faire** + infinitif

The construction **faire** + *infinitive* is used in many idiomatic expressions. Compare the use of the verbs in the following sentences:

cuire / faire cuire *(to bake, cook)*

Le pain **cuit**.	*The bread **is being baked**.*
Le boulanger **fait cuire** le pain.	*The baker **bakes** the bread.*
Le poulet **cuit**.	*The chicken **is cooking**.*
Nous **faisons cuire** un poulet.	*We **are cooking** a chicken.*

bouillir / faire bouillir *(to boil)*

L'eau **bout**.	*The water **is boiling**.*
Je **fais bouillir** l'eau pour le café.	*I **am boiling** water for the coffee.*

fondre / faire fondre *(to melt)*

La neige **fond**.	*The snow **is melting**.*
La chaleur **fait fondre** la neige.	*Heat **melts** the snow.*

pousser / faire pousser *(to grow)*

Les fleurs **poussent**.	*The flowers **are growing**.*
Le jardinier **fait pousser** des fleurs.	*The gardener **is growing** flowers.*

⇨ In the above expressions, the French distinguish between the action (such as **cuire**) and the agent that causes the action to happen (**faire cuire**). Note the following similar expressions:

faire frire	*to fry*	On **fait frire** des oeufs, du jambon.
faire rôtir	*to roast*	On **fait rôtir** un poulet.
faire griller	*to broil*	On **fait griller** un bifteck.

⇨ Note also the use of the construction **faire** + *infinitive* in the following expressions:

faire entrer	*to show in*	**Faites entrer** les candidats.
faire venir	*to call in*	Je vous **ai fait venir** pour vous annoncer une bonne nouvelle.
faire voir	*to show*	**Faites-**moi **voir** ces photos.
faire tomber	*to drop*	Attention! Ne **faites** pas **tomber** ce vase!
faire chanter	*to blackmail*	Le criminel **fait chanter** ses victimes.
faire suivre	*to forward*	**Faites suivre** mon courrier *(mail)* à ma nouvelle adresse.

4. Entendre dire et entendre parler de

Note the uses of **entendre dire** and **entendre parler de**.

entendre dire
  to hear (information)

J'ai **entendu dire** que tu avais acheté une moto.

entendre parler de
  to hear (from/of someone)

Avez-vous **entendu parler de** votre oncle?
Avez-vous **entendu parler du** peintre français
  Delacroix?

  to hear (about something)

Je n'ai pas **entendu parler de** ce film.

Eugène Delacroix (1798–1863): a French painter recognized
as the leader of the Romantic movement in the arts.

Le français et l'expression des idées

Voltaire, philosophe, écrivain (1694–1778)
«Aime la vérité, mais pardonne à l'erreur.»

Au cours des siècles, la pensée française n'a pas seulement inspiré les grands écrivains du monde, elle a aussi façonné l'histoire. En formulant la théorie de la séparation des pouvoirs, Montesquieu a directement influencé les auteurs de la Constitution américaine. En condamnant la tyrannie et en proposant les idées de liberté et d'égalité pour tous, Voltaire et les Encyclopédistes ont créé le climat intellectuel dans lequel s'est développée la Révolution française.

Descartes, philosophe, mathématicien (1596–1650)

Pascal, philosophe, mathématicien, physicien (1623–1662)

Madame de Staël, écrivain (1766–1817)

«Je pense, donc je suis.»

«Le coeur a ses raisons que la raison ne connaît pas.»

«Une nation n'a de caractère que lorsqu'elle est libre.»

411

Les écrivains du 20ᵉ siècle ont continué la tradition d'autrefois. Des auteurs engagés comme Albert Camus, Jean-Paul Sartre et Simone de Beauvoir ont non seulement jeté les bases d'une nouvelle philosophie–l'existentialisme–ils ont aussi lutté pour le respect des libertés et la reconnaissance des droits de l'homme et de la femme.

Jean-Paul Sartre, philosophe, romancier, écrivain politique (1905–1980) «Chaque homme doit inventer son chemin.»

LES CHEMINS DE LA LIBERTÉ
L'AGE DE RAISON
JEAN-PAUL SARTRE
Le Livre de Poche
Texte intégral

Camus
L'étranger

Albert Camus, philosophe, romancier, Prix Nobel (1913–1960) «Je me révolte, donc je suis.»

La Liberté éclairant le monde, cadeau du peuple français au peuple américain

Marguerite Yourcenar, première femme admise à l'Académie française (1903–) «Tout bonheur est un chef-d'oeuvre.»

DERNIÈRE ÉDITION

Le Monde

Fondateur : Hubert Beuve-Méry   Directeur : André Laurens

LE FIGARO

A X X MARDI 23 MARS 1982 (N° 11 680)   Édition de 5 heures - PRIX 3,50 F

LE FIGARO MAGAZINE

N° 232 - FIGARO-MAGAZINE DU 28 JAN.
AU 3 FEV.   ÉDIT. INTERN. - 12,50 F.

EXCLUSIF
SIMONE VEIL

L'avenir de
l'Europe

TÉLÉVISION
Le champion
des chiffres
et des lettres

SUR LE NIL
Le banc d'essai
des bateaux-croisière

Au Club "Figaro-Magazine"
Simone Veil a défini
sa conception de l'Europe
et dénonce les dangers
du pacifisme.

DANS CE NUMÉRO NOTRE SUPPLÉMENT ART N° 15 : MILAN

MATCH

ILS SAUTENT
DE LA
TOUR EIFFEL
exclusif les photos de l'exploit
et interdit

LE BONHEUR
DE JOHNNY ET
NATHALIE
Tahiti abrite leurs
amours retrouvées

ELECTIONS 1986
Un sondage qui est un
tournant : opposition (54,5)
égale à la majorité (48)
CAROLINE LADY DI
comment vivent, aiment
jeunes nos princesses heureuses la
romancière Irène Frain
raconte

L'EXPRESS

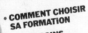

• COMMENT CHOISIR
  SA FORMATION

• LES BESOINS
  NOUVEAUX
  DES ENTREPRISES

• LES SPECIALITES
  LES PLUS
  RECHERCHEES

...UDIANTS
BOUCHÉS
...S 5 ANS

arstuvwxyz

EMISSIONS PUBLIQUES Radio france

LES TROIS CHAINES

FR3

Françoise KRAMER TF1

Télévision Française 1   Antenne 2   France-Régions 3

SIMONE de BEAUVOIR

Simone de Beauvoir, écrivain, féministe, pacifiste (1908–   )
«On ne peut rien écrire dans l'indifférence.»

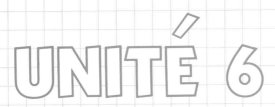

UNITÉ 6

Les autres pronoms

Leçon 26 Les pronoms relatifs

A. Introduction: Les propositions relatives

A noun or pronoun can be modified by a descriptive adjective or by an entire clause. Such descriptive clauses are called relative clauses.

In the sentences below the clauses in heavy print are relative clauses.

Voici une étudiante française.

Voici une étudiante **qui parle français.**	*Here is a student **who speaks French.***
Voici une étudiante **que nous avons rencontrée à Paris.**	*Here is a student **(whom) we met in Paris.***

Voici une montre suisse.

Voici une montre **qui vient de Suisse.**	*Here is a watch **that comes from Switzerland.***
Voici une montre **que j'ai achetée à Genève.**	*Here is a watch **(that) I bought in Geneva.***

⇨ A relative clause is introduced by a *relative pronoun*. In the sentences above, the relative pronouns are **qui** and **que.**

⇨ The form of the relative pronoun depends on the function that the pronoun performs in the relative clause. A relative pronoun can act as a subject, a direct object, or an object of a preposition.

⇨ The *antecedent* of a relative pronoun is the noun (or pronoun) to which it refers. In the above sentences, **une étudiante** and **une montre** are the antecedents.

⇨ In French, a relative pronoun usually comes immediately after its antecedent according to the pattern:

> . . .antecedent + preposition (if any) + relative pronoun + rest of sentence

Connais-tu **les gens** à **qui** j'ai parlé?

A remarquer

1. In general, normal word order (subject + verb) is used in relative clauses. However, when the subject is a noun, this noun may come immediately after the verb, especially if it is the last element in the clause.

> J'ai lu le livre que **le professeur** m'a prêté.
> *or:* J'ai lu le livre que m'a prêté **le professeur.**
> *but:* J'ai lu le livre que **le professeur** m'a prêté hier soir.

This is an important point. The inversion *verb + noun subject* is very common in relative clauses. However, it is not usually used when the relative clause contains other elements.
Je ne connaissais pas l'histoire qu'**a racontée mon frère.**
Je ne connaissais pas l'histoire que **mon frère a racontée** à ses amis.

2. Relative clauses are often inserted (or embedded) in main clauses.

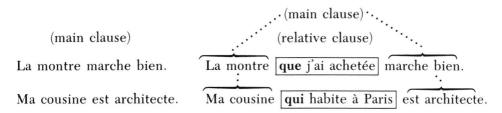

(main clause)   (main clause)
                                 (relative clause)

La montre marche bien.   La montre **que** j'ai achetée marche bien.

Ma cousine est architecte.   Ma cousine **qui** habite à Paris est architecte.

B. Les pronoms relatifs *qui* et *que*

Relative pronouns have the same function as the nouns they replace. In the examples below, each pair of sentences on the left has been combined into a single sentence on the right that contains a relative clause. Note that in the first two examples, the relative pronouns replace subjects. They are the subjects of the relative clause. In the last two examples, the relative pronouns replace direct objects. They are the direct objects of the relative clause.

SUBJECT

J'ai une amie.   J'ai une amie **qui** habite à Paris.
Cette amie habite à Paris.   *I have a friend **who** lives in Paris.*

Donne-moi les livres.   Donne-moi les livres **qui** sont sur la table.
Ces livres sont sur la table.   *Give me the books **that (which)** are on the table.*

DIRECT OBJECT

Je ne connais pas l'amie.   Je ne connais pas l'amie **que** tu vas inviter.
Tu vas inviter cette amie.   *I don't know the friend **(whom)** you are going to
                                  invite.*

Rends-moi le livre.   Rends-moi le livre **que** je t'ai prêté.
Je t'ai prêté ce livre.   *Give me back the book **(that/which)** I lent you.*

The relative pronoun **qui** is a subject pronoun. It may refer to people or things, and corresponds to the English pronouns *who, that, which.*

⇨ The verb of the relative clause agrees with the antecedent of **qui**. Note how this works when the antecedent is a pronoun.

C'est **toi** **qui** as téléphoné?   *Is it **you who** phoned?*

Ce sont **tes amis** **qui** ont téléphoné?   *Is it **your friends who** called?*

The relative pronoun **que** is a direct object pronoun. It refers to people or things, and corresponds to the English *whom (who), that, which.* While these pronouns are often omitted in English, **que** must be expressed in French.

⇨ **Que** becomes **qu'** before a vowel sound.

Hélène lit le livre **qu'**elle vient d'acheter.

> When the subject of the relative clause introduced by **que** is a noun it is usually inverted with the verb. This inversion does not occur if the clause contains an object following the verb.
> Voici le livre qu'**a acheté mon frère.**
> Voici le livre que **mon frère a acheté** pour moi.

⇨ Note that the direct object pronoun **que** always *precedes* the verb of the relative clause. Consequently, when this verb is in a compound tense, the past participle *agrees* in number and gender with the antecedent of **que**.

Où est **le livre** que tu as **acheté**?

Où sont **les revues** que tu as **achetées**?

OPTIONAL *A remarquer*

The subjunctive can be used after relative pronouns when the existence of the antecedent is uncertain. (See page 261.) Compare:

Je cherche la personne qui **sait** parler japonais.　*(This person exists.)*
Je cherche une personne qui **sache** parler japonais.　*(This person may or may not exist.)*

DIALOG **Activité 1**　**Conversation**

Demandez à vos camarades s'ils font les choses suivantes. Dans leurs réponses ils vont utiliser le nom entre parenthèses et le pronom **que**.

⇨ lire *Time Magazine?* (un magazine)　　Negative answers may also be formed with **ce n'est pas.** The model
　— **Tu lis *Time Magazine*?**　　practices the negative relative clause.
　— **Oui, c'est un magazine que je lis. (Non, c'est un magazine que je ne lis pas.)**

1. acheter *Sports Illustrated?* (une revue)
2. étudier la chimie? (un sujet)
3. connaître Paris? (une ville)
4. connaître bien tes voisins? (des personnes)
5. tolérer les snobs? (des gens)
6. comprendre la peinture abstraite? (une forme d'expression)
7. pratiquer le yoga? (une forme d'activité)
8. admirer Jane Fonda? (une femme)

Activité 2 **Oui ou non?**

Exprimez votre opinion sur les personnes et les choses suivantes. Pour cela, répondez aux questions entre parenthèses en utilisant les pronoms **qui** et **que**.

⇨ Le français est une langue. (Elle est utile? Vous la trouvez difficile?)
Le français est une langue qui (n') est (pas) utile.
C'est une langue que je (ne) trouve (pas) difficile.

1. Woody Allen est un acteur. (Il a beaucoup de talent? Vous le trouvez très drôle?)
2. Meryl Streep est une actrice. (Vous la trouvez intelligente? Elle joue très bien?)
3. La photo est un passe-temps (*hobby*). (Il coûte cher? Vous le pratiquez?)
4. Le football et la boxe sont des sports. (Vous les regardez à la télé? Ils sont dangereux?)
5. La Provence est une région. (Elle est pittoresque? Vous aimeriez la visiter?)
6. Dracula est un individu. (Vous aimeriez le rencontrer? Il est sympathique?)
7. Le président est un homme. (Il est sincère? Vous l'admirez?)
8. L'injustice est un problème. (Il est excusable? Vous le tolérez?)
9. Nos traditions sont des choses. (Elles sont importantes? Nous devons toujours les respecter?)
10. Les journalistes sont des gens. (Ils disent toujours la vérité? On doit toujours les croire?)

Ecoutez la radio qui vous écoute

7h - 9h
Radio Monte Carlo

WRITTEN Activité 3 **Qu'est-ce qu'ils font?**

Expliquez ce que font les personnes suivantes. Mettez le premier verbe au présent et le second verbe au passé composé. (Faites attention à l'accord du participe passé.) Since all antecedents are feminine and since all past participles end in **-s** or **-t**, the agreement should be "heard."

⇨ moi / développer les photos / prendre en France
Je développe les photos que j'ai prises en France.

1. les étudiants / réciter la poésie / apprendre
2. toi / corriger les erreurs / faire dans la dictée
3. François / lire la lettre / ouvrir
4. Madame Renaud / acheter la lampe / découvrir chez un marchand d'antiquités
5. Suzanne / chercher les clés / mettre sur la table
6. André / regarder la bague / offrir à sa fiancée
7. moi / rendre les revues / prendre hier
8. vous / parler de la promenade / faire la semaine dernière
9. toi / envoyer la carte / écrire à tes parents

Activité 4 **Opinions personnelles**

Complétez les phrases suivantes avec une expression de votre choix.

⇨ Le bouddhisme est une religion qui/que. . .
Le bouddhisme est une religion qui vient d'Asie.
C'est une religion que je voudrais connaître.

1. Le socialisme est une doctrine qui/que. . .
2. L'or est un métal qui/que. . .
3. Les épinards *(spinach)* sont un légume qui/que. . .
4. Les serpents sont des animaux qui/que. . .
5. Superman est un homme qui/que. . .
6. Le monstre du Loch Ness est un être *(being)* qui/que. . .
7. La perception extra-sensorielle est un phénomène qui/que. . .
8. Les Rolling Stones sont des musiciens qui/que. . .
9. Barbra Streisand est une actrice qui/que. . .

C. Les pronoms relatifs compléments d'une préposition

In the sentences on the right, the relative clause is introduced by a preposition. Note the forms of the relative pronouns as they refer to people or things.

Qui est la personne?
Tu es sorti **avec** [cette personne].

Qui est la personne
avec [qui] tu es sorti?

Voici les gens.
Je travaille **pour** [ces gens].

Voici les gens
pour [qui] je travaille.

Où est l'instrument?
J'ai réparé ma voiture **avec** [cet instrument].

Où est l'instrument
avec [lequel] j'ai réparé ma voiture?

Je t'expliquerai les raisons.
Je ne suis pas venu **pour** [ces raisons].

Je t'expliquerai les raisons
pour [lesquelles] je ne suis pas venu.

When relative pronouns are used as the object of a preposition, the pattern is:

preposition + **qui**	to refer to people
preposition + **lequel**	to refer to things

⇨ Although **qui** is preferred, **lequel** may also be used to refer to people.

Pauline est l'amie $\begin{cases} \text{chez } \textbf{qui} \\ \text{chez } \textbf{laquelle} \end{cases}$ j'ai passé mes vacances.

The relative pronoun **lequel** consists of two parts (**le** + **quel**), both of which agree with the antecedent.

	SINGULAR	PLURAL
MASCULINE	**lequel**	**lesquels**
FEMININE	**laquelle**	**lesquelles**

⇨ After **à** and **de**, **lequel** contracts to give the following forms:

à

à + **le**quel → **au**quel
à + **les**quels → **aux**quels
à + **les**quelles → **aux**quelles

de

de + **le**quel → **du**quel
de + **les**quels → **des**quels
de + **les**quelles → **des**quelles

C'est un problème.
Je n'ai pas pensé à ce problème.

C'est un problème
auquel je n'ai pas pensé.

L'accident n'était pas grave.
Je suis arrivé en retard **à cause de**
cet accident.

L'accident **à cause duquel**
je suis en retard n'était pas grave.

When the subject of the relative clause is a noun, it is often inverted with the verb. Voici la personne à qui **a parlé Antoine.**
This inversion does not occur if the sentence contains an object following the verb. Voici la personne à qui **Antoine a parlé**
When a relative pronoun is the object of a preposition, the word order is: de ses projets.

```
...antecedent + preposition +  { lequel
                                  qui  }  + subject + verb + rest of clause...
```

⇨ In French the preposition <u>never</u> comes at the end of the sentence.

La justice est une cause **pour
laquelle** on doit lutter.

{ *Justice is a cause **for which** we must fight.*
{ *Justice is a cause **that** we have to fight **for.***

J'ai un ami **avec qui** j'étudie.

{ *I have a friend **with whom** I study.*
{ *I have a friend **that** I study **with.***

The relative pronoun **où** is often used to replace a preposition of place
(**à, dans, sur**) + **lequel**. It corresponds to the English *where*.

Voici le village.
Je suis né dans ce village.

Voici le village **où** (**dans lequel**) je suis né.
*Here is the village **where** I was born.*

⇨ **Où** is also used after an antecedent of time, such as **année, journée,
période.** In this usage, it is the equivalent of *when* or *during which*.

Je me souviens du jour.
Je vous ai rencontré ce jour-là.

Je me souviens du jour **où** je vous ai rencontré.
*I remember the day **when** I met you.*

In French, **quand** (when) is never used to introduce a relative clause.

The expression **d'où** indicates origin or source and corresponds to the English *from which/whence*.
J'ai visité la région **d'où** vous venez.
The expression **par où** corresponds to *through which*.
Voici la rue **par où** nous sommes passés ce matin.

Activité 5 D'accord?

Lisez les phrases suivantes. Dites si les personnes entre parenthèses sont d'accord ou non avec ces choses ou ces personnes. Utilisez le pronom relatif (**lequel, qui**) qui convient.

⇨ le communisme est une doctrine (la majorité des Américains)
Le communisme est une doctrine avec laquelle la majorité des Américains ne sont pas d'accord.

1. la violence est une méthode (les pacifistes)
2. la protection des ressources naturelles est un objectif (les écologistes)
3. la construction de centrales nucléaires est un projet (beaucoup d'Américains)
4. le capitalisme et le libéralisme sont des systèmes (les Russes) lesquels
5. le machisme est une attitude (les femmes)
6. les «démocrates» ont un programme (les «républicains»)
7. l'honnêteté et la discipline sont des principes (moi)
8. mes parents sont des gens (moi) lesquels
9. mes parents ont des idées (moi) lesquelles

Vocabulaire   Quelques prépositions

par	by, through	**selon**	according to
pour	for	**d'après**	according to
devant	in front of	**contre**	against
derrière	behind	**avec**	with
avant	before	**parmi**	among
après	after	**entre**	between
pendant	during		
		vers	toward (things)
dans	in	**envers**	toward (people)
sur	on, about		
sous	under		

NOTE DE VOCABULAIRE:
After the prepositions **entre** and **parmi**, **lequel** is always used even when referring to people.

Voici un groupe d'étudiants **parmi lesquels** il y a plusieurs étudiants canadiens.

Activité 6 La conférence de Madame Martin

Madame Martin est la présidente de la compagnie Martin et associés. Elle réunit ses collaborateurs pour leur expliquer sa politique commerciale. Jouez le rôle de Madame Martin. Commencez vos phrases par **Voici** et le nom en italique.

⇨ Nous allons travailler avec *ces distributeurs*.
   Voici les distributeurs avec lesquels (avec qui) nous allons travailler.

1. Nous allons investir un million de francs dans *ces nouveaux produits*.
2. Nous pouvons compter sur *cette banque*.
3. Nous allons lancer ces produits pendant *cette période*.
4. Nous allons signer un contrat avec *cette agence de publicité*.
5. Nous allons travailler d'après *ces méthodes*.   lesquelles
6. Nous devons nous protéger contre *ces concurrents (competitors)*.   lesquels
7. Nous nous trouvons devant *ces problèmes*.   lesquels
8. Nous allons réussir pour *cette raison*.
9. Nous allons travailler vers *cet objectif*.

Activité 7 **Expression personnelle**

Faites un commentaire personnel sur les choses suivantes en complétant les phrases avec la construction **à** + **lequel** et le verbe entre parenthèses. Utilisez aussi une expression comme **souvent, quelquefois, de temps en temps, rarement, ne. . .jamais.**

⇨ Pacman est un jeu électronique (jouer à?)
Pacman est un jeu électronique auquel je joue de temps en temps.

1. les échecs *(chess)* sont un jeu (jouer à?)
2. la musique est une chose (s'intéresser à?)
3. les concerts sont des spectacles (aller à?)   auxquels
4. les matchs de football sont des événements sportifs (assister à?)
5. la politique est un sujet (s'intéresser à?)
6. ma santé est une chose (faire attention à?)
7. mon avenir est un sujet (penser à?)
8. la paix et la justice sont des questions (réfléchir à?)

Vocabulaire   Quelques locutions prépositives avec *de*

Prépositions générales

à cause de	*because of*
au sujet de	*about, concerning*
à propos de	*about, concerning*

Prépositions de lieu

loin de	*far from*
près de	*near, next to*
à côté de	*beside, next to*
auprès de	*near, next to*
au milieu de	*in the middle of*
autour de	*around*
à droite de	*to the right of*
à gauche de	*to the left of*
en face de	*in front of*
au-dessus de	*above, on top of*
au-dessous de	*below, beneath*
à l'extérieur de	*outside (of)*
à l'intérieur de	*inside (of)*

Activité 8 Promenade en ville

Un ami français vous rend visite. Montrez-lui votre ville. Pour cela, complétez les phrases avec la préposition entre parenthèses et la forme appropriée de **lequel**.

➡️ (à côté de) Voici le restaurant __à côté duquel__ mon meilleur ami habite.

1. (en face de) Voici l'église — j'ai pris une photo hier.   de laquelle
2. (près de) Voici les magasins — nous sommes passés ce matin.   desquels
3. (à l'intérieur de) Voici le musée — il y a des peintures d'artistes régionaux.
4. (au milieu de) Voici la place — il y a une statue du fondateur de la ville.
5. (autour de) Voici le lac — je fais du jogging tous les week-ends.
6. (au-dessous de) Voici le jardin public — on a construit un parking souterrain.
7. (au-dessus de) Voici le restaurant — il y a un club où vont mes amis.
8. (au sujet de) Voici les maisons anciennes — la société historique a publié un livre intéressant.
9. (à propos de) Voici le nouveau centre commercial — le journal a écrit un article hier.
10. (à cause de) Voici des usines — il y a un peu de pollution dans notre ville.   desquelles

Collection TOUT SAVOIR SUR
LA POLLUTION ET L'ENVIRONNEMENT
Chaque volume : 6 F
filipacchi

Activité 9 Souvenirs

Monsieur Bertrand est un Français de 80 ans qui raconte ses souvenirs. Jouez le rôle de Monsieur Bertrand dans les phrases où vous utiliserez les expressions comme **un jour, un mois, une année, une époque.** Utilisez l'imparfait dans les phrases 1 à 3, et le passé composé dans les phrases 4 à 6.

➡️ l'année 1930 (moi / me marier)
L'année 1930 est l'année où je me suis marié.

1. l'époque d'avant-guerre (tout le monde / être heureux)
2. le mois de septembre (on / faire les vendanges [*to pick grapes*])
3. le jour de la Saint-Jean (les gens du village / danser dans les rues)
4. l'année 1947 (nous / faire un vin extraordinaire)
5. le 20 août 1944 (les Américains / libérer notre village)
6. le mois de février 1960 (nous / avoir une tempête de neige mémorable)

D. Le pronom relatif *dont*

In the sentences on the right, the relative pronoun replaces a noun introduced by **de**. Note the form of this pronoun.

Comment s'appelle la fille?	Comment s'appelle la fille **dont** tu m'as parlé?
Tu m'as parlé de cette fille.	*What's the name of the girl **whom** you talked to me **about**?*
Vous avez obtenu des résultats.	Vous avez obtenu des résultats **dont** vous pouvez être fiers.
Vous pouvez être fiers de ces résultats.	*You have obtained results **that** you can be proud of (**of which** you can be proud).*

The relative pronoun **dont** replaces **de** + *noun* (or *noun phrase*). It may represent people or things.

Since **dont** is not a direct object pronoun, there is no agreement of the past participle.

Uses

Dont is used with verbs, verbal expressions, and adjectives that are normally followed by **de** + *noun*.

⇨ **Dont** is never used after prepositional phrases ending in **de**, such as **à cause de, à côté de,** etc. With these prepositions, **de qui** or **duquel** must be used.

Comment s'appelle la fille **à côté de qui** Paul est assis?	*What is the name of the girl (**that**) Paul is sitting **next to**?*
Voici le musée **à côté duquel** nous sommes passés ce matin.	*This is the museum **that** we passed **by** this morning.*

Dont is also used to replace **de** + *noun* in sentences where **de** indicates possession or relationship.

Voici l'ami.	Voici l'ami **dont** la soeur est journaliste.
La soeur de cet ami est journaliste.	*This is the friend **whose** sister is a reporter.*
Voici l'étudiant.	Voici l'étudiant **dont** tu connais la soeur.
Tu connais la soeur de cet étudiant.	*Here is the student **whose** sister you know.*
Voici une voiture.	Voici une voiture **dont** les performances sont extraordinaires.
Les performances de cette voiture sont extraordinaires.	*Here is a car **whose** performance (**the** performance **of which**) is extraordinary.*
Voici une voiture.	Voici une voiture **dont** j'apprécie le confort.
J'apprécie le confort de cette voiture.	*Here is a car **whose** comfort (**the comfort of which**) I appreciate.*

The word order with **dont** is the same as with other relative clauses.

> ... | antecedent + **dont** | + subject + verb + rest of clause...

Voici **l'ami dont** je vous ai parlé.
Voici **l'ami dont** tu connais le père.
Voici **l'ami dont** les cousins habitent à Paris.

After **dont**, noun subjects may be inverted, but only with verbs and expressions that are normally followed by **de**.
   Voici le restaurant dont m'**a parlé ton frère.**
This inversion does not occur if the relative clause has other objects after the verb.
   Voici le restaurant dont **ton frère a parlé** à ses amis.

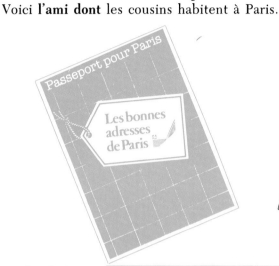

Vocabulaire

Quelques verbes et expressions suivis de *de*

parler de	*to speak/talk about*
discuter de	*to talk about, discuss*
rêver de	*to dream of/about*
entendre parler de	*to hear of/about*
se servir de	*to use*
se souvenir de	*to remember*
se passer de	*to do without*
s'occuper de	*to take care of*
se préoccuper de	*to worry about*
avoir envie de	*to want, desire*
avoir besoin de	*to need*
avoir peur de	*to be afraid of*
avoir honte de	*to be ashamed of*
être satisfait de	*to be happy about*
être fier de	*to be proud of*
être amoureux de	*to be in love with*
faire la connaissance de	*to meet*

You may want to practice these verbs and expressions by having students use them in sentences of their choosing.

A c t i v i t é 10   **Oui ou non?**

Lisez les phrases suivantes. Exprimez l'attitude des personnes entre parenthèses envers les personnes ou les choses indiquées. Utilisez le passé composé dans les phrases 9 et 10.

⇨ l'avenir est une chose (moi / se préoccuper?)
L'avenir est une chose dont je (ne) me préoccupe (pas).

1. la politique est un sujet (le professeur, mes parents, moi / discuter souvent?)
2. le vendredi 13 est un jour (moi, les gens superstitieux / avoir peur?)
3. l'amitié est un sentiment (tout le monde, les jeunes / avoir besoin?)
4. l'argent est une chose (on, les gens intelligents, les personnes avares [*miserly*], la majorité des gens / pouvoir se passer?)
5. un micro-ordinateur est une machine (les ingénieurs, mon père, nous / se servir tous les jours?)
6. le chômage est un problème (le président, les «démocrates», les jeunes, nous / se préoccuper?)
7. Juliette est une jeune fille (Roméo / être amoureux?)
8. les rêves sont les choses (moi, la majorité des gens / se souvenir clairement?)
9. La Fayette est un Français (moi, tout le monde, les jeunes Américains / entendre parler?)
10. le maire (*mayor*) de ma ville est une personne (moi, ma mère, mes amis / faire la connaissance?)

A c t i v i t é 11   **Questions**

Imaginez que vous voulez obtenir des renseignements sur les personnes et les choses suivantes. Posez des questions à leur sujet.

⇨ Qui est la fille? (Tu connais les parents de cette fille.)
Qui est la fille dont tu connais les parents?

1. Comment s'appelle l'étudiant? (La mère de cet étudiant est journaliste.)
2. Qui est le garçon? (Tu as rencontré la cousine de ce garçon.)
3. Où sont les personnes? (Nous connaissons bien les amis de ces personnes.)
4. Qui est le chef d'entreprise? (La compagnie de ce chef d'entreprise importe des produits français.)
5. Où est le jeune homme? (La fiancée de ce jeune homme chante à l'Opéra de Paris.)
6. Quelle est la région de France? (Les vins de cette région sont fameux.)
7. Comment s'appelle le pays? (La capitale de ce pays est Berne.)
8. Où se trouve la ferme? (Nous avons acheté les produits de cette ferme.)
9. Quelle est l'adresse de ce restaurant? (La cuisine de ce restaurant est extraordinaire.)
10. Quel est le nom de la boutique? (Nous avons rencontré le propriétaire [*owner*] de cette boutique.)

Activité 12 **Opinions personnelles**

Exprimez votre opinion sur les sujets suivants en utilisant les expressions entre parenthèses.

⇒ Picasso est un artiste. (admirer le talent?)
Picasso est un artiste dont j'admire (je n'admire pas) le talent.

1. Les Beatles sont des musiciens. (aimer le style?)
2. Johnny Carson est un comédien. (apprécier l'humour?)
3. Gandhi est un philosophe. (admirer les principes?)
4. Le président est une personne. (approuver la politique?)
5. Mes parents sont des personnes. (respecter toujours les idées?)
6. Camus et Sartre sont des écrivains français. (connaître les livres?)
7. Pierre Cardin est un couturier (*fashion designer*). (aimer les vêtements?)
8. Les Renault sont des voitures. (aimer les performances?)
9. Les navets (*turnips*) sont des légumes. (aimer le goût [*taste*]?)

E. Résumé: Les pronoms relatifs

When the relative pronoun functions as:	When the antecedent is:		
	a person	*a thing*	*a place (or expression of time)*
SUBJECT	**qui** l'ami **qui** vient	**qui** l'avion **qui** arrive	**qui** le café **qui** est à côté
DIRECT OBJECT	**que** la fille **que** tu connais	**que** le poème **que** tu connais	**que** le restaurant **que** tu connais
OBJECT OF A PREPOSITION (OTHER THAN DE)	**qui** la personne **avec qui** je travaille **(lequel)** la personne **avec laquelle** je travaille	**lequel** l'instrument **avec lequel** je travaille	**où** le village **où** je suis né l'année **où** je suis né **(lequel)** l'enveloppe **dans laquelle** j'ai mis la lettre
OBJECT OF THE PREPOSITION DE	**dont** le garçon **dont** je te parlais	**dont** les articles **dont** je te parlais	**dont** le musée **dont** je te parlais

A c t i v i t é **13** **Descriptions**

Complétez les phrases suivantes avec des propositions relatives dérivées des phrases entre parenthèses.

⇒ Je n'ai pas l'adresse de l'ami. . . (Tu m'as parlé de cet ami.)
Je n'ai pas l'adresse de l'ami dont tu m'as parlé.

1. Passe-moi le livre. . . (Ce livre est sur la table. / Il y a des photos de Paris dans ce livre. / Tu m'as parlé de ce livre. / Je t'ai prêté ce livre hier.)
2. Ma cousine a épousé le garçon. . . (Elle a rencontré ce garçon à Nice. / Les parents de ce garçon habitent à Montréal. / Ce garçon travaille pour Air France. / Elle a joué dans une pièce de théâtre avec ce garçon.)
3. Nous allons dîner au restaurant. . . (J'ai laissé ma voiture en face de ce restaurant. / Ce restaurant sert des spécialités régionales. / Mon frère m'a recommandé ce restaurant. / On a parlé de ce restaurant dans le journal.)
4. Monsieur Duval a vendu le magasin. . . (Il avait investi beaucoup d'argent dans ce magasin. / Ce magasin appartient à son grand-père. / Il avait acheté ce magasin l'année dernière. / Nous habitons à côté de ce magasin.)

WRITTEN A c t i v i t é **14** **La découverte de radium**

Lisez le texte suivant et remplacez les blancs par le pronom qui convient et, si nécessaire, la préposition **à**.

1. Le radium est un élément — aujourd'hui a de nombreuses applications et — on se sert en particulier dans le traitement du cancer. *qui / dont*
2. Le radium a été découvert en 1898 par une jeune savante d'origine polonaise *(Polish)* — était venue à Paris poursuivre les études — elle avait commencées dans son pays. *qui / qu'*
3. C'est à Paris que Marie Sklodowska rencontra Pierre Curie, un jeune savant — la réputation était grande et — elle épousa en 1895. *dont / qu'*
4. A cette époque, la radioactivité était un phénomène — on parlait beaucoup mais — était mal connu *(not well-known).* *dont /qui*
5. C'était un phénomène — intriguait tous les grands savants et — s'intéressaient en particulier Pierre et Marie Curie. *qui / auquel*
6. Avec les instruments rudimentaires — elle disposait, Marie Curie analysait un grand nombre de substances parmi — il y avait un minerai *(ore)* particulièrement radio-actif. *dont / lesquelles*
7. Marie Curie prouva que cette radioactivité exceptionnelle provenait *(came)* de deux éléments nouveaux, le polonium — elle nomma en l'honneur de son pays d'origine, et le radium — l'existence était certaine mais — restait à isoler. *qu' / dont / qui*
8. Comment isoler le radium? Ce fut le projet sur — Pierre et Marie Curie passèrent les années suivantes et — Marie continua seule après la mort de son mari. *lequel / que*
9. Finalement, Marie Curie réussit à isoler le radium en 1910, résultat — couronnait *(crowned)* ses efforts et pour — elle obtint le prix Nobel de chimie. *qui / lequel*

Entre nous

Situations

Souvent il est important de bien décrire les choses ou les personnes dont on parle. Lisez les situations suivantes et décrivez les choses ou les personnes dont il est question. Pour cela, utilisez la construction relative dans au moins 3 phrases différentes.

⟹ Monsieur Delange ne peut pas retrouver une lettre importante. Il décrit cette lettre à sa secrétaire.

«C'est la lettre qui était sur mon bureau. C'est la lettre que vous avez tapée ce matin. Vous savez bien, c'est la lettre dans laquelle je faisais référence à notre contrat avec la compagnie SERVOMATIC. Ah, c'est une lettre dont j'ai absolument besoin!»

1. Raymond a perdu son cahier d'exercices. Il décrit ce cahier à son camarade de chambre.
2. Josette vient de faire la connaissance d'un garçon très sympathique et très riche. Elle décrit ce garçon à sa cousine.
3. Marc propose à ses amis de dîner dans un petit restaurant que son cousin a recommandé. Il décrit ce restaurant à ses amis.
4. Monsieur Fournier est le président d'une firme qui fabrique des micro-ordinateurs. Il décrit le nouveau modèle produit par sa firme à un groupe de journalistes.
5. Gérard a passé un an aux Etats-Unis. Quand il rentre en France, il annonce à ses parents qu'il a l'intention de se marier avec une étudiante de l'université où il était. Il décrit cette jeune fille.
6. Les Rémi cherchent un appartement à acheter. Madame Rémi a récemment visité un appartement ancien mais relativement bon marché. Elle décrit cet appartement à son mari.

A votre tour

Choisissez une personne, un endroit ou un objet. Décrivez ceux-ci (these) dans des phrases où vous utiliserez des pronoms relatifs, mais ne mentionnez pas leur identité. Faites deviner (guess) à vos amis l'identité de ce que vous avez choisi.

 la Normandie

C'est une région qui est située à l'ouest de la France.
C'est une région dont les plages sont célèbres.
C'est une région à laquelle on pense quand on évoque le débarquement (landing) de juin 1944.

Leçon 27

UNITÉ 6

Les pronoms interrogatifs, démonstratifs et possessifs

A. Le pronom interrogatif *lequel*

Compare the forms and uses of the interrogative adjectives and pronouns in the following sentences:

ADJECTIVES	PRONOUNS
Quel film as-tu vu?	**Lequel** as-tu vu?
Avec quels amis es-tu sorti?	**Avec lesquels** es-tu sorti?
A quel cinéma es-tu allé?	**Auquel** es-tu allé?
De quelles étudiantes parles-tu?	**Desquelles** parles-tu?

Forms

The interrogative pronoun **lequel** agrees in gender and number with the noun it replaces. It has the same forms as the relative pronoun **lequel** (see page 421). It also has the same contracted forms after **à** and **de**.

Uses

The interrogative pronoun **lequel** is used to replace the construction **quel** + *noun*. It corresponds to the English *which one(s)*. **Lequel** refers to a specific antecedent and may represent people or things.

▷ **Lequel** may also be followed by **de** + *noun*.

Lesquelles de ces photos préfères-tu?   *Which of these pictures do you prefer?*
Auquel de ces problèmes t'intéresses-tu?   *Which of these problems are you interested in?*

▷ When **lequel** is introduced by a preposition, this preposition always comes at the beginning of the sentence, and never at the end.

A laquelle de tes amies as-tu parlé?   *To which of your friends have you spoken?*
       Which of your friends have you spoken to?

▷ When **lequel** is the direct object of a verb in a compound tense, the past participle agrees with it.

Nous avons invité des amies.   **Lesquelles** avez-vous invitées?

A c t i v i t é 1   **Un week-end bien rempli** (*very busy*)

Un ami vous dit qu'il a fait les choses suivantes pendant le week-end.
Demandez-lui des précisions.

⇨ J'ai vu une pièce de théâtre.   **Ah tiens, laquelle as-tu vue?**

1. J'ai visité une exposition.   4. J'ai rencontré plusieurs amis.
2. J'ai acheté des disques.   5. J'ai écouté un opéra.
3. J'ai lu plusieurs revues.   6. J'ai invité une amie.

A c t i v i t é 2   **Une personne active**

Janine a beaucoup d'activités. Elle vous décrit ce qu'elle fait. Demandez-lui
des précisions. Pour cela, utilisez la forme appropriée de **à/de** + **lequel**.

⇨ J'appartiens à un club dramatique.   **Ah bon! Auquel?**

1. Je m'intéresse aux sports.
2. Je fais partie d'une chorale.
3. Je vais participer à un championnat de tennis.
4. Je vais assister à une réunion politique.
5. Je suis membre d'un groupe musical.
6. Je joue de plusieurs instruments.
7. Je suis présidente d'un club de loisirs.
8. Je vais aller à un concert.

B. Le pronom démonstratif *celui*

Compare the forms and uses of the demonstrative adjectives and pronouns
in the sentences below.

ADJECTIVES	PRONOUNS
Regarde **ce livre-ci**!	Regarde **celui-ci**!
Achetons **ces cassettes-là**!	Achetons **celles-là**!

Forms

The demonstrative pronoun **celui** (*this one, that one, the one*) agrees in gender
and number with the noun it replaces. Note its forms.

	SINGULAR	PLURAL
MASCULINE	celui	ceux
FEMININE	celle	celles

Uses

Celui is <u>never</u> used alone. It often occurs in the following combinations:

1. celui-ci, celui-là

Celui can be followed by **-ci** or **-là**. **Celui-ci** is used to designate people or things nearby, whereas **celui-là** is used to designate people or things farther away.

Quelle cassette veux-tu écouter?
    Celle-ci ou **celle-là**?

This one (over here) or that one (over there)?

Quels disques préférez-vous?
    Ceux-ci ou **ceux-là**?

These or those?

2. celui de + *noun*

Celui can be followed by **de** + *noun* or *noun phrase*. In such a construction the preposition **de** *(of, from, by)* may express possession, relationship, or origin.

— Ce sont tes livres?
— Non, ce sont **ceux de Paul.**

*No, they are **Paul's** (= those of Paul).*

— Tu aimes les opéras de Wagner?
— Je préfère **ceux de Verdi.**

*I prefer **Verdi's** (= those by Verdi).*

— C'est la clé de ton appartement?
— Mais non, c'est **celle de ma voiture.**

*No, it's **my car key** (= the one of my car).*

— Zut, j'ai raté le train de 10 heures.
— Tu peux prendre **celui de 11 heures.**

*You can take **the 11 o'clock (one)** (= that of 11 o'clock).*

⇨ **Celui de** can also be followed by an adverb (or adverbial phrase) or by a verb.

La vie d'aujourd'hui est plus
    trépidante que **celle d'autrefois.**

*Life today is busier than **life in the past.***

J'ai l'obligation de vous écouter et
    vous, **celle de répondre.**

*I have the obligation of listening to you, and you, **(that) of answering.***

OPTIONAL *A remarquer*

1. In referring to two antecedents, **celui-là** indicates *the former* and **celui-ci,** *the latter*.

Le Centre Pompidou et le Louvre sont deux musées parisiens.
    Celui-ci est une ancienne résidence royale.   (= ***the latter***)
    Celui-là est un édifice moderne.   (= ***the former***)

2. In formal style, **celui-ci** is often used to replace a personal pronoun.

Je suis passé chez Christine,
    mais **celle-ci** n'était pas chez elle.

*I went to Christine's, but **she** was not home.*

J'ai bien connu vos cousins
    quand **ceux-ci** habitaient à Cannes.

*I knew your cousins very well when **they** were living in Cannes.*

Cannes: a fashionable resort on the Côte d'Azur.

DIALOG **A c t i v i t é   3**   **Décisions, décisions!**

Jean-Pierre et Louise viennent de se marier. Ils contemplent certaines acquisitions et comparent les mérites respectifs des choses qu'ils voient. Jouez le rôle de Jean-Pierre et de Louise.

⇨ Ils cherchent un appartement (confortable / mieux situé)
Jean-Pierre: Celui-ci est confortable.
      Louise: D'accord! Mais celui-là est mieux situé!

1. Ils cherchent une machine à laver. (bon marché / garantie pour cinq ans)
2. Ils cherchent un four *(oven)* à micro-ondes. (portatif / plus fonctionnel)
3. Ils cherchent des meubles. (solides / simples et élégants)   ceux
4. Ils cherchent des assiettes. (jolies / en solde [*on sale*])   celles
5. Ils cherchent un sofa. (confortable / plus solide)
6. Ils cherchent des ustensiles de cuisine. (de bonne qualité / meilleur marché)   ceux
7. Ils cherchent une voiture. (pratique / plus économique)

A c t i v i t é   4   **Comparaisons**

Lisez les descriptions suivantes et comparez ces choses à celles qui sont indiquées entre parenthèses.

⇨ Ma maison est grande. (mon meilleur ami?)
Ma maison est plus (moins, aussi) grande que celle de mon meilleur ami.

1. Notre voiture est grande. (les voisins?)
2. Ma chambre est spacieuse. (mes parents?)
3. Mes progrès en français sont rapides. (les autres étudiants?)   ceux
4. La cuisine de ma mère est bonne. (la cafétéria?)
5. L'air de la campagne est pollué. (la ville?)
6. Le climat de la Nouvelle-Angleterre est agréable. (la Floride?)
7. Les monuments de Paris sont anciens. (New York?)
8. La musique de Simon et Garfunkel est bonne. (Stevie Wonder?)
9. Les films de Dustin Hoffman sont drôles. (Woody Allen?)
10. Les vins de Bordeaux sont réputés *(famous)*. (Californie?)
11. La peinture d'Andy Warhol est réaliste. (Léonard de Vinci?)
12. La société d'aujourd'hui est tolérante. (le siècle dernier?)
13. La mode d'aujourd'hui est élégante. (les années 30?)
14. Les voitures d'aujourd'hui sont économiques. (il y a dix ans?)

C. La construction: *celui* + pronom relatif

Celui can also be followed by a relative clause. Note this construction in the following examples:

— Tu as pris les livres qui sont sur la table?
— Non, mais j'ai pris **ceux qui** sont sur le bureau.
  (. . .the ones that are on the desk)

— Tu aimes la veste que je porte?
— Je préfère **celle que** tu portais hier.
  (. . .the one that you wore yesterday)

— Qui est le garçon avec qui tu sors ce soir?
— C'est **celui avec qui** je suis sorti la semaine dernière.
  (. . .the one (whom) I went out with last week)

— Tu as acheté les vêtements dont tu avais envie?
— Non! Seulement **ceux dont** j'avais besoin.
  (. . .those that (which) I needed)

— C'est la maison où tu habites?
— Non, c'est **celle où** j'habitais avant.
  (. . .the one where I used to live)

In the construction **celui** + *relative pronoun*:
• the form of **celui** reflects the gender and number of its antecedent;
• the form of the relative pronoun reflects the function this pronoun performs in the relative clause.

If the verb of a relative clause introduced by **que** is in a compound tense, the past participle agrees with the antecedent of **que**.
Voici **celles** que j'ai acheté**es**.

⇨ Relative pronouns that function as objects must be expressed in French, although the corresponding pronouns are often omitted in English.

— Allons voir un film!
— Lequel? **Celui dont** je t'ai parlé   *Which one? **The one (that) I talked to you about** *
  ou **celui que** mon frère a vu hier?   *or **the one (that) my brother saw yesterday?** *

⇨ When the relative pronoun is the object of a preposition, the word order is:

celui + preposition + **qui/lequel** + rest of sentence

— Tu connais cette fille?
— Bien sûr! C'est **celle avec qui**   *Of course! She is **the one I went out** *
  je suis sorti hier.   *** with** yesterday.*

The relative clause after **celui** follows normal word order. However, a noun subject and verb are usually inverted in cases where the subject would come at the end of the clause.
Voici une voiture. C'est celle qu'**a achetée mon frère**.
Voici un livre. C'est celui dont **a besoin Suzanne**.

A c t i v i t é 5   **Au choix**

Imaginez que vous avez le choix entre les choses ou les personnes entre parenthèses. Exprimez votre choix en utilisant la forme appropriée de **celui qui.**

⇒ Dans quel restaurant dîneriez-vous?
(servir des spécialités. . . chinoises / françaises / italiennes)
Je dînerais dans celui qui sert des spécialités italiennes.

1. Quelle voiture achèteriez-vous?
(être. . . la plus économique / la plus rapide / la moins chère)
2. Quels professeurs choisiriez-vous?
(donner. . . des bonnes notes / des bons conseils / peu de travail)
3. Quel musée visiteriez-vous?
(avoir une exposition. . . de photos / des tapis d'Orient / des peintures impressionnistes)
4. Avec quels amis sortiriez-vous?
(avoir. . . beaucoup d'humour / une voiture de sport / des idées originales)
5. Quel livre liriez-vous?
(décrire. . . un voyage exotique / un grand amour / une histoire policière)
6. Dans quelle maison habiteriez-vous?
(avoir. . . une belle vue / tout le confort / un passé historique)
7. Avec quelles personnes préféreriez-vous être sur une île déserte?
(avoir. . . le plus d'esprit d'initiative / la personnalité la plus équilibrée [*stable*] / le plus de résistance physique)
8. Avec quel guide préféreriez-vous visiter Paris?
(connaître. . . les meilleurs restaurants / les anecdotes les plus amusantes / les musées les plus intéressants)

A c t i v i t é 6   **Deux week-ends différents**

Jeannette et Suzanne décrivent leur week-end. Jeannette a passé un week-end agréable et Suzanne a passé un week-end désagréable. Jouez le rôle de Suzanne.

⇒ Le film que j'ai vu était excellent. (sans intérêt)
Celui que j'ai vu était sans intérêt.

1. La pièce de théâtre à laquelle j'ai assisté était remarquable. (terrible)
2. Le garçon avec qui je suis sorti était très sympathique. (un affreux snob)
3. La discothèque où nous sommes allés avait beaucoup d'atmosphère. (une mauvaise sonorisation [*sound system*])
4. Les disques que nous avons écoutés étaient très bons. (médiocres)
5. Les boissons que nous avons bues étaient excellentes. (détestables)
6. Les amis chez qui je suis allée dimanche étaient de bonne humeur. (de mauvaise humeur)
7. Les sujets dont nous avons discuté étaient intéressants. (stupides)

A c t i v i t é 7 **Souvenirs d'enfance**

Un ami vous parle de ses souvenirs d'enfance. Décrivez vos propres souvenirs. Si votre mémoire n'est pas trop bonne, utilisez votre imagination!

⇨ La ville où j'habitais était petite.
  Celle où j'habitais était assez grande (très grande. . .).

1. L'école où j'allais était très grande.
2. Les professeurs que j'avais étaient assez sévères.
3. La maison dans laquelle nous habitions était confortable.
4. La maison en face de laquelle j'habitais avait des volets *(shutters)* rouges.
5. Le garçon qui habitait à côté de chez moi s'appelait Thomas.
6. La voiture que nous avions était une vieille Chevrolet.
7. Les amis avec qui je jouais étaient plus âgés que moi.
8. Le cinéma où nous allions était situé près de chez moi.
9. Les films que je préférais étaient les films d'horreur.
10. Le club sportif dont je faisais partie avait d'excellents instructeurs.

WRITTEN A c t i v i t é 8 **Précisions**

Lisez ce que font les personnes suivantes. Demandez des précisions sur les mots en italique. Pour cela, commencez vos phrases par **Est-ce que c'est** ou **Est-ce que ce sont**.

⇨ Robert lit *un journal*. (Il a acheté ce journal ce matin.)
  Est-ce que c'est celui qu'il a acheté ce matin?

1. Etienne cherche *des outils (tools)*. (Ces outils étaient sur la table. / Il a   ceux
   réparé sa voiture avec ces outils. / Il s'est servi de ces outils hier.)
2. Thérèse a téléphoné à *un ami*. (Elle est sortie avec cet ami le week-end
   dernier. / Elle nous a parlé de cet ami. / La soeur de cet ami est
   journaliste à la télévision.)
3. Mes cousins sont sortis avec *des filles*. (Ils ont fait la connaissance de
   ces filles en Normandie. / Ils ont donné rendez-vous à ces filles. / Ces
   filles travaillent dans une agence de publicité.)
4. Nathalie a acheté *une robe*. (Cette robe était en solde. / Elle avait
   essayé cette robe. / Elle avait envie de cette robe.)
5. Madame Bernard a renvoyé *(fired) des employés*. (Elle n'était pas
   satisfaite de ces employés. / Ces employés ne faisaient pas leur
   travail. / Elle avait averti [*warned*] ces employés.)
6. André a invité Alice dans *un restaurant*. (Ce restaurant a une étoile
   dans le Guide Michelin. / Le propriétaire [*owner*] de ce restaurant est
   un ami d'André. / Il y a une discothèque en face de ce restaurant.)
7. Roland a acheté ces disques dans *une boutique*. (Cette boutique fait
   des réductions pour les étudiants. / Il y a une très jolie vendeuse dans
   cette boutique. / Nous sommes passés devant cette boutique.)
8. Juliette a visité *un château*. (François Ier a vécu dans ce château. /   François Ier
   Nous avons visité ce château l'année dernière. / L'histoire de ce   (1494–1547):
   château est décrite dans ce livre.)   King of France.

D. Les pronoms possessifs

Possessive pronouns replace nouns introduced by a possessive adjective.
Compare the forms and uses of the possessive adjectives and pronouns below.

ADJECTIVES	PRONOUNS
Voici **mon** appartement.	Voici **le mien**.
Ma soeur habite à Paris.	**La mienne** habite à Nice.
Nous avons **nos** livres.	Nous avons **les nôtres** aussi.
Invitez **vos** amies.	Invitez **les vôtres**.

Forms

Possessive pronouns consist of two parts: the definite article + a possessive word. Both parts of the possessive pronoun agree with the noun it replaces.

	SINGULAR		PLURAL	
	MASCULINE	FEMININE	MASCULINE	FEMININE
(mine)	**le mien**	**la mienne**	**les miens**	**les miennes**
(yours)	**le tien**	**la tienne**	**les tiens**	**les tiennes**
(his, hers, its)	**le sien**	**la sienne**	**les siens**	**les siennes**
(ours)	**le nôtre**	**la nôtre**	**les nôtres**	
(yours)	**le vôtre**	**la vôtre**	**les vôtres**	
(theirs)	**le leur**	**la leur**	**les leurs**	

⇨ The articles **le** and **les** of the possessive pronouns contract with **à** and **de**.

à + le	→ au	**au mien, au tien, . . .**
à + les	→ aux	**aux miens, aux tiens, . . .**
		aux miennes, aux tiennes, . . .
de + le	→ du	**du mien, du tien, . . .**
de + les	→ des	**des miens, des tiens, . . .**
		des miennes, des tiennes, . . .

Jean pense à ses amis.	Claire pense **aux siens**.
Philippe parle de son frère.	Emilie parle **du sien**.

Uses

Possessive pronouns refer to nouns previously mentioned. They may function as subjects, direct objects, or objects of a preposition.

Ma voiture marche bien.	**La mienne** ne marche pas bien.
Charles prend ses livres.	Richard prend **les siens**.
Nous voyageons avec nos parents.	Vous ne voyagez jamais avec **les vôtres**.

⇨ Possessive pronouns are often used in comparisons.

Mes notes sont meilleures **que les tiennes.**   *My grades are better **than yours.***
Votre voiture marche mieux **que la nôtre.**   *Your car works better **than ours.***

OPTIONAL *A remarquer*

Possessive pronouns are used less frequently in French than in English.

1. The possessive pronoun is not used after **être** when the subject is a noun or a personal pronoun. Instead, the construction **être à** + *stress pronoun* is required. Compare:

Ce livre **est à moi.**   *This book **is mine (belongs to me).***
Cette voiture **doit être à eux.**   *That car **must be theirs.***
A qui est ce vélo? Il **n'est pas à moi.**   *Whose bicycle is that? It's **not mine.***

However, possessive pronouns are used after **c'est** (**ce sont**).

— Est-ce que c'est ta machine à écrire?
— Oui, c'est **la mienne.**   *Yes, it's **mine.***

— Est-ce que ce sont vos cassettes?
— Non, ce ne sont pas **les nôtres.**   *No, they are not **ours.***

2. Note the following constructions:

un de mes amis   *a friend of mine*   des amis à nous   *friends of ours*
une de ses cousines   *a cousin of his/hers*   des cousins à lui   *cousins of his*

A c t i v i t é 9   Et vous?

Un ami français décrit certaines personnes et certaines choses. Décrivez les mêmes personnes et les mêmes choses en utilisant un pronom possessif dans des phrases affirmatives ou négatives.

⇨ Mes professeurs sont sévères.
Les miens sont sévères aussi. (Les miens ne sont pas sévères.)

⇨ J'invite souvent mes amis.
J'invite souvent les miens aussi. (Je n'invite pas les miens.)

1. Mon père est mécanicien.
2. Ma mère travaille dans une banque.
3. Mes cousins habitent à Nice.
4. Ma chambre est peinte en bleu.
5. J'économise mon argent.   le mien
6. J'écris mes impressions dans un journal.   les miennes
7. J'écris à mes amis pendant les vacances.
8. Je pense souvent à mon avenir.   au mien
9. Je fais attention à ma santé.
10. Je discute souvent de mes projets.   des miens
11. Je suis généralement satisfait de mes notes de français.   des miennes
12. Je suis fier de mon pays.

Activité 10 A l'aéroport

Les personnes suivantes sont à l'aéroport de Roissy et vont prendre l'avion de Montréal. Lisez ce qu'elles font et dites que leurs amis entre parenthèses font la même chose. Utilisez le pronom possessif qui convient.

⇨ Jean présente son visa. (toi)
Tu présentes le tien aussi.

1. Marc présente son passeport. (Alice / Denise et Claudine / vous)
2. Sylvie va chercher sa carte d'embarquement (*boarding pass*). (Robert / Christine / nous / moi / vous)
3. Antoine compte ses chèques de voyage. (sa cousine / toi / Isabelle et Marie / nous)   chèques *m. pl.*
4. Nathalie enregistre (*checks*) ses bagages. (Pierre / ces deux étudiants / ces filles / vous / nous)   bagages *f. pl.*
5. Jean-Pierre embrasse ses parents. (vous / toi / Sophie et Martine / mes amis)
6. Marc dit au revoir à sa cousine. (Madeleine / moi / vous / nous / Henri et Paul)
7. Hélène promet d'écrire à ses amis. (Thomas / ces jeunes filles / nous / vous)
8. Marc prend une photo de sa soeur. (Caroline / moi / nous / vous)
9. Gilbert prend l'adresse de ses amies. (Suzanne / Charles et Michel / moi / vous)

WRITTEN Activité 11 Une question de personnalité

Lisez ce que font les personnes suivantes et dites si, suivant leur personnalité ou leurs actions, les personnes entre parenthèses font les mêmes choses.

⇨ Jacques parle de ses amis. (Nous sommes discrets.)
Nous ne parlons pas des nôtres.

1. Marthe s'inquiète de son avenir. (Je suis optimiste. / Tu es pessimiste.)   avenir *m.*
2. Charles pense à ses amis. (Nous sommes généreux. / Vous êtes égoïstes.)
3. Sylvie s'intéresse à ses études. (Henri est consciencieux. / Ces garçons n'étudient pas.)   études *f. pl.*
4. Thérèse fait attention à sa santé. (Monsieur Renaud fume trop. / Nous faisons du sport. / Vous suivez un régime.)
5. Gilbert croit à son horoscope. (Tu es superstitieux. / Vous êtes logique et rationnel.)   horoscope *m.*
6. Jacqueline est contente de sa vie. (Paul est malheureux. / Mes cousins critiquent tout. / Nous sommes en paix avec nous-mêmes.)
7. Philippe parle de ses projets. (Vous êtes réservés. / Nous avons beaucoup d'ambition.)

Entre nous

Contextes

Les phrases suivantes font partie de différentes conversations. Imaginez le contexte de ces conversations dans un petit paragraphe.

➡️ «Nous pouvons prendre celui de 10 heures 28.»

C'est bientôt les vacances de Pâques. Francine et Nicole ont décidé d'aller rendre visite à leur grand-mère qui habite à Lyon. Elles consultent l'horaire des trains. Francine propose de prendre un train qui part dans la matinée.

1. «Auquel allons-nous aller? A celui de 8 heures ou à celui de 11 heures?»
2. «Duquel as-tu besoin?»
3. «D'accord, celles-ci sont bon marché, mais celles-là sont beaucoup plus jolies.»
4. «Eh bien, allons à celui dont mon frère m'a donné l'adresse. C'est aussi celui qui est recommandé dans le guide que je viens d'acheter.»
5. «J'ai celle d'Hélène, mais je n'ai pas la tienne. Est-ce que tu peux me la donner avant de partir?»
6. «Il faut que chacun ait le sien.»
7. «Mes cousins ont trouvé le leur en lisant les petites annonces (classified ads).»
8. «Jérôme n'a jamais les siens. Il emprunte toujours ceux de ses amis.»
9. «Laquelle est la leur? Est-ce que c'est celle-ci?»
10. «Eh bien, moi, je ne sais pas ce que je vais offrir au mien.»
11. «Est-ce que tu es content des tiennes?»

A votre tour

Demandez à vos camarades d'identifier le propriétaire (owner) de certains objets. Ils vont vous répondre en utilisant des pronoms possessifs et démonstratifs. Si vous voulez, vous pouvez utiliser les noms entre parenthèses.

(un crayon / un stylo / des clés / un portefeuille / des livres / des photos / une montre / une bague)

➡️ A qui est ce crayon?

Ce n'est pas le mien. Le mien est rouge. C'est peut-être celui de Suzanne. Le sien est jaune comme celui que tu me montres.

Québec

Nous parlons une langue différente, mais nous comprenons la vôtre.

Situations

Imaginez que vous faites des projets avec vos amis. Décrivez votre choix personnel en complétant les phrases par la construction **celui** + *proposition relative*.

⇨ Il y a plusieurs films intéressants ce week-end. Allons voir. . .

Allons voir celui qui a reçu trois Oscars (celui dans lequel Paul Newman joue le rôle principal; celui dont l'action se passe à Paris. . .).

1. Il y a plusieurs restaurants où nous pourrons dîner samedi prochain. Allons dîner dans. . .
2. Il y a plusieurs programmes de télévision ce soir. Regardons. . .   programme *m.*
3. Nous ne pouvons pas inviter tous nos amis au pique-nique. Invitons seulement. . .
4. Nous sommes à Paris. Nous pouvons visiter plusieurs musées. Visitons. . .   musée *m.*
5. Nous pouvons continuer nos études dans plusieurs universités. Choisissons. . .   université *f.*
6. Il y a plusieurs offres d'emploi pour étudiants dans le journal. Répondons à. . .   offre *m.*
7. Dans ce petit village pittoresque il y a plusieurs hôtels. Allons à. . .

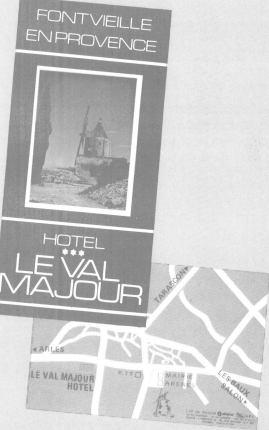

Leçon 28 Les pronoms démonstratifs indéfinis

A. Les pronoms démonstratifs *cela* et *ceci*

Note the uses of the demonstrative pronouns **cela** and **ceci** in the following sentences:

Regardez **cela**!	*Look at that (this)!*
Ne parlez pas de **cela**!	*Don't talk about that (this)!*
Est-ce que **cela** t'intéresse?	*Does this (that) interest you?*
Ecoutez bien **ceci**!	*Listen carefully to this (that)!*
Préférez-vous **ceci**?	*Do you like that (this) better?*

The indefinite demonstrative pronouns **cela** and **ceci** both mean *this* or *that*.
They refer to an idea, a fact, a statement, or a thing that has not been specifically named.

⇨ **Cela** is used more frequently than **ceci**. In conversational French, **cela** is shortened to **ça**.

Ne fais pas **ça**!	*Don't do that!*
Est-ce que **ça** vous dérange?	*Does that bother you?*

⇨ When two things are contrasted, **ceci** refers to what is closer to the speaker and corresponds to *this*, whereas **cela** refers to what is farther away from the speaker and corresponds to *that*.

Achetez **ceci**. N'achetez pas **cela**.   *Buy this. Don't buy that.*

OPTIONAL *A remarquer*

1. **Cela** refers to what has been expressed by the speaker, whereas **ceci** announces what will be expressed.

   Nous sommes tous égaux. N'oubliez pas **cela**!

   N'oubliez pas **ceci**: nous sommes tous égaux!

2. When used as a subject, **cela** may correspond to *it*.

   Faites du sport. **Cela** vous fera du bien.   *Practice a sport. **It** will do you good.*

Vocabulaire · Sentiments et réactions

amuser	*to amuse*	**inquiéter**	*to worry*
attirer	*to attract*	**intéresser**	*to interest*
choquer	*to shock, disturb*	**occuper**	*to keep busy*
déranger	*to disturb, trouble*	**plaire** (à quelqu'un)	*to please*
embarrasser	*to embarrass*	**préoccuper**	*to preoccupy, worry*
ennuyer	*to bore, bother*	**regarder**	*to concern, be of*
étonner	*to surprise*		*interest to*
gêner	*to bother, upset*	**troubler**	*to disturb, trouble*

faire peur (à quelqu'un)	*to scare, frighten*
faire plaisir (à quelqu'un)	*to please, make happy*
laisser (quelqu'un) **indifférent**	*not to interest, not to matter to*
rendre (quelqu'un) **heureux** (**triste. . .**)	*to make happy (sad. . .)*

NOTE DE VOCABULAIRE:

In the expressions with **laisser** and **rendre,** the adjective agrees with the noun or pronoun to which it refers.

Nathalie aime écouter de la musique. Cela **la** rend **heureuse.**

Activité 1 Réactions

Lisez ce que font les personnes suivantes et expliquez les réactions que cela provoque ou ne provoque pas chez elles *(for them).*

⇨ Cette étudiante aime parler en public. (gêner?)　　**Cela ne la gêne pas.**

1. Annie parle souvent de politique. (intéresser?)
2. Mes cousins ne lisent jamais les bandes dessinées. (amuser?)
3. Isabelle relit les lettres de son fiancé. (rendre heureuse?)
4. Vous n'aimez pas penser à l'avenir. (inquiéter?)
5. J'aime faire les mots croisés. (occuper?)
6. Ce millionnaire n'aime pas parler de son passé. (embarrasser?)
7. Bien sûr, nous allons vous aider ce week-end. (déranger?)
8. Nous sommes contre le développement de l'énergie nucléaire. (faire peur?)
9. Vous pensez souvent aux problèmes des pays sous-développés. (laisser indifférents?)
10. Catherine comptait recevoir une lettre de ses parents et elle n'a rien reçu. (étonner?)
11. Je veux bien vous dire la vérité. (gêner?)
12. Mais oui, nous visiterons cette maison hantée *(haunted).* (faire peur?)
13. Tu espères avoir une carrière politique. (attirer?)
14. J'aime bien sortir avec toi. (faire plaisir?)
15. Nous ne voulons pas connaître ta vie sentimentale. (regarder?)
16. Jean-Charles aime taquiner *(to tease)* ses amis. (plaire?)

B. Le pronom démonstratif *ce*

Note the use of the demonstrative pronoun **ce**.

C'est vrai!	***That's** right!*
Ce n'était pas mon problème!	***That (It)** wasn't my problem!*

The indefinite demonstrative pronoun **ce** *(that)* functions as the subject of **être**.
In constructions with **ce**, **être** may be introduced by **devoir** or **pouvoir**.

⇨ **Cela** replaces **ce** when the subject of **être** is stressed or when it is followed by a pronoun.

Ecoutez-moi! **Cela** est important!	*Listen to me!* ***That's** important!*
Ça y est!	***That's** it!*
Cela nous est indifférent.	***That** doesn't matter to us.*

⇨ **Ça** may be used either at the beginning or end of the sentence to reinforce **c'est**.

Ça, c'est amusant!⎱	***That's** fun!*
C'est amusant, **ça**!⎰	
C'est **ça**!	***That's** it!* ***That's** right!*

Uses

1. **C'est** vs. impersonal **il est**

   In the following sentences, **ce** and **il** do not refer to a specific noun. Compare the use of these two pronouns.

J'aime voyager. **C'est** amusant.	*I like to travel.* ***It's** amusing.*
Il est amusant de voyager.	***It's** amusing to travel.*

Ce + **être** + *adjective* is used to refer to what has been expressed.
Il + **être** + *adjective* + **de**... is used to introduce what will be expressed.

⇨ **C'est** is always used to introduce a *noun phrase*.

Voyager pendant les vacances, **c'est** une bonne idée!
C'est une bonne idée de voyager pendant les vacances.

⇨ Note the use of **c'est** and **il est** in expressions of time.

date: **C'est** dimanche.
time: Quelle heure **est-il**? **Il est** deux heures.

2. C'est vs. personal il/elle est

In the following sentences, **ce** and **il/elle/ils/elles** refer to specific nouns or pronouns designating people or things.

c'est (ce sont) is used before:	il/elle est (ils/elles sont) is used before:
• a proper noun **C'est** Jacques. **C'est** Madame Thibaut.	• an adjective **Il est** français. **Elle est** sympathique.
• a noun introduced by a determiner **C'est** ma voiture. **Ce sont** mes amis.	**Elle est** bleue. **Ils sont** canadiens.
	• a noun of profession not introduced by a determiner **Elle est** sculpteur.
C'est une artiste.	
• a pronoun **C'est** lui. **Ce sont** les miens.	• an adverb or a preposition **Il est** là-bas. **Ils sont** à moi.
• a superlative **C'est** la plus courageuse.	• a comparative **Elle est** plus courageuse que nous.

Activité 2 **Oui ou non?**

Que pensez-vous des sujets ci-dessous? Exprimez votre opinion en choisissant l'une des deux manières suivantes, d'après le modèle.

⇨ parler français (difficile?)
Parler français, c'est (ce n'est pas) difficile!
Il est (Il n'est pas) difficile de parler français.

1. avoir de l'ambition (nécessaire?)
2. conduire à 100 milles à l'heure (stupide?)
3. parler la bouche pleine (poli?)
4. marcher sur les mains (difficile?)
5. faire le tour du monde en ballon (impossible?)
6. militer dans un mouvement écologiste (important?)
7. toujours dire la vérité (facile?)
8. aller au cinéma sans payer (malhonnête?)

Activité 3 **Descriptions**

Complétez les descriptions suivantes avec **c'est** ou **il/elle est.**

1. Regarde cette fille. — Marie Duval. — la soeur de mon ami Charles.
2. Voici ma voiture. — une Renault. — une voiture française.
3. Connaissez-vous Monsieur Thibault? — notre professeur d'histoire.
   — professeur depuis dix ans.
4. Tiens, voici Madame Lemaire. — architecte. — la meilleure architecte de la ville.
5. Est-ce que c'est Thérèse là-bas? Bien sûr, — elle! — avec son fiancé.
6. Goûte *(Taste)* le fromage que j'ai acheté. — un fromage français.
   — fameux *(great)*, hein!
7. Tu vois ce restaurant là-bas! — très réputé! Malheureusement, — le plus cher restaurant de la région.
8. Voici mon ami Jean-Pierre. — plus jeune que moi. — le plus jeune étudiant de la classe.

Activité 4 **Pourquoi?**

Lisez les conseils suivants et expliquez-les. Pour cela, faites une phrase avec l'adjectif entre parenthèses et le pronom impersonnel **ce** ou un pronom personnel **il, elle, ils,** ou **elles.**

⇨ Parlez français! (facile)   **C'est facile.**

⇨ Faites cet exercice! (facile)   **Il est facile.**

1. Jouez aux échecs! (amusant)   c'est
2. Lisez ces bandes dessinées! (amusant)   elles sont
3. Faites attention au chien des voisins! (dangereux)   il est
4. Ne jouez pas avec les allumettes! (dangereux)   c'est
5. N'allez pas voir le dernier film de science-fiction! (horrible)
6. Ne soyez pas injuste! (horrible)   c'est   il est
7. Ne voyagez pas en première classe! (trop cher)   c'est
8. N'achetez pas cette voiture de sport! (trop cher)   elle est

Le café c'est...

...un réveil agréable

C. La construction: *ce* + pronom relatif

Note the construction **ce** + *relative pronoun* in the sentences below.

J'aime **ce qui** est simple.	*I like **what** is simple.*
Ce qui est cher n'est pas nécessairement beau.	***What** is expensive is not necessarily beautiful.*
Ne répète pas **ce que** tu m'as dit.	*Don't repeat **what** you told me.*
Ce que vous faites est intéressant.	***What** you are doing is interesting.*
Comprends-tu **ce dont** je parle?	*Do you understand **what** I am talking **about**?*
Ce dont j'ai envie est vraiment trop cher.	***What** I want is really too expensive.*

Ce qui, ce que, and **ce dont** correspond to *what:*

- **Ce qui** is equivalent to **les choses qui.** It functions as the subject. **Ce qui** is followed by the **il** form of the verb and is modified by masculine singular adjectives.

- **Ce que** is equivalent to **les choses que.** It functions as the object.

- **Ce dont** is equivalent to **les choses dont.** It replaces a phrase with **de.**

> **Ce dont** may correspond to *what* or *of/about what.*
> ce dont j'ai besoin = **what** I need
> ce dont j'ai peur = **what** I am afraid of

OPTIONAL **À remarquer**

1. After a preposition, the relative pronoun to use is **quoi.** In that case, **ce** is usually omitted.

Je ne sais pas **(ce) à quoi** vous faites allusion.	*I don't know **what** you are alluding **to**.*
Dites-moi **(ce) en quoi** je peux vous être utile.	*Tell me **in what (way)** I can be of use to you.*

2. The construction **tout ce qui (que, dont, à quoi)** is the equivalent of *all that, everything that.*

Tout ce qui brille n'est pas or.	***All that** shines is not gold.*
Nous ne faisons pas **tout ce que** nous voulons.	*We do not do **everything that** we want to.*

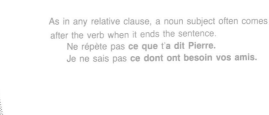

> As in any relative clause, a noun subject often comes after the verb when it ends the sentence.
> Ne répète pas **ce que t'a dit Pierre.**
> Je ne sais pas **ce dont ont besoin vos amis.**

Activité 5 **Conseils**

Demandez à vos amis comment ils réagissent envers les choses suivantes. Utilisez la construction **ce qui est** + *adjectif masculin*.

⇨ aimer les choses simples?
— **Aimes-tu ce qui est simple?**
— **Oui, j'aime ce qui est simple. (Non, je n'aime pas ce qui est simple.)**

1. aimer les choses artificielles?
2. entreprendre *(to undertake)* les choses difficiles?
3. comprendre les choses logiques?
4. avoir de la patience pour les choses compliquées?
5. être attiré(e) *(attracted)* par les choses dangereuses?
6. s'intéresser aux choses intellectuelles?
7. avoir peur des choses irrationnelles?
8. se souvenir des choses désagréables?

Activité 6 **Une question de personnalité**

Informez-vous sur la personnalité des personnes suivantes. D'après cela, dites ce qu'elles font ou ne font pas en utilisant les verbes entre parenthèses et **ce que.** (Attention! Le *premier* verbe peut être affirmatif ou négatif.)

⇨ Vous êtes discrets. (répéter / entendre)
Vous ne répétez pas ce que vous entendez.   Variation with **tout ce que.**

1. Thomas est très incrédule *(skeptical)*. (croire / entendre)
2. Anne et Madeleine sont très indépendantes. (faire / vouloir)
3. Nous sommes sincères. (dire / penser)
4. Tu es égoïste. (prêter / avoir)
5. Ce garçon n'est pas très original. (imiter / voir)
6. Ces étudiants sont consciencieux. (oublier / devoir faire)
7. Oh là là! Vous êtes difficiles! (critiquer / voir)
8. Nos clients sont toujours satisfaits. (aimer / acheter)
9. Ce commerçant est honnête. (garantir / vendre)
10. Nous sommes persévérants. (faire / vouloir faire)
11. Dis! Tu es très négligent! (rendre / emprunter)

Ce qu'il faut lire...

George Orwell
La ferme des animaux

est en folio
NOUVEAUX TITRES

en folio
il y a toujours du nouveau

A c t i v i t é 7 **Logique**

Etablissez certaines relations entre les personnes de la colonne A et de la colonne C. Pour cela, faites des phrases logiques en utilisant **ce que**.

A	**B**	**C**	**D**
moi	aimer	moi	dire
nous	acheter	toi	montrer
vous	écouter	vous	expliquer
Paul	être d'accord avec	le patron	faire
les étudiants	faire	le guide	vouloir
les employés	comprendre	le professeur	recommander
les touristes	faire attention à	le vendeur	
le client			

⇨ **J'aime ce que je fais. (Je n'aime pas ce que je fais.)**

⇨ **Les touristes écoutent ce que le guide explique.**

A c t i v i t é 8 **Qu'est-ce qu'ils font?**   Make sure that students use the **il** form of the verb and a masculine adjective with **ce qui.**

Expliquez ce que font les personnes suivantes en complétant les phrases avec les renseignements entre parenthèses.

⇨ Hélène a besoin d'argent. Elle va vendre. . . (les choses dont elle ne se sert pas)
Elle va vendre ce dont elle ne se sert pas.

1. Charles veut faire un cadeau à sa fiancée. Il lui demande. . . (les choses qui lui font plaisir / les choses dont elle a envie / les choses qu'elle désire)
2. Marc et Denis vont nettoyer leur maison. Ils vont ranger. . . (les choses qui sont dans le garage / les choses dont ils n'ont plus besoin / les choses qu'ils ont décidé de vendre)
3. Nous devons être réalistes. Nous ne faisons pas toujours. . . (les choses que nous voulons faire / les choses qui nous amusent / les choses dont nous avons envie)
4. Je vais aller au supermarché. Je vais acheter. . . (les choses dont j'ai besoin pour le pique-nique / les choses qui sont en réclame [*on special*] / les choses que ma mère m'a demandées)
5. Ah, vraiment vous êtes bien curieux! Vous voulez toujours savoir. . . (les choses que nous faisons / les choses dont nous avons parlé / les choses qui ne vous regardent pas)
6. Vous semblez très inquiets aujourd'hui. Vous devez nous dire. . . (les choses dont vous avez peur / les choses qui vous ennuient / les choses que vous ne comprenez pas)
7. Madame Leclerc a été témoin (*witness*) d'un accident. Elle explique à la police. . . (les choses qui sont arrivées / les choses dont elle se souvient)
8. Le professeur nous parle toujours franchement. Il nous dit. . . (les choses dont il n'est pas satisfait / les choses que nous devons faire / les choses qui vont bien)

Explications

Complétez les phrases suivantes avec **ce qui, ce que, ce dont.**

1. Le patient explique au psychiatre. . .
   ___ il pense
   ___ il a peur
   ___ le trouble
   ___ il rêve

2. La cliente explique à la vendeuse. . .
   ___ elle veut acheter
   ___ elle cherche
   ___ elle a besoin
   ___ est en solde *(on sale)* dans un autre magasin

3. Le professeur explique aux élèves. . .
   ___ ils ne comprennent pas
   ___ ils doivent préparer pour demain
   ___ ils doivent se souvenir
   ___ est difficile

4. Le patron explique aux employés. . .
   ___ il veut
   ___ ils doivent faire
   ___ il n'est pas satisfait
   ___ doit être modifié

A partir du jeudi 24 juin

SOLDES

Vêtements et accessoires pour hommes

jusqu'à épuisement des stocks.

MADELIOS

Place de la Madeleine, Paris
Pour ceux qui savent choisir

80 boutiques
au
Palais des Congrès

Soldes

du 24 juin
au 3 juillet.

métro Porte Maillot
parking 1500 places

MARC Chaussures   **solde** collections été 82

CHARLES JOURDAN
Christian Dior
Yves Saint Laurent

Palais des Congrès, Porte Maillot (17ᵉ)
Niveau O - Face Hôtel Méridien

Entre nous

Contextes

Les phrases suivantes font partie de différentes conversations. Imaginez le contexte de ces conversations dans un petit paragraphe.

⇨ «Est-ce que ça vous dérange?»

C'est le départ en vacances. Gisèle arrive à la gare deux minutes avant le départ de son train. La seule place qu'elle trouve est une place dans un compartiment fumeurs. Gisèle déteste la fumée. Elle demande aux autres personnes la permission d'ouvrir la fenêtre.

1. «Où est-ce que tu as trouvé ça?»
2. «Ah bon! Je ne savais pas ça!»
3. «Eh bien, moi, ça ne m'amuse pas du tout!»
4. «Ce qui m'ennuie, c'est que je ne comprends pas ce que tu veux faire!»
5. «Oh là là! C'est bien ce dont j'ai peur!»
6. «Malheureusement, je n'ai pas ce dont tu as besoin.»
7. «Mais non, ce n'est pas ce que je veux!»
8. «Ce que je viens de dire est absolument vrai.»
9. «Ce qui m'étonne, c'est votre attitude dans cette situation.»
10. «Il a fait ce qu'il a pu, mais. . .»

Situations

Un but de la communication est d'obtenir certains renseignements sur ce que d'autres personnes désirent. Jouez le rôle des personnes suivantes en posant des questions aux personnes entre parenthèses. Pour cela, faites des phrases commençant par **Dites-moi** et utilisant les expressions **ce qui, ce que, ce dont.**

⇨ une vendeuse (à une dame qui cherche une robe pour sa fille)

Dites-moi ce dont vous avez besoin.
Dites-moi ce qui plaît à votre fille.
Dites-moi ce qu'elle préfère comme style.

1. une secrétaire (à son patron qui semble avoir perdu quelque chose)
2. un médecin (à un patient qui semble très nerveux)
3. une conseillère d'éducation *(guidance counselor)* (à un étudiant qui veut laisser tomber [*to drop*] son cours de français)
4. un mécanicien (à une dame qui semble avoir un problème avec sa voiture)
5. une mère (à ses enfants quelques semaines avant Noël)

A votre tour

Complétez les phrases par la construction **ce** + *pronom relatif* et une expression de votre choix.

⇨ J'achète. . .   J'achète ce dont j'ai besoin (ce qui me plaît, ce qui est en solde. . .).

1. J'aime faire. . .
2. Je n'aime pas faire. . .
3. Je suis généralement d'accord avec. . .
4. J'aimerais savoir. . .
5. Je ne comprends pas. . .
6. Je ne me souviens pas toujours de. . .

UNITÉ 6
Leçon 29 Les pronoms interrogatifs invariables

A. Révision: Les questions

Questions can be formed by using **est-ce que** or by inverting the subject and the verb.

EST-CE QUE

Est-ce que vous parlez français?
Quand **est-ce que tu pars**?
Où **est-ce qu'il habite**?

Est-ce que tu es allé à Rome?
Quand **est-ce qu'elle a pris** cette photo?
Où **est-ce qu'ils avaient dîné**?

INVERSION

Parlez-vous français?
Quand **pars-tu**?
Où **habite-t-il**?

Es-tu allé à Rome?
Quand **a-t-elle pris** cette photo?
Où **avaient-ils dîné**?

Questions are formed according to the following patterns:

interrogative expression (if any) + **est-ce que** + normal word order

interrogative expression (if any) + verb – pronoun subject + rest of sentence

⇨ When the verb is in a simple tense and does not end in **t** or **d**, a "**-t-**" is inserted between the verb and the pronouns **il/elle/on**.

⇨ When the verb is in a compound tense, the subject pronoun comes after the auxiliary verb. When the auxiliary verb is **a**, **aura**, or **sera**, a "**-t-**" is inserted between it and **il/elle/on**.

Quand **aura-t-elle** fini ce livre?

When the subject of the sentence is a noun, inverted questions are formed according to the following pattern:

interrogative expression (if any) + noun subject + verb – pronoun subject + rest of sentence

Vos cousins sont-ils chez eux?
Quand **le train** va-t-il arriver?
Où **Jeannette** a-t-elle passé les vacances?

OPTIONAL *A remarquer*

1. In short information questions, the noun subject may come directly after the verb, according to the pattern:

> interrogative expression + | verb + noun subject |

With such patterns, the noun subject generally ends the clause. Compare:

Où va **Paul**?
but: Avec qui **Paul** va-t-il au cinéma?

A quelle heure est arrivée **Françoise**?
but: A quelle heure **Françoise** est-elle arrivée à Paris?

2. Inversion of the noun subject and verb is *not* possible:
   • with yes/no questions;
   • with information questions beginning with **pourquoi** or **qui** (direct object).

   In these instances, inversion with the pronoun subject is required.

   Pauline vient-**elle**?
   Pourquoi **vos amis** sont-**ils** partis?
   Qui **François** a-t-**il** rencontré?

A c t i v i t é 1   Pendant les vacances

Lisez ce que les personnes suivantes ont fait pendant les vacances et posez des questions à ce sujet en utilisant l'inversion. (Utilisez le nom de ces personnes dans vos questions.)

⇨ Henri a voyagé. (avec qui?)
   Avec qui Henri a-t-il voyagé?

1. Sylvie et Annie ont travaillé. (dans quelle entreprise?)
2. Hélène a gagné beaucoup d'argent. (de quelle façon?)
3. Robert a gagné un championnat de tennis. (contre qui?)
4. Jean-Jacques et René sont allés en Egypte. (comment?)
5. Stéphanie a fait la connaissance d'un acteur de cinéma. (à quelle occasion?)
6. Jacqueline et Christine ont eu un accident. (dans quelles circonstances?)
7. Le frère de Thomas a vendu sa voiture de sport. (à qui?)
8. La cousine de Julien s'est mariée. (avec qui?)

B. Les pronoms interrogatifs sujets

In the questions below, the interrogative pronouns are the *subject* of the sentence. Note the forms of these pronouns as they refer to people or things.

Quelqu'un veut du café.

> **Qui** veut du café?
> **Qui est-ce qui** veut du café?

Quelqu'un a téléphoné.

> **Qui** a téléphoné?
> **Qui est-ce qui** a téléphoné?

Quelque chose vous intéresse.
Quelque chose est arrivé à Paul.

Qu'est-ce qui vous intéresse?
Qu'est-ce qui est arrivé à Paul?

When the subject of a question is an interrogative pronoun, the normal word order is used. The interrogative subject pronouns are:

(who)	**qui** / **qui est-ce qui**	to refer to people
(what)	**qu'est-ce qui**	to refer to things or events

Qui is used more frequently than **qui est-ce qui.**

➡ The above pronouns are always followed by the **il** form of the verb. The subject pronoun **qui,** however, may be followed by the various forms of **être.**

Qui **êtes**-vous? *Who are you?*
Qui **sont** ces gens? *Who are these people?*

Activité 2 Dans la maison hantée

Des amis ont décidé de visiter une maison hantée. Plusieurs choses se passent pendant la visite. Demandez ce qui se passe.

➡ Quelqu'un parle!
Qui parle? (Qui est-ce qui parle?)

1. Quelqu'un a entendu du bruit!
2. Quelque chose fait ce bruit bizarre!
3. Quelque chose brille *(is shining)* dans l'obscurité!
4. Quelqu'un rit!
5. Quelque chose a bougé *(moved)*!
6. Quelque chose est tombé!
7. Quelque chose a éteint notre bougie *(candle)*!
8. Quelqu'un a crié *(screamed)*!

DIALOG **Activité 3** **Tout va mal!**

Monsieur Verne est président d'une compagnie et quand il s'absente tout va mal. Après un voyage, sa secrétaire lui raconte ce qui s'est passé. Monsieur Verne veut obtenir des précisions. Jouez le rôle de la secrétaire et de Monsieur Verne.

⇨ quelqu'un / casser notre nouvel ordinateur
   la secrétaire: Quelqu'un a cassé notre nouvel ordinateur.
   M. Verne: Qui (Qui est-ce qui) a cassé notre nouvel ordinateur?

1. quelqu'un / voler *(to steal)* votre voiture
2. quelqu'un / annuler *(to cancel)* un contrat important
3. quelque chose / être publié contre nous dans un article de presse
4. quelque chose / arriver au vice-président
5. quelqu'un / partir avec la caisse *(petty cash)*
6. quelque chose / causer un incendie *(fire)* dans notre agence de Lyon
7. quelque chose / provoquer une explosion dans notre magasin de Nice
8. quelqu'un / faire un procès *(lawsuit)* à la compagnie

C. Les pronoms interrogatifs compléments d'objet direct

In the questions below, the interrogative pronouns are the *direct object* of the sentence. Note the forms of these pronouns as they refer to people or things.

Je cherche **quelqu'un.**   **Qui** cherches-tu?
Je cherche **quelque chose.**   **Que** cherches-tu?

Paul a vu **quelqu'un** au café.   **Qui est-ce que** Paul a vu?
Marie a vu **quelque chose.**   **Qu'est-ce que** Marie a vu?

The interrogative direct object pronouns are:

(whom)	**qui**	+ inverted word order	to refer to people
	qui est-ce que	+ normal word order	
(what)	**que**	+ inverted word order	to refer to things
	qu'est-ce que	+ normal word order	

⇨ **Que** becomes **qu'** before a vowel sound.
   Qu'avez-vous fait hier après-midi?

⇨ The stress form **quoi** is used instead of **que** in questions without a verb.
   — J'ai vu quelque chose d'intéressant ce matin.
   — **Quoi?**

A remarquer

When the subject of a question beginning with **que** is a noun, this noun is usually directly inverted with the verb, according to the pattern:

> **que** + verb + noun subject + rest of sentence (if any)

Que font **vos amis**?
Qu'ont pensé **tes parents** de ta décision?
Que raconte **le journal** à propos de l'accident?
Qu'a fait **Hélène** ce week-end?

Note that this pattern is never used with **qui**.

A c t i v i t é 4   **Entre amis**

Robert raconte à Thérèse ce qu'il a fait. Thérèse lui pose certaines questions auxquelles il répond. Jouez le rôle de Robert et de Thérèse.

⇨ Je suis passé au supermarché. (acheter? de la glace)
Robert: Je suis passé au supermarché.
Thérèse: Qu'est-ce que tu as acheté? (Qu'as-tu acheté?)
Robert: J'ai acheté de la glace.

1. Je suis allé au cinéma. (voir? un film policier)
2. Après je suis allé au Café du Commerce. (voir là-bas? mes camarades d'université)
3. Je suis allé à l'aéroport. (aller chercher? ma cousine Françoise)
4. Je suis rentré à la maison. (faire? mes devoirs)
5. Je suis allé à une surprise-partie. (rencontrer? quelques amis)
6. Je suis allé au restaurant. (prendre? les spécialités)

A c t i v i t é 5   **Une visite**

Un ami français vous rend visite. Demandez-lui ce qui l'intéresse et ce qu'il veut faire pendant qu'il est chez vous. Utilisez le pronom interrogatif qui convient.

⇨ les choses que tu veux faire   **Qu'est-ce que tu veux faire?**

1. les choses que tu veux voir
2. les choses que tu voudrais acheter
3. les choses qui t'intéressent
4. les choses qui t'amusent
5. les choses que tu ne veux pas faire
6. les choses qui t'ennuient
7. les choses qui te font plaisir
8. les choses que tu aimerais visiter

D. Les pronoms interrogatifs compléments d'une préposition

In the following sentences, the interrogative pronouns are introduced by a preposition. Note the forms of these pronouns as they refer to people or things.

Je pense à **quelqu'un.**	**A qui** pensez-vous?
Je pense à **quelque chose.**	**A quoi** pensez-vous?
Le professeur a parlé **de Victor Hugo.**	**De qui** le professeur a-t-il parlé?
Il a parlé **de la poésie française.**	**De quoi** a-t-il parlé?

After a preposition, the interrogative pronouns are:

(to/of/with... whom)	à, de, avec... **qui**	to refer to people
(to/of/with... what)	à, de, avec... **quoi**	to refer to things

▷ In the above constructions, either **est-ce que** + normal word order, or inversion may be used.

Avec qui **est-ce que tu vas** en France?
Avec qui **vas-tu** en France?

▷ In French the preposition always comes *before* the interrogative pronoun that it introduces. It never comes at the end of the sentence.

Avec qui travailles-tu? {*With whom are you working?* / *Whom are you working with?*}

OPTIONAL *A remarquer*

When the subject of a short question is a noun, it often comes immediately after the verb. (This construction is not possible, however, when the verb is followed by a direct or indirect object.)

A qui écrit **Paul?**
but: A qui **Paul** écrit-il cette lettre?

De quoi a parlé **le professeur?**
but: De quoi **le professeur** a-t-il parlé aux élèves?

Activité 6 Un test de personnalité

Voici les réponses à un test de personnalité. Formulez les questions.
Commencez ces questions par l'expression interrogative qui convient.

⇨ Je m'intéresse à la musique.
   A quoi est-ce que vous vous intéressez?

1. Je ressemble à ma mère.
2. Je me passionne pour l'archéologie.
3. J'ai de l'admiration pour les gens qui agissent par idéalisme.
4. Je compte sur mon esprit d'entreprise et sur ma chance.
5. Je ne compte sur personne en particulier.
6. Je rêve de jouer un rôle social important.
7. Je me sens à l'aise *(at ease)* avec mes amis.
8. J'ai besoin d'affection et d'amitié.
9. J'ai peur de ne pas réussir.
10. J'ai peur des gens irrationnels et des gens violents.

DIALOG ## Activité 7 Au téléphone

François téléphone à sa cousine Sylvie et lui demande ce qu'elle a fait.
Jouez les deux rôles. (Pour savoir comment François commence ses
questions, étudiez bien les réponses de Sylvie.)

⇨ sortir hier soir? / avec Bernard
   François: Avec qui es-tu sortie hier soir?
   Sylvie: Je suis sortie avec Bernard.

1. aller le week-end dernier? / chez mon amie Suzanne
2. parler avec elle? / de mon voyage au Canada
3. voyager l'été dernier? / avec ma camarade de chambre
4. payer ton voyage? / avec l'argent que j'ai économisé pendant l'année
5. faire la connaissance pendant ce voyage / d'un étudiant américain très
   sympathique
6. rentrer plus tôt que prévu *(expected)*? / à cause de l'accident qui est
   arrivé à mon père

E. Résumé: Les pronoms interrogatifs invariables

Review the forms and uses of the invariable interrogative pronouns in the chart below.

	PEOPLE	THINGS
SUBJECT	**qui** **Qui** fait ce bruit? **qui est-ce qui** **Qui est-ce qui** fait ce bruit?	**qu'est-ce qui** **Qu'est-ce qui** fait ce bruit?
DIRECT OBJECT	**qui** + *inversion* **Qui** regardes-tu? **qui est-ce que** **Qui est-ce que** tu regardes?	**que** + *inversion* **Que** regardes-tu? **qu'est-ce que** **Qu'est-ce que** tu regardes?
OBJECT OF A PREPOSITION	**(à) qui** + *inversion* **A qui** penses-tu? **(à) qui est-ce que** **A qui est-ce que** tu penses?	**(à) quoi** + *inversion* **A quoi** penses-tu? **(à) quoi est-ce que** **A quoi est-ce que** tu penses?

A c t i v i t é 8   La bonne expression

Complétez les questions suivantes avec l'expression interrogative qui convient.

⇨ **Avec qui** allez-vous sortir? Avec Yvette ou avec sa soeur?

1. ____ allez-vous jouer? Au tennis ou au volley?
2. ____ discutes-tu avec tes amis? De politique ou de philosophie?
3. ____ t'intéresse le plus? Le jazz ou la musique classique?
4. ____ t'a invité au restaurant? Paul ou Alain?
5. ____ vous allez servir à boire à vos amis? Du café ou du thé à la menthe?
6. ____ tu admires le plus chez cette fille? Sa beauté ou son intelligence?
7. ____ penses-tu? A ta fiancée ou à tes parents?
8. ____ pensez-vous? Aux vacances ou à vos études?
9. ____ vas-tu écrire cette lettre? Avec un stylo ou avec un crayon?
10. ____ as-tu écrit? A ton cousin ou à ta cousine?
11. ____ tu vas offrir à ta mère pour son anniversaire? Des fleurs ou du chocolat?
12. ____ vas-tu mettre ces fleurs? Dans ce vase-ci ou dans ce vase-là?

Activité 9 Un peu d'histoire

Lisez les phrases suivantes. Pour chaque phrase, posez deux questions, l'une concernant le sujet et l'autre concernant l'objet.

⇨ Beethoven a composé «la Neuvième Symphonie».
   Qui a composé «la Neuvième Symphonie»?
   Qu'est-ce que Beethoven a composé? (Qu'a composé Beethoven?)

1. Picasso a fondé l'école cubiste.
2. Camus a écrit «L'Etranger». Albert Camus: French writer (1913–1960), winner of the Nobel Prize for Literature in 1957.
3. Léonard de Vinci s'est intéressé aux sciences.
4. Einstein est connu pour sa théorie de la relativité.
5. Marie Curie est restée célèbre à cause de ses travaux sur le radium.
6. Martin Luther King a travaillé pour la justice sociale.

GROUP
WRITTEN ### Activité 10 Un génie scientifique

Les paragraphes suivants décrivent les contributions d'un grand savant français. Lisez attentivement le texte et formulez plusieurs questions pour chaque paragraphe.

Qu'est-ce que le nom de Pascal évoque pour vous? Pour beaucoup d'Américains, PASCAL est le nom qu'on a donné à une langue utilisée dans la programmation d'ordinateurs. Ce n'est pas par hasard qu'on a choisi ce nom. Pascal est en effet l'un des plus grands savants dans l'histoire de l'humanité.

Pascal est né à Clermont-Ferrand en 1623. C'est un génie précoce. A l'âge de 11 ans, il compose un traité *(treatise)* scientifique sur les sons. A 12 ans, il s'initie à la géométrie et redécouvre les grands principes de la géométrie euclidienne. A 16 ans, il écrit un traité sur les coniques pour lequel il reçoit les compliments de Descartes, le plus grand mathématicien de l'époque. Peu après, pour aider son père que l'administration royale avait chargé de réformer le système fiscal, Pascal invente une «machine arithmétique». Cette fameuse machine à calculer est considérée par beaucoup comme l'ancêtre des ordinateurs modernes.

Vers l'âge de 20 ans, Pascal commence à souffrir de terribles migraines. Malgré ces migraines, Pascal continue ses travaux scientifiques. Il s'intéresse aux mathématiques, à la physique. Il effectue *(performs)* de nombreuses expériences sur la pression atmosphérique, sur l'équilibre des fluides, la pression des gaz. Il écrit plusieurs traités dans lesquels il expose *(puts forward)* ses découvertes, en particulier les fameuses «lois de Pascal» pour lesquelles il reste célèbre aujourd'hui.

Sous l'influence de sa soeur, Pascal s'intéresse aussi à la philosophie et à la religion. Il prend cause pour *(takes sides with)* des idées nouvelles dont il prend la défense dans plusieurs pamphlets. Mathématicien, physicien, philosophe, écrivain, Pascal est vraiment un génie universel!

Entre nous

Situations

Lisez les situations suivantes et imaginez un bref dialogue entre les personnes en question. (Si vous le voulez, vous pouvez utiliser les verbes entre parenthèses.)

1. Madame Mercier désire offrir un cadeau à son petit-fils pour son quinzième anniversaire.
   (vouloir / plaire / s'intéresser / avoir envie / jouer)
2. Jean-Claude téléphone à Monique qui prépare un pique-nique pour samedi prochain.
   (inviter / acheter / préparer / faire / servir / avoir besoin)
3. Denise veut savoir comment son frère André a passé son week-end.
   (faire / rencontrer / voir / sortir)
4. Marc parle à Gérard, son camarade de chambre, qui a l'air très préoccupé.
   (penser / inquiéter / avoir peur / avoir besoin)
5. Anne-Marie cherche du travail. Elle demande conseil à Madame Rambert qui est chargée de l'orientation professionnelle *(career advising)*.
   (pouvoir faire / devoir préparer / pouvoir écrire / devoir parler)

A votre tour

Vous travaillez comme journaliste pour un magazine d'information. Vous êtes chargé(e) d'interviewer les personnes suivantes. Posez trois questions à chaque personne.

➡️ un chimiste français qui vient d'obtenir le prix Nobel

Avec qui avez-vous travaillé sur vos projets?
En quoi vos travaux sont-ils importants?
Qu'est-ce que vous comptez faire avec l'argent du prix Nobel?

1. une actrice française qui vient tourner *(to do)* un film aux Etats-Unis
2. un grand couturier *(fashion designer)* qui vient à New York pour lancer ses dernières créations
3. un jeune homme qui prétend *(claims)* être entré en contact avec des extra-terrestres
4. une jeune fille qui tente de faire le tour du monde en ballon
5. un ethnologue qui a passé cinq ans dans la jungle d'Amazonie
6. le Ministre français de l'Education qui vient observer le système universitaire américain

USA
Une année scolaire aux Etats Unis

Educational Foundation for Foreign Study

Leçon 30 **Le discours indirect**

A. Les expressions interrogatives dans le discours indirect

In direct speech, statements and questions are made directly. In indirect speech, they are preceded by an introductory verb or expression.

	DIRECT SPEECH	INDIRECT SPEECH
STATEMENTS	Je parle français.	Je dis que je parle français.
QUESTIONS	Qu'est-ce que tu fais?	Je veux savoir ce que tu fais.

In indirect speech, certain interrogative expressions change. Others remain the same. Compare the following direct and indirect questions:

DIRECT QUESTIONS

Est-ce que tu parles français?
Es-tu allé à Nice?

Quand
Où
Pourquoi $\Big\}$ est-ce que tu es parti?
Avec qui
A quelle heure

Qui est-ce qui a téléphoné?
Qu'est-ce qui se passe?
Qu'est-ce que tu ne comprends pas?

De quoi Jean a-t-il parlé?

INDIRECT QUESTIONS

Je voudrais savoir **si** tu parles français.
Dis-moi **si** tu es allé à Nice.

Dis-nous $\Big\{$ **quand / où / pourquoi / avec qui / à quelle heure** $\Big\}$ tu es parti.

Je veux savoir **qui** a téléphoné.
Dites-nous **ce qui** se passe.
Explique **ce que** tu ne comprends pas.

Dites-nous $\Big\{$ **de quoi / ce dont** $\Big\}$ Jean a parlé.

Indirect yes/no questions are introduced by **si.**

Indirect information questions are introduced by the same interrogative expressions as direct questions, except in the following cases:

DIRECT	INDIRECT
qui est-ce qui	qui
qu'est-ce qui	ce qui
qu'est-ce que que + inversion	ce que
de quoi	de quoi or ce dont

Normal word order is used in indirect questions.

⇨ In short indirect questions where the subject is a noun, this noun subject often comes immediately after the verb.

Où sont vos amis?   Dites-moi où sont **vos amis.**
A quelle heure part le train?   Je veux savoir à quelle heure part **le train.**

There is, however, no inversion after **si, qui** *(whom)*, **pourquoi.** There is also no inversion when the sentence contains objects that come after the verb.

　　Je ne sais pas ce que **dit ton frère.**
　　Je ne sais pas ce que **ton frère dit** à Caroline.

A c t i v i t é 1   Entrevues professionnelles

Vous êtes le chef du personnel d'une entreprise française. Cette entreprise recrute du personnel pour plusieurs postes. Interviewez les candidats. Pour cela, commencez vos questions par **Dites-moi.**

⇨ Est-ce que vous parlez espagnol?　　**Dites-moi si vous parlez espagnol.**

1. Est-ce que vous savez taper à la machine?
2. Est-ce que vous savez programmer?
3. Est-ce que vous vous êtes déjà servi d'un micro-ordinateur?
4. Est-ce que vous aimez les responsabilités?
5. Pourquoi est-ce que vous voulez changer de travail?
6. Qui est-ce qui vous a parlé de notre entreprise?
7. Quels diplômes avez-vous?
8. Qu'est-ce que vous avez fait avant?
9. Qu'est-ce qui vous intéresse?
10. Qu'est-ce que vous comptez gagner?
11. Qu'est-ce qui vous motive?
12. De quoi est-ce que vous vous êtes occupé dans votre travail précédent?
13. Pourquoi est-ce que vous avez quitté ce travail?

A c t i v i t é 2   Journalisme

Imaginez que vous êtes reporter pour un magazine français. Ce journal vous a chargé d'interviewer Brigitte Marin, une jeune actrice. Vous avez préparé les questions entre parenthèses. Posez ces questions.

⇨ Dites-moi. . . (Qu'est-ce que vous faites en ce moment?)
Dites-moi ce que vous faites en ce moment.

1. Savez-vous. . . (Qu'est-ce que vous allez faire après votre prochain film?)
2. Expliquez-moi. . . (Qu'est-ce qui est important dans votre métier?)
3. Pouvez-vous décrire. . . (Qu'est-ce que votre métier représente pour vous?)
4. Voulez-vous me dire. . . (Qu'est-ce que vous pensez du cinéma américain?)
5. Nos lecteurs voudraient savoir. . . (Qu'est-ce qui vous intéresse?)
6. Dites-moi. . . (De quoi parlez-vous avec vos amis?)
7. Pouvez-vous décrire. . . (Qu'est-ce qui compte le plus pour vous?)
8. Expliquez à nos lecteurs. . . (De quoi êtes-vous spécialement fière?)
9. Pouvez-vous me dire. . . (Avec qui allez-vous jouer dans votre prochain film?)
10. Savez-vous. . . (Quel rôle allez-vous avoir?)
11. J'aimerais savoir. . . (Qu'est-ce qui vous plaît dans ce rôle?)

B. La concordance des temps dans le discours indirect

In indirect speech, the introductory verb can be in the present (or future or imperative) tense or in a past tense. In the chart below, compare the tenses used in the statements or questions when the introductory verb is in the present tense or in a past tense.

	verb tense of statement or question in indirect speech	
	introductory verb is in the present tense	*introductory verb is in a past tense*
verb tense of original statement (or question) in direct speech	Je **pense**. . .	Je **pensais**. . . J'ai **pensé**. . . J'**avais pensé**. . .
PRESENT Paul **joue** bien.	≠ PRESENT . . .que Paul **joue** bien.	→ IMPARFAIT . . .que Paul **jouait** bien.
FUTURE Il **fera** beau demain.	≠ FUTURE . . .qu'il **fera** beau demain.	→ PRESENT CONDITIONAL . . .qu'il **ferait** beau demain.
PASSÉ COMPOSÉ Tu t'es **trompé**.	≠ PASSÉ COMPOSÉ . . .que tu t'es **trompé**.	→ PLUS-QUE-PARFAIT . . .que tu t'**étais trompé**.
FUTURE PERFECT **Aurons**-nous **fini** à l'heure?	≠ FUTURE PERFECT . . .que nous **aurons fini** à l'heure.	→ PAST CONDITIONAL . . .que nous **aurions fini** à l'heure.

⇨ When the verb of the original statement is in a tense not included on the chart (i.e., **imparfait, plus-que-parfait,** present or past conditional), there is no change of tense in indirect speech.

J'**avais** raison.

Je dis que j'**avais** raison.
J'ai dit que j'**avais** raison.

⇨ When the original statement contains several verbs, their tenses change according to patterns in the chart.

Paul **téléphonera** quand **il sera arrivé** à Paris.

Paul dit qu'il **téléphonera** quand il **sera arrivé** à Paris.
Paul **a dit** qu'il **téléphonerait** quand **il serait arrivé** à Paris.

Vocabulaire

Quelques verbes utilisés dans le discours indirect

Verbes déclaratifs

admettre	to admit	**ignorer**	not to know
affirmer	to assert, maintain		
ajouter	to add	**noter**	to note, notice
annoncer	to announce	**observer**	to notice, observe
avouer	to admit, confess	**promettre**	to promise
		reconnaître	to recognize, admit
constater	to note, observe	**remarquer**	to notice, remark
déclarer	to declare, to state	**se rendre compte**	to realize
dire	to say, tell	**répliquer**	to reply
		savoir	to know
décrire	to describe		
écrire	to write		
expliquer	to explain		

Verbes et expressions d'interrogation

demander	to ask, inquire
se demander	to wonder
vouloir savoir	to want to know
chercher à savoir	to want to know, want to find out

NOTE DE VOCABULAIRE:
When used in the imperative, declarative verbs such as **dire** or **expliquer** may introduce indirect questions.

Dites-moi ce que vous faites!
Explique ce dont tu as besoin.

WRITTEN **A c t i v i t é 3** **Confessions**

Les personnes suivantes ont admis certaines erreurs. Décrivez leur confession d'après le modèle. (Le second verbe peut être affirmatif ou négatif.)

⇨ les étudiants (admettre / étudier)
Les étudiants ont admis qu'ils n'avaient pas étudié.

1. le professeur (admettre / se tromper)
2. François (avouer / casser la machine à écrire de sa soeur)
3. nous (reconnaître / assez travailler)
4. toi (expliquer / suivre ton régime)
5. mon petit frère (reconnaître / finir la boîte de chocolats)
6. la secrétaire de Madame Caron (avouer / se débarrasser d'un document important)
7. Marc (dire / lire le journal [diary] personnel de sa soeur)

A c t i v i t é 4 **Déclarations**

Formulez les déclarations des personnes suivantes en utilisant le discours indirect.

⇨ Roland a dit à sa fiancée (il téléphonera demain)
Roland a dit à sa fiancée qu'il téléphonerait demain.

1. Le professeur a dit aux étudiants (ils ne travaillent pas assez / ils n'ont pas préparé l'examen / il donnera un autre examen la semaine prochaine)
2. La météo *(weather report)* a annoncé (il a neigé sur les Alpes / le temps va s'améliorer / il fera beau demain)
3. Anne a écrit à Jean-Pierre (elle a rencontré un autre garçon / elle va se marier avec lui / elle espère qu'il comprendra)
4. Monsieur Ladoux a annoncé à sa femme (il a gagné à la loterie / ils sont riches / ils achèteront une villa sur la Côte d'Azur)
5. Le suspect a déclaré à la police (il n'a pas attaqué la Banque Métropolitaine / il est innocent / il prouvera ce qu'il dit)
6. Dans son discours, le candidat a affirmé (c'est lui le mieux qualifié / il a beaucoup travaillé pour le public / s'il est élu, il fera des réformes)
7. Dans sa conférence de presse, le président a observé (la situation économique ne s'est pas améliorée / le chômage reste à un niveau élevé / l'inflation continuera encore quelques mois)
8. Le directeur de l'entreprise a admis aux employés (la compagnie a fait des bénéfices importants / la situation financière est excellente / si cette situation continue, les salaires seront augmentés)
9. Mon cousin a promis à sa jeune femme (il fera des économies / quand il aura fait assez d'économies il achètera une voiture / ils voyageront quand ils auront une voiture)
10. Alain a dit à ses parents (il aura son diplôme en juin / il cherchera du travail dès qu'il aura obtenu son diplôme / quand il aura trouvé du travail, il cherchera un appartement)

A c t i v i t é 5 **Questions, questions, questions. . .**

Formulez les questions suivantes au style indirect.

⇨ Le professeur a demandé aux élèves (est-ce qu'ils ont compris?)
Le professeur a demandé aux élèves s'ils avaient compris.

1. J'ai demandé à ma mère (quand est-ce que nous déjeunerons? qu'est-ce qu'il y a comme dessert? est-ce que je peux inviter un ami?)
2. Le médecin a demandé au malade (où est-ce qu'il a mal? est-ce qu'il prend régulièrement ses vitamines? qu'est-ce qui l'inquiète?)
3. Madame Lavoie a demandé à sa secrétaire (qui est-ce qui a téléphoné? est-ce qu'elle a envoyé le télégramme? quand est-ce que les contrats seront prêts?)
4. Mes parents m'ont demandé (qu'est-ce que je compte faire pendant les vacances? où est-ce que j'irai? avec qui est-ce que je voyagerai?)

5. La police a demandé aux témoins (*witnesses*) (qu'est-ce qu'ils ont vu? est-ce qu'ils sont sûrs de ce qu'ils disent? est-ce qu'ils pourront reconnaître le suspect?)
6. Mathilde a demandé à son frère (pourquoi est-ce qu'il a pris sa voiture? comment est-ce qu'il a eu un accident? est-ce qu'il paiera les réparations?)
7. Les journalistes ont demandé à Miss Univers (est-ce qu'elle est heureuse? est-ce qu'elle a accepté un contrat pour tourner [*to do*] un film? qu'est-ce qu'elle fera quand elle aura signé son contrat?)
8. Roméo a demandé à Juliette (est-ce qu'elle l'aime? est-ce qu'elle est sortie avec d'autres garçons? quand est-ce qu'ils se marieront?)

WRITTEN **A c t i v i t é 6** **La campagne électorale**

C'est le moment des élections municipales. Roger Dupont est candidat à la mairie (*mayor's seat*) d'une petite ville située dans une région industrielle. Comme journaliste vous suivez Roger Dupont dans sa campagne électorale. Lisez le discours qu'il vient de faire et faites-en la description.

Pour cela, commencez vos phrases par des expressions comme: **Il a demandé aux électeurs**... **Il a dit**... **Il a déclaré**... **Il a observé**... **Il a noté**... **Il a constaté**... **Il a promis**... Faites tous les changements nécessaires.

LE DISCOURS:

«Etes-vous satisfaits de votre existence? Etes-vous satisfaits de la politique désastreuse de la municipalité actuelle (*current*)? A cause de celle-ci, le chômage a progressé de 20 pour cent en deux ans. Plusieurs usines ont fermé. D'autres fermeront bientôt. Quand vous voterez le mois prochain, vous devrez penser à votre avenir et à celui de vos enfants. Parce que je suis pour le progrès économique et social, je suis votre candidat.

Si je suis élu, j'encouragerai le développement de nouvelles industries dans notre région. Je réduirai le chômage. Je diminuerai les impôts (*taxes*). Notre région deviendra prospère à nouveau. Si je suis pour le progrès, je suis aussi pour la protection de la nature et de l'environnement. Quand je serai maire, je lutterai pour la conservation de nos ressources naturelles. Mon administration encouragera le recyclage et le développement de l'énergie solaire. Elle s'opposera fermement à toute forme de pollution.

Est-ce que vous voulez une existence meilleure et plus saine?
Etes-vous pour le changement et pour le progrès?
Si vous voulez le bonheur et la prospérité, vous voterez pour moi le 3 mai prochain.»

⇒ **Roger Dupont a demandé aux électeurs s'ils étaient satisfaits de leur existence. Il leur a aussi demandé. . .**

Entre nous

Contextes

Les phrases suivantes font partie de différentes conversations. Imaginez le contexte de ces conversations dans un petit paragraphe. Utilisez votre imagination et, si vous voulez, votre sens de l'humour.

 «Décrivez exactement ce que vous avez vu.»

Le week-end dernier Gérard et Béatrice sont allés à la campagne. Pendant qu'ils déjeunaient sur l'herbe, ils ont aperçu un objet lumineux qui descendait lentement vers la terre. Des petits hommes verts sont sortis de l'engin mystérieux et sont restés sur terre pendant cinq minutes. Ils sont montés dans l'engin qui est reparti à toute vitesse *(at full speed).* Gérard et Béatrice sont immédiatement allés à la gendarmerie *(police station).* Le gendarme de garde *(officer on duty)* leur a demandé de faire un rapport écrit.

1. «Je veux savoir si vous avez dit la vérité!»
2. «Je me demande encore si j'ai rêvé!»
3. «Elle lui a prédit qu'il aurait beaucoup d'aventures extraordinaires.»
4. «Dis donc! Tu m'avais promis que tu m'aiderais!»
5. «Il a finalement avoué que c'était de sa faute!»
6. «Je pensais que tu avais oublié!»

Situations

Imaginez les sujets de conversation entre les personnes suivantes et les personnes entre parenthèses. Pour cela, utilisez les verbes du *Vocabulaire* au passé et le discours indirect.

 le docteur Leroux (à son patient)

Le docteur Leroux a demandé à son patient s'il se sentait bien. Il lui a dit qu'il maigrirait s'il suivait un régime. Il lui a demandé pourquoi il n'avait pas encore payé sa note *(bill).*

1. la police (aux témoins [*witnesses*] de l'accident)
2. le juge (au suspect)
3. le chef du personnel (à la candidate ambitieuse)
4. la jeune fille (au jeune homme timide)
5. le chef des services secrets (à son meilleur agent)
6. la voyante *(fortune teller)* (au jeune homme amoureux)
7. le marchand malhonnête (aux clients crédules [*gullible*])
8. le dentiste (au patient nerveux)
9. la jeune guide (aux touristes)

A votre tour

Imaginez que vous assistez à une conférence de presse. Plusieurs personnes parlent de leurs projets ou de leurs expériences. Les journalistes présents à la conférence de presse font leur rapport sur ce qu'ils viennent d'entendre. Jouez le rôle des personnes qui donnent la conférence de presse et des journalistes. Dans le rôle des journalistes, utilisez le discours indirect.

⇨ Le président de la République est en visite officielle aux Etats-Unis.

le président: Je suis ici pour une semaine.
                 Je suis venu pour réaffirmer les liens *(ties)* d'amitié
                   entre la France et les Etats-Unis.
                 Demain, je rencontrerai votre président. . .

le journaliste: Le président a déclaré qu'il était ici pour une semaine.
                 Il a ajouté qu'il était venu. . .

1. Une femme déclare sa candidature à la présidence des Etats-Unis.
2. Un écrivain vient d'obtenir le prix Nobel de littérature.
3. Un savant vient de découvrir un vaccin contre le cancer.
4. Un(e) jeune cinéaste *(film maker)* parle de son dernier film et de ses projets.

Journal Français d'Amérique

Exclusif: une interview du président
Spécial voyages: allez revoir la Normandie
Cinéma: Proust à l'écran

Voir le sommaire en page 2

Vol. 5, N° 7 30 Mars - 12 Avril 1984   Edition Est   85c

LE PRESIDENT MITTERRAND EN VISITE AUX ETATS-UNIS

Le Président
a répondu
à nos questions

Monsieur le Président, vous venez en visite officielle aux Etats-Unis. Quel est l'objet de cette visite ?
Pourquoi avez-vous inclus la Californie ?

OPTIONAL

Constructions, expressions et locutions

1. Quelques expressions avec **cela** (**ça**)

Note the following expressions with **ça**:

C'est ça.	*That's it.*
C'est comme ça.	*It's like that. That's how it is.*
Comme ci, comme ça.	*So-so. More or less (well).*
Comme ça. . .	*In that way. . .*
Ça va?	*How's it going?*
Ça marche?	*How's it going?*
Ça y est!	*That's it! You've got it!*
Ça dépend.	*It (all) depends.*
Ça m'est égal.	*It's all the same to me.*
Ça ne fait rien.	*It doesn't matter.*
Ça ne me regarde pas.	*It's none of my business.*

⇨ In conversational style, **ça** can be used to reinforce short interrogative expressions.

Qui ça?	*Who?*	**Comment ça?**	*How?*
Où ça?	*Where?*	**Quand ça?**	*When?*

2. Quelques questions

Note the following questions:

to identify people
Qui est-ce?   *Who is that?*

to identify things
Qu'est-ce que c'est?   *What is it?*
Qu'est-ce que c'est que ça?   *What's that?*
Qu'est-ce que c'est que (ce livre)? *What is (that book)?*

to talk about events or circumstances

Qu'est-ce qu'il y a?   { *What's the matter?*
                                           What's happening?

Qu'est-ce qui se passe?   *What's happening?*
Qu'est-ce qui s'est passé? }
Qu'est-ce qui est arrivé? }   *What happened?*

3. Les phrases exclamatives

Exclamations are often introduced by **comme** or **que.** Note that in French the normal word order is used.

Comme c'est beau! \
Que c'est beau! }   *How beautiful it is!*

Comme vous avez raison!   *How right you are!*

Comme tu as maigri! \
Que tu as maigri! }   *How thin you have become!*

Comme Julie ressemble à sa mère!   *How much Julie looks like her mother!*

4. La construction: **n'importe** + expression interrogative

The expression **n'importe** *(no matter, any)* is used with interrogative words to form an indefinite expression. Note the following expressions:

n'importe où	*anywhere, anyplace*	On peut faire du jogging presque **n'importe où.**
n'importe quand	*(at) any time*	Je t'attends. Tu peux venir **n'importe quand.**
n'importe comment	*in any which way, anyhow*	Soyez consciencieux! Ne faites pas vos devoirs **n'importe comment.**
n'importe qui	*anyone, anybody*	Soyez discrets. Ne parlez pas de vos problèmes à **n'importe qui.**
n'importe quoi	*anything*	Vous ne réfléchissez pas. Vous dites **n'importe quoi.**
n'importe quel + noun	*any* + noun	Ferais-tu **n'importe quel** travail si tu avais besoin d'argent?
n'importe lequel	*any one*	Passe-moi un journal. **N'importe lequel.** C'est pour allumer le feu!

Appendix A   Regular verbs

INFINITIF	parler *(to talk, speak)*	finir *(to finish)*	vendre *(to sell)*	se laver *(to wash oneself)*
PRÉSENT	je **parle** tu **parles** il **parle** nous **parlons** vous **parlez** ils **parlent**	je **finis** tu **finis** il **finit** nous **finissons** vous **finissez** ils **finissent**	je **vends** tu **vends** il **vend** nous **vendons** vous **vendez** ils **vendent**	je me **lave** tu te **laves** il se **lave** nous nous **lavons** vous vous **lavez** ils se **lavent**
IMPÉRATIF	**parle**! **parlons**! **parlez**!	**finis**! **finissons**! **finissez**!	**vends**! **vendons**! **vendez**!	**lave-toi**! **lavons-nous**! **lavez-vous**!
PASSÉ COMPOSÉ	j'ai **parlé** tu as **parlé** il a **parlé** nous **avons parlé** vous **avez parlé** ils **ont parlé**	j'ai **fini** tu as **fini** il a **fini** nous **avons fini** vous **avez fini** ils **ont fini**	j'ai **vendu** tu as **vendu** il a **vendu** nous **avons vendu** vous **avez vendu** ils **ont vendu**	je me suis **lavé(e)** tu t'es **lavé(e)** il/elle s'est **lavé(e)** nous nous sommes **lavé(e)s** vous vous êtes **lavé(e)(s)** ils/elles se sont **lavé(e)s**
IMPARFAIT	je **parlais** tu **parlais** il **parlait** nous **parlions** vous **parliez** ils **parlaient**	je **finissais** tu **finissais** il **finissait** nous **finissions** vous **finissiez** ils **finissaient**	je **vendais** tu **vendais** il **vendait** nous **vendions** vous **vendiez** ils **vendaient**	je me **lavais** tu te **lavais** il se **lavait** nous nous **lavions** vous vous **laviez** ils se **lavaient**
PLUS-QUE-PARFAIT	j'avais **parlé** tu avais **parlé** il avait **parlé** nous **avions parlé** vous **aviez parlé** ils **avaient parlé**	j'avais **fini** tu avais **fini** il avait **fini** nous **avions fini** vous **aviez fini** ils **avaient fini**	j'avais **vendu** tu avais **vendu** il avait **vendu** nous **avions vendu** vous **aviez vendu** ils **avaient vendu**	je m'étais **lavé(e)** tu t'étais **lavé(e)** il/elle s'était **lavé(e)** nous nous étions **lavé(e)s** vous vous étiez **lavé(e)(s)** ils/elles s'étaient **lavé(e)s**
PASSÉ SIMPLE	je **parlai** tu **parlas** il **parla** nous **parlâmes** vous **parlâtes** ils **parlèrent**	je **finis** tu **finis** il **finit** nous **finîmes** vous **finîtes** ils **finirent**	je **vendis** tu **vendis** il **vendit** nous **vendîmes** vous **vendîtes** ils **vendirent**	je me **lavai** tu te **lavas** il se **lava** nous nous **lavâmes** vous vous **lavâtes** ils se **lavèrent**

INFINITIF	parler *(to talk, speak)*	finir *(to finish)*	vendre *(to sell)*	se laver *(to wash oneself)*
FUTUR	je **parlerai** tu **parleras** il **parlera** nous **parlerons** vous **parlerez** ils **parleront**	je **finirai** tu **finiras** il **finira** nous **finirons** vous **finirez** ils **finiront**	je **vendrai** tu **vendras** il **vendra** nous **vendrons** vous **vendrez** ils **vendront**	je **me laverai** tu **te laveras** il **se lavera** nous **nous laverons** vous **vous laverez** ils **se laveront**
FUTUR ANTÉRIEUR	j'**aurai parlé** tu **auras parlé** il **aura parlé** nous **aurons parlé** vous **aurez parlé** ils **auront parlé**	j'**aurai fini** tu **auras fini** il **aura fini** nous **aurons fini** vous **aurez fini** ils **auront fini**	j'**aurai vendu** tu **auras vendu** il **aura vendu** nous **aurons vendu** vous **aurez vendu** ils **auront vendu**	je **me serai lavé(e)** tu **te seras lavé(e)** il/elle **se sera lavé(e)** nous **nous serons lavé(e)s** vous **vous serez lavé(e)(s)** ils/elles **se seront lavé(e)s**
CONDITIONNEL	je **parlerais** tu **parlerais** il **parlerait** nous **parlerions** vous **parleriez** ils **parleraient**	je **finirais** tu **finirais** il **finirait** nous **finirions** vous **finiriez** ils **finiraient**	je **vendrais** tu **vendrais** il **vendrait** nous **vendrions** vous **vendriez** ils **vendraient**	je **me laverais** tu **te laverais** il **se laverait** nous **nous laverions** vous **vous laveriez** ils **se laveraient**
CONDITIONNEL PASSÉ	j'**aurais parlé** tu **aurais parlé** il **aurait parlé** nous **aurions parlé** vous **auriez parlé** ils **auraient parlé**	j'**aurais fini** tu **aurais fini** il **aurait fini** nous **aurions fini** vous **auriez fini** ils **auraient fini**	j'**aurais vendu** tu **aurais vendu** il **aurait vendu** nous **aurions vendu** vous **auriez vendu** ils **auraient vendu**	je **me serais lavé(e)** tu **te serais lavé(e)** il/elle **se serait lavé(e)** nous **nous serions lavé(e)s** vous **vous seriez lavé(e)(s)** ils/elles **se seraient lavé(e)s**
SUBJONCTIF	que je **parle** que tu **parles** qu'il **parle** que nous **parlions** que vous **parliez** qu'ils **parlent**	que je **finisse** que tu **finisses** qu'il **finisse** que nous **finissions** que vous **finissiez** qu'ils **finissent**	que je **vende** que tu **vendes** qu'il **vende** que nous **vendions** que vous **vendiez** qu'ils **vendent**	que je **me lave** que tu **te laves** qu'il **se lave** que nous **nous lavions** que vous **vous laviez** qu'ils **se lavent**
PASSÉ DU SUBJONCTIF	que j'**aie parlé** que tu **aies parlé** qu'il **ait parlé** que nous **ayons parlé** que vous **ayez parlé** qu'ils **aient parlé**	que j'**aie fini** que tu **aies fini** qu'il **ait fini** que nous **ayons fini** que vous **ayez fini** qu'ils **aient fini**	que j'**aie vendu** que tu **aies vendu** qu'il **ait vendu** que nous **ayons vendu** que vous **ayez vendu** qu'ils **aient vendu**	que je **me sois lavé(e)** que tu **te sois lavé(e)** qu'il/elle **se soit lavé(e)** que nous **nous soyons lavé(e)s** que vous **vous soyez lavé(e)(s)** qu'ils/elles **se soient lavé(e)s**
PARTICIPE PRÉSENT	**parlant**	**finissant**	**vendant**	**se lavant**

Appendix B   *-er* verbs with spelling changes

INFINITIF	PRÉSENT		IMPÉRATIF	PASSÉ COMPOSÉ	IMPARFAIT
acheter *(to buy)*	j'**achète** tu **achètes** il **achète**	nous **achetons** vous **achetez** ils **achètent**	**achète** **achetons** **achetez**	j'ai **acheté**	j'**achetais**

Verbs like **acheter**: **amener** *(to bring [someone])*, **élever** *(to raise)*, **emmener** *(to take away [someone])*, **enlever** *(to take off, remove)*, **peser** *(to weigh)*

INFINITIF	PRÉSENT		IMPÉRATIF	PASSÉ COMPOSÉ	IMPARFAIT
appeler *(to call)*	j'**appelle** tu **appelles** il **appelle**	nous **appelons** vous **appelez** ils **appellent**	**appelle** **appelons** **appelez**	j'ai **appelé**	j'**appelais**

Verbs like **appeler**: **épeler** *(to spell)*, **jeter** *(to throw)*, **rappeler** *(to recall, call back)*, **rejeter** *(to reject)*

INFINITIF	PRÉSENT		IMPÉRATIF	PASSÉ COMPOSÉ	IMPARFAIT
préférer *(to prefer)*	je **préfère** tu **préfères** il **préfère**	nous **préférons** vous **préférez** ils **préfèrent**	**préfère** **préférons** **préférez**	j'ai **préféré**	je **préférais**

Verbs like **préférer**: **célébrer** *(to celebrate)*, **espérer** *(to hope)*, **inquiéter** *(to worry)*, **posséder** *(to own)*, **protéger** *(to protect)*, **répéter** *(to repeat)*, **sécher** *(to dry)*, **suggérer** *(to suggest)*

INFINITIF	PRÉSENT		IMPÉRATIF	PASSÉ COMPOSÉ	IMPARFAIT
nager *(to swim)*	je **nage** tu **nages** il **nage**	nous **nageons** vous **nagez** ils **nagent**	**nage** **nageons** **nagez**	j'ai **nagé**	je **nageais**

Verbs like **nager**: **arranger** *(to fix, arrange)*, **changer** *(to change)*, **corriger** *(to correct)*, **déménager** *(to move one's residence)*, **déranger** *(to disturb)*, **diriger** *(to manage, run)*, **manger** *(to eat)*, **négliger** *(to neglect)*, **obliger** *(to oblige)*, **partager** *(to share)*, **plonger** *(to dive)*, **protéger** *(to protect)*, **ranger** *(to put in order, put away)*, **songer à** *(to think of)*, **voyager** *(to travel)*

INFINITIF	PRÉSENT		IMPÉRATIF	PASSÉ COMPOSÉ	IMPARFAIT
annoncer *(to announce)*	j'**annonce** tu **annonces** il **annonce**	nous **annonçons** vous **annoncez** ils **annoncent**	**annonce** **annonçons** **annoncez**	j'ai **annoncé**	j'**annonçais** nous **annoncions**

Verbs like **annoncer**: **avancer** *(to move forward)*, **commencer** *(to start, begin)*, **effacer** *(to erase)*, **lancer** *(to throw, launch)*, **menacer** *(to threaten)*, **placer** *(to put, set, place)*, **remplacer** *(to replace)*, **renoncer** *(to give up, renounce)*

INFINITIF	PRÉSENT		IMPÉRATIF	PASSÉ COMPOSÉ	IMPARFAIT
payer *(to pay, pay for)*	je **paie** tu **paies** il **paie**	nous **payons** vous **payez** ils **paient**	**paie** **payons** **payez**	j'ai **payé**	je **payais** nous **payions**

Verbs like **payer**: **employer** *(to use, employ)*, **ennuyer** *(to bore, annoy)*, **envoyer** *(to send)* (except in future and conditional: see Appendix D), **essayer** *(to try)*, **essuyer** *(to wipe)*, **nettoyer** *(to clean)*

PASSÉ SIMPLE	FUTUR	CONDITIONNEL	SUBJONCTIF	PARTICIPE PRÉSENT
j'achetai	j'achèterai	j'achèterais	que j'achète que nous **achetions**	achetant
j'appelai	j'appellerai	j'appellerais	que j'appelle que nous **appelions**	appelant
je **préférai**	je **préférerai**	je **préférerais**	que je **préfère** que nous **préférions**	préférant
je **nageai**	je **nagerai**	je **nagerais**	que je **nage** que nous **nagions**	nageant
j'annonçai	j'annoncerai	j'annoncerais	que j'annonce que nous **annoncions**	annonçant
je **payai**	je **paierai**	je **paierais**	que je **paie** que nous **payions**	payant

Appendix C Auxiliary forms

INFINITIF	PRÉSENT		IMPARFAIT		FUTUR	
avoir *(to have)*	j'**ai** tu **as** il **a**	nous **avons** vous **avez** ils **ont**	j'**avais** tu **avais** il **avait**	nous **avions** vous **aviez** ils **avaient**	j'**aurai** tu **auras** il **aura**	nous **aurons** vous **aurez** ils **auront**
être *(to be)*	je **suis** tu **es** il **est**	nous **sommes** vous **êtes** ils **sont**	j'**étais** tu **étais** il **était**	nous **étions** vous **étiez** ils **étaient**	je **serai** tu **seras** il **sera**	nous **serons** vous **serez** ils **seront**

Appendix D Irregular verbs

For the conjugation of the irregular verbs listed below, follow the pattern of the indicated verbs. Verbs conjugated with **être** as an auxiliary verb in the compound tenses are noted with an asterisk (*). All others are conjugated with **avoir**.

admettre	*(see* **mettre***)*	**craindre**	*(see* **peindre***)*
apercevoir	*(see* **recevoir***)*	**décevoir**	*(see* **recevoir***)*
apparaître	*(see* **connaître***)*	**découvrir**	*(see* **ouvrir***)*
appartenir	*(see* **venir***)*	**décrire**	*(see* **écrire***)*
apprendre	*(see* **prendre***)*	**déplaire**	*(see* **plaire***)*
atteindre	*(see* **peindre***)*	**détruire**	*(see* **conduire***)*
combattre	*(see* **battre***)*	*__devenir__	*(see* **venir***)*
comprendre	*(see* **prendre***)*	**disparaître**	*(see* **connaître***)*
conquérir	*(see* **acquérir***)*	**élire**	*(see* **lire***)*
construire	*(see* **conduire***)*	**éteindre**	*(see* **peindre***)*
contenir	*(see* **venir***)*	**interdire**	*(see* **dire***)*
convaincre	*(see* **vaincre***)*	**joindre**	*(see* **peindre***)*
couvrir	*(see* **ouvrir***)*	**maintenir**	*(see* **venir***)*

INFINITIF	PRÉSENT		IMPÉRATIF	PASSÉ COMPOSÉ	IMPARFAIT
acquérir *(to acquire, get)*	j'**acquiers** tu **acquiers** il **acquiert**	nous **acquérons** vous **acquérez** ils **acquièrent**	**acquiers** **acquérons** **acquérez**	j'ai **acquis**	j'**acquérais**
aller *(to go)*	je **vais** tu **vas** il **va**	nous **allons** vous **allez** ils **vont**	**va** **allons** **allez**	je suis **allé(e)**	j'**allais**

CONDITIONNEL		SUBJONCTIF	
j'aurais	nous **aurions**	que j'**aie**	que nous **ayons**
tu **aurais**	vous **auriez**	que tu **aies**	que vous **ayez**
il **aurait**	ils **auraient**	qu'il **ait**	qu'ils **aient**
je serais	nous **serions**	que je **sois**	que nous **soyons**
tu **serais**	vous **seriez**	que tu **sois**	que vous **soyez**
il **serait**	ils **seraient**	qu'il **soit**	qu'ils **soient**

mentir	(*see* **sortir**)	réduire	(*see* **conduire**)
obtenir	(*see* **venir**)	remettre	(*see* **mettre**)
offrir	(*see* **ouvrir**)	ressentir	(*see* **sortir**)
paraître	(*see* **connaître**)	retenir	(*see* **venir**)
parcourir	(*see* **courir**)	*revenir	(*see* **venir**)
*partir	(*see* **sortir**)	sentir	(*see* **sortir**)
permettre	(*see* **mettre**)	servir	(*see* **sortir**)
poursuivre	(*see* **suivre**)	souffrir	(*see* **ouvrir**)
prédire	(*see* **dire**)	sourire	(*see* **rire**)
prévoir	(*see* **voir**)	surprendre	(*see* **prendre**)
produire	(*see* **conduire**)	survivre	(*see* **vivre**)
promettre	(*see* **mettre**)	tenir	(*see* **venir**)
reconnaître	(*see* **connaître**)	traduire	(*see* **conduire**)

PASSÉ SIMPLE	FUTUR	CONDITIONNEL	SUBJONCTIF	PARTICIPE PRÉSENT
j'acquis	j'acquerrai	j'acquerrais	que j'**acquière** que **nous acquérions**	acquérant
j'allai	j'irai	j'irais	que j'**aille** que nous **allions**	allant

479

INFINITIF	PRÉSENT		IMPÉRATIF	PASSÉ COMPOSÉ	IMPARFAIT
s'asseoir *(to sit down)*	je m'assieds tu t'assieds il s'assied	nous nous asseyons vous vous asseyez ils s'asseyent	assieds-toi asseyons-nous asseyez-vous	je me suis assis(e)	je m'asseyais
avoir *(to have)*	j'ai tu as il a	nous avons vous avez ils ont	aie ayons ayez	j'ai eu	j'avais
battre *(to beat)*	je bats tu bats il bat	nous battons vous battez ils battent	bats battons battez	j'ai battu	je battais
boire *(to drink)*	je bois tu bois il boit	nous buvons vous buvez ils boivent	bois buvons buvez	j'ai bu	je buvais
conduire *(to drive)*	je conduis tu conduis il conduit	nous conduisons vous conduisez ils conduisent	conduis conduisons conduisez	j'ai conduit	je conduisais
connaître *(to know)*	je connais tu connais il connaît	nous connaissons vous connaissez ils connaissent	connais connaissons connaissez	j'ai connu	je connaissais
courir *(to run)*	je cours tu cours il court	nous courons vous courez ils courent	cours courons courez	j'ai couru	je courais
croire *(to believe, think)*	je crois tu crois il croit	nous croyons vous croyez ils croient	crois croyons croyez	j'ai cru	je croyais
cueillir *(to gather, pick)*	je cueille tu cueilles il cueille	nous cueillons vous cueillez ils cueillent	cueille cueillons cueillez	j'ai cueilli	je cueillerais
devoir *(must, to have to, owe)*	je dois tu dois il doit	nous devons vous devez ils doivent	dois devons devez	j'ai dû	je devais

PASSÉ SIMPLE	FUTUR	CONDITIONNEL	SUBJONCTIF		PARTICIPE PRÉSENT
je m'assis	je m'assiérai	je m'assiérais	que je m'asseye que nous nous asseyions		s'asseyant
j'eus	j'aurai	j'aurais	que j'aie que tu aies qu'il ait	que nous ayons que vous ayez qu'ils aient	ayant
je battis	je battrai	je battrais	que je batte que nous battions		battant
je bus	je boirai	je boirais	que je boive que nous buvions		buvant
je conduisis	je conduirai	je conduirais	que je conduise que nous conduisions		conduisant
je connus	je connaîtrai	je connaîtrais	que je connaisse que nous connaissions		connaissant
je courus	je courrai	je courrais	que je coure que nous courions		courant
je crus	je croirai	je croirais	que je croie que nous croyions		croyant
je cueillis	je cueillerai	je cueillerais	que je cueille que nous cueillions		cueillant
je dus	je devrai	je devrais	que je doive que nous devions		devant

INFINITIF	PRÉSENT		IMPÉRATIF	PASSÉ COMPOSÉ	IMPARFAIT
dire (*to say, tell*)	je **dis** tu **dis** il **dit**	nous **disons** vous **dites** ils **disent**	**dis** **disons** **dites**	j'ai **dit**	je **disais**
dormir (*to sleep*)	je **dors** tu **dors** il **dort**	nous **dormons** vous **dormez** ils **dorment**	**dors** **dormons** **dormez**	j'ai **dormi**	je **dormais**
écrire (*to write*)	j'**écris** tu **écris** il **écrit**	nous **écrivons** vous **écrivez** ils **écrivent**	**écris** **écrivons** **écrivez**	j'ai **écrit**	j'**écrivais**
envoyer (*to send*)	j'**envoie** tu **envoies** il **envoie**	nous **envoyons** vous **envoyez** ils **envoient**	**envoie** **envoyons** **envoyez**	j'ai **envoyé**	j'**envoyais**
être (*to be*)	je **suis** tu **es** il **est**	nous **sommes** vous **êtes** ils **sont**	**sois** **soyons** **soyez**	j'ai **été**	j'**étais**
faire (*to make, do*)	je **fais** tu **fais** il **fait**	nous **faisons** vous **faites** ils **font**	**fais** **faisons** **faites**	j'ai **fait**	je **faisais**
falloir (*to be necessary*)	il **faut**			il a **fallu**	il **fallait**
fuir (*to flee*)	je **fuis** tu **fuis** il **fuit**	nous **fuyons** vous **fuyez** ils **fuient**	**fuis** **fuyons** **fuyez**	j'ai **fui**	je **fuyais**
lire (*to read*)	je **lis** tu **lis** il **lit**	nous **lisons** vous **lisez** ils **lisent**	**lis** **lisons** **lisez**	j'ai **lu**	je **lisais**
mettre (*to put, place*)	je **mets** tu **mets** il **met**	nous **mettons** vous **mettez** ils **mettent**	**mets** **mettons** **mettez**	j'ai **mis**	je **mettais**
mourir (*to die*)	je **meurs** tu **meurs** il **meurt**	nous **mourons** vous **mourez** ils **meurent**	**meurs** **mourons** **mourez**	je suis **mort(e)**	je **mourais**

PASSÉ SIMPLE	FUTUR	CONDITIONNEL	SUBJONCTIF		PARTICIPE PRÉSENT
je dis	je dirai	je dirais	que je dise que nous disions		disant
je dormis	je dormirai	je dormirais	que je dorme que nous dormions		dormant
j'écrivis	j'écrirai	j'écrirais	que j'écrive que nous écrivions		écrivant
j'envoyai	j'enverrai	j'enverrais	que j'envoie que nous envoyions		envoyant
je fus	je serai	je serais	que je sois que tu sois qu'il soit	que nous soyons que vous soyez qu'ils soient	étant
je fis	je ferai	je ferais	que je fasse que nous fassions		faisant
il fallut	il faudra	il faudrait	qu'il faille		
je fuis	je fuirai	je fuirais	que je fuie que nous fuyions		fuyant
je lus	je lirai	je lirais	que je lise que nous lisions		lisant
je mis	je mettrai	je mettrais	que je mette que nous mettions		mettant
je mourus	je mourrai	je mourrais	que je meure que nous mourions		mourant

INFINITIF	PRÉSENT		IMPÉRATIF	PASSÉ COMPOSÉ	IMPARFAIT
naître *(to be born)*	je **nais** tu **nais** il **naît**	nous **naissons** vous **naissez** ils **naissent**	**nais** **naissons** **naissez**	je suis **né(e)**	je **naissais**
ouvrir *(to open)*	j'**ouvre** tu **ouvres** il **ouvre**	nous **ouvrons** vous **ouvrez** ils **ouvrent**	**ouvre** **ouvrons** **ouvrez**	j'ai **ouvert**	j'**ouvrais**
peindre *(to paint)*	je **peins** tu **peins** il **peint**	nous **peignons** vous **peignez** ils **peignent**	**peins** **peignons** **peignez**	j'ai **peint**	je **peignais**
plaire *(to please)*	je **plais** tu **plais** il **plaît**	nous **plaisons** vous **plaisez** ils **plaisent**	**plais** **plaisons** **plaisez**	j'ai **plu**	je **plaisais**
pleuvoir *(to rain)*	il **pleut**			il a **plu**	il **pleuvait**
pouvoir *(to be able, can)*	je **peux** tu **peux** il **peut**	nous **pouvons** vous **pouvez** ils **peuvent**		j'ai **pu**	je **pouvais**
prendre *(to take, have)*	je **prends** tu **prends** il **prend**	nous **prenons** vous **prenez** ils **prennent**	**prends** **prenons** **prenez**	j'ai **pris**	je **prenais**
recevoir *(to receive, get, obtain)*	je **reçois** tu **reçois** il **reçoit**	nous **recevons** vous **recevez** ils **reçoivent**	**reçois** **recevons** **recevez**	j'ai **reçu**	je **recevais**
résoudre *(to resolve)*	je **résous** tu **résous** il **résout**	nous **résolvons** vous **résolvez** ils **résolvent**	**résous** **résolvons** **résolvez**	j'ai **résolu**	je **résolvais**
rire *(to laugh)*	je **ris** tu **ris** il **rit**	nous **rions** vous **riez** ils **rient**	**ris** **rions** **riez**	j'ai **ri**	je **riais**
savoir *(to know)*	je **sais** tu **sais** il **sait**	nous **savons** vous **savez** ils **savent**	**sache** **sachons** **sachez**	j'ai **su**	je **savais**

PASSÉ SIMPLE	FUTUR	CONDITIONNEL	SUBJONCTIF	PARTICIPE PRÉSENT
je naquis	je naîtrai	je naîtrais	que je naisse que nous naissions	naissant
j'ouvris	j'ouvrirai	j'ouvrirais	que j'ouvre que nous ouvrions	ouvrant
je peignis	je peindrai	je peindrais	que je peigne que nous peignions	peignant
je plus	je plairai	je plairais	que je plaise que nous plaisions	plaisant
il plut	il pleuvra	il pleuvrait	qu'il pleuve	pleuvant
je pus	je pourrai	je pourrais	que je puisse que nous puissions	pouvant
je pris	je prendrai	je prendrais	que je prenne que nous prenions	prenant
je reçus	je recevrai	je recevrais	que je reçoive que nous recevions	recevant
je résolus	je résoudrai	je résoudrais	que je résolve que nous résolvions	résolvant
je ris	je rirai	je rirais	que je rie que nous riions	riant
je sus	je saurai	je saurais	que je sache que nous sachions	sachant

INFINITIF	PRÉSENT		IMPÉRATIF	PASSÉ COMPOSÉ	IMPARFAIT
sortir *(to go out)*	je **sors** tu **sors** il **sort**	nous **sortons** vous **sortez** ils **sortent**	**sors** **sortons** **sortez**	je suis **sorti(e)**	je **sortais**
suivre *(to follow)*	je **suis** tu **suis** il **suit**	nous **suivons** vous **suivez** ils **suivent**	**suis** **suivons** **suivez**	j'ai **suivi**	je **suivais**
se taire *(to be quiet)*	je me **tais** tu te **tais** il se **tait**	nous nous **taisons** vous vous **taisez** ils se **taisent**	**tais-toi** **taisons-nous** **taisez-vous**	je me suis **tu(e)**	je me **taisais**
vaincre *(to win, conquer)*	je **vaincs** tu **vaincs** il **vainc**	nous **vainquons** vous **vainquez** ils **vainquent**	**vaincs** **vainquons** **vainquez**	j'ai **vaincu**	je **vainquais**
valoir *(to be worth, deserve, merit)*	je **vaux** tu **vaux** il **vaut**	nous **valons** vous **valez** ils **valent**	**vaux** **valons** **valez**	j'ai **valu**	je **valais**
venir *(to come)*	je **viens** tu **viens** il **vient**	nous **venons** vous **venez** ils **viennent**	**viens** **venons** **venez**	je suis **venu(e)**	je **venais**
vivre *(to live)*	je **vis** tu **vis** il **vit**	nous **vivons** vous **vivez** ils **vivent**	**vis** **vivons** **vivez**	j'ai **vécu**	je **vivais**
voir *(to see)*	je **vois** tu **vois** il **voit**	nous **voyons** vous **voyez** ils **voient**	**vois** **voyons** **voyez**	j'ai **vu**	je **voyais**
vouloir *(to want, wish)*	je **veux** tu **veux** il **veut**	nous **voulons** vous **voulez** ils **veulent**	**veuille** **veuillons** **veuillez**	j'ai **voulu**	je **voulais**

PASSÉ SIMPLE	FUTUR	CONDITIONNEL	SUBJONCTIF	PARTICIPE PRÉSENT
je sortis	je sortirai	je sortirais	que je sorte que nous sortions	sortant
je suivis	je suivrai	je suivrais	que je suive que nous suivions	suivant
je me tus	je me tairai	je me tairais	que je me taise que nous nous taisions	se taisant
je vainquis	je vaincrai	je vaincrais	que je vainque que nous vainquions	vainquant
je valus	je vaudrai	je vaudrais	que je vaille que nous valions	valant
je vins	je viendrai	je viendrais	que je vienne que nous venions	venant
je vécus	je vivrai	je vivrais	que je vive que nous vivions	vivant
je vis	je verrai	je verrais	que je voie que nous voyions	voyant
je voulus	je voudrai	je voudrais	que je veuille que nous voulions	voulant

487

French-English Vocabulary

The French-English Vocabulary lists the words and expressions from the text, as well as the important words of the illustrations. Obvious passive cognates have not been listed. Active vocabulary — that is, the words and expressions students are expected to know — are followed by the lesson number(s) in which the words are taught. (**Eb** stands for *Les éléments de base*; **CEL** stands for *Constructions, expressions et locutions*.) Passive meanings are separated from active meanings by a semicolon.

Nouns: If the article of a noun does not indicate gender, the noun is followed by *m*. *(masculine)* or *f*. *(feminine)*. If the plural is irregular, it is given in parentheses.
Adjectives: Adjectives are listed in the masculine form. If the feminine form is irregular, it is given in parentheses. Irregular plural forms are also given in parentheses.
Verbs: Verbs are listed in the infinitive form. An asterisk (*) in front of a verb means that it is irregular. (For forms, see the verb charts in Appendix D.)
Words beginning with an **h** are preceded by a bullet (•) if the **h** is aspirate; that is,. if the word is treated as if it begins with a consonant sound.

The following abbreviations are used:

adj.	adjective	*inf*.	infinitive	*pres. part*.	present participle
f.	feminine	*m*.	masculine	*subj*.	subjunctive
indic.	indicative	*pl*.	plural		

a

à at, to, in
abandonner to abandon
une **abeille** bee
abolir to abolish
abord: d'abord first, at first (2) (17)
s' **absenter** to go away, be absent *(from a place)* (10)
absolument absolutely (17)
absurde: il est absurde it is absurd (13)
accéder to access, get
accentué stressed
accepter de to accept, agree (11) (14)
un **accident** accident
accompagner to accompany
accomplir to accomplish
accord: d'accord okay, all right
un **accusé**, une **accusée** accused (one)
accuser. . .de to accuse (11)
achats: faire des achats to go shopping *(for items other than food)* (Eb 1)
acheter. . .à. . . to buy (for, from) (Eb 1) (8)
un **acheteur**, une **acheteuse** buyer

l' **acier** *m*. steel (Eb 2)
* **acquérir** to get, acquire (Eb 1)
un **acteur**, une **actrice** actor (actress)
actif (active) active (Eb 2) (17)
une **action** action, act
un **actionnaire**, une **actionnaire** stockholder
activement actively (17)
une **activité** activity
une **actrice** actress
l' **actualité** *f*. current events
actuellement at present (17)
l' **addition** *f*. bill, check
un **adepte**, une **adepte** follower
un **adjectif** adjective
* **admettre** to admit, accept (Eb 1) (14) (30)
une **administration** administration, management **le conseil d'administration** board of directors
admirer to admire
s' **adonner à** to devote oneself to
adorer to like very much (Eb 1)
une **adresse** address
s' **adresser** to speak to, address
un **adverbe** adverb
aéré with fresh air

aérodynamique aerodynamic
un **aéroport** airport
les **affaires** *f*. business **des affaires** things, belongings **un homme (une femme) d'affaires** businessman (businesswoman)
une **affiche** sign, poster
affirmativement affirmatively
affirmer to assert, maintain (14) (30)
affreux (affreuse) dreadful, awful
afin de (in order) to, for the purpose of (12) (15) **afin que** so that, in order that (15)
l' **Afrique** *f*. **du Sud** South Africa
l' **âge** *m*. age
âgé old (Eb 2)
une **agence** agency **une agence d'emploi** employment agency **une agence de tourisme** travel agency **une agence de voyages** travel agency **une agence immobilière** real estate office
un **agent**, une **agent** agent **un agent de police** police officer
s' **aggraver** to get worse (CEL 2)

agir to act **(Eb 1)**
agit: il s'agit de. . . it is about. . . **(CEL 2)**
agité restless, excited, agitated
agréable pleasant, nice **(Eb 2)**
agressif (agressive) aggressive
agricole agricultural
aider. . .à to help **(Eb 1) (11)**
ailleurs elsewhere **(17)**
  d'ailleurs besides, moreover **(CEL 3)** par ailleurs on the other hand **(CEL 3)**
aimable kind **(Eb 2)**
aimer to like, enjoy, love **(Eb 1) (11)** aimer mieux to prefer **(11) (14)**
l' air *m.* air, atmosphere avoir l'air (de) to look, seem **(Eb 1)**
aisé comfortable
ajouter to add **(30)**
alcoolique alcoholic
alerter to alert
un aliment food
allemand German
l' allemand *m.* German *(language)*
* aller to go **(Eb 1) (2)** aller + *inf.* to be going to + *inf.* **(Eb 1)** aller chercher to get, pick up **(CEL Eb 1) (6)** allez-vous-en (va-t-en) go away **(9)** s'en aller to leave, go away **(9)**
l' Alliance Française *an organization dedicated to the teaching of French in the world*
allô hello *(on the telephone)*
allumé lit
une allumette match
alors then **(17)**
l' alpinisme *m.* mountain climbing
l' aluminium *m.* aluminum **(Eb 2)**
une ambiance atmosphere
ambitieux (ambitieuse) ambitious **(Eb 2)**
l' ambition *f.* ambition
s' améliorer to get better

(CEL 2)
amener to bring *(someone)* **(Eb 1) (CEL Eb 1)**
américain American
l' Amérique *f.* du Sud South America
un ami, une amie friend un petit ami boyfriend une petite amie girlfriend
l' amitié *f.* friendship
l' amour *m.* love
amoureux (amoureuse) in love être amoureux (de) to be in love (with) **(26)**
amusant funny, amusing **(Eb 2)**
amuser to amuse **(28)** s'amuser (à) to have fun **(9) (11)**
un an year **(CEL 1)**
une analyse analysis
analyser to analyze
ancien (ancienne) old, former **(Eb 2)**
anglais English
l' anglais *m.* English *(language)*
l' Angleterre *f.* England
une angoisse fear
un animal (*pl.* animaux) animal
animé lively, busy
une année year **(CEL 1)**
un anniversaire birthday
annonce: une petite annonce classified ad
annoncer to announce **(Eb 1) (30)**
annuaire directory
anormal abnormal
ans: avoir. . .ans to be. . .(years old) **(Eb 1)**
août August
* apercevoir to see, catch a glimpse of **(Eb 1)** s'apercevoir de to notice **(9)**; to realize
* apparaître to appear **(Eb 1)**
un appareil machine, piece of equipment, appliance **(Eb 2)** un appareil ménager appliance un appareil-photo camera
l' apparence *f.* appearance
un appartement apartment
* appartenir à to belong to

(Eb 1) (Eb 2) (6)
appeler to call **(Eb 1)** s'appeler to be named **(9)**
l' appendicite *f.* appendicitis
applaudir to applaud
apporter to bring *(something)* **(Eb 1) (CEL Eb 1)** apporter. . .à. . . to bring **(8)**
apprécier to appreciate
* apprendre to learn **(Eb 1)** apprendre à + *inf.* to learn how to **(Eb 1) (11)** apprendre à. . .à to teach **(11)**
s' approcher (de) to get close to **(9)**
approprié appropriate
après after, afterward **(2) (12) (17) (26)** après que after **(15)** d'après according to **(CEL 3)** d'après vous in your opinion
un après-midi afternoon
l' Arabie *f.* Saoudite Saudi Arabia
l' argent *m.* silver **(Eb 2)**; money
une armée army
arranger to fix, arrange **(Eb 1)** s'arranger to manage **(CEL 3)**
arrêter to arrest, stop s'arrêter (de) to stop **(9) (11)**
arrivé: il est arrivé. . .à . . .happened to **(2)** qu'est-ce qui est arrivé? what happened? **(CEL 6)**
une arrivée arrival
arriver to arrive, come, happen, occur **(2)** arriver à to manage to **(11)**
un article article, item **(Eb 2)**
artificiel (artificielle) artificial
un artiste, une artiste artist
un aspect aspect, appearance
l' aspirine *f.* aspirin
*s' asseoir to sit down **(9)**
assez enough **(17)** assez de enough (of) **(Eb 2)**
une assiette plate
assis: être assis to be seated **(CEL 2)**
assister à to attend, be present at **(Eb 1) (7)**

un **associé**, une **associée** associate

assurances: une compagnie d'assurances insurance company

assurer to assure, permit

un **astronome** astronomer

l' **atmosphère** *f.* atmosphere

attacher to attach

attaquer to attack (**24**)

* **atteindre** to reach, attain (**Eb 1**) (**21**)

attendant: en attendant que while waiting for (**15**)

attendre to wait, wait for (**Eb 1**) (**6**) **s'attendre à** to expect (**9**) (**CEL 3**)

attentif (attentive) attentive (**Eb 2**)

attention: faire attention to be careful, watch out (**CEL 3**) **faire attention à** (+ *noun*) to pay attention (to), be careful (about) (**Eb 1**) (**7**) **faire attention à ce que** to pay attention to what. . . (**CEL 3**)

attentivement carefully

attirer to attract (**28**)

attraper to catch (**Eb 1**) **attraper froid** to catch cold

au (à + le) at (the), to (the) **au cas où** in case

au-dessous de below, beneath (**26**)

au-dessus de above, on top of (**26**)

une **auberge** inn

aucun(e) any (**20**) **ne. . .aucun(e)** not any, no, not a single (**20**)

une **augmentation** raise, increase

augmenter to increase (**Eb 1**)

aujourd'hui today (**4**) (**17**)

auprès de near, next to (**26**)

aussi also, as **aussi. . . que** as. . .as (**16**)

aussitôt right away (**17**) **aussitôt que** as soon as (**21**)

autant as much **autant de. . . que** as much. . .as (**16**)

un **auteur** author

une **auto** car (**Eb 2**) **en auto** by car (**Eb 1**)

un **autobus** bus

l' **automne** *m.* fall, autumn **en automne** in the autumn (**4**)

une **automobile** car, automobile

l' **autonomie** *f.* autonomy **autoriser. . .à** to authorize (**11**)

l' **auto-stop** *m.* hitchhiking **autour de** around (**26**) **autre** other **autre chose** something else (**CEL 4**)

l' **autre** the other (one) (**19**) **les autres** (the) others, the other ones (**19**) **un autre, une autre** another (one) (**19**) **d'autres** other(s), some other(s), other ones (**19**) **personne d'autre** nobody else (**CEL 4**) **quelque chose d'autre** something else (**CEL 4**) **quelqu'un d'autre** someone else (**CEL 4**) **rien d'autre** nothing else (**CEL 4**)

autrefois in the past, formerly (**3**) (**CEL 1**) (**17**)

autrement otherwise (**17**)

aux (à + les) at (the), to (the)

avaler to swallow

avance: en avance in advance

avancer to move forward (**Eb 1**)

avant before (**2**) (**17**) (**26**) **avant de** before (**12**) **avant que** before (**15**) **d'avant** previous (**4**)

un **avantage** advantage

avant-guerre pre-war

avant-hier the day before yesterday (**4**) **avant-hier soir** the night before last (**4**)

avare greedy, stingy

avec with (**26**) **avec qui?** with whom? (**Eb 1**)

l' **avenir** *m.* future (**21**)

une **aventure** adventure

avertir to warn

un **avion** airplane **en avion** by plane **un billet d'avion** airplane ticket (**Eb 2**)

avis: à mon avis in my opinion (**CEL 3**)

un **avocat**, une **avocate** lawyer

* **avoir** to have (**Eb 1**)

avouer to admit, confess (**30**)

avril April

b

un **bagagerie** luggage shop

les **bagages** *f.* luggage

une **bague** ring

se **baigner** to go for a swim (**9**)

un **bain** bath **bains: une salle de bains** bathroom

un **balcon** balcony

un **ballon de football** soccer ball

bancaire pertaining to banking

une **bande dessinée** comic strip

la **banlieue** suburbs

une **banque** bank

un **banquier** banker

bas (basse) low (**Eb 2**) (**16**) **parler bas** to speak in a low voice (**CEL 4**)

une **base** basis

une **bataille** battle

un **bateau** (*pl.* **bateaux**) boat **un bateau à vapeur** steamboat

bâtir to build (**Eb 1**)

* **battre** to beat (**Eb 1**) **se battre** to have a fight (**9**)

bavard talkative (**Eb 2**)

beau (bel, belle; beaux, belles) beautiful, handsome (**Eb 2**) **il fait beau** it's nice (weather)

beaucoup a lot, very much (**17**) **beaucoup de** much, very much, many, very many, a lot of (**Eb 2**) **beaucoup trop de** much too much, many too many (**Eb 2**)

le **beau-frère** brother-in-law (**Eb 2**)

la **beauté** beauty

un **bébé** baby (**Eb 2**)

la **belle-soeur** sister-in-law (**Eb 2**)

besoin: avoir besoin (de) to need (to) (**Eb 1**) (**7**) (**26**)

bête dumb (**Eb 2**)

le **béton** concrete (**Eb 2**)

le **beurre** butter

une **bibliothèque** library

une **bicyclette** bicycle
bien well (**17**) quite, really, indeed (**CEL 4**) **bien élevé** well-mannered (**Eb 2**) **bien que** although (**15**) **vouloir bien** (+ *inf*.) to be willing, accept (**Eb 1**)
bientôt soon (**17**) (**21**)
une **bière** beer
un **bifteck** steak
un **bijou** (*pl*. **bijoux**) jewel
un **billet** banknote, ticket (**Eb 2**) **un billet d'avion** airplane ticket (**Eb 2**)
une **biographie** biography
la **biologie** biology
bizarre odd (**Eb 2**); strange, peculiar **il est bizarre** it is odd (**13**)
un **blanc** blank
blanc (blanche) white (**16**)
blanchir to turn white, to whiten, to bleach (**Eb 1**)
le **blé** wheat
blesser to hurt, wound, injure (**24**) **se blesser** to get hurt (**10**)
bleu blue
blond blond (**Eb 2**)
un **blue-jeans** jeans
* **boire** to drink (**Eb 1**)
le **bois** wood (**Eb 2**)
une **boisson** beverage, drink
une **boîte** box, can (**Eb 2**)
bon (bonne) good **bon marché** cheap, inexpensive (**Eb 2**) **il est bon** it is good (**13**) **sentir bon** to smell good (**CEL 4**)
le **bonheur** happiness
bonjour hello
bord: à bord on board
la **bouche** mouth
bouillir to boil **faire bouillir** to boil (**CEL 5**)
un **boulanger**, une **boulangère** baker
une **boulangerie** bakery
une **bouteille** bottle (**Eb 2**)
une **boutique** shop
un **bracelet en argent/d'argent** silver bracelet
brave brave, courageous, decent, worthy (**Eb 2**)
bref (brève) brief, short

le **Brésil** Brazil
brésilien (brésilienne) Brazilian
la **Bretagne** Brittany
un **brevet de pilote** pilot's license
le **brie** brie (*cheese*)
brillamment brilliantly
brillant very smart, brilliant (**Eb 2**)
briller to shine
la **brique** brick (**Eb 2**)
bronzer to get a tan
une **brosse à dents** toothbrush
se **brosser (les dents)** to brush (one's teeth) (**9**)
un **bruit** noise
brun dark-haired (**Eb 2**); brown **brunir** to turn brown, to get a tan (**Eb 1**)
brusque brusque, abrupt
brusquement all of a sudden (**3**) (**17**)
un **bureau** office **un bureau de poste** post office **un bureau de tabac** tobacco shop
un **but** goal, objective (**21**)

C

ça this, that (**28**) **ça dépend** it all depends (**CEL 6**) **ça m'est égal** it's all the same to me (**CEL 6**) **ça marche?** how's it going? (**CEL 6**) **ça ne fait rien** it doesn't matter (**CEL 6**) **ça ne me regarde pas** it's none of my business (**CEL 6**) **ça va?** how's it going? (**CEL 6**) **ça y est!** that's it!, you've got it! (**CEL 6**) **c'est ça** that's it (**CEL 6**) **c'est comme ça** it's like that, that's how it is (**CEL 6**) **comme ça. . .** in that way (**CEL 6**) **comme ci, comme ça** so-so, more or less (well) (**CEL 6**) **qu'est-ce que c'est que ça?** what's that? (**CEL 6**)
se **cacher** to hide (oneself) (**10**)
un **cachet** tablet (**Eb 2**)

un **cadeau** (*pl*. **cadeaux**) present
cadre: un jeune cadre young executive
le **café** coffee, café
une **cafétéria** cafeteria
un **cahier** notebook
le **Caire** Cairo
une **calculatrice** calculator (**Eb 2**)
calculer: une machine à calculer adding machine
la **Californie** California
calmant calming, soothing
calme calm
calmement calmly
un **camarade**, une **camarade** classmate, friend
cambrioler to burglarize (**24**)
un **cambrioleur** burglar
une **caméra** movie camera
la **campagne** country
camper to camp
le **camping** camping **faire du camping** to go camping (**Eb 1**)
le **Canada** Canada
canadien (canadienne) Canadian (**Eb 2**)
un **canard** duck
un **candidat**, une **candidate** candidate, applicant
le **caoutchouc** rubber (**Eb 2**)
car because
un **caractère** character, type
une **caractéristique** characteristic
un **carnet** small notebook (**Eb 2**) **un carnet d'adresse** address book (**Eb 2**) **un carnet de chèques** check book (**Eb 2**)
une **carotte** carrot
carré square (**Eb 2**)
une **carrière** career
une **carte** card, map **une carte postale** postcard
un **cas** case **en tout cas** in any case, at any rate (**CEL 3**) (**CEL 4**)
un **casse-cou** daredevil (**CEL Eb 2**)
un **casse-tête** puzzle, puzzling problem (**CEL Eb 2**)
casser to break (**Eb 1**) (**24**) **se casser (la jambe)** to break (one's leg) (**10**)
une **cassette** cassette

une **catégorie** category
catégoriquement categorically
cause: à cause de because of (26)
ce it, that (28) **ce qui/que/dont** what (28) **c'est** that's, it's, he's, she's
ce (cet, cette; ces) this, that, these, those (**Eb 2**)
ceci this, that (28)
une **ceinture de sécurité** seat belt
cela (ça) this, that (28)
célèbre famous (**Eb 2**)
célébrer to celebrate (**Eb 1**)
le **céleri** celery
célibataire single, unmarried
celle-ci this one (over here), the latter (27) **celle-là** that one (over there), the former (27)
celui (celle), ceux, celles the one(s) (27)
celui-ci this one (over here), the latter (27) **celui-là** that one (over there), the former (27)
cent (one) hundred (18)
une **centaine** approximately a hundred
un **centième** one hundredth (18)
centième hundredth (18)
un **centre** center **un centre commercial** shopping center
cents: deux cents two hundred (18)
cependant nevertheless, still, however (**CEL 3**)
les **céréales** *f.* cereal grains, cereal
certain certain, sure, some (**Eb 2**) **certain(e)s** some, certain (ones) (19) **il est certain que. . .** it is certain that. . . (14)
certainement certainly
ces these, those (**Eb 2**)
cesser (de) to cease, stop (11)
cet this, that (**Eb 2**)
cette this, that (**Eb 2**)
ceux-ci these (27)
ceux-là those (27)
chacun (chacune) each (one) (19)
une **chaîne** channel
une **chaîne-stéréo** stereo set

une **chambre** room
un **chameau** camel
un **champ** field
le **champagne** champagne
un **champignon** mushroom
un **champion, une championne** champion
un **championnat** championship
une **chance** chance
la **chance** luck **avoir de la chance** to be lucky (**Eb 1**)
un **changement** change
changer to change (**Eb 1**); exchange
chanter to sing (**Eb 1**) **chanter faux** to sing off key (**CEL 4**) **chanter juste** to sing on key (**CEL 4**) **faire chanter** to blackmail (**CEL 5**)
un **chanteur, une chanteuse** singer
un **chapeau** (*pl.* **chapeaux**) hat
un **chapitre** chapter
chaque each (19)
le **charbon** coal (**Eb 2**)
un **chasse-neige** snowplow (**CEL Eb 2**)
chasser to chase (24)
un **chat** cat
un **château** (*pl.* **châteaux**) castle
chaud hot, warm (**Eb 2**) **avoir chaud** to be warm, hot (**Eb 1**)
un **chauffeur, une chauffeuse** driver
une **chaussure** shoe
un **chef** cook, chef, head, chief (**Eb 2**) **un chef d'orchestre** conductor
un **chemin** way, path
une **chemise** shirt **une chemise en/de nylon** nylon shirt
un **chemisier** blouse
un **chèque de voyage** traveler's check
cher (chère) expensive, dear (**Eb 2**) **coûter cher** to be expensive (**CEL 4**)
chercher to look for, get (**Eb 1**) (6) **chercher à** to seek to, try (11) **chercher à savoir** to want to know, want to find out (30) **aller chercher** to get, pick up (**CEL Eb 1**) (6)

les **cheveux** *m.* hair
chez at home, at the house (office, shop, etc.) of, to the house of **chez moi (toi, lui. . .)** (at) home
un **chien** dog
une **chiffre** figure, numeral
la **chimie** chemistry
chimique chemical
un **chimiste, une chimiste** chemist
la **Chine** China
chinois Chinese
le **chinois** Chinese (*language*)
choisir (de) to choose (**Eb 1**) (11)
un **choix** choice
le **chômage** unemployment
choquer to shock, disturb (28)
une **chorale** choir
une **chose** thing (**Eb 2**) **autre chose** something else (**CEL 4**) **quelque chose** something (20) **quelque chose d'autre** something else (**CEL 4**)
un **chèque** check
ci: ce. . .-ci this. . .(over here) **comme ci, comme ça** so-so, more or less (well) (**CEL 6**)
ci-dessous below
le **ciel** (*pl.* **cieux**) sky
une **cigarette** cigarette
le **ciment** cement
un **cinéaste, une cinéaste** filmmaker
un **cinéma** movie theater, movie, film
le **cinéma** the movies
cinq five (18)
cinquante fifty (18)
cinquième fifth (18)
un **cinquième** one fifth (18)
une **circonstance** circumstance
un **circuit** tour
circulaire circular
la **circulation** traffic
circuler to move
un **cirque** circus
les **ciseaux** *m.* scissors
une **cité** city
la **cité universitaire** student dorms
citer to quote, cite
un **citoyen, une citoyenne** citizen

une **Citroën** Citroën *(car)*
clair: il est clair que. . . it is clear that. . . **(14) voir clair** to see clearly **(CEL 4)**
clairement clearly
la **clairvoyance** second-sight, clairvoyance
une **classe** class
classique classical
une **clé** key **(Eb 2) fermer à clé** to lock
un **client**, une **cliente** client, customer
la **climatisation** air conditioning
coeur: par coeur by heart
un **coiffeur**, une **coiffeuse** hairdresser
la **colère** anger **(14) se mettre en colère** to get angry **(9)**
un **collègue**, une **collègue** colleague
une **colonne** column
* **combattre** to fight **(Eb 1)**
combien? how much? **(Eb 1) combien de. . .?** how much, how many? **(Eb 2)**
commander à. . .de to order **(11)**
comme as **comme. . .! how. . .! (CEL 6) c'est comme ça** it's like that, that's how it is **(CEL 6) comme ça. . .** in that way. . . **(CEL 6) comme ci, comme ça** so-so, more or less (well) **(CEL 6)**
commencer to start, begin **(Eb 1) commencer à** to begin **(11) (CEL 3) commencer par** to begin/start by **(CEL 3)**
comment? how? **(Eb 1)**
un **commentaire** comment
un **commerçant**, une **commerçante** shopkeeper, merchant
un **commerce** business
commercial (*pl.* **commerciaux**) commercial
une **communauté** community
communiquer to communicate
une **compagnie** company
une **comparaison** comparison
le **comparatif** comparative

un **complément d'objet** object pronoun
complet (complète) complete **(Eb 2)**
complètement completely **(17)**
compléter to complete
compliqué complicated
composter to stamp, punch
* **comprendre** to understand **(Eb 1)**; to consist of
compris: y compris including
un **compte** account
compter to expect, intend **(Eb 1) (11)**; to count (on)
un **concierge**, une **concierge** building superintendent
un **concombre** cucumber
la **concordance** agreement
un **concours** contest
la **concurrence** competition
un **concurrent** competitor
condamner to condemn
condition: à condition de provided **(12) à condition que** on the condition that, assuming that **(15)**
un **conducteur**, une **conductrice** driver
* **conduire** to drive **(Eb 1)**
une **conférence** conference, discussion, lecture
la **confiance** confidence
le **confort** comfort
confortable comfortable **(Eb 2)**
confus confused
confusément confusedly
conique conical
une **connaissance** acquaintance **(Eb 2) faire la connaissance de** (+ *person*) to meet *(someone, for the first time)* **(Eb 1) (26)**
* **connaître** to know, be acquainted or familiar with **(Eb 1)**
* **conquérir** to conquer **(Eb 1)**
la **conquête** conquest
consacré devoted/given to
consciencieusement conscientiously
consciencieux (consciencieuse) conscientious
le **conseil** council **le conseil d'administration** board of

directors
un **conseil** piece of advice
conseiller à. . .de to advise **(11)**
conséquent: par conséquent therefore, consequently **(CEL 3)**
conservateur (conservatrice) conservative **(Eb 2)**
considérer to consider
la **consistance** consistency
la **consommation** consumption
consommer to consume
constamment constantly
constant constant
constater to note, observe **(30)**
* **construire** to build, construct **(Eb 1)**
contagieux (contagieuse) contagious
contempler to contemplate
* **contenir** to contain **(Eb 1)**
content happy **(Eb 2) être content de** to be pleased with/to **(7) être content to be happy (14)**
le **contenu** contents
continuellement continually
continuer à to continue **(11)**
le **contraire** opposite
un **contrat** contract
contre for, against **par contre** on the other hand, however **(CEL 3)**
* **contredire** to contradict
le **contre-espionnage** counter-espionage
le **contrôle** inspection, control
* **convaincre** to convince **(Eb 1) convaincre. . .de** to convince **(11)**
* **convenir** to suit, be appropriate
convoquer to call together
copier to copy
un **corps** body
correctement correctly
corriger to correct **(Eb 1)**
la **Corse** Corsica *(French island off the Italian coast)*
un **costume** suit
la **côte** coast, shore **la Côte d'Azur** the Riviera
un **côté** side **à côté de** beside, next to **(26) de**

l'autre côté on the other hand (CEL 3) d'un côté on the one hand (CEL 3)

le **coton** cotton (**Eb 2**)

se **coucher** to go to bed (**9**) **être couché** to be in bed (**CEL 2**)

une **couleur** color

un **couloir** hall

coup: tout à coup suddenly, all of a sudden (**3**) (**CEL 4**)

couper to cut (**Eb 1**) **se couper (au doigt)** to cut (one's finger) (**10**)

le **couple de retraités** retired couple

une **cour** court

le **courage** courage

courageusement courageously

courageux (courageuse) courageous (**Eb 2**)

courant current

un **coureur**, une **coureuse** runner

* **courir** to run (**Eb 1**)

couronner to crown

le **courrier** mail

un **cours** course **au cours de** during (**4**) **suivre un cours** to take a course (**Eb 1**)

une **course** race **faire les courses** to go shopping (*for food*) (**Eb 1**)

court short (**Eb 2**)

un **cousin**, une **cousine** cousin

un **couteau** (*pl.* **couteaux**) knife

la **coutume** habit, custom

une **couturière** seamstress, dressmaker

couvert covered

* **couvrir** to cover (**Eb 1**) **se couvrir** to become cloudy (**CEL 2**)

coûter to cost (**Eb 1**) **coûter cher** to be expensive (**CEL 4**)

* **craindre** to fear (**Eb 1**) (**14**)

la **crainte** fear **de crainte que** for fear that

une **cravate** tie

créateur (créatrice) creative (**Eb 2**)

créer to create

la **crème** cream

la **criminalité** criminal nature

une **crise** crisis

un **critique** critic

critiquer to criticize

* **croire** to believe, think (**Eb 1**) **croire à** to believe in (**7**)

un **croissant** crescent roll

cruel (cruelle) cruel (**Eb 2**)

* **cueillir** to pick, gather

le **cuir** leather (**Eb 2**)

cuire to cook, bake **faire cuire** to bake, cook (**CEL 5**)

la **cuisine** cooking **faire la cuisine** to cook (**Eb 1**)

une **cuisine** kitchen

un **cuisinier**, une **cuisinière** cook

une **cuisinière à gaz** gas stove or range

le **cuivre** copper (**Eb 2**)

cultivé cultured, cultivated

curieusement curiously

curieux (curieuse) curious (**Eb 2**) **il est curieux** it is curious (**13**)

un **curriculum vitae** résumé

d

d'abord first, at first (**2**) (**17**)

d'accord okay, alright **être d'accord** to see no objection, be in favor, accept (**CEL 3**)

d'ailleurs besides, moreover (**CEL 3**)

une **dame** lady

le **danger** danger, peril

dangereux (dangereuse) dangerous

dans in (**26**); into **dans** (+ *time*) in. . . (**21**) **dans** (+ *time*) **d'ici** in. . .from now (**21**)

la **danse** dance

danser to dance (**Eb 1**)

d'après according to (**CEL 3**) (**26**) **la semaine d'après** the next week (**4**)

d'autres other(s), some other(s), other ones (**19**)

d'avant before, previous (**4**)

davantage more (**17**)

de of, from, about, any **de la (de l')** of (the), from (the), some (**Eb 2**) **de plus** besides, moreover (**CEL 3**)

le **débarquement** landing

se **débarrasser de** to get rid of (**9**)

un **débat** discussion

se **débrouiller** to manage, get by (**10**) (**CEL 3**)

le **début** beginning **au début de** at the beginning of (**4**)

débutant beginner

décembre December

* **décevoir** to disappoint (**Eb 1**); to deceive

les **déchets** *m.* waste products

décider de to decide (**11**) **décider. . .à** to convince (**11**) **se décider à** to decide, make up one's mind (**11**)

déclarer to declare, state (**30**)

un **décorateur**, une **décoratrice** decorator

décorer to decorate

la **découverte** discovery

* **découvrir** to discover (**Eb 1**)

* **décrire** to describe (**Eb 1**) (**30**)

la **défaite** defeat

défendre à. . .de to forbid (**11**)

défini definite

dehors outside, out (**17**)

déjà ever (**2**) (**17**) already (**2**) (**17**) (**20**)

déjeuner to have lunch (**Eb 1**)

le **déjeuner** lunch **le petit déjeuner** breakfast

un **délégué**, une **déléguée** delegate

demain tomorrow (**17**)

demander to ask, ask for (**Eb 1**) to inquire (**30**) **demander. . .à. . .** to ask (of) (**8**) **demander à. . .de** to ask (**11**) **se demander** to wonder (**9**) (**30**)

déménager to move (*one's residence*) (**Eb 1**)

demi half (**18**)

un **demi-litre** half liter (**Eb 2**)

dénoncer to betray

une **dent** tooth **un mal aux dents** toothache

le **dentifrice** toothpaste

un **dentiste**, une **dentiste** dentist

un **départ** departure

se **dépêcher (de)** to hurry (9) (11)

dépend: ça dépend it (all) depends (CEL 6)

dépendre (de) to depend (on)

une **dépense** expense

dépenser to spend (money) (Eb 1) (CEL Eb 1)

* **déplaire (à)** to displease (Eb 1)

déplorer to deplore (14)

déposer to deposit

depuis since (2) **depuis combien de temps?** for how long? (2) **depuis quand?** since when? (Eb 1) (2) **depuis que** since (15)

déranger to disturb, trouble (Eb 1) (28)

dernier (dernière) last, latest (Eb 2) (4) (18)

le **dernier**, la **dernière** the last one

derrière behind (26)

des (de + les) of (the), from (the), some (Eb 2)

dès as of (21) **dès que** as soon as (21)

désagréable unpleasant (Eb 2)

désastreux (désastreuse) disastrous

descendre to go down, take/ bring down, get off, descend (Eb 1) (CEL Eb 1) (2)

se **déshabiller** to get undressed (9)

désirer to wish, want (Eb 1) (11) (14)

désobéir (à) to disobey (Eb 1) (6)

désobéissant disobedient

désolé sad, very sorry **être désolé** to be sorry (14)

le **désordre** disorder

le **dessert** dessert

dessiner to draw (Eb 1); to sketch, design

le **destin** destiny

un **détail** (*pl.* **détails**) detail

déterminer to determine

détestable loathsome, odious

détester to dislike, hate (Eb 1) (11)

* **détruire** to destroy (Eb 1)

une **dette** debt

deux two (18) **tous les deux** both

deuxième second (18)

deuxièmement secondly

devant in front of (26)

développé developed

un **développement** development

développer to develop

* **devenir** to become (Eb 1) (2)

deviner to guess

un **devoir** duty

* **devoir** to owe, should (Eb 1) to have to, must (11) (CEL 5); to be obliged to, ought

les **devoirs** *m.* homework

d'habitude usually (3)

un **dialogue** dialog, conversation

un **diapo(sitive)** slide

la **diététique** dietetics

différemment differently (17)

la **différence** difference

différent different

difficile hard, difficult (Eb 2)

dimanche Sunday, on Sunday

une **dimension** dimension, size

diminuer to reduce

dîner to have dinner (Eb 1)

le **dîner** dinner

un **diplôme** diploma

* **dire** to say, tell (Eb 1) (30) **dire. . .à. . .** to tell (8) **dire à. . .de** to tell (11) **vouloir dire** to mean (Eb 1)

un **directeur**, une **directrice** director

diriger to manage, run (Eb 1); to direct

un **discours** speech

discret (discrète) discreet (Eb 2)

discrètement discreetly

discuter de to talk about, discuss (26)

* **disparaître** to disappear

(Eb 1); to die

une **dispute** quarrel, dispute

se **disputer** to have an argument (9)

un **disque** record

se **distinguer** to distinguish oneself

dix ten (18)

dix-huit eighteen (18)

un **dixième** one tenth (18)

dix-neuf nineteen (18)

dix-sept seventeen (18)

d'occasion second-hand, used (Eb 2)

un **docteur** doctor

un **documentaire** documentary

un **doigt** finger

domestique domestic

dommage: il est dommage it is a pity (13)

donner. . .à. . . to give (8)

dont who, whom (26) **ce dont** what (28)

* **dormir** to sleep (Eb 1)

le **dos** back

un **doute** doubt

douter to doubt (14)

douteux: il est douteux que it is doubtful that (14)

doux (douce) soft, mild, gentle, sweet (16)

une **douzaine** dozen (Eb 2)

douze twelve (18)

dramatique: l'art *m.* **dramatique** the drama

droit: tout droit straight ahead

le **droit** law

un **droit** right

la **droite** right **à droite de** to the right of (26)

drôle funny *(comical)* (Eb 2)

drôle de (+ *noun*) funny *(strange)* (Eb 2)

drôlement very (CEL 4)

du (de l') of (the), from (the), some (Eb 2)

dur: travailler dur to work hard (CEL 4)

durer to last

dynamique dynamic

e

l' **eau** *f.* water **l'eau minérale** mineral water

un **échange** exchange
échanger to exchange
s' **échapper (de)** to escape
(from) (**10**)
les **échecs** *m.* chess
éclairant lighting up
une **école** school
écologique ecological
économe economical
l' **économie** *f.* economy
**économies: faire des
économies** to save money
(**CEL Eb 1**)
économique economical
(**Eb 2**)
économiser (de l'argent) to
save (money) (**Eb 1**)
écouter to listen to (**Eb 1**)
(**6**)
* **écrire** to write (**Eb 1**) (**30**)
écrire. . .à. . . to write (**8**)
écrire à. . .de to write (**11**)
un **écrivain** writer (**Eb 2**)
effacer to erase (**Eb 1**)
effectuer to effect, carry out
effet: en effet as a matter of
fact, indeed (**CEL 3**)
un **effort** effort
égal (*pl.* **égaux**) equal
(**Eb 2**) **ça m'est égal** it's
all the same to me (**CEL 6**)
l' **égalité** *f.* equality
une **église** church
égoïste selfish (**Eb 2**)
l' **Egypte** *f.* Egypt
un **Egyptien**, une **Egyptienne**
Egyptian
un **électeur**, une **électrice** voter,
elector
électrique electric
électronique electronic
l' **électronique** *f.* electronics
élégamment elegantly
un **élément** element **des
éléments** material
un **élève**, une **élève** student
élevé high **bien élevé**
well-mannered (**Eb 2**)
mal élevé ill-mannered
(**Eb 2**)
élever to raise (**Eb 1**)
éliminer to eliminate
* **élire** to elect (**Eb 1**)
elle she, her (**6**)
elle-même herself (**6**)

elles they (**6**) **d'entre
elles** of them (**19**)
elles-mêmes themselves (**6**)
l' **embarquement** *m.* boarding
embarrassé: être embarrassé
to be embarrassed (**14**)
embarrasser to embarrass (**28**)
s' **embrasser** to kiss one
another (**9**)
emmener to take away
(*someone*) (**Eb 1**) to take
out (*a person*) (**CEL Eb 1**)
empêcher. . .de to prevent,
stop (**11**)
un **empereur** emperor
un **emploi** occupation, job, use,
employment (*of
something*) **une agence
d'emploi** employment
agency **un emploi du
temps** time-table (*of work*)
un **employé**, une **employée**
employee
employer to use, employ
(**Eb 1**)
empoisonner to poison (**24**)
emporter to take away
(*something*) (**CEL Eb 1**)
emprunter. . .à. . . to
borrow (from) (**8**)
ému: être ému to be moved
(**14**)
en in, some, any, from,
there, by, on, of (about) it/
them (**7**) **en** (+ *time*)
in. . . (**21**)
enchanté: être enchanté to
be very happy (**14**)
encore once more (**2**) again,
still, another time (**17**) (**20**)
ne. . .pas encore not yet
(**2**) (**20**)
encourager. . .à to
encourage (**11**)
endormi: être endormi to be
asleep (**CEL 2**)
*s' **endormir** to fall asleep (**9**)
un **endroit** place
énergétique energizing
l' **énergie** *f.* energy
s' **énerver** to get upset (**9**)
l' **enfance** *f.* childhood
un **enfant**, une **enfant** child
enfin at last, afterwards,
finally (**2**) (**3**) (**17**)

engagé committed
engager to hire
enlever to take off, remove
(**Eb 1**) (**CEL Eb 1**)
l' **ennemi** *m.* enemy
ennuyer to bore, bother
(**28**) s' **ennuyer** to get
bored, be bored (**9**)
ennuyeux (**ennuyeuse**) boring
(**Eb 2**)
énorme huge (**Eb 2**)
énormément a lot (**17**)
une **enquête** inquiry, survey
enrichir to enrich
l' **enseignement** *m.* teaching
enseigner à. . .à to teach (**11**)
ensemble together (**17**)
ensuite then, afterwards,
after (**2**) (**17**)
entendre to hear (**Eb 1**)
entendre dire to hear
(*information*) (**CEL 5**)
entendre parler de to hear
(from or of someone), to
hear (about something)
(**CEL 5**) (**26**) s' **entendre
avec** to get along with (**9**)
entier (**entière**) whole
entouré de surrounded by
l' **entraîneur** *m.* coach
entre between (**26**); among
d'entre eux/elles of them
(**19**)
une **entrée** admission, admittance
une **entreprise** business,
undertaking, venture,
company
entrer (dans) to enter, go in,
come in (**Eb 1**) (**CEL Eb 1**)
(**2**) **faire entrer** to show
in (**CEL 5**)
un **entretien** maintenance
une **entrevue** interview
une **enveloppe** envelope
envers toward (*people*) (**26**)
l' **envie** *f.* envy **avoir envie
(de)** to feel like (**Eb 1**)
(**7**) to want, desire (**26**)
l' **environnement** *m.*
environment
* **envoyer (à)** to send (to)
(**Eb 1**) **envoyer. . .à. . .**
to send (**8**)
épais (**épaisse**) thick (**16**)
l' **épanouissement** *m.* growth

une **épaule** shoulder **hausser les épaules** to shrug one's shoulders
épeler to spell (**Eb 1**)
une **époque** period, time
épouser to marry (**9**)
une **épreuve** test
l' **équilibre** *m.* balance
équilibré stable
une **équipe** team
un **équivalent** equivalent
une **éraflure** dent
une **erreur** error, mistake **faire erreur** to make a mistake
les **escaliers** *m.* stairs, stairway
un **escargot** snail
l' **espace** *m.* space
l' **Espagne** *f.* Spain
espagnol Spanish
l' **espagnol** *m.* Spanish *(language)*
espérer to hope (**Eb 1**) (**11**)
un **espion**, une **espionne** spy
un **esprit** mind
essayer (de) to try (**Eb 1**) (**11**)
l' **essence** *f.* gas (**Eb 2**)
essentiel: il est essentiel it is essential (**13**)
un **essuie-glace** windshield wiper (**CEL Eb 2**)
essuyer to wipe (**Eb 1**)
est-ce que *phrase used to introduce a question* (**Eb 1**)
l' **estomac** *m.* stomach
et and **et. . .et** both. . .and (**20**)
établir to establish, draw up
un **étage** floor, story
un **état** state **les Etats-Unis** United States
l' **été** *m.* summer **en été** in the summer (**4**)
* **éteindre** to extinguish, turn off (**Eb 1**)
un **ethnologue**, une **ethnologue** ethnologist
l' **étoffe** *f.* material, stuff
une **étoile** star
étonnant: il est étonnant it is astonishing (**13**)
étonné: être étonné to be astonished, amazed (**14**)
l' **étonnement** *m.* amazement, astonishment

étonner to surprise (**28**)
étrange strange (**Eb 2**) **il est étrange** it is strange (**13**)
étranger (étrangère) foreign (**Eb 2**)
* **être** to be (**Eb 1**) **être à** to belong to (**Eb 2**) (**6**) **être à** + *inf.* should + *passive verb* (**CEL 5**) **être à** (+ *stress pronoun*) to belong to (**27**) **être en train de** (+ *inf.*) to be busy/in the middle of doing something (**Eb 1**) **être sur le point de** (+ *inf.*) to be close to/about to do something (**Eb 1**)
étroit narrow (**Eb 2**)
une **étude** study
un **étudiant**, une **étudiante** student
étudier to study (**Eb 1**)
eux them (**6**) **d'entre eux** of them (**19**)
eux-mêmes themselves (**6**)
évaluer to evaluate
un **événement** event
évidemment evidently (**17**)
évident: il est évident que it is evident that (**14**)
éviter de to avoid (**11**)
évoquer to evoke, recall
un **examen** exam
s' **excuser (de)** to apologize (for) (**9**) (**11**)
des **excuses** *f.* apologies
un **exemple** example **par exemple** for instance
exercer to do, carry out, perform
un **exercice** exercise
exiger to insist, demand (**14**)
une **existence** existence, life
une **expérience** experiment
une **explication** explanation
expliquer to explain (**30**)
un **explorateur**, une **exploratrice** explorer
des **exportations** *f.* export trade, exports
exporter to export
une **exposition** exhibition, exhibit
exprimer to express
s' **exprimer** to express oneself

extérieur: à l'extérieur (de) outside (of) (**26**)
extra-lucide clairvoyant
extraordinaire extraordinary
extra-sensoriel (extra-sensorielle) extra-sensory
un **extra-terrestre** being from outer space
extrêmement extremely

la **fabrication** manufacture
une **fabrique** factory
fabriquer to make *(something)*, manufacture
face: en face de in front of (**26**); opposite
facile easy (**Eb 2**)
faciliter to facilitate
une **façon** manner, way **d'une façon** in a way
façonner to shape, fashion
faible weak (**Eb 2**)
faim: avoir faim to be hungry (**Eb 1**)
* **faire** to do, make (**Eb 1**) **faire** + *inf.* to make/have someone do something, have something done (**25**) **faire de** + *activity* to play, participate in, study, learn to play, be active in (**Eb 1**) **s'en faire** to worry (**CEL 2**)
fait: en fait as a matter of fact, in fact (**CEL 3**) **il fait beau (mauvais, chaud, froid)** it's nice (bad, hot, cold) (weather) **tout à fait** quite, entirely (**CEL 4**)
* **falloir** to be necessary
familial (*pl.* **familiaux**) family
une **famille** family
un **fana**, une **fana** fan
fascinant fascinating
fatigué tired
faut: il faut (+ *inf.*) someone must, should, has to, needs to, it is necessary that (**Eb 1**) (**13**) **il faut** (+ *noun*) . . .is/are necessary, one needs (to have). . . (**CEL Eb 2**) **il faut que** it is necessary that (**13**)
une **faute** fault

faux (fausse) false (**16**) **chanter faux** to sing off key (**CEL 4**)

favori (favorite) favorite (**16**)

les **félicitations** *f.* congratulations

féliciter. . .de to congratulate (**11**)

une **femme** woman, wife (**Eb 2**)

une **fenêtre** window

le **fer** iron (**Eb 2**)

une **ferme** farm

fermement firmly

fermer to close, shut (**Eb 1**) **fermer à clé** to lock

un **fermier**, une **fermière** farmer

un **festival** (*pl.* **festivals**) music festival

une **fête** holiday, feast

un **feu** fire

une **feuille** sheet, leaf (**Eb 2**)

février February

fiable reliable

un **fiancé**, une **fiancée** fiancé(e)

se **fiancer** to get engaged (**9**)

une **fiche** form **une fiche d'hôtel** hotel registration card

fier (fière) proud (**Eb 2**) **être fier (de)** to be proud (of/to) (**7**) (**14**) (**26**)

une **fille** girl, daughter (**Eb 2**)

un **film** movie

un **fils** son (**Eb 2**)

la **fin** end **à la fin de** at the end of (**4**)

final (*pl.* **finals**) final

finalement finally, at last (**3**) (**17**)

des **finances** *f.* finances, resources

financier (financière) financial

finir to finish **finir de** to stop, finish (**11**) (**CEL 3**) **finir par** to end up by, finally (**CEL 3**)

une **firme** business firm

la **fièvre** fever

flatté: être flatté to be flattered (**14**)

une **fleur** flower

la **fois** time (**CEL 1**) **une fois** once, one time (**3**) (**CEL 1**) **deux fois** twice (**3**) **il était**

une fois once upon a time (**CEL 1**) **plusieurs fois** several times (**3**) **pour la première fois** for the first time (**3**)

fonctionner to work

fondamentalement fundamentally, basically

le **fondateur** founder

fonder to found

fondre to melt **faire fondre** to melt (**CEL 5**)

le **foot(ball)** soccer

une **forêt** forest

la **forme** shape **en forme** in great shape

formidable fantastic, great

formuler to formulate

fort quite, very (**CEL 4**)

fort strong (**Eb 2**) **parler fort** to speak in a loud voice (**CEL 4**)

une **fortune** fortune

fou (folle) crazy (**Eb 2**) (**16**)

un **fou** (*pl.* **fous**) madman, fool

la **foule** crowd

un **four** oven **un four à micro-ondes** microwave oven

une **fourrure** fur coat

fragile fragile (**Eb 2**)

frais (fraîche) fresh, cool (**16**)

les **frais** *m.* expenses, cost

un **franc** franc (*monetary unit of France, Belgium, and Switzerland*)

franc (franche) frank (**16**)

français French

le **français** French (*language*)

la **France** France

franchement frankly

francophone French-speaking

les **freins** *m.* brakes

fréquemment frequently

fréquent frequent

un **frère** brother (**Eb 2**)

frire: faire frire to fry (**CEL 5**)

les **frites** *f.* French fries

froid cold (**Eb 2**) **attraper froid** to catch cold **avoir froid** to be cold (**Eb 1**) **il fait froid** it is cold

le **fromage** cheese

un **fruit** fruit

* **fuir** to flee (**Eb 1**)

fumer to smoke (**Eb 1**) (**11**)

un **fumeur**, une **fumeuse** smoker

furieux (furieuse) mad, furious **être furieux** to be mad (**14**)

une **fusée** rocket

le **futur** future (**21**)

g

gagner to earn, win (**Eb 1**)

un **garage** garage

une **garantie** guarantee

garantir to guarantee

un **garçon** boy, waiter (**Eb 2**)

garder to keep (**Eb 1**) (**CEL Eb 1**)

une **gare** station

un **gâteau** (*pl.* **gâteaux**) cake

gauche left **à gauche de** to the left of (**26**)

le **gaz naturel** natural gas

un **gendarme** policeman

la **gendarmerie** police force

gêné: être gêné to be bothered (**14**)

gêner to bother, upset (**28**)

général (*pl.* **généraux**) general **en général** generally (**3**); in general

un **général** general

généralement generally (**3**)

généreux (généreuse) generous (**Eb 2**)

la **générosité** generosity

génial (*pl.* **géniaux**) brilliant, bright (**Eb 2**)

le **génie** genius

le **genre** gender

un **genre** kind, sort, type (**Eb 2**)

les **gens** *m.* people

gentil (gentille) nice, kind (**Eb 2**) (**16**)

gentiment nicely

des **gentlemen** *m.* gentlemen

une **glace** ice cream, mirror

la **gloire** glory

une **goutte** drop

un **gouvernement** government

gouverner to govern

grâce à thanks to

la **grammaire** grammar

grand tall (**Eb 2**); big

une **grand-mère** grandmother
(**Eb 2**)
un **grand-parent**, des **grands-parents** grandparent(s)
un **grand-père** grandfather
(**Eb 2**)
grandir to grow (tall) (**Eb 1**)
gras (grasse) fat, fatty (**16**)
un **gratte-ciel** skyscraper
(**CEL Eb 2**)
gratter to scrape
gratuit (gratuite) free
grave serious
grec (grecque) Greek (**16**)
la **Grèce** Greece
un **grenier** attic
griller: faire griller
to broil (**CEL 5**)
la **grippe** flu
gros (grosse) big, fat (**Eb 2**)
(**16**)
grossir to get fat, gain
weight (**Eb 1**)
un **groupe** group
une **guerre** war
une **guitare** guitar
un **gymnase** gymnasium
la **gymnastique** gymnastics

h

s' **habiller** to get dressed (**9**)
un **habitant** inhabitant
habiter to live, live in
(**Eb 1**) to live (*in a place*)
(**CEL Eb 1**)
une **habitude** habit **avoir**
l'habitude de to be
accustomed/used to (**Eb 1**)
d'habitude usually (**3**)
habituel (habituelle) habitual
habituellement usually (**3**)
habitually (**17**)
s' **habituer à** to get used to (**9**)
Haïti *f.* Haiti
•**hanté** haunted
une **harmonie** harmony
une•**harpe** harp
•**hausser les épaules** to shrug
one's shoulders
•**haut** tall, high (**Eb 2**) **parler**
haut to speak in a high
voice (**CEL 4**)

la•**hauteur** height
un **hélicoptère** helicopter
l' **herbe** *f.* grass
hériter to inherit
un•**héros** hero
hésiter à to hesitate
une **heure** hour, time (**CEL 1**)
à quelle heure? at what
time? (**Eb 1**) **être à**
l'heure to be on time **tout**
à l'heure shortly (**21**); in a
little while, a short while
ago
heureusement fortunately (**17**)
heureux (heureuse) happy
(**Eb 2**) **être heureux (de)**
to be happy (to) (**7**) (**14**)
•**heurter** to run into
hier yesterday (**4**) (**17**) **hier**
après-midi yesterday
afternoon (**4**) **hier soir** last
night
l' **Himalaya** the Himalaya
mountains
l' **histoire** *f.* history
une **histoire** story
l' **hiver** *m.* winter **en**
hiver in the winter (**4**)
•**hocher la tête** to nod one's
head
le•**hockey** hockey
la•**Hollande** Holland
un **homme** man (**Eb 2**)
honnête honest (**Eb 2**)
l' **honnêteté** *f.* honesty
la•**honte** shame **avoir honte**
(**de**) to be ashamed (of)
(**Eb 1**) (**7**) (**14**) (**26**)
un **hôpital** hospital
l' **horaire** *m.* schedule,
timetable
l' **horoscope** *m.* horoscope
horreur: avoir horreur (de)
to dislike intensely (**Eb 1**)
un **hôte**, une **hôtesse** host,
hostess
un **hôtel** hotel
•**huit** eight (**18**)
humain human
humeur: de bonne humeur
in a good mood
de mauvaise humeur
in a bad mood
l' **humour** *m.* humor
hypocrite hypocritical

i

ici here (**17**) **d'ici** (+ *time*)
within. . ., between now
and. . . (**21**)
idéal (*pl.* **idéaux**) ideal
un **idéal** (*pl.* **idéaux**) ideal
idéaliste idealistic
une **idée** idea
identifier to identify
idiomatique idiomatic
ignorer not to know (**30**)
il he, it (**6**)
il y a there is/are, here
come(s) (**CEL Eb 2**) ago
(**4**) **qu'est-ce qu'il y a?**
what's the matter?, what's
happening? (**2**) (**CEL 6**)
une **île** island
ils they (**6**)
une **image** image
imaginer to imagine
imiter to imitate
immense immense, vast,
huge
un **immeuble** apartment
building
immobilière: une agence
immobilière real estate
office
s' **impatienter** to become
impatient (**9**)
l' **impératif** *m.* imperative
mood
un **imperméable** raincoat
impersonnel (impersonnelle)
impersonal
impoli impolite (**Eb 2**)
important: il est important it
is important (**13**)
importe: n'importe no
matter, any (**CEL 6**)
n'importe comment in any
which way, anyhow (**CEL 6**)
n'importe lequel any one
(**CEL 6**) **n'importe où**
anywhere, anyplace
(**CEL 6**) **n'importe quand**
(at) any time (**CEL 6**)
n'importe quel no matter
what **n'importe quel** +
noun any + *noun*
(**CEL 6**) **n'importe qui**

anyone, anybody (**CEL 6**)
n'importe quoi anything
(**CEL 6**)
impossible: il est impossible
it is impossible **il est**
impossible que it is
impossible that (**14**)
un **impôt** tax
une **impression** impression
imprudent careless (**Eb 2**)
impulsif (impulsive)
impulsive (**Eb 2**)
l' **impulsion** *f.* impulse, impetus
impulsivement impulsively
inactif (inactive) inactive
un **incendie** fire
inconfortable uncomfortable
(**Eb 2**)
inconnu unknown (**Eb 2**)
un **inconnu,** une **inconnue**
unknown person
indécis undecided
indéfini indefinite
l' **indépendance** *f.*
independence
les **Indes** *f.* the (West) Indies
indien (indienne) Indian
indiscret (indiscrète)
indiscreet (**Eb 2**)
indispensable: il est
indispensable it is
indispensable, absolutely
necessary (**13**)
un **individu** individual
individualiste individualistic
une **industrie** industry
industriel (industrielle)
industrial
inefficace ineffective
une **inégalité** inequality
inférieur inferior
l' **infinitif** *m.* infinitive
un **infirmier,** une **infirmière**
nurse
l' **inflation** *f.* inflation
un **informaticien,** une **informati-**
cienne computer scientist
l' **informatique** *f.* data
processing
informé: bien informé well
informed
s' **informer** to inform oneself,
inquire
un **ingénieur** engineer (**Eb 2**)
l' **initiative** *f.* initiative
s' **initier** to be introduced

injuste: il est injuste it is
unfair (**13**)
une **injustice** injustice
innombrable innumerable,
countless
inquiet (inquiète) worried
(**Eb 2**); concerned
inquiéter to worry (**28**)
s' **inquiéter** to worry, get
worried (**9**)
s' **inscrire** to register
insister to insist (**CEL 3**)
s' **installer** to settle (down) (**9**)
instinctif (instinctive)
instinctive
un **institut** institute, institution
intellectuel (intellectuelle)
intellectual (**Eb 2**)
intelligemment intelligently
intelligent intelligent, smart
(**Eb 2**)
intensément intensely
intention: avoir l'intention de
to intend to (**Eb 1**) (**7**)
l' **interdiction** *f.* ban **une**
interdiction de stationner
"no parking" sign
* **interdire** to forbid (**Eb 1**)
interdire à. . .de to forbid
(**11**)
intéressant interesting (**Eb 2**)
intéresser to interest (**28**)
s'**intéresser à** to be
interested in (**9**)
un **intérêt** interest
intérieur: à l'intérieur (de)
inside (**17**) (**26**)
un **interprète,** une **interprète**
interpreter
intuitif (intuitive) intuitive
(**Eb 2**)
inutile useless (**Eb 2**) **il est**
inutile it is useless (**13**)
inverser to reverse
l' **inversion** *f.* inversion
investir to invest
un **invité,** une **invitée** guest
inviter. . .à to invite (**11**)
l' **Iran** *m.* Iran
irrégulier (irrégulière)
irregular
isolé isolated
Israël *m.* Israel
l' **Italie** *f.* Italy
italien (italienne) Italian
(**Eb 2**)

l' **italien** *m.* Italian (*language*)
italique: en italique in italics

j

une **Jaguar** Jaguar (*car*)
jaloux (jalouse) jealous
jamais never (**20**)
ne. . .jamais never (**20**)
une **jambe** leg
le **jambon** ham
janvier January
le **Japon** Japan
japonais Japanese
le **japonais** Japanese (*language*)
jaune yellow
je (j') I (**6**)
jeter to throw (away) (**Eb 1**)
un **jeu** game
jeune young (**Eb 2**)
les **jeunes** *m.* young people
la **jeunesse** youth
le **jogging** jogging
la **joie** happiness
* **joindre** to join (**Eb 1**)
joli pretty (**Eb 2**)
jouer to play (**Eb 1**) **jouer**
à to play (*a sport*) (**7**)
jouer de to play (*a musical*
instrument) (**7**)
un **joueur,** une **joueuse** player
être mauvais joueur to be
a poor loser
un **jour** one day (**3**) **ce jour-là**
on that day (**3**) **l'autre**
jour the other day (**3**)
tous les jours every day (**3**)
un **journal** (*pl.* **journaux**)
newspaper
le **journalisme** journalism
un **journaliste,** une **journaliste**
reporter
une **journée** day
joyeux (joyeuse) cheerful
(**Eb 2**)
un **juge** judge
juillet July
juin June
une **jupe** skirt
le **jus** juice **du jus d'orange**
orange juice
jusqu'à until (**21**); up to, as
far as **jusqu'à ce que** until
(**15**)
juste fair **chanter juste** to
sing on key (**CEL 4**) **il est**

juste it is fair (13)
justement precisely, as a matter of fact (17)
la **justice** matters of law, justice **le palais de justice** court house

k

le **karaté** karate
un **kilo** kilo(gram) (Eb 2)
un **kilomètre** kilometer
le **Koweït** Kuwait

l

l' (*see* **le, la**)
la (**l'**) the, her, it (Eb 2) (6)
là there (17) **là-bas** over there (17) **ce. . .-là** that . . .(over there)
un **laboratoire** laboratory
un **lac** lake
laid ugly (Eb 2)
la **laine** wool (Eb 2)
une **laisse** leash
laisser to let, leave (Eb 1) (25) **laisser. . . à. . .** to leave (8) **laisser (quelqu'un) indifférent** not to interest, not to matter to (28) **laisser (une personne ou un objet)** to leave (something or someone) someplace (CEL Eb 1)
le **lait** milk
laitiers: les produits laitiers dairy products
le **lancement** launching
lancer to throw, launch (Eb 1)
une **langue** language **une langue de programmation** computer language
laquelle which one
large wide, broad (Eb 2)
le **latin** Latin (*language*)
un **lave-vaisselle** dishwasher (CEL Eb 2)
laver to wash (Eb 1) **se laver** to wash oneself (9)
le (**l'**) the, him, it (Eb 2) (6)
une **leçon** lesson
légal (*pl.* **légaux**) legal
une **légende** legend, fable
léger (**légère**) light (Eb 2)
un **légume** vegetable

le **lendemain** the day after (4)
lent slow (Eb 2)
lentement slowly
une **lentille** lentil
lequel (**laquelle; lesquels, lesquelles**) which one(s) (27)
les the, them (Eb 2) (6)
une **lettre** letter
leur (to) them (6)
leur(s) their (Eb 2)
le **leur, la leur, les leurs** theirs (27)
lever to raise, lift (up) **se lever** to get up (9) **être levé** to be up (CEL 2)
libéral (*pl.* **libéraux**) liberal (Eb 2)
le **libéralisme** liberalism
libérer to liberate
la **liberté** liberty, freedom
une **librairie** bookstore
libre free
un **lien** bond
lieu: au lieu de instead of (12) **avoir lieu** to take place (2) (CEL 2)
une **ligne** line
la **limonade** lemon soda
* **lire** to read (Eb 1)
une **liste** list
un **lit** bed
un **litre** liter (Eb 2) **un demi-litre** half liter (Eb 2)
un **livre** book (CEL Eb 2)
une **livre** (metric) pound (= ½ kilo) (Eb 2) (CEL Eb 2)
une **locution** phrase, locution
un **logement** lodging
logique logical
la **logique** logic
la **loi** law
loin far (17) **loin de** far from (26)
le **loisir** leisure, free time
long (longue) long (Eb 2) (16) **le long de** along
longtemps (for) a long time (CEL 1) (17) **il y a longtemps** a long time ago (4)
lorsque when (3) (21)
une **loterie** lottery
louer to rent, hire (Eb 1)
lourd heavy (Eb 2)
loyal (*pl.* **loyaux**) loyal (Eb 2)

loyalement loyally
la **loyauté** loyalty
lui him, (to) him, (to) her (6)
lui-même himself (6)
lumineux (lumineuse) luminous
une **lumière** light
lundi Monday
la **lune** moon
des **lunettes** *f.* glasses
lutter to fight
un **lycée** high school
un **lycéen, une lycéenne** high school student

m

m' (*see* **me**)
ma my (Eb 2)
un **machin** thing (Eb 2)
une **machine** machine (Eb 2) **une machine à écrire** typewriter (Eb 2) **une machine à laver** washing machine **une machine de traitement de texte** word processor (Eb 2)
madame (*pl.* **mesdames**) lady **Madame (Mme)** Mrs., ma'am
mademoiselle (*pl.* **mesdemoiselles**) lady
un **magasin** store
un **magazine** magazine
la **magie** magic
mai May
maigre skinny (Eb 2)
maigrir to become thin, to lose weight (Eb 1)
une **main** hand
maintenant now (17)
* **maintenir** to maintain (Eb 1)
un **maire** mayor
mais but
le **maïs** corn
la **maison** house, home **à la maison** at home **une maison en/de brique** brick house
mal badly, poorly (17) **mal élevé** ill-mannered (Eb 2) **avoir mal à la tête** to have a headache **se faire mal (à la main)** to hurt (one's hand) (10)
un **malade, une malade** sick person

une **maladie** illness
malgré despite **malgré cela** in spite of that, nevertheless (**CEL 3**) **malgré tout** in spite of everything, after all (**CEL 3**)
un **malheur** misfortune
malheureusement unfortunately (**17**)
malheureux (malheureuse) unhappy (**Eb 2**) **être malheureux** to be unhappy (**14**)
malhonnête dishonest (**Eb 2**)
manger to eat (**Eb 1**)
manipuler to manipulate
une **manière** manner, way **de la même manière** in the same way, likewise **d'une manière** in a way
un **mannequin** (fashion) model (**Eb 2**)
manque: il manque there is/ are. . .missing (**CEL 2**) **il manque** (+ *noun*) . . .is/ are missing (**CEL Eb 2**)
manquer (de) to miss, lack, be lacking (**CEL 2**) **manquer à** to be missed by (**CEL 2**)
un **manteau** (*pl.* **manteaux**) coat
manuel (manuelle) manual (*labor*)
manufacturé manufactured
se **maquiller** to put on make-up (**9**)
un **marchand,** une **marchande** merchant
une **marchandise** merchandise (**Eb 2**)
marche: ça marche? how's it going? (**CEL 6**)
marché: bon marché cheap, inexpensive (**Eb 2**)
un **marché** market **le Marché Commun** Common Market
marcher to walk, work, function (**Eb 1**)
mardi Tuesday
un **mari** husband (**Eb 2**)
marié married **les jeunes mariés** newlyweds **une robe de mariée** bridal gown
se **marier** to get married (**9**)

se **marier avec** to marry someone
marin: bleu marin navy blue
la **marine** navy
une **marque** make, brand (**Eb 2**)
marquer to mark
une **marraine** godmother (**Eb 2**)
marron brown
un **marron** chestnut
mars March
un **match** game, match **faire un match de** (+ *sport*) to play a game of. . . (**Eb 1**)
matérialiste materialistic
des **matériaux** *m.* **de construction** construction materials
le **matériel** equipment
les **mathématiques** *f.* mathematics
les **maths** *f.* math
un **matin** morning **ce matin** this morning (**4**)
une **matière** material **des matières** *f.* **premières** raw materials **la matière plastique** plastic (**Eb 2**)
mauvais bad **sentir mauvais** to smell bad (**CEL 4**)
me (m') me, to me, myself (**6**)
un **mécanicien,** une **mécanicienne** mechanic
la **mécanique ondulatoire** wave mechanics
un **mécanisme** mechanism, machinery
méchant bad, nasty (**Eb 2**)
un **médecin** doctor (**Eb 2**)
la **médecine** (art of) medicine
les **média** *m.* media
médical (*pl.* **médicaux**) medical
un **médicament** medicine
mégarde: par mégarde accidentally
meilleur better (**16**)
le **meilleur,** la **meilleure** the best (**16**)
même even **même si** even if (**22**) **quand même** nevertheless, however (**CEL 3**)
même very, exact, itself, same, identical (**Eb 2**)

le **même (la même)** the same (one) (**19**) **les mêmes** the same (ones) (**19**)
une **mémoire** memory
menacer (de) to threaten (**Eb 1**) (**11**)
ménager (ménagère) domestic
menteur (menteuse) lying
la **menthe** mint
* **mentir** to lie, tell lies (**Eb 1**)
la **mer** sea, ocean
une **Mercédès** Mercedes (*car*)
merci thanks, thank you
une **mère** mother (**Eb 2**)
mériter to deserve
merveilleux (merveilleuse) marvelous
mes my (**Eb 2**)
un **métal** (*pl.* **métaux**) metal
une **méthode** method, system
un **métier** trade, profession, business
un **mètre** meter
le **métro** subway
* **mettre** to put, place, put on, turn on (*the TV*) (**Eb 1**) to take (*time*) (**CEL Eb 1**); to set (*the table*) **mettre en pratique** to put into practice **se mettre à** to start, begin (**9**) (**11**) **se mettre en colère** to get angry (**9**)
des **meubles** *m.* furniture
mexicain Mexican
le **Mexique** Mexico
un **micro-ordinateur** microcomputer (**Eb 2**)
midi noon
le **mien,** la **mienne,** les **miens,** les **miennes** mine (**27**)
mieux better (**17**) **aimer mieux** to prefer (**14**) **de mieux en mieux** better and better (**CEL 4**) **faire de son mieux** to do one's best (**CEL 3**) **il vaut mieux que** it is better that (**13**) **tant mieux** so much the better
mignon (mignonne) cute (**Eb 2**)
milieu: au milieu de in the middle of (**26**)
militer to militate

mille   (one) thousand (18)

un **mille**   mile

un **milliard**   billion (18)

un **million**   million (18)

un **millionnaire**   millionaire

mince   thin (Eb 2)

une **mine**   mine

minuscule   tiny, minute (Eb 2)

minuit   midnight

une **minute**   minute

mise en pratique   put into practice

moche   plain, unattractive (Eb 2)

un **mode**   way, means

un **modèle**   model

moderne   modern (Eb 2)

moderniser   to modernize

moi   me (6) **moi aussi!** me too!, so am I! **moi non plus!**   neither am I!

moi-même   myself (6)

moins   less (16) (17) **à moins que**   unless (15) **au moins** at least **de moins en moins** less and less (CEL 4) **le/la/les moins. . . de** the least. . .in/of (16) **moins bon**   worse (16) **moins de. . .que**   less. . .than (16) **moins. . .moins** the less. . .the less (CEL 4) **moins. . .plus** the less. . . the more (CEL 4) **moins . . .que** less. . .than (16)

un **mois**   month **au mois de**   in the month of (4)

une **moitié**   a half (18)

un **moment**   moment **au moment où**   just as (3)

mon (ma; mes)   my (Eb 2)

monde: le monde des affaires the business world **tout le monde**   everyone, everybody (CEL 4)

mondial (pl. mondiaux) worldwide

la **mononucléose**   mononucleosis

monotone   monotonous

Monsieur (M.)   Mr., sir

un **monsieur (pl. messieurs)** gentleman

une **montagne**   mountain

monter   to go up, climb, to

bring/take/carry up (Eb 1) (CEL Eb 1) (2)

une **montre**   watch

montrer. . .à. . .   to show (8)

un **monument**   monument

se **moquer de**   to make fun of, laugh at (9)

un **morceau**   piece (Eb 2)

mordre   to bite (24)

la **mort**   death (CEL Eb 2)

un **mort**   dead person (CEL Eb 2)

un **mot**   word

un **moteur**   motor, engine **un moteur à essence**   gas engine

un **motif**   motive

une **motivation**   motivation

une **moto**   motorcycle

un **motocycliste**   motorcyclist

les **mots** m. **croisés**   crossword

mou (molle)   soft, slack, flabby (16)

* **mourir**   to die (Eb 1) (2)

la **moutarde**   mustard

le **mouvement**   movement

moyen (moyenne)   average (Eb 2); middle

muet (muette)   silent

un **mur**   wall

un **musée**   museum

musical (pl. musicaux) musical

un **musicien, une musicienne** musician

la **musique**   music

mutuellement   mutually

mystérieux (mystérieuse) mysterious (Eb 2)

un **mystère**   mystery

n

nager   to swim (Eb 1)

un **nageur, une nageuse** swimmer

naïf (naïve)   naïve (Eb 2)

* **naître**   to be born (Eb 1) (2)

naïvement   naïvely

la **natation**   swimming

les **Nations** f. **Unies**   United Nations

naturel (naturelle)   natural (Eb 2) **il est naturel**   it is natural (13)

naturellement   naturally

nautique: le ski nautique water-skiing

navré: être navré   to be very sorry (14)

ne: ne. . .aucun   not any, no, not a single (20) **ne. . . jamais**   never (20) **ne. . .ni . . .ni**   neither. . .nor (20) **ne. . .nulle part**   nowhere, not anywhere (20) **ne. . . pas**   not (Eb 1) (20) **ne . . .pas encore**   not yet (20) **ne. . .personne**   nobody, no one, not anybody, not anyone (20) **ne. . . plus**   no longer, not any longer, no more, not anymore (20) **ne. . .que**   only (20) **ne. . .rien**   nothing, not anything (20)

néanmoins   nevertheless, nonetheless (CEL 3)

nécessaire: il est nécessaire it is necessary (13) **il n'est pas nécessaire de. . .**   it is not necessary, one does not have to (Eb 1)

nécessairement   necessarily **il ne faut pas nécessaire-ment . . .**   it is not necessary, one does not have to (Eb 1)

négatif (négative)   negative

négativement   negatively

négliger de   to neglect, forget (11)

négocier   to negotiate

la **neige**   snow

neiger   to snow

nerveux (nerveuse)   nervous

n'est-ce pas?   no? isn't it so? right?

nettoyer   to clean (Eb 1)

neuf (neuve)   new, brand-new (Eb 2)

neuf   nine (18)

neuvième   ninth (18)

un **neveu**   nephew (Eb 2)

un **nez**   nose

ni: ne. . .ni. . .ni   neither. . . nor (20)

le **nickel**   nickel (Eb 2)

une **nièce**   niece (Eb 2)

n'importe (*see* **importe**)

le **Noël** *m.* Christmas **la veille de Noël** Christmas eve (4)

noir black

un **nom** name, noun

nominal (*pl.* **nominaux**) noun

nommé: être nommé to be appointed

non no

le **nord** north

normal (*pl.* **normaux**) normal (**Eb 2**) **il est normal** it is to be expected (**13**)

nos our (**Eb 2**) (**6**)

une **note** grade, note

noter to note, notice (**30**)

notre (*pl.* **nos**) our (**Eb 2**) (**6**)

le **nôtre, la nôtre, les nôtres** ours (**27**)

nourrir to feed

la **nourriture** food

nous we, us, to us (**6**); ourselves, each other, one another

nous-mêmes ourselves (**6**)

nouveau (**nouvel, nouvelle; nouveaux, nouvelles**) new, newly acquired (**Eb 2**) **à nouveau** again (**2**) (**17**) **de nouveau** again (**2**)

une **nouvelle** news item **les nouvelles** *f.* the news

la **Nouvelle-Orléans** New Orleans

nucléaire nuclear

une **nuit** night **faire nuit** to be dark

nulle: ne. . .nulle part nowhere, not anywhere (**20**)

numérique numerical

un **numéro** number

nutritive: valeur *f.* **nutritive** food-value

le **nylon** nylon (**Eb 2**)

o

obéir à to obey (**6**)

un **objectif** aim, objective

un **objet** object, thing (**Eb 2**)

obliger to oblige (**Eb 1**) **obliger. . .à** to oblige, require (**11**)

observer to notice, observe (**30**)

* **obtenir** to get, obtain (**Eb 1**) (**CEL Eb 1**)

occasion: d'occasion second-hand, used (**Eb 2**)

une **occasion** occasion, opportunity

occidental (*pl.* **occidentaux**) western

les **occupations** *f.* **de la journée** daily activities

occupé busy

occuper to keep busy (**28**) **s'occuper de** to take care of (**9**) (**26**)

octobre October

un **oeil** (*pl.* **yeux**) eye

un **officier** officer (**11**)

une **offre** offer **une offre d'emploi** job offer

* **offrir** to offer, give (**Eb 1**) **offrir. . .à. . .** to give, offer (**8**) **offrir à. . .de** to offer (**11**)

un **oiseau** (*pl.* **oiseaux**) bird

oisif (**oisive**) idle

une **omelette** omelet

on they, people, one, you (*in a general sense*), we, someone, anyone (**6**)

une **once** ounce (**Eb 2**)

un **oncle** uncle (**Eb 2**)

ondulatoire wave

onze eleven (**18**)

une **opinion** opinion

opportun opportune, timely

optimiste optimistic

l' **or** *m.* gold (**Eb 2**)

une **orange** orange **le jus d'orange** orange juice

un **orateur, une oratrice** orator, speaker

un **ordinateur** computer (**Eb 2**)

ordonné orderly

ordonner à. . .de to order (**11**)

organiser to organize

l' **orgueil** *m.* pride

original (*pl.* **originaux**) original (**Eb 2**)

l' **orthographe** *f.* spelling

orthographique spelling

oser to dare (**11**)

ou or **ou. . .ou** either. . . or (**20**)

où? where? (**Eb 1**)

oublier (de) to forget (**Eb 1**) (**11**)

l' **ouest** *m.* west

oui yes

un **outil** tool

outre: en outre besides, moreover (**CEL 3**)

ouvert open

un **ouvre-boîtes** can opener (**CEL Eb 2**)

un **ouvrier, une ouvrière** worker

* **ouvrir** to open (**Eb 1**)

ovale oval (**Eb 2**)

p

une **page** page

le **pain** bread

une **paire** pair

la **paix** peace

un **palais** palace **le palais de justice** court house

pâle pale

pâlir to grow pale (**Eb 1**)

un **pantalon** pair of pants

un **pape** pope

une **papeterie** stationer's shop

le **papier** paper (**Eb 2**) **le papier à lettres** writing paper

un **paquet** package, pack (**Eb 2**)

par by, through (**26**) **par conséquent** therefore, consequently (**CEL 3**) **par contre** on the other hand, however (**CEL 3**)

* **paraître** to seem, look, appear (**Eb 1**)

un **parc** park

parce que because

* **parcourir** to go over, travel through (**Eb 1**)

pardonner à to forgive (**6**)

pareil (**pareille**) similar (**16**); the same

un **parent** parent

une **parenthèse** parenthesis

paresseux (**paresseuse**) lazy (**Eb 2**)

parfait perfect

parfaitement perfectly

parfois sometimes (**3**) (**CEL 1**)

un **parfum** perfume

parisien (**parisienne**) Parisian

parler (à) to speak, talk (to)
(Eb 1) (6) parler de to
speak/talk about (26) parler
fort (haut, bas) to speak in
a loud (high, low) voice
(CEL 4)
parmi among (26)
un parrain godfather (Eb 2)
part: ne. . .nulle part
nowhere, not anywhere (20)
quelque part somewhere
(20)
partager to share (Eb 1)
un partenaire partner
participer (à) to participate
in, take part in (7)
particulier (particulière)
particular, special
particulièrement especially
une partie part, portion faire
partie de to be part of
faire une partie de
(+ game) to play a game
of. . . (Eb 1)
* partir to leave (Eb 1) (2)
to depart, go away
(CEL Eb 1) à partir de
beginning partir en
vacances to go on vacation
partitif (partitive) partitive
partout everywhere (17)
(CEL 4)
pas not (20) ne. . .pas not
(Eb 1) (20) ne. . .pas encore
not yet (20) pas du tout
not at all (20) (CEL 4)
un passager, une passagère
passenger
passe: il se passe. . . . . .are
happening (CEL 2) qu'est-
ce qui se passe? what's
happening? (CEL 6)
le passé past le passé
composé compound past
tense
passé: qu'est-ce qui s'est
passé? what happened?
(2) (CEL 6)
un passeport passport
passer to go (by/through), to
spend (time), to take (an
exam), to pass (along) (Eb 1)
(CEL Eb 1) (2) se passer
to happen, take place,
occur (2) (9) (CEL 2)

se passer de to do without
(26)
passionnant thrilling
se passionner to have a passion
for
la patience patience
patient patient
un patient, une patiente patient
des patins m. à glace ice skates
un patron, une patronne boss
pauvre poor (Eb 2)
un pauvre, une pauvre poor
person
payer to pay, pay for (Eb 1)
(6)
un pays country
un paysage landscape
un paysan, une paysanne
peasant
la peau skin
pédestre on foot
un peigne comb
se peigner to comb one's hair
(9)
* peindre to paint (Eb 1)
peine: à peine hardly,
scarcely (17)
un peintre, une peintre
painter (Eb 2)
pendant during (3) (4) (26)
pendant que while (3) (15)
pénible boring (Eb 2);
painful, unpleasant
la pensée thought, thinking
penser to think, expect, plan
(Eb 1) (11) penser (à) to
think of/about (Eb 1) (7)
penser de to think, have
an opinion about (7)
perdre to lose, waste (time)
(Eb 1) se perdre to get
lost
un père father (Eb 2)
la performance performance
périr to perish
* permettre (à) to permit,
allow (Eb 1) permettre
à. . .de to allow, let, give
permission (11)
un permis permit
un personnage character
la personnalité personality
personne no one (20)
ne. . .personne nobody, no
one, not anybody, not

anyone (20) personne
d'autre nobody else
(CEL 4)
une personne person (Eb 2)
personnel (personnelle)
personal
le personnel personnel, staff
persuader. . .de to persuade
(11)
peser to weigh (Eb 1)
pessimiste pessimistic
petit short (Eb 2); small un
petit ami boyfriend une
petite amie girlfriend les
petites annonces f. want ads
un petit déjeuner breakfast
un petit-enfant (pl. petits-
enfants) grandchild
le pétrole oil, petroleum (Eb 2)
peu little, not much (17)
peu de not much (of), not
many (Eb 2) un peu de a
little (of), a little bit (of)
(Eb 2)
le peuple people
peuplé populated
peur: avoir peur (de) to be
afraid (of) (Eb 1) (7) (14)
(26) de peur que for fear
that (15) faire peur (à
quelqu'un) to scare,
frighten (someone) (Eb 1)
(28)
peut: il se peut que. . . it is
possible that. . . (14)
peut-être maybe, perhaps
(17)
un pharmacien, une
pharmacienne pharmacist
un phénomène phenomenon
philatélique stamp-collecting
une photo photograph
la photo(graphie) photography
un photographe, une
photographe photographer
une phrase sentence
physique physical
la physique physics
piano: faire du piano to play
the piano (Eb 1)
une pièce coin (Eb 2); play,
piece une pièce de
théâtre play
un pied foot
la pierre stone (Eb 2)

piloter to fly *(an airplane)*
un **pin** pine(tree)
un **pique-nique** picnic
piquer to sting (24)
pis: tant pis! too bad!
une **piscine** pool
la **pitié** pity
pittoresque picturesque
le **placard** closet
placer to put, set, place
(Eb 1)
une **plage** beach
*se **plaindre** to complain
* **plaire (à quelqu'un)** to please
(Eb 1) (6) (28)
un **plaisir** pleasure **faire plaisir**
(à quelqu'un) to please,
make happy (Eb 1) (28)
plaît: s'il te (vous) plaît
please
un **plan** map
une **planche** board **faire de la
planche à voile** to go wind-
surfing
le **plastique** plastic (Eb 2)
un **plat** dish, course *(of a meal)*
le **platine** platinum
plein full (Eb 2) **faire le
plein** to fill the tank
pleut: il pleut it is raining
* **pleuvoir** to rain
le **plomb** lead (Eb 2)
la **plongée sous-marine** scuba
diving
plonger to dive (Eb 1)
la **pluie** rain
la **plupart** most (of them) (19)
la plupart de most of (19)
le **pluriel** plural
plus more (16) (17)
de plus besides, moreover
(CEL 3) **de plus en plus**
more and more (CEL 4)
le/la/les plus. . .de the
most. . .in/of (16) **ne. . .
plus** no longer, not any
longer, no more, not any-
more (Eb 1) (20) **plus de
. . .que** more. . .than
(16) **plus. . .moins** the
more. . .the less (CEL 4)
plus. . .plus the more. . .
the more (CEL 4)
plus. . .que more. . .than
(16) **plus tard** later

plusieurs several (19)
plusieurs fois several times
(3)
le **plus-que-parfait** pluperfect
plutôt rather
un **pneu** *(pl.* pneus) tire
une **poche** pocket
un **poêle** stove (CEL Eb 2)
une **poêle** frying pan (CEL Eb 2)
le **poids** weight
point: être sur le point de
(+ *inf.*) to be close to/
about to do something (Eb 1)
un **poisson** fish
le **poivre** pepper
poli polite (Eb 2)
policier (policière) detective
poliment politely
la **politesse** politeness
politique political **un
homme politique** politician
la **politique** politics, policy
pollué polluted
la **pollution** pollution
polonais Polish
une **pomme** apple **une pomme
de terre** potato
ponctuel (ponctuelle)
punctual (Eb 2)
un **pont** bridge
populaire popular
le **porc** pork
portatif (portative) portable
un **porte-avions** aircraft carrier
(CEL Eb 2)
un **porte-bagages** luggage rack
(CEL Eb 2)
un **porte-clés** key holder (CEL
Eb 2)
un **porte-documents** attaché case
(CEL Eb 2)
un **porte-monnaie** wallet
porter to carry, wear (Eb 1)
se porter bien (mal) to be
in good (bad) health (9)
une **portion** portion, helping
(Eb 2)
un **portrait** portrait
poser to pose, ask *(a
question)*
posséder to own (Eb 1)
une **possibilité** possibility
possible possible **faire tout
son possible** to do all that
is possible (CEL 3) **il est**

possible que. . . it is
possible that. . . (14)
un **poste** post, station, job (CEL
Eb 2)
une **poste** post office (CEL
Eb 2) **mettre à la poste**
to mail **un bureau de poste**
post office
un **pot** jar (Eb 2)
le **poulet** chicken
un **poème** poem
pour (in order) to (12) for
(26) **pour cent** percent
(18) **pour que** so that (15)
le **pourcentage** percentage
pourquoi? why? (Eb 1)
* **poursuivre** to pursue, chase
(24)
pourtant nevertheless,
however (CEL 3)
pourvu que provided that
(15) let's hope that (CEL 3)
pousser to grow **faire
pousser** to grow (CEL 5)
la **poussière** dust
* **pouvoir** to be able, can
(Eb 1) (11) (CEL 5)
un **pouvoir** power
pratique practical (Eb 2)
une **pratique** practice **mettre en
pratique** to put into practice
pratiquer to practice
préalable preliminary
précédent before (4)
précieux (précieuse) precious
précis precise
précisément precisely
des **précisions** f. more information
précoce precocious
* **prédire** to predict (Eb 1)
préférer to prefer, like
better (Eb 1) (11) (14)
un **préjugé** prejudice
préliminaire preliminary
premier (première) first
(Eb 2) (18)
le **premier, la première** the
first (18)
premièrement first
* **prendre** to take *(in general)*,
to have *(a meal, something
to eat or drink)* (Eb 1) (CEL
Eb 1) **s'y prendre** to
handle a situation, go about
something (CEL 2)

préoccupé preoccupied
préoccuper to preoccupy, worry (28) se préoccuper de to worry about (9) (26)
préparer to prepare préparer un examen to prepare for an exam se préparer (à) to get ready (to) (9) (11)
près (de) near, next to (17) (26)
le présent present
présenter to introduce (Eb 1) se présenter to present oneself
un président, une présidente president
présidentiel (présidentielle) presidential
presque almost (17) ne. . . presque jamais hardly ever (17) ne. . .presque pas hardly (17)
prêt (prête) ready
prétendre to claim (11)
prétentieux (prétentieuse) pretentious (Eb 2)
prêter. . .à. . . to lend, loan (8)
* prévenir to warn
* prévoir to foresee (Eb 1)
prévu planned
prier. . .de to ask, beg (11)
un prince prince
une princesse princess
principal (pl. principaux) principal, main
un principe principle
le printemps spring au printemps in the spring (4)
la prise capture
un prisonnier, une prisonnière prisoner
privé private
un prix prize, price
probable: il est probable que it is probable that (14)
probablement probably
un problème problem
prochain next (4) (21)
la production production
* produire to produce (Eb 1)
* produit product (Eb 2) les produits laitiers dairy products

un professeur teacher, professor (Eb 2)
une profession profession
professionnel (professionnelle) vocational (training, etc.), professional
profond deep
la programmation programming une langue de programmation computer language
un programme program
programmer to program (computers)
un programmeur, une programmeuse (computer) programmer
progresser to progress, advance, improve
le progrès progress faire des progrès to make progress
un projet plan (21); project
promenade: faire une promenade (à cheval) to go for a ride on horseback faire une promenade (à pied) to go for a walk (Eb 1) faire une promenade (en auto/à vélo) to go for a ride (by car/ by bicycle) (Eb 1)
promener to walk se promener to go for a walk/ ride (9)
une promesse promise
* promettre (à) to promise (Eb 1) (30) promettre à. . . de to promise (11)
un pronom pronoun
pronominal (pl. pronominaux) pronominal, reflexive
une proportion proportion, ratio, percentage
propos: à propos de about, concerning (26)
un propos resolution
proposer à. . .de to suggest (11)
une proposition suggestion, offer
propre clean, own (Eb 2)
un prospecteur prospector
prospère prosperous
protéger to protect (Eb 1)
prouver to prove
province: de province small townish, country, provincial

les provisions f. food
provoquer to provoke
prudent cautious, careful (Eb 2); wise
un psychiatre, une psychiatre psychiatrist
public (publique) public (16)
le public the public, the people
la publicité advertising, publicity
publier to publish
puis then (2)
puisque since (15)
une puissance power
puissant powerful
un pull sweater, pullover

q

une qualité quality
quand when (21) depuis quand? since when? (Eb 1) jusqu'à quand? until when? quand? when? (Eb 1) quand même nevertheless, however (CEL 3)
une quantité quantity
quarante forty (18)
un quart one quarter (18)
un quartier district, neighborhood
quatorze fourteen (18)
quatre four (18)
quatre-vingt-dix ninety (18)
quatre-vingts eighty (18)
que who, whom, that, which (26) que than (in comparisons) (16) que? what? (Eb 1) (29) que. . .! how. . .! (CEL 6) à moins que unless (15) ce que what (28) ne. . . que only (20)
Québec m. Quebec
quel (quelle) which, what (Eb 2) à quelle heure? at what time? (Eb 1)
quelque chose something (20) quelque chose d'autre something else (CEL 4)
quelquefois sometimes, at times (3) (CEL 1) (17)
quelque part somewhere (20)
quelques some, a few (19) quelques-uns

(quelques-unes) some, a few (**19**)

quelqu'un someone, somebody (**20**) **quelqu'un d'autre** someone else (**CEL 4**)

qu'est-ce que? what? (**29**) **qu'est-ce que c'est?** what is it? (**CEL 6**) **qu'est-ce que c'est que ça?** what's that? (**CEL 6**) **qu'est-ce qui?** what? (**29**)

une **question** question **il est question de. . .** it is about. . . (**CEL 2**) **pas question** out of the question

qui who(m), that, which (**26**) **à qui?** to whom? (**Eb 1**) (**6**) **avec qui?** with whom? (**Eb 1**) **ce qui** what (**28**) **qui?** who, whom? (**Eb 1**) (**6**) (**29**) **qui est-ce que?** whom? (**29**) **qui est-ce qui?** who? (**29**)

quinze fifteen (**18**)

quinzième fifteenth (**18**)

quitter to leave (**Eb 1**) **quitter (un endroit ou une personne)** to leave a place or take leave of a person (**CEL Eb 1**) **se quitter** to leave one another

quoi what (**29**) **quoi?** what? (**6**)

quoique although (**15**)

r

raconter to tell (**Eb 1**)

un **radical** (*pl.* **radicaux**) radical

une **radio** radio

raffiné refined

du **raisin** grapes

une **raison** reason **à raison** rightly **à tort ou à raison** rightly or wrongly **avoir raison** to be right (**Eb 1**)

raisonnable rational, wise (**Eb 2**)

ranger to put in order, put away (**Eb 1**)

rapide fast (**Eb 2**)

rappeler to recall, call back (**Eb 1**) **se rappeler** to remember (**9**)

un **rapport** report

une **raquette** racket **une raquette de tennis** tennis racket

rarement seldom (**3**)

se **raser** to shave (**9**)

un **rasoir** razor

rater to miss, fail (**Eb 1**)

rationnel (rationnelle) rational

ravi: être ravi to be very happy (**14**)

un **ravin** gully, ravine

réagir to react (**Eb 1**)

un **réalisateur,** une **réalisatrice** director, filmmaker

réaliser to carry out **réaliser (un rêve)** to see (a dream) come true, to achieve (**21**)

réaliste realistic

réalité: en réalité actually (**CEL 3**)

récemment recently (**17**)

récent recent

* **recevoir** to receive, get, obtain, entertain (guests) at home (**Eb 1**) (**CEL Eb 1**)

une **recherche** search, research

un **récipient** container

une **réciprocité** reciprocity

réciproque reciprocal

un **récital** (*pl.* **récitals**) (musical) recital

une **recommandation** recommendation

recommander à. . .de to recommend (**11**)

recommencer to start again

récompenser to reward

la **reconnaissance** recognition

* **reconnaître** to recognize, identify (**Eb 1**) to admit (**30**)

recréer to recreate

recruter to recruit

rectangulaire rectangular (**Eb 2**)

rectifier to correct

le **recyclage** recycling

* **réduire** to reduce (**Eb 1**)

réel (réelle) real

réellement really, actually (**17**)

* **refaire** to do again

réfléchir (à) to think (about) (**Eb 1**) (**7**)

refléter reflect

une **réforme** reform

réformer to reform

un **réfrigérateur** refrigerator

refuser de to refuse (**11**)

regarde: ça ne me regarde pas it's none of my business (**CEL 6**)

regarder to look at, watch (*on TV*) (**Eb 1**) (**6**) to concern, be of interest to (**28**)

régime: suivre un régime to be on a diet (**Eb 1**)

une **région** region, area

régner to rule

le **regret** regret

regrettable: il est regrettable it is regrettable, too bad (**13**)

regretter de to regret, be sorry about (**11**) (**14**)

régulier (régulière) regular

régulièrement regularly

une **reine** queen (**Eb 2**)

rejeter to reject (**Eb 1**)

se **réjouir** to be happy, delighted (**14**)

relatif (relative) relative

une **relation** connection, relationship

relativement relatively

relier to join, link up

* **relire** to reread

remarquable remarkable

une **remarque** remark

remarquer to notice, remark (**30**)

un **remède** remedy

remercier. . .de to thank (**11**)

* **remettre** to hand in, put back (**Eb 1**)

remplacer to replace (**Eb 1**)

remplir to fill, fill out (**Eb 1**)

remporter to win

une **Renault** Renault (*car*)

rencontrer to meet (**Eb 1**) **se rencontrer** to meet (**9**)

un **rendez-vous** date, appointment

rendre to give back, return (**Eb 1**) (**CEL Eb 1**) **rendre. . .à. . .** to give back (**8**) **rendre (quelqu'un) heureux/triste** to make happy/sad (**28**) **rendre service (à)** to help

(**Eb 1**) **rendre visite** (à) to visit (*a person*) (**Eb 1**)
(**6**) **se rendre à** to go to
(**9**) **se rendre compte** (**de**) to realize (**9**) (**30**)
renoncer (à) to give up, decide against, renounce (**Eb 1**) (**7**) (**11**)
un **renouveau** renewal
renouveler to renew
rénover to renovate
un **renseignement** information
rentrer to return, go home (**Eb 1**) to come/go back home (**CEL Eb 1**) to go back, come back, return, to bring/take in (**2**)
renverser to knock down, spill, run over (**24**)
renvoyer to send back
réorganiser to reorganize, organize again
réparer to fix (**Eb 1**)
un **repas** meal
* **repeindre** to repaint
répéter to repeat (**Eb 1**)
répliquer to reply (**30**)
répondre (à) to answer (**Eb 1**) (**6**)
une **réponse** answer
se **reposer** to rest (**9**)
un **représentant**, une **repré-sentante** representative
représenter to represent
un **reproche** reproach
reprocher à. . .de to reproach (**11**) **se reprocher** to reproach oneself
une **requête** request, appeal
réserver to reserve (**Eb 1**)
* **résoudre** to resolve (**Eb 1**)
respecter to respect
la **responsabilité** responsability
responsable responsible
ressembler à to look like (**6**)
* **ressentir** to feel (*emotion, pain*) (**Eb 1**)
une **ressource** resource
un **restaurant** restaurant
restaurer to restore
reste: du reste besides, moreover (**CEL 3**)
rester to stay (**Eb 1**) (**2**); to remain **il reste** there is/are. . .left (**CEL 2**) **il reste**

(+ *noun*) . . .is/are left (**CEL Eb 2**)
un **résultat** result
retard: (être) en retard (to be) late
* **retenir** to retain, reserve (**Eb 1**)
se **rétirer** to retire
le **retour** return
retourner to go back, return (**CEL Eb 1**) (**2**)
un **retraité**, une **retraitée** retired person **le couple de retraités** retired couple
retrouver to find (again), meet
une **réunion** meeting, gathering
réunir to bring together
réussir (à) to succeed (in), be successful in (**Eb 1**) (**11**) to pass (*a test*) (**7**)
la **réussite** success
un **rêve** dream (**21**)
un **réveil** wakening
se **réveiller** to wake up (**9**)
* **revenir** to come back, return (**Eb 1**) (**CEL Eb 1**) (**2**)
les **revenus** *m*. income
rêver de to dream of/about (**11**) (**26**)
une **révision** revision
* **revoir** to see again
se **révolter** to revolt, rebel
une **revue** magazine, review
riche rich (**Eb 2**)
un **rideau** (*pl.* **rideaux**) curtain
ridicule ridiculous **il est ridicule** it is ridiculous (**13**)
rien nothing (**20**) **ça ne fait rien** it doesn't matter (**CEL 6**) **ne. . .rien** nothing, not anything (**20**) **rien d'autre** nothing else (**CEL 4**)
* **rire** to laugh (**Eb 1**)
un **risque** risk
une **rivière** stream
le **riz** rice
une **robe** dress **une robe de mariée** bridal gown
robuste robust, sturdy
un **roi** king (**Eb 2**)
un **rôle** role, part
romain Roman
un **roman** novel
rond round (**Eb 2**)
le **roquefort** roquefort (*cheese*)

le **rosbif** roast beef
rôtir: faire rôtir to roast (**CEL 5**)
rouge red
rougir to turn red, blush (**Eb 1**)
une **route** highway, road
roux (**rousse**) redheaded (**16**)
une **rue** street
une **rumeur** rumor
russe Russian
le **russe** Russian (*language*)
rustique rustic

S

sa his, her, its, one's (**Eb 2**) (**6**)
un **sac** bag, handbag, sack (**Eb 2**)
sage rational, wise (**Eb 2**)
sain healthy
saisir to seize, grab (**Eb 1**)
une **saison** season
la **salade** salad
un **salaire** salary, pay
sale dirty, not clean, nasty, unpleasant (**Eb 2**)
une **salle de bains** bathroom **une salle de classe** classroom
saluer to greet
samedi Saturday, on Saturday
un **sandwich** sandwich
sans without (**12**) **sans que** without (**15**)
la **santé** health **être en bonne santé** to be in good health
satisfaire to satisfy
satisfait satisfied **être satisfait de** to be happy about (**26**)
le **saumon** salmon
sauter to jump
sauver to save a person or thing from destruction (**CEL Eb 1**)
un **savant**, une **savante** scientist
* **savoir** to know, know how (to) (**Eb 1**) (**11**) (**30**); to learn, find out
le **savon** soap
scolaire school
se himself, herself, oneself, themselves, each other, one another (**9**)
sec (**sèche**) dry (**16**)

509

un **sèche-cheveux** hair dryer (CEL Eb 2)
sécher to dry
second second (*of two*) (18)
secret (secrète) secret (Eb 2)
un **secrétaire,** une **secrétaire** secretary
un **secteur** sector **un secteur électronique** local supply circuit
seize sixteen (18)
un **séjour** stay, sojourn, visit
le **sel** salt
selon according to (CEL 3) (26)
une **semaine** week (4)
semblable similar
semblant: faire semblant de (+ *inf.*) to pretend (to) (Eb 1) (11)
sembler to seem, appear
le **sénateur** senator
le **sens** meaning **en sens inverse** in the opposite direction
un **sentiment** feeling, sentiment
* **sentir** to feel, smell (Eb 1) **sentir bon (mauvais)** to smell good (bad) (CEL 4) **se sentir (en forme)** to feel (in great shape) **se sentir (fatigué)** to feel (tired) (9) **se sentir (malade)** to feel (sick) (10)
sept seven (18)
septembre September
sérieusement seriously (17)
sérieux (sérieuse) serious (Eb 2)
une **serveuse** waitress (Eb 2)
* **servir** to serve (Eb 1) **se servir de** to use (9) (26)
ses his, her, its, one's (Eb 2) (6)
seul lonely, alone, by oneself, only (Eb 2) **tout seul** all by oneself, all alone (CEL 4)
le **seul,** la **seule** the only one (11)
seulement only, however (17)
si so (CEL 4) if (21) (22) **même si** even if (22)
si yes (*to a negative question*) (Eb 1)

un **siècle** century
un **siège** seat
le **sien,** la **sienne,** les **siens,** les **siennes** his, hers, its (27)
une **sieste** nap
signer to sign
silencieux (silencieuse) silent, quiet (Eb 2)
sinon if not
sixième sixth (18)
un **sixième** one sixth (18)
le **ski** skiing **faire du ski** to ski **faire du ski nautique** to go water skiing **le ski nautique** water skiing
skier to ski
snob snobbish, stuck-up
sociable sociable
social (*pl.* **sociaux**) social
le **socialisme** socialism
une **société** society
une **soeur** sister (Eb 2)
soi himself, herself, oneself (6)
la **soie** silk (Eb 2)
soif: avoir soif to be thirsty (Eb 1)
un **soir** evening **avant-hier soir** the night before last (4)
une **soirée** evening
soixante sixty (18)
soixante-dix seventy (18)
un **soldat** soldier
solde: en solde on sale
la **sole** sole (*fish*)
le **soleil** sun
solide solid (Eb 2)
la **solitude** solitude, loneliness
une **somme** sum
sommeil: avoir sommeil to be sleepy (Eb 1)
un **sommet** top, summit, peak
son (sa; ses) his, her, its, one's (Eb 2) (6)
une **sonate** sonata
songer à to think about (11)
sonner to ring (Eb 1)
la **sonnette** bell
la **sonorisation** sound system
une **sorte** sort, type, kind (Eb 2)
* **sortir** to go out (Eb 1) (CEL Eb 1) to take out (*a thing*) (Eb 1) (CEL Eb 1) to get out, take out (2) **sortir de** to get out (of, from) (Eb 1)

soudain suddenly (3)
* **souffrir** to suffer (Eb 1)
souhaitable: il est souhaitable it is desirable (13)
souhaiter to wish (Eb 1) (11) (14)
souligné underlined
une **source** source
* **sourire** to smile (Eb 1)
sous under (26)
souscrire to sign, subscribe
sous-développé underdeveloped
sous-marin underwater **la plongée sous-marine** scuba diving
la **sous-préfecture** deputy magistrate
souterrain underground
un **souvenir** memory
se **souvenir de** to remember (9) (11) (26)
souvent often (3) (17)
soviétique Soviet
des **spaghetti** *m.* spaghetti
spécial (*pl.* **spéciaux**) special (Eb 2)
spécialement especially
spécialisé specialized
e **spécialité** specialty
un **spectacle** play, show, sight, scene
spectaculaire spectacular
un **spectateur,** une **spectatrice** spectator
spontané spontaneous
le **sport** sport, sports
sportif (sportive) athletic, one who likes sports (Eb 2)
un **stade** stadium
une **star** movie star (Eb 2)
stationner to park
une **station-service** gas station
statistique statistical
la **sténo** shorthand
strictement strictly
un **studio** studio apartment
un **stylo** pen **un stylo à bille** ball-point pen (Eb 2)
le **subjonctif** subjunctive
une **substance** substance
une **substitution** substitution
le **succès** success
le **sucre** sugar
sucré sweet
le **sud** south
suffisamment enough (17)

suffisant adequate

suffit: il suffit it's enough

suggérer à. . .de to suggest (11)

une **suggestion** suggestion

suisse Swiss

suite: tout de suite right away, immediately (17) (CEL 4)

suivant following (4)

* **suivre** to follow (Eb 1) **faire suivre** to forward (CEL 5) **suivre un cours** to take a course (Eb 1) (CEL Eb 1) **suivre un régime** to be on a diet (Eb 1)

un **sujet** subject **au sujet de** about, concerning (26)

superficiel (superficielle) superficial (Eb 2)

superficiellement superficially

superflu superfluous

supérieur superior

un **supermarché** supermarket

supersonique supersonic

superstitieux (superstitieuse) superstitious (Eb 2)

supplier. . .de to beg (11)

supposer to assume

une **supposition** assumption

supprimer to suppress, remove

sur on, about (26); out of

sûr: bien sûr of course **il est sûr** it is certain **il est sûr que** it is sure that (14)

surnaturel (surnaturelle) supernatural

surprenant: il est surprenant it is surprising (13)

* **surprendre** to surprise (Eb 1)

surpris: être surpris to be surprised (14)

une **surprise** surprise

une **surprise-partie** (informal) party

surréaliste surrealist

* **survivre** to survive (Eb 1)

sympathique pleasant, nice (Eb 2); congenial

un **système** system

t

t' (*see* **te**)

ta your (Eb 2)

le **tabac** tobacco

une **table** table

un **tableau** (*pl.* **tableaux**) painting, picture

Tahiti *f.* Tahiti

une **taille** size

un **tailleur** suit

*se **taire** to be quiet (9)

un **talent** talent

tant so much, that much (17) **tant de** so much, so many, that much, that many (Eb 2) **tant mieux** so much the better **tant que** as long as (21)

une **tante** aunt (Eb 2)

taper (à la machine) to type (Eb 1)

un **tapis** rug

tard late (17) **plus tard** later

une **tasse** cup (Eb 2)

un **taureau** bull

un **taux** rate

te (t') you, to you, yourself (6)

technique technical

la **technologie** technology

une **télé** television

un **télégramme** telegram

un **téléphone** telephone

téléphoner (à) to call, phone (Eb 1) (6)

télévisé televised

un **téléviseur** TV set

la **télévision** television

tellement so much, that much (17) **tellement de** so much, so many, that much, that many (Eb 2)

la **température** temperature

une **tempête** storm

temporaire temporary

le **temps** time (CEL 1); weather, tense **à mi-temps** half-time (CEL 1) **à plein temps** full time (CEL 1) **à temps partiel** part-time (CEL 1) **de temps en temps** from time to time (3) (CEL 1) **en ce temps-là** in those times

(CEL 1) **en même temps** at the same time (CEL 1) **tout le temps** all the time

tendre to tend

* **tenir** to hold (Eb 1); keep **tenir à** to value highly (7) to insist upon (11) **tenir à (+ inf.)** to insist upon (Eb 1) **tenir à (+ noun)** to care about (Eb 1)

la **tension artérielle** blood pressure

une **tentation** temptation

une **tente** tent

tenter to try

une **terminaison** termination, ending

terminer to end, finish (Eb 1)

une **terrasse** terrace

la **terre** ground, earth, land

terriblement extremely (CEL 4)

tes your (Eb 2)

la **tête** head **avoir mal à la tête** to have a headache

un **texte** text

le **thé** tea

un **thème** theme, topic, subject

le **thon** tuna

le **tien, la tienne, les tiens, les tiennes** yours (27)

un **tiers** one third (18)

un **timbre** stamp (Eb 2)

timide shy, timid

un **tirage** drawing

un **tire-bouchon** corkscrew (CEL Eb 2)

tirer to pull

un **tiroir** drawer (*of table, etc.*)

toi you (6)

toi-même yourself (6)

tolérant tolerant

tolérer to tolerate

tomber to fall (Eb 1) (2) **faire tomber** to drop (CEL 5)

ton (ta; tes) your (Eb 2)

une **tonne** ton (Eb 2)

tort: à tort wrongly **avoir tort** to be wrong (Eb 1)

une **tortue** turtle

tôt early (17)

totalement totally

toujours always (3) (17) still (CEL 4)

un **tour** tour, trip around, trick
(**CEL Eb 2**) **à votre tour**
your turn **un tour du
monde** trip around the
world

une **tour** tower (**CEL Eb 2**)

le **tourisme** tourist trade **une
agence de tourisme** travel
agency

un **touriste**, une **touriste** tourist
touristique tourist

tous (toutes) all (all of them),
everyone (every one of
them), all (the), every (**19**)

tout everything, all (of
them), everyone (of them)
(**19**)

**tout: tout (le), toute (la), tous/
toutes (les)** all (the), every,
the whole, the entire (**19**)
quite, all (**CEL 4**)

en tout cas in any case,
at any rate (**CEL 3**) (**CEL 4**)

pas du tout not at all (**20**)
(**CEL 4**) **tout à coup**
suddenly, all of a sudden
(**3**) (**CEL 4**) **tout à fait**
quite, entirely (**CEL 4**)

tout à l'heure in a little
while, a short while ago
(**CEL 4**) **tout de suite**
right now, immediately
(**17**) (**CEL 4**) **tout le
monde** everyone,
everybody (**CEL 4**) **tout le
temps** all the time (**CEL 4**)

tous les deux both **tous
les jours** every day (**3**)

tout seul all by oneself, all
alone (**CEL 4**)

toutefois nevertheless
(**CEL 3**)

* **traduire** to translate (**Eb 1**)

un **train** train
train: être en train de
(+ *inf.*) to be busy/in the
middle of doing something
(**Eb 1**)

traiter to treat

une **tranche** slice (**Eb 2**)
tranquillement peacefully
transformer to change,
transform

le **transport** transportation
transporter to carry,
transport

un **travail** (*pl.* **travaux**) work
travailler to work (**Eb 1**)
travailler dur to work
hard (**CEL 4**)

travailleur (travailleuse)
hard-working (**Eb 2**)

un **travailleur**, une **travailleuse**
worker

travers: à travers across
traverser to go through
(**CEL Eb 1**); to cross

treize thirteen (**18**)

un **tremblement de terre**
earthquake

trente thirty (**18**)
trentième thirtieth
très very (**CEL 4**)

un **trésor** treasure

un **tribunal** court

triste sad (**Eb 2**) **être triste
(de)** to be sad (to) (**7**) (**14**)

la **tristesse** sadness

trois three (**18**) **trois
cents** three hundred (**18**)
troisième third (**18**)
troisièmement thirdly

se **tromper** to make a mistake
(**9**)

trop too much (**17**)
beaucoup trop de much
too much, many too many
(**Eb 2**) **trop de** too much,
too many (**Eb 2**)

un **trou** hole
troubler to disturb, trouble
(**28**)

les **troupes** *f.* troops, forces
trouver to find (**Eb 1**) **se
trouver** to be (located) (**9**)

un **truc** thing (**Eb 2**)
tu you (**6**)

un **tube** tube (**Eb 2**)
turc (turque) Turkish (**16**)

la **Turquie** Turkey

un **tuyau** (*pl.* **tuyaux**) pipe

un **type** type, kind, sort (**Eb 2**)

u

un, une a, an, one (**Eb 2**)
(**18**)

l' **un, l'une** (the) one (**19**) **les
uns, les unes** (the) ones,
some (**19**)

l' **Union** *f.* **Soviétique** Soviet
Union

universitaire university

une **université** university

l' **uranium** *m.* uranium (**Eb 2**)

un **usager**, une **usagère** user

une **usine** factory

un **ustensile** utensil
utile useful (**Eb 2**) **il est
utile** it is useful (**13**)
utiliser to use (**Eb 1**)

v

les **vacances** *f.* vacation **en
vacances** on vacation

un **vaccin** vaccine

* **vaincre** to win, conquer (**Eb 1**)
vaisselle: faire la vaisselle to
do the dishes (**Eb 1**)

une **valeur** value

une **valise** suitcase (**Eb 2**) **faire
les valises** to pack (*one's
suitcases*) (**Eb 1**)

* **valoir** to be worth (**Eb 1**)

une **valse** waltz

une **variété** variety
vaut: il vaut it is worth **il
vaut mieux** it is better
(**Eb 1**) **il vaut mieux que**
it is better that (**13**)

une **vedette** (movie, TV) star
(**Eb 2**)
végétarien (végétarienne)
vegetarian

la **veille** the day before (**4**) **la
veille de Noël** Christmas
eve (**4**)

un **vélo** bicycle **à vélo** by
bicycle (**Eb 1**)

un **vendeur**, une **vendeuse**
salesperson
vendre to sell (**Eb 1**)
vendre. . .à. . . to sell (**8**)
vendredi Friday

* **venir** to come (**Eb 1**) (**2**)
venir de (+ *inf.*) to have
just (**Eb 1**) **faire venir** to
call in (**CEL 5**)

une **vente** sale

le **ventre** stomach **avoir mal
au ventre** to have a
stomach-ache

un **verbe** verb
vérifier to check

la **vérité** truth

le **verre** glass (**Eb 2**)
un **verre** glass (**Eb 2**)
vers toward *(things)* (**26**)
vert green
la **vertu** virtue
une **veste** jacket
des **vêtements** *m.* clothes
la **viande** meat
une **victime** victim, casualty
(**Eb 2**)
une **victoire** victory
victorieux (victorieuse)
victorious
vide empty (**Eb 2**)
la **vie** life
vieillir to grow old, age
(**Eb 1**)
viennois Viennese
**vieux (vieil, vieille; vieux,
vieilles)** old (**Eb 2**)
vif (vive) lively, alert (**Eb 2**)
vigilant vigilant, watchful
une **vigne** vine, vineyard
un **vigneron** wine grower
une **villa** summer house, villa
un **village** town, village
une **ville** city **en ville**
downtown
le **vin** wine
vingt twenty (**18**)
vingtième twentieth
la **violence** violence
une **virgule** comma
un **visage** face
visiter to visit *(a place)*
(**Eb 1**)
un **visiteur,** une **visiteuse**
visitor

une **vitamine** vitamin
vite fast, quickly (**17**)
la **vitesse** speed
vive. . .! hurray for. . .!
* **vivre** to live (**Eb 1**) (**CEL
Eb 1**)
voici (+ *noun*) here is/are,
here come(s) (**CEL Eb 2**)
voilà (+ *noun*) here is/are,
here come(s) (**CEL Eb 2**)
un **voile** veil (**CEL Eb 2**)
une **voile** sail (**CEL Eb 2**) **la
planche à voile** wind-
surfing
* **voir** to see (**Eb 1**) **faire
voir** to show (**CEL 5**)
voir clair to see clearly
(**CEL 4**)
un **voisin,** une **voisine**
neighbor
une **voiture** car
une **voix** voice
voler to steal
un **volontaire,** une **volontaire**
volunteer
volontairement voluntarily
la **volonté** will
vomir to vomit
vos your (**Eb 2**)
votre (*pl.* **vos**) your (**Eb 2**)
le **vôtre,** la **vôtre,** les **vôtres**
yours (**27**)
* **vouloir** to wish, want (**Eb 1**)
(**11**) (**14**) to want to
(**CEL 5**) **en vouloir à** to
bear a grudge against, to be
upset with (**CEL 2**)
vouloir bien to agree,

be willing, accept (**Eb 1**)
(**14**) **vouloir dire** to mean
(**Eb 1**) **vouloir savoir**
to want to know (**30**)
vous you, to you, yourself,
yourselves, each other, one
another (**6**)
vous-même yourself (**6**)
vous-mêmes yourselves (**6**)
un **voyage** trip **bon voyage!**
have a nice trip! **faire
un voyage** to go/be on a
trip, take a trip (**Eb 1**)
une agence de voyages
travel agency
voyager to travel (**Eb 1**)
voyageur traveler
vrai true, real (**17**) **il est
vrai** it is true (**27**) **il est
vrai que. . .** it is true
that. . . (**14**)
vraiment really (**17**) (**CEL 4**)

W

le **week-end** on (the) weekends
un **week-end** weekend

Y

y there, it (**7**) **il y a** there
is/are, here come(s) (**CEL
Eb 2**) **il y a** + *time* time
+ ago (**4**)
le **yaourt** yogurt

Z

zéro zero (**18**)

English-French Vocabulary

The English-French Vocabulary contains only active vocabulary.

a

a, an un, une (**Eb 2**) **a little (of), a little bit (of)** un peu de (**Eb 2**) **a lot of** beaucoup de (**Eb 2**)

able: to be able *pouvoir (**Eb 1**) (**11**)

about de (**Eb 2**) à propos de, au sujet de, sur (**26**) **it is about. . .** il s'agit de. . ., il est question de. . . (**CEL 2**) **to be about to do something** être sur le point de (+ *inf*.) (**Eb 1**) **to be happy about** être satisfait de (**26**) **to dream about** rêver de (**26**) **to speak/talk about** parler de, discuter de (**26**) **to worry about** se préoccuper de (**26**)

above au-dessus de (**26**)

absent: to be absent (*from a place*) s'absenter (**10**)

absurd: it is absurd il est absurde (**13**)

to **accept** *admettre (**Eb 1**) (**14**) *vouloir bien (+ *inf*.) (**Eb 1**) accepter de (**11**) *vouloir bien (**14**) être d'accord (**CEL 3**)

according to d'après, selon (**26**) (**CEL 3**)

to **accuse** accuser. . .de (**11**)

accustomed: to be accustomed to avoir l'habitude de (**Eb 1**)

to **achieve** réaliser (**21**)

acquaintance une connaissance (**Eb 2**)

acquainted: to be acquainted with *connaître (**Eb 1**)

to **acquire** *acquérir (**Eb 1**)

acquired: newly acquired nouveau (nouvel, nouvelle; nouveaux, nouvelles) (**Eb 2**)

to **act** agir (**Eb 1**)

active actif (active) (**Eb 2**)

actually en réalité (**CEL 3**) réellement (**17**)

to **add** ajouter (**30**)

address book un carnet d'adresse (**Eb 2**)

to **admit** *admettre (**Eb 1**) (**14**) (**30**) avouer, *reconnaître (**30**)

to **advise** conseiller à. . .de (**11**)

to **affirm** affirmer (**14**)

afraid: to be afraid (of) avoir peur (de) (**Eb 1**) (**7**) (**14**) (**26**)

after après (**2**) (**12**) (**17**) (**26**) après que + *indic*. (**15**) ensuite (**17**) **after all** malgré tout (**CEL 3**) **the day after** le lendemain (**4**) **(the week) after** (la semaine) suivant(e) (**4**)

afternoon: yesterday afternoon hier après-midi (**4**)

afterward(s) ensuite (**2**) après (**17**)

again à nouveau, de nouveau (**2**) encore, à nouveau (**17**)

against contre (**26**)

to **age** vieillir (**Eb 1**)

ago: *elapsed time* + **ago** il y a + *elapsed time* (**4**) **a long time ago** il y a longtemps (**4**)

to **agree** accepter (de) (**11**) (**14**) *vouloir bien (**14**)

aircraft carrier un porte-avions (**CEL Eb 2**)

airplane ticket un billet d'avion (**Eb 2**)

alert vif (vive) (**Eb 2**)

all tout (**CEL 4**) tout (toute; tous, toutes) (**19**) **all (day/morning/evening) long** toute la (journée/matinée/soirée) (**CEL 1**) **all of a sudden** brusquement (**3**) (**17**) **tout à coup** (**3**) **all that** tout ce qui (que, dont, à quoi) (**28**) **all the** tout (le), toute (la), tous (toutes) les (**19**) **all the time** tout le temps (**CEL 4**) **after all** malgré tout (**CEL 3**) **it's all the same to me** ça m'est égal (**CEL 6**) **not at all** pas du tout (**CEL 4**) **to do all that is possible** faire tout son possible (**CEL 3**)

to **allow** *permettre (à) (**Eb 1**) permettre à. . .de (**11**)

allowed: to be allowed to *pouvoir (**Eb 1**)

almost presque (**17**)

alone seul (seule) (**Eb 2**) **all alone** tout seul (**CEL 4**)

along: to pass along passer (**2**)

already déjà (**2**) (**17**) (**20**)

also aussi (**6**)

although bien que + *subj*., quoique + *subj*. (**15**)

aluminum l'aluminium *m*. (**Eb 2**)

always toujours (**3**) (**17**) (**CEL 4**)

amazed: to be amazed être étonné (**14**)

ambitious ambitieux (ambitieuse) (**Eb 2**)

among parmi (**26**)

to **amuse** amuser (**28**)

amusing amusant (**Eb 2**)

ancient ancien (ancienne) (**Eb 2**)

and: (both. . .) and (et. . .) et (**20**)

angry: to get angry se mettre en colère (**9**)

to **announce** annoncer (**Eb 1**) (**30**)

another (one) un(e) autre (**19**) **another time** encore (**17**)

to **answer** répondre à (**Eb 1**) (**6**)

any n'importe (**CEL 6**) **any + *noun*** n'importe quel + *noun* (**CEL 6**) **any one** n'importe lequel (**CEL 6**) **at any rate/in any case** en tout cas (**CEL 3**) (**CEL 4**) **(at) any time** n'importe quand (**CEL 6**) **in any which way** n'importe comment (**CEL 6**) **not any** ne. . .aucun(e) (**20**)

anybody n'importe qui (**CEL 6**) **not anybody** ne. . . personne (**20**)

anyhow n'importe comment (**CEL 6**)

anymore: not anymore ne. . . plus (**20**)

anyone on (6) n'importe qui (CEL 6) not anyone ne. . . personne (20)

anyplace n'importe où (CEL 6)

anything n'importe quoi (CEL 6) not anything ne. . .rien (20)

anywhere n'importe où (CEL 6) not anywhere ne. . .nulle part (20)

to apologize s'excuser (9) to apologize for s'excuser de (11)

to appear *apparaître, *paraître (Eb 1)

appliance un appareil (Eb 2)

are: here are voici/voilà (CEL Eb 2) there are il y a (CEL Eb 2)

argument: to have an argument se disputer (9)

around autour de (26)

to arrange arranger (Eb 1)

to arrive arriver (2)

article un article (Eb 2)

as: as. . .as aussi. . .que (16) as. . .as possible le plus (+ adverb) possible (17) as a matter of fact en fait, en effet (CEL 3) justement (17) as long as tant que (21) as much. . .as autant de. . .que (16) as soon as aussitôt que, dès que (21) just as au moment où (3)

ashamed: to be ashamed (of) avoir honte (de) (Eb 1) (7) (14) (26)

to ask demander à. . .de, prier. . .de (11) demander (30) to ask (for) demander (Eb 1) to ask (of) demander. . .à. . . (8)

asleep: to fall asleep *s'endormir (9)

to assert affirmer (14) (30)

assuming that à condition que + subj. (15)

astonished: to be astonished être étonné (14)

astonishing: it is astonishing il est étonnant (13)

at à (Eb 2) at any rate en tout cas (CEL 3) (CEL 4) at

first d'abord (17) at last enfin (2) (17) finalement (17) at present actuellement (17) at times quelquefois (CEL 1) at what time? à quelle heure? (Eb 1)

athletic sportif (sportive) (Eb 2)

attaché case un porte-documents (CEL Eb 2)

to attack attaquer (24)

to attain *atteindre (Eb 1)

to attend assister à (Eb 1) (7)

attention: to pay attention (to) faire attention à (+ noun) (Eb 1) (7)

attentive attentif (attentive) (Eb 2)

to attract attirer (28)

aunt une tante (Eb 2)

to authorize autoriser. . .à (11)

autumn: in the autumn en automne (4)

average moyen (moyenne) (Eb 2)

to avoid éviter de (11)

away: right away tout de suite (CEL 4) to go away *partir (CEL Eb 1) *s'en aller (9) (CEL 2) s'absenter (10) to put away ranger (Eb 1)

b

baby un bébé (Eb 2)

back: to come back *revenir (CEL Eb 1) (2) to come/go back (home) rentrer (CEL Eb 1) (2) to give back rendre (Eb 1) (CEL Eb 1) to go back retourner (CEL Eb 1) (2)

bad méchant (Eb 2)

badly mal (17)

bag un sac (Eb 2)

to bake *cuire, *faire cuire (CEL 5)

ballpoint pen un stylo à bille (Eb 2)

banknote un billet (Eb 2)

to be *être (Eb 1) to be (located) se trouver (9) to be able *pouvoir (Eb 1) (11) to be about to do something être sur le point

de (+ inf.) (Eb 1) to be. . .(years old) avoir. . .ans (Eb 1)

to bear a grudge against en vouloir à (CEL 2)

to beat *battre (Eb 1)

beautiful beau (bel, belle; beaux, belles) (Eb 2)

because parce que + indic. (15) because of à cause de (26)

to become *devenir (Eb 1) (2)

bed: to go to bed se coucher (9)

before avant (2) (17) (26) avant de + inf. (12) (15) avant que + subj. (15) (the week) before (la semaine) précédant(e) (4) the day before yesterday avant-hier (4) the day before la veille (4) the night before last avant-hier soir (4)

to beg supplier. . .de (11)

to begin commencer à (Eb 1) (11) *se mettre à (9) (11) to begin + inf. commencer à + inf. (CEL 3) to begin by + gerund commencer par + inf. (CEL 3)

beginning: at the beginning of the year au début de l'année (4)

behind derrière (26)

to believe *croire (Eb 1) to believe in *croire à (7)

to belong to *appartenir à (Eb 1) (Eb 2) (6) *être à (Eb 2) *être à + stress pronoun (27)

below au-dessous de (26)

beneath au-dessous de (26)

beside à côté de (26)

besides d'ailleurs, de plus, du reste, en outre (CEL 3)

best: the best (adj.) le meilleur, la meilleure (16) the best (adverb) le mieux (17) to do one's best faire de son mieux (CEL 3)

better meilleur (16) mieux (17) it is better (that) il vaut mieux (que) (Eb 1) (13) to like better préférer (Eb 1)

between entre (26) between

now and. . . d'ici (+ *time*) (21)
big gros (grosse) (Eb 2) (16)
billion un milliard (18)
bit: a little bit (of) un peu de (Eb 2)
to **bite** mordre (24)
to **blackmail** *faire chanter (CEL 5)
to **bleach** blanchir (Eb 1)
blond blond (Eb 2)
to **blush** rougir (Eb 1)
to **boil** bouillir, *faire bouillir (CEL 5)
book un livre (CEL Eb 2) **address book** un carnet d'adresse (Eb 2) **check book** un carnet de chèques (Eb 2)
to **bore** ennuyer (28)
bored: to get/be bored s'ennuyer (9)
boring ennuyeux (ennuyeuse), pénible (Eb 2)
born: to be born *naître (Eb 1) (2)
to **borrow (from)** emprunter. . . à. . . (8)
both. . .and et. . .et (20)
to **bother** ennuyer, gêner (28)
bothered: to be bothered être gêné (14)
bottle une bouteille (Eb 2)
box une boîte (Eb 2)
boy le garçon (Eb 2)
brand une marque (Eb 2)
brave brave (Eb 2)
to **break** casser (Eb 1) (24) to **break** (*one's leg*) se casser (la jambe) (10)
brick la brique (Eb 2)
bright génial (*pl.* géniaux) (Eb 2)
brilliant brillant, génial (*pl.* géniaux) (Eb 2)
to **bring** apporter. . .à. . . (8) to **bring** (*someone*) amener (une personne) (Eb 1) (CEL Eb 1) (*something*) apporter (une chose) (Eb 1) (CEL Eb 1) to **bring down** descendre (2) to **bring in** rentrer (2) to **bring up** monter (Eb 1)
broad large (Eb 2)
to **broil** *faire griller (CEL 5)

brother un frère (Eb 2)
brother-in-law un beau-frère (Eb 2)
brown: to turn brown brunir (Eb 1)
to **brush** (*one's teeth*) se brosser (les dents) (9)
to **build** bâtir, *construire (Eb 1)
to **burglarize** cambrioler (24)
business: it's none of my business ça ne me regarde pas (CEL 6)
busy: to be busy doing something être en train de (+ *inf.*) (Eb 1) **to keep busy** occuper (28)
to **buy** acheter (Eb 1) **to buy (for, from)** acheter. . .à. . . (8)
by par (26) **by. . .ing** en + *pres. part.* (12) **by oneself** seul (seule) (Eb 2)

C

calculator une calculatrice (Eb 2)
to **call** appeler (Eb 1) téléphoner (à) (Eb 1) (6) to **call back** rappeler (Eb 1) to **call in** *faire venir (CEL 5)
can une boîte (Eb 2) **can opener** un ouvre-boîtes (CEL Eb 2)
can *pouvoir (Eb 1) (11)
Canadian canadien (canadienne) (Eb 2)
to **care about** *tenir à + *noun* (Eb 1) **to take care of** s'occuper de (9) (26)
careful prudent (Eb 2) **to be careful (about)** faire attention à (+ *noun*) (Eb 1) (7) (CEL 3)
careless imprudent (Eb 2)
carrier: aircraft carrier un porte-avions (CEL Eb 2)
to **carry** porter (Eb 1) **to carry up** monter (2)
case: attaché case un porte-documents (CEL Eb 2)
case: in any case en tout cas (CEL 3) (CEL 4)
casualty une victime (Eb 2)
to **catch** attraper (Eb 1) **to catch a glimpse of** *apercevoir (Eb 1)

cautious prudent (Eb 2)
to **cease** cesser de (11)
to **celebrate** célébrer (Eb 1)
certain certain (certaine) (Eb 2) **certain (ones)** certain(e)s (19) **it is certain that. . .** il est certain que. . . (14)
to **change** changer (Eb 1)
to **chase** chasser, *poursuivre (24)
cheap bon marché (Eb 2)
check book un carnet de chèques (Eb 2)
cheerful joyeux (joyeuse) (Eb 2)
chef un chef (Eb 2)
chief un chef (Eb 2)
to **choose** choisir (de) (Eb 1) (11)
Christmas eve la veille de Noël (4)
to **claim** prétendre (11)
clean propre (Eb 2) **not clean** sale (Eb 2)
to **clean** nettoyer (Eb 1)
clear: it is clear that. . . il est clair que. . . (14)
to **climb** monter (Eb 1) (2)
close: to be close to doing something être sur le point de (+ *inf.*) (Eb 1) **to get close to** s'approcher (de) (9)
to **close** fermer (Eb 1)
coal le charbon (Eb 2)
coin une pièce (Eb 2)
cold froid (Eb 2) **to be cold** avoir froid (Eb 1)
to **comb one's hair** se peigner (9)
to **come** *venir (Eb 1) (2) arriver (2) **to come back** *revenir (CEL Eb 1) (2) rentrer (2) **to come back home** rentrer (CEL Eb 1) **to come in** entrer (2) **here come(s)** voici/voilà (CEL Eb 2)
comfortable confortable (Eb 2)
comical drôle (Eb 2)
complete complet (complète) (Eb 2)
computer un ordinateur (Eb 2)
to **concern** regarder (28)
concerning à propos de, au sujet de (26)
concrete le béton (Eb 2)
condition: on condition that à condition de + *inf.*, à condition que + *subj.* (15)

to **confess** avouer (**30**)
to **congratulate** féliciter. . .de (**11**)
to **conquer** *conquérir, *vaincre (**Eb 1**)
conscientious consciencieux (consciencieuse) (**Eb 2**)
consequently par conséquent (**CEL 3**)
conservative conservateur (conservatrice) (**Eb 2**)
to **construct** *construire (**Eb 1**)
to **contain** *contenir (**Eb 1**)
to **continue** continuer à (**11**)
to **convince** *convaincre. . .de (**Eb 1**) (**11**) décider. . .à (**11**)
cook un chef (**Eb 2**)
to **cook** faire la cuisine (**Eb 1**) *cuire, *faire cuire (**CEL 5**)
cool frais (fraîche) (**16**)
copper le cuivre (**Eb 2**)
corkscrew un tire-bouchon (**CEL Eb 2**)
to **correct** corriger (**Eb 1**)
to **cost** coûter (**Eb 1**)
cotton le coton (**Eb 2**)
courageous brave, courageux (courageuse) (**Eb 2**)
course: to take a course suivre un cours (**Eb 1**)
to **cover** *couvrir (**Eb 1**)
crazy fou (folle) (**Eb 2**) (**16**)
creative créateur (créatrice) (**Eb 2**)
cruel cruel (cruelle) (**Eb 2**)
cup une tasse (**Eb 2**)
curious curieux (curieuse) (**Eb 2**) **it is curious** il est curieux (**13**)
to **cut** couper (**Eb 1**) **to cut** (*one's finger*) se couper (au doigt) (**10**)
cute mignon (mignonne) (**Eb 2**)

d

to **dance** danser (**Eb 1**)
to **dare** oser (**11**) (**20**)
daredevil un casse-cou (**CEL Eb 2**)
dark-haired brun (**Eb 2**)
daughter une fille (**Eb 2**)
day un jour (**CEL 1**) (**whole**) **day** une journée (**CEL 1**) **every day** tous les jours (**3**) **on that day** ce jour-là (**3**)

one day un jour (**3**) **the day after** le lendemain (**4**)
the day before la veille (**4**)
the day before yesterday avant-hier (**4**) **the other day** l'autre jour (**3**) **. . .days ago** il y a. . .jours (**4**)
dead person un mort (**CEL Eb 2**)
dear cher (chère) (**Eb 2**)
death la mort (**CEL Eb 2**)
decent brave (**Eb 2**)
to **decide** décider de (**11**) se décider à (**11**) **to decide against** renoncer à (**11**)
to **declare** déclarer (**30**)
delighted: to be delighted se réjouir (**14**)
to **demand** exiger (**14**)
to **depart** *partir (**CEL Eb 1**)
depends: it (all) depends ça dépend (**CEL 6**)
to **deplore** déplorer (**14**)
to **descend** descendre (**2**)
to **describe** *décrire (**Eb 1**) (**30**)
desirable: it is desirable il est souhaitable (**13**)
to **desire** avoir envie de (**26**)
to **destroy** *détruire (**Eb 1**)
to **die** *mourir (**Eb 1**) (**2**)
diet: to be on a diet suivre un régime (**Eb 1**)
difficult difficile (**Eb 2**)
dinner: to have dinner dîner (**Eb 1**)
dirty sale (**Eb 2**)
to **disappear** *disparaître (**Eb 1**)
to **disappoint** *décevoir (**Eb 1**)
to **discover** *découvrir (**Eb 1**)
discreet discret (discrète) (**Eb 2**)
to **discuss** discuter de (**26**)
dishes: to do the dishes faire la vaisselle (**Eb 1**)
dishonest malhonnête (**Eb 2**)
dishwasher un lave-vaisselle (**CEL Eb 2**)
to **dislike** détester (**Eb 1**) (**11**) **to dislike intensely** avoir horreur (de) (**Eb 1**)
to **disobey** désobéir (à) (**Eb 1**) (**6**)
to **displease** *déplaire (à) (**Eb 1**)
to **disturb** déranger (**Eb 1**) (**28**) choquer, troubler (**28**)
to **dive** plonger (**Eb 1**)

to **do** *faire (**Eb 1**) **to do** (*an activity*) faire de + *activity* (**Eb 1**) **to do all that is possible** faire tout son possible (**CEL 3**) **to do one's best** faire de son mieux (**CEL 3**) **to do the dishes** faire la vaisselle (**Eb 1**) **to do without** se passer de (**26**) **to be about to do something** être sur le point de (+ *inf.*) (**Eb 1**) **to make/ have someone do something** faire + *inf.* (**25**)
doctor un médecin (**Eb 2**)
doing: to be busy (in the middle of) doing something être en train de (+ *inf.*) (**Eb 1**) **to be close to doing something** être sur le point de (+ *inf.*) (**Eb 1**)
done: to have something done *faire + *inf.* (**25**) **to have something done for oneself** *se faire + *inf.* (**25**)
to **doubt** douter (**14**)
doubtful: it is doubtful that. . . il est douteux que. . . (**14**)
down: to go down descendre (**CEL Eb 1**) **to take/bring/go down** descendre (**Eb 1**) (**2**)
dozen une douzaine (**Eb 2**)
to **draw** dessiner (**Eb 1**)
dream un rêve (**21**)
to **dream of/about** rêver de (**11**) (**26**)
dressed: to get dressed s'habiller (**9**)
to **drink** *boire (**Eb 1**)
to **drive** *conduire (**Eb 1**)
to **drop** *faire tomber (**CEL 5**)
dry sec (sèche) (**16**)
dryer: hair dryer un sèche-cheveux (**CEL Eb 2**)
dumb bête (**Eb 2**)
during pendant (**3**) (**26**) **during a trip** au cours d'un voyage (**4**) **during vacation** pendant les vacances (**4**) **during which** où (**26**)

e

each chaque (**19**) **each one** chacun, chacune (**19**)

early tôt (**17**)

to **earn** gagner (**Eb 1**)

easy facile (**Eb 2**)

to **eat** manger (**Eb 1**)

economical économique (**Eb 2**)

eight •huit (**18**)

eighteen dix-huit (**18**)

eighty quatre-vingts (**18**)

eighty-one quatre-vingt-un (**18**)

either. . .or ou. . .ou (**20**)

to **elect** *élire (**Eb 1**)

eleven onze (**18**)

else: nobody else personne d'autre (**CEL 4**) **nothing else** rien d'autre (**CEL 4**) **someone else** quelqu'un d'autre (**CEL 4**) **something else** autre chose, quelque chose d'autre (**CEL 4**)

elsewhere ailleurs (**17**)

to **embarrass** embarrasser (**28**)

embarrassed: to be embarrassed être embarrassé (**14**)

to **employ** employer (**Eb 1**)

empty vide (**Eb 2**)

to **encourage** encourager. . .à (**11**)

end: at the end of the month à la fin du mois (**4**)

to **end** finir, terminer (**Eb 1**) **to end up by + gerund** finir par + inf. (**CEL 3**)

engaged: to get engaged se fiancer (**9**)

engineer un ingénieur (**Eb 2**)

to **enjoy** aimer (**Eb 1**) (**11**)

enough suffisamment (**17**) **enough (of)** assez de (**Eb 2**) (**17**)

to **enter** entrer (dans) (**Eb 1**) (**2**)

to **entertain (guests) at home** *recevoir (**Eb 1**)

entire: the entire tout le, toute la (**19**)

entirely tout à fait (**CEL 4**)

equal égal (pl. égaux) (**Eb 2**)

equipment: piece of equipment un appareil (**Eb 2**)

to **erase** effacer (**Eb 1**)

to **escape** s'échapper (**10**)

essential: it is essential il est essentiel (**13**)

eve: Christmas eve la veille de Noël (**4**)

even if même si (**22**)

evening un soir (**CEL 1**) **(whole) evening** une soirée (**CEL 1**)

ever déjà (**2**) (**17**) **hardly ever** (ne. . .) presque jamais (**17**)

every tout (toute; tous, toutes) les (**19**)

everybody tout le monde (**CEL 4**)

everyone tous, toutes (**19**) tout le monde (**CEL 4**)

everything tout (**19**) **everything that** tout ce qui (que, dont, à quoi) (**28**)

everywhere partout (**17**) (**CEL 4**)

evident: it is evident that. . . il est évident que. . . (**14**)

exact même (**Eb 2**)

to **expect** compter, penser (**Eb 1**) (**11**) s'attendre (à) (**9**) (**CEL 3**)

expected: it is to be expected il est normal (**13**)

expensive cher (chère) (**Eb 2**) **to be expensive** coûter cher (**CEL 4**)

to **explain** expliquer (**30**)

to **extinguish** *éteindre (**Eb 1**)

extremely terriblement (**CEL 4**)

f

fact: as a matter of fact en fait, en effet (**CEL 3**) justement (**17**) **in fact** en fait (**CEL 3**)

to **fail** rater (**Eb 1**)

fair: it is fair il est juste (**13**)

to **fall** tomber (**Eb 1**) (**2**) **to fall asleep** *s'endormir (**9**)

false faux (fausse) (**16**)

familiar: to be familiar with *connaître (**Eb 1**)

famous célèbre (**Eb 2**)

far loin (**17**) **far from** loin de (**26**)

fast rapide (**Eb 2**) vite (**17**)

fat gros (grosse) (**Eb 2**) (**16**) gras (grasse) (**16**) **to get fat** grossir (**Eb 1**)

father un père (**Eb 2**)

fatty gras (grasse) (**16**)

favor: to be in favor être d'accord (**CEL 3**)

favorite favori (favorite) (**16**)

fear: for fear that de peur que + subj., de peur de + inf. (**15**)

to **fear** *craindre (**Eb 1**) (**14**)

to **feel** *sentir (**Eb 1**) **to feel** (emotion, pain) *ressentir (**Eb 1**) **to feel like** avoir envie de (**Eb 1**) (**7**) **to feel (sick)** se sentir (malade) (**10**) **to feel (tired)** se sentir (fatigué) (**9**)

few: a few quelques (**19**) quelques-uns (quelques-unes) (**19**)

fifteen quinze (**18**)

fifth: one fifth un cinquième (**18**)

fifty cinquante (**18**)

to **fight** *combattre (**Eb 1**) **to have a fight** *se battre (**9**)

to **fill (out)** remplir (**Eb 1**)

finally enfin, finalement (**2**) (**3**) (**17**) **finally + verb** finir par + inf. (**CEL 3**)

to **find** trouver (**Eb 1**) **to want to find out** chercher à savoir (**30**)

to **finish** finir de (**Eb 1**) (**11**) terminer (**Eb 1**) **to finish + gerund** finir de + inf. (**CEL 3**)

first d'abord (**2**) (**17**) premier (première) (**Eb 2**) (**18**) **for the first time** pour la première fois (**3**)

five cinq (**18**)

to **fix** arranger, réparer (**Eb 1**)

flabby mou (molle) (**16**)

flattered: to be flattered être flatté (**14**)

to **flee** *fuir (**Eb 1**)

to **follow** *suivre (**Eb 1**)

for depuis (**2**) pour (**26**) **for a long time** longtemps (**17**) **for fear that** de peur que + subj., de peur de + inf. (**15**) **for how long?** depuis combien de temps? (**2**) **for the purpose of** afin de (**12**)

to **forbid** *interdire à. . .de (**Eb 1**) (**11**) défendre à. . .de (**11**)

foreign étranger (étrangère) (**Eb 2**)

to **foresee** *prévoir (**Eb 1**)

to **forget** négliger de (**11**) oublier de (**Eb 1**) (**11**)

to **forgive** pardonner à (**6**)

former ancien (ancienne) (**Eb 2**)

former: the former celui-là, celle-là (**27**)

formerly autrefois (**CEL 1**)

fortunately heureusement (**17**)

forty quarante (**18**)

forward: to move forward avancer (**Eb 1**)

to **forward** *faire suivre (**CEL 5**)

four quatre (**18**)

fourteen quatorze (**18**)

fourth: one fourth un quart (**18**)

fragile fragile (**Eb 2**)

frank franc (franche) (**16**)

fresh frais (fraîche) (**16**)

to **frighten** faire peur (à quelqu'un) (**Eb 1**) (**28**)

from de (**Eb 2**) **far from** loin de (**26**) **from time to time** de temps en temps (**3**) (**CEL 1**)

front: in front of devant, en face de (**26**)

to **fry** *faire frire (**CEL 5**)

frying pan une poêle (**CEL Eb 2**)

full plein (**Eb 2**) **full time** à plein temps (**CEL 1**)

fun: to have fun s'amuser à (**9**) (**11**) **to make fun of** se moquer de (**9**)

to **function** marcher (**Eb 1**)

funny amusant, drôle, drôle de + *noun* (**Eb 2**)

future l'avenir *m.*, le futur (**21**)

g

to **gain weight** grossir (**Eb 1**)

game: to play a game of. . . faire une partie de + *game* (**Eb 1**) faire un match de + *sport* (**Eb 1**)

gas l'essence *f.* (**Eb 2**)

generally en général, généralement (**3**)

generous généreux (généreuse) (**Eb 2**)

gentle doux (douce) (**16**)

to **get** *acquérir, chercher (**Eb 1**) *obtenir, *recevoir (**Eb 1**) (**CEL Eb 1**) *aller chercher (**CEL Eb 1**) (**6**) **to get along** s'entendre (**9**) **to get angry** *se mettre en colère (**9**) **to get a tan** brunir (**Eb 1**) **to get by** se débrouiller (**10**) **to get close to** s'approcher (de) (**9**) **to get dressed** s'habiller (**9**) **to get engaged** se fiancer (**9**) **to get fat** grossir (**Eb 1**) **to get married** se marier (**9**) **to get off** descendre (**Eb 1**) **to get out (of, from)** *sortir (de) (**Eb 1**) (**2**) **to get ready (to)** se préparer (à) (**9**) (**11**) **to get rid of** se débarrasser de (**9**) **to get undressed** se déshabiller (**9**) **to get up** se lever (**9**) **to get upset** s'énerver (**9**) **to get used to** s'habituer à (**9**) **to get worried** s'inquiéter (**9**)

girl une fille (**Eb 2**)

to **give** *offrir (**Eb 1**) offrir. . . à. . . (**8**) **to give back** rendre (**Eb 1**) (**CEL Eb 1**) rendre. . .à. . . (**8**) **to give permission** *permettre à. . .de (**11**) **to give up** renoncer à (**Eb 1**) (**7**) (**11**)

glass un verre (**Eb 2**)

glimpse: to catch a glimpse of *apercevoir (**Eb 1**)

to **go** *aller (**Eb 1**) (**2**) **to go about something** *s'y prendre (**CEL 2**) **to go away** *partir (**CEL Eb 1**) s'absenter (**10**) *s'en aller (**9**) (**CEL 2**) **to go back** retourner (**CEL Eb 1**) (**2**) rentrer (**2**) **to go back home** rentrer (**CEL Eb 1**) **to go (by/ through)** passer (**Eb 1**) (**CEL Eb 1**) (**2**) **to go down** descendre (**CEL Eb 1**) (**2**) **to go for a ride** (*by car, by bicycle*) faire une promenade (en auto, à vélo) (**Eb 1**) **to go for a swim** se baigner (**9**) **to go for a walk** faire une promenade (à pied) (**Eb 1**) **to go for a walk/ride** se promener (**9**) **to go home** rentrer (**Eb 1**) **to go in** entrer (dans) (**CEL Eb 1**) (**2**) **to go on a trip** faire un voyage (**Eb 1**) **to go out** *sortir (**Eb 1**) (**CEL Eb 1**) (**2**) **to go over** *parcourir (**Eb 1**) **to go shopping** (*for food*) faire les courses (**Eb 1**) **to go shopping** (*for items other than food*) faire des achats (**Eb 1**) **to go through** traverser (**CEL Eb 1**) **to go to** se rendre à (**9**) **to go to bed** se coucher (**9**) **to go up** monter (**Eb 1**) (**CEL Eb 1**) (**2**)

goal un but, un objectif (**21**)

godfather un parrain (**Eb 2**)

godmother une marraine (**Eb 2**)

going: how's it going? ça marche?/ça va? (**CEL 6**)

gold l'or *m.* (**Eb 2**)

good: it is good il est bon (**13**) **got: you've got it!/that's it!** ça y est! (**CEL 6**)

to **grab** saisir (**Eb 1**)

grandfather un grand-père (**Eb 2**)

grandmother une grand-mère (**Eb 2**)

Greek grec (grecque) (**16**)

to **grow** pousser, *faire pousser (**CEL 5**) **to grow old** vieillir (**Eb 1**) **to grow pale** pâlir (**Eb 1**) **to grow (tall)** grandir (**Eb 1**)

grudge: to bear a grudge against *en vouloir à (**CEL 2**)

h

hair dryer un sèche-cheveux (**CEL Eb 2**)

half demi (demie) (**18**) **half time** à mi-temps (**CEL 1**) **one half** une moitié (**18**)

hand: on the one hand d'un côté (**CEL 3**) **on the other hand** de l'autre côté, par ailleurs, par contre (**CEL 3**)

handbag un sac (**Eb 2**)

to **hand in** *remettre (**Eb 1**)

to **handle a situation** *s'y prendre (**CEL 2**)

handsome beau (bel, belle; beaux, belles) (**Eb 2**)

to **happen** arriver (**2**) se passer (**2**) (**9**) (**CEL 2**)

happened: what happened? qu'est-ce qui est arrivé/s'est passé? (**2**) (**CEL 6**) qu'est-ce qu'il y a eu? (**2**)

happening: what's happening? qu'est-ce qu'il y a?, qu'est-ce qui se passe? (**CEL 6**)

happy content, heureux (heureuse) (**Eb 2**) **to be happy** être heureux, être content, se réjouir (**14**) **to be happy about** être satisfait de (**26**) **to be happy to/with** être heureux de (**7**) **to be very happy** être ravi, être enchanté (**14**) **to make happy** faire plaisir (à quelqu'un) (**28**)

hard difficile (**Eb 2**)

hardly à peine, (ne. . .) presque pas (**17**) **hardly ever** (ne. . .) presque jamais (**17**)

hard-working travailleur (travailleuse) (**Eb 2**)

to **hate** détester (**11**)

to **have** *avoir (**Eb 1**) **to have a fight** *se battre (**9**) **to have** (a meal, something to eat or drink) *prendre (**Eb 1**) **to have an argument** se disputer (**9**) **to have dinner** dîner (**Eb 1**) **to have fun** s'amuser à (**9**) (**11**) **to have just** *venir de + inf. (**Eb 1**) **to have lunch** déjeuner (**Eb 1**) **to have someone do something** *faire + inf. (**25**) **to have something done** *faire + inf. (**25**) **to have something done for oneself** *se faire + inf. (**25**) **to have to** *devoir + inf. (**Eb 1**) (**11**) **one does not have to** il n'est pas nécessaire de, il ne faut pas nécessairement (**Eb 1**) **you have to** il faut (**Eb 1**)

he il (**6**) lui (**6**)

head un chef (**Eb 2**)

health: to be in good (bad) health se porter bien (mal) (**9**)

to **hear** entendre (**Eb 1**) (about something) entendre parler de (**CEL 5**) (from or of someone) entendre parler de (**CEL 5**) (information) entendre dire (**CEL 5**) **to hear of** entendre parler de (**26**)

heavy lourd (**Eb 2**)

to **help** aider. . .à (**Eb 1**) (**11**) rendre service (à) (**Eb 1**)

helping une portion (**Eb 2**)

her son, sa, ses, (. . .à elle) (**Eb 2**) (**6**) elle (**6**) la (l') (**6**) lui (**6**)

here ici (**17**) **here come(s)** voici/voilà (**CEL Eb 2**) **here is/are** voici/voilà (**CEL Eb 2**)

hers être à + elle; le sien, la sienne, les siens, les siennes (**27**)

herself elle-même (**6**)

to **hesitate** hésiter à (**11**)

to **hide** se cacher (**10**)

high •haut (**Eb 2**)

him lui (**6**) le (l') (**6**)

himself lui-même (**6**)

to **hire** louer (**Eb 1**)

his son, sa, ses, (. . .à lui) (**Eb 2**) (**6**) être à + lui; le sien, la sienne, les siens, les siennes (**27**)

to **hold** *tenir (**Eb 1**)

holder: key holder un porte-clés (**CEL Eb 2**)

home: to go home rentrer (**Eb 1**)

honest honnête (**Eb 2**)

to **hope** espérer (**Eb 1**) (**11**) **let's hope that** pourvu que (**CEL 3**)

hot chaud (**Eb 2**) **to be hot** avoir chaud (**Eb 1**)

how? comment? (**Eb 1**) comment ça? (**CEL 6**) **for how long?** depuis combien de temps? (**2**) **how. . .!** comme/que. . .! (**CEL 6**) **how many?** combien de? (**Eb 2**) **how much?** combien?

(**Eb 1**) combien de? (**Eb 2**) **how's it going** ça marche?/ça va? (**CEL 6**) **that's how it is** c'est comme ça (**CEL 6**) **to learn how to** apprendre à + inf. (**Eb 1**)

however cependant, par contre, pourtant, quand même (**CEL 3**) seulement (**17**)

huge énorme (**Eb 2**)

hundred cent (**18**) (one) **hundred and one** cent un (**18**) **two hundred** deux cents (**18**) **two hundred and two** deux cent deux (**18**)

hundredth: one hundredth un centième (**18**)

hungry: to be hungry avoir faim (**Eb 1**)

to **hurry** se dépêcher de (**9**) (**11**)

to **hurt** blesser (**24**) (one's foot) se blesser (au pied) (**10**) (one's hand) se faire mal (à la main) (**10**)

husband un mari (**Eb 2**)

i

I je (j'), moi (**6**) **neither am/do I** moi non plus (**6**)

identical même (**Eb 2**)

to **identify** *reconnaître (**Eb 1**)

if si (**21**) **even if** même si (**22**)

ill-mannered mal élevé (**Eb 2**)

immediately tout de suite (**17**) (**CEL 4**)

impatient: to become impatient s'impatienter (**9**)

impolite impoli (**Eb 2**)

important: it is important il est important (**13**)

impossible: it is impossible that. . . il est impossible que. . . (**14**)

impulsive impulsif (impulsive) (**Eb 2**)

in à (**Eb 2**) dans (**26**) **in. . .** dans (+ time) (**21**) **in** (1980) en (1980) (**4**) **in any case** en tout cas (**CEL 3**) **in** (August) en (août) (**4**) **in fact** en fait (**CEL 3**) **in. . .from now**

dans (+ *time*) d'ici (**21**)
in front of   devant, en face
de (**26**)   **in my opinion**   à
mon avis (**CEL 3**)   **in order
that**   afin que + *subj*., pour
que + *subj*. (**15**)   **in order
to**   pour (**12**)   afin de + *inf*.
(**12**) (**15**)   pour + *inf*. (**15**)
in spite of everything
malgré tout (**CEL 3**)   **in
spite of that**   malgré cela
(**CEL 3**)   **in that way. . .**
comme ça. . . (**CEL 6**)   **in
the autumn**   en automne (**4**)
in the middle of   au milieu
de (**26**)   **in the month of**
(**June**)   au mois de (juin) (**4**)
in the past   autrefois (**3**) (**17**)
in the spring   au printemps
(**4**)   **in the summer**   en été
(**4**)   **in the winter**   en hiver
(**4**)   **to be in love with**   être
amoureux de (**26**)   **to bring/
take in**   rentrer (**2**)
to **increase**   augmenter (**Eb 1**)
indeed   en effet (**CEL 3**)   bien
(**CEL 4**)
indiscreet   indiscret (indiscrète)
(**Eb 2**)
indispensable: it is indispensable
il est indispensable (**13**)
inexpensive   bon marché (**Eb 2**)
to **injure**   blesser (**24**)
to **inquire**   demander (**30**)
inside (of)   à l'intérieur (de) (**17**)
(**26**)
to **insist**   exiger (**14**)   insister
(**CEL 3**)   **to insist upon**
*tenir à + *inf*. (**11**)
instead of   au lieu de (**12**)
intellectual   intellectuel
(intellectuelle) (**Eb 2**)
intelligent   intelligent (**Eb 2**)
to **intend**   compter (**11**)   **to intend
to**   avoir l'intention de (+
inf.) (**Eb 1**) (**7**)
intensely: to dislike intensely
avoir horreur (de) (**Eb 1**)
to **interest**   intéresser (**28**)   **not to
interest**   laisser (quelqu'un)
indifférent (**28**)   **to be of
interest to**   regarder (**28**)
**interested: to be interested
in**   s'intéresser à (**9**)
interesting   intéressant (**Eb 2**)

to **introduce**   présenter (**Eb 1**)
intuitive   intuitif (intuitive)
(**Eb 2**)
to **invite**   inviter. . .à (**11**)
iron   le fer (**Eb 2**)
is: . . .is left   il reste (+ *noun*)
(**CEL Eb 2**)   **. . .is missing**   il
manque (+ *noun*) (**CEL Eb 2**)
. . .is necessary   il faut
(+ *noun*) (**CEL Eb 2**)   **here
is**   voici/voilà (**CEL Eb 2**)
there is   il y a (**CEL Eb 2**)
it   il/elle (**6**)   le/la/l' (**6**)   ce,
cela (ça) (**28**)   **it (all)
depends**   ça dépend (**CEL 6**)
it doesn't matter   ça ne fait
rien (**CEL 6**)   **it is better**
il vaux mieux (**Eb 1**)   **it
is better that**   il vaut mieux
que (**13**)   **it is good**   il
est bon (**13**)   **it is necessary
that**   il faut que (**13**)   **it's all
the same to me**   ça m'est égal
(**CEL 6**)   **it's like that/that's
how it is**   c'est comme ça
(**CEL 6**)   **it's none of my
business**   ça ne me regarde
pas (**CEL 6**)   **how's it
going?**   ça marche?/ça va?
(**CEL 6**)   **that's it**   c'est ça
(**CEL 6**)   **that's it!/you've got
it!**   ça y est! (**CEL 6**)
Italian   italien (italienne) (**Eb 2**)
item   un article (**Eb 2**)
its   son, sa, ses (**Eb 2**)   le sien,
la sienne, les siens, les siennes
(**27**)
itself   même (**Eb 2**)

j

jar   un pot (**Eb 2**)
job   un poste (**CEL Eb 2**)
to **join**   *joindre (**Eb 1**)
just: to have just   *venir de +
inf. (**Eb 1**)   **just as**   au
moment où (**3**)

k

to **keep**   garder (**Eb 1**) (**CEL
Eb 1**)   **to keep busy**   occuper
(**28**)
key   une clé (**Eb 2**)   **key
holder**   un porte-clés (**Eb 2**)
kilogram   un kilo (**Eb 2**)

kind   aimable (**Eb 2**)   gentil
(gentille) (**16**)   **what kind
of. . .**   quel genre de. . ./
quelle sorte de. . ./quel type
de. . . (**Eb 2**)
king   le roi (**Eb 2**)
to **kiss**   s'embrasser (**9**)
to **knock down**   renverser (**24**)
to **know**   *connaître (**Eb 1**)
*savoir (**Eb 1**) (**30**)   **to know
how**   *savoir (**11**)   **not
to know**   ignorer (**30**)   **to
want to know**   chercher à
savoir, *vouloir savoir (**30**)

l

to **lack**   manquer de (**CEL 2**)
lacking: to be lacking   manquer
de (**CEL 2**)
last   dernier (dernière) (**Eb 2**)
(**18**)   **at last**   enfin (**2**) (**17**)
finalement (**17**)   **last (October
30th)**   (le 30 octobre) dernier
(**4**)   **last (September)**   (en
septembre) dernier (**4**)   **last
week**   la semaine dernière
(**4**)   **the night before last**
avant-hier soir (**4**)
late   tard (**17**)
latest   dernier (dernière) (**Eb 2**)
latter: the latter   celui-ci,
celle-ci (**27**)
to **laugh**   *rire (**Eb 1**)   **to laugh
at**   se moquer de (**9**)
to **launch**   lancer (**Eb 1**)
lazy   paresseux (paresseuse)
(**Eb 2**)
lead   le plomb (**Eb 2**)
leaf   une feuille (**Eb 2**)
to **learn**   *apprendre (**Eb 1**)   **to
learn how to**   *apprendre à
+ *inf*. (**Eb 1**) (**11**)
least: the least. . .   le/la/les
moins + *adj*. (**16**)   **the least
+ *noun* (+ in)**   le moins de
+ *noun* (+ de) (**16**)   **the
least (+ *adverb*)**   le moins (+
adverb) de (**17**)
leather   le cuir (**Eb 2**)
to **leave**   quitter (**Eb 1**)   *partir
(**Eb 1**) (**CEL Eb 1**) (**2**)
laisser. . .à. . . (**8**)   *s'en aller
(**9**) (**CEL 2**)   **to leave (*a place
or person*)**   quitter (**CEL
Eb 1**)   **to leave (*something or**

someone someplace) laisser (**Eb 1**) (**CEL Eb 1**)

left: . . .is/are left il reste (+ *noun*) (**CEL Eb 2**) **there is/ are. . .left** il reste. . . (**CEL 2**)

left: to the left of à gauche de (**26**)

to **lend** prêter. . .à. . . (**8**)

less moins (**17**) **less and less** de moins en moins (**CEL 4**) **less. . .than** moins (de). . .que (**16**) **more or less (well)** comme ci, comme ça (**CEL 6**) **the less. . .the less. . .** moins. . .moins (**CEL 4**)

to **let** laisser (**Eb 1**) *permettre à. . .de (**11**)

let's hope that pourvu que (**CEL 3**)

liberal libéral (*pl.* libéraux) (**Eb 2**)

to **lie (tell lies)** *mentir (**Eb 1**)

light léger (légère) (**Eb 2**)

like: it's like that c'est comme ça (**CEL 6**)

to **like** aimer (**Eb 1**) (**11**) **to like better** préférer (**Eb 1**) **to like very much** adorer (**Eb 1**)

to **listen to** écouter (**Eb 1**) (**6**)

liter un litre (**Eb 2**) **half liter** un demi-litre (**Eb 2**)

little peu (**17**) **a little (of), a little bit (of)** un peu de (**Eb 2**)

to **live** (*in a place*) habiter (**Eb 1**) (**CEL Eb 1**) **to live** (*in general*) *vivre (**Eb 1**) (**CEL Eb 1**)

lively vif (vive) (**Eb 2**)

to **loan** prêter. . .à. . . (**8**)

located: to be located se trouver (**9**)

lonely seul (seule) (**Eb 2**)

long long (longue) (**Eb 2**) (**16**) **a long time ago** il y a longtemps (**4**) **(for) a long time** longtemps (**CEL 1**) (**17**) **for how long?** depuis combien de temps? (**2**)

longer: no (not any) longer ne. . .plus (**Eb 1**) (**20**)

to **look** *paraître, avoir l'air (de) (**Eb 1**) **to look at** regarder (**Eb 1**) (**6**) **to look for** chercher (**Eb 1**) (**6**) **to look like** ressembler à (**6**)

to **lose** perdre (**Eb 1**) **to lose weight** maigrir (**Eb 1**)

lot: a lot beaucoup, énormément (**17**) **a lot of** beaucoup de (**Eb 1**)

love: in love amoureux (amoureuse) (**Eb 2**) **to be in love with** être amoureux de (**26**)

low bas (basse) (**Eb 2**) (**16**)

loyal loyal (*pl.* loyaux) (**Eb 2**)

lucky: to be lucky avoir de la chance (**Eb 1**)

luggage rack un porte-bagages (**CEL Eb 2**)

lunch: to have lunch déjeuner (**Eb 1**)

m

machine un appareil, une machine (**Eb 2**)

mad: to be mad être furieux (**14**)

to **maintain** *maintenir (**Eb 1**) affirmer (**14**) (**30**)

make une marque (**Eb 2**)

to **make** *faire (**Eb 1**) **to make** (*a decision*) *prendre (**Eb 1**) **to make a mistake** se tromper (**9**) **to make fun of** se moquer de (**9**) **to make happy** faire plaisir (à quelqu'un) (**28**) **to make happy (sad, . . .)** rendre (quelqu'un) heureux (triste, . . .) (**28**) **to make someone do something** *faire + *inf.* (**25**) **to make up one's mind** se décider à (**11**)

make-up: to put on make-up se maquiller (**9**)

man un homme (**Eb 2**)

to **manage** diriger (**Eb 1**) s'arranger (**CEL 3**) se débrouiller (**10**) (**CEL 3**) **to manage to** arriver à (**11**)

many beaucoup de (**Eb 2**) **how many?** combien de? (**Eb 2**) **many too many** beaucoup trop de (**Eb 2**) **not many** peu de (**Eb 2**)

so many, that many tant de, tellement de (**Eb 2**) **too many** trop de (**Eb 2**) **very many** beaucoup de (**Eb 2**)

married: to get married se marier (**9**)

to **marry someone** épouser, se marier avec (**9**)

matter: as a matter of fact en fait, en effet (**CEL 3**) justement (**17**) **it doesn't matter** ça ne fait rien (**CEL 6**) **no matter** n'importe (**CEL 6**) **not to matter to** laisser (quelqu'un) indifférent (**28**) **what's the matter?** qu'est-ce qu'il y a? (**2**) (**CEL 6**)

may *pouvoir (**Eb 1**)

maybe peut-être (**17**)

me moi (**6**) me (m') (**6**) **"me neither"** moi non plus (**6**) **"me too"** moi aussi (**6**)

meal: to have a meal *prendre (**Eb 1**)

to **mean** *vouloir dire (**Eb 1**)

to **meet** rencontrer (**Eb 1**) se rencontrer (**9**) faire la connaissance de (**26**) **to meet** (*someone, for the first time*) faire la connaissance de (+ *person*) (**Eb 1**)

to **melt** fondre, *faire fondre (**CEL 5**)

merchandise une marchandise (**Eb 2**)

microcomputer un micro-ordinateur (**Eb 2**)

middle: in the middle of au milieu de (**26**) **to be in the middle of doing something** être en train de (+ *inf.*) (**Eb 1**)

mild doux (douce) (**16**)

million un million (**18**) **ten million** dix millions (**18**)

mind: to make up one's mind se décider à (**11**)

mine être à + moi; le mien, la mienne, les miens, les miennes (**27**)

minute minuscule (**Eb 2**)

to **miss** rater (**Eb 1**) manquer (**CEL 2**)

missed: to be missed by

manquer à (**CEL 2**)

missing: . . .is/are missing il manque (+ *noun*) (**CEL Eb 2**) **there is/are missing** il manque (**CEL 2**)

mistake: to make a mistake se tromper (**9**)

model: (fashion) model un mannequin (**Eb 2**)

modern moderne (**Eb 2**)

money: to save (money) économiser (de l'argent) (**Eb 1**) faire des économies (**CEL Eb 1**) **to spend money** dépenser (**CEL Eb 1**)

month: at the end of the month à la fin du mois (**4**) **in the month of (June)** au mois de (juin) (**4**)

more davantage, plus (**17**) **more and more** de plus en plus (**CEL 4**) **more or less (well)** comme ci, comme ça (**CEL 6**) **more. . .than** plus de. . .que (**16**) **more. . .than** plus. . . que (**16**) **once more** encore (**2**) **the more. . .the more** plus. . .plus (**CEL 4**)

moreover d'ailleurs, de plus, du reste, en outre (**CEL 3**)

morning un matin (**CEL 1**) **(whole) morning** une matinée (**CEL 1**) **this morning** ce matin (**4**)

most (of them) la plupart (**19**) **most of** la plupart de (**19**) **the most (+ *adverb*)** le plus (+ *adverb*) de (**17**) **the most + *noun* (+ in)** le plus de + *noun* (+ de) (**16**) **the most. . .** le/la/les plus + *adj.* (**16**)

mother une mère (**Eb 2**)

to **move** *(one's residence)* déménager (**Eb 1**) **to move forward** avancer (**Eb 1**)

moved: to be moved être ému (**14**)

much beaucoup de (**Eb 2**) **as much. . .as** autant de. . .que (**16**) **how much?** combien (de)? (**Eb 1**) (**Eb 2**) **much too much** beaucoup trop de (**Eb 2**) **not much (of)** peu

(de) (**Eb 2**) (**17**) **so much, that much** tant (de), tellement (de) (**Eb 2**) (**17**) **too much** trop (de) (**Eb 2**) (**17**) **very much** beaucoup (de) (**Eb 2**) (**17**)

must *devoir + *inf.* (**Eb 1**) *devoir (**11**) **one must not** il ne faut pas (**Eb 1**) **one/you must** il faut (**Eb 1**)

my mon, ma, mes (**Eb 2**)

myself moi-même (**6**)

mysterious mystérieux (mystérieuse) (**Eb 2**)

n

naïve naïf (naïve) (**Eb 2**)

named: to be named s'appeler (**9**)

narrow étroit (**Eb 2**)

nasty méchant, sale (**Eb 2**)

natural naturel (naturelle) (**Eb 2**) **it is natural** il est naturel (**13**)

near près (**17**) près de, auprès de (**26**)

necessary: . . .is/are necessary il faut (+ *noun*) (**CEL Eb 2**) **it is absolutely necessary** il est indispensable (**13**) **it is necessary** il est nécessaire (**13**) **it is necessary that** il faut que (**13**) **it is not necessary** il n'est pas nécessaire de, il ne faut pas nécessairement (**Eb 1**)

to **need (to)** avoir besoin de (**Eb 1**) (**7**) (**26**)

needs: one needs (to have). . . il faut (+ *noun*) (**CEL Eb 2**)

to **neglect** négliger de (**11**)

neither non plus (**6**) **neither am/do I ("me neither")** moi non plus (**6**) **neither. . .nor** ne. . .ni. . .ni (**20**)

nephew un neveu (**Eb 2**)

never ne. . .jamais (**Eb 1**) (ne. . .) jamais (**20**)

nevertheless cependant, malgré cela, néanmoins, pourtant, quand même, toutefois (**CEL 3**)

new nouveau (nouvel, nouvelle; nouveaux, nouvelles)

(**Eb 2**) **(brand) new** neuf (neuve) (**Eb 2**)

newly acquired nouveau (nouvel, nouvelle; nouveaux, nouvelles) (**Eb 2**)

next prochain (**21**) **next (week)** (la semaine) prochain(e) (**4**) **next to** à côté de, près de, auprès de (**26**) **(the) next (week)** (la semaine) d'après (**4**)

nice agréable, sympathique (**Eb 2**) gentil (gentille) (**Eb 2**) (**16**)

nickel le nickel (**Eb 2**)

niece une nièce (**Eb 2**)

night: the night before last avant-hier soir (**4**)

nine neuf (**18**)

nineteen dix-neuf (**18**)

ninety quatre-vingt-dix (**18**)

ninety-one quatre-vingt-onze (**18**)

ninth neuvième (**18**)

nobody ne. . .personne (**20**) **nobody else** personne d'autre (**CEL 4**)

no longer (more) ne. . .plus (**Eb 1**) (**20**) **no matter** n'importe (**CEL 6**)

none: it's none of my business ça ne me regarde pas (**CEL 6**)

nonetheless néanmoins (**CEL 3**)

no one ne. . .personne (**20**)

nor: neither. . .nor ne. . . ni. . .ni (**20**)

normal normal (*pl.* normaux) (**Eb 2**)

not ne. . .pas (**Eb 1**) (ne. . .) pas (**20**) **not a single** ne. . . aucun(e) (**20**) **not any** ne. . .aucun(e) (**Eb 1**) (**20**) **not anymore (any longer)** ne. . .plus (**20**) **not anyone (anybody)** ne. . . personne (**20**) **not anything** ne. . . rien (**20**) **not anywhere** ne. . .nulle part (**20**) **not at all** pas du tout (**20**) (**CEL 4**) **not many** peu de (**Eb 2**) **not much (of)** peu (de) (**Eb 2**) (**17**) **not to interest** laisser (quelqu'un) indifférent (**28**) **not to know** ignorer (**30**) **not to matter to** laisser (quelqu'un) indifférent (**28**) **not yet** ne. . . pas encore (**20**)

to **note** constater, noter (**30**)

notebook: small notebook un carnet (**Eb 2**)

nothing ne. . .rien (**20**) **nothing else** rien d'autre (**CEL 4**)

to **notice** *s'apercevoir de (**9**) noter, observer, remarquer (**30**)

now maintenant (**17**) **between now and. . .** d'ici (+ *time*) (**21**) **in. . .from now** dans (+ *time*) d'ici (**21**) **right now** tout de suite (**17**)

nowhere ne. . .nulle part (**20**)

nylon le nylon (**Eb 2**)

o

to **obey** obéir (à) (**Eb 1**) (**6**)

object un objet (**Eb 2**)

objection: to see no objection être d'accord (**CEL 3**)

objective un but, un objectif (**21**)

to **oblige** obliger (**Eb 1**) obliger. . .à (**11**)

to **observe** constater, observer (**30**)

to **obtain** *obtenir (**Eb 1**) (**CEL Eb 1**) *recevoir (**Eb 1**)

to **occur** arriver, se passer (**2**)

odd bizarre (**Eb 2**) **it is odd** il est bizarre (**13**)

of de (**Eb 2**) **of the** du, de la, de l', des (**Eb 2**) **of them** d'entre eux/elles (**19**) **of which, of whom** dont (**16**)

off: to get off descendre (**Eb 1**) **to turn off** *éteindre (**Eb 1**)

to **offer** *offrir (**Eb 1**) offrir. . .à. . . (**8**) offrir à. . .de (**11**)

often souvent (**3**) (**17**)

oil le pétrole (**Eb 2**)

old âgé, ancien (ancienne), vieux (vieil, vieille; vieux, vieilles) (**Eb 2**) **to be . . .years old** avoir. . . ans

(**Eb 1**) **to grow old** vieillir (**Eb 1**)

on sur (**26**) **on . . .ing** en + *pres. part.* (**12**) **on condition that** à condition de + *inf.*, à condition que + *subj.* (**15**) **on the one hand** d'un côté (**CEL 3**) **on the other hand** de l'autre côté, par ailleurs, par contre (**CEL 3**) **on top of** au-dessus de (**26**)

once une fois (**3**) **once more** encore (**2**) **once upon a time** il était une fois (**CEL 1**)

one on (**6**) un (**18**) **one (you, they, people) should (must)** il faut (**Eb 1**) **one needs (to have). . .** il faut + *noun* (**Eb 2**) **one's** son, sa, ses (**Eb 2**) (**6**) **(the) one** l'un, l'une (**19**) **(the) ones** les uns, les unes (**19**) **the other one** l'autre (**19**) **the other ones** les autres (**19**) **the same one** le/la même (**19**) **the same ones** les mêmes (**19**) **each one** chacun, chacune (**19**) **on the one hand** d'un côté (**CEL 3**)

oneself: all by oneself tout seul (**CEL 4**) **by oneself** seul (seule) (**Eb 2**)

only seul (seule) (**Eb 2**) seulement (**17**) ne. . .que (**20**)

to **open** *ouvrir (**Eb 1**)

opener: can opener un ouvre-boîtes (**Eb 2**)

opinion: in my opinion à mon avis (**CEL 3**)

or: (either. . .) or (ou. . .) ou (**20**)

order: in order to afin de, pour (**12**) afin que + *subj.*, pour + *inf.* (**15**) **to put in order** ranger (**Eb 1**)

to **order** commander à. . .de, ordonner à. . .de (**11**)

original original (*pl.* originaux) (**Eb 2**)

other: the other l'autre. . ., les autres. . . (**19**) **the other (one)** l'autre (**19**) **(the) others, the other ones** les autres (**19**) **other(s), other**

ones, some others d'autres (**19**) **on the other hand** de l'autre côté, d'un côté, par ailleurs (**CEL 3**)

otherwise autrement (**17**)

ounce une once (**Eb 2**)

our notre, nos (**Eb 2**) (**6**)

ours être à + nous; le nôtre, la nôtre, les nôtres (**27**)

ourselves nous-mêmes (**6**)

out dehors (**17**) **to go/get/ take out (of, from)** sortir (de) (**Eb 1**) (**2**) **to take out** *sortir + *object* (**Eb 1**)

outside dehors (**17**) **outside (of)** à l'extérieur de (**26**)

oval ovale (**Eb 2**)

over: to go over *parcourir (**Eb 1**) **over there** là-bas (**17**)

to **owe** *devoir + *noun* (**Eb 1**)

own propre (**Eb 2**)

to **own** posséder (**Eb 1**)

p

pack un paquet (**Eb 2**)

to **pack** (*one's suitcases*) faire les valises (**Eb 1**)

package un paquet (**Eb 2**)

to **paint** *peindre (**Eb 1**)

painter un peintre (**Eb 2**)

pale: to grow pale pâlir (**Eb 1**)

pan: frying pan une poêle (**CEL Eb 2**)

paper le papier (**Eb 2**)

part: to take part in participer à (**7**)

to **participate in** participer à (**7**)

part-time à temps partiel (**CEL 1**)

to **pass** (*a test*) réussir à (**7**) **to pass (along)** passer (**2**)

past: in the past autrefois (**3**) (**CEL 1**) (**17**)

to **pay (for)** payer (**Eb 1**) (**6**) **to pay attention to** faire attention à (+ *noun*) (**Eb 1**) (**7**)

pen: ball-point pen un stylo à bille (**Eb 2**)

people on (**6**)

percent pour cent (**18**)

perhaps peut-être (**17**)

permission: to give permission *permettre à. . .de (**11**)

to **permit** *permettre (à) (**Eb 1**)
person une personne (**Eb 2**)
dead person un mort (**CEL Eb 2**)
to **persuade** persuader. . .de (**11**)
petroleum le pétrole (**Eb 2**)
to **phone** téléphoner (à) (**Eb 1**) (**6**)
to **pick up** *aller chercher (**CEL Eb 1**) (**6**)
piece un morceau (**Eb 2**)
piece of equipment un appareil (**Eb 2**)
pity: it is a pity il est dommage (**13**)
to **place** *mettre, placer (**Eb 1**)
to take place avoir lieu (**2**)
plain moche (**Eb 2**)
plan un projet (**21**)
to **plan** penser (**11**)
plastic la matière plastique, le plastique (**Eb 2**)
to **play** jouer (à) (**Eb 1**) **to play** (*a musical instrument*) jouer de (**7**) **to play** (*a sport or game*) jouer à (**7**) **to play** (*a sport*) *faire de + *sport* (**Eb 1**) **to play** (*an instrument*) *faire de + *instrument* (**Eb 1**) **to play a game of**. . . faire un match de + *sport* (**Eb 1**) **to play a game of**. . . faire une partie de + *game* (**Eb 1**)
pleasant agréable, sympathique (**Eb 2**)
please (*in formal speech*) veuillez (**Eb 1**)
to **please** *plaire (à) (**Eb 1**) (**6**) plaire (à quelqu'un) (**28**) **to please** (*someone*) faire plaisir à (+ *person*) (**Eb 1**) (**28**)
pleased: to be pleased to/ with être content de (**7**)
to **poison** empoisonner (**24**)
polite poli (**Eb 2**)
poor pauvre (**Eb 2**)
poorly mal (**17**)
portion une portion (**Eb 2**)
possible: as. . .**as possible** le plus (+ *adverb*) possible (**17**) **it is possible that**. . . il est possible que. . . , il se peut que. . . (**14**) **to do all that is possible** faire tout son possible (**CEL 3**)

post un poste (**CEL Eb 2**)
post office une poste (**CEL Eb 2**)
pound une livre (**Eb 2**) (**CEL Eb 2**)
practical pratique (**Eb 2**)
to **practice** (*an activity*) faire de + *activity* (**Eb 1**)
precisely justement (**17**)
to **predict** *prédire (**Eb 1**)
to **prefer** préférer (**Eb 1**) (**11**) (**14**) aimer mieux (**11**) (**14**)
to **preoccupy** préoccuper (**28**)
present: at present actuelle- ment (**17**) **to be present at** assister à (**Eb 1**) (**7**)
to **pretend (to)** faire semblant de (+ *inf*.) (**Eb 1**) (**11**)
pretentious prétentieux (prétentieuse) (**Eb 2**)
pretty joli (**Eb 2**)
to **prevent** empêcher. . .de (**11**)
previous: (the) previous (week) (la semaine) d'avant (**4**)
probable: it is probable that. . . il est probable que. . . (**14**)
problem: puzzling problem un casse-tête (**CEL Eb 2**)
to **produce** *produire (**Eb 1**)
product un produit (**Eb 2**)
professor un professeur (**Eb 2**)
to **promise** *promettre (à) (**Eb 1**) (**30**) *promettre à. . .de (**11**)
to **protect** protéger (**Eb 1**)
proud fier (fière) (**Eb 2**) **to be proud (to/of)** être fier (de) (**7**) (**14**) (**26**)
provided à condition de (**12**) **provided that** pourvu que + *subj*. (**15**)
public public (publique) (**16**)
punctual ponctuel (ponctuelle) (**Eb 2**)
purpose: for the purpose of afin de (**12**)
to **pursue** *poursuivre (**24**)
to **put** placer (**Eb 1**) **to put away** ranger (**Eb 1**) **to put back** *remettre (**Eb 1**) **to put in order** ranger (**Eb 1**) **to put (on)** *mettre (**Eb 1**) **to put on make-up** se maquiller (**9**)
puzzle un casse-tête (**CEL Eb 2**)

puzzling problem un casse-tête (**CEL Eb 2**)

q

queen la reine (**Eb 2**)
questionable: it is questionable that. . . il est douteux que. . . (**14**)
quickly vite (**17**)
quiet silencieux (silencieuse) (**Eb 2**) **to be quiet** *se taire (**9**)
quite bien, fort, tout, tout à fait (**CEL 4**)

r

rack: luggage rack un porte- bagages (**CEL Eb 2**)
to **raise** élever (**Eb 1**)
rate: at any rate en tout cas (**CEL 3**) (**CEL 4**)
rational raisonnable, sage (**Eb 2**)
to **reach** *atteindre (**Eb 1**) **to reach (a goal)** atteindre (un but) (**21**)
to **react** réagir (**Eb 1**)
to **read** *lire (**Eb 1**)
ready: to get ready (to) se préparer (à) (**9**) (**11**)
to **realize** se rendre compte de (**9**) (**30**)
really réellement (**17**) vraiment (**17**) (**CEL 4**) bien (**CEL 4**)
to **recall** rappeler (**Eb 1**)
to **receive** *recevoir (**Eb 1**) (**CEL Eb 1**)
to **recognize** *reconnaître (**Eb 1**) (**30**)
to **recommend** recommander à. . .de (**11**)
rectangular rectangulaire (**Eb 2**)
red: to turn red rougir (**Eb 1**)
redheaded roux (rousse) (**16**)
to **reduce** *réduire (**Eb 1**)
to **refuse** refuser de (**11**)
to **regret** regretter (de) (**11**) (**14**)
regrettable: it is regrettable il est regrettable (**13**)
to **reject** rejeter (**Eb 1**)
to **remain** rester (**CEL 2**)
to **remark** remarquer (**30**)

to **remember** se rappeler (9) *se souvenir de (9) (11) (26)
to **remove** enlever (Eb 1)
to **renounce** renoncer (à) (Eb 1) (7)
to **rent** louer (Eb 1)
to **repeat** répéter (Eb 1)
to **replace** remplacer (Eb 1)
to **reply** répliquer (30)
to **reproach** reprocher à. . .de (11)
to **require** obliger. . .à (11)
to **reserve** *retenir, réserver (Eb 1)
to **resolve** *resoudre (Eb 1)
to **rest** se reposer (9)
to **retain** *retenir (Eb 1)
to **return** rentrer (Eb 1) (CEL Eb 1) (2) *revenir (Eb 1) (CEL Eb 1) retourner (CEL Eb 1) (2) **to return** (*something*) rendre (Eb 1) (CEL Eb 1)
rich riche (Eb 2)
rid: to get rid of se débarrasser de (9)
ride: to go for a ride (*by car, by bicycle*) faire une promenade (en auto, à vélo) (Eb 1) se promener (9)
ridiculous: it is ridiculous il est ridicule (13)
right: right away tout de suite (CEL 1) **right now** tout de suite (17) **to be right** avoir raison (Eb 1) **to the right of** à droite de (26)
to **ring** sonner (Eb 1)
to **roast** *faire rôtir (CEL 5)
round rond (Eb 2)
rubber le caoutchouc (Eb 2)
to **run** *courir, diriger (Eb 1) **to run over** renverser (24)

S

sack un sac (Eb 2)
sad triste (Eb 2) **to be sad (to)** être triste (de) (7) (14)
sail une voile (CEL Eb 2)
same même (Eb 2) **at the same time** en même temps (CEL 1) **it's all the same to me** ça m'est égal (CEL 6) **the same (one)** le/la même (19) **the same**

(ones) les mêmes (19) **the same** le/la même. . ., les mêmes. . . (19)
to **save** (*keep*) garder (CEL Eb 1) **to save** (*money*) économiser (de l'argent) (Eb 1) faire des économies (CEL Eb 1) **to save** (*a person or thing from destruction*) sauver (CEL Eb 1)
to **say** *dire (Eb 1) (30)
scarcely à peine (17)
to **scare** faire peur (à quelqu'un) (Eb 1) (28)
second deuxième (18) (*of two*) second (18)
second-hand d'occasion (Eb 2)
secretive secret (secrète) (Eb 2)
to **see** *apercevoir, *voir, assister à (Eb 1) **to see (a dream) come true/become reality** réaliser (un rêve) (21) **to see clearly** *voir clair (CEL 4) **to see no objection** être d'accord (CEL 3)
to **seek to** chercher à (11)
to **seem** *paraître, avoir l'air (de) (Eb 1)
to **seize** saisir (Eb 1)
seldom rarement (3)
selfish égoïste (Eb 2)
to **sell** vendre (Eb 1) vendre. . .à. . . (8)
to **send** *envoyer (Eb 1) *envoyer. . .à. . . (8)
serious sérieux (sérieuse) (Eb 2)
to **serve** *servir (Eb 1)
to **set** placer (Eb 1)
to **settle (down)** s'installer (9)
seven sept (18)
seventeen dix-sept (18)
seventy soixante-dix (18) **seventy-one** soixante et onze (18)
several plusieurs (19) **several times** plusieurs fois (3)
to **share** partager (Eb 1)
to **shave** se raser (9)
she elle (6)
sheet une feuille (Eb 2)
to **shock** choquer (28)
shopping: to go shopping (*for*

items other than food) faire des achats (Eb 1) (*for food*) faire les courses (Eb 1)
short court, petit (Eb 2)
shortly tout à l'heure (21)
should *devoir (Eb 1) **should + passive verb** *être à + inf. (CEL 5) **one should not** il ne faut pas (Eb 1) **one/you should** il faut (Eb 1)
to **show** montrer. . .à. . . (8) *faire voir (CEL 5) **to show in** *faire entrer (CEL 5)
to **shut** fermer (Eb 1)
sick: to feel sick *se sentir malade (10)
silent silencieux (silencieuse) (Eb 2)
silk la soie (Eb 2)
silver l'argent m. (Eb 2)
similar pareil (pareille) (16)
since depuis (Eb 1) (2) depuis que + indic., puisque + indic. (15) **since when?** depuis quand? (Eb 1) (2)
to **sing** chanter (Eb 1) **to sing on key (off key)** chanter juste (faux) (CEL 4)
single: not a single ne. . . aucun(e) (20)
sister une soeur (Eb 2)
sister-in-law une belle-soeur (Eb 2)
to **sit down** *s'asseoir (9)
situation: to handle a situation *s'y prendre (CEL 2)
six six (18)
sixteen seize (18)
sixth: one sixth un sixième (18)
sixty soixante (18)
skinny maigre (Eb 2)
skyscraper un gratte-ciel (CEL Eb 2)
slack mou (molle) (16)
to **sleep** *dormir (Eb 1)
sleepy: to be sleepy avoir sommeil (Eb 1)
slice une tranche (Eb 2)
slow lent (Eb 2)
smart intelligent (Eb 2) **very smart** brillant (Eb 2)
to **smell** *sentir (Eb 1) **to smell good (bad)** sentir bon (mauvais) (CEL 4)

to **smile** *sourire (**Eb 1**)

to **smoke** fumer (**Eb 1**)

snowplow un chasse-neige (**CEL Eb 2**)

so si (**CEL 4**) **so many** tant de, tellement de (**Eb 2**) **so much** tant (de), tellement (de) (**Eb 2**) (**17**) **so that** afin que + *subj.*, pour que + *subj.* (**15**) **so-so** comme ci, comme ça (**CEL 6**)

soft doux (douce), mou (molle) (**16**)

solid solide (**Eb 2**)

some des (**Eb 2**) en (**7**) certain (certaine) (**Eb 2**) certain(e)s (**19**) les uns, les unes (**19**) quelques (**19**) quelques-uns (quelques-unes) (**19**) **some other(s)** d'autres (**19**)

somebody quelqu'un (**20**)

someone on (**6**) quelqu'un (**20**) **someone else** quelqu'un d'autre (**CEL 4**)

something quelque chose (**20**) **something else** autre chose, quelque chose d'autre (**CEL 4**) **to go about something** *s'y prendre (**CEL 2**)

sometimes parfois (**3**) (**CEL 1**) quelquefois (**3**) (**CEL 1**) (**17**)

somewhere quelque part (**20**)

son un fils (**Eb 2**)

soon bientôt (**17**) (**21**) **as soon as** aussitôt que, dès que (**21**)

sorry: to be sorry être désolé (**14**) **to be sorry about** regretter de (**11**) **to be very sorry** être navré (**14**)

to **speak to** parler (à) (**Eb 1**) (**6**) **to speak about** parler de (**26**) **to speak in a loud (high, low) voice** parler fort (haut, bas) (**CEL 4**)

special spécial (*pl.* spéciaux) (**Eb 2**)

to **spell** épeler (**Eb 1**)

to **spend** (*money*) dépenser (**CEL Eb 1**) (*time*) passer (**Eb 1**) (**CEL Eb 1**) (**2**)

to **spill** renverser (**24**)

spite: in spite of everything malgré tout (**CEL 3**) **in spite of that** malgré cela (**CEL 3**)

sports: one who likes sports sportif (sportive) (**Eb 2**)

spring: in the spring au printemps (**4**)

square carré (**Eb 2**)

stamp un timbre (**Eb 2**)

star: (movie, TV) star une vedette (**Eb 2**) (**movie**) **star** une star (**Eb 2**)

to **start** commencer (**Eb 1**) *se mettre à (**9**) **to start + gerund** commencer à + *inf.* (**CEL 3**) **to start by + gerund** commencer par + *inf.* (**CEL 3**)

to **state** déclarer (**30**)

station un poste (**CEL Eb 2**)

to **stay** rester (**Eb 1**) (**2**) (**CEL 2**)

to **steal** voler (**24**)

steel l'acier *m.* (**Eb 2**)

still cependant (**CEL 3**) encore (**17**) (**20**) toujours (**CEL 4**)

to **sting** piquer (**24**)

stone la pierre (**Eb 2**)

to **stop** s'arrêter (**9**) cesser (de) (**11**) (**20**) empêcher. . .de, finir de, s'arrêter de (**11**) **to stop + gerund** finir de + *inf.* (**CEL 3**)

stove un poêle (**CEL Eb 2**)

strange drôle de + *noun*, étrange (**Eb 2**) **it is strange** il est étrange (**13**)

strong fort (**Eb 2**)

to **study** étudier (**Eb 1**) **to study** (*a subject*) *faire de + *subject* (**Eb 1**)

to **succeed (in)** réussir (à) (**Eb 1**) (**11**)

successful: to be successful in réussir à (**11**)

sudden: all of a sudden brusquement (**3**) (**17**) tout à coup (**3**) (**CEL 4**)

suddenly soudain (**3**) tout à coup (**CEL 4**)

to **suffer** *souffrir (**Eb 1**)

to **suggest** proposer à. . .de, suggérer à. . .de (**11**)

suitcase une valise (**Eb 2**)

summer: in the summer en été (**4**)

superficial superficiel (superficielle) (**Eb 2**)

superstitious superstitieux (superstitieuse) (**Eb 2**)

supposed: to be supposed to *devoir + *inf.* (**Eb 1**)

sure certain (certaine) (**Eb 2**) **it is sure that. . .** il est sûr que. . . (**14**) **to be sure** être sûr (**14**)

to **surprise** *surprendre (**Eb 1**) étonner (**28**) **surprised: to be surprised** être surpris (**14**) **surprising: it is surprising** il est surprenant (**13**)

to **survive** *survivre (**Eb 1**)

sweet doux (douce) (**16**)

to **swim** nager (**Eb 1**) **to go for a swim** se baigner (**9**)

t

tablet un cachet (**Eb 2**)

to **take** (*in general*) *prendre (**Eb 1**) (**CEL Eb 1**) **to take** (*an exam*) passer (**CEL Eb 1**) **to take** (*a test*) passer (**2**) **to take a course** suivre un cours (**Eb 1**) (**CEL Eb 1**) **to take a trip** faire un voyage (**Eb 1**) **to take away** (*something*) emporter (**Eb 1**) (**CEL Eb 1**) **to take care of** s'occuper de (**9**) (**26**) **to take down** descendre (**Eb 1**) (**2**) **to take in** rentrer (**2**) **to take off** enlever (**Eb 1**) (**CEL Eb 1**) **to take out** (*a person*) emmener (**CEL Eb 1**) **to take out** (*a thing*) *sortir (**Eb 1**) (**CEL Eb 1**) (**2**) **to take part in** participer à (**7**) (**2**) **to take place** avoir lieu (**2**) (**CEL 2**) se passer (**CEL 2**) **to take time** *mettre (**CEL Eb 1**) **to take up** monter (**2**)

to **talk to** parler (à) (**Eb 1**) (**6**) **to talk about** discuter de, parler de (**26**)

talkative bavard (**Eb 2**)

tall grand, •haut (**Eb 2**) **to grow tall** grandir (**Eb 1**)

tan: to get a tan brunir (**Eb 1**)

to **teach** *apprendre à. . .à, enseigner à. . .à (**11**)

teacher un professeur (**Eb 2**)

to **tell** *dire (**Eb 1**) (**30**) raconter (**Eb 1**) *dire. . .à. . . (**8**) *dire à. . .de (**11**) **to tell lies** *mentir (**Eb 1**)

ten dix (**18**)

tenth: one tenth un dixième (**18**)

than (*in comparisons*) que (**16**)

to **thank** remercier. . .de (**11**)

that ce (cet), cette (**Eb 2**) que, qui (**26**) ce, ceci, cela (ça) (**28**) (**CEL 6**) **that much** tant (de), tellement (de) (**Eb 2**) (**17**) **that one (over there)** celui-là, celle-là (**27**) **that's how it is/it's like that** c'est comme ça (**CEL 6**) **that's it** c'est ça (**CEL 6**) **that's it!/you've got it!** ça y est! (**CEL 6**) **that. . .(over there)** ce. . .-là (**Eb 2**) **in that way. . .** comme ça. . . (**CEL 6**) **what's that?** qu'est-ce que c'est que ça? (**CEL 6**) **who is that?** qui est-ce? (**CEL 6**)

the le, la, l', les (**Eb 2**) **the one** celui, celle (**27**) **the ones** ceux, celles (**27**) **of the** du, de la, de l', des (**Eb 2**)

their leur, leurs (. . .à eux/ elles) (**Eb 2**) ses (**6**)

theirs être à + eux/elles; le leur, la leur, les leurs (**27**)

them eux, elles (**6**) les, leur (**6**) **of them** d'entre eux/elles (**19**)

themselves eux-mêmes, elles-mêmes (**6**)

then ensuite, puis (**2**) alors, ensuite (**17**)

there y (**7**) là (**17**) **there is/ are** il y a (**CEL Eb 2**) **over there** là-bas (**17**)

therefore par conséquent (**CEL 3**)

these ces (**Eb 2**) **these (over here)** ceux-ci, celles-ci (**27**)

they ils, elles, on (**6**) eux (**6**)

thick épais (épaisse) (**16**)

thin mince (**Eb 2**) **to become thin** maigrir (**Eb 1**) **how thin you have become!** comme/que tu as maigri! (**CEL 6**)

thing une chose, un machin, un objet, un truc (**Eb 2**)

to **think** *croire, penser (à) (**Eb 1**) **to think (about)** réfléchir (à) (**Eb 1**) (**7**) penser à/de (**7**) songer à (**11**)

third: one third un tiers (**18**)

thirsty: to be thirsty avoir soif (**Eb 1**)

thirteen treize (**18**)

thirty trente (**18**)

this ce (cet), cette (**Eb 2**) ceci, cela (**28**) **this morning** ce matin (**4**) **this one (over here)** celui-ci, celle-ci (**27**) **this. . .(over here)** ce. . .-ci (**Eb 2**)

those ces (**Eb 2**) **those (over there)** ceux-là, celles-là (**27**)

thousand mille (**18**) **(one) thousand and one** mille un (**18**) **two thousand** deux mille (**18**)

to **threaten** menacer (de) (**Eb 1**) (**11**)

three trois (**18**)

through par (**26**) **to travel through** *parcourir (**Eb 1**) **to go through** traverser (**CEL Eb 1**)

to **throw** jeter, lancer (**Eb 1**)

ticket un billet (**Eb 2**) **airplane ticket** un billet d'avion (**Eb 2**)

time (*clock time*) l'heure *f.* (**CEL 1**) (*duration*) le temps (**CEL 1**) (*single or repeated occasions*) la fois (**CEL 1**) **(for) a long time** longtemps (**CEL 1**) **a long time ago** il y a longtemps (**4**) **all the time** tout le temps (**CEL 4**) **another time** encore (**17**) **(at) any time** n'importe quand (**CEL 6**) **at the same time** en même temps (**CEL 1**) **at what time?** à quelle heure? (**Eb 1**) **for a long time** longtemps (**17**) **for the first time** pour la première fois (**3**) **from time to time** de temps en temps (**3**) (**CEL 1**) **full time** à plein temps (**CEL 1**) **half-time** à mi-temps (**CEL 1**) **once upon a time** il était

une fois (**CEL 1**) **part-time** à temps partiel (**CEL 1**) **several times** plusieurs fois (**3**) **times: at times** quelquefois (**CEL 1**)

tiny minuscule (**Eb 2**)

tired: to feel tired *se sentir fatigué (**9**)

to à (**Eb 2**) **(in order) to** afin de, pour (**12**) pour + *inf.* (**15**) **to the left of** à gauche de (**26**) **to the right of** à droite de (**26**)

today aujourd'hui (**4**) (**17**)

together ensemble (**17**)

tomorrow demain (**17**)

ton une tonne (**Eb 2**)

too aussi (**6**) **it is too bad** il est regrettable (**13**) **too many** trop de (**Eb 2**) **too much** trop (de) (**Eb 2**) (**17**) **many too many** beaucoup trop de (**Eb 2**) **much too much** beaucoup trop de (**Eb 2**)

top: on top of au-dessus de (**26**)

tour un tour (**CEL Eb 2**)

toward (*people*) envers (**26**) (*things*) vers (**26**)

tower une tour (**CEL Eb 2**)

to **translate** *traduire (**Eb 1**)

to **travel** voyager (**Eb 1**) **to travel through** *parcourir (**Eb 1**)

trick un tour (**CEL Eb 2**)

trip: during a trip au cours d'un voyage (**4**) **to go on/be on/take a trip** faire un voyage (**Eb 1**) **trip around** un tour (**CEL Eb 2**)

to **trouble** déranger, troubler (**28**)

true: it is true that. . . il est vrai que. . . (**14**)

to **try** essayer (**Eb 1**) chercher à, essayer de (**11**)

tube un tube (**Eb 2**)

Turkish turc (turque) (**16**)

to **turn brown** brunir (**Eb 1**) **to turn off** *éteindre (**Eb 1**) **to turn on** (*the TV*) *mettre (**Eb 1**) **to turn red** rougir (**Eb 1**) **to turn white** blanchir (**Eb 1**)

twelve douze (**18**)

twenty vingt (**18**)

twenty-one   vingt et un (**18**)
twenty-two   vingt-deux (**18**)
twice   deux fois (**3**)
two   deux (**18**)
type: what type of. . .   quel genre de. . ./quelle sorte de. . ./quel type de. . . (**Eb 2**)
to type   taper (à la machine) (**Eb 1**)

u

ugly   laid (**Eb 2**)
unattractive   moche (**Eb 2**)
uncertain: it is uncertain that. . .   il est douteux que. . . (**14**)
uncle   un oncle (**Eb 2**)
uncomfortable   inconfortable (**Eb 2**)
under   sous (**26**)
to understand   *comprendre (**Eb 1**)
undressed: to get undressed   se déshabiller (**9**)
unfair: it is unfair   il est injuste (**13**)
unfortunately   malheureuse-ment (**17**)
unhappy   malheureux (malheureuse) (**Eb 2**)   to be unhappy   être malheureux (**14**)
unknown   inconnu (**Eb 2**)
unless   à moins que + *subj.*, à moins de + *inf.* (**15**)
unpleasant   désagréable, sale (**Eb 2**)
until   jusqu'à ce que + *subj.* (**15**) jusqu'à (**21**)
up: to go (bring) up   monter (**Eb 1**) (**CEL Eb 1**)   to take/carry/go up   monter (**2**)
upon: once upon a time   il était une fois (**CEL 1**)   upon . . .ing   en + *pres. part.* (**12**)
to upset   gêner (**28**)   to be upset with   *en vouloir à (**CEL 2**)   to get upset   s'énerver (**9**)
uranium   l'uranium *m.* (**Eb 2**)
us   nous (**6**)
to use   employer, utiliser (**Eb 1**) *se servir de (**9**) (**26**)
used   d'occasion (**Eb 2**)
used to: to be used to   avoir

l'habitude de (**Eb 1**)   to get used to   s'habituer à (**9**)
useful   utile (**Eb 2**)   it is useful   il est utile (**13**)
useless   inutile (**Eb 2**)   it is useless   il est inutile (**13**)
usually   d'habitude (**3**) habituellement (**3**) (**17**)

v

vacation: during vacation   pendant les vacances (**4**)
to value highly   *tenir à (**7**)
veil   un voile (**CEL Eb 2**)
very   même (**Eb 2**) drôlement, fort, très (**CEL 4**)   very much   beaucoup (**17**)   very much/many   beaucoup de (**Eb 2**)
victim   une victime (**Eb 2**)
to visit   (*a person*) rendre visite (à) (**Eb 1**) (**6**) (*a place*) visiter (**Eb 1**)
voice: to speak in a loud (high, low) voice   parler fort (haut, bas) (**CEL 4**)

w

to wait (for)   attendre (**Eb 1**) (**6**)
waiter   un garçon (**Eb 2**)
waiting: while waiting for   en attendant que + *subj.*, en attendant de + *inf.* (**15**)
waitress   une serveuse (**Eb 2**)
to wake up   se réveiller (**9**)
to walk   marcher (**Eb 1**)   to go for a walk   faire une promenade (à pied) (**Eb 1**) se promener (**9**)
to want   désirer (**Eb 1**) (**11**) *vouloir (**Eb 1**) (**11**) (**14**) *avoir envie de (**26**)   to want to find out   chercher à savoir (**30**)   to want to know *vouloir savoir, chercher à savoir (**30**)
warm   chaud (**Eb 2**)   to be warm   avoir chaud (**Eb 1**)
to wash   laver (**Eb 1**)   to wash (oneself)   se laver (**9**)
to waste   (*time*) perdre (**Eb 1**)
to watch   regarder (**Eb 1**)   to watch   (*on TV*) regarder (**6**)   to watch out   faire attention (**CEL 3**)

way: in any which way   n'importe comment (**CEL 6**)
we   nous, on (**6**)
weak   faible (**Eb 2**)
to wear   porter (**Eb 1**)
week   la semaine (**4**)
to weigh   peser (**Eb 1**)
weight: to gain weight   grossir (**Eb 1**)   to lose weight   maigrir (**Eb 1**)
well   bien (**17**)
well-mannered   bien élevé (**Eb 2**)
what   quel (quelle), quels (quelles) (**Eb 2**) (ce) à quoi, ce dont, ce que, ce qui, quoi (**28**)   at what time?   à quelle heure? (**Eb 1**)   in what way (ce) en quoi (**28**)   what?   que? (**Eb 1**) (**29**) quoi? (**6**) qu'est-ce que? qu'est-ce qui? (**29**)   what happened?   qu'est-ce qui est arrivé/s'est passé? (**2**) (**CEL 6**) qu'est-ce qu'il y a eu? (**2**)   what is it?   qu'est-ce que c'est? (**CEL 6**)   what is (that book)?   qu'est-ce que c'est que (ce livre)? (**CEL 6**)   what kind/type of. . .   quel genre de. . ./quelle sorte de. . ./quel type de. . . (**Eb 2**)   what's happening?   qu'est-ce qu'il y a?, qu'est-ce qui se passe? (**CEL 6**)   what's that?   qu'est-ce que c'est que ça? (**CEL 6**)   what's the matter?   qu'est-ce qu'il y a? (**2**) (**CEL 6**)
when   lorsque (**3**) (**21**) où (**26**) quand (**21**)   since when?   depuis quand? (**Eb 1**) (**2**)   when?   quand? (**Eb 1**) quand ça? (**CEL 6**)
where?   où? (**Eb 1**) où ça? (**CEL 6**)
which   quel (quelle), quels (quelles) (**Eb 2**) que, qui (**26**)   during which   où (**26**)   of which   dont (**16**)   which one, which ones   lequel, laquelle, lesquels, lesquelles (**26**)
while   pendant que (**3**) pendant que + *indic.* (**15**)   a short while ago   tout

à l'heure (**CEL 4**) **in a little while** tout à l'heure (**CEL 4**) **while . . .ing** en + *pres. part.* (**12**) **while waiting for** en attendant que + *subj.*, en attendant de + *inf.* (**15**)

white blanc (blanche) (**16**) **to turn white** blanchir (**Eb 1**)

to **whiten** blanchir (**Eb 1**)

who que, qui (**26**) **who?** qui? (**Eb 1**) (**29**) qui ça? (**CEL 6**) qui est-ce qui? (**29**) **who is that?** qui est-ce? (**CEL 6**)

whole: the whole tout le, toute la (**19**) **the whole (day/ morning/evening)** toute la (journée/matinée/soirée) (**CEL 1**)

whom que (**26**) **of whom** dont (**16**) **to whom?** à qui? (**Eb 1**) (**6**) **whom?** qui? (**Eb 1**) (**6**) (**29**) qui est-ce que? (**29**) **with whom?** avec qui? (**Eb 1**)

whose dont (**16**)

why? pourquoi? (**Eb 1**)

wide large (**Eb 2**)

wife une femme (**Eb 2**)

willing: to be willing *vouloir bien (+ *inf.*) (**Eb 1**) (**14**)

to **win** gagner, *vaincre (**Eb 1**)

windshield wiper un essuie-glace (**CEL Eb 2**)

winter: in the winter en hiver (**4**)

to **wipe** essuyer (**Eb 1**)

wiper: windshield wiper un

essuie-glace (**CEL Eb 2**)

wise raisonnable, sage (**Eb 2**)

to **wish** désirer (**Eb 1**) (**14**) *vouloir (**Eb 1**) souhaiter (**Eb 1**) (**11**) (**14**)

with avec (**26**) **with whom?** avec qui? (**Eb 1**)

within. . . d'ici (+ *time*) (**21**)

without sans (**12**) sans + *inf.*, sans que + *subj.* (**15**) **to do without** se passer de (**26**)

woman une femme (**Eb 2**)

to **wonder** se demander (**9**) (**30**)

wood le bois (**Eb 2**)

wool la laine (**Eb 2**)

word processor une machine de traitement de texte (**Eb 2**)

to **work** marcher, travailler (**Eb 1**) **to work hard** travailler dur (**CEL 4**)

working: hard-working travailleur (travailleuse) (**Eb 2**)

worried inquiet (inquiète) (**Eb 2**) **to get worried** s'inquiéter (**9**)

to **worry** s'inquiéter (**9**) *s'en faire (**CEL 2**) inquiéter, préoccuper (**28**) **to worry about** se préoccuper de (**9**) (**26**)

worse moins bon (**16**)

worth: to be worth *valoir (**Eb 1**)

worthy brave (**Eb 2**)

to **wound** blesser (**24**)

to **write** *écrire (**Eb 1**) (**30**) *écrire. . .à. . . (**8**) *écrire à. . .de (**11**)

writer un écrivain (**Eb 2**)

wrong: to be wrong avoir tort (**Eb 1**)

y

year un an (**CEL 1**) (**whole**) **year** une année (**CEL 1**) **at the beginning of the year** au début de l'année (**4**) (**20**) **years ago** il y a (**20**) ans (**4**) **to be. . .years old** avoir. . .ans (**Eb 1**)

yes si (*when contradicting a negative question*) (**Eb 1**)

yesterday hier (**4**) (**17**) **the day before yesterday** avant-hier (**4**) **yesterday afternoon** hier après-midi (**4**)

yet: not yet ne. . .pas encore (**2**) (**20**)

you tu, vous, toi (**6**) te (t') (**6**) on (*in a general sense*) (**6**) **you've got it!/that's it!** ça y est! (**CEL 6**)

young jeune (**Eb 2**)

your ton, ta, tes (**Eb 2**) votre, vos (**Eb 2**)

yours être à + toi/vous (**27**) le tien, la tienne, les tiens, les tiennes (**27**) le vôtre, la vôtre, les vôtres (**27**)

yourself toi-même (**6**) vous-même (**6**)

yourselves vous-mêmes (**6**)

z

zero zéro (**18**)

Index

Photo Credits